高职高专物流专业系列精品课程规划教材

物流管理基础与实训

李卫东　吴秀奎　主　编
王晓玲　朱永香　王慧娟　副主编

清华大学出版社
北　京

内 容 简 介

本书以国家物流师职业标准和物流管理专业教学标准为指针,把工学结合作为重要切入点,力图通过理实一体的方式构建教学内容,推动教学方法改革。

本书是坚持工学结合、知行合一型的物流管理专业教材,通过对职业教育教学规律的深入研究,立足实际,涵盖了职业院校物流管理专业学生应当重点掌握的物流市场分析与系统规划、物流客户服务管理、采购与供应管理、运输管理、仓储管理、配送管理、包装、装卸搬运和流通加工、物流信息管理、国际物流、物流组织管理以及供应链管理等方面的核心知识点、业务规范流程和基本职业技能,除概括介绍有关物流管理核心知识要点外,重点是灵活利用物流实训设备、器具和模拟软件等基本条件进行模拟操作和训练。

本书适合作为高职高专物流专业的教材,也适合从事物流专业的相关人员阅读和参考。

本书封面贴有清华大学出版社防伪标签,无标签者不得销售。
版权所有,侵权必究。举报: 010-62782989, beiqinquan@tup.tsinghua.edu.cn。

图书在版编目(CIP)数据

物流管理基础与实训/李卫东,吴秀奎主编. —北京: 清华大学出版社, 2017 (2022.5重印)
(高职高专物流专业系列精品课程规划教材)
ISBN 978-7-302-46312-2

Ⅰ.①物… Ⅱ.①李… ②吴… Ⅲ.①物流管理—高等职业教育—教材 Ⅳ.①F252

中国版本图书馆 CIP 数据核字(2017)第 013280 号

责任编辑: 陈冬梅　陈立静
装帧设计: 刘孝琼
责任校对: 周剑云
责任印制: 沈　露

出版发行: 清华大学出版社
网　　址: http://www.tup.com.cn, http://www.wqbook.com
地　　址: 北京清华大学学研大厦 A 座　邮　编: 100084
社 总 机: 010-83470000　邮　购: 010-62786544
投稿与读者服务: 010-62776969, c-service@tup.tsinghua.edu.cn
质量反馈: 010-62772015, zhiliang@tup.tsinghua.edu.cn
课件下载: http://www.tup.com.cn, 010-62791865

印 装 者: 三河市龙大印装有限公司
经　　销: 全国新华书店
开　　本: 185mm×260mm　印　张: 30.75　字　数: 743 千字
版　　次: 2017 年 2 月第 1 版　印　次: 2022 年 5 月第 5 次印刷
定　　价: 78.00 元

产品编号: 069502-02

前　　言

国家教育部、发展改革委等六部门印发的《现代职业教育体系建设规划(2014—2020年)》明确指出："建立国家职业标准与专业教学标准联动开发机制。按照科技发展水平和职业资格标准设计课程结构和内容……推动教学流程改革，依据生产服务的真实业务流程设计教学空间和课程模块；推动教学方法改革，通过真实案例、真实项目激发学习者的学习兴趣、探究兴趣和职业兴趣。"而教材建设是整个教育教学工作的重要组成部分，高职高专教材作为体现高职高专教育特色的知识载体和教学的基本工具，直接关系到高职高专教育能否为各行各业第一线培养符合要求的高素质职业人才。

本教材以国家物流师职业标准和物流管理专业教学标准为指针，把工学结合作为重要切入点，力图通过理实一体的方式构建教学内容，推动教学方法改革。本教材旨在满足高职高专物流管理专业和相关专业开设物流管理课程需要。在内容上既能满足高职教育理论上的"必需""够用"，又重点突出实操技能与职业素质的培养；既能使学生学得懂、用得上，又能为其今后的职业发展提供支撑。因此，本教材取材内容丰富，研究范围广泛。在体例设计上，每一章最后均设置有相应的实训任务，用来取代传统教材的课后小结和练习思考题，目的就在于通过实训任务的驱动作用，推动学生带着完成任务的使命感、责任感去重温理论知识、整理知识结构，并形成自主认知；同时，通过情景模拟、参观调研等多种教学手段的引领作用，引导学生积极团队协作、贴近实战、规范操作、树立职业意识；通过理实一体化的教学设计去促使学生自主地发现问题、思考问题，最终要能够解决问题、完成任务，从而切实获取基本的职业技能，形成良好的职业素养。

本教材由内蒙古商贸职业学院李卫东副教授、吴秀奎副教授担任主编，其中李卫东负责进行总体策划、设计，吴秀奎负责制定编写大纲；由内蒙古通辽职业学院王晓玲、内蒙古化工职业学院朱永香、湖南生物机电职业技术学院王慧娟任副主编。各章编写分工为：李卫东(第一、二、三、四章)、吴秀奎(第五、十、十三章)、王晓玲(第六、七章)、朱永香(第八、九章)、王慧娟(第十一、十二章)。最后由李卫东进行统稿与总纂。

本教材在编写过程中参考了国内外大量专家、学者的著作、教材、案例，并通过互联网查阅了大量资料，在此一并表达诚挚的谢意。由于物流管理在我国正处在深刻的变革发展中，一些理论和实际操作技术还在进一步探索之中，加上编著时间的有限，本教材难免存在一些不足甚至谬误之处，我们衷心希望读者予以指正，以利于我们水平的进一步提高。联系邮箱：nmglwd@126.com。

编　者

目 录

第一章　认知物流 1

第一节　物流的发展和主要学说 2
一、物流的发展 2
二、物流的定义 6
三、物流的内涵 7
四、物流学说简介 7

第二节　物流的功能、价值与分类 10
一、物流的功能 10
二、物流的价值 12
三、物流的分类 13

第三节　物流系统 17
一、系统 17
二、物流系统 18
三、物流系统工程 22

第四节　认知物流实训 22
实训任务　物流企业(或工商企业物流部、
　　　　　生产物流)认识实训 22
一、实训目的 22
二、实训要求 23
三、实训内容、步骤 23
四、实训报告的内容及要求 24

第二章　现代物流管理 25

第一节　认知物流管理 27
一、物流管理定义 27
二、物流管理的内容 27
三、现代物流管理的特征 27
四、现代物流管理的目标 29

第二节　物流成本管理 31
一、物流成本的相关概念 31
二、物流成本管理 34

第三节　物流质量管理 37
一、物流质量及其分类 37
二、物流质量管理 38
三、物流质量的衡量 38
四、物流质量指标体系 39

第四节　物流服务管理 40
一、物流服务及其意义 40
二、物流服务分类 40
三、物流服务水平的衡量 43
四、物流服务存在的问题及对策 44
五、如何保证具有竞争优势的物流
　　服务水平 45

第五节　物流标准化 46
一、物流标准化的含义 46
二、物流标准化的困难 46
三、物流标准化的重要性 46
四、物流标准化的形式 47
五、物流标准化的分类 48
六、国际通用的主要物流标准 48

第六节　物流组织管理 50
一、传统企业组织结构中存在的
　　一些问题 50
二、几种典型的物流组织结构 51
三、物流组织结构的发展方向 55
四、设置物流组织结构需考虑的
　　几个因素 57

第七节　现代物流管理实训 59
实训任务一　物流公司员工绩效考评
　　　　　　实训 59
一、实训目的 59
二、实训任务 59
三、任务准备 59
四、任务执行指导 59

五、任务执行结果评价 63
实训任务二　物流公司部门绩效管理
　　　　　　实训——以仓储部门
　　　　　　为例 63
　　一、实训目的 63
　　二、实训任务 63
　　三、任务准备 64
　　四、任务执行指导 64
　　五、任务执行结果评价 67

第三章　运输管理 69

第一节　认知物流运输 70
　　一、物流运输的定义 70
　　二、运输的特征 70
　　三、运输的功能 72
　　四、运输的地位 73
　　五、运输的基本原理 74

第二节　物流运输市场和运输方式 74
　　一、物流运输市场 74
　　二、物流运输的方式 77
　　三、物流运输方式的技术经济
　　　　特征 86
　　四、物流运输服务的方式 87

第三节　运输的合理化 88
　　一、不合理运输的表现形式 88
　　二、运输合理化的概念及原则 90
　　三、运输合理化的有效措施 91

第四节　运输管理实训 94
实训任务一　如何选择恰当的运输
　　　　　　方式 94
　　一、实训目的 94
　　二、实训任务 94
　　三、任务准备 94
　　四、任务执行指导 95
　　五、任务执行结果评价 96
实训任务二　模拟内河托运业务 96
　　一、实训目的 96
　　二、实训任务 97

　　三、任务准备 97
　　四、任务执行指导 97
　　五、任务执行结果评价 100
实训任务三　模拟鲜活易腐货物铁路
　　　　　　运输业务 100
　　一、实训目的 100
　　二、实训任务 101
　　三、任务准备 101
　　四、任务执行指导 101
　　五、任务执行结果评价 105

第四章　仓储管理 107

第一节　认知仓库 109
　　一、仓库的定义 109
　　二、仓库的分类 109
　　三、自动化立体仓库 113
　　四、仓库的基本功能 115

第二节　认知仓储管理 116
　　一、仓储的概念 116
　　二、仓储的作用 116
　　三、仓储的基本功能 118
　　四、仓储管理的概念 119
　　五、仓储管理的任务 119
　　六、仓储管理的基本原则 121

第三节　仓储作业管理 122
　　一、入库作业 122
　　二、仓储保管 124
　　三、出库作业 134
　　四、退货 135
　　五、库存控制与管理 135
　　六、仓储的合理化 140

第四节　仓储管理实训 141
实训任务一　入库作业实训 141
　　一、实训目的 141
　　二、实训任务 141
　　三、任务准备 142
　　四、任务执行指导 142
　　五、任务执行结果评价 146

实训任务二　出库作业实训 146
　　　　一、实训目的 146
　　　　二、实训任务 147
　　　　三、任务准备 147
　　　　四、任务执行指导 147
　　　　五、任务执行结果评价 152
　　实训任务三　退货作业实训 152
　　　　一、实训目的 152
　　　　二、实训任务 152
　　　　三、任务准备 152
　　　　四、任务执行指导 153
　　　　五、任务执行结果评价 154
　　实训任务四　ABC分类控制法应用
　　　　　　　　实训 155
　　　　一、实训目的 155
　　　　二、实训任务 155
　　　　三、任务准备 156
　　　　四、任务执行指导 156
　　　　五、任务执行结果评价 159
　　实训任务五　应用EOQ方法进行仓储
　　　　　　　　管理实训 160
　　　　一、实训目的 160
　　　　二、实训任务 160
　　　　三、任务准备 160
　　　　四、任务执行指导 160
　　　　五、任务执行结果评价 163

第五章　配送管理 165

　第一节　认知配送 166
　　一、配送的定义 166
　　二、对配送的理解 166
　　三、配送的作用 167
　　四、配送的分类 168
　　五、配送的业务模式 173
　　六、配送作业 176
　　七、不合理配送的表现形式 182
　　八、配送的合理化 184
　第二节　配送中心运营管理 185

　　一、配送中心 185
　　二、配送中心的作业管理 191
　　三、配送中心的服务管理 192
　　四、配送中心的成本管理 193
　　五、配送中心的绩效管理 194
　第三节　配送管理实训 197
　实训任务一　编制配送作业计划实训 197
　　　一、实训目的 197
　　　二、实训任务 197
　　　三、任务准备 198
　　　四、任务执行指导 198
　　　五、任务执行结果评价 202
　实训任务二　配送订单处理和拣货作业
　　　　　　　实训 202
　　　一、实训目的 202
　　　二、实训任务 202
　　　三、任务准备 202
　　　四、任务执行指导 203
　　　五、任务执行结果评价 207

第六章　包装 209

　第一节　认知包装 210
　　一、包装的概念及其功能 210
　　二、包装的分类 212
　　三、主要包装材料的应用
　　　　与特点 213
　第二节　包装设计与技术 216
　　一、包装设计 216
　　二、包装技术 218
　第三节　包装合理化 222
　　一、包装合理化的概念及要素 222
　　二、包装合理化的实现途径 223
　第四节　包装实训 225
　实训任务一　判断包装合理性实训 225
　　　一、实训目的 225
　　　二、实训任务 225
　　　三、任务准备 226
　　　四、任务执行指导 226

五、任务执行结果评价 227
　实训任务二　检查包装标志实训 228
　　一、实训目的 228
　　二、实训任务 228
　　三、任务准备 228
　　四、任务执行指导 229
　　五、任务执行结果评价 231

第七章　装卸搬运 233

第一节　认知装卸搬运 234
　　一、装卸搬运的含义 234
　　二、装卸搬运的特点 234
　　三、装卸搬运的分类 235

第二节　装卸搬运机械化 239
　　一、装卸搬运机械化的作用
　　　　与原则 239
　　二、装卸搬运的主要机械设备 240
　　三、装卸搬运机械设备的选择
　　　　配置 244

第三节　装卸搬运合理化 245
　　一、装卸搬运存在的主要问题 245
　　二、装卸搬运合理化的原则 247
　　三、装卸搬运的合理化方法 249

第四节　装卸搬运实训 252
　实训任务　制订装卸搬运作业计划 252
　　一、实训目的 252
　　二、实训任务 252
　　三、任务准备 252
　　四、任务执行指导 252
　　五、任务执行结果评价 255

第八章　流通加工 257

第一节　认知流通加工 257
　　一、流通加工的定义及其特点 257
　　二、流通加工的地位 258
　　三、流通加工的功能 259
　　四、流通加工发展的原因 260
　　五、流通加工的类型 261

　　六、常见的流通加工形式 263

第二节　流通加工合理化 267
　　一、不合理的流通加工形式 267
　　二、实现流通加工合理化的
　　　　途径 269
　　三、促进流通加工发展的策略 270

第三节　流通加工实训 272
　实训任务　评价流通加工作业合理性
　　　　　　实训 272
　　一、实训目的 272
　　二、实训任务 272
　　三、任务准备 272
　　四、任务执行指导 273
　　五、任务执行结果评价 275

第九章　物流信息 277

第一节　认知物流信息 278
　　一、物流信息的定义 278
　　二、物流信息的内容 278
　　三、物流信息的特征 279
　　四、物流信息的作用 281
　　五、物流信息与物流决策的
　　　　关系 282

第二节　物流信息技术 283
　　一、条形码技术 283
　　二、射频识别技术(RFID) 288
　　三、销售时点信息系统 291
　　四、电子数据交换 293
　　五、全球定位系统 296
　　六、地理信息系统 297

第三节　物流管理信息系统 298
　　一、物流管理信息系统的概念 298
　　二、物流管理信息系统的特征 299
　　三、物流管理信息系统的类型 299
　　四、物流管理信息系统的基本
　　　　组成 300
　　五、物流管理信息系统的层次
　　　　结构 301

六、物流管理信息系统的功能 302
　　七、物流管理信息系统的发展
　　　　趋势 303
第四节　物流信息实训 304
实训任务一　条码设备认知与安装
　　　　　　调试 304
　　一、实训目的 304
　　二、实训任务 304
　　三、任务准备 304
　　四、任务执行指导 305
　　五、任务执行结果评价 305
实训任务二　条形码设计实训 306
　　一、实训目的 306
　　二、实训任务 306
　　三、任务准备 306
　　四、任务执行指导 306
　　五、任务执行结果评价 309

第十章　企业物流管理 311

第一节　认知企业物流 313
　　一、企业物流的概念 313
　　二、企业物流的分类 313
　　三、企业物流包含的内容 315
　　四、企业物流的增值作用 316
　　五、企业物流的发展趋势 317
第二节　采购管理 318
　　一、采购的含义 318
　　二、采购的类型 319
　　三、采购的一般流程 322
　　四、采购管理的含义 323
　　五、采购管理的原则 324
　　六、采购管理的作用 325
第三节　供应物流管理 326
　　一、供应物流的概念 326
　　二、供应物流的基本过程 327
　　三、供应物流的模式 327
　　四、供应物流的作用 328
　　五、供应商管理 329

第四节　生产物流管理 331
　　一、生产物流定义 331
　　二、生产物流的特点 332
　　三、影响生产物流的主要因素 333
　　四、合理组织生产物流的基本
　　　　要求 333
　　五、现代生产物流管理 334
第五节　销售物流管理 337
　　一、销售物流的含义 337
　　二、销售物流包含的内容 338
　　三、销售物流管理及其重要性 338
　　四、销售物流管理的目标 339
　　五、销售物流管理的内容 339
　　六、企业销售物流管理面临的
　　　　转变 340
　　七、企业实施销售物流管理的
　　　　原则 341
　　八、企业提高销售物流管理水平的
　　　　措施 342
第六节　企业回收物流 343
　　一、企业回收物流的内涵 343
　　二、回收物流的特点 343
　　三、企业回收物流的来源 344
　　四、企业回收物流的作用及意义 345
　　五、企业回收物流的管理 346
第七节　企业物流管理实训 349
实训任务一　模拟编制采购预算工作
　　　　　　实训 349
　　一、实训目的 349
　　二、实训任务 349
　　三、任务准备 349
　　四、任务执行指导 349
　　五、任务执行结果评价 350
实训任务二　生产物流(销售物流)调研
　　　　　　实训 350

第十一章　第三方物流管理 351

第一节　认知第三方物流 353

一、第三方物流的含义 353
　　二、第三方物流产生的原因 354
　　三、第三方物流的特征 354
　　四、第三方物流企业的分类 355
　　五、第三方物流的价值创造 357
　　六、第三方物流的服务内容 358
第二节　第三方物流管理 362
　　一、第三方物流合同管理 362
　　二、第三方物流服务管理 364
　　三、第三方物流服务项目的
　　　　监控 367
第三节　物流企业运营模式及其选择 ... 371
　　一、物流企业运营模式及其特征 ... 371
　　二、物流模式的选择要素 373
第四节　第三方物流管理实训 374
实训任务一　模拟第三方物流供应商的
　　　　　　　选择实训 374
　　一、实训目的 374
　　二、实训任务 374
　　三、任务准备 375
　　四、任务执行指导 375
　　五、任务执行结果评价 376
实训任务二　参观第三方物流企业
　　　　　　　实训 377

第十二章　国际物流 379

第一节　认知国际物流 380
　　一、国际物流的含义 380
　　二、国际物流与国内物流的区别 ... 382
　　三、国际物流环境 383
　　四、国际物流的发展阶段 387
　　五、国际物流的分类 388
　　六、国际物流服务商与业务 388
第二节　国际物流与国际贸易 390
　　一、国际物流与国际贸易的关系 ... 390
　　二、国际贸易术语及国际贸易
　　　　惯例 391
　　三、进出口业务 394

　　四、商检 395
　　五、报关 397
　　六、保险 400
第三节　国际货运业务 403
　　一、国际货运的方式与特点 403
　　二、国际海洋运输 404
　　三、国际铁路运输 406
　　四、国际航空运输 407
　　五、国际货物公路运输 409
　　六、集装箱运输 410
　　七、国际多式联合运输 414
第四节　国际物流实训 416
实训任务一　模拟进出口货物报关
　　　　　　　实训 416
　　一、实训目的 416
　　二、实训任务 416
　　三、任务准备 417
　　四、任务执行指导 417
　　五、任务执行结果评价 424
实训任务二　模拟国际集装箱货物
　　　　　　　运输业务实训 424
　　一、实训目的 424
　　二、实训任务 424
　　三、任务准备 424
　　四、任务执行指导： 425
　　五、任务执行结果评价 429

第十三章　热点物流 431

第一节　供应链管理 432
　　一、供应链的概念 432
　　二、供应链管理的概念 434
　　三、供应链管理涉及的内容 435
　　四、供应链管理的管理原理 435
　　五、牛鞭效应 438
　　六、供应链管理的发展趋势 440
第二节　电子商务物流 441
　　一、电子商务物流的含义及其研究
　　　　对象 441

二、电子商务物流的特点 442
　　三、电子商务与物流的关系 443
第三节　第四方物流 447
　　一、第四方物流的概念与功能 447
　　二、第四方物流产生和发展的
　　　　背景 447
　　三、第四方物流的模式 449
　　四、第四方物流的特点 450
第四节　绿色物流 451
　　一、绿色物流的概念和内涵 451
　　二、绿色物流产生的背景 452
　　三、物流过程引发的环境问题 455
　　四、物流与环境保护 457

　　五、逆向物流 458
第六节　热点物流实训 464
实训任务一　绿色物流调研实训 464
实训任务二　啤酒游戏实训 464
　　一、实训简介 464
　　二、实训目的 464
　　三、实训游戏系统设置 464
　　四、时间安排 466
　　五、实训游戏使用道具 467
　　六、游戏程序 467
　　七、实训游戏绩效评估 468

参考文献 477

第一章 认知物流

案例导入

  在瑞士达沃斯召开的世界经济论坛(或称达沃斯会议)是高水平的非官方国际会议,会上,来自世界各国的知名专家学者、企业界人士会对世界经济形势及管理问题提出前瞻性的见解与建议。因此,达沃斯会议历来受到各国企业界的高度重视。海尔 CEO 张瑞敏是 1999 年及 2000 年达沃斯会议的特邀代表。其中 1999 年的达沃斯会议对张瑞敏的触动最大,因为海尔早在 1997 年 10 月就提出进军"世界 500 强"的国际化发展战略目标,张瑞敏也一直在思考:海尔如何实现由"海尔的国际化"向"国际化的海尔"转变,创出中国的世界名牌,成为世界著名的跨国公司。正好,1999 年达沃斯会议提出 21 世纪的企业有三个标准:一是企业内部组织要适应外部组织变化;二是要有一个全球知名品牌;三是要有一套网上销售策略。

  达沃斯会议后,海尔立即根据会议提出的三个标准于 1999 年 3、4 月份在重建企业内部构架的指导思想方面提出了三个转移:一是从原来的直线职能制管理转移到市场链的管理,以使企业内部组织结构适应外部经营环境的变化,做到扁平化、信息化;二是从国内市场向国外市场转移,"东方亮了,再亮西方",创立世界级名牌;三是由制造业向服务业转移,通过零距离销售模式,形成网上销售的基础。海尔根据三个转移的指导思想对包括物流管理在内的全集团的组织结构进行了大调整,由此拉开了物流管理创新的序幕。

  2000 年达沃斯会议又提出新经济的概念,实际就是一种网络经济的概念,许多国外的大企业在会议上提出,如果不能进入网络经济的话,这个企业必死无疑。对新经济与企业的关系,张瑞敏有一个很好的比喻:新经济好比是建立一个新的高速公路网,企业就是汽车。跨国公司是开着"奔驰"上去的,对它来讲是创立了一个非常好的外部环境。如果我们开着破车,那连上高速公路的最低标准也达不到,与跨国公司没法比。张瑞敏看到物流对开展电子商务的重要作用,提出物流要"以时间消灭空间",以高效的物流运作实现"与用户零距离"的战略目标。张瑞敏下定决心要使海尔物流真正成为企业的

"第三利润源泉"及其支撑战略发展的基石。事业部分散的国内采购活动，改变为整个集团集中的国际采购。这种迅速走向国际化的作业提高了物流成本，也增加了物流复杂性，这种全球化的作业，使得海尔必须站在供应链管理的观点上去系统管理由大量不同国家的供应商及经销商所组成的复杂供应链。

在海尔国际化战略的指导下，集团范围实施了物流重组，使物流能力成为海尔的核心竞争能力，从而达到以最低的物流成本向客户提供最大附加值服务的战略目标，这是海尔实施物流改革的发展战略。从海尔把物流作为企业的一种核心能力进行定位，足以看出海尔对物流的重视程度及认识的高度，难怪中国仓储协会秘书长沈绍基说，海尔物流是"中国物流管理觉醒第一人"。

(资料来源：瑞士达沃斯召开的世界经济论坛内容)

第一节　物流的发展和主要学说

一、物流的发展

1. 物流的发展脉络

从人类茹毛饮血的原始社会到自给自足的农业社会，从大规模生产的工业社会到当今以互联网的兴起为标志的信息化社会，人类就一直存在两种基本活动：生产与消费。连接生产与消费的纽带就是流通活动(见图1-1)。而伴随商品流通而来的一个核心问题就是物的流动问题。人类经济活动过程一直就存在着与生产、消费相适应的流通活动，一直就存在着将物品运至特定地点存储起来以供再生产、交换和消费的活动。所以说，物质资料流通活动的历史与人类生产经营活动的历史一样久远。以中国为例，举世闻名的"丝绸之路"实质上是古代中国通往中亚、西亚、北非和欧洲的交通网络，是中国人与贸易伙伴们一同从陆地到海洋构建了世界历史上最早的洲际物流大通道和当时覆盖范围最广的物流网络。又如，京杭大运河在规划设计、人力调配、物料运输、物资保管、后勤保障、运营维护等环节都验证着古代中国人在工程技术和运营管理领域领先于世界的光辉史实，时至今日仍对现代物流管理领域的研究具有很好的启发和借鉴意义。由此可见，物流活动自古有之。

从20世纪初到20世纪50年代，现代物流作为一门新兴的综合性学科处于孕育与产生阶段。对物流这种经济活动的认识，在理论上最初产生于1901年在美国政府报告《农产品流通产业委员会报告》中第一次论述了对农产品流通产生影响的各种因素和费用，从而揭开了人们对物流活动认识的序幕。1905年，美国陆军少校琼西·贝克在其所著的《军队和军需品运输》一书中提出的物流概念，叫作Logistics。他是从军事后勤的角度提出的，称Logistics是"与军备的移动与供应有关的战争科学之一"。

1915年，美国市场学者阿奇·萧在他的由哈佛大学出版社出版的《市场流通中的若干问题》(Some Problem in Marketing Distribution)一书中提出物流的概念，叫作"Physical

Distribution"。他指出，在市场分销中，存在两类活动：一类叫作创造需求；一类叫作物资实体分配(Physical Distribution of Goods)，也就是怎样更省钱、更及时地将客户订购的产品送到客户手中，并提到"物资经过时间或空间的转移，会产生附加价值"。

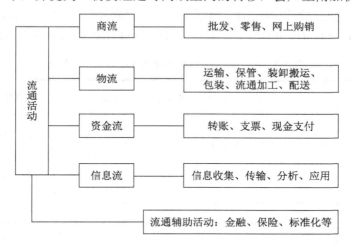

图 1-1 流通活动的内容

1929 年，著名营销专家弗莱德·E.克拉克在他所著的《市场营销的原则》一书中，将市场营销定义为商品所有权转移所发生的各种活动以及包含物流在内的各种活动，从而将物流进一步纳入市场营销的研究范围之中，将流通机能划分为"交换机能""物流机能"和"辅助机能"三部分，将物流活动上升到理论高度加以研究和分析。

1933 年美国市场营销协会(AMA)最早给物流(Physical Distribution，PD)的定义是，"物流是销售活动中所伴随的物质资料从产地到消费地的种种企业活动，包括服务过程"。

1941 年到 1945 年第二次世界大战期间，美国军事兵站后勤活动的开展，以及英国在战争中对军需物资的调运的实践都大大充实和发展了军事后勤学的理论、方法和技术，因此支持了 Logistics 的发展。美国在"二战"时采用的后勤管理这一名词后被引入到商业部门，被人称为商业后勤(Business Logistics)，定义为"包括原材料的流通、产品分配、运输、购买与库存控制、储存、用户服务等业务活动"，其领域统括原材料物流、生产物流和销售物流。

1963 年成立了美国物流管理协会(NCPDM)，该协会将各方面的物流专家集中起来，提供教育、培训活动，这一组织成为世界第一个物流专业人员组织。该协会此时对物流的定义是：物流管理是为了计划、执行和控制原、在制品库存及制成品从起源地到消费地的有效率的流动而进行的两种或多种活动的集成。这些活动可能包括但不限于：顾客服务、需求预测、交通、库存控制、物料搬运、订货处理、零件及服务支持、工厂及仓库选址、采购、包装、退货处理、废弃物回收、运输、仓储管理。

1969 年在《市场营销杂志》上刊登了《物流的发展——现状与可能》一文，对综合物流概念的过去、现状以及未来发展作出了全面分析。1976 年，道格拉斯·M.兰伯特对在库维持费用进行了卓有成效的研究，并撰写《在库会计方法的开发：在库维持费用研究》一文，指出在整个物流活动所发生的费用中，在库费用是最大的一部分，并对费用测定进行了研究，对物流概念和物流管理的发展起到了非常重要的作用。1985年，美国将1963年成立的美国全国物流管理协会，更名为物流管理协会，并重新定义了物流。从这里可以看出，物流发源地美国的主流派别已经将"物流"一词用Logistics取代了过去的Physical Distribution(即P.D)。Logistics与Physical Distribution的区别如表1-1所示。

表1-1 Physical Distribution 与 Logistics 的比较

比较项目	Physical Distribution	Logistics
概念最先出现的时间	1915年阿奇·萧出版的著作《市场流通中的若干问题》	作为一个英文单词，源自古拉丁语，很早就有，1905年美国少校琼西·贝克提出并解释了"物流"，一般认为该概念在第二次世界大战期间才得以广泛使用
最先使用的领域	流通领域	军事领域
目前使用的领域	流通领域	整个供应链(包含生产、流通、消费、军事等各个领域)
概念的外延关系	包含在Logistics中	包含Physical Distribution
概念的内涵	物流管理是为了计划、执行和控制原材料、在制品库存及制成品从起源地到消费地有效率的流动而进行的两种或多种活动的集成。这些活动可能包括但不限于：顾客服务、需求预测、运输、库存控制、物料搬运、订货处理、零件及服务支持、工厂及仓库选址、采购、包装、退货处理、废弃物回收、仓储管理	物流是对货物、服务及相关信息从起源地到消费地的有效率、有效益的流动和储存进行计划、执行和控制，以满足顾客要求的过程，该过程包括进向、去向、内部和外部的移动以及以环保为目的的物料回收

  1956年，日本代表团专门赴美国考察Physical Distribution (以下简称P.D)，美国的P.D即日本所讲的"流通技术"，日本考察团回国后就用美国的P.D替代"流通技术"的称谓。通过介绍和宣传，P.D被日本产业界高度重视，遂于1964年将P.D改为"物の流"，1965年将"物の流"进一步简称为"物流"。1979年6月，中国物资经济学会派代表团参加在日本举行的第三届国际物流会议，回国后首次引进了"物流"概念。2001年，中国制定出了《物流术语》国家标准，首次给出了官方的"物流"定义版本。物流也开始作为一门学科得到了应有的研究和重视。

  由于现代物流产业本身蕴藏着极大的发展潜力，在现代经济的发展过程中起着重要的推动作用。一个企业只有具备了物流优势才有可能在行业竞争中占据一席之地；一个地区只有具备了优秀的物流设施、设备，一流的物流人才和物流企业，这个地区的经济才能得到扎实的发展；一个国家没有强有力的物流产业的支撑，也不可能取得持续的发展。正是切实认识到了物流产业的重大战略价值，中国官方在2009年3月召开的"两会"

上，正式将物流产业确定为我们国家十大振兴产业之一。

2. 物流发展的方向

1) 物流管理模式的发展方向——供应链管理

在物品运动的一系列环节所涉及的各个企业，形成了一条链式结构，称为供应链。通常，各个企业都按照自我成本最小、效益最优的原则组织生产。下游企业直接面对消费客户，它们对市场需求作出精心预测，而后根据自己的库存策略作出生产计划和采购计划。这些计划往往十分完善，使得企业内部达到资源配置的最优。但若不及时跟上游企业联系，一旦上游供货企业未及时供货，下游企业往往措手不及，导致库存下降，生产停滞，顾客流失，效益下降，给企业带来意外损失和外部风险。同样地，若上游企业不及时了解下游企业的生产情况，只一味按照自己的最优化原则进行生产，则往往制定的生产计划与实际市场需求互相脱节，最后导致库存积压，资金周转缓慢，效益下降。这些问题对于处在整个供应链上的每个企业都存在，即产生效益背反困境：单个企业的运作效率可能是较高的，但整个供应链系统的效率往往低下，最终损害供应链中每个企业的利益。

针对这个问题，人们提出了供应链管理理论，它摒弃了局部管理的思想，利用系统的观念和方法对物流系统进行整合，以达到整个系统的最优。供应链管理的目标是：降低客户的购买成本，更好地为客户服务，以获取竞争优势。供应链上的原材料厂商、制造厂商、批发站、零售店结成战略联盟，共生共荣，共同抵御市场风险。整个供应链系统的最优化所带来的效益，按照一定的原则，在各企业间进行分配，使每个企业都能分享供应链管理带来的好处。可以预见：未来市场上的竞争将不再是单个企业间的竞争，而是供应链与供应链之间的竞争。

2) 物流运作方式的发展方向——第三方物流

第三方物流是物流专业化的一种形式。前文提到供应链管理是企业间高效的物流管理模式，它着重于物流信息的管理，具体物流的运作还需企业各自完成。然而，TPL 作为物流服务的专业提供者，具有快捷、安全、服务水准高、成本低的特点，它可以整合整个供应链上的物流进行统一运营，降低整个物流系统的作业成本。供应链上的企业通过合同、契约的方式，形成长期稳定的战略伙伴关系，同时 TPL 经营者与供应链上的服务对象也需建立长期合作关系。只有长期稳定的合作关系，才能拥有稳定、高效的物流系统，从而获得长远的竞争优势。

当然，第三方物流的服务对象不仅仅是供应链上的企业，它可以为任何其他企业、个人提供物流服务。单个企业的物流经营目标是如何在最短的时间内将物品送至客户手中，考虑更多的是库存和配送速度之间的优化、平衡，服务对象为单个零散的客户；而第三方物流是将各个不同企业的物流整合起来进行管理运作，它在实现自身效益最大化的同时，事实上也实现了社会物流的合理化。当它为多个供应链提供服务时，也就实现了多个供应链上的物流整合，这将会大大节约社会物流成本、提高社会经济效益，第三方物流的影响力将是长远而深刻的。

二、物流的定义

1. 美国物流定义

美国物流管理协会 1963 年对物流的定义是：物流是为了计划、执行和控制原材料、在制品及制成品从供应地到消费地的有效率的流动而进行的两种或多种活动的集成。

美国物流管理协会 1985 年对物流的定义是：物流是对货物、服务及相关信息从供应地到消费地的有效率、有效益的流动和储存进行计划、执行和控制，以满足客户需求的过程。

从以上两个定义来看，前者定义了具体的物流活动，后者采取了更为灵活的表述，因此后者所适应的领域更为广泛；前者强调"有效率"的流动，后者强调"有效率的、有效益的"流动；前者的目的是"有效率的流动"，后者的目的是"满足客户需求"。这些区别体现了现代物流的核心价值，反映了美国物流界对物流认识的深入以及物流内涵和外延的变化。美国物流管理协会的物流定义在世界上影响较大，具有代表性，许多国家和地区的物流定义都是美国物流管理协会定义的翻版或变种。

2. 加拿大物流定义

1967 年成立的加拿大物流管理协会基本上采用了美国物流管理协会的定义，后来的定义只是把美国物流管理协会前后两次的定义进行了综合。该协会 1985 年对物流的定义是：物流是对原材料、在制品库存、产成品及相关信息从起运地到消费地的有效率的、成本有效益的流动和储存进行计划、执行和控制，以满足客户需求的过程。该过程包括内向(Inbound)、外向(Outbound)和内部流动。

3. 欧洲物流定义

欧洲物流协会于 1994 年发表的《物流术语》中将物流定义为：物流是在一个系统内对人员或商品的运输、安排及与此相关的支持活动的计划、执行与控制，以达到特定的目的。

欧洲物流协会的这个术语标准已经成为欧洲标准化委员会(The European Normalization Committee)的物流定义，欧洲物流协会对此术语标准每隔三年修改一次，每次都要吸收成员国内的物流定义，争取成为欧洲的物流规范。

4. 日本物流定义

日本日通综合研究所 1981 年在《物流手册》上对物流的定义是：物流是物质资料从供给者向需要者的物理性移动，是创造时间性、场所性价值的经济活动。从物流的范畴来看，包括包装、装卸、保管；库存管理、流通加工、运输、配送等诸种活动，如果不经过这些过程，物就不能移动。

5. 澳大利亚物流定义

澳大利亚成立于 1997 年 11 月 26 日的综合物流网络把物流定义为：物流就是关于货

物从原点到终点移动和处理的全过程及其活动。

6. 我国物流定义

我国在2001年制定的国家标准中将物流定义为：物流是物品从供应地向接收地的实体流动过程。根据实际需要，将运输、储存、装卸、搬运、包装、流通加工、配送、信息处理等基本功能实现有机结合。

虽然各国对物流的定义不尽相同，但还是可以从时间上大致将其划分为三个阶段，即早期的PD阶段、近期的Logistics阶段和现在融入供应链阶段。从内容上物流可分为三个派别：美国派(以美国、加拿大等为代表)，该派定义以物流管理为背景，强调物流是供应链的一部分；欧洲派(以西欧各国为代表)，该派把物流对象扩大到人；亚太派(以中国、日本和澳大利亚等为代表)，该派比较简洁地把物流描述成物流对象的一个位移过程。

三、物流的内涵

从以上物流的定义中，我们可知物流具有以下内涵。

(1) 物流是一种经济活动。因而诸如河水、空气等自然、物理运动不属于物流研究对象；另外，不带有经济性质的社会活动也不是物流研究范围，比如同学们将书包从宿舍带到教室或者同学们穿在身上随着人体的移动而发生移动的衣服等。

(2) 物流是物品从供应地向接收地的流动过程。

(3) 物流包括运输、储存、搬运装卸、包装、配送、流通加工等基本功能。

(4) 物流是一种创造价值的活动。其包括时间价值：缩短时间创造价值(合理组织管理实现)、弥补时间创造价值(储存实现)；空间价值(运输实现)：从集中生产地到分散需求地、从分散生产地到集中需求地(如分散的粮食生产到集中的城市粮食消费)；加工附加价值，如流通加工。

(5) 物流是物品有效率、有效益的流动。研究物流、实施物流管理的目的就是为了提高物流效率，降低物流成本，从而最终提高物流效益。

(6) 物流是不断满足客户需求的过程。满足客户需求是物流管理追求的根本目标。只有当顾客在他希望进行消费的时间和地点拥有所希望数量和要求的产品时，产品才有价值。

四、物流学说简介

目前，在物流行业认可度非常高的物流学说主要有以下几种。

1. 商物分离学说

商物分离学说是指流通中的两个组成部分，商业流通和实物分配各自按照自己的规律和渠道独立运动。商流是指在商品交换中，所发生的由货币形态转化为实物形态或由实物形态转化为货币形态的过程，换句话说，商流完成的是商品价值的转移；物流则是指物品的物理移动过程，它完成的是物品使用价值的转移。所以商物分离实际是流通总体中的专业分工,这是物流科学中重要的新观点。物流科学正是在"商物分离"的基础上才得以对物流进行独立的考察,进而形成科学。在社会发展初期,生产力水平低下,生产者与消费者之间的间隔较小,可以直接接触,生产者在转让商品所有权的同时,也把商品实体转交给了消费者,此时,商流与物流是统一的。所谓的"一手交钱,一手交货"便是商流与物流统一的形象写照。随着社会经济的发展,上述物流与商流合一的情形虽仍存在,但已不符合社会发展的趋势。当今社会生产力高度发达,国际的交往日益增多,信息技术与管理手段的发展日新月异,商流与物流分离已成为一个必然趋势。实践证明:如果按照一定的原则简化物资流通的渠道,不与商流渠道重合,那么可以节约大量成本,物资流通的速度也将大大加快(见图1-2)。

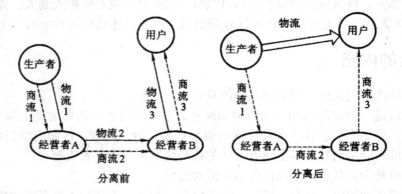

图1-2 商物分离前后对比

商流与物流分离的具体表现形式如下。

第一,物流在前,商流在后。其主要有三种:①赊销。赊销是指卖者预先将货物转给买者,经一段时间后取得相应货款的一种购销方式。②先发货后付款的结算方式。为了促销商品,打开市场,卖方有时采用先发货后付款的结算方式。③分期付款。在这种方式之下,买方首先支付部分货款,取得商品的所有权,然后通过延期或分期付款的方式将所余货款结清。买方通常是消费者,如买车、购房、购置大额耐用消费品大多采用这种方式。

第二,商流在前,物流在后。其主要有两种:①预购。预购和赊销正好相反,预购是指买者预先将货款支付给卖者,经一段时间后取得相应货物的一种购销方式。②款到发货的结算方式。为了避免结算风险,大多卖方企业采用款到后发货的结算方式。在这种方式下,买方预先支付全部或部分货款,卖方收到货款后才发货。

物流与商流的联系为:①一般而言,物流与商流二者相辅相成,互为前提。②商流的价值运动方向和规模决定物流的使用价值运动方向和规模。③商流与物流一起克服了商品生产与消费之间的三种间隔,即所有权间隔、空间间隔和时间间隔。

2. 第三利润源说

"第三利润源"的说法主要源于日本。"第三利润源"是对物流潜力及效益的描述,从经济发展的历程来看,能够大量提供利润的领域主要有两个:第一个是资源领域,资源领域起初是廉价原材料、燃料的掠夺或获得，其后是依靠科技进步节约资源所获得的高额利润，习惯称之为"第一利润资源"。第二个是人力领域，人力领域最初是廉价劳动，其后则是依靠科技进步提高劳动生产率从而获得高额利润，习惯称之为"第二利润源"。在这两个利润源潜力越来越小、利润开阔越来越困难的情况下，物流领域的潜力被人们所重视，按时间序列排为第三利润源。

"第三利润源"理论的最初认识基于两个前提条件：第一，物流可以完全从流通中分化出来，自成一体独立运行，有本身的目标、本身的管理，因而能对其进行独立的总体判断。第二，物流和其他独立的经营活动一样，它不是总体的成本构成因素，而是单独盈利因素，物流可以成为"利润中心"型的独立系统。

"第三利润源"理论反映了人们对物流的理论认识和实践活动，不仅把"第三利润源"看成是直接牟利的手段，而是特别强调它的战略意义。它是在经济领域中利润潜力将尽的情况下的新发现，也是经济发展的新思路。因此"第三利润源"的真正价值就在于它具有直接利润延伸的战略。

3. 物流冰山学说

"物流冰山"学说是日本早稻田大学教授、日本物流成本研究的权威学者西泽修先生在研究物流成本时提出的。他发现：现行会计制度核算方法都不可能掌握物流费用的实际情况，人们对物流费用的了解有很大的虚假性，他把这种情况称为物流冰山(见图1-3)。

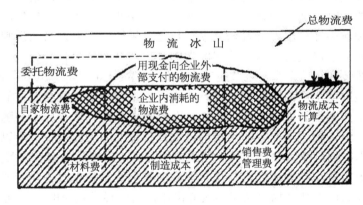

图 1-3　物流冰山说图解

一般情况下，在企业的财务统计数据中，只能看到支付给外部运输和仓库企业的委托物流费用，而实际上，这些委托物流费用在整个物流费用中犹如冰山的一角。因为物流基础设施的折旧费，企业利用自己的车辆运输，利用自己的库房保管货物，由自己的工人进行包装、装卸等物流费用都涉及原材料、生产成本(制造费用)。在销售费用和管理费用等科目中，一般来说，企业向外部支付的物流费用只是很小的一部分，真正的大头是企业内部发生的物流费用。从现代物流管理的需求来看，当前的会计科目设置使企业很难准确把握物流成本的全貌。美国、日本等国家的实践表明，企业实际物流成本的支出往往要超过企业对外支付物流成本数量的五倍以上。

4. 黑大陆学说

1962年，著名管理学家彼得·德鲁克在《财富》杂志上发表了题为《经济的黑色大陆》一文，他强调应高度重视流通及流通过程中的物流管理。彼得·德鲁克曾经讲过"流通是经济领域的黑暗大陆"。德鲁克泛指的是流通，但由于流通领域中物流活动的模糊性特别突出，它是流通领域中人们认识不清的领域，所以"黑大陆"学说主要针对物流而言。"黑大陆"主要是指尚未认识、尚未了解的领域。"黑大陆"学说也是对物流本身的正确评价，即这个领域未知的东西还很多，理论与实践皆不成熟。加强物流理论研究和实践意味着能够把"不毛之地"变成一处宝藏。

5. 服务中心说

服务中心说代表了美国和欧洲等国家一些学者对物流的认识，他们认为，物流活动最大的作用并不在于为企业节约了消耗，降低了成本或增加了利润，而在于提高了企业对用户的服务水平，进而提高了企业的竞争能力。因此，他们在描述物流的词汇上选择了"后勤"一词，特别强调其服务保障的职能。通过物流的服务保障职能，企业以其整体能力来压缩成本和增加利润。

6. 效益背反说

效益背反说是指物流的若干功能要素之间存在着损益的矛盾，某一个功能要素的优化和利益发生的同时，必然会存在另一个或另几个功能要素的利益损失，反之亦然。效益背反是物流领域中经常出现的普遍现象，是这一领域中内部矛盾的反映和表现。效益背反说被许多实证予以支持，以包装问题为例，包装方面每少花一分钱，从表面上看，这一分钱就必然转到收益上来，包装越节省，利润越高。但是，一旦商品进入流通之后，如果省钱的包装降低了产品的防护效果，造成了大量的损失，就会造成储存、装卸运输功能等要素的工作劣化和效益大减。再如，在物流成本中，库存成本会随着每次订货量的增加而增加，但运输成本则会随着平均每次订货量的增加而减少，所以如果希望降低其中的一项成本，就意味着要增加另一项成本的开支，呈现此消彼长的关系。

在认识到效益背反的规律后，物流管理应当寻求解决和克服各功能要素间的效益背反现象，不能片面追求某个物流功能要素的优化，而应寻求物流的总体优化。

第二节　物流的功能、价值与分类

一、物流的功能

物流的功能是指物流活动应该具有的基本能力，以及通过对物流活动的有效组合，达到物流的最终经济目的。物流的功能一般由运输、仓储、包装、配送、装卸搬运、流通加工，以及与上述功能相关的物流信息等构成。

1. 运输

运输是指通过运输手段使货物在不同地域范围之间以改变"物"空间位置为目的的活动。创造场所效用，是实现空间效果的主要手段，是物流系统中最为重要的功能要素之一。运输在物流活动中占有重要的地位，是社会物质生产的必要条件之一，也是"第三利润"的主要源泉。

2. 仓储

仓储就是在指定的场所储存物品的行为。"仓"即仓库，为存放、保管、储存物品的建筑物和场地的总称，可以是房屋建筑、洞穴、大型容器或特定的场地等，具有存放和保护物品的功能。"储"即储存、储备，表示收存以备使用，具有收存、保管、交付使用的意思。仓储就是指通过仓库对商品与物品进行储存与保管。

3. 包装

包装是指保护"物"，或使之单元化，以利于运输、装卸搬运、保管和销售等的技术。"物"在进入物流系统之前，一般要进行一定程度的捆扎、包装或装入适当的容器，因此，包装被称为生产的终点、物流的起点，具有保护性、单位集中性和便利性三大特性，同时具有保护商品、方便物流、促进销售、方便消费四大功能。

4. 配送

配送是物流的一种特殊的、综合的活动形式，它几乎包括了物流的所有职能，是物流的一个缩影或是在某一范围内全部物流活动的体现。配送问题的研究包括配送方式的合理选择，不同物品配送模式的研究，以及与配送中心建设相关的配送中心地址的确定、设施的构造、内部布置和配送作业及管理等问题的研究。配送业务强调及时性和服务性。

5. 装卸搬运

装卸搬运是指在同一范围内进行的，以改变"物"的存放状态和空间分量为主要内容和目的的活动。在生产领域中，装卸搬运通常称为物料搬运，物流的各个主要环节和生产过程的各个阶段都要依赖装卸搬运活动进行衔接。装卸搬运是劳动密集型作业，内容复杂，消耗的人力与财力在物流成本中占有相当大的比重，常常是物流系统改善的难点之一。

6. 流通加工

流通加工是流通中的一种特殊形式。它是指在物品从生产领域向消费领域流通的过程中，为促进销售，维护产品质量和提高物流效率，而对物品进行加工，使物品发生物理、化学和形状变化的活动。流通加工的主要作用是优化物流系统，表现为：增强物流系统服务功能；提高物流对象的附加价值，使物流系统可以成为"利润中心"；降低物流系统成本等。

7. 物流信息

物流信息是指获取表达物流活动的有关知识、资料、消息、情报、数据、图形、文件、语言和声音等信息，以及信息加工与处理的技术。物流信息的分类、研究、筛选难度很大。物流信息具有"中枢神经作用"和"支持保障作用"。

二、物流的价值

1. 物流的时间价值

"物"从供给者到需要者之间本来就存在一段时间差，由改变这一时间差而创造的价值称作"时间价值"。时间价值通过物流获得的形式有以下几种。

(1) 缩短时间创造价值。缩短物流时间，可获得多方面的好处，如减少物流损失，降低物流消耗，增加物的周转，节约资金等。马克思从资本角度早就指出："流通时间越等于零或近于零，资本的生产效率就越高，它的自行增殖就越大。"这里，马克思所讲的流通时间完全可以理解为物流时间，因为物流周期的结束是资本周转的前提条件。这个时间越短，资本周转越快，表现出资本的较高增殖速度。从全社会物流的总体来看，加快物流速度，缩短物流时间，是物流必须遵循的一条经济规律。

(2) 弥补时间差创造价值。在经济社会中，需要和供给普遍存在着时间差。例如粮食的生产较集中，但消费是一年365天，天天有需求，因而供给和需求之间出现时间差。供给与需求之间存在时间差，是一种普遍的客观存在，正是有了这个时间差，商品才能取得自身的最高价值，才能获得十分理想的效益，才能起到"平丰歉"的作用。但是商品本身是不会自动弥合这个时间差的。如果没有有效的方法，集中生产出的粮食除了当时的少量消耗外，就会损坏掉、腐烂掉，而在非产出时间，人们就会找不到粮食吃。物流便是以科学的、系统的方法去弥补、改变这种时间差，以实现其"时间价值"。

(3) 延长时间差创造价值。"加快物流速度，缩短物流时间"，以尽量缩小时间间隔来创造价值，但是在某些具体物流中也存在人为地、能动地延长物流时间来创造价值。例如，秋季集中产出的粮食、棉花等农作物，通过物流的储存、储备活动，有意识地延长物流的时间，以均衡人们的需求；配合待销售的囤积性营销活动的物流便是通过有意识地延长物流时间、有意识地增加时间差来创造价值的。

(4) 准时制理念创造价值。通过准时配送，可以降低客户的库存甚至是零库存，从而减少客户的存储成本，最大限度地为顾客服务，从而带来自身市场占有率的提高，这为企业和客户均带来价值。正是基于准时所带来的价值，准时制成为现代物流的一个理念。

2. 物流的场所价值

场所价值(又称地点价值或空间价值)指的是"物"从供给者到需求者之间有一段空间差，供给者和需求者之间往往处于不同的场所，由于改变"物"的不同场所而创造的价值称作"场所价值"。物流创造场所价值是由现代社会产业结构、社会分工所决定的，主要原因是供给和需求之间的空间差。商品在不同地理位置有不同的价值，通过物流将商品由低价值区转到高价值区，便可获得价值差，即"场所价值"。以下是物流创造场所价值的几种具体形式。

1) 从集中生产场所流入分散需求场所创造价值

现代化大生产的特点之一往往是通过集中的、大规模的专业化生产提高生产效率，降低成本。在一个小范围集中生产的产品可以满足大面积地区的需求，有时甚至可覆盖一个国家乃至若干国家。通过物流将产品从集中地运送到分散的消费地，例如农村生产粮食、蔬菜而异地于城市消费，南方生产荔枝而异地于各地消费，北方生产高粱而异地于各地消费等。通过物流以解决集中与分散的矛盾，从而获取利益，这是物流"场所价值"的一个重要体现。

2) 从分散生产场所流入集中需求场所创造价值

在现代社会中，和上面相反的情况也不少见，例如粮食装配，这也形成了分散生产和集中需求的特性，物流便由此取得了场所价值。

3) 在低价值地生产流入高价值地销售创造场所价值

现代社会中供应与需求的空间差比比皆是，除了由大生产所决定之外，有不少是由自然地理和社会发展因素决定的。特别在经济全球化的浪潮中，国际分工和全球供应链的构筑使许多跨国企业选择在成本最低的国家和地区进行某些部件的生产，并将不同产地生产的部件在另一个国家完成最后的组装，最后在价值最高的地区销售，这离不开现代信息技术、物流技术和有效的物流系统和全球供应链。物流使这些企业的生产和销售价值最大化。所有这些复杂交错的供给与需求的空间差都是靠物流来弥合的，物流也从中获得了利益。

3. 物流的加工价值

"物"通过加工而提高附加价值，取得新的使用价值，这是生产过程的职能。在加工过程中，由于物化劳动和活劳动的不断注入，增加了"物"的成本，同时也增加了其价值。在流通过程中，可以通过流通加工的特殊生产形式，使处于流通过程中的"物"通过特定方式的加工而增加附加值，这就是物流创造加工价值的活动。

三、物流的分类

1. 根据物流活动的业务性质分

1) 生产物流

生产物流亦称"制造物流"，是指工业企业在产品生产制造过程中，原材料、在制品、半成品、产成品在工厂范围内的流动。它包括仓库与车间、车间与车间、车间内不同工序之间各种物料的流动。

2) 供应物流

供应物流是指为了保证生产企业的物品供应，通过采购行为，使物品从供货方流转到采购方所形成的物流，它与生产物流的输入端相连接。

3) 销售物流

销售物流是指生产企业在产品销售过程中，产品从生产企业到用户之间所形成的物流。它包括产品直销和间接销售两种形式。

以上所说的供应物流和销售物流是对同一个生产企业而言的。对不同的生产企业而言它们是统一的，供货企业的销售物流就是购货企业的供应物流。

4) 回收物流

回收物流是指在商品生产和流通过程中，可以回收利用的物品，经过储存、保转、加工和运输所形成的物流，如生产中的边角废料、金属屑等。另外还有退货形成的回收物流。

对许多企业而言，还需要管理回收物流渠道，该渠道可利用全部或部分前向物流渠道，或者需要单独进行设计。随着产品完成最终处理，物流管理才宣告结束。

5) 废弃物流

废弃物流是指对在生产、流通和消费过程中所产生的废弃杂物进行分类、处理、运输、堆存等所形成的物流。

2. 按物流活动的社会范围分

1) 宏观物流

宏观物流即社会物流，亦称为"大物流"。它是指全社会范围内，各企业相互之间错综复杂的物流活动的总称。宏观物流从总体角度对所研究范围内所有物流行为的认识和研究，是从宏观的角度，以长远性和战略性的观点，全面系统地了解物流、研究物流、管理物流。这种物流活动的参与者是构成社会总体的大生产者、大集团。宏观物流还可以从空间范畴来理解，在很大空间范畴的物流活动，往往带有宏观性。宏观物流也指物流总体，从总体看物流而不是从物流的某一个构成环节来看物流。

2) 微观物流

微观物流即企业物流，亦称为"小物流"，包括生产企业物流和流通企业物流两类。微观物流是指消费者、生产者所从事的实际的、具体的物流活动。在整个物流活动中的一个局部、一个环节的具体的物流活动，在一个小地域空间发生的具体物流活动，针对某一种具体产品所进行的物流活动都属于微观物流。在物流活动中，某一个企业的生产物流、供应物流、销售物流、回收物流、废弃物流、生活物流等皆属于微观物流。微观物流研究的特点是具体性和局部性，微观物流的运行状况将直接影响企业的经济效益。

3. 按照物流活动的地域范围分

1) 国际物流

国际物流是指跨越不同国家或地区之间的物流活动。它是国内物流的延伸和进一步发展，是跨国界的、覆盖范围更大的物的流通。国际物流非常复杂，但随着国际贸易的迅速发展，它受到普遍重视。国际物流具有涉外、规模大、要求高、环节多、距离远等特点。

2) 国(区)内物流

国(区)内物流是指发生在一个国家或地区范围内的物流。国家或地区的各项法律、方针、政策以及行业规范、标准在该国所辖范围内普遍适用。它包含着其他各种形式的物流如国内宏观物流、国内微观物流；国内社会物流、国内企业物流等。物流作为国民经济的一个重要组成方面，是国家总体规划的重要内容之一。

3) 区域物流

区域物流是指一个国家或地区范围不同区域内的物流。该区域划分方式很多，如根据行政区划分，分为华北、东北、西南等地区；也可以按经济区域划分，如长江三角洲、珠江三角洲、环渤海地区等。研究地区物流应根据地区的特点，从本地区的利益出发组织好物流活动，既要考虑到地区物流效率的提高、物流成本的降低，又要保障该地的生产和生活环境，促进区域经济的发展，有利于保障当地居民生活水平的不断提高。

4. 按照物流活动的特性分

1) 一般物流

一般物流是指相对于特殊物流之外的具有普遍性的物流。一般物流研究的着眼点在于物流的一般规律，建立普遍适用的物流标准化系统。

2) 特殊物流

特殊物流是指发生在具有特殊要求的特殊领域、范围、行业内的物流。如根据劳动对象的特殊性有水泥物流、石油及制品物流、煤炭物流、易腐物品物流、危险品物流等；又如特殊领域的军事物流等。

5. 按照物流活动的主体分

1) 自营物流

自营物流是指由物品供应企业或接收企业自己对供应或接收的物品所实施的物流活动。该物流组织形式是计划经济时代企业"大而全、小而全"的产物，有较大的局限性。

2) 第三方物流

第三方物流是由供方与需方以外的物流企业提供物流服务的业务模式。

6. 按物品运动方式分

1) 流通业物流

流通业物流是指发生在流通领域内，为了克服产品生产和消费之间存在的空间和时间上的间隔而产生的一种物流形式。它主要通过运输、储存、包装、搬运装卸、配送、流通加工等物流运作手段来创造价值，满足客户的需求。流通业物流的运作对象一般是产成品，在流通业物流中一般不改变物品自身形态，而只发生空间上的位移和时间上的延迟。

2) 制造业物流

制造业物流是指发生在生产企业内，为了将各种物料从原始形态转变成特定的产品形态而产生的一种物流形式。制造业物流中，物品形态随着生产加工的进行而不断变化，直至最后成为特定形态的产品。

7. 按照物流的作用分

1) 供应物流

为生产企业提供原材料、零部件或其他物品时，物品在提供者与需求者之间的实体流动。对生产领域而言,是指生产活动所需要的原材料,备品备件等物资的采购、供应活动所产生的物流;对于流通领域而言,是指交易活动中,从买卖角度出发的交易行为中所发生的物流。企业的流动资金大部分是被购入的物资材料及半成品等所占用的。供应物流的严格管理及合理化对于企业的生产成本有着重要的影响。

2) 生产物流

生产过程中原材料、在制品、半成品、产成品等在企业内部的实体流动,称为生产物流。生产物流是制造产品的工厂企业所特有的,它和生产流程同步,原材料、半成品等按照工艺流程在各个加工点之间不停顿地移动、流转形成生产物流。如果生产物流中断,则生产过程也将随之停顿。过去人们注重的是生产加工过程,现在人们在研究生产加工过程的同时更加关注下列问题:生产流程如何安排?从物流角度看如何做更合理?生产活动环节如何有效衔接?如何缩短生产的物流时间?如何选配合适的机械设备等。

生产物流合理化对工厂的生产秩序、生产成本有很大影响。生产物流均衡稳定,可以保证在制品的顺畅流转,缩短生产周期。在制品库存的压缩设备符合均衡化,也都和生产物流的管理和控制有关。

3) 销售物流

生产企业、流通企业出售商品时,不仅在供方与需方之间的实体流动称为销售物流,也就是物资的生产者或持有者到用户或消费者之间的物流。销售物流对于生产领域是指售出产品,而对于流通领域是指交易活动中,从卖方角度出发的交易行为中的物流。通过销售物流,企业得以回收资金,并进行再生产活动。销售物流的效果关系到企业的存在价值是否被社会承认。销售物流的成本在产品及商品的最终价格中占有一定的比例。因此,在市场经济中,为了增强企业的竞争力,销售物流的合理化可以收到立竿见影的效果。

4) 回收物流

回收物流是指退货、返修物品和周转使用的包装容器等从需方返回供方所引发的物流活动。在生产及流通活动中,有一些资料是要回收并加以利用的,如作为包装容器的纸箱、塑料筐、酒瓶以及建筑行业的脚手架等。还有某些种类杂物的回收分类和再加工,例如,旧报纸书籍,通过回收分类可以再制成纸浆加以利用,特别是金属的废弃物,由于金属具有良好的再生性,可以回收并重新熔炼成有用的原材料。目前我国钢材生产领域,每年有 3000 万吨废钢铁作为炼钢原料使用,也就是说,我国钢产量中有 30% 以上是由回收的废钢铁熔炼而成的。由于回收物资品种繁多,流通渠道也不规则且多有变化,因此,管理和控制的难度很大。

5) 废弃物物流

将经济活动中失去原有使用价值的物品,根据实际需要进行收集、分类、加工、包装、搬运、储存等,并分送到专门处理场所时形成的物品实体流动称为废弃物物流。生产和流通系统中所产生的废弃物,如炼钢生产中的钢渣、开采矿山时产生的土石、废旧电池、医疗垃圾等,对它们如果不进行妥善处理,不但没有再利用价值,还会造成环境污染，就地堆放会占用生产用地，以致妨碍生产，由于需要对这类物资进行处理，因此就产生了废弃物物流。废弃物物流虽然没有经济效益，但具有社会效益。为了减少资金消耗，提高效率，更好地保障生产和生活的正常秩序，对废弃物物资的综合利用进行研究是很有必要的。

第三节 物流系统

一、系统

1. 系统的定义

系统是由相互作用和相互依赖的若干组成部分结合而成的具有特定功能的有机整体。

在理解该定义时需注意以下三点：第一，系统由若干元素组成；第二，这些元素相互作用、相互依赖；第三，由于元素间的相互作用，使系统成为一个具有特定功能的整体。

2. 系统的属性

1) 整体性

具有独立功能的系统要素以及要素间的相互关系是根据逻辑统一性的要求，协调存在于系统整体之中的。也就是说，任何一个要素不能离开整体去研究，要素之间的联系和作用也不能脱离整体去考虑。

系统不是各个要素的简单组合，否则它就不会具有作为整体的特定功能。脱离了整体性，要素的机能和要素之间的作用便失去了原有的意义，研究任何事物的单独部分不能得出有关整体性的结论。

在一个系统整体中，即使每个要素并不都很完美，但它们也可以协调、综合成为具有良好功能的系统。相反，即使每个要素都是良好的，但作为整体却不具备某种良好的功能，也不能称之为完善的系统。

2) 层次性

系统作为一个相互作用的诸要素的总体，它可以分解为一系列的子系统，并存在一定的层次结构。

在不同的层次结构中存在着不同的运动形式，构成了系统的整体运动特性，为深入研究复杂系统的结构、功能和有效地进行控制与调节提供了条件。

系统的层次性分析主要是解决系统分层的层数、各层规模的合理性以及系统的要素在层次上的位置两方面问题。为此需考虑：一是传递物质、能量、信息的效率、质量和费用；二是系统的功能单元的合理结合与归属问题。比如，控制功能必须放在执行功能之上。

3) 相关性

组成系统的要素是相互联系、相互作用的。

相关性说明这些联系之间的特定关系和演变规律。各子系统之间具有密切的关系，相互影响，相互制约，相互作用，牵一发而动全身。要求系统内的各个子系统根据整体目标，尽量避免系统的"内耗"，提高系统整体运行的效率。

4) 目的性

系统都具有人们事先所赋予的预期的目标。系统的目的一般用更具体的目标来体现，比较复杂的社会经济系统都具有不止一个目标，因此，需要用一个指标体系来描述系统的目标。在指标体系中，各个指标之间有时是相互矛盾的，为此，要从整体出发，力求获得全局最优的经营效果，这就要求在矛盾的目标之间做好协调工作，寻求平衡和折中方案。

5) 适应性

任何一个系统都存在于一定的物质环境之中，它必然要与外界产生物质、能量和信息的交换，外界环境的变化必然会引起系统内部各要素的变化。不能适应环境变化的系统是没有生命力的，只有能够经常与外界环境保持最优适应状态的系统，才是具有不断发展势头的理想系统。

二、物流系统

1. 物流系统的概念

物流是处在社会经济大环境之中，由若干相互依赖、相互制约的部分紧密结合而形成的具有特定功能的有机整体，所以物流是一个系统。

2. 物流系统的组成

物流系统由"物流作业系统"和支持物流信息流动的"物流信息系统"两大部分组成，如图 1-4 所示。

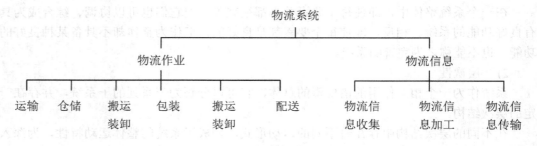

图 1-4　物流系统

物流作业系统包括运输、保管、搬运、包装、流通加工等诸多活动。一些先进的科学技术成果正运用于物流作业系统，如自动立体式仓库、机器人、机械手等，它们的应用大大提高了物流作业系统的运作效率。另外，仓库和码头的选址与规划、运输主干路线网络的规划都可以认为是物流作业系统最优化所研究的内容。

物流信息系统包括对物流作业系统中的各种活动下达命令、实时控制和反馈协调等信息活动。这一系统中，先进技术的应用有：计算机、网络、全球卫星定位系统、地理信息系统、射频技术等。物流作业系统中各活动是相互牵制、相互制约的关系，任何一个环节处理不好，将影响整个物流作业的效益。只有通过物流信息系统，从整体上对各活动做统筹安排，实时控制，并根据反馈信息迅速做出调整，才能保证物流作业系统的高效、畅通和快捷。

物流作业系统和物流信息系统之间存在一定的层次关系，表现为物流信息系统对物流作业系统下达指令，物流作业系统反馈信息给物流信息系统，物流信息系统处在物流作业系统的上层，起着调控管理的作用，它们之间密不可分、相互依赖、互相配合，以实现整个物流系统的目标。

3. 物流外部环境系统

一方面，物流的发展涉及许多行业，因而要与许多行业主管部门发生联系。比如，物流基本功能之一的运输，就包括公路运输、水路运输、铁路运输、航空运输等几种运输方式，它们分别隶属于交通部、铁道部、民航总局；另外，物流还与城建及规划部门、公安交警部门、海关、工商、商贸等部门直接有关。另一方面，在物流发展过程中，也会受到许多地方政府的限制和影响。因此，与物流有关的所有这些部门和地方政府都应积极支持、相互协调，共同为物流顺利发展创造良好的外部环境和条件。当然，如果可能，最好是全国成立一个统一机构来单独对物流发展实施行业管理。实际上，我国物流发展滞后的一个重要原因就在于缺少一个宽松、有利的发展环境。除了上述外部环境外，其他外部环境还有很多，如物流教育科研环境、物流社会舆论环境等。物流外部环境系统如图1-5所示。

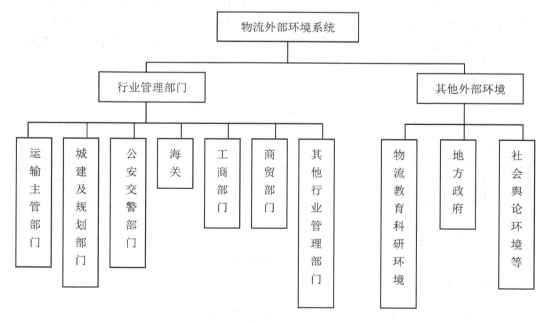

图1-5 物流外部环境系统

4. 物流活动范围系统

物流活动范围包括生产物流、供应物流、销售物流、回收物流和废弃物物流五方面的内容。物流活动是一个与生产活动、商品流通活动紧密相关的系统，该活动系统的任何一个过程如果发生中断，都将会导致整个物流活动系统瘫痪，从而严重影响企业再生产的顺利进行。因此，只有对该系统按生产过程和商品实体运动的客观规律实施系统化管理，才能有效提高整个物流活动的效率和效益。物流活动范围系统如图1-6所示。

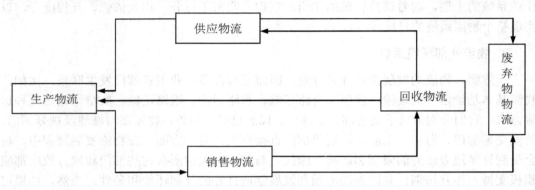

图1-6　物流活动范围系统

5. 物流运输系统

作为物流基本功能之一的运输功能，虽然可以分别由公路、铁路、民航、水运、管道等几种运输方式实现。但是，这几种运输方式有各自不同的技术经济特点，都有各自的优势范围。因此，必须把它们视为一个系统进行整体考虑，取长补短，形成网络化的综合运输，才可能充分发挥物流运输功能，降低运输费用，从而降低物流成本。物流运输系统如图1-7所示。

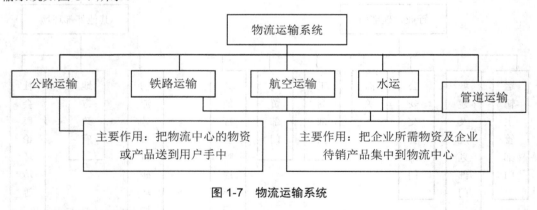

图1-7　物流运输系统

6. 物流信息系统

随着物流专业化、社会化程度提高，物流企业就逐渐成为非物流企业的仓库及包括它们在内的所有用户的物资供应者。显然，这需要发达的电子商务(EC)做后盾，也就是需要通过电子商务平台，把物流企业、非物流企业，以及与之有关的银行、海关等所有部门的相关信息联系起来(B to B)，同时把这些相关的部门与最终消费者联系起来(B to C)，组成一个实时的物流信息系统，通过该系统随时了解物流企业各种物资库存情况、用户需求情况等方面的信息，甚至通过其他技术对车辆、货物进行实时跟踪、监控。物流信息系统如图 1-8 所示。

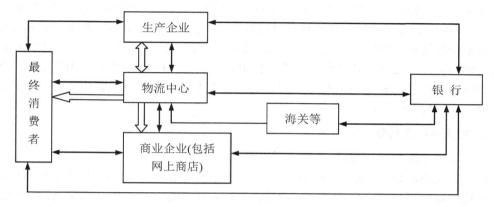

图 1-8　物流信息系统

7. 物流系统的目标

1) 物流系统目标的特点

物流系统的目标不是一成不变的，人们对它的看法也不尽一致。物流系统的目标随着人们对物流科学认识的深入而不断发展；作为物流企业，面对竞争激烈的市场环境，物流系统的目标也应随着市场、环境的变化而作出调整。

2) 传统物流系统目标

传统物流系统的目标是在及时、快速、准确地将货物送至客户的前提之下，使整个物流系统的成本最低。

3) 现代物流系统目标

(1) "以顾客为核心"正是适应这种需要而提出的现代物流系统目标。

当前，在这种网络化竞争的环境中，物流系统的目标也不仅仅只是保证货物及时送抵客户手中，而必须作出调整，以适应互联网时代的市场环境。"以顾客为核心"将客户的服务分为基本服务和增值服务。基本服务的对象是所有存在业务关系的客户，对所有客户在特定层次上予以同等对待，提供同等的服务；增值服务是针对特定的客户或特定的物流活动，是定制化的服务，它是超出基本服务范围之外的附加服务。实现这种目标可以给物流经营者和客户双方带来极大的经济效益。

(2) 绿色物流将成为未来物流系统的目标。

随着经济的发展，物流活动对环境的影响越来越大，为了保护环境，保持经济的可持续发展，人们又提出了绿色物流的概念。绿色物流是指在运输、保管、包装、装卸、流通加工等物流活动中，采用先进的物流技术、物流设施，最大限度地降低对环境的污染，提高资源的利用率。例如：包装材料尽量采用可回收材料；加强对废弃物流的管理，提高废物回收利用率。

三、物流系统工程

1. 物流系统工程的定义

物流系统工程是指在物流管理中,从物流系统整体出发,把物流和信息流融为一体,看作一个系统,把生产、流通和消费全过程看作一个整体,运用系统工程的理论和方法进行物流系统的规划、管理和控制,选择最优方案,以最低的物流费用、最高的物流效率、优良的顾客服务,达到提高社会经济效益和企业经济效益目的的综合性组织管理活动。

物流系统工程主要运用工业工程和系统工程的理论和方法,从整体上对物流进行分析、设计、优化和控制。

2. 物流系统工程研究的内容

1) 物流系统的规划与设计

对于宏观物流系统,规划设计是指在一定区域范围内(国际或国内)物流设施布局网络的最优化处理。如港口、码头的布局设置,工厂厂址的选择,作为物资储备或中转的大型仓库的布局设置等;对于微观物流系统(企业物流),规划设计的核心内容是工厂、车间内部的设计与平面布置、设备的布局。

2) 企业内部物流运输(或搬运)与储存的控制和管理

当企业内部物流网络布局形成时,就必须采用物流管理手段,优化和控制物流流程,主要包括运输、搬运和储存,使企业内部物流实现低成本、快速度、准确无误的作业过程,达到规划阶段所设定的目标,其中包括以下几方面的研究。

(1) 生产批量最优化的研究。
(2) 工位储备与仓库储存的研究。
(3) 在制品的管理。
(4) 搬运车辆的计划与组织方法。
(5) 信息流的组织方法,信息流对物流的作用问题等。

3) 运输与搬运设备、容器与包装的设计和管理

通过改进搬运设备,改进流动器具来提高物流效益、产品质量等;如社会物流中的集装箱、罐、散料包装,工厂企业中的工位器具、料箱、料架以及搬运设备的选择与管理等。它主要包括以下内容:①仓库及仓库搬运设备的研究;②各种搬运车辆和设备的研究;③流动和搬运器具的研究。

第四节 认知物流实训

实训任务 物流企业(或工商企业物流部、生产物流)认识实训

一、实训目的

物流企业(或工商企业物流部、生产物流)认识实训是物流管理专业教学过程中一个不

可缺少的实践环节，对教学发挥着重要的辅助作用，是教学计划的一个重要组成部分。通过现场参观，可以使学生对物流企业、工商企业物流部门、生产物流有一个概括性的了解，增进对物流技术设备、基础设施等的感性认识，加深对物流作业各种管理方式的理解。强化对相关企业的商务、生产作业流程、设施设备、仓储、流通加工、包装、配送等内容的认识和掌握，为培养专业意识做好基础准备。同时，还可以使学生开阔视野，了解社会，锻炼独立观察和思考能力，增强社交沟通能力，提高学生职业素质。

二、实训要求

(一)实训基本要求

(1) 要求学生明确本次实训的目的、内容。
(2) 在实训前，教师对学生实训进行培训，指导学生掌握参观企业需要了解的内容，并能根据企业现场的实情做好提问、咨询的准备。
(3) 要求学生认真完成实训的基本内容。
(4) 在实训的过程中，随时记录，并据此书写实训报告。
(5) 遵守现场规章制度，服从现场工作人员的安排，注意实训过程中的安全。

(二)对培养学生能力的要求

能够将理论与实践相结合，分析物流企业(或工商企业物流部、生产物流)生产作业的优点、缺点；总结可供借鉴的经验；根据存在的不足，提出改进措施。

(三)安全要求

(1) 指导教师必须在实训活动前对学生做好组织纪律和安全意识教育。
(2) 必须按照物流企业与工商企业的实际要求，接受企业方面的安全检查或培训、提示等。
(3) 参加实训的学生应当严格遵守国家政策法令、企业安全保密规程、劳动纪律及其他有关制度，注意文明礼貌和安全事项。

三、实训内容、步骤

步骤1：了解参观对象的概况，主要包括：企业的地理位置，基本业务种类，每种业务的特点、业务量，发展计划，企业整体平面布局特别是仓储布局设计等。

步骤2：了解参观对象的商务管理，主要包括：在遵守企业保密规定的前提下，了解企业合同的形式、内容，合同当事人的权利和义务；了解物流企业单证的种类、格式、功能等。

步骤3：了解参观对象的生产作业过程，主要包括：了解企业生产作业的过程，包括各种货物入库业务，理货、堆存、装卸、搬运业务，出库业务、运输业务、客户服务业务等。

步骤 4：了解参观对象的设施设备，主要包括：了解企业仓库、堆场的结构；装卸、搬运、堆码、检测、计量、分拣、托盘、包装、集装等设备的种类以及作业方法，货物堆码的形式、货物标识方法等。

步骤 5：了解参观对象的仓储管理，主要包括：库存控制的方法；加深对订货点技术、JIT 存货管理技术、MRP 技术的了解。了解仓储的治安保卫管理，仓库消防管理，防风、雨管理，安全作业等内容。了解仓储信息技术、自动化技术的应用情况包括存在的问题及改进。

步骤 6：了解参观对象的流通加工与包装，主要包括：了解物流企业的流通加工和包装业务的内容，生产方式和方法等。

步骤 7：了解参观对象的物流配送，主要包括：了解配送订单的处理、配送计划安排、配送的调度管理、备货、理货、车辆配载的方法等。

四、实训报告的内容及要求

1. 内容

(1) 实训目的、要求。

(2) 实训时间、地点、内容。

(3) 收获和体会，发现的问题、意见、看法和建议(要求有总结、有分析、有个人观点或提出问题)。

2. 要求

(1) 按现场实训的日期、地点、所学习的内容认真做好笔记，包括实训中听取的讲解、收集的资料等有关内容。

(2) 在实训结束后，每位学生提交手写的不少于 1000 字的个人实训报告，个人实训报告要求表达准确，文笔流畅，字迹工整，抄袭雷同者全部按照不及格处理。

第二章　现代物流管理

案例导入

1989 年，SL 公司曾与一些美国电子公司进行了存货水平的基准比较，这次评估向 SL 公司的高层管理人员揭示了 SL 公司与领先的公司在这方面的差距。SL 公司发现有机会可以压缩"沉淀"在整个供应链中的资金，从而向新产品的研发提供更多的资金支持。从评估中，SL 公司认可了现有的分销、物流、物料与制造部门的努力工作，总体存货水平过高并不是他们的责任，主要原因是部门与部门之间相互冲突的工作目标。

SL 公司成立了"物流与资产管理中心"来改善整个供应链的资产管理的绩效。作为一个"变革机构"，这个小组的使命是通过发展和实施整体性的战略和业务流程来推动对物流管理和资产管理的优化。这个小组并非只是一个普通的职能机构，它需要参与一线机构进行对顾客满意度调查，控制物流成本、削减存货的活动，并且每一年都要对这些项目进行优化和改善。

一、SL 公司"物流与资产管理中心"的工作原则

（1）小组的使命并非只指导一个"削减库存"的活动，而是使"压缩供应链资产"成为公司的长期目标。

（2）小组的具体工作需要从长期和短期两个方面来考虑。

二、SL 公司"物流与资产管理中心"工作的实施步骤

（1）创立一个远景目标，统一理解和认识：供应链的一体化整合能为公司创造新的竞争力优势。

（2）最终的目标：改善客户服务，并在资产利用和降低物流成本等方面成为最优秀的公司之一。

（3）远景目标将在战略路径地图中被细化，每一个关键的绩效指标都将设定在客户服务，资产利用和降低物流成本等各个方面的具体目标。

（4）新的概念将会在一个"展示箱"中测试，进一步优化后才在整个公司内大范围地实施。

(5) 为了观测这些指标，物流运作过程中不同部门的绩效衡量指标将会被统一。

(6) 实施中所学习到的技术和诀窍将会被融合在整个公司的"流程再造"中，整个信息系统也会作出相应的改变。

三、SL 公司"物流与资产管理中心"的变革目标

绩效优化计划的总体目标制订得非常宏伟。SL 公司将会取得 100%的顾客满意度，压缩近一半的存货——近 10 亿美元！并节省 3 亿~4 亿美元的物流支出。这些成本的节省并不会以服务水平的下降为代价。SL 公司不仅会重新设计整个供应链流程，而且会改变固有的公司文化、绩效指标、奖惩体系，以及公司的内部关系和整个公司的行为方式。

整个计划首先汇集了各个业务单元在绩效优化中的取得的成就：有些是由业务单元内部完成的，有些是从世界各地其他分公司得到的经验和灵感而完成的。通过理解各个业务单元内部的物流运作，物流与资产管理小组可以开始与供应链的各个组成部分沟通并且以"跨组织流程重组"的方式来推动系统的整合。

四、SL 公司供应链流程的变化

SL 公司在 1986 年建立了一个国际化的跨部门小组，这次供应链流程改造使这个国际小组的作用得到了强化。不同工作职责的人员，包括存货管理、订单配送、制造及供应商等方面的人员都加入了跨部门小组的工作。不仅物流与物料部门的人员参与了工作，而且产品设计、营销、质量控制、财务和信息系统等各个部门人员都在小组中起到了极大的作用。

这个跨职能小组成为整个优化战略的守护者与最关键的利益相关者。它使得第一线的经理可以参与到正在制定的战略中去；通过他们的工作，在某个部门内业已证实可行的创意可以迅速地推广到其他的部门；跨职能小组确保了单个业务单元的优化项目符合公司的总体目标，不会被重复执行；从顾客评价中发现的不满意之处得到了有效的整改；对较复杂的绩效指标进行了简化以便让操作人员可以进行控制，例如：按顾客指定时间到达的订单百分比；在欧洲和美洲，小组通过改善后的运输系统减少了分批运输的问题；小组向每一个业务单元提供了充分的信息以鼓励他们之间的存货共享；资产回收利用的具体实践也在各个业务单元之间得到了推广。

首先，必须在供应链内部用统一的"产品语言(Product Language)"来定义顾客需要的产品、部件。其次，计划的制订过程必须是灵活的，由精确的顾客需求所驱动。再次，供应链被定义为整个公司业务的"整合者(Integrator)"。最后，强调是对"资产流(Assetsflow)"进行管理，而非对仓库中"库存(Stock)"的管理。

通过与远景目标的比较，所需的改变就十分明确了。SL 公司的每一类产品如设备、消耗品、零配件等都需要进行这样的改变。不同产品的分销渠道是不同的：零配件主要是由技术服务人员使用，主要流向他们手中的配件设备。消耗品不需要特别的搬运处理，主要由电话营销渠道向最终用户提供。而设备，由于它们敏感的电子和机械部件，需要特别的搬运处理，而且需要一定的可操作性。

应用"整合"概念，SL 公司想出了一个理想化的设备供应网络：每个流程都应针对一类产品特别设计，满足不同顾客的不同需求；商品化的产品，如个人复印机、小型办

公复印机和传真复印机应该被设计为安装简便，即插即用。高档产品应被设计成100%按单制造，不需要额外的安装和调试工作。要在顾客要求的时间内完成这项任务，同时又要保持尽可能少的存货，SL 公司需要尽可能早地了解需求，以廉价信息来替代昂贵的存货。

（资料来源：物流产业网，2006-8-15）

第一节　认知物流管理

一、物流管理定义

物流管理是指为了以最低的物流成本达到客户所满意的服务水平，对物流活动进行的计划、组织、协调与控制。换句话说，物流管理是对原材料、半成品和成品等物料在企业内外流动的全过程所进行的计划、实施、控制等活动。这个全过程，就是指物料经过的包装、装卸搬运、运输、储存、流通加工、物流信息等物流运动的全部过程。

在社会再生产过程中，根据物质资料实体流动的规律，应用管理的基本原理和科学方法，对物流活动进行计划、组织、指挥、协调、控制和监督，使各项物流活动实现最佳的协调与配合，以降低物流成本，提高物流效率和经济效益。

二、物流管理的内容

(1) 对物流活动诸要素的管理，包括运输、储存、装卸、配送等环节的管理。

(2) 对物流系统诸要素的管理，即对其中人、财、物、设备、方法和信息等要素的管理。

(3) 对物流活动中具体职能的管理，主要包括物流计划、质量、技术、经济等职能的管理。

现代物流管理是建立在系统论、信息论和控制论的科学基础之上的。从系统论的观点出发，要求物流系统能及时地提供完整、准确、必要的信息，通过对这些信息的处理，了解掌握物流状况，控制物流。计算机的应用是现代物流系统信息获取、传递和存储的基础。

三、现代物流管理的特征

1. 系统化

传统上讲，物流一般涉及产品出厂后的包装、运输、装卸、仓储。而现代物流则向两头延伸并加进了新的内涵，使社会物流和企业物流有机地结合在一起。从采购物流开始，经过生产物流再进入销售领域，要经过包装、运输、装卸、仓储、加工配送，最终到达用户手中，最后还有回收物流。也可以说，现代物流包含了产品的整个物理性流通过程，即通过统筹协调、合理规划，控制整个商品的流动，以达到效益最大和成本最小，同时满足用户需求不断变化的客观要求。这样，可以适应经济全球化、物流无国界的发展趋势。物流的系统化可以形成一个高效、通畅、可调控的流通体系，可以减少流通环节，节约流通费用，实现科学的物流管理，提高流通的效率和效益。

2. 信息化

电子数据交换技术和国际互联网的应用，使物流质量、效率和效益的提高更多地取决于信息管理技术。物流的信息化是指商品代码和数据库的建立、运输网络合理化、销售网络合理化、物流中心管理电子化、电子商务和物品条码技术的应用等。物流的信息化可实现信息共享，使信息的传递更加方便、快捷、准确，提高整个物流系统的经济效益。现代物流由于信息系统的支持，借助于储运和运输等系统的参与，借助各种物流设施，共同完成一个纵横交错的物流网络，物流覆盖面不断扩大，规模经济效益日益显现，社会物流成本不断下降。

3. 自动化

自动化的基础是信息化，核心是机电一体化。自动化的外在表现是无人化，自动化的效果是省力化。另外，自动化还可以扩大物流作业能力，提高劳动生产率，减少物流作业的差错等。物流自动化的设施非常多，如条码/射频自动识别技术与系统、自动分拣系统、自动存取系统、自动导向车、货物自动跟踪系统等。

4. 柔性化

在生产领域提出柔性化，本来是为实现以顾客为中心的经营理念，但要真正做到柔性化，即真正能根据消费者需求的变化来灵活调节生产工艺，没有配套的柔性化物流系统是不可能达到目的的。20世纪90年代，国际生产领域纷纷推出柔性制造系统、计算机集成制造系统、敏捷制造、企业资源计划、大量定制化以及供应链管理的概念和技术。这些概念和技术的实质是将生产、流通进行集成，根据需求端的需求组织生产，安排物流活动。因此，柔性化的物流正是适应生产、流通与消费的需求而发展起来的一种新型物流模式。这就要求物流配送中心根据消费需求多品种、小批量、多批次、短周期的特色，灵活组织和实施物流作业。

5. 标准化

物流的标准化指的是以物流为一个大系统，制定系统内部设施、机械装备、专用工具等各个分系统的技术标准；制定系统内分领域如包装、装卸、运输等方面的工作标准；以系统为出发点，研究各分系统与分领域中技术标准与工作标准的配合性，按配合性要求统一整个物流系统的标准；研究物流系统与其他相关系统的配合性，进一步谋求物流大系统的标准统一。随着全球经济一体化的不断发展，各个国家都很重视本国物流与国际物流相衔接，在本国物流管理发展初期就力求使本国物流标准与国际物流标准化体系一致。

6. 社会化

随着市场经济的发展，专业化分工越来越细，一个生产企业生产某种产品，除了一些主要部件自己生产外，大多外购。生产企业与零售商所需的原材料、中间产品、最终产品大部分由专门的第三方物流企业提供，以实现少库存或零库存。这种第三方物流企业不仅可以进行集约化物流，在一定半径之内实现合理化物流，从而大量节约物流费用，而且可以节约大量的社会流动资金，实现资金流动的合理化，既提高了经济效益，又提高了社会效益。显然，完善和发展第三方物流是流通社会化的必然趋势。

7. 网络化

物流网络化的基础也是信息化。这里所说的网络化有两层含义：一是指物流配送系统的计算机通信网络，主要是指物流配送中心与供应商、制造商以及下游顾客之间的联系，实现计算机网络化。比如物流配送中心向供应商提出订单这个过程，就可以通过网络来自动实现，物流配送中心通过计算机网络收集下游客户的订货的过程，也可以自动完成。二是指组织的网络化，主要包括企业内部组织的网络化和企业之间的网络化。

随着市场竞争的加剧，越来越多的生产企业显现出集中化趋势，采取低成本扩张等方式迅速壮大企业实力。一方面，企业生产规模越来越大，其产品要经过各种通道送达全国乃至国外客户手中，需要网络化的物流企业作为其分销网络的组成部分，帮助其销售和拓展市场；另一方面，竞争导致产品本身成本的压缩空间减小，希望通过物流企业的规模效益和综合服务降低物流的总成本，从而提高市场竞争力。因此，构筑具有网络化和信息化特征的综合物流体系，就成为历史发展的必然。

8. 智能化

智能化是物流自动化、信息化的一种高层次应用。物流作业过程中大量的运筹和决策，如库存水平的确定、运输(搬运)路径的选择、自动导向车的运行轨迹和作业控制、自动分拣机的运行、物流配送中心经营管理的决策支持等问题，都需要借助于智能化专家系统才能解决。物流的智能化已成为新经济时代物流发展的一个新趋势。

四、现代物流管理的目标

现代物流管理，从宏观上来讲，是要在社会主义市场经济体制下，运用管理的基本原理和方法，以物流系统为研究对象，研究现代物流活动中的技术问题和经济问题，以实现物流系统的最佳经济效益，不断促进物流业的发展，更好地为社会主义现代化和提高人民生活水平服务。从微观上来说，现代物流管理就是运用计划、组织、控制三大管理职能，借助现代物流理念和现代物流技术，通过运输、搬运、存储、保管、包装、装卸、流通加工和物流信息处理等物流基本活动，对物流系统各要素进行有效组织和优化配置，来解决物流系统中供需之间存在的时间、空间、数量、品种、价格等方面的矛盾，为物流系统的各类客户提供优质的物流服务。

现代物流管理追求的目标可以概括为"7R"：将适当数量(Right Quantity)的适当产品(Right Product)，在适当的时间(Right Time)和适当的地点(Right Place)，以适当的条件

(Right Condition)、适当的质量(Right Quality)和适当的成本(Right Cost)交付给客户。具体来讲，通过加强物流系统管理可以实现"7S"，即服务(Service)目标、快捷(Speed)目标、节约(Space Saving)目标、规模优化(Scale Optimization)目标、库存控制(Stock Control)目标、安全性(Safe)目标、总成本(Sum Cost Minimum)目标。

1. 服务目标

物流系统是连接生产和消费的纽带和桥梁，因此需具备很强的服务性。物流系统采取送货、派送等形式，在为用户服务方面，要求做到无缺货、无货损、无货差，且费用便宜；在技术方面，近年来出现了准时供货方式、柔性供货方式等。作为物流系统服务目标的衡量标准，可以列举如下：用户的订货能很快地进行配送；接受用户订货时商品的在库率高；在运送中交通事故、货物损伤、丢失和发送错误少；储存中变质、丢失、破损现象少；具有能很好地实现运送、保管功能的包装；装卸、搬运功能能满足运送和保管的要求；能提供保障物流活动流畅进行的物流信息系统，能够及时反馈信息；合理的流通加工，以保证生产费、物流费之和最少。

2. 快捷目标

要求将货物按照用户指定的地点和时间迅速及时地送达，这不但是服务性的延伸，也是流通对物流提出的要求。快速、及时既是一个传统目标，更是一个现代目标，随着社会大生产的发展，这一要求更加强烈。在物流领域采取的诸如直达物流、联合一贯运输、高速公路等管理和技术，以及把物流设施建在供给地区附近，或者利用有效的运输工具和合理的配送计划等手段，都是快捷目标的体现。

3. 节约目标

节约目标是指有效地利用面积和空间的目标。节约是经济领域取得效益的重要途径。虽然我国土地费用比较低，但也在不断上涨，特别是对城市市区面积的有效利用必须加以充分考虑，逐步发展立体化设施和有关物流机械，求得空间的有效利用。另外，在流通领域中，除了节约流通时间外，由于流通过程消耗大而又基本上不增加商品的价值，所以通过节约来降低支出是提高相对产出的重要手段。

4. 规模优化目标

生产领域的规模生产早已为社会所承认。以物流规模作为物流系统的目标，也可以追求规模效益。在物流系统中，考虑物流设施集中与分散是否适当，机械化和自动化程度如何合理利用，信息系统的集中化所要求的计算机等设备的利用等，都是规模优化这一目标的体现。

5. 库存控制目标

库存过多则需要更多的保管场所，而且会产生库存资金的积压，造成浪费。因此，必须按照生产与流通的需求变化对库存进行控制，这也是宏观调控的需要，它直接涉及物流系统本身的效益。在物流系统中，正确确定库存管理方式、库存数量、库存结构、库存分布，就是这一目标的体现。

6. 安全性目标

物流系统的各环节都应坚持"安全第一，预防为主"的方针，以避免货运事故给企业和客户带来损失。

7. 总成本目标

利用物流要素之间的效益背反关系，科学合理地组织物流活动，加强对物流活动过程中费用支出的有效控制，通过对物流总成本的有效控制，减低物流活动中的活劳动和物化劳动的消耗，达到降低物流总支出、提高企业和社会经济效益的目的。

第二节 物流成本管理

一、物流成本的相关概念

1. 物流成本的定义

所谓物流成本，是指物流活动中消耗的物化劳动和活劳动的货币表现，具体表现为企业向外部企业支付的物流费用、企业内部消耗的物流费用、企业材料物流费用、销售物流费用等。

2. 物流成本的构成

物流成本包括物品从生产原点的采购开始到最终顾客手中的仓储、搬运、装卸、包装、运输以及在消费领域发生的验收、分类、保管、配送、废品回收等过程发生的所有成本，具体包括以下几部分。

(1) 人力成本，包括职工工资、奖金、津贴及福利等。

(2) 运输成本，包括人工费用、运营费用等。

(3) 流通加工成本，包括设备费用、加工材料费用、流通加工劳务费用等。

(4) 配送成本，包括配送中心进行分拨、配货、送货过程中所发生的各项费用。

(5) 包装成本，包括包装材料费用、包装机械费用、包装技术费用、包装辅助费用、包装人工费用等。

(6) 装卸与搬运成本，包括人工费用、运营费用、装卸搬运合理损耗费用等。

(7) 仓储成本，仓储持有成本、订货或生产准备成本、缺货成本、在途库存持有成本。

(8) 用于保证物流系统运作的资金成本。

(9) 研究设计、重组与优化物流过程的费用。

(10) 其他费用。

3. 物流成本的分类

物流成本可分为狭义与广义两种。

1) 狭义的物流成本分类

生产性流通成本；纯粹性流通成本；可变成本；固定成本；进货成本；商品储存成本；销售成本；本企业支付的物流成本；其他企业支付的物流成本；物流环节成本；信息流通成本；物流管理成本；供应物流成本；生产物流成本；销售物流成本；退换货物流成本；废弃物物流成本。

2) 广义的物流成本分类

客户服务水平；运输成本；仓储成本；订单处理/信息系统成本；批量成本；库存持有成本；包装成本等。广义物流成本的分类是从各种物流活动和成本的关系出发，分析成本产生的原因，将总成本最小化，实现有效的物流管理和成本节约。

4．以活动为基础的物流成本分类

以往我们经常把物流活动的成本分摊给一个组织或预算单位，而在以活动为基础的物流成本中，成本是分摊在消费一定资源的活动上的，所以称为以活动为基础的物流成本分类。以活动为基础确定物流成本方法的原则就是一切以增值活动本身为着眼点，将消耗的所有的有关费用与增值活动的完成联系起来。根据以活动为基础确定物流成本的方法，可将物流成本归类为三大项：直接成本、间接费用和日常费用。

1) 直接成本

直接成本是为完成物流工作而直接发生的费用。这种成本不难找出，比如运输、仓储、原料管理以及订货处理及库存的某些方面的直接费用是能从传统的成本中提取出来的。

2) 间接费用（类似于会计中的制造费用）

间接费用是那些为完成物流工作而间接发生的费用。它是较难分离的，因为与间接因素有关的费用往往涉及固定资本的分摊。物流活动的间接费用的确定经常取决于管理者的判断，一般在每件平均成本的基础上分配间接费用。

3) 日常费用（类似于会计中的管理费用等）

日常费用是一个企业的所有组织单位都承担着相当大的一笔费用，诸如各种设施中的灯光和暖气所需的费用。为此，就要求对如何将这些日常费用和在什么程度上将这些类型不同的日常费用分配到特定的活动中去作出判断和决定。一种方法是直接将总的企业日常费用在一个统一标准的基础上分配到所有的运作单位上去。另一种传统的而且日益引起争论的分配方法是以直接劳动费用为基础的分摊方法。不过，在另一个极端，也有一些厂商拒绝所有的日常费用的分配，以避免扭曲对直接和间接的以活动为基础的物流成本的衡量。

5．物流成本的冰山理论

1) 物流成本的传统会计核算的弊端

传统会计对有关物流成本的核算一般只计算外付运费和外付储存费，不过是冰山之一角。而在企业内部占压倒多数的物流成本则混入其他费用中，如不把这些费用核算清楚，很难看出物流费用的全貌。

2) 物流成本冰山理论的提出

物流成本的冰山理论是由日本早稻田大学的西泽修教授提出的。冰山露出海面的只不过是它庞大躯体的一小部分，更大的部分隐藏在海面之下。从以上分析可以看出，物流成本也具有相似的特征。这就是物流成本的冰山理论，如图 2-1 所示。

因此，航行在"市场"之上的企业巨轮如果看不到海面下的物流成本的庞大躯体的话，那么最终很可能会得到与"泰坦尼克号"同样的厄运。而一旦物流所发挥的巨大作用被企业开发出来，它给企业所带来的丰厚利润则是相当可观的。

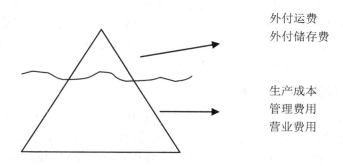

图 2-1　物流成本冰山说

6. 物流成本的效益背反

1) 物流成本与服务水平的关系

物流成本与服务水平的效益背反可用图 2-2 表示。由图 2-2 可知。

(1) 一般来说，提高物流服务，物流成本即上升，它们之间存在着效益背反。

(2) 物流服务与物流成本之间并非呈现线性关系，也就是说，投入相同的成本并非可以得到相同的物流服务的增长。一般而言，物流服务处于低水平阶段追加成本的效果较佳。

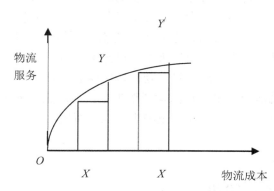

图 2-2　物流成本与服务水平之间的关系

2) 对物流服务和物流成本做决策时应考虑的因素

(1) 保持物流服务水平不变，尽量降低物流成本。不改变物流服务水平，通过改进物流系统来降低物流成本，这种尽量降低成本来维持一定服务水平的方法称为追求效益法。

(2) 提高物流服务水平，不惜增加物流成本。这是许多企业提高物流服务水平的做法，是企业面对特定顾客或其特定商品面临竞争时所采取的具有战略意义的做法。

(3) 保持成本不变，提高服务水平。这是一种积极的物流成本对策，是一种追求效益的方法，也是一种有效的利用物流成本性能的方法。

(4) 用较低的物流成本，实现较高的物流服务。这是一种增加销售、增加效益、具有战略意义的方法。只有要求企业合理运用自身的资源，才能获得这样的效果。

企业采取哪种物流成本策略，往往不是凭感觉而定的，而是通盘考虑各方面因素的结果。这些因素包括商品战略和地区销售战略、流通战略和竞争对手、物流成本、物流系统所处的环境，以及物流系统负责人所采用的方针等。

7. 物流各功能活动的效益背反

物流的各项活动处于这样一个相互矛盾的系统中，想要较多地达到某个方面的目的，必然会使另一方面的目的受到一定的损失，这便是物流各功能活动的效益背反。例如，减少物流网络中仓库的数目并减少库存，必然会使库存补充变得频繁而增加运输的次数；简化包装，虽可降低包装成本，但却由于包装强度的降低，在运输和装卸的过程中破损率会增加，且在仓库中摆放时亦不可堆放过高，降低了保管效率；将铁路运输改为航空运输，虽然增加了运费，却提高了运输效率，不但可以减少库存，还降低了库存费用。所有这些都表明，在设计物流系统时，要综合考虑各方面因素的影响，使整个物流系统达到最优，任何片面强调某种物流功能的企业都将会蒙受不必要的损失。由此可见，物流系统就是以成本为核心，按最低成本的要求，使整个物流系统化。它强调的是调整各要素之间的矛盾，把它们有机地结合起来，使成本变为最小，以追求和实现部门的最佳效益。

在物流系统中，"效益背反"现象比较典型的表现主要有以下几个方面。

(1) 减少库存节点并尽量减少库存，势必使库存补充变得频繁，必然增加运输次数。

(2) 简化包装，则包装强度降低，仓库里的货物就不能堆放过高，这就降低了保管效率。而且在装卸和运输过程中容易出现破损，以至搬运效率下降，破损率增多。

(3) 为了避免断货，就要增加库存量，仓储费用就会上升。

(4) 将铁路运输改为航空运输，虽然运费增加了，而运输效率却大幅度提高了。这样不但减少了各地物流节点的库存，还大量减少了仓储费用。

二、物流成本管理

1. 物流成本管理的定义及作用

物流成本管理是对所有物流成本进行计划、分析、核算、控制与优化，以达到降低物流成本的目的。加强物流成本管理对降低物流成本，提高物流活动的经济效益具有非常重要的意义。物流成本管理不是管理物流成本，而是通过成本去管理物流，可以说是

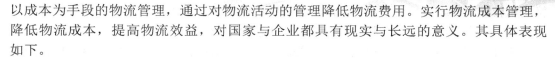

以成本为手段的物流管理，通过对物流活动的管理降低物流费用。实行物流成本管理，降低物流成本，提高物流效益，对国家与企业都具有现实与长远的意义。其具体表现如下。

1) 改进企业的物流管理

企业物流管理水平的高低，直接影响着物流耗费的大小。因此，企业要降低物流成本水平，就必须不断提高服务质量，不断改进物流管理的方法及技能。从某种程度上说，加强物流成本管理，降低物流成本是企业提高物流管理水平，提高服务质量的一个基本因素。

2) 降低产品价格

因为物流成本是产品价格的组成部分之一，所以物流成本的大小对产品价格的高低具有重大影响。通过对物流成本进行管理，使得物流成本降至最低，企业便可以在一个较大的幅度内降低其产品价格，从而增强企业的竞争能力，同时，也可以减轻消费者的负担。

3) 为社会节约大量财富

物流成本是社会财富的一个减项。实行物流成本管理可以减少财产损失和商品损耗，减少社会财富浪费，同时，也可增加生产领域的投入，以创造更多的物质财富。

尽管物流成本管理具有以上重要作用，但时至今日，物流成本问题还没有能够提到企业会计制度的高度，因而还不可能纳入到企业常规管理的范畴之内。因此，对于生产企业而言，物流成本管理往往还是一种管理的理念，而没有转化成管理行为。物流成本管理理论重于运作的主要原因是，如果不从根本上改变企业部门和职能的结构，就无法单独形成物流成本的相关科目，物流成本总是和其他的成本混杂在一起，许多成本项目混杂在其他的科目之中，只有当企业进行深入的核算和财务分析，才可能将物流成本完全分离出来。但是，总的成本科目体系现在还不能将物流成本纳入常规的结构之中。

2. 物流成本管理的原则

物流成本管理的原则主要有以下几点。

1) 经济效益与社会效益并重原则

注重提高物流企业的经济效益的同时，也要注重提高社会效益。任何一个企业的物流系统的效益评价，必然是以物流系统为顾客所提供的服务效果与其物流成本的比较为依据。如果以过高的服务费用去换取良好的服务效果显然是不合算的。加强物流成本管理的目的就是要达到以最低的物流成本获得最好的顾客服务，以确保物流企业的整体效益最大，或者说在一定的顾客服务水平条件下，使其物流费用最少，达到物流整体效益最大，即物流企业要在单位产品或服务工作中以最少的环节、最短的时间、最少的劳动消耗生产出更多的劳动成果。

2) 物流全过程系统性原则

从物流全过程的角度来看，企业控制物流成本不仅仅要追求本企业全过程、全系统的效率化，而应该考虑从原材料的购买、产品制成到送到最终用户整个供应链过程的物流成本效益化。随着ECR等新兴供应链物流管理体制的不断发展和普及，用户除了对价格提出较高的要求外，对企业的物流服务的质量也提出了较高的要求。

3) 树立服务质量第一和全面质量管理观念的原则

加强物流成本的管理就是为了降低物流成本，最终提高企业的经济效益。以往的物流管理重物流数量而轻物流质量，其结果是反过来又影响物流的数量。这种做法也许短时间内使物流成本降低了，但是从长远来看必然会影响到物流系统的效益，甚至最终影响整个企业的经济效益。例如，物流配送中大量的产品变质、损坏将直接影响着物流的数量和物流服务的质量，最终也会影响物流的经济效益。

4) 与其他交易企业之间形成效益化的交易关系原则

借助于现代信息的构筑，一方面是各种物流作业或业务处理能准确、迅速地进行，迅速完好地向顾客传递商品。这样可以缩短送货时间，缩短商品周转期，同时还可以对货物进行跟踪，这样既有利于提高物流服务质量，又有利于减少物流成本；另一方面是借助于现代信息系统企业能建立起自己的物流经营战略系统。通过将企业订购的意向、数量、价格等信息在网络上进行传输，从而使生产、流通全过程中的各相关单位分享由此带来的利益，充分应对可能发生的各种需求，从而调整不同企业间的经营行为和计划，从整体上控制物流成本发生的可能性。现代信息系统的构筑为彻底实现物流成本的降低，而不是向其他企业或部门转嫁成本奠定了基础。

5) 全员参加原则

每个员工了解自身参加物流成本管理的重要性及其在组织中的角色。每个人都应清楚其本身的职责、权限和相互关系，了解其工作的目标、内容以及达到目标的要求、方法，理解其参加的结果对整个目标的贡献和影响，以利于协调开展物流成本管理。

6) 领导推动原则

领导力是指领导者设定特定的标准和期望，推动他人向认定的理想方向行动，并成功地实现目标的过程。领导力关注的是远见和影响力。物流管理组织的领导是一种推动其他人实现物流发展(包括物流成本管理)共同目标的目的性行为，最终目标是取得对物流管理组织或个体具有积极意义的成果。

3. 物流成本管理的内容与方法

物流成本管理的内容与方法如下。

1) 物流成本管理的内容

物流成本管理的内容包括物流成本预测、物流成本决策、物流成本计划、物流成本控制、物流成本核算、物流成本分析等。上述各项物流成本管理的内容是相互配合、相互依存的一个有机整体。成本预测是成本决策的前提；成本计划是成本决策所确定目标的具体化；成本控制是对成本计划的实施进行监督，以保证目标的实现；成本核算与分析是对目标是否实现的检验。

2) 物流成本管理的方法

(1) 物流成本横向管理法。

物流成本横向管理法是对物流成本进行预测和编制计划。物流成本预测是在编制物流计划之前进行的。它是在对本年度物流成本进行分析，充分挖掘降低物流成本的潜力的基础上，寻求降低物流成本的有关技术经济措施，以保证物流成本计划的先进性和可靠性。物流成本计划按时间标准进行划分，有短期计划(半年或 1 年)、中期计划(3 年)和长期计划(5 年或 10 年)等计划体系，在短期计划中又可划分为月度计划、季度计划、半年度计划等。

(2) 物流成本纵向管理法。

物流成本纵向管理法即是对物流过程的优化管理。物流过程是一个创造时间性和空间性价值的经济活动过程。为使其能提供最佳的价值效能，就必须保证物流各个环节的合理化和物流过程的迅速、通畅。物流系统是一个庞大而复杂的系统，要对它进行优化，需要借助于先进的管理方法和管理手段。可在其单项活动范围内进行，对整个物流系统进行模拟，采用最有效的数量分析方法来组织物流系统，使其合理化。其主要有：①用线性规划、非线性规划制订最优运输计划，实现物品运输优化；②运用系统分析技术，选择货物最佳的配比和配送线路，实现货物配送优化；③运用经济订购批量模型确定经济合理的库存量，实现物资存储优化；④运用模拟技术对整个物流系统进行研究，实现物流系统的最优化等。

(3) 计算机管理系统管理法。

计算机管理系统管理法是将物流成本的横向与纵向连接起来，形成一个不断优化的物流系统的循环圈。通过一次次循环、计算、评价，使整个物流系统不断地优化，最终找出其总成本最低的最佳方案。

第三节　物流质量管理

一、物流质量及其分类

物流质量是物流商品质量、服务质量、工作质量和工程质量的总称。它具体分以下几方面。

1) 商品质量

商品质量是指商品运送过程中对商品原有质量(数量、形状、性能等)的保证，尽量避免破损，而且现代物流由于采用流通加工等手段，可以改善和提高商品质量。

2) 物流服务质量

物流服务质量是指物流企业对用户提供服务，使用户满意的程度。如现在许多第三方物流公司都采用 GPS 定位系统，能使客户对货物的运送情况进行随时跟踪。由于信息和物流设施的不断改善，企业对客户的服务质量必然不断提高。

3) 物流工作质量

物流工作质量是指物流服务各环节、各工种、各岗位具体的工作质量。这是相对于企业内部而言的，是在一定的标准下的物流质量的内部控制。

4) 物流工程质量

物流工程质量是指把物流质量体系作为一个系统来考察，用系统论的观点和方法，对影响物流质量的诸要素进行分析、计划，并进行有效控制。这些因素主要有：人为因素、体制因素、设备因素、工艺方法因素、计量与测试因素以及环境因素等。

二、物流质量管理

物流质量管理是指以全面质量管理的思想，运用科学的管理方法和手段，对物流过程的质量及其影响因素进行计划、控制，使物流质量不断得以改善和提高的过程。

物流质量管理与一般商品质量管理的主要区别在于物流质量管理必须满足两方面的要求：一是满足生产者的要求，因为物流的结果，必须保护生产者的产品能保质保量地转移给客户；二是满足客户的要求，即按客户要求将其所需的商品送交达。

这两方面的要求基本上是一致的，但有时也有矛盾。比如，过分强调满足生产者的要求，使商品以非常高的质量保证程度送交客户，有时会出现客户难以承担的过高成本。物流质量管理的目的，就是在"向客户提供满足要求的质量服务"和"以最经济的手段来提供"两者之间找到一条优化的途径，同时满足这两个要求。为此，必须全面了解生产者、消费者、流通者等各方面所提出的要求，从中分析、制订出真正合理、各方面都能接受的方案，作为管理的具体目标。从这个意义上来说，物流质量管理可以定义为：用经济的方法，向客户提供满足其要求的物流质量的方法与手段体系。

三、物流质量的衡量

如何衡量物流质量是物流管理的重点。物流质量的保证首先建立在准确有效的质量衡量上。大致来说，物流质量主要从以下三个方面来衡量。

1. 物流时间

时间的价值在现代社会的竞争中越来越凸显出来，谁能保证时间的准确性，谁就获得了客户。由于物流的重要目标是保证商品送交的及时，因此时间成为衡量物流质量的重要因素。然而，中国现行运输管理体制在一定程度上制约了不同运输方式之间的高效衔接，减缓了物流速度。由此可见，物流质量的提高还依赖于物流大环境的改善。

2. 物流成本

物流成本的降低不仅是企业获得利润的源泉，也是节约社会资源的有效途径。在国民经济各部门中，因各部门产品对运输的依赖程度不同，运输费用在生产费用中所占比重也不同。从物流业总体费用考虑，有关资料显示，物流费用占商品总成本的比重，从账面反映已超过40%。

3. 物流效率

物流效率对于企业来说，指的是物流系统能否在一定的服务水平下满足客户的要求，也是指物流系统的整体构建。对社会来说，衡量物流效率是一件复杂的事情。因为社会经济活动中的物流过程非常复杂，物流活动内容和形式不同，必须采用不同的方法去分析物流效率。

四、物流质量指标体系

由于物流质量是衡量物流系统的重要方面,所以发展物流质量的指标体系对于控制和管理物流系统来说至关重要。物流质量指标体系的建立必须以最终目的为中心,是围绕最终目标发展出来的一定的衡量物流质量的指标。

一般来说,物流服务目标质量指标,包括物流工作质量指标和物流系统质量指标两个系列。以这两个指标为纲,在各工作环节和各系统中又可以制定一系列"分目标"的质量指标,从而形成一个质量指标体系。整个质量指标体系犹如一个树状结构,既有横向的扩展,又有纵向的延伸。横向的主干是为了将物流系统的各个方面的工作都包括进去,以免遗漏;纵向的分支是为了将每个工作的质量衡量指标具体化,便于操作。没有横向的扩展就不能体现其广度,没有纵向的延伸就不能体现其深度。

1. 服务水平指标

满足顾客的要求需要一定的成本,并且随着顾客服务达到一定的水平时,再想提高服务水平时,企业往往需要付出更大的代价,所以企业出于利润最大化的考虑,往往只满足一定的订单,由此便产生了服务水平指标。可见,服务水平越高,企业满足订单的次数与总服务次数之比就越高。

2. 满足程度指标

服务水平指标衡量的是企业满足订单次数的频率,但由于每次订货数量的不同,所以仅以此来衡量是不完全的,于是就产生了满足程度指标,即企业能够满足的订货数量与总的订单的订货数量之比。

3. 交货水平指标

时间的准确性对于物流来说,是衡量其质量的重要方面,因此建立交货水平指标也很重要。它是指按期交货次数与总交货次数的比率。

4. 交货期质量指标

它衡量的是满足交货的时间因素的程度,即实际交货与规定交货期相差的日数(天)或时数(时)。

5. 商品完好率指标

保持商品的完好对于企业和客户来说都很重要,即交货时完好商品量或缺损商品量与总交货商品量的比率。宝洁公司在进入中国市场初期,其货物都通过铁路运输,由于中国缺乏专业的物流公司,因而其商品完好率很低,也可以用"货损货差赔偿费率"来衡量商品的破损给公司带来的损失。对于一个专业的物流公司来说,由于自身的服务水平有限导致商品的破损,要付出一定的赔偿金额,这部分金额占同期业务收入总额的比率即"货损货差赔偿费率"。

6. 物流吨费用指标

物流吨费用指标即单位物流量的费用(元/吨)，这一指标比同行业的平均水平低，说明运送相同吨位货物费用较低，则此企业拥有更高的物流效率，其物流质量较高。

第四节　物流服务管理

一、物流服务及其意义

物流服务是指对客户商品利用可能性的物流保证。企业的存在就是为了满足顾客某方面的需要，为顾客提供产品和服务，而物流服务是保证企业能有效提供优质服务的基础。面对日益激烈的竞争和消费者价值取向的多元化，企业管理者已发现加强物流管理、改进顾客服务是创造持久的竞争优势的有效手段。因此，物流服务的重要意义在于以下几方面。

(1) 物流是企业生产和销售的重要环节，是保证企业高效经营的重要方面。

对于一个制造型企业来说，物流包括从采购、生产到销售这一供应链环节中所涉及的仓储、运输、搬运、包装等各项物流活动，它是贯穿企业活动始终的。只有物流的顺畅，才能保证企业的正常运行。同时，物流服务还是提高企业竞争力的重要方面，及时准确地为客户提供产品和服务，已成为企业之间除了价格以外的重要竞争因素。

(2) 物流服务水平是构建物流系统的前提条件。

物流服务水平不同，物流的形式将随之而变化，因此，物流服务水平是构建物流系统的前提条件。企业的物流战略怎样制订，物流网络如何规划，物流设施如何设置，都必须建立在一定的物流服务水平之上。不确定一定的物流服务水平而空谈物流，是"无源之水，无本之木"。

(3) 物流服务水平是降低物流成本的依据。

物流在降低成本方面起着重要的作用，而物流成本的降低必须首先考虑物流服务水平，在保证一定物流服务水平的前提下尽量降低物流成本。从这个意义上说，物流服务水平是降低物流成本的依据。

(4) 物流服务起着连接厂家、批发商和消费者的作用，是国民经济不可缺少的组成部分。

二、物流服务分类

1. 基本物流服务

1) 运输功能

运输功能是物流服务的基本服务内容之一。物流的主要目的就是要满足客户在时间和地点两个条件下对一定货物的要求，时间的变换和地点的转移是实现物流价值的基本因素。

2) 保管功能

它是物流服务的第二大职能，它实现了物流的时间价值。

3) 配送功能

这是物流服务的第三大职能。配送是将货物送交收货人的一种活动，目的是要做到收发货更经济，运输过程更为完善，保持合理库存，为客户提供方便，可以降低缺货的危险，减少订发货费用。

4) 装卸功能

这是为了加快商品的流通速度必须具备的功能，无论是传统的商务活动还是电子商务活动，都必须配备一定的装卸搬运能力，TPL 公司应该提供更加专业化的装载、卸载、提升、运送、码垛等装卸搬运机械，以提高装卸搬运作业效率，降低订货周期 CCT(Order Cycle Time)，减少作业对商品造成的破损。

5) 包装功能

物流的包装作业目的不是要改变商品的销售包装，而在于通过对销售包装进行组合、拼配、加固，形成适于物流和配送的组合包装单元。

6) 流通加工功能

流通加工的主要目的是方便生产或销售，专业化的物流中心常常与固定的制造商或分销商进行长期合作，为制造商或分销商完成一定的加工作业，比如贴标签、制作并粘贴条形码等。

7) 信息处理功能

由于现代物流系统的运作已经离不开计算机，因此可以将物流各个环节及各种物流作业的信息进行实时采集、分析、传递，并向货主提供各种作业明细信息及咨询信息，这是相当重要的。

2．增值物流服务

1) 增值服务

增值服务是指针对特定客户或特定的物流活动，在基本服务基础上提供的定制化服务。增值服务是竞争力强的企业区别于一般小企业的重要方面。有时，在基本服务的基础上也能够实现增值服务。例如丰田汽车公司提出一个星期的交货期，在基本服务的基础上为客户提供了其他公司无法做到的增值服务；摩托罗拉公司可以根据客户的要求生产出定做的产品，这也为客户提供了增值服务。增值服务的特征就是，在提供基本服务的基础上，满足顾客的更多需求，为客户提供更多的利益和不同于其他企业的优质服务，它是企业的闪光点。增值服务可以分别在以下四个领域中完成。

(1) 以顾客为核心的服务。

以顾客为核心的增值服务是指由第三方物流提供的、以满足买卖双方对于配送产品的要求为目的的各种可供选择的方式。例如，美国 UPS 公司开发的独特服务系统，专门为批发商配送纳贝斯克食品公司的快餐食品，这种配送方式不同于传统的糖烟配送服务。这些增值活动的内容包括：处理顾客向制造商的订货，直接送货到商店或顾客家，以及按照零售商的需要及时持续地补充送货。这类专门化的增值服务可以被有效地用来支持新产品的引入，以及基于当地市场的季节性配送。

(2) 以促销为核心的服务。

以促销为核心的增值服务是指为刺激销售而独特配置的销售点展销台及其他各种服务。销售点展销包含来自不同供应商的多种产品，组合成一个多结点的展销单元，以便于适合特定的零售商品。在许多情况下，以促销为核心的增值服务还包括对储备产品提供特别介绍、直接邮寄促销、销售点广告宣传和促销材料的物流支持等。

(3) 以制造为核心的服务。

以制造为核心的物流服务是通过独特的产品分类和递送来支持制造活动的物流服务。每一个企业进行生产的实际设施和制造设备都是独特的，在理想状态下，配送和内向物流的材料和部件应进行顾客定制化。例如，有的厂商将外科手术的成套器具按需要进行装配，以满足特定医师的独特要求。此外，有家仓储公司切割和安装各种长度和尺寸的软管以适合个别顾客所使用的不同规格的水泵。这些活动在物流系统中都是由专业人员承担的。这些专业人员能够在客户的订单发生时对产品进行最后定型，利用的是物流的时间延迟。

(4) 以时间为核心的服务。

以时间为核心的增值服务涉及使用专业人员在递送以前对存货进行分类、组合和排序。以时间为核心的增值服务的一种流行形式就是准时化。在准时化概念下，供应商先把商品送进工厂附近的仓库，当需求产生时，仓库就会对由多家供应商提供的产品进行重新分类、排序，然后送到配送线上。以时间为基础的服务，其主要的一个特征就是排除不必要的仓库设施和重复劳动，以便能最大限度地提高服务速度。基于时间的物流战略是竞争优势的一种主要形式。

2) 增值物流服务

增值物流服务是指在完成物流基本功能基础上，根据客户需求提供的各种延伸业务活动。在竞争不断加剧的市场环境下，不但要求物流企业在传统的运输和仓储服务上有更优良的服务质量；同时还要求它们大大拓展物流业务，提供尽可能多的增值性服务。

(1) 增加便利性的服务。

一切能够简化手续、简化操作的服务都是增值性服务，简化是相对于消费者而言的，并不是服务的内容简化，而是指为了获得某种服务，以前需要消费者自己做的一些事情，现在由物流服务提供商以各种方式代替消费者做了，从而使消费者获得的这种服务变得简单，而且更加方便，这当然增加了商品或服务的价值。在提供物流服务时，推行一条龙门到门服务、提供完备的操作或作业提示、免费培训、维护、省力化设计或安装、代办业务、24 小时营业、自动订货、传递信息和转账、物流全过程追踪等都是对客户有用的增值性服务。

(2) 加快反应速度的服务。

快速反应是指物流企业面对多品种、小批量的买方市场，不是储备了"产品"，而是准备了各种要素，在客户提出要求时，能以最快速度抽取要素，及时组合，提供所需服务或产品。快速反应已经成为物流发展的动力之一。现代物流的观点认为，可以通过两条途径使过程变快。第一种办法是提高运输基础设施和设备的效率，比如修建高速公路、铁路提速、制订新的交通管理办法、将汽车本身的行驶速度提高等，这是一种速度的保障。第二种办法也是具有重大推广价值的增值性物流服务方案，应该是优化配送中心、物流中心网络，重新设计适合客户的流通渠道，以此来减少物流环节、简化物流过程，提高物流系统的快速反应能力。

(3) 降低成本的服务。

通过提供增值物流服务，寻找能够降低物流成本的物流解决方案。可以考虑的方案包括：采用第三方物流服务商；采取物流共同化计划；同时，可以通过采用比较适用但投资较少的物流技术和设施设备，或推行物流管理技术，如运筹学中的管理技术、单品管理技术、条形码技术和信息技术等，提高物流的效率和效益，降低物流成本。

(4) 延伸服务。

增值物流服务向上可以延伸到市场调查与预测、采购及订单处理；向下可以延伸到物流咨询、物流系统设计、物流方案的规划与选择、库存控制决策建议、货款回收与结算、教育与培训等。

以上这些延伸服务最具有增值性，但也是最难提供的服务。目前，能否提供此类增值服务已成为衡量一个物流企业是否真正具有竞争力的标准。

三、物流服务水平的衡量

1. 存货可得性

1) 含义

存货可得性是指当顾客下订单时所拥有的库存能力。

目前，存货储备计划通常是建立在需求预测的基础上的，而对特定产品的储备还要考虑其是否畅销、该产品对整个产品线的重要性、收益率以及商品本身的价值因素等。存货可以分为基本库存和安全库存。可得性的一个重要方面就是厂商的安全库存策略，安全库存的存在是为了应付预测误差和需求等各方面的不稳定性。

许多厂商制订了各种物流安排方案，以提高其满足顾客需求的能力。一家厂商可以经营两家仓库，其中一个指定为主要仓库，而另一个作为后备的供给来源。主要仓库是厂商用于输出其绝大多数产品的地点，以便利用自动化设施、效率及其所处地点的优势。一旦主要仓库发生缺货时，就可以利用后援仓库来保证一定的顾客服务水平。

2) 可得性的衡量指标

(1) 缺货率。

缺货率是指缺货发生的概率。将全部产品所发生的缺货次数汇总起来，就可以反映一个厂商实现其基本服务承诺的状况。

(2) 供应比率。

供应比率衡量需求满足的程度。有时我们不仅要了解需求获得满足的次数，而且要了解有多少需求量得到了满足，而供应比率就是衡量需求量满足的概率。如一个顾客订购 50 单位的货物，而只能得到 46 个单位，那么订货的供应比率为 92%。

2. 物流任务的完成

物流任务的完成可以通过以下几个方面来衡量。

1) 速度

完成周期的速度是指从订货起到货物实际抵达时的这段时间。根据物流系统的设计不同，完成周期所需的时间会有很大的不同，即使在今天高水平的通信和运输技术条件下，订货周期可以短至几个小时，也可以长达几个星期。但总的来说，随着物流效率的提高，完成周期的速度正在不断地加快。

2) 一致性

一致性是指厂商面对众多的完成周期而能按时递送的能力，是履行递送承诺的能力。

虽然服务速度至关重要，但大多数物流经理更强调一致性。一致性是物流作业最基本的问题。厂商履行订单的速度如果缺乏一致性，并经常发生波动的话，那就会使得客户摸不着头脑，在制订计划时发生困难。

3) 灵活性

作业灵活性是指处理异常顾客服务需求的能力。厂商的物流能力直接关系到处理意外事件的能力。厂商需要灵活作业的典型事件有：①修改基本服务安排计划；②支持独特的销售和营销方案；③新产品引入；④产品衰退；⑤供给中断；⑥产品回收；⑦特殊市场的定制或顾客的服务层次；⑧在物流系统中履行产品的修订或定制，诸如定价、组合或包装等。在许多情况下，物流优势的精华就存在于灵活性中。

4) 故障与修复

故障与修复能力是指厂商有能力预测服务过程中可能会发生的故障或服务中断，并有适当的应急计划来完成恢复任务。因为在物流作业中发生故障是在所难免的，因此故障的修复也很重要。

3. 服务可靠性

物流质量与物流服务可靠性密切相关。物流活动中最基本的质量问题就是如何实现已计划的可得性及作业完成能力。实现物流质量的关键是如何对物流活动进行评价。对于物流质量的衡量我们在上节已叙述，这里不再赘述。

四、物流服务存在的问题及对策

目前企业的物流尚存在一些问题，这必将影响企业的竞争优势。企业在管理物流时，应该注意以下几个方面。

(1) 有些企业对物流不够重视，只是把物流服务水平看作是一种销售手段而不作出明确规定。

在很多企业中，并没有专门的物流部门，物流只是在安排生产或销售计划时才会考虑。并且由于各个部门之间存在这样那样的矛盾，使得企业无法从一个系统和全局的高度来看待本企业的物流系统。随着批发商和零售商要求的升级，这种对待物流的态度将使企业无法应对他们的要求。目前，许多企业或是由于销售情况不稳定，或是由于没有存放货物的地方，或是为了避免货物过时，都在努力削减库存。库存削减必然导致多批次、小批量配送，或多批次补充库存，所以说过度削减可能会使物流成本上升而不是下降。因此，企业必须建立新的物流服务机制，作出物流服务决策。

(2) 许多企业还在用同一物流服务水平对待所有的顾客或商品。

这样对顾客不进行区分的企业将失去很多招揽重要客户的机会。正确的做法应该是把物流服务当作有限的经营资源，在决定分配时，要调查顾客的需求，根据对公司销售贡献的大小，将顾客分成不同层次，按顾客的不同层次，决定不同的服务方式和服务水平。

(3) 物流部门应及时对物流服务进行评估。

评估应该是贯穿物流活动始终的一项工作，要随时检查销售部门或顾客有没有索赔，有没有误配、晚配、事故或破损等。可以通过征求顾客意见的方法，来检查物流是否达到了既定标准，成本的合理化程度如何，以及是否有更好的方法。

(4) 物流服务水平应该根据市场形式、竞争对手状况、商品季节性等做及时调整。

物流部门应尽量掌握较多信息，使整个物流系统在与外界的互动中不断获得调整，而非闭门造车。

(5) 企业应该从盈亏的角度看待和设计物流系统，而非从单个销售部门的角度考虑物流系统。

(6) 应重视物流信息在物流服务中的重要性。

整体的物流服务水平在不断变化，顾客对物流的要求也越来越高。今后，为顾客提供各种物流过程中的信息也是至关重要的。

(7) 现在的物流应把企业物流放在社会大物流的环境中去，企业应该认真考虑环保、节能、废物回收等社会问题。

(8) 物流服务水平的确定应作为企业的重要决策。

物流服务作为社会系统的重要一环，越来越受到人们的重视，物流服务是顾客服务的重要因素，是与顾客进行谈判的条件之一。因此，提高物流服务水平的确定应作为企业的重要决策。

五、如何保证具有竞争优势的物流服务水平

物流服务作为竞争手段，首先必须超出同行业的其他企业。企业要想设计出具有竞争优势的物流服务，应注意以下几点。

(1) 要弄清楚有哪些服务项目，分析不同服务项目的顾客满意程度。

(2) 通过问卷调查、专访或座谈等形式，收集有关物流服务信息，了解顾客服务要求，并分析企业能否满足这些要求以及经济性怎样等。

(3) 分析本企业在激烈市场竞争中相对于其他企业的优势和劣势。了解本企业和竞争对手在物流需要上的满意程度一般称为基准点分析。基准点分析即把本企业产品、服务以及这些产品和服务在市场上的供给活动与最强的竞争对手进行比较评估。

(4) 建立物流机制，并对整套物流机制进行追踪调查。

第五节　物流标准化

一、物流标准化的含义

物流标准化是指在运输、配送、包装、装卸、保管、流通加工、资源回收及信息管理等环节中，对重复性事物和概念通过制订发布和实施各类标准，达到协调统一，以获得最佳秩序和社会效益。物流标准化包括以下三个方面的含义。

（1）从物流系统的整体出发，制定其各子系统的设施、设备、专用工具等的技术标准，以及业务工作标准。

（2）研究各子系统技术标准和业务工作标准的配合性，按配合性要求，统一整个物流系统的标准。

（3）研究物流系统与相关其他系统的配合性，谋求物流大系统的标准统一。

以上三个方面是分别从不同的物流层次上考虑将物流实现标准化。要实现物流系统与其他相关系统的沟通和交流，在物流系统和其他系统之间建立通用的标准，首先要在物流系统内部建立物流系统自身的标准，而整个物流系统的标准的建立又必然包括物流各个子系统的标准。因此，物流要实现最终的标准化必然要实现以上三个方面的标准化。

二、物流标准化的困难

物流标准化工作复杂，难度大。其主要原因如下。

（1）涉及面广，物流包含了从运输、保管到搬运、包装、信息处理等多方面的内容，因此要实现物流的标准化牵涉到很多方面的问题。

（2）物流标准化系统属于二次系统，或称后标准化系统(物流系统思想形成晚，各子系统已实现了各自的标准化)。由于在不同国家、地区，不同行业之间已经有了存在多年的自身的经营标准，因此，连接这些方面的物流，等于要将这些标准统一起来，可想而知其所存在的困难。

（3）要求更高地体现科学性、民主性和经济性。

（4）有非常强的国际性，要求与国际物流标准化体系相一致，因为随着全球经济一体化的到来，物流涉及的必然是整个国际的流通，因此，实现物流的标准化，最终要实现国际物流的标准化。

尽管物流标准化存在着许多困难，但物流标准化必然推动物流业的发展和世界经济的进步，因而意义重大。

三、物流标准化的重要性

只有实现了物流标准化，才能在国际经济一体化的条件下有效地实施物流系统的科学管理，加快物流系统建设，促进物流系统与国际系统和其他系统的衔接，有效地降低物流费用，提高物流系统的经济效益和社会效益。物流标准化的重要性具体体现如下。

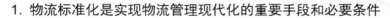

1. 物流标准化是实现物流管理现代化的重要手段和必要条件

物料从厂商的原料供应，产品生产，经市场流通到消费环节，再到回收再生，是一个综合的大系统。由于社会分工日益细化，物流系统的高度社会化显得更加重要。为了实现整个物流系统的高度协调统一，提高物流系统管理水平，必须在物流系统的各个环节制定标准，并严格贯彻执行。2001年出版发行了《物流术语》一书，这是国内物流的第一个基础性的标准。

2. 物流标准化是物流产品的质量保证

物流活动的根本任务是将工厂生产的合格产品保质保量并及时地送到用户手中。物流标准化对运输、保管、配送、包装、装卸等各个子系统都制定了相应标准，形成了物流质量保证体系，只要严格执行这些标准，就能将合格的物品送到用户手中。

3. 物流标准化是降低物流成本、提高物流效益的有效措施

物流的高度标准化可以加快物流过程中运输、装卸的速度，降低保管费用，减少中间损失，提高工作效率，因而避免造成经济损失，从而获得直接或间接的物流效益。我国铁路与公路在使用集装箱统一标准之前，运输转换时要"倒箱"，"倒箱"数量庞大，成本高昂。

4. 物流标准化是我国物流企业进军国际物流市场的通行证

物流标准化已是全球物流企业提高国际竞争力的有力武器。我国物流企业在物流标准化方面仍比较落后，面临物流国际化的重大挑战，实现物流标准的国际化已成为我国物流企业开展国际竞争的必备资格和条件。

5. 物流标准化是消除贸易壁垒、促进国际贸易发展的重要保障

在国际经济交往中，各国或地区标准不一是重要的技术贸易壁垒，严重影响国家进出口贸易的发展。因此，要使国际贸易更快发展，必须在运输、保管、配送、包装、装卸、信息，甚至资金结算等方面采用国际标准，实现国际物流标准统一化。

四、物流标准化的形式

制定物流标准化要通过以下形式。

1. 简化

简化是指在一定范围内缩减物流标准化对象的类型数目，使之在一定时间内满足一般需要。如果对产品生产的多样化趋势不加限制地任其发展，就会出现多余、无用和低功能产品品种，造成社会资源和生产力的极大浪费。

2. 统一化

统一化是指把同类事物的若干表现形式归并为一种或限定在一个范围内。统一化的目的是消除混乱。物流标准化要求对各种编码、符号、代号、标志、名称、单位、包装

运输中机具的品种规格系列和使用特性等实现统一。

3. 系列化

系列化是指按照用途和结构把同类型产品归并在一起，使产品品种典型化；又把同类型的产品的主要参数、尺寸，按优先数理论合理分级，以协调同类产品和配套产品及包装之间的关系。系列化是使某一类产品的系统结构、功能标准化形成最佳形式。系列化是改善物流、促进物流技术发展最为明智而有效的方法。比如按 ISO 标准制造的集装箱系列，可广泛适用于各类货物，大大提高了运输能力，还为计算船舶载运量、港口码头吞吐量和公路与桥梁的载荷能力等提供了依据。

4. 通用化

通用化是指在互相独立的系统中，选择与确定具有功能互换性或尺寸互换性的子系统或功能单元的标准化形式，互换性是通用化的前提。通用程度越高，对市场的适应性越强。

5. 组合化

组合化是按照标准化原则，设计制造若干组通用性较强的单元，再根据需要进行组合的标准化形式。对于物品编码系统和相应的计算机程序同样可通过组合化使之更加合理。

五、物流标准化的分类

根据物流系统的构成要素及功能，物流标准大致可分为三大类。

(1) 物流系统的统一标准。这些标准主要有：专业计量单位标准；物流基础模数尺寸标准；物流建筑基础模数尺寸；集装模数尺寸；物流专业名词标准；物流核算、统计标准等。

(2) 物流各子系统的技术标准。这些标准主要有：运输车船标准；作业车辆(如叉车、台车、手车等)标准；传输机具(如起重机、传送机、提升机等)标准；仓库技术标准；站场技术标准；包装、托盘、集装箱标准；货架、储罐标准等。

(3) 物流工作标准及作业规范，是指对各项工作制定的统一要求及规范化规定，如岗位责任及权限范围，岗位交接程序及作业流程，车船运行时刻表，物流设施、建筑等的检查验收规范等。

六、国际通用的主要物流标准

国际标准化组织(ISO)对国际化的物流系统的标准作了规定。

1. 物流模数及其分类

物流模数是指物流设施与设备的尺寸基准。它是由物流系统中的各种因素构成的，这些因素包括：货物的成组，成组货物的装卸机械、搬运机械和设备，货车、卡车、集装箱以及运输设施,用于货物保管的机械和设备等。物流模数的分类主要有以下几种。

1) 物流基础模数尺寸

物流基础模数尺寸是指为使物流系统标准化而制定的标准规格尺寸。国际标准化组织中央秘书处和欧洲各国确定的物流基础模数尺寸为 600 mm×400 mm。确定这样的基础模数尺寸,主要考虑了现有物流系统中影响最大而又最难改变的输送设备,采用"逆推法",由现有输送设备的尺寸推算的。也考虑了已通行的包装模数和已使用的集装设备,并从行为科学角度研究人和社会的影响,使基础模数尺寸适合于人体操作。基础模数尺寸一经确定,物流系统的设施建设、设备制造,物流系统中各环节的配合协调,物流系统与其他系统的配合,都要以基础模数尺寸为依据,选择其倍数为规定的标准尺寸。

2) 物流建筑基础模数尺寸

物流建筑基础模数尺寸是指物流系统中各种建筑物所使用的基础模数尺寸。它是以物流基础模数尺寸为依据而确定的,也可以选择共同的模数尺寸;该尺寸是设计物流建筑物长、宽、高尺寸,门窗尺寸,建筑物立柱间距、跨度及进深等尺寸的依据。

3) 集装模数尺寸

集装模数尺寸也称为物流模数尺寸,是指在物流基础模数尺寸的基础上,推导出的各种集装设备的基础尺寸,以此尺寸作为设计集装设备三项(长、宽、高)尺寸的依据。在物流系统中,集装起贯穿作用,集装尺寸必须与各环节物流设施、设备、机具相匹配。因此,整个物流系统设计时往往以集装模数尺寸为依据决定各设计尺寸。集装模数尺寸是影响和决定物流系统标准化的关键。

2. 物流托盘化

不同国家由于习惯的不同仍然使用着不同的托盘,如日本目前使用的是 1100 mm×1100 mm 的平板形托盘。美国、欧洲则采用 1000 mm×1200 mm 的标准。现在世界上流行的托盘有美国托盘、欧洲的标准托盘和日本的标准托盘,ISO 规定的托盘尺寸是欧洲尺寸。由于国际上标准的不统一,造成往来贸易的很多麻烦。如日本的标准托盘能够装进国际标准规格的海上集装箱,但运往目的地后,要进入他国的国内物流系统时就发生了困难。据说三得利工厂从欧洲进口葡萄酒到日本时,在欧洲制作日本规格的托盘,把商品装上后再运到日本;反过来,从日本运往欧洲的商品,在日本制作欧洲规格的托盘,装好后再运到欧洲去。

由于各种货物的尺寸不同,为了便于货物的运输、搬运,往往先把不同尺寸的货物放在托盘中,再将托盘标准化;托盘化最基本的目的是把成为物流对象的货物的尺寸统一起来。

3. EDI 标准

目前贸易中的许多信息都依靠 EDI 进行数据传递。EDI,即电子交换数据系统。简单地说,就是能够做到结构合理化、标准化的使用计算机处理的商务文件,企业与企业之间通过计算机网络直观地进行信息交流,企业之间可用这种方法实施含物流在内的低成本与简单迅速地相互交易。但要做到这一点,就需要电子信息交换用的标准规则,这就是 EDI 标准。国际通行的 EDI 标准有联合国管理的 UN/EDIFACT。

第六节 物流组织管理

一、传统企业组织结构中存在的一些问题

1. 传统企业组织结构的特征

传统企业组织结构的特征是物流活动分散、对于物流活动没有明确的目标，也不做统一的规划、设计和优化，而只是被看作各部门的必要活动，配合各部门目标的实现。生产部门、市场部门和财务部门是各类企业最基本、最传统的部门，它们具有悠久的历史。在物流的战略地位未被确立之前，物流活动一直未受到应有的重视，人们对物流的认识不全面，也不成系统，各种物流活动曾一度分散在这三个部门，分别受这三个部门经理的管理并由上层经理协调，传统企业组织结构中的物流活动几乎处于割裂状态。

成为一个组织的首要条件是：必须有明确的组织目标。由于传统企业中的物流活动分散在各个部门，没有明确目标，所以传统企业中不存在物流组织，当然也不存在物流组织结构一说。传统企业组织结构中分散于各部门的物流活动如表2-1所示。

表2-1 传统企业组织结构中分散在各个部门的物流活动

生产部门(含采购部门)	市场营销部门	财务部门
车间仓储	配送仓库的选址及运作	订单处理
车间存货控制	产成品存货控制	成本分析
采购物资和运输	客户服务支持	投资收益分析
成品包装	数量折扣	作业研究
物料控制	配送渠道管理	
车间选址	销售预测	
产品配送和运输		

2. 传统企业组织结构中存在的一些问题

物流活动分散的传统企业存在诸多问题，主要表现在物流活动目标冲突和物流活动效率低下两个方面。

1) 物流活动目标冲突

企业各部门都有明确的经营目标和评价体系，总的经营目标经分解变成各种活动的分目标。在传统企业中，由于各部门的经营目标不一致，往往导致各部门的物流活动之间出现目标冲突，如表2-2所示。

2) 物流活动效率低下

物流活动的分散处理带来的另一个问题是业务运作互相牵制，物流效率低下。如在一些小型的流通性企业中，即使企业内部已实现信息化，由于物流活动的分散处理，也经常出现这样一种情形：采购部采购的货物已到达仓库，但采购部未及时对其验收确认

并做正式入库处理，所以库存中没有相应的货物数据，这使得销售部无法配送针对这些货物的订单，而只能是望"货"兴叹。对于这种情况，各部门之间往往互相推诿责任，导致职责不明、物流活动效率的低下和资源的浪费。

表 2-2 部门之间的目标冲突

市场部门	财务部门	生产部门
增加库存	减少库存	
多频率、短周期生产		小频率、长周期生产
快速的订单处理速度	低成本订单处理	
快速配送	低成本配送	
分散仓储	集中仓储	车间仓储
宽松的退货政策	严格的退货政策	
更细更多的产品分类		较少的产品分类

二、几种典型的物流组织结构

1. 职能式

职能式又叫顾问式，它是一种过渡性、物流整体功能最弱的物流组织结构。在职能式结构下，物流部门在企业中只是作为一种顾问的角色，它只负责整体物流的规划、分析、协调和物流工程，并产生决策性的建议，对各部门的物流活动起指导作用，但物流活动的具体运作管理仍由各自所属的原部门负责，物流部门无权管理。职能式结构如图 2-3 所示。

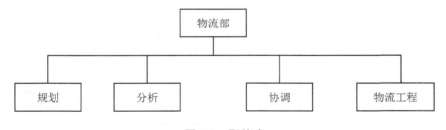

图 2-3 职能式

职能式结构带来的问题是：物流部门对具体的物流活动没有管理权和指挥权，物流活动仍分散在各个部门，所以仍会出现物流效率低下、资源浪费以及职权不明等弊端。

2. 直线式

直线式结构是指物流部门对所有物流活动具有管理权和指挥权的物流组织结构。直线式结构如图 2-4 所示。直线型的组织结构比较简单，上下垂直领导，是一种集权制的组织方式，又称"军队组织形式"。其特征是：一切管理职能均由行政领导人员担任，不设专门的职能机构。所以，不论是行政命令，还是业务、计划、财务、人力资源调配等均由各级行政领导人员自己来办，不设会计、统计等助手。其优点：指挥统一，责任明确，效率较高。其缺点：领导者力不从心。该组织结构适用小型企业。

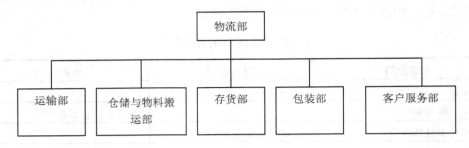

图 2-4　直线式

3. 直线职能式

单纯的直线式或职能式物流组织结构都存在一定的缺陷，理论上的解决办法是将这两种组织结构形式合二为一，变成直线职能式的物流组织结构。直线职能式如图 2-5 所示。直线职能式是一种集权和分权相结合的组织形式。其特征是：首席执行官对业务经营部门和智能部门均实行直线型领导；职能部门与业务部门之间仅仅是指导和监督关系。其优点：保持了直线型统一指挥的优点，发挥了职能制的专业化管理特长。其缺点：部门之间的横向联系较差；直线型领导和职能型领导容易发生冲突；信息传递路线长，容易出现官僚现象和组织僵化。不少企业通过经常召开大会和部门协调会议的方式理顺部门关系。这是一种经典的组织方式，为大多数企业所采用。

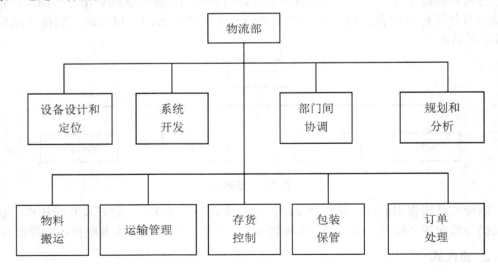

图 2-5　直线职能式

4. 矩阵式

矩阵式组织是将按职能划分的部门同按产品(工程项目、服务项目等)划分的小组结合而成矩阵的组织形式。一个典型的物流业务所包含的内容包括了采购、原材料存货控制、原材料搬运、原材料保管、生产物料控制、车间储备、生产计划、包装、车间到配送中心间的运输、配送中心仓储、产品存货控制、产品到客户之间的运输保管、订单处理、预测等诸多环节(见图 2-6)。从图 2-6 中可以看出，履行这样一个物流业务需要跨越多个部门，历时较长，涉及的人和事较多，所以在某种程度上，一个物流业务也可看作是一个项目。履行物流业务所需的各种物流活动仍由原部门(垂直方向)管理，但水平方向上又加入类似于项目管理的部门(一般也称为物流部门)，负责管理一个完整的物流业务(作为一个物流"项目")，从而形成了纵横交错的矩阵式物流组织结构。矩阵式如图 2-7 所示。

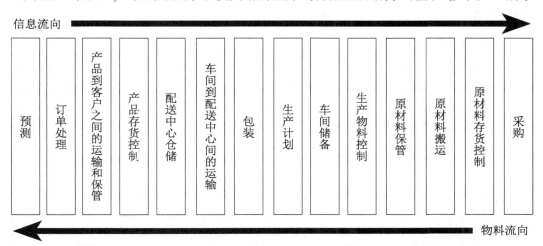

图 2-6　物流业务包含的内容

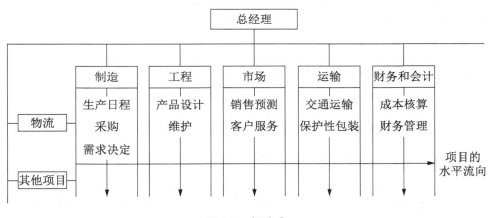

图 2-7　矩阵式

在矩阵式组织结构下，物流"项目"经理在一定的时间、成本、数量和质量约束下，负责整个物流"项目"的实施(水平方向)，传统部门(垂直方向)对物流"项目"起着支持的作用。其特征是：同一名管理人员既同原职能部门保持组织和业务上的联系，又参加产品或项目小组的工作。参加项目小组的成员受双重领导，一方面受原所属部门的领导，另一方面受项目小组的领导。

矩阵式物流组织结构有三个优点：第一，物流部门作为一个责任中心，允许其基于目标进行管理，可以提高物流运作效率；第二，这种形式比较灵活，适合于任何企业的各种需求；第三，它可以允许物流经理对物流进行一体化的规划和设计，提高物流的整合效应。矩阵式组织结构的缺点是：由于采取双轨制管理，职权关系受"纵横"两个方向上的控制，可能会导致某些冲突和不协调。矩阵式物流组织结构的主要缺点是：员工受双重领导，往往会发生一些矛盾和冲突。比较好的解决办法是随项目的开始和结束，而设立或解散相应的项目小组。矩阵型组织适用于需要集中多方面专业人士参加完成的项目或任务。

5. 事业部制

事业部制是适合第三方物流活动特点的组织结构事业部，是按产品或服务类别划分成一个个类似分公司的事业单位，实行独立核算。事业部实际是实行一种分权式的管理制度，即分级核算盈亏，分级管理。事业部相当于一个个物流子公司，负责不同类型的物流业务。其组织结构如图2-8所示。

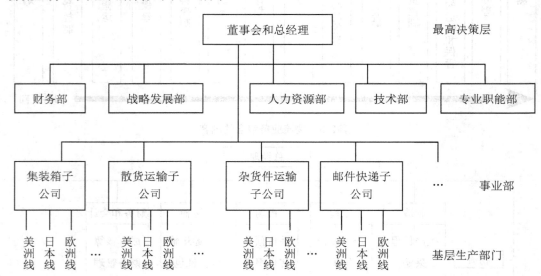

图2-8 事业部制的第三方物流组织结构

事业部制是一种集权—分权—集权的管理方式，分权主要体现在各事业部拥有计划制订、自主决策和指挥领导的权力，集权表现为总公司对各事业部在资金管理、利润管理和营运监督方面实行集权式管理。

在事业部制的第三方物流组织中，事业部长为事业部的最高负责人，其地位相当于独立公司的经理，事业部长全权处理该事业部的一切事务，可根据市场变化情况，自主采取对策；总公司的职能部门不要求事业部的职能部门上报材料，不实行垂直领导，而是为事业部的职能部门提供服务。事业部的职能部门只对事业部长负责，从而保证了事业部长的决策能切实得以履行。

各事业部严格采取独立核算制,决不用盈利的事业部去弥补亏损的事业部。各事业部必须靠自身的力量实现利润增长。事业部之间的关系是市场竞争的关系,通常按市场竞争的原则建立合同关系。总公司在资金管理、利润管理和营运监督方面对事业部采取集权式管理。

采用事业部的优点有:①各事业部按物流服务类别划分,有利于充分发挥 TPL 的专业优势,提高物流服务的质量;②各事业部采取独立核算制,使得各部门的经营情况一目了然,便于互相比较、互相促进;③各事业部由于权力下放,分工明确,因而形成一种责任经营制,有利于锻炼和培养出精通物流经营管理的人员,有利于发挥个人的才能和创造性。

事业部的组织结构也不是完美无缺的,容易产生本位主义和分散倾向,由于事业部之间的竞争,为事业部之间的人员互换、技术交流等带来困难,会影响整个公司的资源配置效率。

三、物流组织结构的发展方向

1. 组织结构变化发展趋势

当前,管理领域正经历着一场世界范围内从传统层次式管理转为全员参与式管理的根本变革,组织结构也由传统的形式向学习型组织转变。

2. 组织结构变化的原因

(1) 全球化竞争愈加激烈,组织结构必须更快地适应现状,并能处理更多事务。

(2) 组织技术的变革。

传统组织是基于管理大机器生产技术,需要的是稳定、有效地利用可见性资源。而如今,信息和网络技术已广泛应用于生产和管理,使得员工从繁重的体力劳动中解放出来,可以专门从事创造性的脑力劳动,这意味着新的组织必须处理大量的创意和信息,而且需要每个员工成为这些概念型任务方面的专家。员工也不再以效率为目标,而是在基于知识的组织内部能持续地学习,并能鉴别和解决属于其活动领域内的问题,而学习型组织正是重新思考当前环境下组织的一种新途径。

3. 学习型组织

1) 学习型组织的含义

"学习型组织"最初是由美国麻省理工学院教授彼得·圣吉(Peter M.Senge)和他的同事们提出来的。他们将系统动力学与组织学习、创造原理、认知科学、群体讨论与模拟演练融合在一起,希望在这样的组织中通过学习,培养适应变革和创造的能力。《第五项修炼——学习型组织的艺术与实务》一书就是圣吉等人的研究成果。这本书于 1992 年获得世界商学院最高荣誉奖——开拓者奖。书中提出了学习型组织的五大要素,中译本译为"五项修炼",即:自我超越、心智模式、共同愿望、团队学习和系统思考。其中,系统思考是灵魂,它渗透于各项修炼之中。

学习型组织一般是指为了培养洋溢于整个组织的学习气氛、充分发挥员工的创造性思维能力而建立起来的一种有机的、高度柔性的、扁平的、符合人性的、能持续发展的组织。这种组织具有持续学习的能力，具有高于个人绩效总和的综合绩效。

2）学习型组织的特点

(1) 组织成员拥有一个共同的愿景。

组织的共同愿景(Shared Vision)，来源于员工个人的愿景而又高于个人愿景。它是组织中所有员工共同愿望的凝聚，是他们的共同理想。它能使不同个性的人凝聚在一起，朝着组织共同的目标前进。

(2) 组织由多个创造性个体组成。

在学习型组织中，团体是最基本的学习单位，团体本身应理解为彼此需要他人配合。组织的所有目标都是直接或间接地通过团体的努力来达到的。

(3) 善于不断学习。

这是学习型组织的本质特征。所谓"善于不断学习"，主要有四点含义。

一是强调"终身学习"。即组织中的成员均应养成终身学习的习惯，这样才能形成组织良好的学习气氛，促使其成员在工作中不断学习。

二是强调"全员学习"。即企业组织的决策层、管理层、操作层都要全身心地投入学习，尤其是经营管理决策层，他们是决定企业发展方向和命运的重要阶层，因而更需要学习。

三是强调"全过程学习"。即学习必须贯彻于组织系统运行的整个过程之中。而且不应把学习与工作分割开，应强调边学习边准备、边学习边计划、边学习边推行。

四是强调"团体学习"。即不但重视个人学习和个人智力的开发，更强调组织成员的合作学习和群体智力(组织智力)的开发。

学习型组织通过保持学习的能力，及时铲除发展道路上的障碍，不断突破组织成长的极限，从而保持持续发展的态势。

(4) 扁平式的组织结构。

传统的企业组织通常是金字塔式的，学习型组织的组织结构则是扁平化的，即从最上面的决策层到最下面的操作层，中间相隔层次极少。它尽最大可能将决策权向组织结构的下层移动，让最下层单位拥有充分的自主权，并对产生的结果负责，从而形成以"地方为主"的扁平化组织结构。例如，美国通用电气公司目前的管理层次已由九层减少为四层。只有这样的体制，才能保证上下级的不断沟通，下层才能直接体会到上层的决策思想和智慧光辉，上层也能亲自了解到下层的动态，掌握第一线的情况。只有这样，企业内部才能形成互相理解、互相学习、整体互动思考、协调合作的群体，才能产生巨大的、持久的创造力。

(5) 自主管理。

学习型组织理论认为，"自主管理"是使组织成员能边工作边学习并使工作和学习紧密结合的方法。通过自主管理，组织成员可以自己发现工作中的问题，自己选择伙伴组成团队，自己选定改革、进取的目标，自己进行现状调查，自己分析原因，自己制定对策，自己组织实施，自己检查效果，自己评估总结。团队成员在"自主管理"的过程中，能形成共同愿望，能以开放求实的心态互相切磋，不断学习新知识，不断进行创新，从而增加组织快速应变、创造未来的能力。

学习型组织的条件非常苛刻，组织内部必须全面实现信息化管理，组织内部人员素质必须较高，并能有独特的组织文化，要有英明的处于核心层的领导，并能有紧急决策的能力。

四、设置物流组织结构需考虑的几个因素

1. 集权与分权

1) 集权组织结构适用的条件

集权式结构的一个最大优点是：集权式组织结构所作决策往往是权衡各种利弊和互为消长的因素后而作出的最优决策，采用集权式组织结构可以保证这些决策能切实得到执行，而且不出现互相牵制和目标冲突的现象，从而可以使组织业务作为一个整体得以管理和运作，使业务效益达到最优。所以，当企业生产的产品品种较少、市场需求稳定，则宜采用集权式的物流组织结构。因为在产品品种较少、市场需求稳定的情况下，物流作业部门所处的外部环境变化较少，碰到的各种紧急情况也不多，物流活动较简单，物流作业较为规范，物流作业部门无须自主决策权，也就没有分权的必要。

2) 分权组织结构适用的条件

当企业规模较大、产品品种较多、产品特性差异明显时，宜采用分权式的组织结构。理由如下：由于产品特性不同而且销量又大，这些产品面对的市场环境、竞争对手、消费者状况必定存在一定的差异，从而不确定因素增大，物流作业部门一直处于不断变化的外部环境之中，可能还会碰到各种紧急场面。此时，如仍采用单调划一的集权式组织结构，面对这种变化莫测的市场，往往缺乏一定的灵活性，反应能力较差，应对措施滞后，最后结果是组织的实际功能受限，无法实现最初设立的组织目标。所以在这种情况下，宜采用分权的组织结构形式，适当地授予底层物流业务部门以一定范围内的自主权和决策权，调动它们的积极性和主观能动性，使它们可以针对这些紧急状况和变化的外部环境采取有效应对措施，主动予以回应，从而不断调整自身以适应外部环境的变化。

但分权式结构也有一定的缺点。

(1) 物流业务部门基层人员素质必须较高，须具备一定的决策能力，要符合这种条件，企业可能需要对其进行培训，需要一笔培训费用的成本支出。

(2) 由于权力下放，各部门人员做决策的时候，如不具备系统的观点，而只求局部效益的最优，则往往会违背物流作为一个系统须达到整体最优的初衷，结果反而导致物流整体效益的下降。

从集权和分权的角度，对上述四种典型物流组织结构进行分类，按物流部门对物流活动的决策权、指挥权的强弱以及两种权力的合一程度有三种分类标准，大致可得出以下结论，如表2-3所示。

表 2-3 四种典型物流组织结构的集权程度

组织结构类型 集权程度 权力类别	顾问式	直线式	直线顾问式	矩阵式
决策权	强	弱	强	强
指挥权	无	强	强	弱
决策权与指挥权是否合一	否	是	否	是
结　论	高度分权	高度集权	集权	分权

企业采用集权式或分权式的物流组织结构形式，需要企业高层管理人士综合考虑企业内部的人员状况、物流技术水平、产品特性、产品品种差异、产品的市场环境、客户服务水平目标等内外部因素，并做仔细深入的调查和分析，再综合分权式组织结构与集权式组织结构各自的优缺点，方可得出结论。一般认为对于小型、单产品的企业，宜采用集权式的物流组织结构，而对于多产品、大销量、外部市场环境变化迅速的大型厂商宜采用分权式的物流组织结构。

具体采用职能式、直线式、直线职能式还是矩阵式物流组织结构，还要从多个不同的角度考察如下文阐述的纵向协调与横向协调，这也是一个重要的角度。当然，不能仅局限在这四种典型的物流组织结构中作选择，企业也可结合自身特点，在这四种物流组织结构形式上作适当调整，形成适合自身特点的物流组织结构。

2．管理层次和管理幅度

管理层次就是一个组织设置的级数，即在组织结构中所体现出来的组织等级。管理幅度是指一名管理人员直接而有效的管辖人数。管理幅度具有有限性，原因在于两个方面：一是，企业领导者的知识、经验和精力都是有限的，因而能够有效地领导的下级人数也必然是有限的；二是，下级人员受其自身知识、专业能力、工作负担、眼界等的局限，对上级领导的管理幅度也提出了限制。二者存在互相制约的关系，其中起主导作用的是管理幅度，即管理幅度决定管理层次。在组织的工作量和规模一定的时候，二者存在互补关系，即较大的幅度意味着较少的层次，而较小的幅度则产生较多的层次。

需要注意：第一，虽然通过将工作委派给下一级人员而减轻自身的负担，但要看到，上级主管人员在减轻一部分工作负担的同时，也带来了监督下一级人员怎样执行的负担。所以，增加层次所减轻的工作负担，一定要大于监督的负担。第二，一般来说，上层管理者的管理幅度比低层管理者的管理幅度要小。

3．纵向协调与横向协调

物流业务是一个整体性的业务，物流业务的目标和任务经分解落实到各个岗位，形成目标明确、职权清晰的各种不同的物流活动。一般来说，物流业务规模越大，专业化要求越高，分工越细，物流活动也就越多，从而越有必要加强物流活动之间的协调。

协调包括纵向协调和横向协调。纵向协调通过上下级之间的有效沟通，本着权责对等和系统最优的原则，实现有效协作。基于民主管理和监督的直线式物流组织结构可以有效地实现纵向协调。实现横向协作首先必须明确各岗位的职责，规范物流活动流程，而后通过某种横向沟通的渠道，实现横向协作，一般是设立系统性或项目性的管理机构，如全面质量管理机构、全面计划管理机构或是矩阵式的物流组织结构等。

企业可视其物流活动的繁简和物流活动间依赖关系的强弱，决定应采取强化纵向协调的物流组织结构还是强化横向协调的物流组织结构。一般来说，物流活动简单、依赖关系较弱的企业宜采用强化纵向协调的物流组织结构，如直线式或直线职能式结构；反之，则采用强化横向协调的物流组织结构，如矩阵式结构。

第七节　现代物流管理实训

实训任务一　物流公司员工绩效考评实训

一、实训目的

(1) 理解物流公司员工绩效考评的作用和意义。
(2) 掌握物流公司员工绩效考评的基本内容和方法。

二、实训任务

A 物流有限责任公司组建后，已经运作了一年多，期间发生了一些问题，为总结前期成功的经验和失败的教训，并为了更好地发展，公司决定开展绩效考评工作。请以指导教师设定的 A 公司的发展现状和愿景(也可以充分结合本地一家典型物流企业的实际情况)为基本背景模拟进行员工绩效考评工作(有条件的还可以进行软件模拟实训)。

三、任务准备

(1) 熟悉 A 物流有限责任公司的发展现状和愿景(由指导教师根据具体需要虚拟设定相关数据及条件或以本地有关企业的实际情况为背景)。
(2) 复习并扩展本章相关理论知识和方法。
(3) 按照实训指导教师安排将学生分为若干任务执行小组，首先每个任务执行小组内部复习并讨论本次任务所涉及的专业理论知识，然后每组由小组负责人具体分工按照实训任务要求进行讨论或演练。

四、任务执行指导

物流公司员工绩效考评的基本步骤：确定绩效考评的内容→明确绩效考评的原则→选用绩效考评的方法→设计符合员工实际的考评表→实施绩效考评→绩效考评结果的反

馈与运用。

步骤 1：确定绩效考评的内容。

对员工的绩效考评可从两方面开展：一是工作业绩考评；二是能力考评。员工的能力包括三个方面：即基础能力、业务能力和素质能力(见图 2-9 员工绩效考评的内容)。

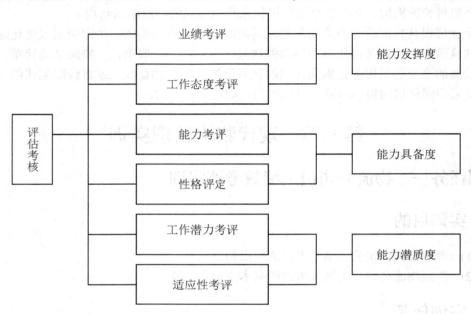

图 2-9 员工绩效考评的内容

步骤 2：明确绩效考评的原则。

公司在进行物流绩效考评时要注意以下原则：公开与开放；定期化与制度化；反馈与完善；可行性与实用性结合。在实施中客观考评要与主观考评相结合；定性考评与定量考评相结合；动态考评与静态考评相结合。

步骤 3：选用绩效考评的方法。

绩效考评的方法有很多种，企业要根据实际需要来进行选择。比较具有代表性的考评方法如下。

(1) 民意测验法。

民意测验法是最为传统的评价方法之一。这种方法的使用通常遵循以下步骤。

确定考评内容；将考评内容分成若干项；根据各项考评内容设计考评表，每一考评项目可设定相应等级；由被考评者述职，作出自我评价；由参评人员填写考评表；计算每个被考评者得分的平均值，以此确定被考评者所处等级。

(2) 短文法。

短文法是指通过一则简短的书面鉴定来进行考评的方法。书面鉴定通常谈及被考评者的成绩和长处、不足和缺点、潜在能力、改进意见和培养方法等方面。这种方法也是较为传统的考评方法之一，并且在很长一段时间里为我国很多企业所使用。

(3) 评级量表法。

评级量表法是被采用得最普遍的一种考评方法,这种方法主要是借助事先设计的等级量表来对员工进行考评。使用评级量表进行物流绩效考评的具体做法是:根据考评的目的和需要设计等级量表,表中列出有关的物流绩效考评项目,并说明每一项目的具体含义,然后将每一考评项目分成若干等级并给出每一等级相应的分数,由考评者对员工每一考评项目的表现做出评价和记分,最后计算出总分,得出考评结果。评级量表法示例如表2-4所示。

表2-4 评级量表法示例

考核项目	考核要素	说明	评定
基本能力	知识	是否充分具备现任职务所要求的基础理论知识和实际业务知识	A B C D E 10 8 6 4 2
业务能力	理解力	是否能充分理解上级指示,干脆利落地完成本职工作任务不需上级反复指示和指导	A B C D E 10 8 6 4 2
业务能力	判断力	是否能充分理解上级指示,正确把握现状,随机应变,恰当处理	A B C D E 10 8 6 4 2
业务能力	表达力	是否具有现任职务所要求的表达力(口头文字)能否进行一般的联络说明工作	A B C D E 10 8 6 4 2
业务能力	交涉力	在与企业内外的对手交涉时,是否具有使双方诚服、接受、同意或达成协商的表达交涉力	A B C D E 10 8 6 4 2

(4) 排序考评法。

排序考评法是依据某一考评维度,如工作质量、工作态度,或者依据员工的总体物流绩效,将被考评者从最好到最差依次进行排序。

(5) 配对比较法。

配对比较法也称为两两比较法或对偶比较法,是较为细化和有效的一种排序方法。

(6) 强制分布法。

强制分布法也称为强制正态分布法,这种方法基于这样一个假设:企业的所有部门都同样具有优秀、一般、较差的员工。

(7) 关键事件法。

关键事件法是以记录直接影响物流绩效优劣的关键性行为为基础的考评方法。

(8) 360°绩效反馈体系。

360°绩效反馈是一种较为全面的绩效考评方法,它是指帮助一个组织的员工(主要是管理人员)从与自己发生工作关系的所有主体那里获得关于本人绩效信息反馈的过程。这些信息的来源包括:上级监督者自上而下的反馈;下属自下而上的反馈;平级同事的反馈;被考评者本人的反馈;企业外部的客户和供应商的反馈。

步骤 4：设计符合物流公司员工考评表(见表 2-5)。

表 2-5　物流公司员工年终考评评分表示例

姓名		部门		岗位		
指标	说明		满分分值	实际得分	备注	
	计划任务	实际完成				
本年计划任务完成情况 (满分 55 分)						
能力考评 (满分 45 分)	工作效率					
	成本意识					
	工作责任					
	团队精神					
	道德素养					
	服从意识					
	学习能力					
	工作态度					
	解决问题能力					
小计			100			
受处罚扣分						
受奖励加分						
最后得分						

复评：　　　　　　　　　　　初评：　　　　　　　　　　　日期：

步骤 5：实施绩效考评。

绩效考评通常包括三个阶段：设定考评标准；以标准为依据对员工进行考评；将考评结果反馈给员工，促使员工进行自我改进与提高。但在物流绩效考评的具体实施过程中，则通常可遵循以下程序：①制订考评计划；②确定绩效考评标准；③实施考核评价。

步骤 6：绩效考评结果的反馈与运用。

第一，要进行考核信息反馈。对考评结果要做到全面分析，对未达标的工作部分要加以分析，找出原因并加以修正，调整战略目标，细化工作职责标准，调整平衡计分卡的内容，使之建立新的平衡。然后对考核成果要充分进行利用，要及时由管理人员和有关的责任人进行沟通，对考核结果指出的责任人的优点给予充分的、具体的肯定，最好能以事例补充说明，让责任人感觉到领导者不是泛泛地空谈，而是真诚的认可。对于考核者存在的不足，要明确提出，并问清楚责任人缘由，听取他对改进工作的意见建议，如有道理要尽可能采纳。如继续任用，则应提出具体的建议、要求及改进工作的途径，以保证工作质量提高。即使不再任用，也要明确提出，使责任人充分理解，使之心服口服。最后，切忌对考核结果置之一边，任由被考核者猜测而引起负面影响。

第二，必须要进行绩效考核成果兑现。对考核成果要按照目标责任书的奖惩约定，及时进行奖惩兑现。

五、任务执行结果评价

物流公司员工绩效考评实训任务执行结果评价，如表 2-6 所示。

表 2-6　物流公司员工绩效考评实训任务执行结果评价(指导教师用表)

考核评价内容	考评标准	分　　值	评价得分
对物流公司人员考评方案的制订情况	所制订的人员考评方案的全面性、合理性	15	
	考评工作计划制订过程的规范性、计划的可行性	15	
对物流公司人员考评方案的执行情况	人员考评执行方案步骤规范，应用方法得当	20	
	人员考评执行方案完整规范性、结论合理性	20	
任务执行团队评价	团队分工的合理性、协同性	10	
	团队执行任务的效率	10	
	完成任务的创新性	10	
本次任务执行结果评价得分总计			

实训任务二　物流公司部门绩效管理实训——以仓储部门为例

一、实训目的

(1) 掌握物流公司部门绩效管理的基本内容和代表性指标。
(2) 掌握平衡计分卡(BSC)的基本方法与应用步骤。

二、实训任务

B 公司是一家第三方物流企业，经过几年的发展后，在仓储部门绩效管理的指标分解方面出现一些问题，这已经对公司的发展造成不利的影响。请以指导教师设定的 B 公司的任务(也可以充分结合本地一家典型第三方物流企业的实际情况)为背景进行基于平衡积分卡方法的物流公司仓储部门绩效管理指标的有效分析和重构工作。

三、任务准备

(1) 自学平衡计分卡(BSC)的基本方法与应用步骤。

(2) 熟悉B物流仓储公司的背景(由指导教师根据具体需要虚拟设定相关数据及条件或以本地有关企业的实际情况为背景)。

(3) 按照实训指导教师安排将学生分为若干任务执行小组,首先每个任务执行小组内部复习并讨论本次任务所涉及的专业理论知识,然后每组由小组负责人具体分工按照实训任务要求进行讨论或演练。

四、任务执行指导

物流公司部门绩效管理的基本步骤:分析本组织的战略特点→应用平衡计分卡(BSC)将战略目标分解→进行仓储绩效指标的分解→反馈修正并不断推进。

步骤1:分析本组织的战略特点。

物流企业是为目标客户提供物流服务支持的,而第三方物流企业的核心竞争力主要体现在客户服务能力方面。物流企业在微观层面上的客户服务必须以客户的真实物流需求为依据。同样,物流企业在宏观层面上的战略调整也必须以客户的物流战略调整为依据。事实上,作为其主要服务对象的生产制造企业和批发零售企业的物流竞争战略调整,必然会通过市场供求关系反映到物流企业的实际运作过程中,并对物流企业的服务战略调整提出新的要求。如跨国公司的全球营销就要求物流企业提供全球化的物流服务支持。

因此,物流企业的战略调整如果仅着眼于自身的服务设施和服务能力是不行的,必须关注客户的物流竞争战略调整方向,并与其实现某种程度的联动或互动,必须为客户企业提供量身定制的物流解决方案。所以,所谓的实际情况就是客户企业物流竞争战略的调整方向。

步骤2:应用平衡计分卡(BSC)将战略目标分解。

平衡计分卡的关键是将战略目标转化为实际行动。首先是将该物流公司的战略目标分解成四个部分,并逐层分解成各个具体的指标体系(见表2-7)。

表2-7 物流仓储公司的战略目标解释及分解

第一层指标	战略目标	第二层指标
财务	利润增长	利润边际
		收入/员工
		市场份额
		投资回报率
顾客	更高的顾客满意度	顾客满意度
		投诉数目
		投诉限额

续表

第一层指标	战略目标	第二层指标
运作流程	改进管理流程 改进配送系统 降低库存成本	即时交货率
		缺陷的数目
		库存成本
		存货周转率
		流程效率
		质量指数
学习与成长	应用信息技术的可能性,增加协作项目中员工的满意度的战略	气氛的改进
		工作环境指数
		员工满意
		培训

步骤3：进行仓储绩效指标的分解。

(1) 确定仓储作业效率指标。

反映仓储作业效率的指标主要有六方面，如表2-8所示。

表2-8 仓储作业效率的指标

指　　标	计算公式
物品吞吐量(货物周转量)	吞吐量 = 一定时期内进库总量 + 同期出库总量 + 物品直拨量
平均收发货时间	平均收发时间 = 收发时间总和 / 收发货总笔数
物品及时验收率	物品及时验收率 = 一定时期内及时验收笔数 / 同期收货总笔数
全员劳动生产率	全员劳动生产率 = 仓库全年吞吐量 / 年平均员工人数
库存物品的周转率	物品周转天数 = (全年物品平均储存量×360)/ 全年消耗物品总量 物品周转次数 = 全年物品平均储存量 / 物品平均日消耗量
仓库作业效率	仓库作业效率 = 全年物品出入库总量(吨)/仓库全体员工年制度工作日数

(2) 确定仓储作业效益指标。

反映仓储作业效益的指标主要有六点指标，如表2-9所示。

表2-9 仓储作业效益的指标

指　　标	计算公式
工资利润率	工资利润率 = 利润总额 / 同期工资总额
成本利润率	成本利润率 = 利润总额 / 同期仓储成本总额
资金利润率	资金利润率 = 利润总额 /(固定资产平均占用额 + 流动资金平均占用额)
利润总额	利润总额 = 仓库营业收入 - 储存成本和费用 - 税金 + 其他业务利润 ± 营业外收支净额 利润总额 = 报告期仓库总收入额 - 同期仓库总支出额

续表

指标	计算公式
收入利润率	收入利润率 = 利润总额 / 仓库营业收入总额
每吨物品保管利润	每吨物品保管利润 = 报告期利润总额 / 报告期物品储存总量

(3) 确定仓储作业设施设备利用程度指标。

反映仓储作业设施设备利用程度的指标主要有四点内容，如表 2-10 所示。

表 2-10 仓储作业设施设备利用程度的指标

指标	计算公式
库容周转率	库容周转率 = 出库量(吨) / 库容量(吨)
单位面积储存量	单位面积储存量 = 日平均储存量 / 仓库或货场使用面积
仓容利用率	仓容利用率 = 存储物品实际占用的空间(m^3) / 整个仓库实际可用的空间(m^3)
设备利用率	设备利用率 = 设备实际使用台时数 / 制度台时数

(4) 确定仓储作业消耗指标。

反映仓储作业消耗的指标主要有两个方面，如表 2-11 所示。

表 2-11 仓储作业消耗的指标

指标	计算公式
材料、燃料和动力消耗指标	由于各仓储企业所用设备不同，因此也没有一个统一标准
平均储存费用	平均存货费用 = 储存费用总额 / 同期平均储存量

(5) 确定仓储作业质量指标主要有五个方面，如表 2-12 所示。

表 2-12 仓储作业质量的指标

指标	计算公式
货损货差率	货损货差率 = 收发货累计差错次数 / 收发货累计总次数
设备完好率	设备完好率 = 完好设备台时数 / 设备总台时数
保管损耗率	物品损耗率 = 物品损耗额 / 物品保管总额
	物品损耗率 = 物品损耗量 / 同期物品库存总量
账物差异率	账物差异率 = 账物相符单数 / 储存物品总单数
	账物差异率 = 账物相符件数(重量)/ 账面储存总件数(重量)
收发货差错率	收发货差错率 = 收发货差错累计单数 / 收发货累计总单数
	收发货差错率 = 账货差错件数(重量)/ 期内储存总件数(重量)

(6) 确定物品储存的安全性指标。

物品储存的安全性指标，用来反映仓库作业的安全程度。它主要可以用发生的各种事故的大小和次数来表示，主要有人身伤亡事故、仓库失火、爆炸、被盗事故和机械损坏事故几类。这类指标一般不需计算，只根据实际出现事故的损失大小来划分等级。

以上六大类指标构成仓储管理比较完整的绩效指标体系，从不同方面反映了仓储部门经营管理、工作质量及经济效益的水平。

步骤 4：反馈修正并不断推进。

上述步骤结束后还必须不断收集反馈的信息，不断地调整，只有这样才能够促进绩效的持续提升。比如平衡计分卡要求企业从财务、客户、内部流程、学习与成长四个方面考虑战略目标的实施，并为每个方面制定详细而明确的目标和指标。

除对战略的深刻理解外，还需要消耗大量精力和时间把它分解到部门，并找出恰当的指标。而落实到最后，指标可能会多达 15~20 个，在考核与数据收集时，也是一个不轻的负担，并且平衡计分卡的执行也是一个耗费资源的过程。一份典型的平衡计分卡需要 3~6 个月去执行，另外还需要几个月去调整结构，使其规范化，从而总的开发时间经常需要一年或更长的时间。

五、任务执行结果评价

任务执行结果评价如表 2-13 所示。

表 2-13　物流公司部门绩效管理实训任务执行结果评价(指导教师用表)

考核评价内容	考评标准	分　值	评价得分
对平衡计分卡(BSC)应用情况	对平衡计分卡(BSC)二、三层指标分解的合理性与可执行性	30	
对物流仓储公司绩效指标的分解执行情况	对部门绩效指标的分解执行方案步骤规范，应用方法得当	20	
	对部门绩效指标分解中所应用公式的合理性	20	
任务执行团队评价	团队分工的合理性、协同性	10	
	团队执行任务的效率	10	
	完成任务的创新性	10	
本次任务执行结果评价得分总计			

第三章 运输管理

案例导入

蒙牛的触角目前已经伸向全国各个角落,其产品远销香港、澳门,甚至还出口东南亚。蒙牛如何突破配送的瓶颈,把产自大草原的奶送到更广阔的市场呢?同时,还有个重要的问题是巴氏奶和酸奶的货架期非常短,巴氏奶仅10天,酸奶也不过21天左右,而且对冷链的要求最高。在牛奶挤出、运送到车间加工,直至到市场销售的全过程中,巴氏奶都必须保持在0~4℃之间,酸奶则必须保持在2~6℃之间储存。为此,蒙牛采取了以下措施。

一、缩短运输半径

为了保证产品的及时送达,蒙牛尽量缩短运输半径,在成立初期,蒙牛主打常温液态奶,因此奶源基地和工厂基本上都集中在内蒙古,以发挥内蒙古草原的天然优势。当蒙牛的产品线扩张到酸奶后,蒙牛的生产布局也逐渐向黄河沿线以及长江沿线伸展,使奶牛产地尽量接近市场,以保证低温产品快速送达卖场和超市。

二、合理选择运输方式

目前,蒙牛的产品运输方式主要有两种——汽车和火车集装箱。蒙牛在保证产品质量的原则下,尽量选择费用较低的火车运输方式。

对于路途较远的低温产品运输,为了保证产品能够快速送达消费者手中,保证产品的质量,蒙牛往往采用成本较为高昂的汽车运输。例如,北京销往广州等地的低温产品,全部走汽运,虽然成本较铁运高出很多,但在时间上能有保证。

为了更好地了解汽车运行的状况,蒙牛还在一些运输车上装上了GPS系统,GPS系统可以跟踪了解车辆的情况,比如是否正常行驶、所处位置、车速、车厢内温度等。

三、全程冷链保障

低温奶产品必须全过程都保持在2~6℃之间,这样才能保证产品的质量。蒙牛牛奶在"奶牛—奶站—奶罐车工厂"这一运行序列中,采用低温、封闭式的运输。无论在茫茫草原的哪个角落，"蒙牛"的冷藏运输系统都能保证将刚挤下来的原奶在 6 个小时内送到生产车间，确保牛奶新鲜的口味和丰富的营养。出厂后，在运输过程中，则采用冷藏车保障低温运输。在零售终端，蒙牛将其产品在其每个小店、零售店和批发店等零售终端投放冰柜，以保证其低温产品的质量。

四、使每一笔单子做大

物流成本控制是乳品企业成本控制中一个非常重要的环节。蒙牛减少物流费用的方法是尽量使每一笔单子变大，形成规模后，在运输的各个环节上就都能得到优惠。比如，利乐包产品走的铁路，每年运送货物达到一定量后，在配箱等方面可以得到很好的折扣。而利乐枕产品走的汽运，走 5 吨的车和走 3 吨的车，成本要相差很多。

摘自：蒙牛物流解密

第一节　认知物流运输

一、物流运输的定义

我国国家标准《物流术语》中对物流运输的定义是："用设备和工具，将物品从一地点向另一地点运送的物流活动。其中包括集货、分配、搬运、中转、装入、卸下、分散等一系列操作。"物流运输(以下简称"运输")是指物体借助运力在空间上产生的位置移动。由于运输活动相对来讲时间长、距离远、能源和动力消耗多，其成本在物流领域乃至整个国民经济领域都占有举足轻重的地位。

运输的任务是对物资进行较长距离的空间移动。物流部门通过运输，解决物资在生产地点和需要地点之间的空间距离问题，从而创造商品的空间效益，实现其使用价值，以满足社会的需求。运输可以说是物流最重要的一个功能。随着现代化大生产的发展，社会分工越来越细，产品种类越来越多，无论是原材料的需求，还是产品的输出量都大幅度上升，区域之间的物质交换更加频繁，这就促进了运输业的发展和运输能力的提高，所以产业的发展促进了运输技术的革新和运输水平的提高。总之，运输手段的发展也是产业发展的重要支柱。比如，冶金企业生产所需的铁矿、铜矿原料往往是从数千千米甚至上万千米之外运来的，许多国家需要数十万吨级油轮从国外输送原油，没有强有力的运输手段，许多企业就难以生存，甚至国民经济也难以正常运转。

二、运输的特征

运输是一种特殊的物质生产活动，它具有很强的服务性。运输按其在社会再生产中的地位、运输生产过程和产品的属性来讲，和工农业生产比较，又有很大的差别。

1. 运输联系的广泛性

运输生产是一切经济部门生产过程的延续，通过各种运输方式，可以把原材料、燃料等送达生产地，又能把产品运往消费地，它贯穿于整个社会再生产过程中。因而，运输和其他活动的联系要比生产活动更为广泛，它几乎和所有的生产经营活动都发生直接或间接的联系。运输线路是否畅通，对企业的连续生产、充分发挥生产资金的作用以及加速商品流通诸方面，都具有极其重要的影响。

2. 运输不创造新的产品

在正常条件下，运输生产的产品只是货物在空间上的位移。其他生产活动是通过物理、化学或生物作用过程，改变劳动对象的数量和质量，从而得到新的产品，以满足人类的需要。运输生产则与此不同，它虽然也创造使用价值与价值，但不创造新的产品，它创造的产品是一种特殊的产品。它把价值追加到被运输的货物上，实现货物场所的变更。基于这一点，在满足运输需要的前提下，如果产生多余的运输产品和运输支出，对社会就是一个浪费。因此，在物流活动中，充分考虑节省运输能力、降低运输成本，就具有极其重要的意义。

3. 运输生产的非实体性

运输产品是看不见、摸不着，和被运输的实体产品结合在一起的产品，它只是实现空间的位移。因此，运输产品的生产和消费是同一过程。它不能脱离生产过程而单独存在。也就是说，运输过程对从业者来说是生产过程，而对用户来说是对运输能力的消费过程。因此，运输的产品既不能储存，做到以丰补歉，又不能调拨，在地区间调剂余缺，只有通过调整运输能力满足运量的波动和特殊的需要。由于运输生产是在广大空间范围内进行活动，当各种运输线路和港站集散能力一旦形成后，也就形成了该地区的运输能力。因此，对于这种运输能力在地域上的布局应力求与货物的分布相适应。另外，运输生产不需要原料，因而运输部门也就不需要原料储备和半成品、成品储备，与工业部门相比，在生产资金构成中，它的固定资产占的比重较大，这就决定了运输部门的生产资金和运输成本具有特殊的构成，燃料费、折旧费在运输成本中占有很大比重。因此，充分发挥运输设备及工具的作用，对于降低运输成本和节省运输费用具有重要意义。

4. 运输生产的连续性

运输生产是在一个固定的线路上完成的，它的空间范围极为广阔，好像一个大的"露天工厂"。而且货物运输往往要由几种运输方式共同完成，而不像工农业生产那样在一定范围内即可完成其生产任务。因此，在物流规划中，如何保证运输生产的连续性以及根据运输需求，按地区和货流形成综合运输能力，具有重要意义。也由于这一特点，物流规划必须充分重视自然条件，运用其有利因素，克服其不利因素，提高物流活动中的运输效率和经济效益。

5. 各种运输方式产品的同一性

各种运输方式虽然线路、运输工具以及技术装备各不相同，但生产的是同一种产品，即货物在空间上的位移，对社会具有同样的效用。而工农业生产各部门，由于生产工艺不同，产品规格有很大差别。产品的同一性是运输生产的又一特征。在物流规划中必须研究各种运输方式在运输网中的地位和作用，促使各种运输方式合理分工与综合利用，形成综合运输网。

6. 各种运输方式之间的代替性较强

实现货物的位移，往往可采用不同的运输方式。由于各种运输方式的产品都是相同的"位移"，因此，某种运输方式都有可能被另一种运输方式所代替。这种运输需求在运输方式之间转移的可能性产生了各种运输方式之间一定的替代和竞争关系，而工农业部门的生产内部以及它们相互之间的生产一般是不能代替的。例如，工业内部的冶金、机械不能代替纺织、食品加工等。运输方式的这种代替性，使得有可能通过调节不同运输方式的供求关系，使运量在各种运输方式之间合理分配，形成较为科学的综合运输体系。

作为运输的需求者，会根据货物运输的具体要求，合理选择适当的运输方式。当然，由于各种运输方式的经济、技术特征不同，在完成同一运输任务时的经济效益存在差异，所以，对于运输生产者来说，应该满足用户对运输的需要，形成适应性较强的服务能力，提高运输产品的竞争力。认真研究运输的这些基本特点，是物流规划、运输合理布局和运输决策的前提条件，在此基础上才能为实现物流管理目标提供最佳的运输服务。

三、运输的功能

运输的功能是指通过运输，克服产品在生产与需求之间存在的空间和时间上的差异，或者通过运输，对产品进行临时储存。

1. 产品的转移功能

运输的主要功能就是克服产品在生产与需求之间存在的空间和时间上的差异，使产品在价值链中来回移动，即通过改变产品的地点与位置，消除产品的生产与消费之间的空间位置上的背离，或将产品从效用价值低的地方转移到效用价值高的地方，创造出产品的空间效用。运输的主要目的就是要以最少的时间和费用完成物品的运输任务。同时，产品转移所采用的方式必须能满足顾客的要求，产品遗失和损坏必须降低到最低的水平。通过位置移动，运输对产品进行了增值，创造出产品的时间效用。

2. 产品的储存功能

如果转移中的产品需要储存，而短时间内产品又将重新转移的话，卸货和装货的成本也许会超过储存在运输工具中的费用，这时，将运输工具暂时当作储存工具是可行的。当交付的货物处在转移之中需要临时的储存，但在短时间内原来的装运目的地被改变时又将重新转移的话，那么该产品在仓库卸下来和再装上去的成本也许会超过储存在运输工具中每天支付的费用。因此，对产品的储存也是运输的功能之一。在仓库空间有限的情况下，利用运输车辆储存也许不失为一种可行的选择。概括地说，用运输工具储存产品可能是昂贵的，但当需要考虑装卸成本、储存能力限制，或延长前置时间的能力时，那么从物流总成本或完成任务的角度来看却是正确的。

四、运输的地位

在现代生产中,生产的专门化、集中化,生产与消费被分割的状态越来越严重,被分隔的距离亦越来越大。运输如今被人们称为"经济的动脉",其地位体现在以下两点。

1. 运输在国民经济中的地位

(1) 运输是社会物质生产的必要条件之一。运输是生产过程的继续,是国民经济的基础和先行,是社会再生产得以顺利进行的必要条件。虽然运输这种生产活动与一般生产活动不同,它不创造产品价值和使用价值,而只变动其所在的空间位置,但这一变动则使生产能继续下去,使社会再生产不断推进,所以将其看成一个物质生产部门。如果没有运输,生产内部的各个环节便无法连接。

(2) 运输是连接产销、沟通城乡的纽带。国民经济由农业、工业、建筑业、运输业、商业等部门组成,各部门之间既相互促进,又相互制约;既相互独立,又相互联系。而运输是国民经济的大动脉,作为社会物质生产的必要条件,连接着生产与再生产、生产与消费的环节,连接着国民经济各部门、各企业,连接着城乡,连接着不同国家和地区。运输功能的发挥扩大了国民经济活动的范围,缩小了物质交流的空间,实现了在此范围内价值的平均化和合理化。因此,运输使整个国民经济活动得以正常运行。

2. 运输在物流系统中的地位

1) 运输是"第三利润源"的主要源泉

从运费来看,运费在全部物流费中所占比例最高,因此节约的空间是很大的;运输是运动中的活动,承担大跨度空间转移的任务,所以活动时间长、距离长、消耗也大。消耗的绝对数量大,其节约的潜力也就大。由于运输总里程长,运输总量巨大,通过体制改革和运输合理化可大大缩短运输吨·千米数,从而获得比较大的节约。因此,在物流各环节中,合理地组织运输,不断地降低物流运输费用,对于提高物流经济效益和社会效益都起着重要作用。

2) 运输是物流系统功能要素的核心

随着经济的全球化、一体化,通过运输实现物品的空间效用呈现出越来越明显的强化趋势,通过储存保管实现物品的时间效用则呈现出弱化走势。这种趋势带来的直接影响就是对物流业,特别是运输业务越来越大的需求,这在客观上就无形地突出了运输功能的主导作用。通过强化运输和其他物流功能,降低或消除储存功能的作用,使得传统物流系统中为了避免随机因素的干扰而设置的"安全库存"量大大降低,甚至有可能使理想状态的"零库存"变为现实。运输功能的主导地位和要素核心作用也日益明显,成为物流系统最关键的核心功能要素。

3) 运输是实现物流合理化的关键

物流的合理化是指在各物流子系统合理化基础上形成的最优物流系统总体功能。而运输是物流系统中的关键因素,它的合理与否直接影响到其他物流子系统的构成,而且运输是创造物流空间效用的主要功能要素,在物流系统整体功能中发挥了中心环节的作用。因此，物流的合理化在很大程度上取决于运输的合理化。只有运输的合理化，才能使物流系统结构更加合理，结构功能更强，系统总体功能更优。

五、运输的基本原理

指导运输营运管理的两个基本原理分别是规模经济和距离经济。

1. 规模经济原理

规模经济的特点是随着装运规模的增长，使每单位重量或体积的运输成本下降。运输规模经济之所以存在，是因为与转移一票货物有关的固定费用可以按整票货物的重量分摊。因而，一票货物越重，就越能"摊薄"成本，由此使每单位重量的成本更低。与货物转移有关的固定费用中包括接收运输订单的行政管理费用、定位运输工具装卸的时间、开票以及设备费用等。这些费用之所以被认为是固定的，是因为它们不随装运的数量而变化。

2. 距离经济

距离经济的特点是指每单位距离的运输成本随距离的增加而减少。运输的距离经济又称为递减原理，因为费率或费用随距离的增加而逐渐减少。距离经济的合理性类似于规模经济，尤其是运输工具装卸所发生的相对固定的费用必须分摊每单位距离的变动费用，距离越长，可以使固定费用分摊给更多的距离(千米)，导致每千米支付的总费用更低。在评估各种运输战略方案或营运业务时，这些原理就是重点考虑因素。其目的是要使装运的规模和距离最大化，同时仍要满足顾客的服务需求。

第二节　物流运输市场和运输方式

一、物流运输市场

1. 物流运输市场的概念

运输市场由供给和需求两方面构成，它是整个市场体系中的重要组成部分，是运输生产者与需求者之间进行商品交换的场所和领域。运输市场有狭义和广义之分。狭义的运输市场是指运输劳务交换的场所，该场所为旅客、货主、运输业者、运输代理者提供交易空间。广义的运输市场包括运输参与各方在交易中所产生的经济活动和经济关系的总和，即运输市场不仅是运输劳务交换的场所，而且包括运输活动的参与者之间、运输部门与其他部门之间的经济关系。运输市场是多层次、多要素的集合体。

2. 运输决策的参与者

运输交易往往受五方的影响，他们是：托运人(起始地)、收货人(目的地)、承运人、政府和公众。他们的关系如图3-1所示。

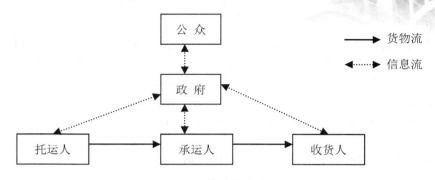

图 3-1 运输决策影响因素

1) 托运人和收货人

托运人一般是被托运货物的卖方，收货人通常是买方。在规定时间内以最低的成本将货物从起始地转移到目的地，这是托运人和收货人的共同目的。运输服务中应包括具体的提取货物和交付货物的时间、预计转移的时间、货物破损率以及精确与适时地交换装运信息和签发单证等工作。

2) 承运人

承运人作为中间人，他期望以最低的成本完成所需的运输服务，同时获得最大的运输收入。也就是说，承运人须尽量使转移货物所消耗的劳动、燃料和运输工具成本最低，同时又要按照托运人(或收货人)所愿意支付的最高费率收取运费。为获取最大利润，承运人期望在提取和交付时间上能有灵活性，以便于将个别的装运整合成经济运输批量，进行集中运输。

3) 政府

政府总是期望有一种稳定而有效的运输环境，以使经济能持续增长。因此，政府通常采用多种方式来干预和影响运输市场。

由于运输业涉及社会面广，易于控制，政府部门更倾向于干预运输供应商的活动。这种干预往往采取规章、促进或拥有等形式。政府部门通过限制承运人所能服务的市场或确定他们所能收取的价格来规范他们的行为；通过支持研究开发或提供诸如公路或航空交通控制系统之类的通行权来促进承运人。这种控制权使得政府部门对地区、行业或厂商的经济状况与发展具有举足轻重的影响。

4) 公众

作为直接参与者的公众关注运输的可得性、费用和效果，而没有直接参与的公众也关心环境上和安全上的问题。显然，由于各方之间的相互作用，使得运输关系很复杂。这种复杂性会导致托运人、收货人和承运人之间，承运人与政府之间，以及政府与公众之间的冲突。这些冲突已导致了运输服务备受各种规章制度的限制。

3. 物流运输市场的分类

1) 按运输方式划分

①公路运输市场；②水路运输市场；③铁路运输市场；④航空运输市场；⑤管道运输市场。

2) 按供求关系划分

(1) 买方运输市场。供过于求时，会有大量的运力闲置，得不到充分利用。

(2) 卖方运输市场。供不应求时，货主和旅客的运输需要常常得不到满足，买票难、出门难，以运定产的现象经常发生，迫切需要扩大运输生产能力。

3) 按运输范围划分

(1) 国内运输市场。如铁路运输市场及江河运输市场、沿海运输市场、公路运输市场。

(2) 国际运输市场。如国际海运市场、国际航空运输市场等。

4. 物流运输市场的特征

我国运输市场是社会主义市场经济的组成部分，除具有第三产业服务性市场的特征外，还具有社会主义市场经济共同的特点，而它作为市场体系中的一个专业市场，又有以下六个特征。

1) 运输市场是一个典型的劳务市场

社会上的运输企业主要为社会提供没有实物形态的运输劳务。所提供的劳务既不能储存也不能调拨。而且劳务生产与劳务消费具有同时性，即运输商品的生产过程和消费过程是融合在一起的。在运输生产过程中，劳动者主要不是作用于运输对象，而是运输工具。旅客和货物与运输工具是一起运行的，并且随交通工具的场所变动而改变所在的位置，它们无论在时间上还是在空间上都是不可分离的。

2) 运输市场是劳动密集型市场

运输业技术构成相对较低，用人较多，每位就业人员占有的固定资产较低，在企业劳动成果中，活劳动所占比重较大，因此属于劳动密集型市场。

3) 运输市场的非固定性

运输市场所提供的运输产品具有运输服务性。运输活动在开始提供时只是一种"承诺"，即以客票、货票或运输合同等作为契约保证，但随着运输生产过程的开始，通过一定的时间和空间延伸，在运输生产结束时才将客、货位移的实现所带来的运输劳务全部提供给运输需求者。整个市场交换行为，并不局限于一时一地，而是具有较强的广泛性、连续性和区域性。

4) 运输市场波动性较强

由于运输劳力没有实物形态，因此运输市场受各种因素影响变动较大。而运输需求者的经济条件、需求习惯、需求方向等多方面存在较大的差异，必然会对运输劳务或运输活动过程提出各种不同的要求，从而使运输需求呈现出多样性、波动性较强的特点。

5) 运输市场受到社会运输力量的潜在威胁

目前，许多企事业单位都组建自己的车队和船队。它们随时都可能进入运输市场参与竞争。在汽车运输行业，社会企事业单位自备车辆占整个社会汽车拥有量的85%以上，因此是一支不可忽视的运输力量。

6) 运输市场容易形成垄断

在运输业的发展到一定阶段后，某种运输方式往往会在运输市场上形成较强的垄断势力，这主要是由于自然条件和一定生产力水平下某一运输方式具有技术上的明显优势等原因造成的。而且运输业具有自然垄断的特性，这也使得运输市场容易形成垄断。运输市场出现的市场垄断力量使运输市场偏离完全竞争市场的要求，因此各国政府都对运输市场加强了监管。

二、物流运输的方式

陆地、海洋和天空都可以作为物流运输活动的空间，运输的主要方式有以下几种。

(一)铁路运输

1. 铁路运输的概念及其特点

铁路运输是指利用机车、车辆等技术设备沿铺设轨道运行的运输方式。

铁路运输的优点如下。

(1) 运输能力大，这使它适合于大批低值商品的长距离运输。

(2) 单车装载量大，加上有多种类型的车辆，使它几乎能承运任何商品，几乎可以不受重量和容积的限制。

(3) 车速较高，平均车速在五种基本运输方式中排在第二位，仅次于航空运输。

(4) 铁路运输受气候和自然条件影响较小，在运输的经常性方面占优势。

(5) 铁路运输可以方便地实现驮背运输、集装箱运输及多式联运。

铁路运输的缺点如下。

(1) 由于铁路线路是专用的，其固定成本很高，原始投资较大，建设周期较长。

(2) 铁路按列车组织运行，在运输过程中需要有列车的编组、解体和中转改编等作业，占用时间较长，因而增加了货物的在途时间。

(3) 铁路运输中的货损率比较高，而且由于装卸次数多，货物毁损或丢失事故通常也比其他运输方式多。

(4) 不能实现"门到门"运输，通常要依靠其他运输方式配合，才能完成运输任务，除非托运人和收货人均有铁路专线。根据上述铁路运输的特点，铁路运输担负的主要功能是：大宗低值货物的中、长距离(经济里程一般在 200 千米以上)运输，也较适合运输散装货物(如煤炭、金属、矿石、谷物等)、罐装货物(如化工产品、石油产品等)。

2. 铁路运输的技术装备和设施

主要包括铁路机车、铁路车辆及铁路线路。铁路机车是铁路运输的动力装置，包括蒸汽机车、内燃机车和电力机车。

铁路货车车辆包括以下几方面。

(1) 棚车(通用型)，即标准化的有顶货车，侧面有拉门，用于装运普通商品。

(2) 棚车(专用型)，即专门改装的棚车，用以装运特种商品(见图 3-2)。

(3) 漏斗车，货车地板斜向有一个或几个可开关的底门，便于卸出散装物料。

(4) 有盖漏斗车，用于装运需要防风雨的散粒货物。

图 3-2　专用棚车

(5) 平板车，即没有侧墙、端墙和车顶的货车，主要用于驮背运输。

(6) 冷藏车，即加装有冷冻设备以控制温度的货车。

(7) 敞车，即没有车顶，有平整地板和固定侧墙的货车，主要用于装运长大货物。

(8) 罐车，即专门用于运送液体和气态货物的车辆。通常将若干铁路车辆编排在一起，配以列车标志，并由铁路机车牵引组成铁路列车完成运输任务。其中由大功率机车或多部机车牵引载重量大的货车，编成5000吨以上的普通列车合并运行，这种列车称为组合(合并)列车(如图3-3)。

图 3-3　专用罐车

3．铁路运输的种类

铁路运输分为车皮运输和集装箱运输。

(1) 车皮运输。车皮运输是指租用适合货物数量和形状的车皮所进行的铁路运输方式。这种方式适合运送大宗货物，主要用来运送煤炭、水泥、石灰等无须承担高额运费的大宗货物。但车皮难以往返利用，运输效率较低，运费亏损集中，而且通常是经专用铁路通往收发货地点，需要有专用搬运机械。

(2) 铁路集装箱运输。铁路集装箱运输是铁路和公路联运的一种复合型直达运输，其特征是送货到门，可以由托运人的工厂或仓库直达收货人的工厂或仓库，适合于化工产品、食品、农产品等多种货物的运输。

(二)公路运输

1．公路运输的概念及其特点

从广义来说，公路运输是指利用一定载运工具(汽车、拖拉机、畜力车、人力车等)沿公路实现旅客或货物空间位移的过程。从狭义来说，公路运输即指汽车运输。

公路运输的优点如下。

(1) 汽车运输途中不需中转，因此，汽车运输的运送速度比较快。
(2) 汽车运输可以实现"门到门"的直达运输，因而货损货差少。
(3) 机动灵活，运输方便。
(4) 原始投资少，经济效益高。
(5) 驾驶技术容易掌握。

公路运输的缺点如下。

(1) 装载量小。
(2) 运输成本高。
(3) 燃料消耗大。
(4) 对环境造成的污染比较严重等。

2．公路运输的主要功能

(1) 独立担负经济运距内的运输,主要是中短途运输(我国规定50千米以内为短途运输，200千米以内为中途运输)。由于高速公路的兴建，汽车运输从中、短途运输逐渐形成短、中、远程运输并举的局面，将是一个不可逆转的趋势。

(2) 补充和衔接其他运输方式。所谓补充和衔接，即当其他运输方式担负主要运输时，由汽车担负起点和终点处的短途集散运输，完成其他运输方式到达不了的地区的运输任务。

3．公路运输的技术装备与设施

公路运输的技术装备与设施主要由运输车辆、公路和货运站组成。

(1) 公路货运车辆。公路货运车辆按其载运功能可以分为载货汽车、牵引车和挂车。

① 载货汽车：是指专门用于运送货物的汽车，又称载重汽车。载货汽车按其载重

量的不同可分为微型(最大载重量 0.75 吨)、轻型(载重量 0.75～3 吨)、中型(3～8 吨)、重型(载重量在 8 吨以上)四种。目前在我国，中型载货汽车是主要车型，数量较多。载货汽车的车身具有多种形式。敞车车身是载货汽车车身的主要形式，它适用于运送各种货物。厢式车身可以提高货物安全性，多用于运送贵重物品。自卸汽车可以自动卸货，适用于运送散装货物，如煤炭、矿石、沙子等。专用车辆仅适于装运某种特定的用普通货车或厢式车装运效率较低的货物。它的通用性较差，往往只能单程装运，因此运输成本高，如汽车搬运车、水泥车、油罐车、混凝土搅拌车、冷藏车等。

② 牵引车和挂车：牵引车亦称拖车，是专门用以拖挂或牵引挂车的汽车。牵引车可分为全挂式和半挂式两种。挂车本身没有发动机驱动，它是通过杆式或架式拖挂装置，由牵引车或其他的汽车牵引行驶。而只有与牵引车或其他汽车一起组成汽车列车方能构成一个完整的运输工具。挂车有全挂车、半挂车、轴式挂车(无车厢)以及重载挂车等类型。半挂车与半挂式牵引车一起使用，它的部分重量是由牵引车的底盘承受的；全挂车则由全挂式牵引车或一般汽车牵引；轴式挂车是一种单轴车辆，专用于运送长、大货物；重载挂车是大载重量的挂车，它可以是全挂车，也可以是半挂车，专用于运送笨重特大货物，其载重量可达 300 吨。由于挂车结构简单，保养方便，而且自重小，在运输过程中使用挂车可以提高运送效率，因此在汽车运输中应用较广。牵引车与挂车组合在一起便形成了汽车列车。

(2) 公路 为行驶汽车而按照一定技术规范修建的道路(包括城市道路)，称为公路。

公路是一种线型构造物，是汽车运输的基础设施，由路基、路面、桥梁、涵洞、隧道、防护工程、排水设施与设备以及山区特殊构造物等基本部分组成，此外还需设置交通标志、安全设施、服务设施及绿化栽植等。根据交通量及其使用性质，公路分为五个等级。

① 高速公路：是指能适应年平均昼夜汽车交通量在 25000 辆以上，具有特别重要政治、经济意义，专供汽车分道高速行驶，全部立体交叉并全部控制出入口的公路。

② 一级公路：是指能适应年平均昼夜汽车交通量为 5000～25000 辆，连接重要的政治、经济中心，通往重点工矿区，可供汽车分道行驶并部分控制出入口、部分立体交叉的公路。

③ 二级公路：是指能适应平均昼夜交通量为 2000～5000 辆，连接政治、经济中心或大型矿区等地的干线公路，或运输任务繁忙的城郊公路。

④ 三级公路：是指能适应年平均昼夜交通量在 2000 辆以下，连接县及县以上城市的一般公路。

⑤ 四级公路：是指能适应年平均昼夜交通量在 200 辆以下，连接县、乡、镇的支线公路。

(3) 桥隧：桥隧是桥梁、涵洞和隧道的统称，都是为车辆通过自然障碍(河流、山岭)或跨越其他立体交叉的交通线而修建的构造物。桥梁和涵洞的共同点在于车辆在其上运行，主要用来跨越河流。一般桥梁的单跨径较涵洞大，总长较涵洞长。隧道主要用于穿越山丘，车辆是在隧道内运行。根据公路的有关规范，凡单孔标准跨径小于 5 米的，或多孔跨径总长小于 5 米的是涵洞；大于上述规定的是桥梁(见图 3-4)。

图 3-4　公路隧道

(4) 货运站。公路运输货运站的主要功能包括货物的组织与承运、中转货物的保管、货物的交付、货物的装卸以及运输车辆的停放、维修等内容。简易的货运站点，则仅有供运输车辆停靠与货物装卸的场地。

4．公路运输的种类

1) 按托运批量大小可分为整车与零担运输

凡托运方一次托运货物在 3 吨及 3 吨以上的，为整车运输。整车运输的货物通常有煤炭、粮食、木材、钢材、矿石、建筑材料等。这些一般都是大宗货物，货源的构成、流量、流向、装卸地点都比较稳定。整车运输一般多是单边运输，故应大力组织空程货源，充分利用全车行程，提高经济效益。凡托运方一次托运货物不足 3 吨者为零担运输。零担运输非常适合商品流通中品种繁杂、量小批多、价高贵重、时间紧迫、到达站点分散等特殊情况下的运输，弥补了整车运输和其他运输方式在运输零星货物方面的不足，并便利了乘客旅行。

2) 按运送距离可分为长途与短途公路运输

按交通部规定运距在 25 千米以上为长途运输；25 千米及 25 千米以下为短途运输，各地根据具体情况都有不同的划分标准。长途运输是在各种类型和不同等级的公路上进行的运输，因此也称公路运输。与铁路货运相比较，长途公路货运具有迅速、简便、直达的特点；与短途公路货运相比，长途公路货运具有运输距离长、周转时间长、行驶线路较固定等特点。短途公路货运具有运输距离短，装卸次数多，车辆利用效率低；点多面广，时间要求紧迫；货物零星，种类复杂，数量忽多忽少等特点。

3) 按货物的性质及对运输条件的要求可分为普通货物运输与特种货物运输

被运输的货物本身的性质普通，在装卸、运送、保管过程中没有特殊要求的，称为普通货物运输。相反，被运输的货物本身的性质特殊，在装卸、运送、保管过程中需要特定条件、特殊设备来保证其完整无损的,称为特种货物运输。特种货物运输又可分为长大、笨重货物运输,危险货物运输,贵重货物运输和鲜活易腐货物运输。各类运输都有不同的要求和不同的运输方法。

  4) 按运输的组织特征可分为集装化运输与联合运输

  集装化运输也称成组运输或规格化运输。它是以集装单元作为运输的单位,保证货物在整个运输过程中不致损失,而且便于使用机械装卸、搬运的一种货运形式。集装化运输最主要的形式是托盘运输和集装箱运输。集装化运输促进了各种运输方式之间的联合运输,构成了直达运输集装化的运输体系,它是一种有效的、快速的运送形式。联合运输就是两个或两个以上的运输企业,根据同一运输计划,遵守共同的联运规章或签订的协议,使用共同的运输票据或通过代办业务,组织两种或两种以上的运输工具,相互接力,联合实现货物的全程运输。联合运输是按照社会化大生产客观要求组织运输的一种方法,用以谋求最佳经济效益,它对于充分发挥各种运输方式的优势,组织全程运输中各环节的协调配合,充分利用运输设备,加快车船周转,提高运输效率,加速港口、车站、库场周转,提高吞吐能力,缩短货物运达期限,加速资金周转,方便货主,简化托运手续,活跃城乡经济,促进国民经济发展,提高社会经济效益,都具有明显的实效。

(三)水路运输

1. 水路运输的概念及其特点

  水路运输是指利用船舶、排筏和其他浮运工具,在江、河、湖泊、人工水道以及海洋上运送旅客和货物的一种运输方式。

  水上运输的优点如下。

  (1) 可以利用天然水道、线路,投资少,且节省土地资源。

  (2) 船舶沿水道浮动运行,可实现大吨位运输,降低运输成本。对于非液体商品的运输而言,水运一般是运输成本最低的运输方式。

  (3) 江、河、湖、海相互贯通,沿水道可以实现长距离运输。

  水上运输的缺点如下。

  (1) 船舶平均航速较低。

  (2) 船舶航行受气候条件影响较大,如在冬季存在断航的可能性,断航将使水运用户的存货成本上升,这决定了水运主要承运低值商品。

  (3) 可达性较差,如果托运人或收货人不在航道上,就要依靠汽车或铁路运输进行转运。

  (4) 同其他运输方式相比,水运(尤其海洋运输)对货物的载运和搬运有更高的要求。

2. 水上运输的主要功能

  (1) 承担大批量货物,特别是散装货物运输。

  (2) 承担原料、半成品等低价货物运输,如建材、石油、煤炭、矿石、粮食等。

  (3) 承担国际贸易运输,是国际商品贸易的主要运输工具之一。

3. 水上运输的技术装备与设施

1) 船舶

船舶是水上运输的载运工具。船舶大致可分为集装箱船、散装船、油船、液化气船、冷藏船、运木船、滚装船、载驳船、客货两用船、双体船、水翼船、气垫船等。船舶的主要性能包括重量性能和容积性能。前者又包括排水量和载重量，其中排水量的大小是载重能力大小的基础。后者又包括货舱容积和船舶登记吨位。其中，货舱容积可用散装舱容(能够装散装货的货舱容积)、包装舱容(能够装载包装货物的货舱容积)及舱容系数(货舱容积与其载重量之比)度量。而登记吨位是指按吨位丈量规范检定吨位，由总吨位和净吨位组成。

2) 港口

港口是水上运输的主要设施。港口是指具有一定面积的水域和陆域，供船舶出入和停泊及货物集散的场所。它主要由公共部门提供或建造，当然水运货主也常投资建设港口设施，这些自用设施是专门为满足自己的特定需要而设定的。港口水域指港界之内的水上面积，它是供船舶进出港，以及在港内运转、锚泊和装卸作业使用的。一般将港池以外的部分称为港外水域，包括进出港航道和港外锚地；而将港池内的水面部分称为港内水域，包括港内航道、港内锚地、码头前沿水域和船舶调头区等。其中码头是供船舶停靠、货物装卸的水中建筑物。码头前沿线即为港口的生产线，也是港口水域和陆域的交接线。泊位是指供船舶停泊的位置，一个泊位即可供一艘船只停泊。通常一个码头往往要同时停泊几艘船只，即应具备多个泊位。此外，船舶在航线上航行还离不开海图、航标、灯塔等设施，供船舶增补燃料、淡水和生活物资的设施，以及发生事故后的救助打捞设施等(见图3-5)。

图3-5　港口

4. 水上运输的种类

水路运输有以下四种形式。

(1) 沿海运输：是使用船舶通过大陆附近沿海航道运送客货的一种方式，一般使用中、小型船舶。

(2) 近海运输：是使用船舶通过大陆邻近国家海上航道运送客货的一种运输形式，视航程可使用中型船舶，也可使用小型船舶。

(3) 远洋运输：是使用船舶跨大洋的长途运输形式，主要依靠运量大的大型船舶。

(4) 内河运输：是使用船舶在陆地内的江、河、湖、川等水道进行运输的一种方式，主要使用中、小型船舶。

(四)航空运输

1. 航空运输的概念及其特点

航空运输简称空运，是使用飞机运送客货的运输方式。航空货物运输的运价要远远高于其他运输手段，因此，在过去除了紧急或特殊场合外，一般不使用飞机运送货物。但是，现今航空货物运输已经在商业上普遍使用，在发达国家，甚至来自一般家庭的礼品赠送、搬家等也开始使用航空运输。

航空运输的优点是航线直、速度快，可以飞跃各种天然障碍、作长距离不着陆运输，对货物的包装要求较低；其缺点是：载运能力小，受气候条件的限制比较大，可达性差，运输成本高。航空运输的上述特点，使得它主要担负贵重、急需或时间性要求很强的小批量货物运输和邮政运输。

2. 航空运输的技术装备与设施

航空运输的技术装备与设施主要包括飞机及航空港(机场)。

飞机是航空货物运输的运输工具，由于飞机是以高速造成与空气间的相对运动而产生空气动力以支撑并使飞机在空中飞行的，因此，为了确保飞行安全、起飞和着陆安全，飞机的重量是其主要的技术指标。每次飞行前，应严格根据当地的条件控制飞机装载重量。同时，飞机重量也是确定跑道长度、道面结构及厚度的重要设计参数。航空港是航空运输的重要设施，是指民用航空运输交通网络中使用的飞机场及其附属设施。与一般飞机场比较，航空港的规模更大，设施更为完善。航空港体系主要包括飞机活动区和地面工作区两部分，而航站楼则是这两个区域的分界线。

3. 航空运输业务类型

(1) 航空运输业：是满足社会经济发展需要，使用飞机有偿地进行物品运输的行业。

(2) 航空运送代理业：为航空运送商进行缔结运送契约代理的行业，即作为航空业者的代理人，承担航空物品运送经营，并与委托者签订航空运送契约的行业。

(3) 航空运送作业：以自己的名义进行飞机物品运送作业的行业。

(五)管道运输

管道运输是利用运输管道，通过一定的压力差而完成气体、液体和粉状固体运输的一种现代运输方式。其特点是：管道运输运量大，运输快捷，效率高；占地少；不受气候影响，运行稳定性强；便于运行控制；耗能低，成本低；有利于环境保护。但其灵活性差，承运的货物种类比较单一。

管道运输主要担负单向、定点、量大的流体状货物运输。以石油产品运输为例，管道运输的技术装备与设施主要包括输油站和运输管线。其中，输油站是指沿管道干线为输送油品而建立的各种作业和加压站场，由首站（起点站）、中间站和末站（终点站）组成。首站是指输油管道的起点，通常位于油田、炼油厂或港口。其任务是接受来自油田或海运的原油，或来自炼油厂的成品油，经计量、加压（有时还加热）后输往下一站。中间站设在管道沿线的中间地点，其任务主要是给油流提供能量（压力能、热能）。末站位于管道线的终点，往往是收油单位的油库或转运油库，或两者兼而有之。管道运输按照运输对象分为：原油管道运输、成品油管道运输、天然气管道运输以及煤浆管道运输等。

管道运输的优点：①运量大。一条输油管线可以源源不断地完成输送任务，根据其管径的大小不同，其每年的运输量可达数百万吨到几千万吨，甚至超过亿吨。②占地少。运输管道通常埋于地下，其占用的土地很少；运输系统的建设实践证明，运输管道埋藏于地下的部分占管道总长度的 95%以上，因而对于土地的永久性占用很少，分别仅为公路的 3%、铁路的 10%左右，在交通运输规划系统中，优先考虑管道运输方案，对于节约土地资源意义重大。③管道运输建设周期短、费用低。国内外交通运输系统建设的大量实践证明，管道运输系统的建设周期与相同运量的铁路建设周期相比，一般来说缩短 1/3以上。历史上，中国建设大庆至秦皇岛全长 1152 公里的输油管道，仅用了 23 个月的时间，而若要建设一条同样运输量的铁路，至少需要 3 年时间，新疆至上海市的全长 4200千米天然气运输管道，预期建设周期不会超过 2 年，但是如果新建同样运量的铁路专线，建设周期在 3 年以上，特别是地质地貌条件和气候条件相对较差时，大规模修建铁路难度将更大，周期将更长，统计资料表明，管道建设费用比铁路低 60%左右。④管道运输安全可靠、连续性强。由于石油天然气易燃、易爆、易挥发、易泄露，采用管道运输方式，既安全，又可以大大减少挥发损耗，同时由于泄露导致的对空气、水和土壤污染也可大大减少，也就是说，管道运输能较好地满足运输工程的绿色化要求。此外，由于管道基本埋藏于地下，其运输过程恶劣多变的气候条件影响较小，可以确保运输系统长期稳定地运行。⑤管道运输耗能少、成本低、效益高。发达国家采用管道运输石油，每吨千米的能耗不足铁路的 1/7，在大量运输时的运输成本与水运接近，因此在无水条件下，采用管道运输是一种最为节能的运输方式。管道运输是一种连续工程，运输系统不存在空载行程，因而系统的运输效率高，理论分析和实践经验已证明，管道口径越大，运输距离越远，运输量越大，运输成本就越低，以运输石油为例，管道运输、水路运输、铁路运输的运输成本之比为 1：1：1.7。

管道运输的缺点：①灵活性差。管道运输不如其他运输方式（如汽车运输）灵活，除承运的货物比较单一外，它也不容随便扩展管线，实现"门到门"的运输服务。对一般用户来说，管道运输常常要与铁路运输或汽车运输、水路运输配合才能完成全程输送。②专用性强。运输对象受到限制，承运的货物比较单一。只适合运输诸如石油、天然气、化学品、碎煤浆等气体和液体货物。③专营性强。管道运输属于专用运输，其生产与运销混为一体，不提供给其他发货人使用。④固定投资大。为了进行连续输送，还需要在各中间站建立储存库和加压站，以促进管道运输的畅通。

三、物流运输方式的技术经济特征

每一种运输方式都有自身的特点和优势，同时，运输市场需求本身具有多样性，所以各种运输方式在市场竞争过程中都有着各自的存在价值和市场空间，如表3-1所示。如何结合不同的运输方式的技术经济特征，选择最合适的运输方式和工具，对物流企业和客户都是一项事关利润以及竞争优势的重要决策。

表3-1 各种物流运输方式的技术经济特征

运输方式	铁路运输	公路运输	水路运输	航空运输	管道运输
运输成本	成本低于公路	成本高于铁路、水路和管道运输，仅比航空运输成本低	运输成本一般较铁路低	成本最高	成本与水运接近
速度	长途快于公路运输，短途慢于公路运输	受到路况和工具性能等多种因素综合影响	速度较慢	速度极快	受到管道设计等具体条件影响
能耗	能耗低于公路和航空运输	能耗高于铁路和水路运输	能耗低，船舶单位能耗低于铁路，更低于公路	能耗极高	能耗最小，在大批量运输时与水运接近
便利性	机动性差，实现"门到门"运输需要其他运输方式的配合和衔接	机动灵活，能够进行"门到门"运输	需要其他运输方式的配合和衔接，才能实现"门到门"运输	难以实现"门到门"运输，必须借助其他运输工具进行集疏运	运送货物种类单一，且管线固定，运输灵活性差
对环境的影响	占地多，对环境污染较小	占地多，对环境污染严重	土地占用少，对环境污染较小	机场等地面设施占地较多，有噪音等环境污染	占用土地少，对环境污染很小
适用范围	适用于中、长距离运输，也适用于大批量、时间和可靠性要求高的货物运输	近距离、小批量的货运或是水运、铁路运输难以到达地区的长途、大批量货运	运距长，运量大，适合对送达时间要求不高的大宗货物运输，也适合集装箱运输	价值高、体积小、适合送达时效要求高的特殊货物	适合单向、定点、量大的流体状且连续不断货物的运输

四、物流运输服务的方式

1. 单一方式承运人

最基本的承运人类型是单一方式承运人，他们仅利用一种运输方式提供服务，这种集中程度使承运人高度专门化，有足够的能力和效率。托运人方面需要与每个单一的承运人进行洽谈和交易，这需要更多的时间和精力，也需要增加更多的管理工作。

2. 小件承运人

一些提供专门化服务的企业进入小批量装运服务市场或包裹递送服务市场。它们所提供的各种服务难以划分，因为包裹可能途经铁路、公路和航空运输。包裹递送服务的缺点在于，它对物品尺寸和质量限制较大，运送时间长短不一，对物品的损害性较大。

在我国，最典型的小件承运人是邮政局的包裹运输。

3. 多式联运经营人

多式联运经营人使用多种运输方式，力图能在最低的成本条件下提供综合性服务。

1) 多式联运的优势

(1) 一次定价，有利于改善价格策略。

(2) 重复成本减少，多种运输方式的合并体现了横向的规模经济。

(3) 多式联运被一个承运人控制后，有利于改进运输服务方式，节约成本。

2) 多式联运的表现形式

(1) 驮背运输(Piggyback)。最著名的和使用最广泛的多式联运系统是将卡车拖车装在铁路平板车上的公铁联运(trailer on flat car，TOFC)。

顾名思义，卡车拖车放在铁路平板车上作部分城市间长途运输，余下的行程则由卡车拖运完成。长途运输成本是拖车在城市间的转移费用。自 TOFC 运输开发以来，平板车上加载拖车的各种组合有了重大的发展(例如双层列车等)。

(2) 鱼背运输(Fishyback)。卡车渡运、火车渡船等是最老式的多式联运方式。它们使用水路进行长途运输，也是最便宜的运输方式之一。卡车渡运、火车渡船等运输概念是指把卡车拖车、铁路车装在驳船上或船舶上作长途运输。比如，从湛江到海口的火车渡船、卡车渡船等。

(3) 以集装箱为载体的多式联运。通过集装箱可以很好地实现不同运输方式之间(包括公铁、公水、公航等)的多式联运。以集装箱为载体开展多式联运可以减少搬运装卸成本并缩短货物在途时间。

3) 小结

由于两种运输方式的连接所具有的经济潜力，所以多式联运概念吸引了托运人和承运人。多式联运的发展对物流计划者具有很大的利益，因为这种发展增加了系统设计中的可选方案。物流经理们把这种降低成本、改善服务的发展归因于多式联运作业。然而，应该注意的是，多式联运的发展主要基于集装箱用量的增加，而不是通过驼背运输或鱼背运输来实现的。因为集装箱提供了更大的灵活性，它随时能够在多种运输方式之间交换。

4. 非作业性质的中间商

其他一些运输服务提供者是非作业性质的中间商，他们通常不拥有或不经营运输设备，但向其他厂商提供经纪服务。他们的职能多少类似于营销渠道中的批发商。

中间商通常向托运人提供的费率在相应的装运批量上要低于公共承运人的费率。中间商的利润率是向托运人收取的费率与向承运人购买运输服务的成本之间的差额。

由于中间商向托运人提供的两地间运输费率低于如果通过公共承运人直接运输的费率，在经济上证明了他们的职能是合理的。但是也有当中间商收取的费率高于托运人可能从其他合法承运人处获得的费率的情况，即更高收费的合理性在于向托运人提供更快的递送以及更完整的服务。这类中间商主要是货运代理人、托运人协会以及经纪人。

1) 货运代理人

货运代理人是以营利为目的的行业，他们把来自各种顾客手中的小批量装运整合成大批量装载，然后利用公共承运人进行运输。在目的地，货运代理人把该大批量装载拆分成原先较小的装运量。大多数的递送也许会包括也许不包括在货运代理人的服务之内。货运代理人的主要优势在于因大批量装载可获得较低的费率，在大多数情况下可以使小批量装运的运输速度，快于个别顾客直接与公共承运人打交道所经历的速度。货运代理人对完成装运承担全部责任。

2) 经纪人

经纪人是替托运人、收货人和承运人协调运输安排的中间商。经纪人能提供诸如装运配载、费率谈判、结账和跟踪管理等服务。

3) 小结

在传统的运输行业中，运输供给市场中包括大量相对细分化的承运人。由于这种细分化过去是建立在多式联运经营和服务受到约束基础上的，所以减少了向托运人提供可选择的方案，也降低了承运人的竞争能力和响应能力。虽然这种情况使托运人更容易作出决策，但也导致运输系统出现低效率和高成本。

第三节 运输的合理化

一、不合理运输的表现形式

物流中的不合理运输是指不注重经济效果，造成运力浪费、运费增加、货物流通速度降低、货物损耗增加的运输现象。物流运输不合理的表现主要有以下十种类型。

1. 空驶

空车无货载行驶，可以说是不合理运输的最严重形式。造成空驶的不合理运输主要有以下三方面原因。

(1) 有社会化的运输体系而不利用，却依靠自备车送货提货，这往往出现单程车、单程空驶的不合理运输。

(2) 工作失误或计划不周，造成货源不实，车辆空去空回，形成双程空驶。

(3) 车辆过分专用，无法搭运回程货，只能单程实车，单程回空周转。

2. 对流运输

对流运输亦称"相向运输"或"交错运输"，是指同一种货物或可以相互替代的货物在同一线路上或平行线路上做相对方向的运送，而与对方运程的全部或一部分发生重叠交错的运输称对流运输。它是不合理运输最突出、最普遍的一种，它有两种表现形式。

(1) 明显对流，即同类(或可以互相代替)货物沿着同一线路相向运输。

(2) 隐蔽对流，即同类(或可以互相代替)货物在不同运输方式的平行路线上或不同时间进行相反方向的运输。

3. 迂回运输

迂回运输是指货物多余的路线、绕道运输的不合理运输方式，即不经过最短路径的绕道运输，是舍近取远的一种运输。

4. 重复运输

重复运输是指一种货物本来可以直接将其运到目的地，但因物流仓库设置不当或计划不周使其在中途卸下，再重复装运送达目的地；另一种形式是，同品种货物在同一地点一边运进，同时又运出。

5. 倒流运输

倒流运输是对流运输的一种派生形式，是指货物从销地或中转地向产地或起运地回流的一种运输现象。

6. 过远运输

过远运输是指相同质量、价格的货物舍近求远的不合理方式，即销地应由距离较近的产地购进所需相同质量和价格的货物，但却超出货物合理辐射的范围，从远距离的地区运来，或产地就近供应，却调到较远的消费地的运输现象。

7. 运力选择不当

未利用各种运输工具的优势造成的不合理现象，称为运力选择不当。不根据承运货物数量及重量选择，盲目决定运输工具，造成过分超载、损坏车辆或货物不满而浪费运力的现象。常见运力选择不当有以下形式：弃水走陆；铁路、大型船舶的过近运输；运输工具承载能力选择不当。

8. 托运方式选择不当

对于货主而言，是可以选择最好的托运方式而未选择，造成运力浪费及费用支出加大的一种不合理运输方式。例如：应选择整车而未选择，反而采取零担托运；应当直达而选择了中转运输等。

9. 超限运输

超过规定的长度、宽度、高度和重量，容易引起货损、车轴损坏和公路路面及公路设施的损坏，还会造成严重的事故。这是当前表现突出的不合理运输。

10. 无效运输

无效运输即不必要的运输，是指被运输的货物杂质较多，使运输能力浪费于不必要的物资运输。

以上对不合理运输的描述，主要就形式本身而言，是从微观观察得出的结论。在实践中，必须将其放在物流系统中作综合判断，作出系统分析和综合判断，从而优化整个物流系统。

二、运输合理化的概念及原则

1. 运输合理化的概念

运输合理化是指按照货物流通规律，组织货物运输，力求用最少的劳动消耗，得到最高的经济效益。也就是说，在有利于生产、市场供应、节约流通费用以及劳动力的前提下，使货物运输经过最短的里程，最少的环节，用最快的时间，以最小的损耗和最低的成本，把货物从出发地运到客户要求的地点。

由于运输是物流中最重要的功能要素之一，因此，物流合理化在很大程度上依赖于运输合理化。运输合理化的影响因素很多，起决定性作用的有以下五方面因素。

1) 运输距离

在运输时，运输时间、运输货损、运费、车辆或船舶周转等运输的若干技术经济指标，都与运输距离有一定的比例关系。因此运输距离长短是运输是否合理的一个最基本因素。缩短运输距离既具有微观的企业效益，也具有宏观的社会效益。

2) 运输环节

每增加一次运输，不但会增加起运的运费和总运费，还会增加运输的附属活动，如装卸、包装等，各项技术经济指标也会因此下降。所以，减少运输环节，尤其是同类运输工具的环节，对合理运输有促进作用。

3) 运输工具

各种运输工具都有其使用的优势领域，对运输工具进行优化选择，按运输工具特点进行装卸运输作业，最大限度地发挥所用运输工具的作用，是运输合理化的重要一环。

4) 运输时间

运输是物流工程中需要花费较多时间的环节。尤其是远程运输，在全部物流时间中，运输时间占绝大部分。所以，运输时间的缩短对整个流通时间的缩短有决定性的作用。运输时间短，有利于运输工具的加速周转、有利于充分发挥运力的作用、有利于货主资金的周转、有利于运输线路通过能力的提高，对运输合理化有很大意义。

5) 运输费用

运费在全部物流费用中占很大比例，运费高低在很大程度上决定整个物流系统的竞争能力。运输费用的降低，无论对货主企业来讲，还是对物流经营企业来讲，都是运输合理化的一个重要目标。运费的判断，也是各种合理化措施是否行之有效的最终判断依据之一。

2. 运输合理化的原则

企业要合理地组织商品运输，必须遵循"及时，准确，安全，经济"的原则，力求用最快的速度，经最少的环节，走最短的路程，支付最少的费用，把商品运往购货单位，经济合理地完成运输任务。

1) 及时性原则

及时性原则是指按照商品产、供、运、销的流通规律，根据市场的需要，及时发运商品，做好车、船、货的衔接，尽量缩短商品待运和在途时间，加速商品和资金的运转。

2) 准确性原则

准确性原则是指商品在整个运输过程中切实防止各种运输事故的发生，做到不错、不乱、不差，交接手续清楚、责任明确、准确无误地完成商品的运输任务。

3) 安全性原则

安全性原则是指商品在整个运输过程中不发生霉烂、残损、丢失、污染、渗漏、爆炸和燃烧等事故，保证人身、商品、设备的安全。

4) 经济性原则

经济性原则是指在商品的运输过程中要采取经济合理的运输方式，合理选择运输路线和运输工具，合理利用一切运输设备，节约人力、物力、财力，减少运输费用开支，提高运输效益。

三、运输合理化的有效措施

1. 提高运输工具实载率

实载率有两个含义：一是单车实际载重与运距之乘积和标定载重与行驶里程之乘积的比率；二是车船的统计指标，即一定时期内车船实际完成的物品周转量(以吨千米计)占车船载重吨位与行驶里程乘积的百分比。

提高实载率的意义在于：充分利用运输工具的额定能力，减少车船空驶和不满载行驶的时间，减少浪费，从而求得运输的合理化。在铁路运输中，采用整车运输、整车拼装、整车分卸及整车零卸等具体措施，都是提高实载率的有效途径。

2. 采取减少动力投入、增加运输能力的有效措施

运输的投入主要是能耗和基础设施的建设，在设施建设已定型和完成的情况下，尽量减少能源投入，是少投入的核心。做到了这一点就能大大节约运费，降低单位货物的运输成本，达到合理化的目的。这种合理化的要点是少投入、多产出，走高效益之路。其具体措施如下：

1) 满载超轴

超轴是指在机车能力允许情况下，多加挂车皮。

2) 拖排和拖带法

利用竹、木本身浮力，采取拖带法运输，可省去运输工具本身的动力消耗从而求得

合理运输。

3）顶推法

顶推法是指将内河船舶编成一定队形，由机动船顶推前进的航行，我国内河货运多采取这种方法，优点是航行阻力小、顶推量大、速度较快、运输成本较低。

4）汽车列车

汽车列车的原理和船舶拖带、火车加挂基本相同，都是在充分利用动力能力的基础上，增加运输能力。

5）大吨位汽车

在运量比较大的路线上，采用大吨位汽车进行运输，比小吨位汽车进行运输相比能够有相当大的节约。

3. 直达运输

直达运输是指越过商业物资仓库环节或铁路交通中转环节，把货物从产地或起运地直接运到销地或客户，以减少中间环节的一种运输方式。直达运输是追求运输合理化的重要形式。其对合理化的追求要点是：通过减少中转过载换装，从而提高运输速度，节省装卸费用，降低中转货损。

4. 配载运输

配载运输是指充分利用运输工具的载重量和容积，合理安放装载的货物及载运方法以求得合理化的一种运输方式。配载运输也是提高运输工具实载率的一种有效形式，其主要的方法有以下几种。

1）实行解体运输

这是指对一些体大笨重、不易装卸又容易碰撞致损的货物可将其拆卸装车，分别包装，以缩小所占空间，并易于装卸和搬运，以提高运输装载效率。

2）组织轻重装配

这是指把实重货物和轻泡货物组装在一起，既可充分利用车船装载容积，又能达到装载重量，以提高运输工具的使用率。

3）改进堆码方法

根据车船的货位情况和不同货物的包装形状，采取各种有效的堆码方法以提高运输效率。当然，推进物品包装的标准化，逐步实行单元化、托盘化，是提高车船装载技术的一个重要条件。

5. 发展特殊运输技术和运输工具

依靠科技进步是运输合理化的重要途径。集装箱船比船舶能容纳更多的箱体，集装箱高速直达车船加快了运输速度等，都是通过采用先进的科学技术实现合理化。例如，专用散装及罐车，解决了粉状、液状物运输损耗大，安全性差等问题；袋鼠式车皮、大型半挂车解决了大型设备整体运输问题；"滚装船"解决了车载货的运输问题。

有不少产品，由于产品本身形态及特性问题，很难实现运输的合理化，如果进行适当加工，就能够有效解决合理运输问题。例如将造纸材料在产地预先加工成干纸浆，然后压缩体积运输，就能解决造纸材料运输不满载的问题。轻质产品预先捆紧包装成规定尺寸，装车就容易提高装载量；水产品及肉类预先冷冻，就可提高车辆装载率并降低运输损耗。

6. 发展社会化运输体系

运输社会化是指发展运输的大生产优势，实行专业分工，打破一家一户自成运输体系的状况。实行运输社会化，可以统一安排运输工具，避免对流、倒流、空驶、运力不当等多种不合理形式，不但可以追求组织效益，而且可以追求规模效益。社会化运输体系中，各种联运方式水平较高。联运方式充分利用面向社会的各种运输系统，通过协议进行一票到底的运输，有效地打破了一家一户的小生产作业，受到广泛欢迎。

新经济提供的信息技术、网络技术、物流机械装备的大规模技术、自动化技术等，已经使构成物流的运输活动发生了很大的变化，形成了新的发展趋势：运输从物流的主导地位变成现代物流的支撑因素；随着全球经济一体化的进程，运输的空间距离将被拉大，承担大量运输的远洋海运和承担多品种、少批量、多批次的长距离空中快运两类运输形式的比重将有比较大的增长；无论是在基础平台建设方面还是在运行方面，会出现一体化的趋势。

7. "四就"直拨运输

这种方式是指物流经理在组织货物调运的过程中，以当地生产或外地到达的货物不运进批发仓库，采取直拨的办法，把货物直接分拨给市内基层批发、零售店或用户，从而减少一道中间环节。"四就"直拨，首先是由管理机构预先筹划，然后就厂、就站(码头)、就库、就车(船)将货物分送给用户，而无须再入库。"四就"直拨运输的含义与方式如表 3-2 所示。运用直拨的办法，把货物直接分给基层批发、零售中间环节，这种方式可以减少一道中间环节，在时间与各方面收到双重的经济效益。

表 3-2 "四就"直拨运输的含义与方式

主要形式	含　义	具体方式
就厂直拨	产品不经过中间仓库和不必要的运输环节，从生产厂直接划拨给销售部门或者直接送到车站码头运往目的地的方式	厂际直拨、厂店直拨、厂批直拨、使用工厂专用线、码头直接拨运
就车站直拨	对外地到达车站的货物，在交通运输部门允许占用货位的时间内，经交接验收后，直接分拨货物运给各个销售部门	直接运往市内各销售部门；直接运往外埠要货单位
就仓库直拨	在货物发货时越过逐级的层层调拨，直接从仓库拨给销售部门	对需要储存保管的货物就仓库直拨；对需要更新库存的货物就仓库直拨；对常年生产、常年销售货物就仓库直拨；对季节生产、常年销售的货物就仓库直拨

续表

主要形式	含 义	具体方式
就车船直拨	对外地用车、船运入的货物，经交接验收后，不在车站或码头停放，不入库保管，随即通过其他运输工具直接运至销售部门	就火车直装汽车； 就船直装火车或汽车； 就大船过驳小船

8. 推进综合一贯制运输

综合一贯制运输，即卡车承担末端输送的复合一贯制运输，是复合一贯制运输的主要形式，在一般情况下两者是等同的。综合一贯制运输是把卡车的机动灵活性和铁路、海运的成本低廉性以及飞机的快速性等特点组合起来完成门到门的运输，是通过优势互补，实现运输的效率化、低廉化，缩短运输时间的运输方式。

在复合运输中发货单位发货时，只要在起始地一次办理好运输手续，收货方在指定到达站即可提取运达的商品，它具有一次起标、手续简便、全程负责的优点。

9. 实施托盘化运输

托盘化运输是指利用托盘作为单元载货运输的一种方法，其关键在于全程托盘化，即一贯托盘化运输。一贯托盘化对于货主、运输业、社会均有很大效益。

第四节　运输管理实训

实训任务一　如何选择恰当的运输方式

一、实训目的

(1) 掌握运输方式选择的基本流程。
(2) 掌握运输方式选择时各环节的基本要求。

二、实训任务

位于云南省的 PT 茶叶公司的主要目标市场分别为省会昆明、首都北京、俄罗斯的莫斯科和日本的东京，请为该公司产品销往上述四个城市的具体运输方式作出恰当的选择，并提交相应的分析报告。

三、任务准备

(1) 自学运输管理的相关知识。
(2) 准备一份世界地图。

（3）按照实训指导教师安排，将学生分为若干任务执行小组，首先每个任务执行小组内部学习讨论本次任务所涉及的专业理论知识和任务执行步骤，然后每组由小组负责人具体分工按照实训任务要求进行操作。

四、任务执行指导

选择恰当运输方式的基本操作步骤如下。

权衡比较运输的速度→权衡比较运输工具的容量和线路的运输能力→分析运输成本→经济里程的确定→权衡比较环境保护因素→选定运输方式。

步骤1：权衡比较运输的速度。

以怎样的运输速度实现货物的空间位移，这是一项重要的技术经济指标。运输载体的最高技术速度一般受到载体运动的阻力、载体的推动技术、载体材料对速度的承受能力，以及与环境有关的其他因素的制约。随着科学技术的发展，各种运输方式的技术速度一直在不断提高。运输工具的最高技术速度决定于通常地面道路交通环境下允许的安全操作速度。由于经济原因，各种运输方式采用的技术速度一般要低于最高技术速度，尤其是在经济性方面对速度特别敏感的水路运输，船舶一般都采用经济航速行驶。在实践中，物流运输速度是低于运输工具的技术速度的，例如铁路运输在中途停靠站、船舶受到风浪的影响、汽车在途中的交通避让等，这些都使物流运输速度低于运输工具的技术速度。就运输速度而言，航空速度最快，铁路次之，水路最慢。但要特别注意的是，在短距离运输中，公路运输具有灵活、快捷、方便的绝对优势。

步骤2：权衡比较运输工具的容量和线路的运输能力。

受技术和经济水平的制约，所有运输方式的运载工具都有其适当的容量范围，从而决定了运输线路的运输能力。

步骤3：分析运输成本。

物流运输成本主要由基础设施成本、转运设备成本、营运成本和作业成本四部分构成。以上四项成本在各种运输方式之间存在很大差异。例如铁路运输在基础设施和设备方面成本的比重就非常巨大，是一般的公路运输所无法比拟的，所以在评价各种运输方式的成本水平时必须要充分考察多种因素。

步骤4：经济里程的确定。

一般来说，运输速度和成本之间表现为正相关的关系，也就是说速度越快，成本就越高。运输的经济性和运输距离有紧密关系，但不同运输方式的运输距离和成本之间的关系存在着差异。比如：铁路运输距离增加的幅度要大于成本上升的幅度，但公路运输距离增加的幅度一般小于成本上升的幅度。一般地，300千米以内被称为短距离运输，该距离内的客货量应该尽量分流给公路运输方式，而300千米至500千米的运输业务应该主要选择铁路运输，500千米以上的则选择水路运输最经济。

步骤5：权衡比较环境保护因素。

运输业是污染环境的主要产业之一，运输业产生环境污染的主要因素大致可以分为以下几种：①在空间位移过程中，所必需的能源消耗以及运输工具产生的噪音、振动、污染等，例如油轮溢油事故就会对水体造成严重污染；②交通设施的建设往往破坏植被，改变自然条件，破坏生态平衡，例如公路建设大量占用土地容易造成负面的自然和社会影响；③运输过程中的各种意外事故会对生命财产造成巨大损失。出于社会效益的考虑，应当尽可能选择环保性较强的运输方式。

步骤6：选定运输方式。

选择恰当的运输方式是实现物流合理化的重要问题。一般应根据物流系统要求的服务水平和可以接受的物流成本来决定，可以选择某一种运输方式，也可以选择使用多种运输工具联合运输的方式。总之，决定运输方式，应该在考虑具体条件的基础上，对以下方面作出认真考虑：①货物品种；②运输期限；③运输成本；④运输距离；⑤运输批量。在选择运输方式时，通常应该在保证运输安全的前提下再衡量运输时间和费用，当到货时间得到满足时再考虑费用低的运输方式。在对运输方式进行定量分析的时候，应当把服务成本、平均运达时间和可靠性作为运输方式选择的主要依据。

五、任务执行结果评价

任务执行结果评价如表3-3所示。

表3-3　如何选择恰当的运输方式实训任务执行结果评价(指导教师用表)

考核评价内容	考评标准	分　值	评价得分
对运输管理基础知识的掌握情况	物流地理知识运用正确	15	
	各种运输方式的经济技术特征掌握完整	15	
对选择恰当运输方式的执行情况	选择运输方式的执行步骤正确规范	20	
	选择运输方式的分析报告的全面性、合理性	20	
任务执行团队评价	团队分工的合理性、协同性	10	
	团队执行任务的效率	10	
	完成任务的创新性	10	
本次任务执行结果评价得分总计			

实训任务二　模拟内河托运业务

一、实训目的

(1) 熟悉内河托运业务操作各环节的注意事项。
(2) 掌握内河托运业务的操作流程和步骤。

二、实训任务

上海 SH 航运公司与重庆 CQ 商贸公司签订了通过长江水路进行货物运输的合同(运输合同当中的货物种类、数量、质量/体积、包装、收费标准等具体条款建议由指导教师根据教学需要灵活拟定并公布给学生,或由各实训小组经指导教师审核认可后自行确定),请以小组为单位模拟内河托运业务的全过程,模拟制订出货物运输合同以及根据该货物运输合同而产生的有关内河运输业务的书面文件。

三、任务准备

(1) 自学水路货物运输的相关知识。

(2) 按照实训指导教师安排,将学生分为若干任务执行小组,首先每个任务执行小组内部复习并讨论本次任务所涉及的专业理论知识,然后每组由小组负责人具体分工按照实训任务要求进行操作。

四、任务执行指导

内河托运业务的基本操作流程:签订水路货物运输合同→货物托运→货物领取。

步骤 1:签订水路货物运输合同。

水路货物运输合同是指承运人收取运输费用,负责将托运人托运的货物经水路由一站点运至另一站点的书面合同。运输合同的订立应本着公平的原则,应当依照有关法律、法规规定的权利和义务保护当事人的合法权益。

以航次租船运输合同的条款包括出租和承租人名称、货物名称、件数、质量、体积、运输费用及其结算方式、船名、载货质量、载货容积及其他资料、起运和到达、货物交接的地点和时间、受载期限、运到期限、装货与卸货期限及其计算方法、滞期费率和速遣费率、包装方式、识别标志、违约责任、解决争议方法等。

江河水路运输合同中一般没有固定格式,根据需要承托双方可以签订长期合同或航次运输合同。实际操作中,承托双方可就运输合同中的主要条款达成一致意见。未尽事宜由双方协商解决。内河水路运输合同示例如表 3-4 所示。

步骤 2:货物托运。

托运货物时,托运人主要做的是提交货物运单、提交货物、支付费用三件事。

1) 提交货物运单(见表 3-5)

货物运单填写要求有:①一份运单填写一个托运人、收货人、起运、到达;②货物名称填写具体品名,名称过繁的可以填写概括名称;③规定按质量或体积择大计费的货物应当填写货物的质量和体积;④填写的各项内容应当准确、完整、清晰;⑤危险货物应填写专门的危险货物运单(红色运单)。除国家禁止利用内河及其他封闭水域等航运渠道运输的剧毒化学品,以及交通部门禁止运输的其他危险化学品以外的危险化学品,只能委托有危险化学品运输资质的运输企业承运。因此,托运人在托运危险货物时,必须确认水运企业的资质。

货物的名称、件数、质量、体积、包装方式、识别标志等应当与运输合同的约定相符。对整船散装的货物，如果托运人在确定质量时有困难，则可要求承运人提供船舶水尺计量数作为其确定质量的依据。对单件货物质量或者长度超过标准的，应当按照笨重长大货物运输办理，在运单内载明总件数、质量和体积。已装船的货物，可由船长代表承运人签发运单。

2) 提交托运的货物

按双方约定的时间、地点将委托货物运抵指定口岸暂存或直接装船。需包装的货物应根据货物的性质、运输距离及中转等条件做好货物的包装。在货物外包装上粘贴或拴挂货运标志、指示标志和危险货物标志。散装货物按质量或船舶水尺计量数交接，其他货物按件数交接。散装液体货物由托运人装船前验舱认可，装船完毕由托运人会同承运人对每处油舱和管道阀进行施封。运输活体动物时，应用绳索拴好牲畜，备好途中饲料，派人随船押运照料。使用冷藏船运输易腐、需保鲜的货物时，应在运单内载明冷藏温度。运输木排或竹排的实际规格、托运的船舶或者其他水上浮物的吨位、吃水及长、宽、高以及抗风能力等技术资料在运单内载明。托运危险货物时，托运人应当按照有关危险货物运输的规定办理，并将其正式名称和危险性质以及必要时应当采取的措施书面通知承运人。

步骤 3：货物领取。

收货人接到货到通知办理提货手续，主要应该提交取货单证、检查验收货物、支付费用。

表 3-4　内河水路运输合同示例

甲方：
乙方：
甲方有以下货物委托乙方运输，经协商签订本合同以资共同信守。
签约地点：

货名	包装	件数	质量/体积	起运港	目的港
收货单位				收货人电话	
装卸时间					
运费结算					
特别事项					
托运人签章			承运人签章		

表 3-5　内河运输货物运单票样

船名				起运港			到达港			到达日期承运人章		收货人章	
托运人	全称			收货人			全称						
	地址 电话						地址 电话						
	银行账号						银行账号						
发货符号	货号	件数	包装	价值	托运人确定		计费质量		等级	费率	金额	应收费用	
					质量/t	体积长宽高/cm	质量/t	体积				项目	费率	金额
												运费		
合计														
运到期限或约定							托运人公章日期					总计		
												核算员		
特别事项							承运日期起运港承运人章					复核员		

1) 提交取货单证、检查验收货物

收货人接到到货通知后,应当及时提货。接到到货通知后满 60 天,收货人不提取或托运人也未来处理货物时,承运人可将该批货物作为无法交付货物处理。

收货人应向承运人提交证明收货人单位或者经办人身份的有关证件及由托运人转寄的运单提货联或有效提货凭证,供承运人审核。

如果货先到,而提货单未到或单证丢失的,收货人还需提供银行的保函。

检查验收货物。收货人提取货物时,应当按照运输单证核对货物是否相符,检查包装是否受损、货物有无灭失等情况。

发现货物损坏、灭失时,交接双方应当编制货运记录,确认不是承运人责任的,应编制普通记录。

收货人在提取货物时没有提出货物的数量和质量异议，视为承运人已经按照运单的记载交付货物。

2) 支付费用

按照约定在提货时支付运费，并需付清滞期费、包装整修费、加固费以及其他中途垫款等费用。

因货物损坏、灭失或者迟延所造成的损害，收货人有权向承运人索赔，承运人可依据有关法规、规定进行抗辩。托运人或者收货人不支付运费、保管费以及其他费用时，承运人对相应的运输货物享有留置权，但另有约定的除外。查验货物无误并交清所有费用后，收货人在运单提货联上签收，取走货物。

五、任务执行结果评价

任务执行结果评价如表 3-6 所示。

表 3-6 模拟内河托运业务实训任务执行结果评价(指导教师用表)

考核评价内容	考评标准	分 值	评价得分
对内河托运业务流程的掌握情况	对内河托运业务流程的掌握程度	20	
	模拟填制内河托运业务相关单证的完整规范正确性	50	
任务执行团队评价	团队分工的合理性、协同性	10	
	团队执行任务的效率	10	
	完成任务的创新性	10	
本次任务执行结果评价得分总计			

实训任务三 模拟鲜活易腐货物铁路运输业务

一、实训目的

(1) 熟悉鲜活易腐货物铁路运输业务操作的主要环节和注意事项。
(2) 掌握鲜活易腐货物铁路运输业务的一般操作流程。

二、实训任务

请以小组为单位模拟某生鲜食品生产企业通过铁路运输方式向你所在城市的某大型

超市或某农贸市场进行鲜活易腐货物运输供货的主要过程(指导教师可以充分结合本地区一家典型生鲜食品生产企业的实际情况设定具体产品种类、数量、重量、包装、运输路线、运输季节等具体约束条件)，请模拟制订出有关鲜活易腐货物运输方案(有条件的还可以进行软件模拟实训)。

三、任务准备

(1) 自学鲜活易腐货物运输的相关知识。

(2) 按照实训指导教师安排，将学生分为若干任务执行小组，首先每个任务执行小组内部复习并讨论本次任务所涉及的专业理论知识，然后每组由小组负责人具体分工按照实训任务要求进行操作。

四、任务执行指导

鲜活易腐货物铁路运输业务的基本操作流程如下。

鲜活易腐商品的发运→选用冷藏车→严格按照要求进行鲜活易腐商品的装卸作业→鲜活易腐商品在运输过程中的保温、防寒和加温等作业事项→货物在收货地完成交付业务。

步骤1：鲜活易腐商品的发运。

通过铁路运输托运鲜活易腐商品，先要填写铁路货物运单(见表 3-7)。其中填写的到站应符合营业办理范围，收、发货人的名称及到、发地点要填写清楚、准确。此外，还要注意的事项有以下几点。

(1) 要填写商品的具体名称和热状态。这是确定运输方法的基础，如"冻羊肉""冻牛肉"等。对具体的品名还应在运单上注明温度。因为物品温度是承运冷却和冻结商品的依据，如冻肉的承运温度，铁路部门规定应在-1℃以下，高于规定的温度，一般不能承运。

(2) 要写明易腐商品的容许运输期限。这是指商品在一定的运输方式下，能够保证其质量的最大运输期限，其长短取决于商品的种类、性质、状态、产地、季节和运输工具等因素。

(3) 热状态和要求温度必须相同。作为同一批发运的易腐商品，品名可以不同，但其热状态和要求运输的温度必须相同(上限和下限差别不超过3℃)发货人在运单上要注明按哪一种商品的温度要求来保持车内温度，具备这些要求，就可以按同批办理托运。

(4) 要填写所要求的运输方法。运输方法对易腐商品运输质量起着决定性的作用，所以应注明"途中加冰""途中加温""不加冰运输""途中不加温"等字样。

(5) 要有检疫证明书。托运需要检疫运输的禽畜产品和鲜活植物，要有"检疫证明书"(并在运单内注明)，对有运输期限的鲜活商品还需持有必要的运输证明文件。

表 3-7 铁路货物运单

托运人填写				承运人填写						领货凭证		
发站		到站(局)		车种车号			货车标重			发站		
到站所属省(市)自治区				施封号码						到站		
托运人	名称			经由		铁路货车篷布号码				托运人		
	住址		电话							收货人		
收货人	名称			运价里程		集装箱号码				货物名称	件数	重量
	住址		电话									
货物名称	件数	包装	货物价格	托运人确定重量(千克)	托运人确定重量(千克)	计费重量	运价号	运价率	运费			
										托运人盖章或签字		
合计										发站承运日期戳		
托运人记载事项:				承运人记载事项:								

货物指定于　月　日搬入货位：
计划号码或运输号码：
运到期限　日

××铁路局
货物运单

承运人/托运人装车
承运人/托运人施封
货票第

托运人→发站→到站→收货人

车种及车号
号　货票第　号
运到期限　日

注：本单不作为收款凭证，托运人签约须知见背面。
规格：350 mm×185mm

托运人盖章或签字
年　月　日

到站日期戳交付
发站日期戳承运

注：收货人领货须知见背面

步骤 2：选用冷藏车。

发运易腐商品，应根据商品质量、运输距离、装载方法、气候条件以及市场要求等，合理地选用车种。如冻结的水果、蔬菜等低温商品，以及未预冷的娇嫩水果、发热量大的叶菜，应优先选用冷量大、有强制循环装置，能够按商品的要求保持车内温度的冷藏车装运。而加冰鱼、加冰菜等本身具有冷源的商品，以及萝卜、大白菜等也可以使用加冰冷藏车或保温车。另外，还有一些商品如马铃薯、南瓜等坚实耐运品类，在温季可用敞篷车进行运输。

机械冷藏车及金属结构的加冰冷藏车，不可装运无包装的水果、蔬菜、卤鱼等，以防损坏车辆。

步骤 3：严格按照要求进行鲜活易腐商品的装卸作业。

一般情况下，货物装车或卸车的组织工作，在车站公共装卸场所以内应当由承运人负责。但是由于鲜活易腐商品在装卸作业中需要特殊的技术、设备、工具，所以鲜活易腐商品在车站公共装卸场所内进行的装卸作业，应当由托运人或收货人负责组织。总之，货物的装卸不论由谁负责，都应在保证安全的条件下，积极组织快装、快卸，昼夜不停地作业，以缩短货车停留时间，加速货物运输。

组织易腐商品运输，在装运冷藏前，最好将其预冷到商品所要求的运输温度。特别是水果和蔬菜在采收后，通过呼吸作用可放出大量热量。实践经验证明，水果蔬菜发生腐烂事故，与未经预冷及装车后不能及时降温有关。对运输的易腐商品要进行质量检查，开始腐烂或有可能腐烂变质的商品，应就地加工处理，必要时可会同运输部门抽查商品质量。

易腐商品的包装检查，是保证商品质量完好的主要措施之一。检查商品包装时，主要是看是否符合商品的性质，能否保证其质量完好；同时注意包装的大小、质量等是否便于装卸堆码。

多数易腐商品不耐挤压，装车的高度受到限制；还有一些易腐商品要留有通风间隙，所以单位容积装载量都不大。在装运中，对未预冷的水果蔬菜和使用制冷能力小的冷藏车时，需要减少装载吨数，如能采用加冰装运，可不必减少装载吨数。

易腐商品装车的作业时间，直接影响物品托运的初始温度。对冻肉的温度测试表明，由装车开始，至装完封车门止，装车时间按每辆 3 小时计算，平均温度升高 5.6℃。易腐商品到达时，专用线备有冷藏库可直接卸入冷藏库；一般车站、码头没有冷藏库时，为防止易腐商品卸车后遭到污染和软化，在温度和热季不得卸入普通仓库或货场，收货人应根据发来的预报通知，准备好冷藏车，待冷藏车、船到达后，实行车车或车船直接过载，货不落地，直接运到市内冷藏库或销售部门。如在寒季，必须暂卸在货场上，也应事先准备席子、棉被等防护设备，卸后要严密覆盖，然后迅速组织出货，不能在货场保管过久。冷却货物一般按现状交付，不检查温度，如发现有腐烂变质的情况，经检验后，确认腐损程度，并编制货运记录(见表 3-8)。

步骤 4：鲜活易腐商品在运输过程中的保温、防寒和加温等作业事项。

保温运输是使用的运输车辆没有冷源或热源装置，只是靠运输车辆的绝热结构来减少车辆内外的热交换。采用保温运输的货物，一般在热季应该是冷却和冻结商品，而在寒季则是冷却或未冷却商品，它们的温度应允许在一定范围内的变化。对蔬菜的运输，目前我国广泛使用的是敞车，采用保温方式来完成运输任务。

冬季运送水果、蔬菜、啤酒、水果罐头等物品时，外界温度不低于-15℃，运送时间不超过 7 昼夜，则可用有防寒设备的冷藏车。如在外界气温为-5℃以上时装运蔬菜、水果，可用棚车进行防寒运输。

步骤 5：货物在收货地完成交付业务。

(1) 货物在到站应向货物运单内所记载的收货人交付。

收货人在到站领取货物时，须提出领货凭证，并在货票丁联(见表 3-9)上盖章或签字。如领货凭证未到或丢失时，机关、企业、团体应提出本单位的证明文件；个人应提出本人居民身份证、工作证(或户口簿)或服务所在单位(或居住所在单位)出具的证明文件。用本人的居民身份证、工作证或户口簿作证件时，车站应将姓名、工作单位名称、住址及证件号码详细记载在货票丁联上；用证明文件时，应将领取货物的证明文件粘贴在货票丁联上。

表 3-8 货运记录

××铁路局
货 运 记 录
(　　)　　　　　　　№

补充编制记录时记入　补充＿＿＿局＿＿＿站＿＿＿年＿＿月＿＿日所编第＿＿＿号＿＿＿记录
一、一般情况：
办理种别＿＿＿货票号码＿＿＿运输号码＿＿＿于＿＿年＿＿月＿＿日承运发站＿＿＿发局＿＿＿
托运人＿＿＿＿＿装车单位＿＿＿＿
到站＿＿＿到局＿＿＿收货人＿＿＿卸车单位＿＿＿
车种＿＿＿
车型＿＿＿车号＿＿＿标重＿＿＿吨＿＿年＿＿月＿＿日第＿＿＿次列车到达＿＿＿
年＿＿月＿＿日＿＿时＿＿分开始卸车＿＿月＿＿日＿＿时＿＿分卸完封印：施封单位＿＿＿
施封号码＿＿＿＿＿
二、事故情况：

项目	货件名称	件数	包装	重量		托运人记载 事项
				托运人	承运人	
票据原记载						
按照实际						
事故详细情况						

三、参加人签章：
　　　　　　　车站负责人＿＿＿＿＿　　　　　编制人＿＿＿＿＿
公安人员＿＿＿＿＿收货人＿＿＿＿＿其他人员＿＿＿＿＿
四、附件：　1.普通记录＿＿＿页　2.封印＿＿＿个　3.其他＿＿＿
五、交付货物时收货人意见＿＿＿＿＿＿＿＿＿＿＿＿＿＿＿＿＿
　　年　　月　　日编制　　　　　××铁路局　车站(公章)

注：① 收货人(或托运人)应在车站交给本记录的次日起 180 天内提出赔偿要求。
② 如需同时送一个以上单位调查时，可做成不带号码的抄件。

(2) 到站在收货人办完领取手续和支付费用后(铁路运费杂费收据见表 3-10)，应将货物连同货物运单一并交给收货人。收货人向到站支付货物运输费用的时间，由承运人组织卸车的货物，应不迟于承运人发出催领通知的次日(不能实行催领通知时，应不迟于卸车完毕的次日)；由收货人组织卸车的货物，应不迟于货车调到卸车地点或车辆交接地点的次日。

承运人组织卸车和发站由承运人组织装车到站由收货人组织卸车的货物，在向收货人点交货物或办理交接手续后，即为交付完毕；发站由托运人组织装车，到站由收货人组织卸车的货物，在货车交接地点交接完毕，即为交付完毕。

表 3-9　铁路货票丁联

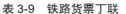

货　　票							A00001			
计划号码或运输号码：			××铁路局			丁联 运输凭证：发站→到站存查				
发　站		到站(局)		车种车号			货车标重		承运人/托运人装车	
经　由		货物运到期限		施封号码或铁路篷布号码			现　付　费　用			
运价里程		集装箱箱型		保价金额			费别	金额	费别	金额
托运人名称及地址							运费			
收货人名称及地址							基金1			
货物品名	品名代码	件数	货物重量	计费重量	运价号	运价率	基金2			
							印花税			
合　　计										
集装箱号码										
记事							合　　计			

卸货时间　　　月　　日　　时	收货人盖章或签字	到站日期交戳	发站日期承戳
催领通知方法			
催领通知时间　　月　　日　　时			
到站收费收据号码	领货人身份证件号码	付　　经办人章	运　　经办人章

五、任务执行结果评价

任务执行结果评价如表 3-11 所示。

表 3-10 铁路运费杂费收据

××铁路局
运 费 杂 费 收 据   A 00000

付款单位或姓名 _____						
原运输票据		年 月 日第 号			办理种别	
发 站			到 站			
车种、车号					标重	
货物名称	件 数		包 装	重 量	计费重量	
费 别	费 率		款 额		附 记	
合 计						
合计(大写) 万 仟 佰 拾 元 角 分						
车站日期戳		经办人签章		年 月 日		

甲联（存根）
乙联（托运人收入、货报销）
丙联（报告用）

规格：185mm×130mm

表 3-11 模拟鲜活易腐货物铁路运输业务实训任务执行结果评价(指导教师用表)

考核评价内容	考评标准	分值	评价得分
对鲜活易腐货物运输业务流程的掌握情况	对鲜活易腐货物运输注意事项的熟悉程度	30	
	对鲜活易腐货物运输业务操作流程的掌握程度	40	
任务执行团队评价	团队分工的合理性、协同性	10	
	团队执行任务的效率	10	
	完成任务的创新性	10	
本次任务执行结果评价得分总计			

第四章 仓储管理

案例导入

CH 电器公司是一家集彩电、背投、空调、视听、数字网络、电源、器件、平板显示、数字媒体网络等产业研发、生产、销售的多元化、综合型跨国企业。其下辖吉林 CH、江苏 CH、广东 CH 等多家参股、控股公司。

目前 CH 在中国 30 多个省市区成立了 200 余个营销分支机构，拥有遍及全国的 30000 余个营销网络和 8000 余个服务网点。在广东、江苏、吉林、合肥等地区建立了数字工业园区，在深圳、上海、成都等地设立了创研中心。同时在美洲、澳洲、东南亚、欧洲设立了子公司，在美国、法国、俄罗斯等 10 多个国家和地区开设了商务中心，经贸往来遍及全球 100 多个国家和地区。

2005 年 CH 实现主营业务收入 150.61 亿元，同比增长 30.53%；主营业务利润 24.09 亿元，同比增长 47.47%；实现净利润 2.85 亿元，同比增长 107.74%；每股收益达到 0.132 元。在产品层面，CH 电视 2005 年销售额同比增长 15.62%；CH 投影电视稳居全国市场第一，市场份额达到 19% 以上；CH 平板电视销售较 2004 年增长 266 倍，跃居全国三甲。在中国电子行业 2005 年整体发展放缓、利润普遍下滑的情况下，CH 的骄人业绩无疑是行业最大的亮点。

CH 在一地就拥有 40 多个原材料库房，50 多个成品库房，200 多个销售库房。过去的仓库管理主要由手工完成，各种原材料信息通过手工录入。虽然应用了 ERP 系统，但有关原材料的各种信息记录在纸面上，而存放地点完全依靠工人记忆。在货品入库之后，所有的数据都由手工录入到电脑中。对于制造企业来说，仓库的每种原材料都有库存底线，库存不能过多以免影响成本，而库存不够需要及时订货，但是纸笔方式具有一定的滞后性，真正的库存与系统中的库存永远存在差距，无法达到实时。由于库存信息的滞后性，让总部无法作出及时和准确的决策。而且手工录入方式效率低，差错率高，在出库频率提高的情况下，问题更为严重。

为了解决上述问题，CH 决定应用条码技术以及无线解决方案。经过慎重选型，CH 选择了美国讯宝科技公司(Symbol Technologies Inc., Enterprise Mobility Company™)及其合作伙伴——高立开元公司共同提供的企业移动解决方案。该解决方案采用讯宝科技的条码技术，并以 Symbol MC3000 作为移动处理终端，配合无线网络部署，进行仓库数据的采集和管理。目前在 CH 主要利用 Symbol MC3000 对其电视机生产需要的原材料仓库以及 2000 多平方米的堆场进行管理，在入库、出库以及盘点环节的数据进行移动管理。

一、入库操作

一个完整的入库操作包括收货、验收、上架等操作。CH 在全国有近 200 家供应商，根据供应商提供的条码对入库的原材料进行识别和分类。通过条形码进行标识，确保系统可以记录每个单体的信息，进行单体跟踪。CH 的仓库收货员接到供应商的送货单之后，利用 Symbol MC3000 扫描即将入库的各种原材料的条码，并扫描送货单上的条码号，通过无线局域网络传送到仓库数据中心，在系统中检索出订单，实时查询该入库产品的订单状态，确认是否可以收货，提交给 CH 的 ERP 系统。

收货后 CH 的 ERP 系统会自动记录产品的验收状态，同时将订单信息发送到收货员的 Symbol MC3000 手持终端，并指导操作人员将该产品放置到系统指定的库位上。操作员将货物放在指定库位后扫描库位条码，系统自动记录该物品存放库位并修改系统库存，记录该配件的入库时间。通过这些步骤，CH 的仓库管理人员可以在系统中追踪到每一个产品的库存状态，实现实时监控。

二、出库操作

一个完整的出库操作包括下架、封装、发货等操作。通过使用无线网络，CH 的仓库管理人员可以在下架时实时查询待出库产品的库存状态，实现先进先出操作，为操作人员指定需发货的产品库位，并通过系统下发动作指令，实现路径优化。封装时系统自动记录包装内的货物清单并自动打印装箱单。发货时，系统自动记录发货的产品数量，并自动修改系统库存。

通过这些步骤，CH 可以在系统中追踪到每个订单产品的发货情况，实现及时发货，提高服务效率和客户响应时间。仓库操作人员收到仓库数据中心的发货提示，会查阅无线终端上的任务列表，并扫描发货单号和客户编码，扫描无误后确认发送，中心收到后完成发货任务。

三、盘点操作

CH 定期会对库存商品进行盘点。在未使用条码和无线技术之前，CH 的仓库操作人员清点完物品后，将盘点数量记录下来，将所有的盘点数据单提交给数据录入员输入电脑。由于数量清点和电脑录入工作都需要耗费大量的时间且又不能同时进行，因此往往会出现电脑录入员无事可做，然后忙到焦头烂额的情况；而仓库人员则是盘点时手忙脚乱，而后围在电脑录入员身边等待盘点结果。这样的场面，几乎每个月都要发生一次。

部署了讯宝科技的企业移动解决方案后，彻底杜绝了这种现象。仓库操作人员手持 Symbol MC3000 移动终端，直接在库位上扫描物品条码和库位，系统自动与数据库中记录进行比较，通过移动终端的显示屏幕将盘点结果返回给仓库人员。通过无线解决方案可以准确地反映货物库存状况，实现精确管理。

(资料来源：http://changhong.sm160.com/)

第四章　仓储管理

第一节　认 知 仓 库

一、仓库的定义

仓库是保管、存储商品的建筑物和场所的总称。仓库在生产和销售环节的流通过程中担负着存储商品(包括原材料、零部件、在制品和产成品等)的职能，并提供有关存储商品的信息以供管理决策之用。

二、仓库的分类

1. 按用途分类

仓库按在商品流通过程中所起的作用，可以分为以下几种。

1) 采购供应仓库

采购供应仓库主要用于集中储存从生产部门收购的和供国际进出口的商品。这类库场一般设在商品生产比较集中的大、中城市，或商品运输枢纽所在地。采购供应库场一般规模较大；如我国商业系统的一级和二级采购供应站的库场属于这类。其中，一级供应站面向全国，二级供应站面向省、自治区或经济区。随着市场经济的逐步确立，这种供应站的职能划分已被打破。

2) 批发仓库

批发仓库主要用于收储从采购供应库场调进或在当地收购的商品。这类仓库贴近商品销售市场，是销地的批发性仓库。它既从事批发供货，也从事拆零供货业务。

3) 零售仓库

零售仓库主要用于为商业零售业作短期储货，以供商店销售。在零售仓库中，存储的商品周转速度较快，而库场规模较小，一般附属于零售企业。

4) 储备仓库

储备仓库一般由国家设置，以保存国家应急的储备物资和战备物资。货物在这类仓库中储存的时间往往较长，并且为保证储存物资的质量需定期更新储存的物资。

5) 中转仓库

中转仓库处于货物运输系统的中间环节，存放那些待转运的货物。这类仓库一般设在铁路、公路的场站和水路运输的港口码头的附近。

6) 加工仓库

在这种仓库内，除商品储存外，还兼营某些商品的挑选、整理、分级、包装等简单的加工业务，以便于商品适应消费市场的需要。目前，兼有加工功能的仓库是物流企业仓储服务发展的趋势。

7) 保税仓库

保税仓库为国际贸易的需要而设，是设置在一国国土之上，但在海关关境以外的仓库。外国货物可以免税进出这些仓库而无须办理海关申报手续。并且，经批准后，可在保税仓库内对货物进行加工、存储、包装和整理等业务。对于在划定的更大区域内的货物保税，则可称之为保税区。

2. 按保管货物的特性分类

1) 原料仓库

原料仓库是指保管生产中使用的原材料的仓库。这类仓库一般规模较大，通常设有大型的货场。

2) 产品仓库

产品仓库是指保管完成生产但未进入流通的产品。一般这类仓库附属于产品制造企业。

3) 冷藏仓库

冷藏仓库是指保管需要冷藏储存的货物，一般多为农副产品、药品等。

4) 恒温仓库

恒温仓库为保持货物存储质量，将库内温度控制在某一范围的仓库。这种仓库规模不大，可以存放精密仪器等商品。

5) 危险品仓库

危险品仓库是指专门用于保管易燃、易爆和有毒的货物的仓库。这类货物的保管有特殊要求。

6) 水面仓库

水面仓库是指利用货物的特性以及宽阔水面来保存货物的仓库。例如，利用水面保管圆木、竹排等。

3. 按仓库建筑物的构造分类

1) 单层仓库

单层仓库是最常见的、使用很广泛的一种仓库建筑类型。这种仓库没有上层，不设楼梯。

2) 多层仓库

多层仓库一般建在人口较稠密、土地使用价格较高的市区。它采用垂直输送设备(如电梯或倾斜的带式输送机等)实现货物上楼作业。

3) 筒仓

筒仓是用于存放散装的小颗粒或粉末状货物的封闭式仓库，一般置于高架之上，如存储粮食、水泥和化肥等。

4) 露天堆场

露天堆场是用于货物露天堆放的场所。一般堆放的货物都是大宗原材料，或不怕受潮的货物。

4. 按建筑材料分类

根据仓库所使用的建筑材料不同，可以将仓库分为钢筋混凝土仓库、混凝土块仓库、钢结构仓库、砖石仓库、泥灰墙仓库、木架砂浆仓库和木板仓库等。随着建筑材料的发

第四章　仓储管理

展，按建筑用材划分的仓库还会有新的种类出现。

5. 按所处位置分类

根据仓库所处的地理位置，可以将仓库分成码头仓库、内陆仓库、车站仓库、终点仓库、城市仓库以及工厂仓库等。

6. 按仓库的功能分类

从功能性的角度，仓库可分为储存仓库和流通仓库。储存仓库以储存、保管为重点，货物在库时间相对较长，仓库工作的中心环节是提供适宜的保管场所和保管设施设备，保存商品在库期间的使用价值。流通仓库也可称为流通中心。流通仓库与储存仓库的区别在于：货物在库的保存时间较短，库存量较少，而且出入库频率较高。流通仓库虽然也做保管业务，但更多的是做货物的检查验收、流通加工、分拣、配送、包装等工作，在较短的时间内向更多的用户出货。制造厂家的消费地仓库、批发业和大型零售企业的仓库属于这种类型的较多。

7. 按所有权分类

按所有权分类，仓库可以划分为公共仓库、自有仓库和合同仓库。企业在作出的有关仓库问题方面的决策时，一般都是从仓库维护成本和顾客服务水平这两方面来考虑的，从而合理地使用自有仓库、公共仓库和合同仓库，达到在不降低顾客服务水平的情况下使成本最低的目的。

1) 自有仓库

自有仓库是指由企业自己拥有并管理的仓库。当企业自有仓库不能满足大量物料保管和搬运时，解决的途径之一就是自己再建造仓库，以满足企业发展的需要。

使用自有仓库的好处：第一，较强的控制能力。企业能够在自有仓库内，按照自己的意愿存储产品，从而对仓库具有较强的控制能力。一旦顾客的需求或市场状况发生变化，企业就能够对仓库进行直接的控制和管理，使企业能较容易地将仓库管理集成到企业的整个物流系统中去。第二，低成本优势。从长期情况来看，自有仓库的运行成本相对较低，如果仓库能够得到有效的利用，仓库运行成本为物流成本的 15%～25%，或者更低。在实际操作过程中，企业对仓库的利用率为 70%～80%。一般认为，如果对自有仓库的利用率达不到 75%，那么就应该考虑租赁公共仓库。第三，充分发挥人力资源的优势。企业一旦拥有自有仓库，可以充分利用企业的人力资源，当企业自己的工作人员在管理仓库时，可以对仓库的存储和维护更加细心，同时可以充分利用专业化带来的优势。虽然一些公共仓库允许它们的客户在进行仓库管理时可以使用自己的雇员，但并不能从根本上解决上述问题。第四，税收和无形资产方面的优势。拥有自有仓库，能够带来税收方面的优势，因为在建筑设施和技术设备方面的投入和折旧能够减少企业应该支付的税额。同时，自有仓库可以给企业带来无形资产方面的优势。当企业拥有自己的仓库时，能够给顾客一种持续、长久和稳定的商业运作印象，使人感到企业的产品供给是稳定的和可依赖的。

使用自有仓库的缺点：第一，缺乏柔性化。由于自有仓库具有固定的大小规模和技术水平,使得自有仓库缺乏一定的柔性。在满足不同程度的顾客需求时,自有仓库的存储能力在短期内都将受到一定的限制,在顾客的需求较低时,导致仓库设施的闲置和仓库空间的浪费。同时,自有仓库的位置一般比较固定,使得企业不能迅速地随市场情况的变化而变化,这将会失去许多重要的商业机会。另一方面,如果自有仓库不能够迅速地满足产品的市场需求,顾客服务水平和销售额将不可避免地下降。第二,财务方面的限制。由于建造仓库的成本比较高,对多数企业来讲,一般不一定具有足够的资金实力来建造或购买,另一方面,建造仓库属于长期的、高风险的投资项目(由于其特殊化的内部设计和建造以至于以后很难销售出去)。同时,对仓库管理人员支付的工资和培训费用、对仓库管理设备的购买和仓库作业系统的设计使得建造自有仓库变得既费时又费钱。另外,从企业自身的角度看,一般都喜欢将资金投入到一些高回报的投资项目上去,以便能够获得及时而高效的回报。第三,投资回报率较低。对自有仓库的投资决策分析就是考察自有仓库的投资回报率。在大多数情况下,自有仓库的投资回报率一般都很低,它很难获得与其他投资项目一致的投资回报率。

2) 公共仓库

公共仓库与自有仓库的概念刚好完全相反,公共仓库专门向客户提供相对标准的仓库服务,例如保管、搬运和运输等,因而又被称为"第三方仓库"。目前,公共仓库已经获得了很大的发展,它在企业的物流系统中扮演着极其重要的角色。

使用公共仓库的好处:第一,节省资金投入。使用公共仓库的最大优点就是可以节省资金的投入,减小企业财务方面的压力。企业可以免去投入在土地购买、仓库建设和仓库作业设备方面的投资,以及仓库初期的运行成本和雇用、培训仓库管理人员的开支。第二,缓解存储压力。对季节性比较敏感的企业来讲,这一点比较明显,公共仓库的使用能够缓解市场需求高峰期的存储压力,而自有仓库,由于自身的限制,在短期内不可能承受如此庞大的业务。同时,在需求淡季,企业可以不用租赁公共仓库,节省资金,从而带来明显的成本优势。第三,减少投资风险。一般来讲,仓库设施和设备的使用寿命为20~40年,如果企业投资建造自有仓库,势必会进行仓库设备方面的投资,而仓库设备的投资风险主要来自于技术设备的不断革新和商业运营模式的日新月异,从而使得这些设备很快过时。而使用公共仓库就没有这方面的风险,企业可以自由地选择或更换仓库。第四,较高的柔性化水平。如果仓库所在地的商业经营模式发生了改变,或者企业的经营方向发生了转变,拥有一个自有仓库或长期的仓库合约会成为企业的额外负担。而公共仓库却没有这方面的问题,短期的公共仓库合约使企业能够根据市场形势的变化(如顾客群的扩大或缩小)、不同运输方式的选择、地区产品销售的特点或者公司的财务状况等情况,自由地进行公共仓库的租赁决策。

使用公共仓库的缺点:第一,沟通方面的难题。能否有效地进行沟通成为租赁公共仓库的一个主要难题,随着信息技术的飞速发展和电子商务的蓬勃兴起,仓库作业的许多中间环节完全可以通过互联网来实现,但对公共仓库而言,并不是所有的计算机终端接口和网络管理系统都是标准化的,它与企业进行数据传输和信息沟通不一定协调,这就给仓库的信息化管理带来一定的阻碍。而在多数情况下,公共仓库也不可能为了一个顾客而额外增加计算机设备。第二,缺少个性化服务。在公共仓库里,有时可能得不到个性化的服务，许多公共仓库的处理设备仅仅是为了提供本地化的服务，对于一些企业的特殊要求，公共仓库提供的个性化服务却很少。例如，厂商希望得到个性化的服务(如较严格的冷藏要求)，但在公共仓库里可能得不到满足。

3) 合同仓库

合同仓库是指在一定的时期内，按照一定的合同约束，使用仓库内一定的设备、空间和服务。

这种协定可以给仓库所有者和仓库使用者以更多的稳定性和对未来计划投资的确定性。合同仓库是从公共仓库中延伸出来的一个分支，是"一种长期互惠的协议，排他性地向客户提供特别定制的存储和物流运输服务，供方和客户共同分担与经营有关的风险"。

合同仓库将自有仓库和公共仓库两方面的优势有机地结合在一起，尽管仓库设施仍然需要一定限度的固定资产来维持，但由于双方存在长期的合同关系和共担风险的责任，使得使用合同仓库的成本低于租赁公共仓库的成本。与此同时，合同仓库的经营能够加强双方的沟通和协调，提供较大的灵活性和仓库信息资源的共享。

一般来讲，合同仓库的经营者可以将提供给客户的服务范围扩大到其他物流活动，例如，运输配送、存货控制、订货处理和顾客服务以及退货处理等，从而在仓库管理、设备使用和仓库作业环节上能够达到最大限度的规模经济。

在实际的操作过程中，多数企业会发现，同时拥有自有仓库和租用公共仓库能够为企业带来很多优势，自有仓库可以用来保持市场所必需的最基本的库存水平，公共仓库则用来存储高峰期间的产品需求。对大多数企业而言，合同仓库是一个最佳的选择方案。

三、自动化立体仓库

1. 自动化立体仓库的定义

自动化立体仓库(Automatic Stero Warehouse)是指采用高层货架，以货箱或托盘储存商品，用巷道堆垛起重机及其他机械进行作业，由计算机进行管理和控制实现自动收发作业的仓库。

1950年，美国一家公司首先使用高层货架，但收发作业遇到了难题：叉车作业，其起升高度有限，而桥式或门式等起重机只能从垂直方向吊取商品，不能从货架的侧面吊取商品。1959年，美国的另一家公司在高层货架仓库安装了巷道式堆垛机，提高了作业效率和空间利用率。1962年，联邦德国首先将电子计算机应用于这类仓库，出现了世界上第一座自动化立体仓库。此后，自动化立体仓库在欧美一些发达国家和日本迅速发展起来。我国自动化立体仓库的建设起步较晚，近年来，针对目前自动化立体仓库的设计制造水平，我国参照国外标准制定了一系列行业标准、规范，使自动化立体仓库的设计制造进入了规范化发展的轨道。

2. 自动化立体仓库的特点

自动化立体仓库的入库、检验、分类整理、上货入架、出库等作业由计算机管理控制的机械化、自动化设备来完成。

1) 与普通仓库相比的优点

(1) 自动化立体仓库实施机械化和自动化作业，一方面能大大节省人力，减少劳动力费用的支出，另一方面能准确、迅速地完成出入库作业，提高作业效率。

(2) 自动化立体仓库采用高层货架、立体储存，能有效利用空间，减少占地面积，降低土地购置费用。一般来说，立体仓库的货架高度在15~44米之间，空间利用率为普通仓库的2~5倍。

(3) 自动化立体仓库采用托盘或货箱储存商品，商品的破损率显著降低。

(4) 自动化立体仓库货位集中，便于控制与管理，特别是使用电子计算机，不但能够实现作业过程的自动化控制，而且能够进行信息处理。

2) 自动化立体仓库的缺点

(1) 自动化立体仓库结构复杂，配套设备多，需要的基建和设备投资高。

(2) 货架安装精度要求高，施工比较困难，而且施工周期长。

(3) 储存商品的品种受到一定的限制，对长大笨重商品以及要求特别保管条件的商品，必须单独设立储存系统。

(4) 对仓库管理和技术人员的素质要求较高，必须经过专门培训才能胜任。

(5) 工艺要求高，包括建库前的工艺设计和投入使用中按工艺设计进行作业。

(6) 自动化立体仓库一旦建成，设备的数目就固定了，运行速度可调整的范围不大，因此，其作业弹性不大。

(7) 自动化立体仓库的高架吊车、自动控制系统等都是先进的技术性设备，由于维护要求高，必须注意设备的保管保养，并与设备提供商保持长久联系，以便在系统出现故障时能提供及时的技术支援。

3. 自动化立体仓库的分类

按照建筑形式划分，可以将自动化立体仓库分为自立式钢架仓储系统、一体式钢架仓储系统。根据其高度有低层(仓库高度在5米以下)、中层(仓库高度在5~15米之间)和高层(仓库高度在15米以上)自动化立体仓库。

1) 自立式钢架仓储系统(分立式结构)

自立式钢架仓储系统中钢架与建筑物是各自分离的结构体，是在现有的厂房或新建筑物内，独立安装仓储系统。自立式钢架仓储系统一般以15米以下较为经济，因为当高于15米时，建筑物内部必须挑空结构，且地板负荷会超过地耐力，需要进行基础加固，所以不经济。

2) 一体式钢架仓储系统(整体式结构)

一体式钢架仓储系统钢架与建筑物结构是一体的，其钢架除了承受本身储存品的负荷以外，还必须承受仓顶重量，以及风力、地震等外力所产生的应力。一体式钢架自动仓库的高度一般在15米以上，目前，国外的一体式钢架仓储系统可高达40米。

4. 自动化立体仓库的组成

自动化立体仓库是由仓库建筑、高层货架、巷道式堆垛起重机、水平搬运系统和控制系统等组成。

1) 仓库建筑与高层货架

自动化立体仓库的主体和货架为钢结构或钢筋混凝土结构，在货架内设标准尺寸的货位空间，巷道堆垛起重机穿行于货架之间的巷道中完成存、取货的工作。

2) 巷道式堆垛起重机

巷道堆垛起重机是自动化立体仓库的主要搬运、取送设备。它主要由机架、运行装置、升降装置、货叉伸缩装置和电气控制设备组成。巷道堆垛起重机沿仓库轨道水平方向移动，载货平台沿堆垛机支架上下移动，货叉可借助伸缩装置向平台的左右方向移动存取商品。目前，巷道式堆垛起重机的运行速度为：水平运行 80 米/分钟；升降 10～16 米/分钟；货叉移动 8～15 米/分钟。

3) 输送系统

自动化立体仓库的输送系统，主要有液压升降平台、辐式输送台、自动导向车(AGV)、货箱或托盘等，其作用是配合巷道堆垛机完成商品输送、搬运、分拣等作业。

4) 控制系统

巷道式堆垛起重机和水平搬运系统的运行以及商品的存入与拣出，是由控制系统来完成的，它是自动化立体仓库的"指挥部"和"神经中枢"。自动化立体仓库的控制系统有手动自动控制、随机自动控制、远距离控制和计算机全自动控制四种形式。计算机全自动控制又分为脱机、联机和实时联机三种形式。

目前，我国物流系统的作业水平不高，因此，在对系统生产效率的要求不是很高的情况下，人力作业不感到费力而采用机械作业又太复杂时，应优先考虑人力作业；一般机械可以方便地完成作业，而自动化过于复杂时，应优先考虑机械作业。不应试图排除轻微体力劳动和简便的机械作业，一味追求自动化。

四、仓库的基本功能

仓库在整个物流系统中扮演着极其重要的角色，与其他业务连在一起向客户提供服务。仓库一个最明显的功能就是存储商品，但随着人们对仓库概念的深入理解，仓库也担负着处理破损、集成管理和信息服务的功能，其含义已经远远超出了单一的存储功能。

一般来讲，仓库具有三个基本的功能：保管、移动以及信息传递功能。

1. 保管功能

仓库最基本的功能就是保管商品。

不管仓库实际的存储周转率如何，商品的暂时存储都是必需的，它主要依赖于整个仓库管理系统的设计、产品需求的大小以及需求提前期的长短。商品的长久存储通常被认为是安全库存或缓冲库存，也可以是战略物资库存。导致商品长久存储的原因主要有：季节性的产品需求、不稳定的市场环境、商品的个性化特征(如白酒)等。

2. 移动功能

移动功能一般包括以下步骤：收货验货、搬运放置、运输。收货是指从运输工具上卸下货物，修改仓库的存货记录，检查产品的破损状况，确认产品的订单数目与运送记录是否一致。库内运输是指商品在仓库内部进行的物流过程，将所需商品筹集起来，进行必要的包装整理和配置，然后批量运送出库，同时，更改仓库商品的库存记录，核实将要运输的订单。例如，将商品移到指定的地点、顾客订单的选择和确定以及商品的包装配送等事务。

3. 信息传递功能

信息传递功能总是伴随着移动和存储两个功能而发生。在努力处理有关仓库管理的各项事务时，总需要及时而准确的仓库信息，如仓库利用水平、进出货频率、仓库的地理位置、仓库的运输情况、顾客需求状况以及仓库人员的配置等，这对一个仓库管理能否取得成功至关重要。目前，在仓库的信息传递方面，越来越多地依赖电子计算机和互联网络，例如通过使用电子数据交换系统或条形码技术来提高仓库商品的信息传递速度和准确性，通过互联网及时地了解仓库的使用情况和物资的存储情况。

第二节　认知仓储管理

一、仓储的概念

"仓"也称为仓库(Warehouse)，是存放、保管、储存商品的建筑物和场地的总称，可以为房屋建筑、大型容器或特定的场地等，具有存放和保护商品的功能；"储"也称为储存(Storing)，表示将储存对象收存以备使用，具有收存、保护、管理、储藏商品、交付使用的意思。"仓储"则为利用仓库存放、储存暂时不用的商品的行为。简言之，仓储就是在特定的场所储存商品的行为，同时对存放的商品进行保管、控制的过程。

当社会产品出现剩余，产品不能被即时消耗掉，或者生产、流通过程中需要暂时专门的场所存放或储备时，就产生了仓储活动。也可以说，仓储是对有形商品提供存放场所以及商品存取过程和对存放商品的保管及控制的过程，是人们的一种有意识的行为。

仓储的性质可以归结为：仓储是物质产品的生产过程的持续，物质的仓储也创造着产品的价值；仓储既有静态的商品储存，又包含动态的商品存取、保管、控制的过程；仓储活动发生在仓库等特定的场所；仓储的对象既可以是生产资料，又可以是生活资料，但必须是实物动产。

储存商品的量即库存，库存控制是现代仓储管理的关键问题。保管是保护储存商品的价值和使用价值的过程，主要目标在于防止外部环境对储存商品的侵害，保持商品的性能完整无损。

二、仓储的作用

随着社会生产水平的提高，社会化的大生产需要有保证生产需要的原材料和零部件的仓储服务。仓储处于生产和消费两大活动之间，在物流中起"蓄水池""调节阀"的作用。流通仓库作为物流仓储的服务结点，在流通作业中发挥着重要的作用，它不再只以储存保管为目的，还开展对商品的分类、包装、配送、配载、拣选、检验、流通加工等功能。从现代物流系统的观点来看，仓储是物流系统的调运中心，可以在这里对物流进行有效、科学的管理与控制，使物流系统更顺畅、更合理地运行。仓储活动的作用主要表现在以下几个方面。

1. 搞好仓储活动是确保社会再生产顺利进行的必要条件

商品在从生产领域向消费领域的转移过程中，一般都要经过商品的仓储阶段。这主要是由于商品生产和商品消费在时间、空间以及品种和数量等方面不同步而引起的。尤其是在现代化大生产的条件下，随着生产的发展，专业化程度不断提高，社会分工越来越细。这些不同步所引起的矛盾势必又进一步扩大。这就不能在仓储活动中采取简单的把商品生产和消费直接联系起来的办法，而需要对复杂的仓储活动进行精心组织，扩展各部门、各生产单位之间相互交换产品的深度和广度，在流通过程中不断地进行商品品种上的组合，在商品数量上不断加以集散，在地域和时间上进行合理安排。通过搞活流通，搞好仓储活动，发挥仓储活动连接生产与消费的桥梁作用，以克服众多的相互分离又相互联系的生产者之间、生产者与消费者之间在商品生产与消费地理上的分离，协调商品生产与消费时间上的不一致，调节商品生产与消费在方式上的差异，使社会简单再生产和扩大再生产能建立在一定的商品资源的基础上，保证社会再生产的顺利进行。具体来讲，仓储活动可以从多个方面保证社会再生产过程的顺利进行。

2. 搞好仓储活动，是保持库存商品原有使用价值和保证商品合理使用的重要手段

任何一种商品，当它生产出来以后到被消费之前，由于其本身的性质，所处的条件，以及自然的、社会的、经济的、技术的因素，都可能在数量上减少、质量上降低，如果不采取必要的措施，就不可避免地使商品受到损害。因此，必须进行科学管理，加强对商品的养护，搞好仓储活动，以保护好处于暂时停滞状态的商品的使用价值。同时，仓库能使商品流向、分配、供料更为合理，提高工作效率，使有限的商品资源发挥最大的效用。

3. 搞好仓储活动，是提高经济效益的有效途径

仓储活动是物质产品在社会再生产过程中必然会出现的一种形态，对整个社会再生产，对国民经济各部门、各行业生产经营活动的顺利进行，都有着巨大的作用。然而，在仓储活动中，为了保证商品的使用价值在时空上顺利转移，必然要消耗一定的物化劳动和活劳动。尽管这些合理费用的支出是必要的，但由于它不能创造使用价值，因而，在保证商品使用价值得到有效保护、有利于社会再生产顺利进行的前提下，费用支出越少越好。搞好商品的仓储活动，就可以减少商品在仓储过程中的物质耗损和劳动消耗，加速商品的流通和资金的周转，从而节省费用支出，降低物流成本，开拓"第三利润源泉"，提高社会效益和企业效益。

三、仓储的基本功能

1. 储存功能

现代社会生产的一个重要特征就是专业化和规模化生产，劳动生产率极高，产量巨大，绝大多数产品都不能被及时消费，需要经过仓储手段进行储存。这样才能避免生产过程堵塞，保证生产过程能够继续进行；另外，对于生产过程来说，适当的原材料、半成品的储存，可以防止因缺货造成的生产停顿。而对于销售过程来说，储存，尤其是季节性储存可以为企业的市场营销创造良机。

2. 保管功能

在仓储过程中对产品进行保护、管理，防止损坏而丧失价值。如水泥受潮易结块，使其使用价值降低，因此在保管过程中就要选择合适的储存场所，采取合适的养护措施。

3. 加工功能

保管物在保管期间，保管人根据存货人或客户的要求对保管物的外观、形状、成分构成、尺度等进行加工，使仓储物发生人所期望的变化。

4. 整合功能

整合是仓储活动的一个经济功能。通过这种安排，仓库可以将来自于多个制造业的产品或原材料整合成一个单元，进行一票装运。其好处是，有可能实现最低的运输成本，也可以减少由多个供应商向同一客户供货带来的拥挤和不便。

5. 分类和转运功能

分类，就是将来自制造商的组合订货分类或分割成个别订货，然后安排适当的运力运送到制造商指定的个别客户。仓库从多个制造商处运来整车的货物，在收到货物后，如果货物有标签，就按客户要求进行分类；如果没有标签，就按地点分类，然后货物不在仓库停留直接装到运输车辆上，装满后运往指定的零售店。同时，由于货物不需要在仓库内进行储存，因而，降低了仓库的搬运费用，最大限度地发挥了仓库装卸设施的功能。

6. 支持企业市场形象的功能

尽管市场形象的功能所带来的利益不像前面几个功能带来的利益那样明显，但对于一个企业的营销主管来说，仓储活动依然应得到足够重视。因为从满足需求的角度看，从一个距离较近的仓库供货远比从生产厂商处供货方便得多，同时，仓库也能提供更为快捷的递送服务。这样会在供货的方便性、快捷性以及对市场需求的快速反应性方面，为企业树立一个良好的市场形象。

7. 仓储是市场信息的传感器

任何产品的生产都必须满足社会的需要，生产者都需要把握市场需求的动向。社会仓储产品的变化是了解市场需求极为重要的途径。仓储量减少，周转量加大，表明社会需求旺盛；反之，则为需求不足。厂家存货增加，表明其产品需求减少或者竞争力降低，或者生产规模不合适。仓储环节所获得的市场信息虽然说比销售信息滞后，但更加准确和集中，且信息成本较低。现代企业生产特别重视仓储环节的信息反馈，将仓储量的变化作为决定生产的依据之一。

8. 仓储能够提供信用的保证

在大批量货物的实物交易中，购买方必须检验货物、确定货物的存在和货物的品质，方可成交。购买方可以到仓库查验货物。由仓库保管人出具的货物仓单是实物交易的凭证，可以作为对购买方提供的保证。仓单本身就可以作为融资工具，可以直接使用仓单进行质押。

9. 仓储是现货交易的场所

存货人要转让已在仓库存放的商品时，购买人可以到仓库查验商品取样化验，双方可以在仓库进行转让交割。国内众多的批发交易市场，既是有商品存储功能的交易场所，又是有商品交易功能的仓储场。

四、仓储管理的概念

从狭义上看，仓储管理是指对仓库和仓库中储存的货物进行管理。从广义上看，仓储管理是对物流过程中货物的储存以及由此带来的商品包装、分拣、整理等活动进行的管理。

仓储管理既是一门经济管理科学，同时也是一门应用技术科学，属于交叉科学。仓储管理将仓储领域内生产力、生产关系以及相应的上层建筑中的有关问题进行综合研究，以探索仓储管理的规律，不断促进仓储管理的科学化和现代化。

仓储管理的内涵随着其在社会经济领域中的作用不断扩大而变化。仓储管理从单纯意义上的对货物存储的管理，已成为物流过程中的中心环节，它的功能已不是单纯的货物存储，而是兼有包装、分拣、整理、简单装配等多种辅助性功能。因此，广义的仓储管理应包括对这些工作的管理。

五、仓储管理的任务

1. 利用市场经济的手段获得最大效益的仓储资源的配置

市场经济最主要的功能是通过市场的价格杠杆和供求关系调节经济资源的配置。市场配置资源以实现资源最大效益为原则，这也是企业经营的目的。配置仓储资源也应以所配置的资源能获得最大效益为原则。仓储管理需要营造本仓储机构的局部效益空间，吸引资源的投入。其具体任务包括：根据市场供求关系确定仓库的建设；依据竞争优势选择仓库地址；以生产差别产品决定仓库专业化分工和确定仓库功能；以所确定的功能决定仓储布局；根据设备利用率决定设备配置等。

2．以高效率为原则组织管理机构

仓储管理机构是开展有效仓储管理的基本条件，是一切管理活动的保证和依托。生产要素尤其是人的要素只有通过良好组织才能发挥作用，实现整体的力量。仓储组织机构的确定须围绕着仓储经营的目标，以实现仓储经营的最终目标为原则，依据管理幅度、因事设岗、责权对等的原则，建立结构简单、分工明确、互相合作和互相促进的管理机构和管理队伍。

仓储管理机构因仓储机构的属性不同而有所不同，分为独立仓储企业的管理组织、附属仓储机构的管理组织，一般都设有：内部行政管理机构、商务、库场管理、机械设备管理、安全保卫、财务及其他必要的机构。仓储机构内部大都实行直线职能管理制或者事业部制的管理组织结构。随着计算机网络应用的普及，管理机构趋向于向扁平化发展。

3．以不断满足社会需要为原则开展商务活动

商务工作是仓储对外的经济联系，包括市场定位、市场营销、交易和合同关系管理、客户关系管理、争议处理等。仓储商务是仓储经营生存和发展的关键工作，是经营收入和仓储资源充分利用的保证。从功能上来说，商务管理是为了实现收益最大化，不断满足社会生产和人民生活需要，最大限度地提供仓储产品，以满足市场需要。满足市场需要包括数量上满足和质量上满足两个方面。仓储管理者还要不断地掌握市场的变化发展，不断地开展创新，提供适合经济发展的仓储产品。

4．以高效率、低成本为原则组织仓储生产

仓储生产包括货物入库、堆存、保管、出库等作业和仓储物验收、理货、交接以及在仓储期间的保管照料、质量维护、安全防护等。仓储生产的组织遵循高效、低耗的原则，充分利用机械设备、先进的保管技术、有效的管理手段，实现仓储的快进、快出，提高仓储利用率，降低成本，不发生差、损、错事故，保持连续、稳定的生产。生产管理的核心在于充分使用先进的生产技术和手段，建立科学的生产作业制度和操作规程，实行严格的监督管理，采取有效的员工激励机制。特别是非独立经营的部门，仓储管理的中心工作就是开展高效率、低成本的仓储生产管理，充分配合企业的生产和经营。

5．以优质服务、诚信建立企业形象

企业形象是指企业展现在社会公众面前的各种感性印象和总体评价的整合，包括企业及产品的知名度、社会的认可程度、美誉度、对企业的忠诚度等方面。企业形象是企业的无形财富，良好的形象可以促进产品的销售，也为企业的发展提供了良好的社会环境。为厂商服务的仓储业面向的对象主要是生产、流通经营者，其企业形象的建立主要通过服务质量、产品质量、诚信和友好合作获得，并通过一定的宣传手段在潜在客户中推广。在现代物流管理中，对服务质量的高度要求、对合作伙伴的充分信任使仓储的企业形象建立极有必要。只有具有良好形象的仓储经营者才能在物流体系中占一席之地，才能适应现代物流的发展。

6．通过制度化、科学化的手段不断提高管理水平

任何企业的管理都不可能一成不变，需要随着形势的发展不断发展，以适应新的变化，仓储管理也要根据仓储企业的经营目的的改变、社会需求的变化而改变。管理也不可能一步到位，不可能一开始就设计出一整套完善的管理制度并实施于企业中，因为那样不仅教条，而且不可执行，仓储管理也要从简单管理到复杂管理、从直观管理到系统管理，在管理实践中不断补充、修正、完善，不断提高，实行动态的仓储管理。

仓储管理的动态化和管理变革可以促进管理水平的提高，提高仓储效益，但也可能因为脱离实际、异于人们的惯性思维，而使管理的变革失败，甚至趋于倒退，不利于仓储的发展。因而仓储管理的变革需要有制度保障，通过科学的论证，广泛吸取先进的管理经验，针对本企业的客观实际开展管理。

7．从技术到精神领域提高员工素质

没有高素质的员工队伍，就没有优秀的企业。企业的一切行为都是人的行为，是每一个员工履行职责的行为表现。员工的精神面貌表现了企业的形象和企业文化。仓储管理的一项重要工作就是根据企业形象建设的需要，不断提高员工的素质和加强对员工的约束和激励。

员工的素质包括员工每个人的技术素质和精神素质。通过不断的系统培训和严格的考核，保证每个员工熟练掌握其从事劳动岗位应知、应会的知识与技能，而且要求精益求精，能跟上技术和知识的发展与更新；明白岗位的工作制度、操作规程；明确岗位所承担的责任。

良好的精神面貌来自于企业和谐的氛围、有效的激励、对劳动成果的肯定及有针对性开展的精神文明教育。在仓储管理中应重视员工的地位，而不能将员工仅仅看作是生产工具、一种等价交换的生产要素。要在信赖中约束、在激励中规范，使员工感受到人尽其才、劳有所得、人格被尊重的企业氛围，形成热爱企业、自觉奉献、积极句上的精神面貌。

六、仓储管理的基本原则

1．满足社会需要

仓储本身并不是社会生产的最终目的，物质仓储是为物质生产、流通和最终消费服务的。物质生产、流通和最终消费对仓储的需要决定了仓储的供给特性。仓储经营管理的基本出发点就在于社会对仓储的需要，要以社会需要决定仓储的结构、规模、经营方法、建设等，以社会需要为依据开展仓储管理。

2．效率原则

效率是指在一定劳动要素投入量时的产品产出量。较小的劳动要素投入和较高的产品产出量才能实现高效率。高效率就意味着劳动产出大，劳动要素利用率高，高效率是现代生产的基本要求。仓储的效率表现在仓容利用率、货物周转率、进出库时间、装卸

车时间等指标上，表现出"快进、快出、多存储、保管好"的特点。

仓储生产管理的核心就是效率管理，以最少的劳动量的投入，获得最大的产品产出。劳动量的投入包括生产工具、劳动力的数量及其作业时间和使用时间。效率是仓储其他管理的基础，没有生产的效率，就不会有经营的效益，就无法开展优质的服务。高效率的实现是管理艺术的体现，通过准确地核算，科学地组织，妥善地安排场所和空间，部门与部门、人员与人员、设备与设备、人员与设备之间的默契配合，使生产作业过程有条不紊地进行。

高效率还需要有效管理过程的保证，包括现场的组织、督促，标准化、制度化的操作管理，严格的质量责任制的约束；反之，可能会使现场作业混乱、操作随意、作业质量差，甚至出现作业事故，这样显然不可能有效率。

3．经济效益的原则

厂商生产经营的目的是为了追求利润最大化，这是经济学的基本假设条件，也是社会现实的反映，而利润是经济效益的表现。实现利润最大化则需要做到经营收入最大化和经营成本最小化。

大多数企业的经营活动都不能排除追求利润最大化的动机，作为参与市场经济活动主体的仓储业，也应围绕着获得最大经济效益的目的进行组织和经营；当然，仓储业同时也需要承担相应的社会责任，履行环境保护、维护社会安定、满足社会不断增长的需要等社会义务，实现生产经营的社会效应。

4．服务的原则

仓储活动本身就是向社会提供服务产品。服务是贯穿在仓储中的一条主线，从仓储的定位、仓储具体操作、对储存货物的控制都围绕着服务进行。因此，仓储管理必须围绕着服务定位，如提供服务、改善服务、提高服务质量，包括直接的服务管理和以服务为原则的生产管理。

第三节　仓储作业管理

仓储作业主要包括入库作业、仓储保管、出库作业、退货作业、库存控制等内容。仓储管理要求规范化存储管理部门的一切事务，做好有序入库、库存安全、及时出库、退货服务等一系列工作，从而提高客户的满意度和忠诚度。

一、入库作业

1．入库准备工作

仓库管理人员在接收货物之前应根据仓储合同或者入库计划等文件做好入库前的准备工作，入库准备工作主要包括以下各点。

1）　了解入库货物

仓储工作人员要了解入库货物的品种、规格、数量、包装状态、单件体积、到库确切时间、货物存期、货物的理化特性、保管的要求等，为妥善进行库场安排做准备。

2) 了解仓库库场情况

对货物入库与保管期间仓库的库容；货物入库后保管货物的工具设备；货物入库与保管期间工作人员的变动情况等要有确切掌握。

3) 安排入库货位

仓储工作人员应根据入库货物的性能、数量和类别，结合仓库分类保管的要求核算货位大小，根据货位使用原则，严格验收场地，妥善安排货位，确定苫垫、堆垛细节并准备相应物资和用具；同时要彻底清洁货位，清除残留物，清理排水管道，必要时还应消毒除虫、铺地，详细检查照明、通风等设备，发现损坏及时通知修理。

4) 准备验收

根据货物情况和仓储管理制度，确定验收方法，准备点数、称量、测试、开箱装箱、丈量、照明等必要用具。

5) 制订装卸搬运计划

要根据货物情况、货位、人员等条件，合理制订装卸搬运计划，保证货物完好和工作效率。

6) 准备好各种报表文件

仓储工作人员应妥善保管货物入库所需的各种报表、单证、记录簿等，比如入库记录、理货检验单、料卡、残损记录等，以备使用。

2．入库操作

入库操作主要包括货物接运、验收、入库等环节。

1) 货物接运

货物接运的主要任务是向托运者或承运者办清业务交接手续，及时将货物安全接运回库。

2) 验收

验收工作主要是核对相关资料和检验货物，核对资料的主要内容为物资的入库通知单、仓储合同、供货单位提供的质量证明书和合格证、装箱单、磅码单、发货明细表、运单等；检验主要内容为数量检验、质量检验和包装检验。

(1) 数量检验。检验数量的范围包括以下几个方面：对散装货物要进行 100%的检斤；对有包装的货物要进行 100%的毛检斤，回皮率为 5%～10%，并逐件清点；定尺钢材的检尺率为 10%～20%，非定尺钢材的检尺率为 100%；对贵金属材料要 100%过净重；对有标量的化工产品，按标量核定其总重量；对包装严密、有合格证的货物，进行 10%～20%的抽查验量。

不同货物具有不同的质量标准。对新产品可要求客户或货主提供其检验方法和标准，或者要求收货人共同参与检验。货物检验的方法主要有：通过听取经摇动、搬运、敲击所发出的声音来判定货物的质量；利用专用测试仪器对货物的性质(如含水量、容重、黏度等)、成分、光谱进行测定；通过对电器、车辆等货物运行操作，检查其操作功能是否正常。

(2) 质量检验。检验质量的范围包括：对带包装的金属材料要抽验 5%～10%；对无包装的金属材料要全部目测查验；对入库量在 10 台以内的机电设备要进行 100%验收；对入库量在 100 台以内的机电设备验收量要不少于总量的 10%；对入库的运输、起重设备要进行 100%查验；对仪器仪表的外观质量要进行 100%查验；对易发霉、变质、受潮、变色、污染、虫蛀性损伤的货物要进行抽验其入库总量的 5%～10%；对货物的外包装质量要进行 100%的查验；对信誉较好的厂家产品可以抽查其质量；对进口货物要逐件检验。

(3) 包装检验。包装检验时，可以使用的货物检验方法有：在光线下，用肉眼观察货物的表面状态、颜色、结构等状况，查看有无变形、破损、脱落、变色、结块等损坏状况。通过上述视觉检验判定货物的质量；用手触摸货物，用手感觉货物的细度、光滑度、黏度、柔软度等，通过触觉检验来判定质量；某些货物有其特有的气味、滋味，可以通过嗅觉、味觉检验来判定其质量。外包装(也称为运输包装、工业包装)可能出现的问题及其原因有：包装出现开缝、漏洞有可能是被盗造成的；污染有可能是因装卸、搬运、装载不当造成的；由于雨淋、渗透、落水或货物自身潮解，会使货物出现水渍。

特别需要注意的是：货物包装的含水量是反映货物保管质量的主要指标。一些包装物含水量高，则表明货物已经受损，需要进一步检验。常见包装物的安全含水量如表 4-1 所示。

表 4-1 常见包装物的安全含水量

包装材料	含水量/%	说　明
布　　包	9～10	—
纸　　箱	10～12	三层瓦楞纸的包装及纸板衬垫
	12～14	五层瓦楞纸的包装及纸板衬垫
胶合板箱	15～16	—
木　　箱	18～20	内装物资易发霉、易生锈
	18～23	内装物资一般

若在外包装检验中判定其内容有可能受损的话，或者检验标准要求开包检验、点算包内细数时，应该打开包装进行检验。开包检验时，必须有两人或两人以上同时在场，检验后要在箱件上印贴已验收的标志。需要封装的应及时进行封装，包装已破损的应更换新包装。如果验收对象是无包装的货物，那么仓储管理工作人员应当直接察看无包装货物的表面，检查是否有生锈、破裂、脱落、撞击、刮痕等情况。

3) 入库

检验完毕之后，需要办理入库手续，主要包括立卡、登账、建档和签单等。

二、仓储保管

仓储保管主要涉及仓库布局和仓储保管的基本技术方法，而后者主要包括上架、堆码、苫盖、温湿度控制、维护保管、检查、盘点、仓储工具设备管理维护等一系列工作。

1. 仓库货区的布局设计

仓库货区布置分为平面布置和空间布置。

1) 平面布置

平面布置是指对货区内的货垛、通道、垛间距、收发货区等进行合理的规划，并正确处理它们的相对位置。平面布置的形式可以概括为垂直式和倾斜式。

(1) 垂直式布局。垂直式布局是指货垛或货架的排列与仓库的侧墙互相垂直或平行，具体包括横列式布局、纵列式布局和纵横式布局。

① 横列式布局，是指货垛或货架的长度方向与仓库的侧墙互相垂直。这种布局的主要优点是：主通道长且宽，副通道短，整齐美观，便于存取查点，如果用于库房布局，还有利于通风和采光，如图 4-1 所示。

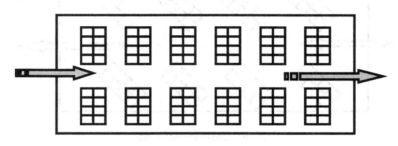

图 4-1　仓库横列式布置

② 纵列式布置，是指货垛或货架的长度方向与仓库侧墙平行。这种布局的优点主要是可以根据库存商品在库时间的不同和进出频繁程度安排货位。在库时间短、进出库频繁的商品放置在主通道两侧；在库时间长、进出库不频繁的商品放置在里侧，如图 4-2 所示。

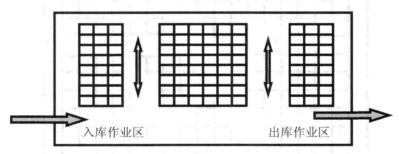

图 4-2　仓库纵列式布局

③ 纵横式布局，是指在同一保管场所内，横列式布局和纵列式布局兼而有之，可以综合利用两种布局的优点，如图 4-3 所示。

(2) 倾斜式布局。倾斜式布局是指货垛或货架与仓库侧墙或主通道成 60°、45°或 30°夹角，具体包括货垛倾斜式布局和通道倾斜式布局。

① 货垛倾斜式布局，是横列式布局的变形，它是为了便于叉车作业、缩小叉车的回转角度、提高作业效率而采用的布局方式，如图 4-4 所示。

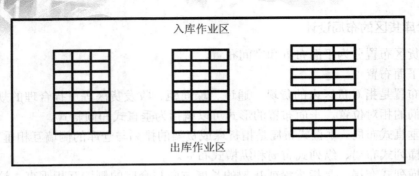

图 4-3　纵横式布局

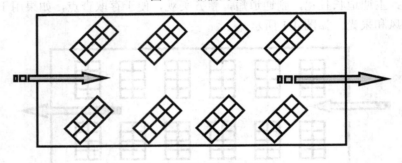

图 4-4　货垛倾斜式布局

② 通道倾斜式布局，是指仓库的通道斜穿保管区，把仓库划分为具有不同作业特点的区域，如大量存储和少量存储的保管区等，以便进行综合利用。这种布局形式复杂，货位和进出库路径较多，如图 4-5 所示。

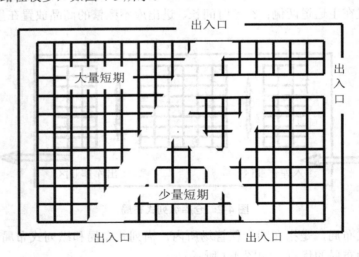

图 4-5　通道倾斜式布局

2) 空间布局

空间布局是指库存商品在仓库立体空间的布局，其目的在于充分有效地利用仓库空间。空间布局的主要形式有：就地堆码、上货架存放、加上平台、空中悬挂等。

2. 货物的上架、堆垛

货物的存放方式应根据货物的特性、包装方式、形状和保管要求，在确保货物质量、方便作业和充分利用仓容的前提下确定。常见的仓库货物存放方式有货架存放方式、地面平放方式、直接堆码方式等。适于存放在货架上的货物有：小件、品种规格比较复杂且数量较少的货物；包装简易、易受损坏、不便堆垛的货物；因价值较高而需经常查点数量的货物。常用的专用货架有多层平面货架、栅格架、橱柜架、悬臂架、U形架、板材架、多层立体货架等。

商品堆码是指根据商品的包装、外形、性质、特点、种类和数量，结合季节和气候情况，以及储存时间的长短，将商品按一定的规律码成各种形状的货垛。堆码的主要目的是便于对商品进行维护、查点等管理和提高仓库利用率。

1) 散堆法

散堆法适用于露天存放的没有包装的大宗商品，如煤炭、矿石等，也可适用于库内少量存放的谷物、碎料等散装商品。散堆法是指用堆扬机或者铲车在确定的货位后端起，直接将商品堆高，在达到预定的货垛高度时，逐步后推堆货，后端先形成立体梯形，最后成垛的一种方法。由于散货具有流动、散落性，堆货时不能堆到过于接近垛位四边的位置，以免散落使商品超出预定货位。

2) 堆垛法

对于有包装(如箱、桶)的商品，包括裸装的计件商品，采取堆垛的方式储存。堆垛方式储存能够充分利用仓容，做到仓库内整齐、有序，方便作业和保管。商品的堆码方式主要取决于商品本身的性质、形状、体积、包装等。一般情况下多采取平放，使重心最低，最大接触面向下，易于堆码，稳定牢固。常见的堆码方式包括：重叠式、纵横交错式、仰伏相间式、压缝式、通风式、栽柱式、衬垫式等。

(1) 重叠式堆码。重叠式也称直堆法，是逐件、逐层向上重叠堆码，一件压一件的堆码方式。为了保证货垛稳定性，在一定层数后改变方向继续向上，或者长宽各减少一件继续向上堆放。该方法方便作业、计数，但稳定性较差。它适用于袋装、箱装、箩筐装商品，以及平板、片式商品等，如图 4-6 所示。

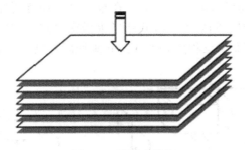

图 4-6　重叠式堆码

(2) 纵横交错式堆码。纵横交错式堆码是指每层商品都改变方向向上堆放。它适用于管材、捆装、长箱装商品等。该方法较为稳定，但操作不便，如图 4-7 所示。

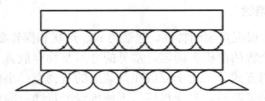

图 4-7　纵横交错式堆码

(3) 仰伏相间式堆码。仰伏相间式堆码是指对上下两面有大小差别或凹凸的商品，如槽钢、钢轨等，将商品仰放一层，在反一面伏面伏放一层，仰伏相向相扣。该垛极为稳定，但操作不便，如图 4-8 所示。

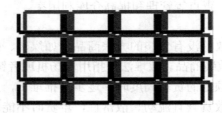

图 4-8　仰伏相间式堆码

(4) 压缝式堆码。压缝式堆码是指将底层并排摆放，上层放在下层的两件商品之间，如图 4-9 所示。

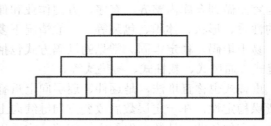

图 4-9　压缝式堆码

(5) 通风式堆码。通风式堆码是指商品在堆码时，任意两件相邻的商品之间都留有空隙，以便通风。层与层之间采用压缝式或者纵横交错式。通风式堆码可以用于所有箱装、桶装以及裸装商品堆码。这种堆码方式能起到通风防潮、散湿散热的作用，如图 4-10 所示。

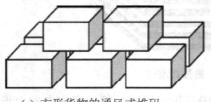 

(a) 方形货物的通风式堆码　　　　(b) 柱形货物的通风式堆码

图 4-10　通风式堆码

(6) 栽柱式堆码。栽柱式堆码是指码放商品前先在堆垛两侧栽上木桩或者铁棒，然后将商品平码在桩与柱之间，几层后用铁丝将相对两边的柱拴连，再往上摆放商品。此法适用于棒材、管材等长条状商品，如图4-11所示。

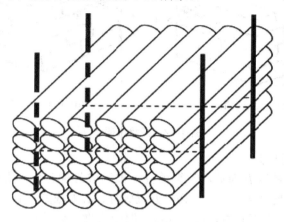

图 4-11 栽柱式堆码

(7) 衬垫式堆码。码垛时隔层或隔几层铺放衬垫物，衬垫物平整牢靠后，再往上码。它适用于不规则且较重商品的堆码，如无包装电机、水泵等。

3) 托盘上存放商品

由于托盘在物流系统中的运用得到普遍认同，因此就形成了商品在托盘上的堆码方式。托盘是具有标准规格尺寸的集装工具，因此，在托盘上堆码商品可以参照典型堆码图谱来进行。如硬质直方体商品可参照中华人民共和国国家标准 GB/T4892—2008《硬质直方体运输包装尺寸系列》硬质直方体在 1140mm×1140mm 托盘上的堆码图谱进行。圆柱体商品可参照中华人民共和国国家标准 GB/T13201—1997《圆柱体运输包装尺寸系列》圆柱体在 1200mm×1000mm、1200mm×800mm、1140mm×1140mm 托盘上的堆码图谱进行，如图4-12所示。

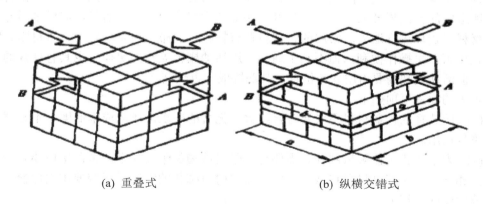

(a) 重叠式　　　　　　　(b) 纵横交错式

图 4-12 托盘堆码

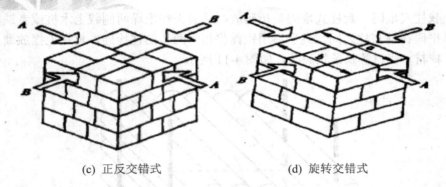

(c) 正反交错式　　　　　　(d) 旋转交错式

图 4-12　托盘堆码(续)

4) "五五化"堆垛

"五五化"堆垛是以五为基本计算单位，堆码成各种总数为五的倍数的货垛，以五或五的倍数在固定区域内堆放，使货物"五五成行、五五成方、五五成包、五五成堆、五五成层"，堆放整齐，上下垂直，过目知数，便于货物的数量控制、清点盘存，如图 4-13 所示。

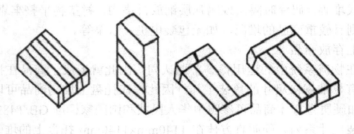

图 4-13　"五五化"堆垛示意图

3. 货物的苫盖

为了减少自然环境中阳光、雨雪、风沙对货物的侵蚀、损害，把货物由于自身理化性质所造成的自然损耗减小到最低限度，保证货物在存储期间的质量，需要采用专用的苫盖材料对货垛进行遮盖。常用的苫盖材料有帆布、油布、芦席、竹席、塑料膜、铁皮等。直接苫盖虽操作便利，但不利于通风。用活动棚苫盖较为快捷，也具有良好的通风条件，但活动棚却需要占用仓库位置，其购置成本也较高。

苫盖的注意事项如下。

(1) 所选择的苫盖材料不仅要符合防火、无害的要求，还应成本低廉、不易损坏，能够重复使用。

(2) 为了防止苫盖被风刮开，需要将每张苫盖物都牢固固定，苫盖接口要有一定深度的互相叠盖，不能迎风叠口或留空隙，必要时将绑扎的绳索或绳网要牢固地拴在垫垛外侧或地面的绳桩上。

(3) 苫盖时，保持其底部与垫垛平齐，不腾空或拖地。为防止在苫盖物上出现积水，应将其拉挺，并不得有折叠和凹陷。为防雨水顺垛底边缘渗入垛内，不宜将衬垫材料露出垛外。若使用旧的苫盖物或在雨水丰沛的季节里，在垛顶或者风口处要加层苫盖，以确保雨淋不透。

4．货物的温湿度控制

仓储保管工作还应特别注意控制仓库的温度和湿度。仓库一般采用建筑遮阳和苫盖遮阳两种方式。而仓库中的湿度分为货物湿度、空气湿度(大气湿度)等。

货物湿度是指货物的含水量，用百分比表示。货物含水量高则容易发生霉变、锈蚀、溶解、化学反应；含水量太低则会发生干裂、干涸、挥发、容易燃烧。应采取措施防止货物的含水量过高或过低。若空气湿度太低，说明空气太干燥。这时，应减少仓库内空气流通，采取地面洒水、向空中喷水雾等方式来增加仓库内空气的湿度，或者直接往货物表面洒水。若空气湿度太高，应采取措施封闭仓库或者密封货垛，以避免空气流入仓库或货垛；也可以在仓库或货垛内摆放石灰、氯化钙、木炭、硅胶等吸湿材料。有条件的仓库可采用干燥式通风、制冷除湿。特殊货仓可采取升温措施。

干湿球温度计由干球温度计和湿球温度计组成。干球温度计用于直接测量空气温度。湿球温度计的下端缠裹着纱布，将纱布部分在水中浸泡一下。通过纱布吸热蒸发水分，可以测量得到湿球温度。湿球温度计测得的温度一般比干球温度计测得的温度低，可通过《湿度查对表》，来确定空气的绝对湿度、相对湿度和露点。

绝对湿度：空气里所含水汽的压强，叫作空气的绝对湿度；或者单位体积空气中所含水蒸气的质量，叫作空气的绝对湿度。绝对湿度的单位习惯用毫米水银柱高来表示。也常用1立方米空气中所含水蒸气的克数来表示。空气的干湿程度与单位体积的空气里所含水蒸气的多少有关，在一定温度下，一定体积的空气中，水汽密度愈大，气压也愈大，密度愈小，气压也愈小。所以通常是用空气里水蒸气的压强来表示湿度的。湿度是表示空气的干湿程度的物理量。空气的湿度有多种表示方式，如绝对湿度、相对湿度、露点等。

相对湿度：空气中实际所含水蒸气密度和同温度下饱和水蒸气密度的百分比值，叫作空气的相对湿度；或者在某一温度时，空气的绝对湿度，跟在同一温度下的饱和水汽压的百分比值，叫作当时空气的相对湿度。实际上，碰到许多跟湿度有关的现象并不跟绝对湿度直接有关，而是跟水汽离饱和状态的程度有直接关系，因此提出了一个能表示空气中的水汽离开饱和程度的新概念——相对湿度。由于在温度相同时，蒸汽的密度和蒸汽压强成正比，所以相对湿度通常就是实际水蒸气压强和同温度下饱和水蒸气压强的百分比值。

露点：使空气里原来所含的未饱和水蒸气变成饱和时的温度，叫作露点，或者空气的相对湿度变成100%时，也就是实际水蒸气压强等于饱和水蒸气压强时的温度，叫作露点。习惯上，常用摄氏温度表示。如果温度降到露点以下，空气中的水汽就会在物体表面凝结成水滴(俗称"汗水")。"汗水"会造成货物湿损。

5．货物的盘点

所谓盘点，是指为确定仓库内或在企业内其他场所现存物料或产品的实际数量、品质状况和储存状态的清点，是商品管理工作的控制反馈过程。

1) 盘点作业的目的

一是控制存货数量与库存时间的长短，以指导日常经营业务；二是掌握损益，以便真实地把握经营绩效，并尽早采取防漏措施。

2) 盘点的主要内容

(1) 检查商品的账面数量与实存数量是否相符。核对数量是下一步对金额进行核对，同时也是库存管理的需要。

(2) 检查商品的收发情况，以及有无按先进先出的原则发放情况。

(3) 检查商品的保管现状，找出商品保管中存在的问题，以便改进工作。它主要包括：检查商品的堆放及维护情况；检查有无超储积压、损坏变质；检查对不合格及废弃物料的处理情况；检查安全设施及安全情况。

(4) 检查常备商品库存状况。这应从时间和数量两个方面来考察。

3) 盘点的范围

盘点应包括商品和企业资产的盘点。对企业物流管理者而言，资产管理并不是职责范围内的事。这里只介绍商品的盘点。商品盘点的范围，应涵盖企业内的全部商品，包括原材料、辅助材料、燃料、低值易耗品、在制品、半成品、产成品的清点核查，甚至还包括包装物、边角余料等。尽管这些物料并不全是企业生产所需，但所有的物料都是企业的资产，是货币的物化表现。商品盘点对商品全面管理，降低生产成本，减少企业资金占用，加速资金周转都很有意义。

4) 商品盘点的种类

(1) 按盘点的范围分为全面盘点和局部盘点。

① 全面盘点：全面盘点指的是对企业的所有有形的金融资产和物质资产进行全面清查，包括已经付款但仍在途的商品，以及已发至生产现场待用的物料。由于全面盘点内容庞杂，范围广泛全面，因此工作量十分巨大，参与的人员也很多。所以一般只是在年终、工厂生产停工、设备检修期间进行。但当仓库商品的种类较少时，也可以在其他期末时间进行。

② 局部盘点：局部盘点是指对部分商品的清点核算，一般是对使用比较频繁的材料、产成品等根据实际情况在年内进行轮流盘点或重点盘点。

(2) 按盘点的对象分为账面盘点和现货盘点。

① 账面盘点：账面盘点又称为永续盘点，就是把每天入库及出库商品的数量及单价，记录在计算机或账簿上，而后不断地累计加总算出账面上的库存量及库存金额。

② 现货盘点：现货盘点也称实地盘点(实盘)，也就是实地去点数、调查仓库内商品的库存数，再依商品单价计算出库存金额的方法。如果要得到最正确的库存情况并确保盘点无误，最直接的方法就是确定账面盘点与现货盘点的结果是否完全一致。如有账实不符的现象，就应分析寻找错误原因，划清责任归属。

(3) 按进行盘点的时间可分为定期盘点、不定期盘点、动态盘点、循环盘点。

① 定期盘点：定期盘点是指对各种商品在固定的时间内进行盘点，一般在期末。如每月月末一次、每季度季末一次、每半年一次、每年年终一次等。由于期末盘点是将所有商品一次点完，因此工作量大、要求严格。通常采取分区、分组的方式进行，其目

的是为了明确责任,防止重复盘点、漏盘。分区就是将整个储存区域划分成一个个的责任区,不同的区由专门的小组负责盘点。一个小组通常需要三个人,一人负责清点数量并填写盘存单;另一人复查数量并登记复查结果;第三人负责核对前两次盘点数量是否一致,对不一致的结果进行检查。待所有盘点结束后,再与电子计算机或账面上反映的数量核对。

② 不定期盘点:不定期盘点是指没有固定时间,根据实际需要对所实存的商品进行局部区域的盘点。

③ 动态盘点:动态盘点是对有动态的商品即发生过收、发的商品,及时核对该批商品余额是否与账、卡相符的一种方法。

④ 循环盘点:循环盘点是将商品逐区逐类连续盘点,或在某类物料达到最低存量,即机动进行盘点。循环盘点通常是对价值高或重要的商品进行盘点的一种方法。因为这些商品属于重要商品。对库存条件的要求比较高,一旦出现差错,不但会影响企业的经济效益,而且有损企业的形象。在仓库管理过程中广泛使用的是 ABC 分类管理法,对商品按其重要程度科学地分类。对重要的商品进行重点管理,加强盘点,防止出现差错。由于循环盘点只对少量商品盘点,所以通常只需保管人员自行对库存资料进行盘点即可。发现问题及时处理;可不必关闭工厂或仓库,因而减少停工的损失。

目前,国内多数仓储中心都使用电子计算机来处理库存账务,当账面库存数与实际库存数发生差异时,很难断定是记账有误还是实际盘点中出现错误,所以可以采取"账面盘存"与"实地盘存"相结合的方法进行盘点。

6. 仓储工具设备的维护

仓储工作中所使用的设备按其用途和特征可以分成装卸搬运设备、保管设备、计量设备、养护检验设备、通风照明设备、消防安全设备、劳动防护设备以及其他用途设备和工具等。在仓库设备的具体管理中,则应根据仓库规模的大小进行恰当的分类。

(1) 装卸搬运设备。装卸搬运设备是用于商品的出入库、堆码等作业。这类设备对改进仓储管理,减轻劳动强度,提高收发货效率具有重要作用。当前,我国仓车中所使用的装卸搬运设备通常可以分成三类:第一类是装卸堆垛设备,包括桥式起重机、轮胎式起重机、门式起重机、叉车、堆垛机、滑车、跳板以及滑板等。第二类是搬运传送设备,包括电平搬运车、皮带输送机、电梯以及手推车等。第三类是成组搬运工具,包括托盘、网络等。

(2) 保管设备。保管设备是用于保护仓储商品质量的设备。它主要可归纳为以下几种:第一种是苫垫用品,起遮挡雨水和隔潮、通风等作用,包括苫布(油布、塑料布等)、苫席、枕木、石条等,苫布、苫席用在露天堆场;第二种是存货用具,包括各种类型的货架、货橱。

(3) 计量设备。计量设备是用于商品进出时的计量、点数,以及货存期间的盘点、检查等,如地磅、轨道秤、电子秤、电子计数器、流量仪、皮带秤、天平仪以及较原始的磅秤、卷尺等。随着仓储管理现代化水平的提高,现代化的自动计量设备将会更多地得到应用。

(4) 养护检验设备。养护检验设备是指商品进入仓库验收和在库内保管测试、化验以及防止商品变质、失效的机具、仪器，如温度仪、测潮仪、吸潮器、烘干箱、风幕、空气调节器、商品质量化验仪器等。在规模较大的仓库中，这类设备使用较多。

(5) 通风保暖照明设备。通风保暖照明设备根据商品保管和仓储作业的需要而设。

(6) 消防安全设备。消防安全设备是仓库必不可少的设备。它包括：报警器、消防车、手动抽水器、水枪、消防水源、砂土箱、消防云梯等。

(7) 劳动防护用品。劳动保护主要用于确保仓库职工在作业中的人身安全。

(8) 其他用品和用具。

上述仓储工具设备的维护一般可以采用日常保养和定期保养的二级保养制度。其中设备的日常保养包括日常清洁卫生；定时加油；紧固螺丝零部件；检查是否漏油、漏气、漏电情况；检查设备的防护装置和操纵机构是否灵敏可靠，零部件是否完整等。设备的定期保养就是指在物流设备运行一段时间后，按规范有计划地对设备进行强制性全面维护。定期保养的内容有对机械进行清洁和擦洗；检查、调整、紧固操纵机构、传动机构、连接机构的零部件；对各润滑点进行检查、注油或换油；调整并检查安全保护装置，保证其灵敏可靠；更换磨损的零部件；使用检测仪器和工具，对设备进行检测并加以记录，保证设备长期安全运转。

三、出库作业

货物出库前的准备工作主要包括对出库货物原件进行包装整理；对零星货物进行组配或分装；准备好包装材料、工具和相关用品；预留出必要的理货场地并备好必要的装卸搬运设备；组织安排好作业人员和机械等。货物出库的工作流程主要有核对凭证、备货、复核、登账、清理现场和档案五个步骤。

1) 货物出库时，仓储管理人员应遵循的基本要求

(1) 货物应先进先出。

(2) 出库凭证和手续必须符合要求。

(3) 要严格遵守有关货物出库的规章制度。

(4) 不断提高服务质量，满足客户需求。

2) 货物出库时可能出现的比较常见的异常问题

(1) 出库凭证有假冒、复制、涂改的迹象时，仓储工作人员应及时与保卫部门联系，妥善处理。

(2) 发现出库凭证有疑点或情况不清楚，仓储工作人员应及时与制票人员联系，及时查明或更正。

(3) 对进库但未验收的货物，一般应暂缓发货，待货物验收后再发货。

3) 货物出库之后也可能出现一些问题需要妥善应对

(1) 货物出库后，收货单位反映货物规格混串、数量不符等，若确属仓储工作人员发货错误，应予以纠正并追查相应责任。

(2) 凡属于型号、规格开错原因，应予退货，仓储工作人员按入库验收程序，重新

验收入库，如果包装损坏，仓储工作人员不予退货。包装修好后，按入库质量要求重新入库。

（3）凡属于产品内在质量问题，用户要求退货和换货，仓储工作人员应由质检部门出具检查证明、试验记录，经主管批准同意后，可以退货或换货。

（4）退货或换货产品必须达到验收入库的标准，否则不予入库。

（5）货物出库后，仓储工作人员如发现账实不符，要派专人及时查找追回，以减少损失。

四、退货

1. 仓储物资的退货原因

（1）仓储商品有瑕疵导致退货。

（2）搬运过程中造成的损坏导致退货。

（3）送错物资导致退货。

（4）物资过期导致退货。

2. 仓储退货的处理办法

（1）由于仓储工作人员发生工作错误的情况，应由仓储工作人员重新调整发货方案，将发错的货物调回，重新按原正确订单发货，中间发生的所有费用应由仓储工作人员承担。

（2）由于运输途中产品受到损坏而发生退货的情况，应根据退货情况，由仓储工作人员确定所需要的修理费用或赔偿金额，然后由运输单位负责赔偿。

（3）由于客户订货有误而发生退货的情况，退货的所有费用由客户承担，退货后，再根据客户新的订货单重新发货。

（4）由于产品有缺陷，客户要求退货的，仓储部门接到退货指示后，应安排车辆收回退货，将所退的货物集中到仓库退货处理区进行处理。

五、库存控制与管理

1. 库存的概念

库存指的是仓库中处于暂时停滞状态的物资。这里要明确两点：其一，物资所停滞的位置，不是在生产线上，不是在车间里，也不是在非仓库中的任何位置，而是在仓库中。其二，物资的停滞状态可能由任何原因引起，而不一定是某种特殊的停滞。这些原因大体有：能动的各种形态的储备；被动的各种形态的超储；完全积压。

2. 库存控制的基本方法

库存控制是在保证供应的前提下，对库存物品的数量最少所进行的有效管理的经济技术措施。库存控制的重点是对库存量的控制，订货点技术是传统的库存控制方法，它是从影响实际库存量的两个方面，即一是销售的数量和时间，二是进货的数量和时间，以此来确定商品订货的数量和时间,从而达到控制库存量的目的。因此订货点技术的关键在于订货时机,具体方法包括定量订货法和定期订货法两种。

1) 定量订货法

定量订货法也称连续检查控制方式或订货点法,是指当库存量下降到预定的最低库存量(订货点)时,按规定进行订货补充的一种库存控制方法。当库存量下降到订货点时,即按预先确定的订货量发出订单,经过订货期、交货周期,库存量继续下降,到达安全库存量时,收到订货,库存水平回升。采用定量订货方式必须预先确定订货点和订货量,详细情况如图 4-14 所示。

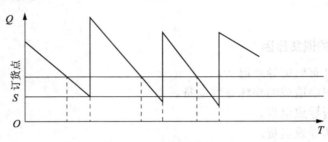

图 4-14 定量订货法原理

Q—批量或订货量;T—周转期;S—安全库存

实施定量订货法需要确定两个控制参数,一个是订货点,即订货点库存量;另一个是订货数量,即经济订货批量 EOQ(Economic Order Quantity)。

(1) 订货点的确定。影响订货点的因素有三个,订货提前期、平均需求量和安全库存。根据这三个因素确定订货点。

① 在需求和订货提前期确定的情况下,不需要设安全库存即可直接求出订货点,公式为

订货点 = 订货提前期(天)×每天的需求量

② 在需求和订货提前期都不确定的情况下,需要设安全库存,公式如下:

订货点 = 最大订货提前期×平均需求量+安全库存

安全库存 = 安全系数(见表 4-2)×最大订货提前期 1/2×需求变动值

需求变动值 = (最大需求量-最小需求量)/ d_2

d_2 为随统计期数的多少而变动的常数,可查表 4-3 得出。

表 4-2 安全系数表

缺货概率/%	30.0	27.4	25.0	20.0	16.0	15.0	13.6
安全系数值	0.54	0.6	0.68	0.84	1.00	1.04	1.10
缺货概率/%	11.5	10	8.1	6.7	5.5	5.0	4.0
安全系数值	1.20	1.28	1.40	1.50	1.60	1.65	1.75
缺货概率/%	3.6	2.9	2.3	2.0	1.4	1.0	
安全系数值	1.80	1.9	2.00	2.05	2.20	2.33	

表 4-3　随统计期数而变动的 d_2 值

n	2	3	4	5	6	7	8	9
d_2	1.128	1.693	2.059	2.326	2.534	2.704	2.847	2.970
$1/d_2$	0.8865	0.5907	0.4857	0.4299	0.3946	0.3098	0.3512	0.3367
n	10	11	12	13	14	15	16	17
d_2	3.078	3.173	3.258	3.336	3.407	3.472	3.532	3.588
$1/d_2$	0.3249	0.3152	0.3069	0.2998	0.2935	0.2280	0.2831	0.2787
n	18	19	20	21	22	23	24	
d_2	3.640	3.689	3.735	3.778	3.820	3.858	3.896	
$1/d_2$	0.2747	0.2711	0.2677	0.2647	0.2618	0.2592	0.2567	

(2) 订货批量的确定

订货批量就是一次订货的数量。它直接影响库存量的大小，同时也直接影响物资供应的满足程度。在定量订货中，对每一个具体的品种而言，每次订货批量都是相同的，通常是以经济批量作为订货批量。所谓经济批量，就是使库存总成本达到最低的订货数量，是通过平衡订货成本和储存成本两方面得到的。订货批量 Q 通常依据经济批量 Q^* 的方法来确定，即总库存成本最小时的每次订货数量。通常，年总库存成本的计算公式为

$$TC = DP + \frac{D}{Q}C + \frac{Q}{2}H$$

式中，TC 表示年总库存成本；D 表示年需求总量；P 表示单位物品的购入成本；C 表示每次订货成本；H 表示单位物品年储存成本($H=PF$，F 为年仓储保管费用率)；Q 表示批量或订货量；$Q/2$ 表示年平均库存量。

经济订购批量 Q^* 的确定公式：

$$Q^* = \sqrt{\frac{2CD}{H}} = \sqrt{\frac{2CD}{PF}}$$

在需求率已知、连续、交货期已知和固定、不发生缺货的条件下，可采用以上公式计算经济批量 Q^*。将 Q^* 代入年总库存成本的公式中，即可得出相关公式：

最低年总库存成本：　　　　　$TC=DP+HQ^*$

年订购次数：

$$n = \frac{D}{Q^*} = \sqrt{\frac{DH}{2C}}$$

平均订货间隔周期：　　　　　$T=365/n = 365Q^*/D$

2) 定期订货法

定期订货法是按预先确定的订货时间间隔进行订货补充的库存管理方法。预先确定一个订货周期 T 和最高库存量 Q_{max}，周期性地检查库存，根据最高库存量、实际库存、在途订货量和待出库商品数量，计算出每次订货批量，发出订货指令，组织订货，如

图 4-15 所示。

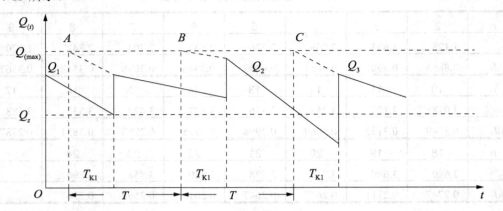

图 4-15　定期订货法原理图

定期订货法的实施需要解决三个问题：订货周期、最高库存量、每次订货的批量。

在定期订货法中，订货点实际上就是订货周期，其间隔时间总是相等的。它直接决定最高库存量的大小，即库存水平的高低，进而也决定了库存成本的多少。订货周期过长，库存成本上升；订货周期过短，增加订货次数，订货成本增加。为使总费用达到最小，采用经济订货周期的方法来确定订货周期，公式如下：

$$T = \sqrt{\frac{2S}{C_i R}}$$

式中，T 表示经济订货周期；S 表示单次订货成本；C_i 表示单位商品年储存成本；R 表示单位时间内库存商品需求量。

3. 库存管理的基本方法

1) ABC 库存管理方法

一般来说，企业的库存物资种类繁多，每个品种的价格不同，且库存数量也不等。有的物资品种不多但价值很高，而有的物资品种很多但价值较低。由于企业的资源有限，因此，对所有库存物资均给予相同程度的重视和管理是不可能的，也是不切实际的。为了使有限的时间、资金、人力、物力等企业资源能得到更有效的利用，应对库存物资进行分类，将管理的重点放在重要的库存物资上而进行分类管理和控制，即依据库存物资重要程度的不同，以某类库存货物品种数占物资品种数的百分数和该类物资金额占库存物资总金额的百分数大小为标准，将库存物资分为 A、B、C 三类进行分级管理，这就是ABC 库存分类管理的基本原理与方法。ABC 库存管理法是由美国 GE 公司的迪克于 1951年首先在库存管理中倡导和应用的，用于确定库存管理的重点，是一种节约资金和费用的简单而又有效的科学管理方法。

ABC 分类的标准可以是货物的年消耗总量、重要性以及保管要求等，具体划分标准及各类物资应占的比重并没有统一及严格的规定，要根据各企业、各仓库的库存品种的具体情况和企业经营者的意图来确定。一般来说，A 类物资种类数占全部库存物资种类总数的 10%～20%，而其需求量却占全部物资总需求量的 60%～80%；B 类物资种类数占 20%～30%，其需求量大致为总需求量的 15%～30%；C 类物资种类数占 50%～70%，而需求量只占总需求量的 5%～15%。

占用大部分消耗金额的 A 类物资，其数量所占的百分比却很小。因此，经过 ABC 分类可以使企业经营者弄清楚所管理物资的基本消耗情况，分清哪些品种是 A 类，哪些是 B 类，哪些是 C 类，从而采取不同的策略进行管理。对 A 类物资，应进行重点管理，对 B 类物资，按常规进行管理，对 C 类物资，则实行粗放式管理。

2) CVA 库存管理法

CVA 库存管理法又称为关键因素分析法，CVA 库存管理法比 ABC 库存管理法有更强的目的性。在使用中，不要确定太多的高优先级物品，因为太多的高优先级物品，结果是哪种物品都得不到重视。在实际工作中可以把两种方法结合使用，效果会更好。

3) MRP 库存管理法

MRP 是物料需求计划(Material Requirement System)的简称，主要用于制造企业的计划生产。由于属于材料和零件的物品被最终产品所耗用，故零配件的库存水平可根据最终产品的需求量来得出，所以，MRP 是一种派生的订货管理系统。

与针对独立需求产品的库存控制问题不同，MRP 用于控制相关物品的库存需要。相关需求是指一些物品的需求往往与其他物品的需求有直接的联系。按产品结构，一个低层次物品的需求往往取决于上一层部件的需求，该上层部件的需求又取决于其上一层次组装件的需求，依次类推直至最终产品。MRP 根据最终产品或主要装配件的计划完工日期，来确定各种零件和材料需要订购的日期和数量。因此，MRP 既是一种精确的排产系统，又是一种有效的物料控制系统。其目标是将库存量保持在最低限度，且能保证及时供应所需数量的物料。

4) JIT 库存管理法

准时制生产方式(Just-in-time，JIT)是一种与整个制造过程相关的哲理思想。这一生产方式诞生于日本丰田公司，从 20 世纪 70 年代开始，丰田汽车公司的大野耐一借此将丰田的交货期和产品质量提高到了全球领先的地位。JIT 的基本思想是"只在需要的时候，按需要的量生产所需的产品"，追求一种无库存或库存达到最小的生产系统，即消除一切只增加成本而不向产品中增加价值的过程。JIT 的基本思想是生产的计划和控制及库存的管理。

JIT 的总体特点可以概括为六个"零"和一个"一"，即零缺陷、零准备、零库存、零搬运、零故障停机、零提前期和批量为一。而反映到具体生产方式上，其特点表现为以下几方面。

(1) JIT 提出了"拉动"式的生产方式。所谓"拉动"方式，就是指一切从市场需求出发，根据市场需求来组装产品，借此拉动前面工序的零部件加工。每个生产部门、工序都根据后向部门以及工序的需求来完成生产制造，同时向前向部门和工序发出生产指令。在"拉动"方式中计划部门只制订最终产品计划，其他部门和工序的生产是按照后向部门和工序的生产指令来进行的。根据"拉动"方式组织生产，可以保证生产在"适当的时间"进行，并且由于只根据后向指令进行，因此生产的量也是"适当"的量，从而保证企业不会为了满足交货的需求而保持高水平库存产生浪费。

(2) 强调下"求"上"供",准时生产,按时交付,避免积压。下"求"上"供"是指下一道工序所用物料要求上一道工序按实际需要供给。准时生产与按时交付要求按计划规定的时间准确生产,并按时交付销售产品,按时交付供产品总装配用的部件和供部件装配用的零件。避免积压,要求按时把已购进的材料加工为零件。

JIT 的实施给企业带来了很多好处,这些好处主要来自于库存水平的降低,其他的好处间接地来自于企业内部的重组,如生产力的提高和交货期的缩短。

六、仓储的合理化

仓储合理化就是用最经济的办法实现仓储的功能。仓储合理化的实质应当是,在保证仓储功能实现的前提下尽量节约投入。

1. 仓储合理化的标志

1) 质量标志

仓储最重要的就是要保证仓储物的质量不会降低,只有这样,商品的使用价值才能够通过物流得以实现。所以质量标志是仓储合理化中最为重要的标志。

2) 数量标志

在保证功能实现的前提下有一个合理的数量范围,范围的大小也是仓储是否合理的标志。

3) 时间标志

在保证商品质量的前提下,必须寻求一个合理的时间范围。储存时间过长,可能会造成商品积压,成本增加。

4) 结构标志

仓储物的不同品种、不同规格、不同花色的仓储数量的比例关系应当作为对仓储是否合理的判断标志。不同的被储存的商品之间总是存在一定的相互关系,特别是对于那些相关性很强的商品来说,它们之间必须保证一定的比例。

5) 分布标志

不同的市场区域对于商品的需求也是不同的,所以,可以根据不同地区仓储物的数量比例关系,判断当地的供需比、对需求的保障程度以及对物流的影响。

6) 费用标志

根据仓储费、维护费、保管费、损失费及资金占用利息支出等财务指标,从实际费用方面判断仓储合理与否。

2. 实现仓储合理化的途径

(1) 在自建仓库和租用公共仓库之间作出合理选择,找到最优的解决方案。

(2) 注重应用合同仓储,即第三方仓储来提升效率和效益。

(3) 实行 ABC 分类控制法。

ABC 分类控制法是指将库存货物按重要程度细分为特别重要的库存(A 类货物),一般重要的库存(B 类货物)和不重要的库存(C 类货物)三个等级，针对不同类型级别的货物进行分别管理和控制的方法。

(4) 加速总的周转，提高单位产出。

仓储现代化的重要课题是将静态储存变为动态储存，周转速度一快，会带来一系列的合理化好处，比如：资金周转快、资本效益高、货损小、仓库吞吐能力增加、成本下降等。

(5) 采用有效的"先进先出"方式，保证每个储存商品的储存期不至过长。

"先进先出"是一种有效的方式，也成了储存管理的准则之一。有效的先进先出方式主要有：贯通式货架系统储存；"双仓法"储存；计算机存取系统储存等。

(6) 提高仓容利用率。

提高储存密度，可以采取高垛的方法，缩小库内通道宽度以增加储存有效面积，减少库内通道数量以增加储存有效面积。其主要目的是减少储存设施的投资，提高单位仓储面积的利用率，以降低成本、减少土地占用。

(7) 采用有效的储存定位系统。

储存定位的含义是被储物位置的确定。如果定位系统有效，能大大节约寻找、存放、取出的时间，节约不少物化劳动及活劳动，而且能防止差错，便于清点及实行订货点等的管理方式。

(8) 采用有效的监测清点方式。

监测清点的有效方式主要有："五五化"堆码、光电识别系统、计算机监控系统等。

(9) 采用现代储存保养技术，保证储存商品的质量。

常用的有：气幕隔潮、气调储存、塑料薄膜封闭等。

(10) 采用集装箱、集装袋、托盘等储运装备一体化的方式。

第四节　仓储管理实训

实训任务一　入库作业实训

一、实训目的

(1) 熟悉货物入库作业的基本流程。
(2) 掌握货物入库检验的内容和方法。

二、实训任务

NM 贸易公司运送一批货物到 CC 仓储有限公司储存，该批要存储的货物的详细情况由指导教师根据实训用品和设备的具体情况灵活拟定，请以实训小组为单位分工模拟 CC 仓储公司仓储作业人员对该批货物做好接收、检验和登账等入库的系列工作并填制好所涉及的单证表格，最终在模拟操作体验总结的基础上结合相关理论绘制入库作业的流程图(有条件的也可进行软件辅助下的模拟入库作业竞赛)。

三、任务准备

(1) 准备好模拟用纸箱等道具以及检验商品用的各种工具设备。

(2) 准备好(手工绘制或软件制作)入库作业相关表格单证。

(3) 按照实训指导教师安排,将学生分为若干任务执行小组,首先每个任务执行小组内部复习并讨论本次任务所涉及的专业理论知识,然后每组由小组负责人具体分工按照实训任务要求进行操作。

四、任务执行指导

货物入库作业的基本操作步骤:接收货物→检验入库商品的包装→检验入库商品的数量→检验入库商品的质量→接收相关文件→签署单证,办理交接手续→登账→立卡→建档。

步骤1:接收货物。

入库通知单是仓储保管合同的客户方根据已经签署的仓储保管合同向仓储企业发出的仓储服务要求,而送货人提交的送货单则是仓储管理人员对货物进行清点、查验的重要依据。库管员必须按照入库通知单(见表 4-4)和送货单(见表 4-5)所列各项,开始接收货物。

步骤2:检验入库商品的包装。

检验入库商品的包装主要是检验入库货物的外包装有无被撬开的痕迹,以及开缝、挖洞、污染、破损、水渍等不良情况;对入库商品的单件重量、尺寸进行衡量和测量,确定货物的质量;检验入库商品的标签和标志是否完整、清晰,是否与入库商品内容一致;通过货物的气味、颜色判定入库商品是否新鲜;用手触摸、捏拭入库商品,判定其有无结块、干涸、融化、含水量太高等情况;必要时,打开外包装检验。

表 4-4 入库通知单示例

CC 仓储有限公司:

根据贵公司与我公司签署的仓储保管合同,我公司现有一批货物委托 BD 货运有限公司运至贵公司仓储,请安排接收。具体情况如下:

品名	规格	单位	数量	包装

请在×××年××月××日之前完成入库。联系人×××,电话×××××××××。

NM 贸易公司(签章)

×××年××月××日

表 4-5 送货单 NO.

日期：　　　年　　月　　日

商品名称	规格	单位	数量	单价	金额	备注

收货单位：(盖章)　　　　　　　　　　制单：　　　　　　　　经手人：

送货单位：(盖章)

步骤 3：检验入库商品的数量。

对入库货物的质量、数量进行检验。货物数量检验包括确定毛重、净重，理算件数，丈量体积等。对大批量、同包装、同规格、较难损坏、质量较高、可信赖的货物可以采用抽查的方式检验。若在抽查中发现不符合要求的货物较多时，应扩大抽查范围。

步骤 4：检验入库商品的质量。

根据合同约定的方法检验货物质量；在一般情况下，或者合同没有约定检验事项时，由库管人员对货物的品种、规格、数量、外包装状况进行查验；认真检验对无须开箱、拆捆就可见可辨的货物质量。如果存在合同内约定时间的，那么应当在合同内约定时间之内，或者按照仓储习惯对货物进行检验。通常要对国内商品在入库月 10 天之内、国外商品在入库的 30 天之内进行质量检验。如果合同没有约定的，按照货物的特性和存储习惯来确定。检验所有需要配装作业的货物的品质和状态。

步骤 5：接收相关文件。

检验入库货物后，接收送货人递交的货物资料、货运记录；接收在随货运输单证上注明的图纸、准运证等相应文件。

步骤 6：签署单证，办理交接手续。

交接手续是指仓库方对收到的货物向送货人进行的确认凭证。交接手续一旦办理完毕，运输、交货部门和仓库的责任也随之划清。库管人员与送货人或承运人共同在送货人的交接清单(见表 4-6)上签字和批注，并留存相应单证。编制相应的货物检验单(见表 4-7)、理货和残损单证以及事故报告(见表 4-8)，并标明收到货物的确切数量、货物表面的状态，由送货人或承运人签字。如有货物确属应拒收范围，那么需要另行填写货物拒收单(见表 4-9)，说明拒收原因及处理情况。

步骤 7：登账。

根据查验情况制作入库单(见表 4-10)，详细记录入库货物实际情况。在备注栏填写和说明货物短少、破损等情况。然后，建立仓储商品明细账，填写进货日报表(见表 4-11)，登记货物进库、出库、结存的情况，记录库存货物的动态和出入库过程(注意：已经使用库存管理软件的，一律根据软件操作要求进行相应操作)。

表 4-6　交接清单

收货人	发站	发货人	商品名称	标志标记	单位	件数	重量	货物存放处	车号	运单号	提货单号

备注：

提货人：　　　　　　　　经办人：　　　　　　　　收货人：

表 4-7　货物检验单

供货单位：　　　　　　　　　　　　　　　　　　　验收日期：＿＿年＿＿月＿＿日

货物类别		货物数量		货物金额	
承运单位		供货商		起运地点	
检验情况记录					
验收量	单价	总价	合格量	合格率	出厂合格证明
检验员		日期		进账	
备注					

表 4-8　货物事故报告单

货物标号	品　名	规　格	数　量	异常情况

送货人：　　　　　　　　　　　　　　　　　　　检验人：

表 4-9　货物拒收单

供货单位：　　　　　　　　　　　　　　　　　　　验收日期：　　年　　月　　日

送货单号		规格及品名	单位	数量		单价	金额
日期	编号			件数	明细数		
拒收原因							
以上货物(全部、部分)拒收，处理情况							

负责人：　　　　　　　　验收人员：　　　　　　　　供货单位：

表 4-10　入库单

编号：									入库日期：	年　月　日	
货物名称	型号	编号	数量			单价	金额	付款方式		备注
			进货量	实点量	量差			转账	现付	

审核：　　　　　　　　　进货人：　　　　　　　　　仓储工作人员：

注：本单一式三联。第一联：送货人联；第二联：财务联；第三联：仓库存查。

表 4-11　进货日报表

编号：					填写日期：	年　月　日
编　号	货物编号	品名规格	厂　商	数　量	运输单号	备　注

步骤 8：立卡。

库管人员在货物入库或上架后，应及时将货物名称、规格、数量或出入状态等内容填写在料卡上，将料卡(也有的习惯称之为垛卡、货卡、货牌等，见表 4-12)插放在存放货物的货架上或摆放在货垛正面明显位置。

表 4-12　料卡

货物名称	
货物编号	
入库时间	
规格与等级	
单价	
入库数量	
出库数量	
结存余数	
包装情况	
备　注	

步骤9：建档。

仓管人员应对所接受货物建立存货档案，以便于货物管理，并认真整理有关货物入库的单证、报表、记录、作业安排、资料等原件、附件或者复制件后，将其装订存档。对存货档案进行统一编号，妥善保管。同时为存货委托人建立客户档案，便于与客户保持联系。这样做可为将来可能发生的争议保留凭据，有助于总结、积累仓库保管经验及研究仓储管理规律。特别应做到，设置的存货档案要一货一档。

存货档案的内容可以包括以下几个方面：货物的各种技术资料、装箱单、送货单、发货清单等；货物运输单据、货运记录、残损记录、装载图等；货物入库通知单、验收记录、磅码单、技术检验报告等；在保管货物期间所进行的检查、保养、通风除湿、翻仓等作业的直接操作记录；存货期间的温度、湿度、特殊天气以及事故记录等；出库凭证、交接单、送货单、检查报告等；回收的仓单、货垛牌、收费存根等；其他有关该货物仓储保管的特别文件和报告记录，如仓储合同、存货计划等。

五、任务执行结果评价

任务执行结果评价如表 4-13 所示。

表 4-13 入库作业实训任务执行结果评价(指导教师用表)

考核评价内容	考评标准	分 值	评价得分
对入库作业流程的模拟操作	模拟操作的完整性、正确性	20	
	模拟填制单证表格的正确性	20	
对入库作业相关流程图的绘制	绘制的流程图完整、正确性	20	
	对入库作业细节知识的掌握	10	
任务执行团队评价	团队分工的合理性、协同性	10	
	团队执行任务的效率	10	
	完成任务的创新性	10	
本次任务执行结果评价得分总计			

实训任务二　出库作业实训

一、实训目的

(1) 熟悉货物出库作业的基本流程。
(2) 掌握货物出库核实、备货、理货、复核等操作内容和方法。

二、实训任务

NM贸易公司向其合作伙伴CC仓储有限公司提出出库请求，要求从CC公司的仓库提取存储的一批货物，货物的具体类别、品名、数量、包装、规格等由指导教师根据实训用品和设备的具体情况灵活拟定，请以实训小组为单位分工模拟CC仓储公司仓储作业人员对该批货物做好出库作业并填制好所涉及的单证表格，最终在模拟操作体验总结的基础上结合相关理论绘制出库作业的流程图(有条件的也可进行软件辅助下的模拟出库作业竞赛)。

三、任务准备

(1) 准备好模拟用纸箱等道具以及出库作业使用的相应工具设备。
(2) 准备好(手工绘制或软件制作)出库作业相关表格单证。
(3) 按照实训指导教师安排，将学生分为若干任务执行小组，首先每个任务执行小组内部复习并讨论本次任务所涉及的专业理论知识，然后每组由小组负责人具体分工按照实训任务要求进行操作。

四、任务执行指导

出库作业的基本操作步骤：做好出库前准备工作→审核提货人的提货单→批准下达发货通知书→仓储部门核实出库手续→备货→理货→复核→清点交接和装车→出库过程异常情况的处理→查验出门证无误后放行→登记出库账簿。

步骤1：做好出库前准备工作。

首先应安排好出库业务受理员、保管员、复核员、理货员、司机等人员全部到岗准备实施出库作业。然后，出库业务受理人员应当检查这批货物经装卸、堆码等工作后，包装是否存在不适宜运输的情况，如果发现有包装问题的，应进行整理、加固甚至改换包装。同时要准备好需要更换的包装箱或加固材料、打包机、标签以及相关的装卸搬运设备等。

步骤2：审核提货人的提货单。

如果是在货主上门提货的方式下，仓储公司应认真审核提货人所提交的提货单(见表4-14)等凭证，必须确认凭证上的收货单位名称、发货方式、货物品名、规格、数量、单价、总价、用途、编号、有关部门和人员签章、付款方式、银行账号等信息正确无误，在确认之后，才可以开始启动货物出库作业的内部流程，通知仓库保管部门按照货主的要求办理货物出库事宜。

如果是在仓储合同约定的由仓储公司负责送货上门的方式下，仓储公司的相关主管应该直接根据货储双方在仓储合同当中的约定条款，在审核相关单证无误的情况下，向仓库发出要求安排相关货物出库作业的通知。

表 4-14　提货单

提货单编号：			提货期限：			提货单位印章	
提货企业资料							
提货企业名称		提货企业地址		联系电话		传真电话	
提货人		提货人证件号码		确认提货人签名		银行账号	
提取货物资料							
编　号	货物名称	规　格	数　量	单　位	单　价	包　装	提取货物要求
运输方式							
是否自备运输车辆		提货人姓名		车牌号码		联系电话	
是否委托第三方代运提货		收货企业名称		收货人姓名		收货地址和电话	
以下为仓储人员填写							
□货主电话提货		□收提货通知书		单证查验		日期	
备　注：							

负责人：(签章)　　　　　经办人：(签章)　　　　　制单人：(签章)

步骤3：批准下达发货通知书。

仓储公司有关主管应当及时向仓库作业人员下达发货通知书(见表4-15)，以便仓库作业人员根据发货通知书当中的具体内容来办理相关货物的出库业务。

表 4-15　发货通知书

客户名称		订单号码		发货日期	
货物名称		货物型号		货物类别	
货物单价		货物数量		货物总价	
备　注					
填　表		审　核		主　管	

步骤 4：仓储部门核实出库手续。

仓储保管部门应认真仔细核实财会部门转来的标明货物所有人已办理完仓费等有关手续的货物出库凭证，根据管理规定制作货物出库单(见表 4-16)。在货主上门提货的方式下，为避免误交，应当认真核对提货人身份，并收回货物出库单等提货凭证。

表 4-16　货物出库单

客户名称：　　　　　　　　　　　　　　　　出库单编号：
发货仓库：　　　　　　　　　　　　　　　　出库日期：
仓库地址：　　　　　　　　　　　　　　　　储存凭证号码：

货　号	品　名	规　格	计量单位	计划数量	实发数量	是否包装	备　注
合　　　计							

仓库主管：　　　　　　仓库管理员：　　　　　　提货人：

本单一式四联，第一联：存根联；第二联：仓库留存联；第三联：财务核算联；第四联：提货人存查联。

步骤 5：备货。

保管员应严格按照货物出库单所列的项目内容和凭证上的批注，与编号的货位对货，核实后开始组织拣选配货，将货物按照要求准备妥当。

步骤 6：理货。

对于应该送货上门的出库货物，还必须进行理货，也就是将货物按地区代号搬运到备货区，再根据货物场地大小、车辆到库的班次，对到场货物按照车辆配载、地区到站编配分堆，然后对场地分堆的货物进行单货核对，核对工作必须逐车、逐批进行，以确保单货在数量、品名和去向上完全相符。

特别需要注意的是，在理货工作过程中准确设置品名是非常重要的工作内容。对按照约定送货的出库货物，为了方便收货方的收转，理货员必须在所发货物的外包装上刷制收货单位的简称或相关字符标识。品名应当在货物外包装两头，字迹要清楚，不错不漏；如果使用的是可再利用的旧包装，还必须把原有的标志刷除；如果用的是粘贴标签，那么就必须粘贴牢固，以方便收货方收转。

步骤 7：复核。

货物备好后，为了避免和防止备货过程中可能出现的错误，工作人员应按照出库凭证上所列的明细进行复核。核对凭证号、实发数量、规格型号、储存货位、存货数量等，确保所出库的货物名称、规格、数量等与出库凭证上所列的内容一致。确认无误后签字，将所有单证交保管员。保管员应当在复核后的发货单(见表 4-17)上加盖"发货专用章"，将发货单的第一联和发货清单(见表 4-18)的第一联等相关资料转交业务受理员存档，将发货单的第二联(出门证)和发货清单第二联(随货同行)交给送货人作为出库凭证。

表 4-17　发货单

出库单号码：　　　　　　　　　　　　　　　　　　　　　　　发货单号码：
提货单位：　　　　　　　　　　　　　　　　　　　　　　　　发货日期：　　年　　月　　日

存货编码	存货名称	规格型号	计量单位	数　量	单　价	金　额	税　额	价税合计	备　注
合　　　计									

客户签收：　　　　　　　日　期：　　　　　　制单人：　　　　　　　审核人：

本单一式两联，第一联：仓库留存，第二联：出门证。

表 4-18　发货清单

收货单位：　　　　　　　　　　　　　　年　月　日　　　　　　　　　　第　　号

编　　号	品　　名	规格及型号	包装及件数	数　　量
合　　计				

负责人：(签章)　　　　　　　　　　　　　　　　　　　　　　　经办人：(签章)

本单一式两联，第一联：仓库留存，第二联：随货同行。

步骤 8：清点交接和装车。

如果是由仓库负责送货，那么出库的货物经过复核及包装后，则应办理仓储公司内部的交接手续，也就是货物保管人向运输人员当面点清交接，并由接收人签章，以便在内部划清责任界限。点交完毕，保管员应在出库凭证上签名和批注结存数，之后就可以装车发运了。

如果是由提货人上门自提货物，那么仓库保管员就必须和提货人共同查验货物的状态是否符合仓储合同约定的要求，是否适合装车发运，并要逐件清点货物和单证，逐一对照单货是否相符，然后办理交接手续。

如果是由仓库负责装车，那么仓库保管员应该在货物装车前，对来库车辆进行检查，确认车辆是否符合装车作业的要求；若发现有不利于装运的情况，要进行记载，并要求车主妥善处理。装车前还应对车厢进行清扫和必要的铺垫，督促装车人员稳妥地装车，并在装车后，对货物进行必要的绑扎固定。

如果是由提货人自理装车，那么仓库保管员应对整个由提货人组织的装车作业过程进行必要监督，以便确认由提货人组织的装车作业对货物不会造成损坏。

步骤 9：出库过程异常情况的处理。

如果出库过程中出现了诸如出库凭证超过提货期限、出库凭证上存在疑点或者单证开具有错误、提货数与结存数不符合等异常情况，那么就必须及时填写货物异常情况处理报告(见表 4-19)，提交上级审批。

表 4-19 货物异常情况报告

序号：　　　　　　　　　　　　　　　　　　　　　　报告日期：　年　月　日

货物编号	品　名	规　格	数　量	异常情况	处理措施

检验人：(签章)　　　　　　　　　　　　　　负责人：(签章)

上级批示：　　　　　　　　　　　　　　　　　　　　　　　　　　年　月　日

步骤 10：查验出门证无误后放行。

在完成了货物清点交接和装车工作，并将出库过程中的异常情况妥善处理之后，仓库保管员要会同提货人或运输人共同签署出库单、运输单证，之后仓储人员应该向提货人员或运输人员交付随货单证和资料。按照一车一证的方式向提货车辆签发出门证，以便门卫查验无误之后放行，到此为止，出库工作顺利结束。

步骤 11：登记出库账簿。

仓储人员在货物出库后，应当及时做好货物出库登记，认真填写发货日报表(见表 4-20)和发货月报表(见表 4-21)等记录，更新库存台账(使用库存管理软件的则需要核实软件自动生成的新账目)。至此，一个比较完整的出库业务流程结束。

表 4-20 发货日报表

编号：　　　　　　　　　　　　　　　　　　　　　　填写日期：

客　户	品　名	规　格	数　量	备　注

经理：　　　　　　　　　　　　复核：　　　　　　　　　　　　制表：

表 4-21 发货月报表

订购日期	提货单编号	单价	上月结欠		本月订货		本月发货		本月结欠		备注
			数量	金额	数量	金额	数量	金额	数量	金额	

经理：　　　　　　　　　　　　复核：　　　　　　　　　　　　制表：

五、任务执行结果评价

任务执行结果评价如表 4-22 所示。

表 4-22 出库作业实训任务执行结果评价(指导教师用表)

考核评价内容	考评标准	分值	评价得分
对出库作业流程的模拟操作	出库前准备工作充分程度	10	
	审核出库凭证细致程度	10	
	模拟操作流程的规范、熟练	20	
	模拟填制相关表格的正确性	20	
	对异常情况处理措施得当	10	
任务执行团队评价	团队分工的合理性、协同性	10	
	团队执行任务的效率	10	
	完成任务的创新性	10	
本次任务执行结果评价得分总计			

实训任务三　退货作业实训

一、实训目的

(1) 熟悉退货作业的基本流程。
(2) 掌握退货作业的基本内容和方法。

二、实训任务

CC 仓储公司接到其合作企业 TH 公司的退货要求,退货的具体缘由以及货物的类别、品名、数量、包装、规格等由指导教师根据实训用品和设备的具体情况灵活拟定下发给各实训小组,请各实训小组分别讨论如何妥善处理退货的相关事宜。请在讨论的基础上为 CC 仓储公司拟定一份较为完整的《退货处理办法》,并请按照制订出的《退货处理办法》模拟退货作业的过程(有条件的也可进行软件辅助下的模拟退货作业竞赛)。

三、任务准备

(1) 在通过参观、访谈、调查问卷等方式收集整理有关企业退货处理规章制度、操作规范等方面资料的基础上,充分结合理论知识分组讨论产生退货的原因以及相应的处理方法。

(2) 按照实训指导教师安排,将学生分为若干任务执行小组,首先每个任务执行小组内部复习并讨论本次任务所涉及的专业理论知识,然后每组由小组负责人具体分工按照实训任务要求进行操作。

四、任务执行指导

退货作业的基本操作步骤:接收退货申请→查明退货原因→办理退货手续→对退货情况进行记录并归入档案。

步骤1:接收退货申请。

仓储物资的退货原因主要有四个方面:①仓储商品有瑕疵导致退货;②搬运过程中造成的损坏导致退货;③送错物资导致退货;④物资过期导致退货。

仓储部门在接到客户的退货申请单(见表4-23)之后,应及时将有关货物数据输入仓储管理系统,认真核实之后,输出打印退货单(见表4-24)。

表 4-23 退货申请表

退货单位名称:(盖章)　　　　　　　　　　　　　　申请日期:

退货品名	退货型号	退货数量	退货理由	退货时间	退货方式	备注

经办人:(签章)　　　　　　主管:(签章)　　　　　　制表:(签章)

表 4-24 货物退货单

编号:　　　　　　　　　　　　　　　　　　　　　　填写日期:

序　号	货物编号	品　名	单　位	退仓数量	实收数量	备　注

制表:(签章)　　　　　　　　　　　　审核:(签章)

步骤2:查明退货原因。

仓储部门应认真核实客户退还的货物的品名、数量及规格等基本情况,并应及时查明引起退货的真实原因所在。以确定是否是由于仓储部门的原因造成退货,如果不属于仓储部门责任的,那么仓储部门有权拒收退还的货物,并与客户协商解决问题。但如果确认是由于仓储部门原因造成退货,那么应该根据不同的原因提出不同的解决方案。

例如:如果由于是仓储人员发生工作错误而导致退货的,应由仓储工作人员重新调整发货方案,将发错的货物调回,重新按原正确订单发货,中间发生的所有费用应由仓储工作人员承担;如果是由于运输途中产品受到损坏而发生退货的,应根据退货情况,由仓储工作人员确定所需要的修理费用或赔偿金额,然后由运输单位负责赔偿;如果是由于客户订货有误而发生退货的,退货的所有费用由客户承担,退货后,再根据客户新的订货单重新发货;如果是由于产品有缺陷,客户要求退货的,仓储部门接到退货指示后,应安排车辆收回退货,将货物集中到仓库退货处理区进行处理。

步骤3:办理退货手续。

仓储部门在确认退货原因之后,开始办理退货手续,主要应按照制度规范填制退货缴库单(见表4-25)等手续资料,作为仓储工作人员办理退货业务的依据。

表4-25 退货缴库单

退货单位:　　　　　　　缴库单编号:　　　　　　　退货日期:

货物名称	规格	单位	数量	退货详细原因

审批人:(签章)　　　　　经办人:(签章)　　　　　制表人:(签章)

步骤4:对退货情况进行记录并归入档案。

仓储部门必须认真记录退货办理的情况,向上级主管提交退货报告单(见表4-26),并最终将退货业务的有关资料整理归入档案备查。这样一个较完整的退货业务流程才算结束。

表4-26 退货报告单

客户名称:　　　　　　　　　　　　　　　　　　　　　日期:___年___月___日

订单号	货物名称	货物代码	货物数量	货物价格	是否付款	退货原因	处理办法

主管经理:(签章)　　　　　经办人:(签章)　　　　　制表人:(签章)

五、任务执行结果评价

任务执行结果评价如表4-27所示。

表 4-27　退货作业实训任务执行结果评价(指导教师用表)

考核评价内容	考评标准	分　值	评价得分
对退货作业流程的模拟操作	对造成退货的原因和相对应的处理方法的理解和掌握	10	
	模拟制订出的《退货处理办法》的完整性、合理性、可操作性	20	
	模拟退货作业流程以及填制相关表格的正确性	30	
任务执行团队评价	分组讨论过程活跃、见解正确	20	
	团队执行任务的效率	10	
	完成任务的创新性	10	
本次任务执行结果评价得分总计			

实训任务四　ABC 分类控制法应用实训

一、实训目的

掌握 ABC 分类控制法的内容及其应用方法。

二、实训任务

大华商贸有限公司现有 A~J 这十种商品，库存商品的单价和年度使用量如表 4-28 所示。请应用 ABC 分类法对这十种商品进行分析，并依据分析结果对这些商品提出合理的库存控制管理措施(指导教师可依照教学需要另行拟定具体商品类别、单价、使用量等基本信息)。

表 4-28　库存商品的单价和年度使用量

商　品	单位成本/万元	商品每年使用件数
A	0.07	4000
B	0.11	19 500
C	0.10	400
D	0.05	10 000
E	0.14	200
F	0.07	24 000

续表

商 品	单位成本/万元	商品每年使用件数
G	0.08	1600
H	0.06	8000
I	0.07	1000
J	0.09	500

三、任务准备

(1) 自学 ABC 分类法的原理及其运用。

(2) 按照实训指导教师安排，将学生分为若干任务执行小组，首先每个任务执行小组内部复习并讨论本次任务所涉及的专业理论知识，然后每组由小组负责人具体分工按照实训任务要求进行操作。

四、任务执行指导

用 ABC 分类控制法控制库存的基本操作步骤：计算库存商品的年度使用金额→按其年度使用金额排列→计算相关累计数→进行 A、B、C 分类→按 ABC 类采取对应的控制管理措施。

步骤 1：计算库存商品的年度使用金额。

用每种商品的单价乘以其年度使用量，算出该商品的年度使用金额，如表 4-29 所示。

表 4-29 计算年度使用金额

商 品	商品每年使用件数	单位成本/万元	年度使用金额/万元
A	4000	0.07	280
B	19 500	0.11	2145
C	400	0.10	40
D	10 000	0.05	500
E	200	0.14	28
F	24 000	0.07	1680
G	1600	0.08	128
H	8000	0.06	480
I	1000	0.07	70
J	500	0.09	45

步骤 2：按其年度使用金额排列(见表 4-30)。

表 4-30　按年度使用金额排序

序号	商品	年度使用金额/万元
1	B	2145
2	F	1680
3	D	500
4	H	480
5	A	280
6	G	128
7	I	70
8	J	45
9	C	40
10	E	28

步骤 3：计算相关累计数。

(1) 计算库存商品的累计年使用金额(见表 4-31)。

表 4-31　累计年使用金额

序号	商品	年度使用金额/万元	累计使用金额/万元
1	B	2145	1 号年使用金额 2145
2	F	1680	(1+2)号年使用金额 3825
3	D	500	(1+2+3)号年使用金额 4325
…	…	…	…
10	E	28	(1+2+3+…+10)号年使用金额 5396

(2) 计算商品的累计百分比(见表 4-32)。

表 4-32　累计百分比

序号	商品	年度使用金额/万元	累计使用金额/万元	累计百分比/%
1	B	2145	2145	39.8
2	F	1680	3825	71.0
3	D	500	4325	80.2
4	H	480	4805	89.3
5	A	280	5085	94.4
6	G	128	5213	96.7
7	I	70	5283	97.9
8	J	45	5328	98.9

续表

序号	商品	年度使用金额/万元	累计使用金额/万元	累计百分比/%
9	C	40	5368	99.6
10	E	28	5396	100

步骤 4：进行 A、B、C 分类。

ABC 分类控制法是 20/80 原理的一种应用。20/80 原理告诉人们要将管理资源集中于重要的"少数"，而不是不重要的"多数"。也就是说，把 80%的时间与精力花在最重要的 20%上，将得到 80%的回报；而对另外的 80%，只需要花费 20%的时间与精力，就能得到不错的结果。如果库存商品品种繁多，混杂在一起，会得不出明确概念，若是按其大小排队之后，再按一定的标准将所得到的排队分成 ABC 三段，再计算出各个段的百分比，就会对库存商品品种一目了然。

划分为 A 段的商品是指那些价值占采购总值 70%～80%的相对少数的高值商品，通常占商品总数的 15%～20%；划分为 B 段的商品是指那些价值占采购总值 15%～20%的中值商品，通常占商品总数的 30%～40%；划分为 C 段的商品是指那些价值占采购总值 5%～10%的低值商品，通常占商品总数的 60%～70%。将库存商品划分为 A、B、C 三类之后，对每类商品，尤其是那些值得决策层关心的代表巨额金钱的商品，还可以进行进一步分类，如把 A 类再分为 AAA、AA、A 三等，或再进行 ABC 分类。由此可知：

(1) 将排在前 20%的商品划分为 A 类，则 A 类包括第 1 与第 2 两种商品。

(2) 将第 3 到第 5 这三类商品划为 B 类，它们占总商品数量的 30%。

(3) 将其余 50%的商品划为 C 类，具体可参见表 4-33。

表 4-33 A、B、C 分类表

序号	商品	年度使用金额/万元	累计使用金额/万元	累计百分比/%	类别
1	B	2145	2145	39.8	A
2	F	1680	3825	71.0	A
3	D	500	4325	80.2	B
4	H	480	4805	89.3	B
5	A	280	5085	94.4	B
6	G	128	5213	96.7	C
7	I	70	5283	97.9	C
8	J	45	5328	98.9	C
9	C	40	5368	99.6	C
10	E	28	5396	100	C

步骤 5：按 ABC 类采取对应的控制管理措施。

对三种不同类型的商品，采用不同的管理方式，对于 A 类商品应严格控制，可以采取以下措施进行严格控制：①最高管理层要经常监督评审 A 类商品的变化情况，向供应商提供准确的订货量,紧密跟踪车间的生产进度,压缩订货提前期;②实时记录报废损失、收货与发货情况。把最大精力集中于 A 类商品的采购,可使其库存压缩 25%。

对于 B 类商品的变化情况应进行日常记录,当数量发生巨大变化时或每季度评审一次 EOQ 与订货点。

对于 C 类商品,应定期核查库存实物,用标志法标明补充存货的订货情况,通过保有大量库存量与大批量订货来避免缺货。这类商品即使由于控制不严而增加了 50% 也不要紧。不用计算 C 类商品的 EOQ 或订货点。另外,在实施车间日程计划时给予最低优先级。以上可以具体参见表 4-34。

表 4-34 ABC 分类控制

分项控制 \ 分类	A 类商品	B 类商品	C 类商品
检查情况	经常检查	一般检查	按季、年检查
统计	详细统计	一般统计	按金额统计
控制精度	严格控制	一般控制	按总金额控制
保险储备量	较低	较大	允许较高
订货法	定期订货法	定量或定期订购法	定量订货法

五、任务执行结果评价

任务执行结果评价如表 4-35 所示。

表 4-35 ABC 分类控制法应用实训任务执行结果评价(指导教师用表)

考核评价内容	考评标准	分 值	评价得分
对 ABC 分类控制法的掌握情况	对 ABC 分类控制法的基本内容的理解程度	30	
	对 ABC 分类控制法的掌握程度	40	
任务执行团队评价	分组讨论过程活跃、见解正确	15	
	团队执行任务的效率	15	
本次任务执行结果评价得分总计			

实训任务五 应用EOQ方法进行仓储管理实训

一、实训目的

掌握经济批量(EOQ)方法在仓储管理中的基本运用。

二、实训任务

W公司因降低经营风险提高盈利能力的需要，必须在准确掌握自身库存状况的前提下，有效分析库存状况，科学合理确定订货量和平均库存量，请以实训小组为单位模拟应用EOQ库存控制模型进行仓储管理决策(指导教师可依照教学需要另行拟定具体信息，有条件的也可进行软件模拟实训)。

三、任务准备

(1) 自学EOQ库存控制模型的基本原理及其初步运用。

(2) 按照实训指导教师安排，将学生分为若干任务执行小组，首先每个任务执行小组内部复习并讨论本次任务所涉及的专业理论知识，然后每组由小组负责人具体分工按照实训任务要求进行操作。

四、任务执行指导

应用EOQ方法进行仓储管理的一般操行步骤：确定库存的种类→预测需求量→计算与库存管理有关的费用→确定缺货率→确定供应期间→确定订货点→计算安全库存→确定订货量→确定平均库存量。

步骤1：确定库存的种类。

(1) 界定库存范围，即将仓库、配送中心、零售店中所有商品都确定为库存。

(2) ABC分类法是按商品的销售量，配送中心的出货量和进货量等指标对商品进行分类的。按下列法方将库存商品分为A、B、C类，以寻求不同的管理对策。

① 根据库存中各种商品的年销售数量，将其排列。

② 分别计算各种商品销售占总销售额的比例，再按比例大小的顺序进行排列并将这些累计相加。

③ 描述出这些商品的两种累计率的对应图。ABC分析曲线如图4-16所示。

④ 根据图中曲线倾斜的变化程度，将斜率最陡区域的品种群定为A群，A群销售额占全部销售额的70%。

⑤ 将稍陡峭区域的品种群定为B群，B群销售占全部销售额的20%。

⑥ 将剩余的平坦区域的品种群定为C群，C群销售占全部销售额的10%。

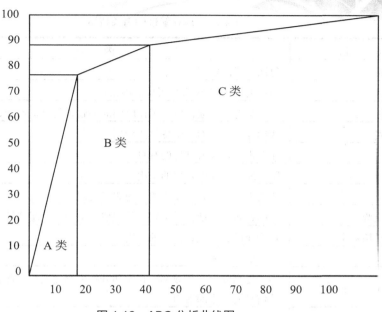

图 4-16　ABC 分析曲线图

步骤 2：预测需求量。

(1) 选择预测方法。预测方法并非越复杂越好，复杂的预测方法主要是用来提高对重要商品预测的准确度，对一般商品则要采用简单的预测方法。

在统计资料较多的情况下，需求变动值的计算公式为

$$需求变动值 = R/d_2$$

式中：R——资料中最大需求量与最小需求量的差；

d_2——随统计资料期数多少(样本多少)而变动的常数。

(2) 确定预测期间。预测期间可以按年或按月确定。对需求量变动小的商品，其预测期间应加倍。

(3) 分析过去调查的实际需要量的分布状况和趋势。

(4) 用统计分布理论做近似模型，进行简单的预测。实际情况和模型之间往往存在一定差异，这时就要对模型进行修正。当用分布理论做不出模型时，用指数平滑法进行预测。需要注意的是：预测值和实际值完全一致的情况不多，预测结果会有误差，所以，要考虑增加安全库存。

步骤 3：计算与库存管理有关的费用。

(1) 掌握库存管理的有关费用，如表 4-36 所示。库存管理费用是指与订货有关的费用和与保管有关的费用。

(2) 对相关费用进行计算。与库存有关的管理费用往往会因客观环境和库存计划的变化而变化，一般采用经验方法和统计手段来计算其中跨部门的费用和机会费用。

表 4-36 库存管理的有关费用

项 目	内 容
1. 订单费	每次订货的费用
(1)购货费	商品的进价(考虑数量折价的因素)
(2)进货相关费	与订货有关的通信费、工作时间的外勤、物品运输费、物品入库等费用
2. 保管费	随库存的变化而发生变化的费用
(1)利息	库存占用资金所支付的利息
(2)保险费	防止库存风险而发生的费用
(3)搬运费	货物入、出库时,发生的库内搬运费用
(4)仓库经费	仓库设备费、地租、房租、修理费、电费、水暖费等
(5)货物损耗费	货物变质、丢失、损耗的费用
(6)税金	库存资产的税金
3. 库存市场调查费	为了提高库存管理效率、收集和分析库存需要量、库存费用、库存标准等信息而发生的费用
4. 缺货费(机会成本)	由于缺货、无货可售的损失;或因紧急购货而发生的特别费用等

步骤 4:确定缺货率。

计算一定期间内(如一年、半年等)能确保相关商品不缺货的比例。缺货率对企业的经营管理有重要的意义。缺货率越高,要求拥有的库存量就越大。缺货水平每提高 1%,库存费用也随之增加。缺货水平必须根据企业的战略、商品的重要程度来加以确定,另外也取决于经营者的判断。重要商品(如 A 类商品和促销品)的缺货率可以定为 95%～100%;次重要或不重要的商品的缺货率可以定得相对低一些。

步骤 5:确定供应期间。

计算订货交货所需要的天数。供货期间若是长,库存量就得增大,由于供货期间存在变动,为防止缺货,需要有一定的安全库存量,为了满足供货,就要确定有约束的安全供货期间。安全库存量与供货期间的平均根成正比。

步骤 6:确定订货点。

(1) 按定期订货方式确定订货点,即预先确定订货周期(如 1 周、1 个月或 3 个月),订货周期一到就进货补充库存,防止缺货。

(2) 按定量订货方式确定订货点,即当库存降到仓库应具备的库存量时开始订货。

订货点的计算公式为

$$订货点=(平均需求量 \times 最大订货提前期)+安全系数 \times L \times 需求变动值$$

式中,L——最大订货提前期。

步骤 7:计算安全库存。

安全库存的计算公式为

$$安全库存 = 安全系数 \times \sqrt{L} \times 需求变动值$$

上述安全库存的计算公式是在需求和订货提前供货期都不确定的情况下,计算安全库存的公式。除了保证正常状态下的库存量之外，为了防止由于不确定因素引起的缺货，需要备用缓冲库存。当然如果过多地考虑不确定因素，就会导致库存过多。

步骤8：确定订货量。

当保管费用与订货费用之和最小时，其所对应的订货量就是经济订货量，为便于发货和配送运输，采用经济订货批量法所确定的订货量，在实际操作时需要调整成一个包装单元的倍数。订货费和保管费两者都随着订货量的变化并成反方向的变动。订货量越大，库存和与库存有关的保管费用就越多。订货量越大，订货的次数就越少，与订货有关的各项费用也相应减少。

订货批量Q依据经济批量(EOQ)的方法来确定，即总库存成本最小时的每次订货数量。

通常，年总库存成本的计算公式为

年总库存成本=年购置成本+年订货成本+年保管成本+缺货成本

假设不允许缺货的条件下，

年总库存成本=年购置成本+年订货成本+年保管成本

即
$$TC=DP+DC/Q+QH/2$$

式中：TC——年总库存成本；

D——年需求总量；

P——单位商品的购置成本；

C——每次订货成本，元/次；

H——单位商品年保管成本($H=PF$，F为年仓储保管费用率)，元/年；

Q——批量或订货量。

经济订货批量就是使库存总成本达到最低的订货数量，它通过平衡订货成本和保管成本两方面得到。其计算公式为

经济订货批量 $EOQ=\sqrt{2CD/H}=\sqrt{2CD/PF}$

此时的最低年总库存成本 $TC=DP+H(EOQ)$

年订货次数 $N=D/EOQ=\sqrt{DH/2C}$

平均订货间隔周期 $T=365/N=365EOQ/D$

步骤9：确定平均库存量。

平均库存量的计算公式为

平均库存量=订货点/2+安全库存量

这里的平均库存量是指在某个期间内的平均库存量。

五、任务执行结果评价

任务执行结果评价如表4-37所示。

表 4-37　应用 EOQ 方法进行仓储管理实训任务执行结果评价(指导教师用表)

考核评价内容	考评标准	分　值	评价得分
对库存状况分析操作方法的掌握	对库存分析的基本操作步骤的理解和掌握	30	
	确定订货点	15	
	计算安全库存	15	
	确定订货量	20	
任务执行团队评价	分组讨论过程活跃、见解正确	10	
	团队执行任务的效率	10	
本次任务执行结果评价得分总计			

第五章 配送管理

案例导入

在不到 20 年的时间内,戴尔计算机公司的创始人迈克尔·戴尔,白手起家把公司发展到 250 亿美元的规模。即使面对美国经济目前的低迷,在惠普等超大型竞争对手纷纷裁员减产的情况下,戴尔仍以两位数的发展速度飞快前进。根据美国一家权威机构的统计,戴尔 2001 年一季度的个人电脑销售额占全球总量的 13.1%,仍居世界第一。

"戴尔"现象令世人为之迷惑。戴尔公司分管物流配送的副总裁迪克·亨特一语道破天机:"我们只保存可供 5 天生产的存货,而我们的竞争对手则保存 30 天、45 天,甚至 90 天的存货。这就是区别。"

物流配送专家詹姆斯·阿尔里德在其专著《无声的革命》中写道,主要通过提高物流配送打竞争战的时代已经悄悄来临。看清这点的企业和管理人员才是未来竞争激流中的弄潮者,否则,一个企业将可能在新的物流配送环境下苦苦挣扎,甚至被淘汰出局。

亨特在分析戴尔成功的诀窍时说:"戴尔总支出的 74% 用在材料配件购买方面,2000 年这方面的总开支高达 210 亿美元,如果我们能在物流配送方面降低 0.1%,就等于我们的生产效率提高了 10%。"物流配送对企业的影响之大由此可见一斑。

信息时代,特别是在高科技领域,材料成本随着日趋激烈的竞争而迅速下降。以计算机工业为例,材料配件成本的下降速度为每周 1%。从戴尔公司的经验来看,其材料库存量只有 5 天,当其竞争对手维持 4 周的库存时,就等于戴尔的材料配件开支与对手相比保持着 3% 的优势。当产品最终投放市场时,物流配送优势就可转变成 2%~3% 的产品优势,竞争力的强弱不言而喻。

在提高物流配送效率方面,戴尔和 50 家材料配件供应商保持着密切的联系。庞大的跨国集团戴尔所需材料配件的 95% 都由这 50 家供应商提供。戴尔与这些供应商每天都要通过网络进行协调沟通:戴尔监控每个零部件的变化情况,并把自己新的要求随时发布在网络上,供所有的供应商参考,提高透明度和信息流通效率,并刺激供应商之间的竞争。供应商则随时向戴尔通报自己的产品发展、价格变化、存量等方面的信息。

几乎所有工厂都会出现过期、过剩的零部件。而高效率的配送使戴尔的过期零部件比例保持在材料开支总额的 0.05%~0.1%之间，2000 年戴尔全年在这方面的损失为 2100 万美元。而这一比例在戴尔的对手企业都高达 2%~3%，在其他工业部门更是高达 4%~5%。即使是面对如此高效的物流配送，戴尔的亨特副总裁仍不满意："有人问 5 天的库存量是否为戴尔的最佳物流配送极限，我的回答：当然不是，我们能把它缩短到两天。"

(资料来源：http://www.360doc.com/content/11/0705/17/3300070_131667397.shtml)

第一节 认知配送

一、配送的定义

我国国家标准《物流术语》将配送定义为："在经济合理区域范围内，按用户订货要求，对物品进行拣选、加工、包装、分割、组配等作业，并按时送达指定地点的物流活动。"

配送并不等于一般的物流活动，配送的主题活动是分拣和配货，而一般物流的主题活动则是运输及保管。一般来说，配送是在整个物流过程中的一种既包括集货、储存、拣货、配货、装货等一系列狭义的物流活动，也包括输送、送达、验货等以送货上门为目的的商业活动。它是商流与物流紧密结合的一种特殊的综合性供应链环节，也是物流过程的关键环节。由于配送直接面对消费者，最直观地反映了供应链的服务水平，所以，配送"在恰当的时间、地点，将恰当的商品提供给恰当的消费者"的同时，也应将优质的服务传递给客户。配送作为供应链的末端环节和市场营销的辅助手段，正日益受到应有的重视。

二、对配送的理解

1. 从经济学资源配置的角度理解

配送是以现代送货形式实现资源的最终配置的经济活动。这个概念的内涵，概括了四点。

(1) 配送是资源配置的一部分，根据经济学家的理论认识，它是经济体制的一种形式。

(2) 配送的资源配置作用，是"最终配置"，因而是接近顾客的配置。接近顾客是经营战略至关重要的内容。

(3) 配送的主要经济活动是送货，这里强调现代送货，表述了和我国旧式送货的区别，其区别以"现代"两字概括，即现代生产力、劳动手段支撑的，依靠科技进步的，实现"配"和"送"有机结合的一种方式。

(4) 配送在社会再生产过程中的位置，是处于接近用户的那一段流通领域，因而有其局限性，尽管配送是一种重要的方式，但是它并不能解决流通领域的所有问题。

2. 从配送的实施形态角度理解

按用户订货的要求，在配送中心或其他物流结点进行货物配备，并以最合理的方式送交用户。这个概念的内容概括了六点。

(1) 配送这个概念描述了接近用户资源配置的全过程。

(2) 配送实质是送货。配送是一种送货，但和一般送货有区别：一般送货可以是一种偶然的行为，而配送却是一种有确定组织、确定渠道，有一套装备和管理力量、技术力量，有一套制度的体制形式。所以，配送是高水平送货形式。

(3) 配送是一种"中转"形式。配送是从物流结点至用户的一种特殊送货形式。从送货功能看，其特殊性表现为：从事送货的是专职流通企业，而不是生产企业；配送是"中转"型送货，而一般送货尤其从工厂至用户的送货往往是直达型的。

(4) 配送是"配"和"送"有机结合的形式。配送与一般送货的重要区别在于，配送利用有效的分拣、配货等理货工作，使送货达到一定的规模，以利用规模优势取得较低的送货成本。如果不进行分拣、配货，有一件运一件，需要一点送一点，那就会大大增加成本。所以，追求整个配送的优势，分拣、配货等各项工作是必不可少的。

(5) 配送以用户要求为出发点。配送是从用户利益出发、按用户要求进行的一种活动，因此，在观念上必须明确"用户第一"、"质量第一"。配送企业的地位是服务地位而不是主导地位，因此不能从本企业利益出发而应从用户利益出发，在满足用户利益的基础上取得本企业的利益，更不能利用配送作为部门分割、行业分割、市场割据的手段。

(6) 所谓的"以最合理方式"是基于这样一种考虑：过分强调"按用户要求"是不妥的，用户要求受用户本身的局限，有时实际会损害自我或双方的利益。对于配送者来讲，必须以"要求"为据，但是不能盲目；应该追求合理性，进而指导用户，实现共同受益的商业原则。

三、配送的作用

1. 推行配送有益于物流实现合理化

作为一种物流运作方式，配送不仅能够把流通推上专业化、社会化的道路，更重要的是，它能以其特有的运动形态和优势调整流通结构，使物流运动演化为"规模经济"运动。客观上可以打破流通分割和封锁的格局，以集中社会劳动的方式来调整库存结构，改变分散和分割的流通格局，在此基础上形成规模经济运动，实际上就是促使流通领域中的小生产方式向社会化大生产方式转化。从这个意义上说，配送是实现流通社会化、现代化的重要手段。推行配送制可以带来高效率和高效益，从而也是合理化的流通格局。

2. 推行配送制有利于合理配置资源

在库存分散的状态下，经常会出现物资积压和设备闲置现象，一方面要占用大量资金，影响资金周转；另一方面又不能充分实现物资的价值。而将分散的库存和库存物资集中于配送企业以后，由于后者的服务对象是社会上的众多客户，因而很容易将超储物资派上用场，实现其价值和使用价值。而仅就集中库存、统筹规划库存和统一利用库存物资这几项功能而论,推行配送制也能够使资源配置趋于合理化。

3. 推行配送制有利于开发和应用新技术

随着配送规模的扩大和发展,需要更多、更先进的设施和设备。例如,自动化的立体仓库,自动分拣设备,集装箱、托盘运输技术,条形码标识技术等。只有推行社会化配送,企业才有实力引进和使用现代的配送设备和技术,从而从根本上促进配送技术的发展。由此看出,在流通实践中,配送的实行贯穿着技术(包括管理技术)的更新和设施、设备的改造过程,从而必须依靠科学技术的进步来支撑;同时,配送的完善和不断发展又为高新技术的开发与应用提供了良机。从这个意义上说,配送在一定程度上可以起到促进科技进步的作用。

4. 推行配送可以降低物流成本,促进生产快速发展

降低物流成本有两重含义:第一,减少单项物流(如仓储、运输等单项活动)的投入,使之物耗降低、费用减少;第二,减少物流整体运动的劳动消耗和费用支出。如前所述,由于配送是以专业化的形态进行运动的,并且是一种库存、运力、资源等生产要素相对集中的综合性的经济运动,因此,上述两种效益都能够很好地发挥出来。

在物资流通运动中施行配送,实际上就是要集中社会库存和集中分散的运力,在供求关系方面,以社会供应系统取代企业内部供应系统。这样做的结果,不仅可以优化库存结构和运输结构,从而可以提高设备、设施的利用率,而且能够大大降低物流成本和生产成本。

推行配送的好处同时也表现在库存结构的改变方面。而改变库存结构、使之趋于科学合理,则意味着以总量较低的"集中库存"(专业配送组织的库存)取代总量较高的"分散库存"(指分散于各个用户的库存总和),显然,发生这种变化,不但降低了物流总成本(表现为减少了资金占用、降低了物耗),而且优化了生产领域的资金结构,减少了企业储备资金的占用量,进而可以起到降低生产成本、促进生产快速发展的作用。

5. 推行配送能够充分发挥专业流通组织的综合优势,有效地解决交通问题

推行配送很容易使仓储、运输、流通加工等不同的流通组织联系在一起,从而构成多功能的、一体化的物流运动。从经济效益的角度来看,这种以配送作为媒介而形成的一体化运作较之各个专业企业独立运作,更能发挥流通组织的整体优势和综合优势。

通过推行配送制,客观上能够使社会上某些分散的经营活动协调运作,也正因为配送有调整运输结构和集中运力的功能,因此,推行配送制又有助于解决交通问题。具体说就是:通过实行配送,可以减少社会范围内的迂回运输、交叉运输、重复运输等现象,有助于缓解城市道路交通矛盾,解决交通拥挤问题,减少运输费用。

四、配送的分类

为满足不同产品、不同企业、不同流通环境的要求,可以采用各种形式的配送。配送的种类可划分如下。

1. 按配送主体的不同分类

1) 配送中心配送

专职配送的配送中心，规模较大，有的配送中心需要储存各种商品，储存量也比较大。有的配送中心储存量较小，货源依靠附近的仓库补充。配送中心专业性较强，和客户有固定的配送关系，一般实行计划配送，需配送的商品有一定的库存量，一般情况很少超过自己的经营范围。配送中心的设施及工艺流程是根据配送需要专门设计的，所以配送能力强，配送距离较远，配送品种多，配送数量大。配送中心承担工业生产用主要物资的配送及向配送商店实行补充性配送等，配送中心配送是配送的重要形式。

从实施配送较为普遍的国家看，配送中心配送是配送的主体形式，不但在数量上占主要部分，而且是某些小配送单位的总据点，因而发展较快。配送中心配送覆盖面较宽，配送规模大，因此，必须有配套的大规模配送设施，如配送中心建筑、车辆、路线等，这些设施一旦建成便很难改变，灵活机动性较差，投资较高，在实施配送时难以一下大量建设配送中心。因此，这种配送形式有一定的局限性。

2) 仓库配送

仓库配送是以一般仓库为据点进行的配送形式。它可以把仓库完全改造成配送中心，也可以以仓库原功能为主，在保持原功能的前提下，增加一部分配送职能。由于不是专门按配送中心要求设计和建立的，所以，仓库配送规模较小，配送的专业化程度低。但它可以利用原仓库的储存设施及能力、收发货场地、交通运输线路等，开展中等规模的配送，并且可以充分利用现有条件而不需要大量投资。

3) 商店配送

商店配送的主体是商业或物资的门市网点，这些网点主要承担商品的零售，规模一般不大，但经营品种较齐全。除日常零售业务外，还可根据客户的要求将商店经营的品种配齐，或代客户订购一部分本商店平时不经营的商品，然后和商店经营的品种一起配齐送给客户。商店配送组织者实力有限，往往只是小量、零星商品的配送。这种配送是配送中心配送的辅助及补充。商店配送有以下两种形式。

(1) 兼营配送形式：商店在进行一般销售的同时兼配送的职能。商店的备货可用于日常销售及配送，因此，有较强的机动性，可以将日常销售与配送相结合，互为补充。这种形式在一定铺面的条件下，可取得更多的销售额。

(2) 专营配送形式：商店不进行零售销售而专门进行配送。一般情况是商店位置条件不好，不适于门市销售而又具有某方面经营优势及渠道优势，可采取这种方式。

4) 生产企业配送

生产企业配送是生产企业(尤其是进行多品种生产的生产企业)直接由本企业进行配送而无须再将产品发运到配送中心进行配送的一种形式。生产企业配送由于避免了一次物流中转，所以具有一定优势。但是生产企业(尤其是现代生产企业)往往进行大批量低成本生产，品种较单一，因而不能像配送中心那样依靠产品凑整运输取得优势，实际上生产企业配送不是配送的主体。生产企业配送在地方性较强的产品生产企业中应用较多，如就地生产、就地消费的食品、饮料、百货等。在生产资料方面，某些不适于中转的化工产品及地方建材也可采取这种方式。

2. 按配送主体所处的行业分类

1) 制造业配送

制造业配送是围绕制造业企业所进行的原材料、零部件的供应配送,各生产工序上的生产配送以及企业为销售产品而进行的对客户的销售配送。制造业配送由供应配送、生产配送和销售配送三部分组成,各个部分在客户需求信息的驱动下连成一体,通过各自的职能分工与合作,贯穿于整个制造业配送中。

2) 农业配送

农业配送是一种特殊的、综合的农业物流活动,是在农业生产资料、农产品的送货基础上发展起来的。农业配送是指在与农业相关的经济合理区域范围内,根据客户要求,对农业生产资料、农产品进行分拣、加工、包装、分割、组配等作业,并按时送达指定地点的农业物流活动。

3) 商业配送

商业企业的主体包括批发企业和零售企业,两者对于配送的理解、要求、管理等都不相同。批发企业配送的客户不是流通环节的终点消费者,而是零售商业企业。因此,批发商业企业必然要求配送系统不断满足其零售客户多批次、少批量的订货及流通加工等方面的需求。而对于零售企业来说,其配送的客户是流通环节终点的各类消费者。因此,一方面,由于经营场所的面积有限,他们希望上游供应商(包括批发企业)能向其提供小批量的商品配送;另一方面,为了满足各种不同客户的需要,他们又都希望尽可能多地配备商品种类。

4) 物流企业配送

物流企业是专门从事物流活动的企业,他们根据所服务客户的需求,为客户提供配送支持服务。现在,比较常见的物流企业配送形式是快递业提供的"门到门"物流服务。

3. 按配送商品特征的不同分类

1) 单品种、大批量配送

工业企业需要量较大的商品,单独一个品种或几个品种就可达到较大输送量,可实行整车运输,这种商品往往不需要再与其他商品搭配,可由专业性很强的配送中心实行这种配送。由于配送量大,可使车辆满载并使用大吨位车辆。配送中心内部设置、组织、计划等工作也较简单,因此配送成本较低。如果从生产企业将这种商品直接运抵客户,同时又不致使客户库存效益下降,采用直送方式往往具有更好的效果。

2) 多品种、少批量配送

多品种、少批量配送是按客户要求,将所需的各种物品(每种需要量不大)配备齐全,凑整装车后由配送据点送达客户。这种配送作业水平要求高,配送中心设备复杂,配货送货计划难度大,必须有高水平的组织工作来保证。因此,这是一种高水平、高技术的配送方式。多品种、少批量配送也正符合了现代"消费多样化""需求多样化"的新观念,是许多发达国家推崇的方式。

3) 配套成套配送

配套成套配送是按企业生产需要，尤其是装配型企业的生产需要，将生产每一台设备所需的全部零部件配齐，然后按生产节奏定时送达生产企业，生产企业随即可将此成套零部件送入生产线装配产品。在这种配送方式中，配送企业承担了生产企业大部分的供应工作，这样可以使生产企业专注于生产，与多品种、少批量配送效果相同。

4．按配送时间和数量的不同分类

1) 定时配送

定时配送是指按规定时间间隔进行配送，如数天或数小时一次等，每次配送的品种及数量可按计划执行，也可在配送之前以商定的联络方式(如电话、计算机终端输入等)通知配送品种及数量。这种配送方式时间固定，易于安排工作计划、易于计划使用车辆，对客户来讲，也易于安排接货力量(如人员、设备等)。但是，由于配送物品种类经常变化，配货、装货难度较大，在要求配送数量的变化较大时，也会使配送运力安排出现困难。定时配送包括日配送、隔日配送、周配送、旬配送、月配送、准时配送等。下面介绍其中两种比较重要的形式。

(1) 日配送(当日配送)：日配是定时配送中实行较广泛的方式，尤其在城市内的配送，日配占了绝大多数比例。日配的时间要求大体上是：上午的配送订货下午送达，下午的配送订货第二天早上送达，送达时间在订货的 24 小时之内，或者是客户下午的需要保证上午送到，上午的需要保证前一天下午送到，在实际投入使用前 24 小时之内送达。日配方式广泛而稳定地开展，就可使客户基本上无须保持库存，即不以传统库存作为生产或销售经营的保证，而以日配送方式实现这一保证。

日配送方式特别适合以下情况：第一，消费者追求新鲜的诸种食品，如水具、点心、肉类、蛋类、蔬菜等；第二，客户是多个小型商店，追求周转快，随进随售，因而需要采取日配形式快速周转；第三，由于受客户条件的限制，不可能保持较长时期的库存，如已采用零库存方式的生产企业，"黄金宝地"位置的商店以及缺乏储存设施(如冷冻设施)的客户；第四，临时出现的需求。

(2) 准时配送：这是使配送供货与生产企业生产保持同步的一种方式。这种方式比日配送方式和一般定时方式更为精细准确，配送每天至少一次，甚至几次，以保证企业生产的不间断。这种方式追求的是供货时间恰好是客户生产所用之时，从而货物不需要在客户仓库中停留，而可直接运往生产场地。它和日配送方式比较，连"暂存"这种方式也可取消，绝对地实现零库存。准时配送要求有高水平的配送系统来实施。由于要求反应迅速，因而不大可能对多个客户进行周密的共同配送计划。这种方式适合装配型的重复大量生产的客户，这种客户所需配送的物资是重复、大量且无大变化的，因而往往是一对一的配送，即使时间要求可以允许不那么精确，也难以集中多个客户的需求实行共同配送。

2) 定量配送

定量配送是按规定的批量在一个指定的时间范围内进行配送。这种方式数量固定，备货工作较为简单，可以按托盘、集装箱及车辆的装载能力规定配送的定量，能有效地利用托盘、集装箱等集装方式，也可做到整车配送，配送效率较高。由于时间不严格限定，可以将不同客户所需物品凑整装车后配送。对客户来讲，每次接货都处理同等数量的货物，有利于人力、物力的准备。

3) 定时定量配送

定时定量配送是按照规定的配送时间和配送数量进行配送。这种方式兼有定时、定量两种方式的优点，但特殊性强，计划难度大，适合采用的对象不多，并不是一种普遍的方式。

4) 定时定路线配送

定时定路线配送是在规定的运行路线上制定到达时间表，按运行时间表进行配送，客户可按规定路线及规定时间接货及提出配送要求。采用这种方式有利于安排车辆及驾驶人员。在配送客户较多的地区，也可免去过分复杂的配送要求所造成的配送组织工作及车辆安排的困难。对客户来讲，既可对一定路线、一定时间进行选择，又可有计划地安排接货力量。但这种方式的应用领域也是有限的。

5) 即时配送

即时配送是完全按客户突然提出的配送要求的时间和数量随即进行配送的方式，是具有较高灵活性的一种应急方式。采用这种方式的品种可以实现保险储备的零库存，即用即时配送代替保险储备。

5. 按经营形式不同分类

1) 销售配送

销售配送是销售性企业作为销售战略一环所进行的促销型配送。这种方式的配送对象往往是不固定的，客户也往往是不固定的，配送对象和客户依据对市场的占有情况而定，配送的经营状况也取决于市场状况，配送随机性较强而计划性较差。各种类型的商店配送一般多属于销售配送。用配送方式进行销售是扩大销售数量、扩大市场占有率、获得更多销售收益的重要方式。由于是在送货服务前提下进行的活动，因此也受到客户的欢迎。

2) 供应配送

供应配送是客户为了自己的供应需要所采取的配送形式，往往由客户或客户集团组建配送据点，集中组织大批量进货(取得批量优惠)，然后向本企业配送或向本企业集团的若干企业配送。这种以配送形式组织对本企业的供应在大型企业或企业集团或联合公司中采用较多，例如商业中广泛采用的连锁商店，就常常采用这种方式。用配送方式进行供应，是保证供应水平、提高供应能力、降低供应成本的重要方式。

3) 销售—供应一体化配送

销售企业对于基本固定的客户和基本确定的配送产品可以在自己销售的同时承担客户有计划的供应者的职能，既是销售者同时又是客户的供应代理人。对某些客户来讲，就可以减除自己的供应机构，而委托销售者代理。

这种配送对销售者来讲，能获得稳定的用户和销售渠道，有利于本身的稳定持续发展，有利于扩大销售数量。对于客户来讲，能获得稳定的供应，可大大节约本身为组织供应所耗用的人力、物力、财力，销售者能有效控制进货渠道，这是任何企业供应机构难以做到的，因而对供应保证程度可大大提高。销售—供应一体化配送是配送经营中的重要形式，这种形式有利于形成稳定的供需关系，有利于采取先进的计划手段和技术手段，有利于保持流通渠道的畅通稳定，因而受到人们的欢迎。

4) 代存代供配送

代存代供配送是用户将属于自己的货物委托配送企业代存、代供，有时还委托代订，然后组织配送的一种形式。这种配送在实施时不发生商品所有权的转移，配送企业只是客户的委托代理人。商品所有权在配送前后都属于客户所有，所发生的仅是商品物理位置的转移。配送企业仅从代存、代送中获取收益，而不能获得商品销售的经营收益。

6. 按加工程度不同分类

1) 加工配送

加工配送是和流通加工相结合的配送，在配送据点中设置流通加工环节，或是流通加工中心与配送中心建立在一起。当社会上现成的产品不能满足客户需要，即客户根据本身工艺要求需要使用经过某种初加工的产品时，配送企业可以在加工后通过分拣、配货再送货到户。流通加工与配送相结合，使流通加工更具有针对性，减少了盲目性。配送企业不但可以依靠送货服务、销售经营取得收益，还可通过加工增值取得收益。

2) 集疏配送

集疏配送是只改变产品数量组成形态而不改变产品本身物理、化学形态的与干线运输相配合的配送方式。如大批量进货后，小批量、多批次发货，零星集货后以一定批量送货等。

7. 按配送企业专业化程度分类

1) 综合配送

综合配送是配送商品种类较多，不同专业领域的产品在一个配送网点中组织对客户的配送。这类配送由于综合性较强，故称之为综合配送。综合配送可减少客户为组织所需全部物资进货的负担，只需和少数配送企业联系，便可解决多种需求。因此，它是对客户服务意识较强的配送形式。

综合配送的局限性在于，由于产品性能、形状差别很大，在组织时技术难度较大。因此，一般只是在性状相同或相近的不同类产品方面实行综合配送，差别过大的产品难以综合化。

2) 专业配送

专业配送是按产品性状不同适当划分专业领域的配送方式。专业配送并非越细分越好，实际上同一性状而类别不同的产品也是有一定综合性的。专业配送的主要优势是可按专业的共同要求优化配送设施，优选配送机械及配送车辆，制定适用性强的配送流程，从而大大地提高配送各环节的工作效率。

五、配送的业务模式

配送模式是根据配送对象的性质及状态、配送工作流程、配送工艺装备等因素而定的，相同相近的就归类成一种类型的模式。各模式都有各自比较特殊的流程、装备、工作方法。根据配送的分类标准，主要配送模式有以下12类。

1. 商流、物流一体化的配送模式(销售配送模式)

通常配送中心机构附属于生产企业或商业企业，配送活动是产品销售活动的延伸，既要参与商品交易活动，又要向用户提供货物分拣、加工、配货和运送等服务，其销售和配送是合一的。物资专业公司、企业集团等从事的生产资料配送以及国外一些汽车配件领域的配送均属此类模式。

2. 商流、物流相分离模式(配送中心模式)

配送中心本身并不购销商品，而是专门为用户提供如货物保管、分拣、加工、运送等服务。该模式及配送中心是现代配送的发展方向，配送企业为第三方代理企业，具有专业性和规模经济性。

3. 自营配送模式(独立配送模式)

自营配送的各个环节由企业自身筹建并组织管理，实现对企业内部及外部货物的配送。这种模式有利于企业供应、生产和销售一体化作业，系统化程度较高，既可满足企业内部原材料、半成品及成品配送需要，又可满足企业对外进行市场拓展的需要。这种模式导致企业建立配送体系的投资规模大大提高，因而，在企业配送规模较小时，配送的成本和费用相对较高。

4. 共同配送模式

共同配送是物流配送企业之间为了提高配送效益以及实现配送合理化所建立的一种功能互补的配送联合。其优势在于有利于实现配送资源的有效配置，弥补配送企业功能的不足，促使企业配送能力的提高和配送规模的扩大，更好地满足客户需求，提高配送效率，降低配送成本。共同配送的核心在于充实和强化配送的功能，提高配送效率，实现配送的合理化和系统化，其目的在于最大限度地提高人员、物品、金钱、时间等资源的利用效率，降低成本，提高服务质量，去除交叉运输，取得缓解交通、保护环境等社会效益。

5. 第三方配送模式

随着物流产业的不断发展和第三方配送体系的不断完善，第三方配送模式应成为工商企业、电子商务网站进行货物配送的一个首选模式和方向，如图5-1所示。

图 5-1　第三方配送模式

6. 生活资料产品配送模式

生活资料产品的共同特点是：可以通过外包装改变组合数量；可以以内包装直接放入配送箱、盘等工具中；由于有确定包装，可以混载到车辆上、托盘上；产品的个体尺寸都不大，可以大量存放于单元货格式等现代仓库之中。

这种配送模式工艺全过程基本符合标准流程，没有或很少有流通的加工环节。其流程的重要特点是分拣、配货、配装的难度较大，也可以说这三项操作是这一工艺中的独特之处。这和这一类产品规模大、需求的品种多、批量少有关。每个用户需求种类多而单种数量少，配送又很频繁，这就必然要求有较复杂的理货、配货及配装工作，如图5-2所示。

这种配送方式，主要适用于多用户的多品种、少批量、多批次的配送，需求的计划性不太强，往往需要根据临时的订货协议组织配送。所以，配送用户、配送量、配送路线都难以稳定下来，甚至每日的配送都要对配装路线作出选择。这类产品也经常采用即时配送形式，用户企业依靠强有力的即时配送体制可以实现"零库存"。

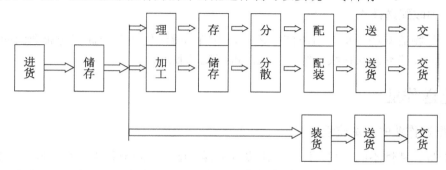

图 5-2　生活资料产品配送模式

7. 生产材料的配送模式

这种模式的共同特点是：重量大、尺寸大、少有或根本没有包装，可以露天存放。因此，存放库房、场地及所使用的机械装备都有共同之处。

8. 分拨配送模式

分拨中心是专门从事分拨活动的经济组织，是集加工、理货、送货等多种职能于一体的物流据点，在我国通常是进行生产资料的配送和港口等集散地的配送，其在实质上与现代配送并无区别。

9. 超市配送模式

超市是新型的商业业态，具有巨大的发展潜力，其发展到一定规模需要有相应的配送中心来支持。超市配送通常有自行配送和第三方配送两种方式。目前我国的超市配送处于低级阶段，以供应商配送为主，并且难以做到日配，比较混乱。

10. 跨国配送模式

随着经济的发展，全球经济一体化将进一步推进，跨国公司的全球化布局将进一步加强。目前，跨国公司控制着全球生产总值的40%，国际贸易的50%，以及国际投资的90%，这就需要进行跨国配送。跨国配送通常为多级配送，需建立区域配送中心。它与国际贸易密切相关，需要相关的业务知识支持，需要了解相关运输方式的不同特征。与此相关的细分物流配送行业如报关、货代等已应运而生。

11. 电子商务配送模式

电子商务是通过电子信息技术、网络互联技术和现代通信技术使得交易涉及的各方当事人借助电子方式来实现整个交易。它可以优化企业的管理过程，改变企业传统的流程管理模式，减少企业的各项费用支出，拓展企业在市场的延伸范围。但其"瓶颈"制约却是物流配送，其对物流配送的要求必须是物流配送的信息化、自动化、智能化、柔性化。这种模式的配送主要有两种形式：B to B 配送、B to C 配送。

12. 邮政配送模式

邮政是物流配送的重要组成部分之一。中国邮政的优势在于拥有遍布全国的网点覆盖服务，尤其能够为农村牧区等偏远地区进行配送服务。

六、配送作业

1. 配送作业的基本流程

由于货物特性不同，配送服务形态多种多样，配送作业流程也不尽相同。一般来说，随着商品日益丰富，消费需求日趋个性化、多样化，多品种、少批量、多批次、多用户的配送服务方式最能有效地通过配送服务实现流通终端的资源配置，是当今最具时代特色的配送活动形式。这种形式的配送活动服务对象繁多，配送作业流程复杂，将这种配送作业流程确定为通用、标准流程更具有代表性，即把工艺流程较为复杂、具有典型性的多品种、少批量、多批次、多用户的货物配送流程确定为一般的、通用的、标准的配送业务流程。配送作业的基本流程如图5-3所示。

1) 进货

进货是配送的准备工作，是配送机构根据客户的要求从供应商处集中商品的过程，包括筹集货源、订货或购货、有关的质量检查、结算和交接等。配送的优势之一，就是可以集中用户的需求进行一定规模的进货。进货是决定配送成败的初期工作，如果进货成本太高，会大大降低配送的效益。

2) 储存

储存是配送的一项重要内容，也是配送区别于一般送货的重要标志。配送中的储存有储备和暂存两种形态。储备是按一定时期配送规模要求的合理的储存数量，它形成了配送的资源保证；暂存是在进行配送过程中，为方便作业，在理货场所进行的货物储存。一般来说，储备的结构相对稳定，而暂存的结构易于变化；储备的时间相对较长，而暂存的时间较短。配送中心作为货物的集散中心,服务对象众多、服务范围也很大,储存是必不可少的基本功能。

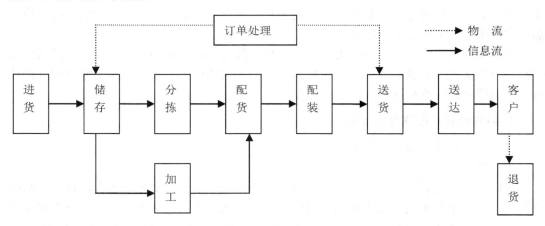

图 5-3　配送作业的基本流程

3) 分拣及配货

为了满足客户对商品不同种类、不同规格、不同数量的需求,配送中心必须按照配装和送货要求分拣货物,并按计划理货。分拣是对货物按照进货和配送的先后次序、品种规格和数量大小等所进行的整理工作,是保证配送质量的一项基础作业,也是完善送货、支持送货的准备性工作。配货是依据用户的不同要求,从仓库中提取货物而形成的不同货物的组合。用户对商品的需求是多元化的,配送中心必须对货物进行组合、优化,才能合理选用运输工具,方便配送工作,满足用户需求。

4) 配装

配装是指根据运能及线路,充分利用运输工具如汽车、火车等的载重量和运输容积,采用先进的装载方法,合理安排货物的装载,形成的货物装配组合。在配送作业流程中安排配装,把多个用户的货物或同一用户的多种货物合理地装载于同一辆车上,不但能降低送货成本,提高企业的经济效益,而且可以减少交通流量,改善交通拥挤状况。为了满足用户的要求,提高配送效率,关键是要充分利用科学的管理方式以及先进的科学技术等,以实现分拣、配货及配装的有效衔接和组合。

5) 送货运输

送货运输是借助运输工具等将装配好的货物送达目的地的一种运输活动,属于末端运输。要提高送货的效率,需要科学合理地规划和确立配送据点的地理位置。就一次送货过程而言,不仅要考虑客户的要求,而且要考虑送达的目的地、运输线路、运输时间以及运输工具等。

6) 送达服务

送达服务是将货物送达目的地后,将货物交付给用户的一种活动,是一项配送活动的结束性工作。交货人员应向用户办理有关的交接手续,有效地、便捷地处理相关手续并完成结算。而快捷方便的交接手续是提高效率的关键。

7) 处理退货

退货是配送服务中一项不可避免的工作，因为有的货物发货人在按订单发货时出现了错误，有的是运输中受到损失，有的是客户订货有误。退货业务处理的满意程度也是衡量配送服务水平的主要指标之一。

配送作业过程中的各个环节紧密连接、相互促进和相互制约。因此，高配送效率及提高客户的满意度，就应有效地处理好这些环节之间的衔接关系，特别是要处理好作业过程中的储存、分拣和送货运输等关键环节。

2. 特殊商品的配送作业流程

1) 生鲜食品、副食品的配送

(1) 食品分类。

生鲜食品、副食品种类多，形态复杂，对外界流通条件要求差别很大，这类产品配送流程不是一个简单的模式就可以概括的，但是，按照食品性状及其对流通条件要求不同，可将这些食品分为以下几类：第一类，有一定保质期的、包装较为完善可靠的食品、如酒类、粮食类、糖果类、罐头类食品；第二类，无小包装、保质期较短的需尽快送达用户的食品类；第三类，特殊条件下保鲜的水产品、肉类等；第四类，新鲜果菜等数量较大、保质期短的食品。

(2) 生鲜食品、副食品配送要求。

这一大类产品的共同特点是，对流通环境条件要求较高，尤其对卫生条件要求较高，且都容易发生变质或质量下降等情况。随着商品的日益丰富，生鲜食品品种、规格、花色越来越复杂，而又经常有变化。此外，随着人们生活水平的提高，人们对这类产品质量的要求也越来越高，保质是其配送模式中需要解决的重要问题。食品配送特别强调快速配送及在销售时间配送到位，所以，应广泛采用定时快速配送方式，有时为满足用户要求，还应采用即时配送方式。一般配送企业与用户之间建立了长期协作关系，因此，有利于稳定配送业务流程和优选配送路线。

(3) 生鲜食品、副食品配送业务流程(见图5-4)。

生鲜食品、副食品配送基本上有三种配送业务流程模式。

第一种业务流程，主要适用于有一定保质期的食品，大量进货后，用一定的储存能力进行集中储备，然后采取一般的分拣、配货配送工艺，达到送达用户的目的。由于食品品种、花样非常多，所以分拣、配货任务较重，如流程1。

第二种业务流程，主要适用于保质、保鲜要求较高，需要快速送达用户的食品。进货之后基本不经储存，最多只是暂存便很快进行分拣、配货，送达用户的快速配送。这一工艺流程基本没有停顿环节，在不停地运转中很快完成从进货到送达的全部工作，如流程2。

第三种业务流程路线是加工配送路线，如流程3。

(4) 生鲜食品、副食品配送加工。

生鲜食品、副食品配送加工主要有以下几种形式。

第一种是分装加工。将散装或大包装的食品用小包装分装，如酒、饮料分装，粮食分装，鱼、肉类分装等。第二种是分级分等加工。将混级混等的食品按质量、尺寸、等级分选，如水果分级、鱼类分级、肉类分级等。第三种是去杂加工。去除食品无用部分或低质部分，如蔬菜去根、须、老叶，鱼类去头、内脏、鳞等，这种加工提高了产品的档次，而且也方便了用户。第四种是半成品加工。将各种原料配制成半成品，如鱼丸、肉馅、饺子、青卷、配菜等。配送加工是生鲜食品、副食品配送业务流程中很有特点的一道工序。

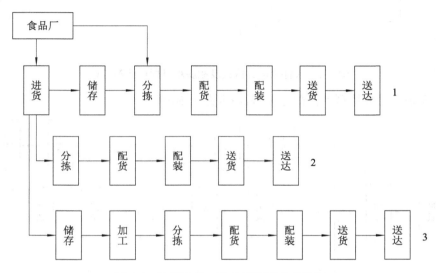

图 5-4　生鲜食品、副食品配送业务流程

2) 大件家电、家具及家庭用具的配送

大件家电、家具及家庭用具是体积、重量相对较大的家庭用品。由于这些家庭用品属于耐用消费品，所以，对家庭来讲，购买一次之后长期内便不会再对它们有新的需求。而且，用户对这类产品的需求没有一个确切的需求时间与数量，不是确定的连续性需求，而是随机性需求。因此，大件家电、家具及家庭用具配送作业主要采取商店配送的方式，由于需求的随机性及配送的计划性不强，许多情况下采取即时配送方式。其配送业务流程如图 5-5 所示。

3) 长条及板块型产品的配送

该类产品以捆装或裸装为主，且基本是块状、板状及条状的产品，如黑色金属、有色金属材料、玻璃、木材及其制品。

这一类产品的共同特点是，宽或长，或重量大，或体积大，少有或根本没有包装，对保管、装运条件虽有要求，但除玻璃产品外，其他均不严格，操作较随意，可以露天存放，较容易进行混装。因此，这些产品在存放场地及所使用的机械装备上都有共同之处。

在这种配送模式中，由于产品性状有差别(可进一步划分不同的专业配送模式)，下面以其共同点进行配送业务流程模式分析。

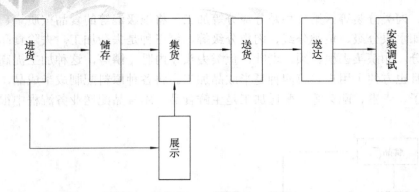

图 5-5 大件家电、家具及家庭用具配送业务流程

(1) 长条型、板块型产品配送业务流程(见图 5-6)。

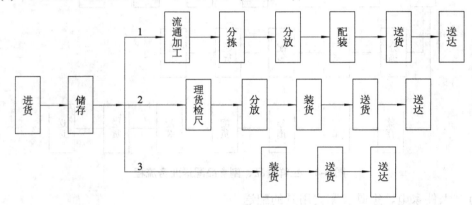

图 5-6 长条型、板块型产品配送业务流程

(2) 长条型、板块型产品配送要求。

这一类产品配送量一般大于杂货,因产品体积、重量均较大,所以,大多数产品属于少品种、大批量配送类型。同时,该类产品一般对与配送相配套和衔接的机械设备要求较高。为了准备接货机械和接货力量,配送企业可以采取定时配送、定量配送、共同配送的服务方式。根据配送资源的特点,该类产品配送也可以采取代存代供配送服务方式。

这一类产品配送除了对有些多品种、小批量需求的用户有一定的简单分拣、配货工作外,一般情况下,由于用户是生产企业,用户消耗量比较大,所以,一个用户的需求量经常就可以达到车辆的满载。有些则须经过理货检尺环节后,配送车辆才可直接开到存放场地装货,如流程 2。如果要进行多用户的配装,则不需要事前分拣、配货,配送车辆可直接开到存放场地装货,如流程 3。但在对生产企业内部供料进行配送时,则要经过中间的流通加工环节,然后再分拣、配货,送至各工序、工段,如流程 1。其配送的流通加工形式主要有两种:一种是集中下料、定尺切裁或集中进行整形处理,取消各用户下料或整形工序,将坯料配送给各用户,以提高材料利用率;二是集中进行除锈、打刺和其他简单的技术处理。

4) 石油与化工产品的配送

石油产品主要是指石油制成品，如汽油、柴油、机油等液体燃料和易燃、易爆的液化石油气等气态产品。化工产品种类多、形态复杂，其配送业务流程也有差别，有一些类型的化工产品无毒、无害、无危险，又有良好的包装，可以作为中、小件杂货，和百货及其他产品一起进行综合性配送，本部分的配送业务流程模式可以不包括这一类产品。这里讲的化工产品主要指有一定毒、腐、危险性的块状、粉状的固体化工产品与大量使用的液体酸碱等产品，如硫酸、盐酸、液碱等。

(1) 石油与化工产品配送要求。

这一类产品的共同特点是，都有一定的危害性，且产品形态特殊，因此，不能与其他产品混存混运或进行综合配送，特别要求配送技术及手段的专业化。工厂直送及配送中心配送是石油与化工产品的主要配送方式。对于工业企业用油、加油站用油，由于这两类用户需求量较大且稳定(加油站又是多个用户的集合)，配送品种较单一，属于少品种、大批量的配送类型，可采用计划水平较高的定时、定量、定时定量配送服务方式。对于用油的工业企业，适于采用长期计划协议形式，建立配送企业与用户的稳定供需关系，实行销售、供应一体化。对于社会零星车辆用油，用加油站进行集中库存，形成配送网络中的一个网点，利用车辆能运动的优势，就近加油。由于各种化工产品均有危险性，因而特别强调专业配送。同时，为减少其对外界可能的损害，要求供需双方都要有很强的计划性，而且，用户最好不要过多地储存这一类产品，因此，采用各种计划性较强的配送服务方式较好。基于对石油与化工产品中的液、气产品包装管理的特殊要求，应采取"一程送货一程回运包装"的办法，使包装周而复始地使用，从而避免用户在处理包装时内剩残余物品可能造成的危害。此外，对于有毒、腐、危险性化工产品应尽量减少流通环节，降低这类产品的危害。因此，工厂直接配送是有效的方式。

(2) 石油与化工产品配送业务流程(见图5-7)。

第一类，燃料油配送业务流程。该类产品的配送作业流程比较简单，但是专业化很强，用户大多为生产用油的小企业或服务运输用油的加油站。这种作业的重要特点是，送货油车直接开抵生产厂储存场所装油，然后分送各用户，如流程1。对于需求量小的一般用户，如家庭汽车、企事业单位汽车用油等，则由用户开车到加油站加油。使用油类燃料的大企业，一般采取直送或直取的方式。直送是指炼油厂通过管道或油罐车将油直接送到工厂油库中，对耗油很大的工厂，这种方式最经济。

第二类，液体酸碱等化工产品配送业务流程。该类产品具有毒、腐性，运送、储存过程中，带有一定的危险性，但企业耗用量较大。其一般包装形态应采用专用集装罐车、陶瓷罐等，有时也分装成小量的瓶。它有三种不同的配送业务流程模式：一是工厂配送，即工厂附近用户或耗用量较大的用户，由工厂直接送货，如流程1。二是分装加工配送，表现为两种形式：一种形式是配送中心集中进货后，按用户需求进行小规格的分装加工，装成坛、罐，形成用户可接受的数量，然后通过一般的配送业务流程送达用户；另一种形式是散装大量进货，然后小规模散装送货，如用铁道罐车进货后再以汽车罐车送货，就是将原来的大规模装运分解成小规模装运，如流程4。三是原包装形态大量进货转化为小批量、多批次送货，这种形式和一般的配送服务方式相同，如流程2。

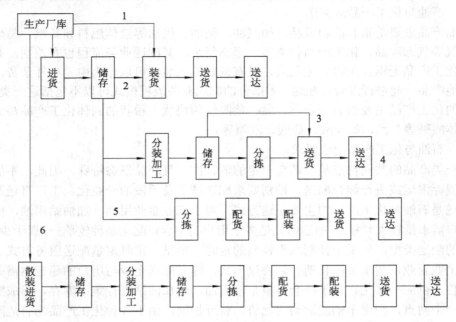

图 5-7　石油与化工产品配送业务流程

第三类，固体化工产品配送业务流程。在该流程中，各种包装的一般化工产品应采用一般配送作业流程，如流程5。大量散装或大包货的固体化工产品，与一般产品在配送工艺上稍有区别，这类产品是在分装成小包装后，再采用一般的配送业务流程送货，如流程6。固体化工产品配送模式的特点是分拣、配货及配送加工较为重要。

第四类，液化石油气等压缩气体配送业务流程。配送作业流程有两种工艺路线：一种是按照用户消费量要求，对已在工厂装好瓶、罐的产品集中进货，然后再分运到各个用户手中，如流程2；另一种是由生产企业用大罐、管道等大量进货，在配送中心经过装罐、装瓶的加工工序，再采取一般方式送达用户，由于产品种类、规格较单纯，所以，在这一类产品的配送作业流程模式中，分拣、配货工序不甚明显，其工艺特点是压缩装瓶、装罐，对设备及技术要求较高，如流程3。

七、不合理配送的表现形式

对于配送合理与否，不能简单判定，也很难有一个绝对的标准。例如，企业效益是配送的重要衡量标志，但是，在决策时常常考虑各个因素，有时要做赔本买卖。所以，配送的决策是全面、综合决策，在决策时要避免由于不合理配送出现所造成的损失。在实现配送合理化的过程中要时刻观察和克服配送不合理的现象，这些不合理现象，常表现在经营观念、配送决策、库存决策、送货运输、各种资源的配置上等。

1. 资源筹措的不合理

配送是利用较大批量的筹措资源，通过筹措资源达到规模效益来降低资源筹措成本，使配送资源筹措成本低于用户自己筹措资源的成本，从而取得优势。如果不是集中多个用户需要进行批量筹措资源，而仅仅是为某一、两户代购代筹，对用户来讲，就不仅不能降低资源筹措费，相反却要多支付一笔配送企业的代筹代办费，因而是不合理的。资源筹措不合理还有其他表现形式，如配送量计划不准，资源筹措过多或过少，在资源筹措时不考虑建立与资源供应者之间长期稳定的供需关系等。

2. 库存决策不合理

配送应充分利用集中库存总量低于各用户分散库存总量的优势，从而大大节约了社会财富，同时降低了用户实际平均分摊库存负担。因此，配送企业必须依靠科学管理来实现一个低总量的库存，否则就会出现单纯库存转移，而未取得库存总量降低的效果。配送企业库存决策不合理还表现在储存量不足，不能保证随机需求，从而失去了应有的市场。

3. 价格不合理

总的来讲，配送的价格应低于不实行配送时，用户自己进货时产品购买价格加上自己提货、运输、进货之成本总和，这样才会使用户有利可图。有时候，由于配送有较高的服务水平，价格稍高，用户也是可以接受的，但这不是普遍原则。如果配送价格普遍高于用户自己的进货价格，损伤了用户利益，就是一种不合理表现。价格过低，使配送企业处于无利或亏损状态下运行，会损伤销售者，也是不合理的。

4. 配送与直达的决策不合理

无论采用何种配送模式，配送总是增加了环节，但是这个环节的增加，可降低用户平均库存水平，以此不但抵消了增加环节的支出，而且还能取得剩余效益。但是如果用户使用批量大，可以直接通过社会物流系统均衡批量进货，较之通过配送中转送货则可能更节约费用，所以，在这种情况下，不直接进货而通过配送，就属于不合理范畴。

5. 送货中的不合理运输

配送与用户自提比较，尤其对于多个小用户来讲，可以集中配装一车送几家，这比一家一户自提可大大节省运力和运费。如果不能利用这一优势，仍然是一户一送，而车辆达不到满载(即时配送过多、过频时会出现这种情况)，就属于不合理运输。此外，不合理运输若干表现形式在配送中都可能出现，会使配送变得不合理。

6. 经营观念的不合理

在配送实施中，有许多是由于经营观念不合理，使配送优势无从发挥，相反损坏了配送的形象。这是开展配送时尤其需要注意克服的不合理现象。例如，配送企业利用配送手段，向用户转嫁资金、库存困难；在库存过大时，强迫用户接货，以缓解自己库存压力；在资金紧张时，长期占用用户资金；在资源紧张时，将用户委托资源挪作他用获利等。

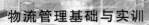

八、配送的合理化

配送通过现代物流技术的应用来实现商品的集货、储存、分拣和输送，因此，配送过程集成了多种现代物流技术。建立现代化的高效率的配送系统，必须以信息技术和自动化技术等先进技术为手段，以良好的交通设施为基础，不断优化配送方式，实现配送的合理化。下面是一些实现配送合理化的常用做法。

1．实现共同配送

共同配送其实质就是在同一个地区，许多企业在物流运作中相互配合，联合运作，共同进行理货、送货等活动的一种组织形式。共同配送有利于克服不同企业之间的重复配送或交叉配送，提高车辆使用效益，减少城市交通拥挤和环境污染。因此，实现共同配送，将带来良好的社会效益和经济效益。

2．实现区域配送

配送的区域扩大化趋势突破了一个城市的范围，发展为区间、省间，甚至是跨国的更大范围的配送，即配送范围向周边地区、全国乃至全世界辐射。配送区域扩大化趋势将进一步带动国际物流，使配送业务向国际化方向发展。

3．推行准时配送系统

准时配送是配送合理化的重要内容。配送只有做到准时，用户才有资源把握，才可以放心地实施低库存或零库存，可以有效地安排接货的人力、物力，以追求最高效率的工作。另外，保证供应能力，也取决于准时供应。

4．推行加工配送

通过加工和配送相结合，充分利用本来应有的中转，而不增加新的中转求得配送合理化。同时，加工借助于配送，加工目的更明确，和用户的联系更紧密，更避免了盲目性。这两者有机结合，投入不增加太多却可追求两个优势、两个效益，是配送合理化的重要途径。

5．推行即时配送

即时配送是最终解决用户企业所担心的供应间断问题，是配送企业快速反应能力的具体化，是配送企业能力的体现，可以发挥物流系统的综合效益。

6．实行产地直送配送

配送产地直送化将有效地缩短流通渠道，优化物流过程，大幅度降低物流成本。特别是对于批量大、需求量稳定的货物，产地直送的优势将更加明显。

7．实现配送的信息化

配送信息化就是直接利用计算机网络技术重新构建配送系统。例如，利用计算机技

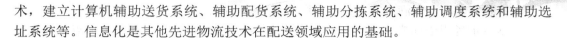

术,建立计算机辅助送货系统、辅助配货系统、辅助分拣系统、辅助调度系统和辅助选址系统等。信息化是其他先进物流技术在配送领域应用的基础。

8. 实现配送的自动化

配送作业的自动化突破了体力劳动和手工劳动的传统模式,出现了大量自动化程度相当高的所谓无人立体仓库,采用了诸如自动装卸机、自动分拣机、无人取货系统和搬运系统等自动化物流设施,提高了配送效率。

9. 实现配送的条码化、数字化以及组合化

为适应配送信息化和自动化的要求,条码技术在配送作业中得到了广泛应用,将所有的配送货物贴上标准条码,同时尽可能归并为易于自动机械装卸的组合化货物单元,利用这些技术可以使分拣、配货的速度大幅度提高。

10. 提倡多种配送方式最优组合

每一种配送方式都有其优点,多种配送方式和手段的最优化组合,将有效地解决配送过程、配送对象、配送手段的复杂问题,求得配送效益最大化。

11. 实行送取结合

配送企业与用户建立稳定的协作关系,配送企业不仅应成为用户的供应代理人,而且承担用户储存据点,甚至成为产品代销人。在配送时,将用户所需的物资送到,再将此用户生产的产品用同一车运回,这种产品也成了配送中心的配送产品之一,或者作为代存代储,这种送取的结合,使双方都能受益。

第二节　配送中心运营管理

一、配送中心

1. 配送中心的含义

配送中心是从英文 Distribution Center 翻译而来的。它起源于"二战"后,当时随着社会和经济的发展以及多样化需求的出现,零售业的多店铺化、连锁业及多业态化(百货、超级市场、专卖店等)对物流作业的效率提出了更高的要求。原来相互分割、缺乏协作的仓储、运输、批发等传统物流企业已无法适应现代物流业的发展,专业性的物流配送经营实体——配送中心便应运而生。

国家标准《物流术语》对配送中心的定义为:"接受并处理末端用户的订货信息,对上游运来的多品种货物进行分拣,根据用户订货要求进行拣选、加工和储备作业,并进行送货的设施和机构。"

《物流手册》对配送中心的定义是:"配送中心是从供应者手中接受多种大量的货物,进行倒装、分类、保管、流通加工和情报处理等作业,然后按照众多需要者的订货

要求备齐货物，以令人满意的服务水平进行配送的设施。"

日本《市场用语词典》对配送中心的解释是："配送中心是一种物流节点，它不以储藏仓库的这种单一的形式出现，而是发挥配送职能的流通仓库，也称作基地、据点或流通中心。配送中心的目的是降低运输成本、减少销售机会的损失，为此建立设施、设备并开展经营、管理工作。"

综合这些观点，配送中心的含义可归纳为：以组织或从事货物配送(集货、包装、加工、配货和送货)为主要职能的现代流通型经济实体。它是以盈利为目的，通过构建厂商和客户之间紧密、高效的枢纽网络，直接或间接向社会供应货物或劳务，以满足客户需要的服务性经济组织。

这个定义的要点如下：

(1) "集货、配货"是配送中心主要的独特的工作，是配送中心的核心盈利点。

(2) "送货"对配送中心而言主要是承担组织管理，其职能范围可视配送中心的实力，或自主承担送货或利用社会运输企业完成送货，以降低物流成本，实现资源最优化。

(3) "流通""服务"强调了配送中心活动是社会再生产过程中不可或缺的重要供应和销售环节，属于社会再生产过程的流通阶段。

(4) "网络枢纽"是指配送中心应具有强大的桥梁、纽带、衔接和辐射功能，通过枢纽辐射网络，将地区市场、国内市场、国际市场有机地统一起来，形成网络经济。

2. 配送中心的分类

1) 按配送中心的拥有者分类

(1) 生产企业配送中心。

大型生产企业为了促进销售，加强客户服务，一般都构建有自己的销售网络和配送网络。中小型企业因财力有限，自行投资构建配送网络不经济，更不符合社会分工细化的趋势，所以大都委托第三方物流公司或专业物流企业进行配送。大型生产企业，特别是超大型生产企业的做法是：在生产厂集中的地区建一个物流基地，在消费者集中的地区建若干个配送中心。各工厂生产的商品大批量、少批次、低频度地先运给物流基地，然后再根据各个消费地区的用量把商品从物流基地运至配送中心，在配送中心再一次分类、分拣、组装、加工、配齐后，用小型卡车，多品种、小批量、高频度地送达最终用户。这类配送中心由于是本企业、本系统内配送，配送中心一般由储存用的立体自动化仓库、货架仓库、分类流水线、分拣系统、包装和流通加工作业区等部分构成。这类配送中心能反映企业的销售状况和市场需求状况，所以，企业能够通过对配送过程中各种数据的分析，制订生产计划，采购原材料，安排生产，以避免盲目生产造成的浪费。生产企业自己建设配送中心有一定的投资风险，季节性波动和销售波动问题难以自行解决。

(2) 流通企业配送中心。

流通企业建设配送中心一般是大型第三方物流企业、仓储企业、批发商和经销商。流通企业为社会各行各业提供服务，项目多、范围广。但由于客户不固定、变动性大，所以，配送中心的规模不宜过大，不宜过分专用化。我国仓储企业的配送中心不少是由原来的保管型仓库演变而成的，建设成本小，地理位置优越，但需要加强设施、设备改

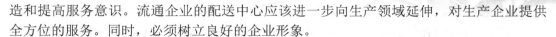

造和提高服务意识。流通企业的配送中心应该进一步向生产领域延伸，对生产企业提供全方位的服务。同时，必须树立良好的企业形象。

2) 按配送中心的服务对象分类

(1) 供应型配送中心。

供应型配送中心一般专门为固定用户，如连锁商店、便利店提供配送服务，一般是定期、定时向连锁商店和便利店配送原材料、食品或零配件。专业物流企业采用准时供货法向生产线供应零部件、向连锁商店配送日用百货。供应型配送中心的特征是供货批量比较整齐，配送次数不是很频繁，路线稳定，配送对象单一。所以这类配送中心比较经济，也便于管理。

(2) 销售型配送中心。

销售型配送中心以促进销售为目的，物流服务于商流，配送服从于促销。出于配送对象零散、变动性大，数量有多有少等特性，因而配送服务的计划性差，临时配送作业多，难度也大。这类配送中心一般由立体自动化仓库、货架仓库、分类机械、分拣设备、传送辊道、识别装置、无线数据传输、无人搬运小车、托盘堆码机以及计算机控制操作系统构成。

3) 按配送中心的功能分类

(1) 储存型配送中心。

这类配送中心有很强的储存能力，其储存空间往往占整体空间的比例较大。生产资料配送中心、连锁超市的配送中心等都属于这一类，配送中心储存了大量物资和商品，为客户提供支持或为销售的物流配送服务。目前，我国以此类配送中心居多。

(2) 流通型配送中心。

这类配送中心主要用于流通中转，一般不设储存仓库，只配备大型分类机械。货物采用随进随出式配货和送货，整进零出。来货进入配送中心，直接上大型输送带式分类机械进行分类，分类好的货物经过检验，按不同方向和不同客户装上卡车运走。蔬菜、水果、鲜花等商品适合这类配送中心作业。邮政作业的配送中心也属此例。

(3) 加工型配送中心。

加工型配送中心的特点是商品经过加工后再配送给终端用户。加工的规格、尺寸、标准、数量等要求由用户提出，在配送中心加工完毕后送给用户。在这类配送中心里，可以进行商品的流通加工、分装、组配等服务性作业。比如，钢板剪切配送服务中心，能根据电冰箱厂、汽车制造厂、洗衣机厂、自行车厂等各类客户的要求，将钢板进行套裁，不仅节约材料，还能不分订货量多少，提供细致周到的加工配送服务；又如，混凝土搅拌配送中心，能按照建筑工地要求的数量和时间，准时、定量地送货服务，既保证了施工进度，又避免了环境污染。

(4) 综合型配送中心。

这类配送中心的功能比较齐全，采购、存储、包装、配送、流通加工、物流信息等功能都具备，作业能力比较强。此类配送中心以大型生产企业和大型流通企业建设的较多。

4) 按配送商品的属性分类

有些专业性较强的商品配送，需要建符合专业要求的配送中心。按配送商品属性划分的配送中心有：医药品配送中心、化妆品配送中心、食品配送中心、家电配送中心、烟草配送中心、日用品配送中心、电子产品配送中心、书籍配送中心、服装鞋帽配送中心、汽车零配件配送中心、鲜花配送中心、水果蔬菜配送中心、海产品配送中心等。这些种类的配送中心因配送的商品类别不同，各种商品之间既有排他性，又有不可混淆性的要求，故配送中心的设施、结构、设备、机械以及管理方式均有一定的差异。

5) 按配送中心的服务范围分类

(1) 城市配送中心。

城市配送中心是向城市范围内的众多用户提供配送服务的物流组织。这类配送中心的服务对象多为城市里的零售商、连锁店和生产企业，在从事送货活动时，一般都使用载货汽车。在实际的流通操作中，城市配送中心通常采取与区域配送中心联网的方式运作。

(2) 区域配送中心。

这是一种辐射能力较强，活动范围较大，可以跨市、跨省进行配送活动的配送中心。区域配送中心有三个基本特征：第一，经营规模比较大，设施和设备齐全，并且数量较多、活动能力强；第二，配送的货物批量比较大而批次较少；第三，在配送操作中，虽然区域配送中心也从事零星的配送活动，但这不是它的主要业务。很多区域配送中心常常向城市配送中心和规模大的工商企业配送商品，这种配送中心是配送网络或配送体系的支柱机构。

3. 配送中心、物流中心、物流基地的区别(见表5-1)

表5-1 配送中心、物流中心、物流基地的区别

比较对象 区别内容	配送中心	物流中心	物流基地
定义	从事配送业务的物流场所或组织。应基本符合下列要求：主要为特定的客户服务；配送功能健全；完善的信息网络；辐射范围小；多品种、小批量；以配送为主，储存为辅	从事物流活动的场所或组织。应基本符合下列要求：主要面向社会服务；物流功能健全；完善的信息网络；辐射范围大；少品种、大批量；存储、吞吐能力强；物流业务统一经营、管理	也称物流园区，是位于大城市周边，靠近交通干线的具有一定规模和综合服务功能的特定区域
投资主体	一般是企业投资	与配送中心同	一般是政府
规模大小	规模较小	规模一般	规模非常大
辐射范围	较小	较大	非常大

续表

区别内容＼比较对象	配送中心	物流中心	物流基地
服务对象	终端用户	中间客户为主，个别终端用户	中间客户为主，个别终端用户
物品品种、批量	品种多、批量小	品种较少、批量较大	品种多、批量大
经营方式	一般是投资主体统一经营	一般是投资主体统一经营	一般是政府提供投资，企业入驻独自经营
说　明	由于配送中心是物流中心的一种重要形式，因而在实践中有时二者会相互混用，不加区别。但它们与物流基地的区别是非常明显的		

4．配送中心的功能

通常，配送中心具有商品流通行销、储存保管、分拣配送、集散、衔接、流通加工及提供信息的功能。

1) 流通行销的功能

流通行销是配送中心的一个重要功能。尤其是现代化的工业时代，各项信息媒体的发达，再加上商品品质的稳定及信用，因此有许多直销业者利用配送中心，通过有线电视或互联网等配合进行商品行销。这种商品行销方式可以大大降低购买成本，因此广受消费者的喜爱。而一些批发商型的配送中心、制造商型的配送中心与进口商型的配送中心也具备此种(商流)的功能。

2) 储存功能

配送中心的服务对象是为数众多的企业和商业网点(如超级市场和连锁店)。商品的交易达成之后，除了直配直送的批发商之外，均应将商品经实际入库、保管、流通加工、包装而后出库，因此配送中心具有储存保管的功能。在配送中心一般都有库存保管的储放区，因为任何商品为了防止缺货，或多或少都有一定的安全库存商品的数量及不同的生产前置时间。一般国内制造的商品库存较少，而国外制造的商品因船期的原因库存较多，为2~3个月；另外生鲜产品的保存期限较短，因此保管的库存量较少；冷冻食品其保存期限较长，因此保管的库存量比较多。通常，配送中心都要兴建现代化的仓库并配备一定数量的仓储设备，储存一定数量的商品。某些区域性大型配送中心和开展"代理交货"配送业务的配送中心，不但要在配送货物的过程中储存货物，而且它所储存的货物数量更大，品种更多。

3) 分拣配送功能

配送中心另一个重要功能就是分拣配送，因为配送中心是为了满足多品种小批量的客户需求而发展起来的，在订货或进货的时候，为有效地进行配送(即为了能同时向不同的用户配送很多种货物)，配送中心必须采取适当的方式对组织进来(或接收到)的货物进行拣选，并按照配送计划分装和配装货物，以最快的速度送达客户手中或者是在指定时间内配送到客户手中。分拣配送效率是配送中心物流运作质量的集中体现，是配送中心最重要的功能。

4) 集散功能

在物流实践中，配送中心凭借其特殊的地位和拥有的各种先进的设施和设备，能够将分散在各个生产企业的产品(即货物)集中到一起，经过分拣、配装，向多家用户发运。与此同时，配送中心也可以做到把各个用户所需要的多种货物有效地组合(或配装)在一起，形成经济、合理的货载批量。配送中心在流通实践中所表现出的这种功能即(货物)集散功能，我们常把它称为"配货、分放"功能。集散功能是配送中心应具备的基本功能。实践证明，利用配送中心来集散货物，可以提高卡车的满载率，由此可以降低物流成本。

5) 衔接功能

通过开展货物配送活动，配送中心把各种工业品和农产品直接运送到用户手中，客观上起到生产和消费的媒介作用，是配送中心衔接功能的重要表现。此外，通过集货和储存货物，配送中心又有平衡供求的作用，因此能有效地解决季节性货物的产需衔接问题。这是配送中心衔接功能的另一重要作用。在人类社会中，生产和消费并非总是等幅度增长和同步运动的，有很多工业品(如煤炭、水泥产品)，都是按照计划批量均衡生产的，而其消费则带有很强的季节性(即消费有淡季、旺季之分)；另有一些产品(主要是农产品)恰恰相反，其消费是连续进行的，而其生产却是季节性的。这种现象说明就某些产品而言，生产和消费存在着一定的时间差。由于配送中心有吞吐货物的能力和具备储存物资的功能，因此，它能调节产品供求关系，进而能解决产销之间的时间差和矛盾。从这个意义上说，配送中心是衔接生产和消费的中介组织。

6) 流通加工功能

配送中心的流通加工作业包含分类、磅秤、大包装拆箱改包装、产品组合包装和商标、标签粘贴作业等。这些作业是提升配送中心服务品质的重要手段。为了扩大经营范围和提高配送水平，目前，国内外许多配送中心都配备了各种加工设备，能够按照用户提出的要求和根据合理配送商品的原则，将组织进来的货物加工成一定的规格、尺寸和形状，形成了一定的加工(初加工)能力。由此，加工货物是某些配送中心的重要活动。配送中心积极开展加工业务，不仅方便了用户，省却了后者不少烦琐劳动，而且也有利于提高物质资源的利用效率和配送效率。同时，对配送活动本身来说，客观上也起到了强化其整体功能的作用。

7) 信息提供功能

配送中心除了具有行销、配送、流通加工、储存保管等功能外，还能为自身及上下游企业提供各式各样的信息，为配送中心经营管理政策制定、商品路线开发、商品销售推广政策制定提供参考。例如：哪个客户订多少商品？哪种商品畅销？这些信息就可以从电脑的 EIQ 分析资料中非常清楚地得到，甚至可以将这些宝贵资料提供给上游的制造商及下游的零售商作为经营管理的参考。

二、配送中心的作业管理

1. 进货作业管理

进货作业是指供应商根据有关采购指令将货物运达配送中心后，货物经卸载、开箱、检验、入库等一系列作业环节构成的工作过程。商业配送中心的收货工作，更涉及商品所有权的转移，商品一旦收下，配送中心将承担商品完好的全部责任。因此，进货作业质量至关重要。通常，进货作业的内容是配送中心依据采购合同的有关规定选择进发货方式，做好进货各项准备，经和供应商验收交接货物后装车运至配送中心，做卸货拆装作业，将货物分类、编码并检验后，移至预先指定的货位存放，同时办理货物入库交接和登记手续，最后结付货款。

2. 订单处理作业

所谓订单处理，是指从接到客户订单开始一直到着手准备拣选货品之间的工作，通常包括有关用户和订单的资料确认、存货查询、单据处理等内容。订单处理有人工和计算机两种形式，目前主要采用计算机处理。虽然人工处理弹性较大，但只适合少量的订单处理，一旦订单的数量较多，处理将变得缓慢且容易出错。而计算机处理则速度快、效率高，且成本较低，适合大量的订单处理。

3. 分拣作业管理

在配送中心作业的各环节中，分拣作业是非常重要的一环，其作用相当于人体的心脏、空调系统的压缩机，而其动力的产生来自于客户的订单。分拣作业的目的就是如何在降低分拣错误率的情况下，将正确的货物、正确的数量，在正确的时间内及时配送给顾客。要达到这一目的，必须根据订单，选择适当的分拣设备，按分拣作业过程的实际情况运用一定的方法策略组合，采取切实可行且高效的分拣方式，提高分拣效率，将各项作业时间缩短，提升作业速度和能力。因此，科学管理分拣作业，对配送中心作业效率具有决定性的影响。

4. 配货作业管理

配送中心为了顺利、有序、方便地向众多客户发送商品，对组织进来的各种货物进行整理，并依据订单要求进行组合的过程称为配货。配货主要包括分货和配装两个方面的内容。分货是指理货人员根据理货单上的内容说明，按照出货的优先顺序、储位区域号、配送车辆趟次号、门店号、先进先出等出货原则和方法，把需要出货的商品整理出来，经复核人确认无误后，放置到暂存区，准备装货上车的工作。配装是指集中不同的客户的配送货物，进行搭配装载，以充分利用运能、运力的工作。

5. 送货作业管理

送货作业是指把客户订购的物品从配送中心，通过配送车辆送到客户手中的过程。送货运输的特点是距离短、批量小、频率高。服务是送货的目标，尽可能满足客户需求

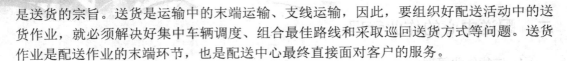

是送货的宗旨。送货是运输中的末端运输、支线运输，因此，要组织好配送活动中的送货作业，就必须解决好集中车辆调度、组合最佳路线和采取巡回送货方式等问题。送货作业是配送作业的末端环节，也是配送中心最终直接面对客户的服务。

6. 退货作业管理

退货是指仓库已办理出库手续并已发货出库的物资，因某种原因又退回仓库的业务。退货对配送中心的影响体现在以下几点：首先，处理退货的流程比较复杂，涉及很多部门的批复和复核，如订单处理、质量检验等环节，不但耗费大量精力而且增加了配送中心的管理成本；其次，退回的部分物品很难再次销售，如食品和医药物品，这直接导致企业销售额下降，利润减少。即使可以重新利用，也要翻新包装和多次运输，无疑增加了企业的经营成本。因此，建立一个科学合理的退换货管理制度，有效控制和引导退换货，有利于企业正常的物流运作，有利于企业营运绩效的提高。

三、配送中心的服务管理

要搞好配送中心的服务管理，就必须全面加强对配送中心各项业务的组织与管理，并不断完善和发展配送服务，主要应做到以下几点。

1. 充分了解用户的情况

配送中心应当通过对用户全面、深入的调查研究，并对有关变量进行科学预测。在此基础上，建立配送档案，随时掌握经营进度，了解用户需要，迅速传递信息，保证按需组织配送。只有全面、准确地掌握了用户的需要情况，配送服务才有明确的目标和方向。

2. 建立稳定的上下游客户关系

是否有稳定的资源基地，是配送服务能否持续稳定发展的关键。配送中心要改变那种现买现卖、只管买卖的做法，要有供应链的思想，一方面通过与资源单位密切联系，建立一批稳定的资源基地，为配送打下物质基础；另一方面，还要与用户建立稳定的供需关系，无论是配送中心的经营活动，还是用户的消费需求，都要求保持相对稳定，如通过签订配送协议，明确双方的责任和义务，把供需关系相对稳定下来。

3. 加强配送的计划管理

生产的连续性和计划性，决定了配送具有很强的计划性。组织资源、配货、储运、送货上门等一系列活动，都要有严密的计划，这是一项需要多方面密切协调配合的工作。

在掌握用户需求的基础上，制定发展配送的总目标和分阶段目标，以及实施步骤和措施，做到有计划分期地订货和采购，确定合理的库存储备。在用户向配送中心提出计划之后，经衔接平衡后，配送中心按计划组织配送。

4. 建立合理的配送体系

应通盘考虑建立合理的配送体系，逐步在一些中心城市建立和改造一批购销、储运、

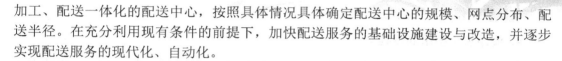

加工、配送一体化的配送中心，按照具体情况具体确定配送中心的规模、网点分布、配送半径。在充分利用现有条件的前提下，加快配送服务的基础设施建设与改造，并逐步实现配送服务的现代化、自动化。

5. 科学高效地组织配送

要按经济区域来规划配送中心服务的半径和范围，在保证按用户要求及时准确地组织配送的前提下，根据商品流通合理化的要求，科学地确定配送路线和批量。在具体作业时，要科学地安排人力、物力和财力的比例关系，衔接好各环节的作业活动，合理调度各要素的运动，使整个配送中心的服务业务过程高效有序。

6. 争取各方面的协作和支持

配送是一项系统工程，涉及资源单位、用户和运输部门等相关部门，需要得到各方面的支持，才能做好这项工作。配送中心要协调好各方面的关系，争取他们的协作，共同搞好配送服务。为使配送正常运行和发展，有关政府管理部门、行业协会还要研究和制定确保高效配送的法律法规或行业规范，使配送的具体做法如价格、结算办法和利益分配等逐步规范化。

四、配送中心的成本管理

配送中心进行成本管理就是根据成本预测、成本决算和成本预算所提供的实际数据，对生产经营过程中所发生的各种资源的耗费，与相应的降低成本措施的执行进行指导、监督、调节和干预，以保证目标成本和成本预算任务的实现。由于配送是多环节物流活动的集成，所以配送中心的成本管理应当从对各个业务活动环节的成本实施分项控制入手，主要包括以下几方面。

1. 运费的控制与管理

运费是承运单位向客户提供运输劳务所耗费的费用。运费占配送费用的比重较大。运费控制的控制点主要在运输时间、运输的准确性和可靠性以及运输批量水平等方面。控制方法有确定合理的配送路线、进行合理的车辆配载、防止运输过程中的差错事故、做到车辆安全管理等。例如，对于长途运输尽可能采用装载量大的运输工具，提高运输效率。

2. 分拣费用的控制与管理

分拣费用是物资在分拣过程中所支出费用的总和。控制方法有合理选择分拣设备、防止机械设备的无效作业、合理规划分拣方式和分拣作业过程。例如，运输途中有时需要转运，采取标准化包装可以提高分拣效率，降低分拣成本。

3. 包装费用的控制与管理

包装起着保护产品、方便储运、促进销售的作用。包装费用控制点是包装的标准化率和运输时包装材料的耗费。控制方法有包装材料的成本核算和成本分析、包装尺寸的标准化、包装作业的机械化、散装物流的使用等。

4. 流通加工费用的控制与管理

物资进入流通领域后，按照客户的要求进行的加工活动，称为流通加工，由此而支付的费用就是流通加工费用。控制方法有确定合理的流通加工方式，确定合理的加工能力，加强流通加工的生产管理，降低流通加工中耗用的电力、燃料、油料费等。

五、配送中心的绩效管理

绩效也称为业绩、效绩、成效等，反映的是人们从事某一种活动所产生的成绩和效果。配送中心的绩效管理主要包括配送中心内部业务绩效评估和外部服务绩效评估两部分。外部服务绩效评估主要是对配送中心服务质量的评估；内部业务绩效评估主要是对配送中心通过进货、分拣、配货、配装、送货等一系列业务活动所产生的成绩和效果的评价。配送中心的绩效管理是配送管理的重要组成部分，及时、准确的绩效评估和反馈对配送中心总结工作经验和改进配送服务并获得继续发展起着非常重要的作用。

1. 配送中心内部业务绩效评估

内部业务绩效评估主要涉及五项评估指标：进出货作业评估指标、订单处理评估指标、储存作业评估指标、理货作业评估指标、车辆运行评估指标。

(1) 进出货作业评估指标。

① 进出货作业空间利用效率指标，该指标主要考核进出货站台的利用情况和利用效果。

站台使用率=进出货车次装卸货停留总时间/(站台泊位数×工作天数×每天工作时数)

若配送中心采用进出货站台分开时：

进货站台使用率=货车次装卸货停留总时间/(站台泊位数×工作天数×每天工作时数)

出货站台使用率=出货车次装卸货停留总时间/(站台泊位数×工作天数×每天工作时数)

站台高峰率=(高峰车数/站台泊位数)×100%

② 进出货人员作业效率指标，该指标主要考核进出货作业人员的作业负担和作业效率。

每人小时处理进货量=进货量/(进货人员数×每日出货时间×工作天数)

每人小时处理出货量=出货量/出货人员数×每日出货时间×工作天数)

若进出货作业人员共用，则上述两个指标进出量和作业时间要加总计算。

每人小时处理进出货总量=进出货总量/(进出货人员总数×每日进出总时间×工作天数)

进出货时间率=(每日进货时间+每日出货时间)/每日工作时数×100%

③ 平均收发货时间。

平均收发货时间=收发货总时间/收发货总数量

④ 货物及时验收率。

货物及时验收率=期内及时验收货物笔数/期内收货总笔数

该指标评价：它反映了配送中心按照规定时间时限执行货物验收的情况。

(2) 订单处理评估指标。

① 反映订单处理效率的绩效指标。

日均受理订单数=受理订单总数量/工作天数

平均订单处理时间=工作时间(小时)/工作时间内处理订单数

紧急订单响应率=未超过 12 小时出货订单数/受理订单总数×100%

② 反映订单处理质量的绩效指标。

订单延迟率=延迟交货订单数/受理订单总数×100%

订单货件延迟率=延迟交货量/出库量×100%

③ 反映订单处理效果的绩效指标。

订单平均订货数量=出货总量/处理订单数

订单平均订货金额=出货商品总金额/处理订单数

(3) 储存作业评估指标。

① 反映储存效果的绩效指标。

期间货物吞吐量=期间货物总进库量+期间货物总出库量−期间货物直拨量

② 反映仓库利用率的绩效指标。

仓库面积利用率=(仓库有效堆存面积/仓库总面积)×100%

仓容利用率=(平均库存量,配送中心库房总容量)×100%

③ 反映仓库生产效率的绩效指标

仓库生产效率=期间货物进出库总量/仓库全员工日总数

④ 反映货物周转速度的绩效指标指标。

货物的周转速度可以用周转次数和周转天数两个指标来反映。

货物年周转次数=全年货物消耗总量/全年货物平均储存量

货物周转天数=360/货物年周转次数

⑤ 反映储存作业质量绩效的指标。

账物差错率=(账物相符笔数/储存货物总笔数)×100%

账物差错率=(账物相符总数量/储存货物总数量)×100%

货物损耗率=(货物损耗金额/货物储存总金额)×100%

平均保管损失率=保管损失金额/货物平均储存量

(4) 理货作业评估指标。

① 反映库存运用水平的效率指标。

月平均库存量=(报告月初库存量+报告期月末库存量)/2

年平均库存量=报告期平均库存累计总和/12

平均库存量是衡量库存量大小的相对指标,也是计算其他相关绩效指标的基础。

库存周转率是考核配送中心货品库存量是否适当和经营绩效的重要指标。

库存周转率=(报告期月出库量/日平均库存量)×100%

库存周转率=(报告期月营业额/日平均库存金额)×100%

② 反映库存服务水平的效率指标。

缺货率=单缺货数量/出货量

短缺率=出货短缺数量/出货量×100%

③ 反映库存管理水平的效率指标。

呆废料率=呆废货品件数/平均库存量×100%

呆废料率=呆废货品金额/平均库存金额×100%

存货管理费率=库存管理费/平均库存量

(5) 车辆运行评估指标。

车辆运行指标包括安全评价指标、车辆满载率、空车率、平均每台车配送距离、平均每台车配送重量、燃料消耗指标等。

① 安全评价指标。

事故频率=报告期内事故次数/报告期内总行驶千米

安全间隔里程=报告期内总行驶千米/报告期内事故次数

② 车辆满载率=车辆实际装载量/车辆装载能力×100%

③ 空车率=空车走行距离/配送总距离×100%

④ 平均每台车配送距离=配送总距离/车辆总数

⑤ 平均每台车配送重量=配送总重量/车辆总数

⑥ 平均每台车耗油量=油料总耗/车辆总数

2. 配送服务质量的绩效评估

1) 配送服务质量绩效评估指标的原则

大多数客户比较关心配送的及时性、准确性、安全性,因此配送企业可以把它们作为选择绩效评估指标的原则。

(1) 及时。尽量缩短商品的待运和在途时间,加速商品流通、确保商品的市场供给,尽量做到门到门服务。

(2) 准确。在配送过程中做到单证传递的正确性,确保各项手续交接清楚,并且准确地完成商品的配送。

(3) 安全。商品在配送的过程中,不发生损坏、变质、污染、渗漏、爆炸、燃烧、丢失等事故,同时确保人员和配送设备的安全性。

(4) 经济。配送的经济性体现在选择一种合理的配送方式以及对某一种配送方式的优化,以使整个物流系统或供应链上的配送成本最低,综合效益最好。

2) 配送服务质量绩效评估指标

(1) 配送服务前的绩效评估指标:第一,组织结构的完整性,即是否有客户服务部;第二,可联系性,即客户是否能随时联系到配送部门。

(2) 配送服务中的绩效评估指标(见表5-2)。

表5-2 配送服务中的绩效评估指标

序 号	指标名称	指标定义
1	集货延误率	未按照合同约定时间到达指定集货地点
2	配送延误率	未按照合同约定时间到达指定配送地点

续表

序号	指标名称	指标定义
3	货物破损率	在集货、配送及仓库管理中总的货物破损率
4	在途货物破损率	在集货、配送中总的货物破损率，以票数计
5	货物差错率	在发货过程中，发错、少发及送错的货物占总货物的比率
6	货物丢失率	在配送过程中货物丢失的比率
7	签收率	配送单据签收的比率
8	签收单返回率	配送签收单的返回比率
9	信息准确率	准确、完整信息占各个部门在每个考核期内信息总量的比率
10	配送稳定性	根据延误率、货损率、货差率等指标汇总，考评某一条线路在一定时间内的稳定性

(3) 配送服务后的绩效评估指标(见表5-3)。

表 5-3 配送服务后的绩效评估指标

序号	指标名称	指标定义
1	通知及时率	到货信息、货损信息、延误信息、及时通知客户率
2	投诉预警率	在物流各环节，发生问题前给客户满意答复比率
3	客户满意度	客户及收货方对配送公司整体满意的比率
4	索赔赔偿率	客户得到索赔的比率

第三节　配送管理实训

实训任务一　编制配送作业计划实训

一、实训目的

(1) 熟悉一般的配送作业计划应包含的基本内容。
(2) 掌握编制配送作业计划的一般流程以及方法。

二、实训任务

请学生们以实训小组为单位各自模拟开设一家配送中心(具体服务对象、货物种类、规格、配送中心的位置、配送中心的设施设备等条件可由指导教师根据教学需要合理自拟或根据本地校企合作单位的第三方物流企业实际条件设定条件)，请在针对该配送中心的服务对象进行必要客户需求调查的基础上，专门为该配送中心编制一份相应的配送作业计划，同时要求提交对该配送中心自身服务能力的书面分析评价。

三、任务准备

(1) 收集整理为执行本任务而选定的客户的资料并分析其对配送服务的需求。

(2) 按照实训指导教师安排，将学生分为若干任务执行小组，首先每个任务执行小组内部复习并讨论本次任务所涉及的专业理论知识，然后每组由小组负责人具体分工按照实训任务要求进行操作。

四、任务执行指导

编制配送作业计划的基本操作步骤：了解客户需求→掌握仓库管理信息→评价当前的服务能力→分析差距→编制满足客户需求的计划。

步骤1：了解客户需求。

当开展配送服务时，配送业务人员必须准确地了解客户对配送服务的需求和期望。一般情况下客户当然会期望得到良好的沟通、可靠的送货服务、应急的处理措施、精确和适时的结算服务。配送服务的提供者可以通过以下方法了解客户的需求：从供应商的角度给客户列一张客户需求调查表(见表5-4)，倾听客户的反应；充分了解客户的业务，了解客户供应链的下一节点或直接用户；与客户深入探讨，测定他们对配送服务的期望。

表5-4　客户需求调查表

尊敬的客户： 您好！ 感谢您对本公司的关注和支持，希望我们为您提供的专业配送服务能满足您的需求，并令您感到满意。为了及时了解您的反馈信息及需求，请协助我们填写下表(选择性的问题请在您认为合适的选项上画"√")。我们将会在第一时间回复您！　非常感谢您的支持！	
客户名称	
地址	
联系方式	
1．您希望本公司能够为您提供哪些方面的服务？(请列举)	
2．如果我们公司对您进行回访，您希望以下列哪种方式进行？ □上门回访　　　□电话沟通　　　□其他，请说明	
3．如果您需要相关信息，希望的联系方式(可多选)？ □上门拜访　　□E-mail　　□邮寄　　□电话联系　　□传真	
4．其他要求。	

步骤 2：掌握仓库管理信息。

配送中心管理人员必须掌握货物进出的方式，因为进出货方式的选择会影响进出货作业的程序以及仓库的使用状况。进出货的方式有商品入库后经检验后上架，然后拣取出货；商品入库后经检验，不进入仓库直接出货的交叉站台式和混合方式。出库的原则一般是先进先出、后进后出和随机出货。

配送中心管理人员必须了解货区的仓储规划，仓库可划分为托盘出货区和零散出货区，也可按商品特性、存货位置或商品周转率来区分。

配送中心管理人员必须了解如何选用库存容量单位，库存容量单位与订货单位有密切关系，订购单位一般为最小的库存容量单位。由于仓库分为大量库存区和零星拣取区，可根据库存容量单位来决定使用何种包装容器、何种货架设备以及如何进行包装，这些都对库存的商品数量、拣取方式和拆包再包装的程序有影响。

配送中心管理人员必须了解货位的分配方式，货位的分配方式一般包括随机指定货位、固定货位、分区随机货位三种。

配送中心管理人员必须了解拣货方式，拣货方式主要分为播种式和摘果式两种。

配送中心管理人员必须了解补货方式，补货方式有批次补货、定时补货和随机补货等方式。补货方式对作业人员的调配和计算机的货物信息管理有不同的影响。

此外，配送中心管理人员还必须了解仓库管理的成本构成；掌握配送线路的选择和车辆积载的方法等基本信息。

步骤 3：评价当前的服务能力。

在了解客户的想法后，配送服务企业就必须对自身业务质量进行必要的跟踪调查(见表 5-5)并对自身服务能力做出必要分析(见表 5-6)找出自身当前的服务能力与实际要求之间的差距，找出能够满足特定的服务目标的方式、鉴别当前由竞争对手提供的服务的方法。

表 5-5　业务质量跟踪表

日期：　　　　　　　　　　　　　　　　　　　　填表人：

月　份	准点率/%	货物完好率/%	投诉/次	记录人
1月				
2月				
3月				
4月				
5月				
6月				
7月				
8月				
9月				
10月				

续表

月　份	准点率/%	货物完好率/%	投诉/次	记录人
11月				
12月				
备　注	\multicolumn{4}{l}{1.准点率为在合同及客户认可的时间段内到达目的地，准时到达的票数与总票数之比。2.货物完好率为完好(无破损、无丢失)票数与总票数之比。}			

表5-6　服务能力分析表

项　目	评　分	内　容	改进建议
是否严守作业计划	5 4 3 2 1		
是否遵从作业方针	5 4 3 2 1		
人数分配是否适当	5 4 3 2 1		
是否适材适所	5 4 3 2 1		
整理整顿力度如何	5 4 3 2 1		
机械设备是否齐备	5 4 3 2 1		
机械设备是否安全	5 4 3 2 1		
材料管理是否达标	5 4 3 2 1		
安全管理是否达标	5 4 3 2 1		
安全训练是否达标	5 4 3 2 1		
事故报告是否迅速	5 4 3 2 1		
品质管理是否完善	5 4 3 2 1		

续表

项　目	评　分	内　容	改进建议
是否热心于技术的提升	5　4　3　2　1		
是否严守交货期限	5　4　3　2　1		
其他事项	5　4　3　2　1		
评 分 统 计			分数愈多愈优秀

步骤 4：分析差距。

一般客户评价配送服务最重要的标准就是及时而且完好地把货物送到目的地。

作为配送服务的提供者，配送中心必须应特别注意分析自身所提供的配送服务与客户需求的差距，并找出差距的根源，比如有的差距产生是因为配送服务者对客户需求存在曲解。特别需要注意的是，配送服务的提供者在准备缩小差距、改善配送服务时，一定要考虑有关的均衡点、利益、成本及风险，以确定能够使利益超过成本的服务方式和措施。这里的利益是指服务水平、收入、顾客忠诚度和竞争优势的增加。改善配送服务可以避免因服务水平差而失去客户。这对于配送服务提供者的生存发展至关重要。

步骤 5：编制满足客户需求的计划。

配送服务的提供者应当按客户需求的相似性对客户进行细分，形成不同类别的客户群。如果根据配送服务的时间要求对客户进行分类，可以将客户分成一日一送客户群和两日一送客户群等。还可以根据特定客户的需求，提供有针对性的服务，将客户所需货品安全、及时地送达目的地。

配送服务必须根据客户订货的品种、规格、数量，送货的时间和地点，做好拣配工作，选择适宜的运输工具，设计最佳的运输路线，编制好配送计划(见表 5-7)才能最大限度地满足客户的需求。

表 5-7　配送计划表

客户名称	订货的品种、规格	配送的数量	配送的时间	配送的地点	运输工具	备　注

五、任务执行结果评价

任务执行结果评价如表 5-8 所示。

表 5-8　编制配送作业计划实训任务执行结果评价(指导教师用表)

考核评价内容	考评标准	分　值	评价得分
执行编制配送作业计划任务的情况	编制配送作业计划的执行步骤正确规范	20	
	了解客户需求的准确性	15	
	分析评价自身服务能力的全面性、合理性	15	
	编制配送作业计划的全面性、合理性	20	
任务执行团队评价	团队分工的合理性、协同性	10	
	团队执行任务的效率	10	
	完成任务的创新性	10	
本次任务执行结果评价得分总计			

实训任务二　配送订单处理和拣货作业实训

一、实训目的

(1) 熟悉订单处理和拣货作业的主要内容。
(2) 掌握订单处理和拣货作业的基本操作技能。

二、实训任务

请以实训任务一当中已经编制出来的配送作业计划为基本依据，模拟实施配送业务的订单处理和拣货作业(具备相关实操场地和设备条件的可以就此进行实操竞赛)。

三、任务准备

(1) 准备模拟订单处理和拣货作业所需要的产品、工具设备和相关表格单证。
(2) 按照实训指导教师安排，将学生分为若干任务执行小组，首先每个任务执行小组内部复习并讨论本次任务所涉及的专业理论知识，然后每组由小组负责人具体分工按照实训任务要求进行操作。

四、任务执行指导

订单处理和拣货作业基本操作步骤：接受订货→订单内容的确认→存货查询和存货分配→订单资料处理输出→确定拣选的单位→确定拣选的方式→行走和搬运→拣取→分类与集中。

步骤1：接受订货。

接单作业是订单处理的第一步。随着流通环境的变化和现代科技的发展，现在客户更趋于高频度的订货，且要求快速配送。因此，接受客户订货的方式也渐渐由传统的人工下单、接单，演变为计算机直接送收订货资料的电子订货方式。电子订货，即采用电子传运方式取代传统人工书写、输入、传送的订货方式，它将订货资料由书面资料转为电子资料，通过通信网络进行传送。

步骤2：订单内容的确认。

(1) 需求货物的数量及日期的确认。货物数量及日期的确认是对订货资料项目的基本检查，包括检查品名、数量、送货日期等是否有遗漏、笔误或不符合公司要求的情况。尤其是当送、出货时间有问题的时候，更需要与客户再次确认订单内容或更正运送时间。

(2) 客户信用的确认。不论订单是由何种方式传至公司，配送系统的第一步就是要核查客户的财务状况，以确定该客户是否有能力支付此订单的账款。

(3) 订单价格确认。不同的客户有不同的订购批量，可能对应有不同的售价，因而输入价格时系统应再次加以检查，若输入有误，系统应锁定，以便主管审核。

(4) 加工包装确认。客户订购的商品若有特殊的包装、分装或贴标签等要求时，系统都应加以专门的确认。

(5) 设定订单号码。每一份订单都应有单独的订单号码，所有有关此订单的工作进度说明及报告都应附有此号码。

(6) 建立客户档案。将客户的详细资料备案，不仅有益于此次交易的顺利进行，更利于日后合作机会的增加。档案的内容一般包括：客户名称、代号、等级等；客户信用额度；客户销售付款及折扣率的条件；开发或负责此客户的业务员资料；客户配送区域；客户收账地址；客户点配送路径顺序；客户点适合的送货车辆形态；客户点的卸货特性；客户配送要求；过期订单处理指示等。

步骤3：存货查询和存货分配。

(1) 存货查询。存货查询的主要目的是确认库存是否能满足客户的需求。存货资料包括货物的品项名称、货物编码、产品描述、库存量、已分配存货、有效存货和期望进货时间等。

(2) 存货分配。订单确认无误后，最主要的工作就是将大量的订货资料做最有效的分类和调拨。存货分配有两种模式：第一种是采用摘果法按单一订单分配存货；第二种是采用播种法按订单、按批次处理分配存货。在进行批次分配的时候，由于订单数量多、客户等级多，所以在优先权的问题上，应掌握以下原则：依客户等级来取舍，将重要性程度高的客户作优先分配；依订单交易量或交易金额来取舍，将对公司贡献度大的订单优先处理；依客户信用状况，将信用较好的客户订单优先处理。

步骤 4：订单资料处理输出。

订货信息经处理后即可输出或打印出货单据，以展开后续的配送作业，出货单据主要包括以下几方面。

(1) 拣货单(见表 5-9)。编制拣货单据的目的在于提供商品出库指示资料，以此作为拣货的依据。所以，拣货单的输出应考虑商品的储存位置，依据储位前后相关顺序排列，以减少拣货人员重复往返取货，同时拣货数量、单位均需详细、准确标明。

表 5-9 拣货单

拣货单编号					用户订单编号			
用户名称								
出货日期					出货货位号			
拣货时间	年 月 日 时 分至 时 分				拣货人			
核查时间	年 月 日 时 分至 时 分				核查人			
序号	储位编码	商品名称	规格型号	商品编码	数量(包装单位)			备注
					托盘	箱	单件	
1								
2								
3								
4								
5								

(2) 送货单(见表 5-10)。物品交货配送时，通常附上送货单据以供客户清点签收。由于送货单主要给客户签收、确认出货资料，故应该准确、清晰。

表 5-10 发货单

出库单号码：						发货单号码：			
提货单位：						发货日期： 年 月 日			
存货编码	存货名称	规格型号	计量单位	数 量	单 价	金 额	税 额	价税合计	备 注
合 计									

客户签收： 日 期： 制 单 人： 审 核 人：

本单一式两联，第一联：仓库留存，第二联：出门证。

(3) 缺货信息。待配货完毕后，对于缺货的商品或缺货的订单资料，系统应提供查询界面或报表，以便采购人员紧急采购。

步骤 5：确定拣选的单位。

拣选单位是指拣货作业中拣取货物的包装单位。拣选单位与存货单位基本对应，但可能会因用户需要的细分而趋于更小。一般来说，拣选单位可分为托盘(P)、箱(C)及单品(B)三种，即通常说的 PCB。以托盘为拣选单位的体积及重量最大，其次为箱，最小者为单品。

拣选单位是根据订单分析出来的结果而作决定的，如果订货的最小单位是箱，则不需以单品为拣选单位。库存的每一种货物都要根据实际情况选择合适的拣货单位，有些同类货物可能有两种以上的拣选单位，设计时就要针对每种情况分别考虑。

表 5-11　基本拣选模式

拣选模式编号	储存单位	拣选单位	记　号
1	托盘	托盘	P→P
2	托盘	托盘+箱	P→P+C
3	托盘	箱	P→C
4	箱	箱	C→C
5	箱	单品	C→B
6	箱	箱+单品	C→C+B
7	单品	单品	B→B

步骤 6：确定拣选的方式。

(1) 拣选式(单一、按单)拣取——摘果法。

这是针对每一份订单，作业员巡回于仓库内，按订单所列的商品种类及数量逐一从仓库储位或其他作业区中取出，然后集中的拣货方式。这种方式类似于人们进入果园，在一棵树上摘下已成熟的果子后，再转到另一棵树上去摘果子，所以又形象地称之为"摘果式"。

按单拣选作业方法的特点：①按订单拣选，易于实施，而且配货的准确度较高，不易出错。②对各用户的拣选相互没有约束，可以根据用户需求的紧急程度安排次序。③拣选完一个货单后货物便配齐。因此，货物可不再落地暂存，而直接装上配送车辆，这样有利于简化工序，提高作业效率。④用户数量不受限制，可在很大范围内波动。拣选作业人员数量也可以随时调节，在作业高峰时，可以临时增加作业人员，有利于开展好及时配送，提高服务水平。⑤按单拣选方式对机械化、自动化没有严格要求，不受设备水平限制。

其适用范围：①用户不稳定，波动较大。②用户之间共同需求差异较大。③用户需求种类较多，增加统计和共同取货的难度。④用户的配送时间有明确要求只是要求不一。⑤传统仓库改建成配送中心时。

(2) 批量拣取——播种法。

批量拣选作业是由分货人员或分货工具从储存点集中取出各个用户共同需要的某种货物，然后巡回于用户的货位之间，按每个用户的需要量分放后，再集中取出共同需要的第二种货物，如此反复进行，直至用户需要的所有货物全部分放完毕，即完成各个用户的配货工作。这种作业方式，类似于农民在土地上播种，一次取出几亩地所需的种子，在地上巡回播撒，所以又形象地称为"播种"或"播撒"式。

批量拣选作业方式特点：①由于是集中取出共同需要的货物，再按货物货位分放，这就需要在收到一定数量的订单后再进行统计分析，安排好各用户的分货货位之后才能反复进行分货作业。因此，这种工艺难度较高、计划性较强，和按单拣选相比，错误率较高。②由于是各用户的配送请求同时完成，可以同时开始对用户所需货物进行配送。因此有利于车辆的合理调配和规划配送路线，与按单拣选相比，可以更好地发挥规模效益。③批量拣选作业方式对到来的订单无法做及时的反应，必须等订单达到一定数量时才做一次处理，因此会有停滞时间产生。只有根据订单到达的状况做等候分析，决定出适当的批量大小，才能将停滞时间减至最低。

其适用范围：①用户稳定，数量较多。②用户之间共同需求大。③用户需求种类较少，便于统计和共同取货。④用户的配送时间没有明确要求。⑤专业性强的配送中心。

(3) 复合拣取。

复合拣取是按单拣取和批量拣取组合起来的拣货方式，即根据订单的品种、数量及在库频率，确定哪些订单适应于按单拣取，哪些订单适应于批量拣取，然后分别采取不同的拣货方式。

(4) 整合按单拣选。

整合按单拣选主要应用在每一订单只有一种品项的场合，为了提高运输配送的效率，将某一地区的订单整合成一张拣选单，做一次分拣后，集中捆包出库，属于按单拣选的一种变通形式。

步骤7：行走和搬运。

拣货时，拣货作业人员或机器必须直接接触并拿取货物，因此形成拣货过程中的行走与货物的搬运，缩短行走和货物搬运距离是提高配送中心作业效率的关键。拣货人员可以步行或搭乘运载工具到达货物储存的位置，也可以由自动储存分拣系统完成。

步骤8：拣取。

无论是人工或机械拣取货物，都必须首先确认被拣货物的品牌、规格、数量等内容是否与拣货信息所传递的指示一致。这种确认既可通过人工目视读取信息，也可利用无线传输终端机读取条码由电脑进行对比，后一种方式往往可以大幅度降低拣货的错误率。拣货信息被确认以后，拣取的过程可以由人工或自动化设备完成。通常小体积、少批量、搬运重量在人力范围内且出货频率不是很高的，可以采取手工方式拣取；对于体积大、重量大的货物可以利用升降叉车等搬运机械辅助作业；对于出货频率很高的可以采用自动拣货系统。

步骤9：分类与集中。

配送中心在收到多个客户的订单后，可以形成批量拣取，然后再根据不同的客户或送货路线分类集中，有些需要进行流通加工的商品还需根据加工方法进行分类，加工完毕再按一定方式分类出货。多品种分拣的工艺过程较复杂，难度也大，容易发生错误，必须在统筹安排形成规模效应的基础上，提高作业的精确性。在物品体积小、重量轻的情况下，可以采取人力分拣，也可以采取机械辅助作业，或利用自动分拣机自动将拣取出来的货物进行分类与集中。分类完成后，货物经过查对、包装便可以出货、装货、送货了。

五、任务执行结果评价

任务执行结果评价如表 5-12 所示。

表 5-12　配送订单处理和拣货作业实训任务执行结果评价(指导教师用表)

考核评价内容	考评标准	分　值	评价得分
执行编制配送作业计划任务的情况	订单处理的执行步骤正确规范	30	
	拣选的方式恰当、操作正确	30	
	拣取操作时间合理	5	
	货物分类与集中操作正确	5	
任务执行团队评价	团队分工的合理性、协同性	10	
	团队执行任务的效率	10	
	完成任务的创新性	10	
本次任务执行结果评价得分总计			

第六章 包 装

案例导入

某民营企业收购了一家生产酱醋调味食品的乡镇集体企业后,组织了对经营性亏损原因的排查,其结果显示,包装管理列在市场营销管理之后,成为亏损的第二大原因。表现为:一是包装成本高。原企业酱醋年产量200万瓶,包装成本高达318万元,平均每瓶包装成本达1.59元,企业全年包装成本约占总销售的45%;二是包装价值低。由于包装装潢设计效果差,包装材质差,导致高质量产品只能低价销售且缺乏竞争力;三是缺乏包装管理。企业没有专人负责包装,把采购包装看成肥缺,轮流坐庄,导致包装采购成本高,在使用包装时没有责任和责任制度,包装损坏现象普遍。

经营者在深入分析后,认为:包装管理已成为制约企业发展的"瓶颈",无论从市场促销角度,还是从企业内部管理角度,都非常明显地反映出包装管理存在一定的问题,同时这也是加强内部管理、提高企业经济效益的重要突破口。经营者下决定狠心抓企业包装管理,采取了3个主要措施。

1. 建立专门组织体系,统一企业包装管理。

该企业设立包装管理小组,由厂长亲任组长,小组成员包括财务、采购、生产和销售部门的人员,这些人员是企业生产经营各个环节的包装管理者。

2. 制定明确规范的包装管理制度。

让每个包装管理者和使用者都有明确的目标和责任,并通过合理的奖励方法,调动企业员工做好包装管理的积极性。

3. 进行包装装潢的招标设计,提升产品包装价值。企业先后两次公开进行包装的招标设计。

第一次包装设计主要是瓶贴和包装箱的设计,改变了产品的包装形象,提高了产品销售价格,有力地促进了销售;第二次包装设计主要是瓶形和瓶盖、瓶胶套的设计,提高了包装使用的便利程度,强化了企业特色产品形象,进一步促进了产品销售。在包装设计之前,产品销售均价只能达到3.50元/瓶,且销售不畅;而重新设计后,产品销售均价达到4.00元/瓶,高档品达到8.00元/瓶,且销售顺畅。

(资料来源:中国百科网,http://www.chinabaike.com/t/9791/2016/0529/5238277.html)

第一节　认知包装

一、包装的概念及其功能

1. 包装的概念

无论是产品或是材料，在搬运输送以前都要被加以某种程度的包装捆扎或装入适当的容器，以保证产品完好地运送到消费者手中，所以包装被称为生产物流的终点，同时也是社会物流的起点。我国国家标准《物流术语》中对包装的定义是："为在物流过程中保护产品，方便储运，促进销售，按一定技术方法而采用的容器、材料及辅助物等的总称。也指为了达到上述目的而采用容器、材料和辅助物的过程中施加一定技术方法(对物品进行包封，并加以适当的装潢和标识)工作的总称。"即包装是包装物和包装操作的总称。

2. 包装的功能

1) 容纳功能

容纳功能是包装最基本的功能。许多商品本身没有一定的几何形态，如液体、气体和粉状商品，通过包装才可使其具有一定商品形态，进而进入运输和销售环节。包装的容纳功能不仅有利于商品的流通和销售，而且也是增加商品价值的一种手段。对于一般结构的商品，包装的容纳增加了商品的保护层，可以提高商品质量的稳定性；对于食品、药品、化妆品、消毒品、卫生用品等商品，包装的容纳还能保证商品卫生，隔绝细菌；对于复杂结构的商品，包装的容纳能使其外形整齐划一，便于物流运输，更利于商品的集合包装；对于质地疏松的商品，通过包装过程进行合理压缩，可充分利用包装容积，节约包装费用，节省运输空间。

集合化功能是容纳功能的延伸，主要是利用包装把许多个体或个别的包装物统一集合起来，化零为整，化分散为集中，这种集合的容纳不仅方便商品运输，减少流通费用，也为大型机械化装卸搬运工具的应用提供了可能，进而大幅度提高运输效率。

2) 保护功能

商品在运输、存储和销售的过程中，会受到很多因素影响，也可能受到很多威胁，使其发生物理、化学、生物等变化，造成货损、货失。例如，运输、装卸过程中的颠簸、冲击、震动、碰撞、跌落而造成的商品变形、损伤、失散等；流通和存储过程中外界温湿度、空气、紫外线而造成的商品溶化、腐烂、氧化、变色、老化、锈蚀等质量变化；微生物、害虫的侵入而导致商品霉烂、变质、虫蛀等。因此，必须依据不同的商品形态、特征、养护特性、运输销售环境等，而选择适当的包装材料，设计或采用合理的包装技术，尽最大可能保护商品，使商品免受日晒、风吹、雨淋、灰尘沾染等自然因素的侵袭，防止挥发、渗漏、溶化、玷污、碰撞、挤压、散失以及盗窃等损失。从这个角度来说，保护功能是包装最重要的功能。

包装的保护功能主要包括以下几点。

(1) 防止商品破损。

恰当的商品包装能使商品在装卸、运输、保管过程中承受各种力的作用。如冲击、振动、颠簸、压缩等，形成外力的破坏抵抗的防护作用。

(2) 防止商品发生质量变化。

合适的包装能在一定程度上起到阻隔水分、溶液、潮气、光线、氧气等作用，防止商品发生物理、化学及生化等方面的质量变化。

(3) 防止虫蛀。

商品在存储过程中很容易遭到害虫的蛀蚀，合理的包装可以有效阻隔虫、鼠等侵入，形成对生物的防护作用。

(4) 包装还有防止异物混入、污染的作用，同时也在很大程度上防止货物的丢失、失散。

(5) 包装不仅能保护内装物不受损失及质量变化，同时对于一些危险品或有毒品，包装还能防止这些危害性的内装物对人、生物和环境可能造成的危害。

3) 方便功能

方便功能主要是指包装为商品从生产领域向流通领域和消费领域转移的过程中提供的一切方便，比如方便运输，方便装卸，方便存储，方便分发，方面销售、方便识别、方便携带、方便使用、方便回收、方便处理等。

(1) 方便生产加工、周转、装入、封合、贴标、堆码，便于装卸搬运，是物流操作更加快捷、准确、可靠、便利，大大提高物流效率。

(2) 方便仓储保管与货物、商品信息识别。包装上注明产品型号、数量、品牌以及制造厂家或零售商的名称等信息，能帮助库房管理人员准确找到产品，也可以帮助消费者找到他们想要的东西。

(3) 方便商店货架陈列展示与销售。包装的空间方便性对降低流通费用至关重要，尤其是对十分重视货架利用率的超市来说，更讲究包装的空间方便性。

(4) 合理的包装，一方面，能够在满足物流作业的前提下，减少操作难度；另一方面，应方便消费者携带、开启、方便消费应用，节省人的体力消耗。

(5) 方便包装废弃物的分类回收处理，如便于回收复用，便于自然分解而有利于环境保护的包装等。

4) 促销功能

包装的促销功能主要通过加强企业与顾客之间的信息沟通，来促使顾客产生购买行为。毋庸置疑，包装能起到广告宣传的效果，良好的包装，往往能为广大消费者或用户所瞩目，激发其购买欲望，从而促使销售，成为产品推销的一种主要工具和有力的竞争手段。美国最大的化学工业公司杜邦公司的一项调查表明：63%的消费者是根据商品的包装来选购商品的。这是著名的"杜邦定律"。

包装的促销功能是因为包装具有传达信息功能、表现商品功能和美化商品功能而引起的。商品的促销功能主要表现在：一是通过包装上的文字说明，向消费者传达商品的名称、品牌、特性、用途、使用方法、注意事项等信息，起到广告、宣传商品；指导消费作用；二是依靠包装上的图案、照片及泡罩包装、透明包装等所显露的商品实物，把商品的外貌表达给消费者，使消费者在感性认识的基础上加深对商品的了解，刺激消费者的购买欲望；三是包装的装潢造型等艺术装饰性内容可以对商品在形象上进行装扮、美化，具有突出卖点等作用，使其更具吸引力或商业价值。

二、包装的分类

1. 按包装在流通中的作用分类

按包装在流通中的作用可将其分为销售包装和运输包装。

1) 销售包装

销售包装，也称商业包装，是指一个商品为一个销售单元的包装形式，或若干个单品商品组成一个小的整体包装，因此销售包装又称内包装或小包装，是直接接触商品并随商品进入零售网点，与消费者或用户直接见面的包装，一般可随商品销售给顾客，起着直接保护商品、宣传商品和促进商品销售的作用，同时还可以方便商品陈列、自我推销和方便顾客识别选购。销售包装可以是单体包装，即只包装一种或一套商品，如一支钢笔的包装或一打签字笔的包装，也可以是配套包装，即把不同品种、不同规格、用途不同但相关的数件商品进行整体包装，如一套化妆品，促销作用明显。

销售包装的主要目的就是促进销售，因此这种类型的包装技术要求是外形美观、新颖、安全、卫生，易于携带，包装单位适于顾客的购买量以及商店陈设的要求，其印刷、装潢要求较高。成功的销售包装能够吸引消费者的注意力，方便顾客，促进消费者购买，并在一定程度上提高商品的价格。

2) 运输包装

运输包装也称工业包装，是指强化安全输送、保护商品的较大单元的包装形式，又称外包装或大包装，如纸箱、木箱、集合包装、托盘包装等。运输包装一般体积较大，外形尺寸标准化程度高，坚固耐用，表面已有明显的识别标志，其主要功能是尽可能降低运输流通过程中对商品造成的损坏，保障商品的安全，方便运输、卸载和存储，加速交接点验，或方便检验和分拨。

运输包装一般不与消费者见面，其重要特点是在保护商品和满足物流要求的基础上使包装成本越低越好。为了降低包装成本，包装的防护性也往往随之降低，商品的质量损失和物流损失就必然增加；相反，如果加强运输包装，商品的质量及物流损失就会降低，但包装费用就必然增加，如果完全不允许存在这些损失，就必然存在所谓的"过剩包装物"，物流及包装成本必然会大大增加，由此带来的支出会转嫁到价格上，对消费者十分不利。因此，对于普通商品，包装程度应当适中，在二者之间寻求一个最优点，才会有最优的结果。

2. 按包装容器形状分类

按照包装容器的形状可分为包装袋，包装箱，包装盒，包装瓶，包装罐等。

3. 按包装容器结构形式分类

按照包装容器的结构形式可分为固定式包装和拆卸折叠式包装两类。固定式包装的尺寸，外形固定不变，可拆卸折叠式包装通过折叠拆卸可在不需包装时缩减容积以便于管理及搬运。

4. 按包装容器的抗变形能力分类

按照包装容器的抗变形能力可分为硬包装和软包装两类。硬包装又称刚性包装，包装体有固定的形状和一定的强度；软包装又称柔性包装，包装体可有一定程度变形，且有弹性，一般来说空间占用较少。

5. 按包装容器使用次数分类

按包装容器使用次数分为一次性包装、多次用包装和周转包装三类。周转包装是介于器具和运输包装之间的一类容器，实质是一类反复使用的转运器具。

6. 按照包装的形状分类

1) 个包装

个包装也称内包装或小包装。它是与产品最亲密接触的包装。它是产品走向市场的第一道保护层。个包装一般都陈列在商场或超市的货架上，最终连产品一起卖给消费者。因此我们设计时，更要体现商品性，以吸引消费者。

2) 中包装

中包装主要是为了增强对商品的保护、便于计数而对商品进行组装或套装。比如一箱啤酒是 6 瓶，一捆是 10 瓶、一条香烟是 10 包等。

3) 大包装

大包装也称外包装，因为它的主要作用是增加商品在运输中的安全性，且又便于装卸与计数。大包装的设计，相对个包装较简单。一般在设计时，也就是标明产品的型号、规格、尺寸、颜色、数量、出厂日期。再加上一些视觉符号，诸如小心轻放、防潮、防火、堆压极限、有毒等。

7. 按包装的保护技术分类

按包装的保护技术可为防水包装、防潮包装、防虫包装、防腐包装、防震包装、防辐射包装、防磁包装和危险品包装等。

8. 按照包装的内容物分类

按照包装的内容物可将包装分为食品包装，纺织品包装，土特产包装，化工商品包装，医药品包装，化学危险品包装，机电商品包装等。

三、主要包装材料的应用与特点

包装材料是指用于制造包装容器、包装装潢、包装印刷、包装运输等满足产品包装要求所使用的材料，它既包括金属、塑料、玻璃、陶瓷、纸、竹木、天然纤维、化学纤维、复合材料等主要包装材料，又包括涂料、黏合剂、捆扎带、装潢、印刷材料等辅助材料。

包装材料在整个包装业占有重要地位，是发展包装技术，提高包装质量和降低包装成本的重要基础。因此，了解包装材料的性能、应用范围和发展趋势，对合理选用包装材料，扩大包装材料来源，新增包装种类或发展创新型包装容器和包装技术；对提高保护商品，降低成本，方便消费等方面都有重要意义。

1. 纸制品包装

纸制品是耗量非常大的包装材料，在传统包装材料中，应用范围十分广泛，可算得上是支柱性的包装材料。纸主要用作包装商品，制作纸袋和印刷装潢等。纸板则主要用于生产纸箱，纸盒，纸筒等包装容器，广泛应用于运输包装和销售包装方面。

纸的品种很多，有牛皮纸，玻璃纸，植物羊皮纸，沥青纸等。专用包装纸一般选用强度较大的牛皮纸制成纸袋，多为3~6层的多层叠合结构，需要时还可作防潮处理，把牛皮纸和塑料薄膜制成复合多层结构。大型纸袋通常用于粉粒状货物的包装，如水泥，肥料，谷物等。纸板是由牛皮纸浆，化学纸浆，旧纸浆等为原料制成的厚纸板总称，如瓦楞原纸，白纸板，黄纸板等，其中瓦楞原纸的用途最为广泛，产量也最大。

瓦楞原纸由中芯原纸和内衬原纸黏合制成，中芯原纸用于制造瓦楞波形部分，内衬原纸贴在外侧。瓦楞波形有波高和波数两个参数，波高(用毫米计量)一般在2.5~5mm左右，波数(用30cm宽度内的波的数量计量)一般有36~50波左右，不同参数组合有不同强度，分成A.B.C.D四种槽形。瓦楞纸板根据不同用途和方式可制成不同层数的纸板，一般有单面瓦楞纸板，双面瓦楞纸板，两层双面瓦楞纸板和三层双面瓦楞纸板。

纸制品作为包装材料，具有以下优点：①具有适宜的强度，耐冲击性和耐摩擦性；②安全性好，无毒无异味，容易做到清洁卫生；③具有优良的成型性和折叠性，便于采用各种加工方法，适用于机械化，自动化的包装生产；④可印刷性极佳，便于传递信息和美化商品；⑤价格较低，可降低包装成本；⑥重量轻，可降低运输成本；⑦环保性能好，用后易处理。可回收复用和再生，不会污染环境，有利于节约资源。

纸制品包装也有一些缺点，如难以封口，气密性，防潮性和透明性差等，受潮后牢度下降是其致命弱点，这些缺点都使其在包装应用上受到一定的限制。

2. 包装

合成树脂泛指各种塑料包装材料。主要有聚乙烯、聚丙烯、聚氯乙烯、聚苯乙烯、聚酯、聚酰胺、聚偏二氯乙烯、聚乙烯醇、聚碳酸酯、乙烯-醋酸乙烯共聚物等。塑料在包装中被广泛使用，可用于单个包装、内包装、外包装，用于运输包装时可制成各种塑料容器。在箱袋结合的运输包装中，将塑料制成各种盛液体的容器，以替代玻璃瓶、金属罐、木桶等，再把塑料容器放入瓦楞纸箱内。成型容器(塑料罐、箱)也是塑料包装的重要领域，受价格和成型难易影响，多数用聚乙烯材料制成，国家在容量、尺寸、强度等方面都有规定。另外，用于替代木箱的运输用塑料箱也有大量使用，一般用在食品、饮料等物品的运输包装方面。

塑料作为发展前景广阔的包装材料，其优点如下：①密度小，强度高，可以获得较高的包装得率，即单位质量的包装体积或包装面积大小，同时，制成的包装容器重量轻，适应包装轻量化的发展需要，对于运输过程非常有利；②物理机械性能优良，具有一定的强度和弹性，单位重量的强度性能高，耐折叠、耐冲击、抗震动、防潮、防水，并能阻隔气体，绝缘性能优异；③化学稳定性好，有良好的耐酸、耐碱、耐各种有机溶剂的性能，长期放置，不发生氧化，同时，具有易改性，有利于新品种的应用；④成型容易，所需成型能耗低于钢铁等金属材料；⑤具有优良的透明性、可印刷性和装饰性，为包装装潢提供了很好的条件，同时，一些塑料表面光泽性非常好，可以提高内装物的视觉效果，提高商品价值；⑥适用于各种包装新技术的应用，如真空技术、充气技术、拉伸技术、收缩技术、贴体技术，复合技术；⑦加工成本低，价格优势明显。

塑料作为包装材料也有不足的地方：强度不如钢铁，耐热性不如玻璃，在外界因素长时间作用下易发生老化；有些塑料助剂可能渗入内装物，造成潜在风险；易产生静电；塑料包装废弃物处理不当会造成环境污染等。因此，在选用塑料包装材料时要综合考虑其优缺点，有针对性地加以选择。

3. 木制品包装

木材是最传统的包装材料，至今仍有广泛应用。木材具有特殊的耐压，耐冲击和耐气候性能，加工性能较好，常用于制作木桶，木箱和胶合板箱等容器，也可制成托盘。目前仍是大型和重型商品运输包装的重要材料，同时也用于包装那些批量小，体积小，重量大，强度要求高的商品。

木材作为包装材料虽然具有独特的优越性，但作为生物质材料，也存在着一些缺点，如易受潮湿、温度的影响而产生热胀冷缩和吸湿解吸现象，导致箱体变形或裂缝，容易燃烧，易腐朽，木包装材料能携带森林病虫害，对内装物有一定的威胁，需检疫除虫处理，同时，受检验检疫制度限制，在国际贸易中，一定程度上影响通关速度。由于森林资源的匮乏，环境保护要求等原因，木制包装容器已逐渐减少，正在被其他包装容器所取代。

4. 金属材料包装

金属包装材料主要指钢材、铝材及其合金材料。包装用钢材主要是薄钢板、镀锡薄钢板(俗称马口铁)、镀锌薄钢板；包装用铝材有纯铝板，合金铝板和铝箔。目前，刚性金属材料主要用于制造运输包装，如桶、集装箱等，也常用于饮料、罐头、肉制品等商品销售包装，如罐、听、盒；软性金属材料主要用于制造软管和金属箔，如铝制软管广泛用于包装膏状化妆品、医药品、清洁用品、文化用品及食品等；铝箔多用于制造复合包装材料，也常用于食品、卷烟、药品、化妆品和化学品等的包装。

金属材料包装的优点：良好的机械强度，牢固结实，耐碰撞，不破碎，能有效地保护内装物；密封性能优良，阻隔性好，不透气，防潮，耐光，用于食品包装(罐藏)能达到中长期保存不变质的效果；具有良好的延伸性，易于加工成型；金属表面有特殊的光泽，易于进行涂饰和印刷，可获得良好的装潢效果；易于回收再利用。但是，金属材料包装也有明显的不足：成本高，还有一些金属材料如钢铁的化学稳定性差，在潮湿的环境中容易生锈，遇酸、碱会腐蚀，因而限制了其在包装上的应用，不过钢板通过镀锌、镀锡、镀铝、涂层，可以提高其耐腐蚀性和耐酸碱性。

5. 玻璃容器包装

玻璃是以硅酸盐为主要成分的无机性材料，玻璃用作包装材料由来已久，有其自身独特的性能，目前仍是现代包装的主要材料之一。玻璃主要用来制造销售包装容器如玻璃瓶和玻璃罐，广泛用于酒类、饮料、罐头食品、调味品、药品、化妆品、化学试剂、文化用品等商品的包装，此外，玻璃也用于制造大型运输包装容器，用来存放强酸类产品，还用来制造玻璃纤维复合袋，用于包装化工产品和矿物粉料。

玻璃容器的优点：化学稳定性好(不耐碱)，强度高，外观美，可透视产品，表面光滑，易清洗，密封性优良，不透气，不透湿，有紫外线屏蔽性，可重复使用。玻璃容器的缺点：质量偏重，易碎，经不起温度的突变，密封困难，自身重量大，运输成本高等。

6. 草制品包装

草制品包装是指天然草类植物经过简单处理而编制成的草席、蒲包、草袋等包装物。草制品包装优点是天然环保、成本低廉。但是，由于这类包装的防水、防潮能力差，强度低，是比较落后的包装形式，已逐步被淘汰。

7. 天然纤维材料包装

纤维包装指用各种纤维编制而成的袋状容器。天然纤维包装材料有黄麻、红麻、大麻、青麻、罗布麻、棉花等。天然纤维材料包装具有资源丰富、强度大、耐磨、耐酸碱、耐腐蚀等优点，比较明显的不足是防潮性差。

8. 合成纤维材料包装

合成纤维材料主要有合成树脂、玻璃纤维等，最广泛使用的是塑料与玻璃纸复合，塑料与塑料复合，金属箔与塑料复合，金属箔、塑料、玻璃纸复合，纸张与塑料复合等材料制作的包装。合成纤维材料包装坚韧、密封、轻便、保存性能好，便于携带和使用，现在应用范围越来越广泛。

第二节 包装设计与技术

一、包装设计

包装设计需要运用专门的设计技术，将物流需要、加工制造；市场营销及产品设计等要求结合起来综合考虑，尽可能满足多方面的需要，当然这是很难的。物流包装设计中考虑的首要因素应当就是对货物的保护功能。同时，包装设计应当在符合保护货物要求的前提下，考虑到包装费用是否合理的问题，过度的包装会增加包装费用。另外，包装设计的尺寸大小会影响运输工具和仓库容积使用率，这也是一个重要的影响因素。

1. 包装设计要点

为货物设计包装时，必须了解货物本身的特性，以及运输和存储环境条件，并从以下几方面考虑：

1) 保护性

包装是否能够达到货物的保护要求；

2) 装卸性

货物在运输工具上装卸及仓库中取存是否方便、高效；

3) 作业性

对货物的包装作业是否简单容易操作；

4) 便利性

货物开包是否方便，包装物处理是否容易；

5) 标志性

包装物内物品的有关信息(如品名、数量、重量、装运方法、保管条件等)是否清楚；

6) 经济性

包装费用是否恰当合理。

2. 保护设计

包装保护功能是第一位的。在设计时要充分考虑到流通中的各种损害因素。一般为堆码负荷、震动、冲击、温湿度、虫害、发霉等。

堆压发生在保管和运输过程中。货物在仓库中多数是多层堆码，近年来由于普及托盘化包装，常采用高层堆码。根据叉车的举升高度一般在 5 米以下，所以仓库内的最大堆码高度应定为 5 米，以此计算包装的抗堆压强度；车辆中的堆码高度一般为 2.4 米；轮船上的堆码高度与船型有关，一般为 4～6 米。

震动与冲击一般发生在装卸和运输过程中，这些机械力的数值可参照运输工具的设计及强度标准。如汽车设计中，都规定有负荷计算标准，包括上下、左右、前后三维的标度。此外还要考虑人力装卸时的冲击，物流中人力装卸机会最多，且产生的冲击力特别大，尤其发生在人力不易握住的货物搬运过程中，所以在包装设计时，要考虑有利于人力装卸的包装形状和重量。

货物的易损性又直接与自身的特性有关，在同样的外力作用下，不同的货物遭受损坏的程度是完全不同的，例如玻璃器皿比金属制品更容易破碎。货物的易碎性可以通过对货物的包装测试来测定，测试的结果可初步选定货物的包装材料和垫层厚度。之所以是初步选定，是因为还要对这种包装设计方案作成本分析，如果成本过高，就应该考虑其他的设计方案，如是否可选用其他包装材料、包装方式等。

3. 集合包装设计

集合包装设计对于提高物流运作的效率起着非常重要的作用，所以是物流管理中的一项重要任务。该项作业的直接目的就是提高劳动生产率。

按照标准订单数量包装货物有助于提高装运的生产率。例如，卷烟 10 包一条，50

条一箱，啤酒 12 瓶一箱，订货时以箱为单位。此外，为了提高物流效率，在使用各种运输工具时，总希望货物的包装尺寸在装运时能够最大限度地利用装载空间。为此，专门设计一些器具，使器具的尺寸既能放下若干箱货物，又能较好地利用运输工具的空间。集合包装后的货物单位可称之为单位载荷，其实质是使货物的物流包装载荷的规格标准化。标准化载荷有许多优点：第一，可以有效减少装卸时间，据美国等物流发达国家的测算，标准化载荷至少可以减少五分之一的人工作业时间；第二，用单位载荷形式可以方便运输与保管作业，如搬运、查验的手续被简化；第三，标准化单位载荷与专门化的运输服务相互配合就可以大大降低货损。

二、包装技术

随着科学技术的进步，包装技术不断发展完善，包装技术很多，现介绍主要的几种。

1. 贴体包装与泡罩包装

1) 贴体包装技术

贴体包装法是将一件或多件商品放在用纸板或塑料薄片制成的能透气的纸板上，上面覆盖加热软化的透明塑料薄膜，通过底板抽真空，使薄膜与内装商品紧密包贴，使商品紧紧固定在其中，且四周封合在底板上的一种包装方法。贴体包装技术广泛适用于形状复杂、怕压易碎的商品，如日用器皿、灯具、文具、小五金和一些食品。

贴体包装法广泛用于商品的销售包装，主要特点如下：

(1) 增加商品陈列效果。由于大多是透明包装，顾客几乎可看到商品的全部，加上不同造型和有精美印刷的彩底，大大增加了商品的陈列效果。

(2) 保护商品。贴体包装法能牢固地固定商品，有效地防止商品受各种物理机械作用而损伤，也能在销售中起到防止顾客触摸以及防盗，防尘，防潮等保护作用。

(3) 货架利用率高。贴体包装往往能使商品悬挂陈列，提高货架利用率。

2) 泡罩包装技术

泡罩包装是将商品封合在用透明塑料薄膜形成的泡罩与底板之间的一种包装方法，广泛地用于药品、食品、玩具、小五金、小商品等的销售包装。该包装主要由两点包装构件组成：一个是刚性或半刚性的塑料透明罩壳；一个是由塑料、铝箔或纸板等制成的底板。按照泡罩形式不同，泡罩包装技术可分为泡眼式、罩壳式和浅盘式三类。

(1) 泡眼式。泡眼是一种尺寸很小的泡罩，常见的如药片泡罩包装。

(2) 罩壳式。罩壳是一种用于文具、玩具、小工具、小商品的泡罩。

(3) 浅盘式。浅盘是杯、盘、盒的统称，主要用于食品如熟肉、果脯、蛋糕等的包装。

泡罩包装技术与贴体包装的不同之处在于，泡罩包装有较好的阻气性、防潮性、防尘性，用于食品时清洁卫生，并可增加货架寿命，对于大批量的药品、食品、小件物品，易实现自动化流水作业，泡罩有一定的立体造型，在外观更吸引人，利于促进销售。

2. 真空包装与充气包装

1) 真空包装技术

真空包装是将商品装入气密性包装容器，密封前抽去容器内部的空气，使密封后的容器内达到预定真空度的一种包装方法，又称减压包装技术。这种方法一般用于高脂肪低水分的食品包装，其作用主要是排除氧气，减少或避免油脂氧化，维生素分解，色素变色和香味消失，而且可以抑制细菌或其他好痒微生物的繁殖，当用于食品软包装时，进行冷冻后，表面无霜，可保持食品本色，但也往往容易造成褶皱，真空包装还能防止虫蛀，当用于轻纺工业品包装时，能缩小包装商品体积，减少流通费用。

2) 充气包装技术

充气包装是在真空包装的基础上发展而来，是将商品装入气密性的包装容器中，用惰性气体置换容器中原有的空气的一种包装方法，因此也称为气体置换包装法。充气包装用于食品包装，能减缓或避免食品的氧化变质，防止香气散失，变色等，进而延长保质期，能用于粉状、液状以及质软或有硬尖、棱角商品的包装，但因内部有气体，不适合进一步加热杀菌处理。

3. 吸氧剂包装技术

吸氧剂包装技术是在密封的包装容器内，借助能与氧气起化学作用的吸氧剂，而去除包装内的氧气，使商品在无氧条件下保存的一种包装方法。目前该法主要用于食品保鲜以及礼品、点心、茶叶的包装等，还可用于毛皮、古董、书画、镜片、精密机械零件及电子器材等的包装。

吸氧剂包装技术可以完全杜绝氧气的影响，防止氧化，变色，生锈，发霉，虫蛀等，可使商品在长时间处于无氧状态下保存，方法简便易行，不需大型设备。

4. 收缩包装技术

收缩包装技术是将经过预拉伸的塑料薄膜、薄膜套或袋，在考虑其收缩率的前提下，将其裹包在被包装商品的外表面，通过适当温度加热，薄膜即在其长度和宽度方向上产生急剧收缩，紧紧包住商品的一种包装方法。该方法包装效果较好，广泛应用于销售包装。

收缩包装技术主要特点是：所采用的塑料薄膜通常是透明的并紧贴于商品，能充分显示商品的色泽、造型，大大增加了陈列效果，促进销售；所用薄膜材料有一定韧性，且收缩比较均匀，在棱角处不易撕裂；可将零散多件商品方便地包装在一起，如有几个罐头、几盒磁带等，有的借助于浅盘，可以省去纸盒；由于密封性好，对商品具有防潮、防污染的作用，对食品能起到一定的保鲜作用，有利于零售，延长货架寿命；可保证商品在到达消费者手中之前保持密封，防止启封、偷盗等。

5. 拉伸包装技术

拉伸包装技术是用具有弹性可拉伸的塑料薄膜，在常温和张力的作用下，裹包住单件或多件商品，在各个方向上牵伸薄膜，使商品紧裹并密封。拉伸包装技术与收缩包装技术的效果基本一样，但也有如下自身特点：

(1) 该法不用加热，尤其适用于那些怕加热的产品如冷鲜肉、蔬菜水果等。
(2) 可准确地控制裹包力，防止产品被挤碎变形。
(3) 由于不需要加热收缩设备，可节省设备投资和设备维修费用，并可节省能源。

6．缓冲包装技术

缓冲包装技术又称防震包装，是指为了减缓内装物受到冲击或震动而损坏，采取一定防护措施确保其外形和功能完好而设计的包装方法。缓冲材料在外力作用时能有效地吸收能量，及时分散作用力而保护商品。

缓冲包装依据商品的特点和运输装卸条件，可分为全面缓冲法、部分缓冲法和悬浮式缓冲法三种。全面缓冲法是在内包装和包装之间填满缓冲材料，对内包装所有部位进行全面缓冲保护；部分缓冲法是在内装物的局部或边角部位使用缓冲材料衬垫，这种方法对于某些整体性好或允许加速度较大的商品来说比较合适，既不减低缓冲效果，又能节约缓冲材料，降低包装成本；为了确保一些允许加速度小的易碎或贵重物品的安全，可以采用悬浮式缓冲法进行包装，这种方法采用坚固容器外包装，将内装物或内包装(商品与内包装之间的合理衬垫)用弹簧悬吊固着在外包装容器中心，通过弹簧缓冲作用保护商品，以求万无一失，这种方法成本较高，一般用于一些精密仪器、仪表、机电设备等商品。

7．防潮包装技术

防潮包装是采用具有一定隔绝水蒸气能力的防潮材料，制成密封容器，利用各种技法以隔绝外部空气相对湿度的变化对内装物产生的影响，从而保护商品质量的方法。防潮包装材料中金属和玻璃最佳，塑料次之，纸板、木板最差。常用的防潮技法有多层密封、容器真空或充气、加干燥剂等。在具体进行防潮包装时，应注意以下几点。

(1) 产品在包装前必须是清洁干燥的，并采用不吸湿或吸湿性小的缓冲衬垫。
(2) 防潮材料应平滑一致，无针眼，沙眼，气泡及破损等现象。
(3) 产品存在可能损伤防潮隔层的尖突部时，应预先采取包扎等防护措施。
(4) 为防止在运输途中损伤阻隔层材料，应使用缓冲衬垫材料予以拉紧，支撑和固定，并应尽量将其放在防潮阻隔层的外部。
(5) 应尽量缩小内装物的体积和防潮包装的用表面积，尽可能使包装表面积对体积的比率达到最小。
(6) 防潮包装应尽量做到连续操作，一次完成包装，若要中间停顿作业时，则应采取有效的临时防潮保护措施。
(7) 包装场所应清洁干燥，温湿度应符合相关要求。
(8) 防潮包装的封口必须密封良好。

8．防锈包装技术

防锈包装技术是在运输储存金属制品及零部件时，为防止其生锈而降低价值或性能所进行的技术处理。按腐蚀介质的不同，可分为大气腐蚀、海水腐蚀、地下腐蚀、细菌腐蚀等。在包装工作中遇到最多的就是大气腐蚀。锈蚀对于金属材料和制品有严重的破坏作用。据实验，钢材如果锈蚀 1%，钢材的强度就要降低 5% 到 10%，薄钢板就更容易因锈蚀穿孔而失去使用价值。金属制品因锈蚀而造成的损失远远超过所用材料的价值。在进行防潮包装操作时，应注意以下几点。

(1) 作业场所的环境应尽量对防锈有利，尽可能进行空气调整，最好能在低湿度，无尘和没有有害气体的条件下进行包装。

(2) 为减少潮气，有害气体和尘埃等的数量，应特别注意使包装内部所容空气的容积达到最小。

(3) 在处理包装金属时，不要粘上指纹，留下汗渍，否则要妥善地进行处理。

(4) 要特别注意防止包装对象的突出部分和尖锐部分的损坏，或因其移动、翻倒使隔离材料遭到破坏，因此在应用缓冲材料进行堵塞、支撑和固定等方面，要比使用一般包装方式更周密。

9. 防霉包装技术

防霉包装技术是防止内装物长霉影响内装物品质的一种包装方法。如对内装物进行防潮包装，以及干燥空气封存对内装物和包装材料进行防霉处理等。防霉包装的主要方法如下：

(1) 可选用抗菌性强的材料，如金属材料。

(2) 改进材料配方和工艺，提高其抗菌性，如减少塑料中有利于细菌生长的增塑剂、稳定剂等有机物的含量。

(3) 加工时在涂布过程中加入防腐剂，杀死或抑制细菌的生长。

10. 集合包装技术

所谓集合包装，是指将一定数量的产品或包装件组合成一个适合的运输单元或销售单元，以便于装卸、储存和运输。从销售的角度来看，集合包装能节约消费者分别购物的时间，同时达到促销的目的，从物流的角度来看，集合包装具有安全、快速、简便、经济、高效的特点，并利于现代化装卸搬运机械的实施，大大提高物流效率。总体来说，集合包装可以提高港口装卸速度，减轻装卸搬运的劳动强度，降低运输成本和节省运杂费用，更好地保护商品的质量和数量，并促进包装的标准化。常见的集合包装有集装箱，集装包和托盘集合包装。

1) 集装箱

集装箱是一种特殊的刚性容器，20 世纪 50 年代初开始引起广泛的关注。集装箱化包装运输适用于大多数货物的包装与运输。小至卷烟之类的商品，经成组包装(称为标准大箱)后，可用集装箱运输；大至汽车也可用集装箱装运。采用集装箱装运既可以提高物流作业效率，又可以起到非常好的保护作用，还能充分利用运输工具的装载空间，所以全球集装箱运输量持续大幅度增长。伴随着运输量的增长，带动了专用的运输工具发展，如集装箱船、集装箱车皮、挂车等。集装箱按用途分类，可分为铁路集装箱、船运集装箱、航空集装箱及其他集装箱。集装箱最大的成功在于其产品的标准化以及由此建立的一整套运输体系，能让一个载重几十吨的庞然大物实现标准化，并以此为基础逐步实现全球范围内的船舶、港口、航线、公路、中转站、桥梁、隧道、多式联运相配套的物流系统。

集装箱的主要作用有：①保护商品。集装箱的结构牢固，密封性能好，整体性强，能够保证集装商品的运输安全。②降低成本。能够节省集装商品的包装费用，简化理货手续，减少营运费用，降低物流成本。③提高物流效率。能够进行公路、铁路、水路的联运，能够实现快速装卸，加快了运输工具的周转，减少了商品在运输环节的滞留。④提高劳动生产率。能够实现装卸搬运的机械化、自动化控制，提高劳动生产率，为实现运输管理现代化提供了必要条件。

2) 集装包(袋)

集装包是用合成纤维或由复合材料编织成的抽口式的包，适于装载桶装和袋装的多件商品。一般每包可容纳 1～1.5 吨重的货物。集装袋是用合成纤维或复合材料编织成圆形的大口袋，适于集合包装商品，每袋一般可容纳 1～4 吨重的货物。

许多国家为了提高货物装卸速度和码头使用效率，常常在信用证上规定进口货物必须使用集合运输包装，有的港口甚至规定进口货物如果不使用集合运输包装，不能卸货。

3) 托盘用具

托盘是一种更为简便的用于承载货物的简易工具，它不是容器，不能将货物包裹在其中而起到保护作用。最简单的托盘形式是货板，一种木制器具。货物放置其上，起到成组的效果。操作时可以整盘搬运、存储，提高作业效率。由于托盘的四周几乎是开启的，堆垛的稳定性是不够的，为了提高作业的安全性，需要采取一些其他的包装措施。一般采取的增加稳定性的措施是用绳子、角柱、钢带等将货物固定，近年来更多地采用新材料作收缩包缠或拉伸包缠。托盘的种类和形式很多，分成用叉车或平板车装运的平托盘、柱式托盘、箱式托盘；有底部安装滚轮的，用人力推送的滚轮箱式托盘、滚轮保冷箱式托盘；板状托盘；有装运桶、罐等与货物外形一致的特殊构造的专用托盘。

托盘集合包装兼备包装容器和运输工具双重作用，已广泛用于生产、运输、仓储和流通等领域，集装箱与托盘被认为是 20 世纪物流产业中两大关键性创新之一。托盘作为物流运作过程中重要的装卸、储存和运输设备，与叉车的配套使用在现代物流中发挥着巨大的作用，不仅可实现物品包装的单元化、规范化和标准化，而且还可以保护物品、方便物流和商流。

第三节 包装合理化

一、包装合理化的概念及要素

1. 包装合理化的概念

所谓包装合理化，是指在包装过程中使用适当的材料和适当的技术，制成与物品相适应的容器，节约包装费用，降低包装成本，既满足包装保护商品、方便储运、有利销售的要求，又要提高包装的经济效益和包装综合管理活动的水平。

2. 包装合理化的要点

1) 防止包装不足

包装不足主要指包装材料选择不当或包装强度和容积不够等而不能对商品起到很好的保护作用，带来物流过程中的损失及促销能力的降低。包装不足主要体现在以下几个方面：①包装强度不足，包装强度的确定不仅要考虑商品重量等因素，更要综合考虑包装堆码层数、装卸搬运环境及设备等因素。包装强度不足会使物流性能不足，造成商品质量的下降或在物流环节中受损。②包装材料不能承担防护作用，物流包装材料的选择应与商品性能要求相适应，同时也要与包装技术、流通条件相适宜，使包装材料尽可能对商品起防护作用。③包装容器的层次及容积不足。④包装成本过低，不能有效地发挥包装的作用。

2) 防止包装过剩

包装过剩主要指超出正常的包装功能的需求，其包装空隙率、包装层数、包装成本超过必要程度的包装。具体而言包装过剩主要包括：①包装材料选择不当，如可以用纸板却不用而采用金属材料等；②包装强度设计超高，从而使包装防护性过高，包装技术过高；③包装成本过高等。

上述这些现象使包装成本大大增加，一方面会给物流带来不便，增加物流成本，带来商品整体成本的增加；另一方面，对于消费者而言，购买的主要目的是内装物的使用价值，但却要为过剩的包装成本买单，同时，包装物大多作为废物丢弃，造成资源浪费，因此，要做到包装合理化，一定要注意适度，防止包装过剩。

3) 从物流合理化角度，设计最优包装

商品的包装与物流过程中的仓储、运输、配送、装卸搬运等环节都有很大关系，在确定包装时，必须对仓储的条件和方式有所了解，如堆码，若用高垛，就要求包装有很高的强度，否则就会影响商品的质量，同时还要考虑运输、配送、装卸搬运等因素，例如道路情况比较好的短距离汽车输送，就可以采用轻便的包装。

二、包装合理化的实现途径

1. 实现包装合理化的先决条件

1) 安全的包装材料和包装容器

包装材料要避免有害物质的存在或者渗出；包装容器的造型要避免对人体造成伤害。

2) 适当的包装容量

包装的容量一方面要适应商品的销售，以免商品在销售中造成一定的损失；另一方面，同一类商品的包装容量不应千差万别，以致造成顾客难以判断商品的贵贱，或者应实现一定程度的包装容量标准化问题。

3) 包装物上贴切的商品标志和说明

商品包装物上关于商品的规格、质量等级等标志说明，一定要便于顾客识别和阅读，要能贴切地表示内装物的性状，以便捷商品的拣选、消费等。

4) 适当的包装容积

包装内商品空闲的空间不能过大,以免造成包装材料的浪费和运输储存空间的过多占用。

5) 包装费用要与内装物价值相适应

包装费用包括包装材料、设计费用以及包装作业过程的费用等。包装费用应与内装物的价值相协调一致,不同的商品对包装的要求不同,包装费用的比率也不相同,但很难有一个统一的要求。一般对于普通商品来说,包装费用应低于商品价格的15%。

2. 包装合理化的途径

1) 包装设计的合理化

要想实现包装合理化,首先就应当实现包装设计的合理化,要想做到包装设计的合理化就要做到已经在前面的"包装设计与技术"当中提出过的:包装材料及技术能够达到商品保护要求;能够方便、高效地进行商品装卸搬运和取存;能够简单容易地对商品进行包装作业;能够方便进行消费和包装物的处理;能够清楚标识包装物内物品的有关信息;包装费用能够与商品价值及价格协调一致。

2) 包装的轻薄化

由于包装只是起保护作用,对产品使用价值没有任何意义,因此在强度、寿命、成本相同的条件下,更轻、更薄、更短、更小的包装,可以提高装卸搬运的效率,更节约运输空间和成本。

3) 包装的单纯化

为了提高包装作业的效率,包装材料及规格应力求单纯化,包装规格还应标准化,包装形状和种类也应单纯化。

4) 包装的集装化和标准化

包装的规格不仅与托盘、集装箱关系密切,还应考虑到与运输车辆,搬运机械的匹配,从系统的观点制定包装的尺寸标准。

5) 包装的机械化与自动化

为了提高作业效率和包装现代化水平,各种包装机械的开发和应用很重要。

6) 包装与其他环节协调化

包装是物流系统组成的一部分,需要和装卸搬运、运输、仓储等环节一起综合考虑、全面协调。

7) 包装绿色化

在当今社会中,环保问题越来越引起人们的重视。保护环境,走可持续发展道路已被各行各业所接受。因此包装设计与技术发展的趋势必然是大力提倡绿色包装,我国绿色包装发展趋势主要表现在新老交替的趋势明显,全行业素质的不断提高;绿色包装原材料多样,设备、技术不断更新改进;绿色包装制品应用领域广泛,为环保不断增添新手段等。

绿色包装的主要种类有:

(1) 重复再用包装。

如啤酒、饮料、酱油、醋等包装采用玻璃瓶可以反复使用。

(2) 再生利用包装。

例如聚酯瓶在回收之后，可用两种方法再生，物理方法是指直接彻底净化粉碎，无任何污染物残留，经处理后的塑料再直接用于再生包装容器。化学方法是指将回收的 PET 粉碎洗涤之后，用解聚剂甲醇水、乙二醇或二甘醇等在碱性催化剂作用下，使 PET 全部解聚成单体或部分解聚成低聚物，纯化后再将单体或低聚物重新聚合成再生 PET 树脂包装材料。

(3) 可食性包装。

几十年来，大家熟悉的糖果包装上使用的糯米纸及包装冰激凌的玉米烘烤包装杯都是典型的可食性包装。人工合成可食性包装膜中比较成熟的是 20 世纪 70 年代已工业化生产的普鲁兰树脂，它是无味、无嗅、非结晶、无定形的白色粉末，在水中容易溶解，可为黏性、中性、非离性的不胶化水溶液。经干燥或热压制成的薄膜透明、无色、无嗅、无毒，具有韧性；高抗油性，能食用，也可做仪器包装。可食性包装材料在食品工业，尤其在果蔬保鲜方面，具有广阔的应用前景。

(4) 可降解包装。

可降解包装主要是指在特定时间内造成性能损失的特定环境下，其化学结构发生变化的一种塑料。可降解塑料包装既具有传统塑料的功能和特性，又可以在完成使用寿命之后，通过阳光中紫外光的作用或土壤和水中的微生物作用，在自然环境中分裂降解和还原，最终以无毒形式重新进入生态环境中，回归大自然。可降解塑料主要分为合成光降解塑料、添加光敏剂的光降解塑料和生物降解塑料，以及多种降解塑料复合在一起的多功能降解塑料。

我国绿色包装发展面临的主要困难和问题是：包装垃圾污染问题的巨大危害性还没有引起足够的重视；缺少与国际规则相对接的法规和行规；行业管理散乱；包装材料受限；废弃包装回收利用技术和力度不到位。结合我国的国情，应采取逐步树立绿色包装观念，完善产业服务体系，组织技术开发，寻求政策支持等对策。

第四节　包 装 实 训

实训任务一　判断包装合理性实训

一、实训目的

(1) 掌握判断包装合理性的基本方法；
(2) 掌握判断包装合理性的基本业务操作流程；
(3) 掌握判断包装合理性检验报告的一般撰写格式。

二、实训任务

某连锁超市公司采购部向某供应商订购一批水果罐头，要求对这批玻璃罐头进行必要的包装，以保证玻璃罐头的完好率，这家供应商在装运作业过程中已经实现了以1100mm×1100mm规格的托盘为主要的装卸搬运工具，请从提高托盘的利用率从而提高装卸搬运效率的角度出发，检查确认该供应商采用的包装箱的长宽高尺寸是否为合理(该包装箱尺寸可由实训指导教师根据教学需要拟定，具备实训条件的也可用实训室的模拟纸箱经过实际测量后确定)，并提交包装检验报告。

三、任务准备

(1) 自学物流模数的相关知识；
(2) 准备测量的尺子和计算器等配套用具；
(3) 按照实训指导教师安排，将学生分为若干任务执行小组，首先每个任务执行小组内部学习讨论本次任务所涉及的专业理论知识和任务执行步骤，然后每组由小组负责人具体分工按照实训任务要求进行操作。

四、任务执行指导

检验包装合理性的基本操作流程：
确定运输工具→测量托盘尺寸→测量箱子尺寸→比较箱子的理论尺寸和实测尺寸→形成判断结论并撰写包装检验报告。

步骤1：确定运输工具。

包装尺寸的设计与托盘、集装箱、货架等各种物流子系统密切相关，包装、运输、装卸、保管等不同物流环节的机械器具的尺寸设计需要建立在共同的标准之上。

因为该批货物主要是借助于托盘运输，所以其包装的大小规格即包装模数是否合理，应该以是否与托盘的尺寸相匹配为判断的依据。

步骤2：测量托盘尺寸。

我们已知道该批水果所使用的托盘尺寸为1100mm×1100mm，根据物流模数分割的有关知识，托盘的长宽可以分别分割为长3、宽4(即托盘长度可分割为容纳3个纸箱的长，托盘宽度分割为容纳4个纸箱的宽)最为合理。经计算可知：每个纸箱的长应为360mm，每个纸箱的宽应为270mm。

特别需要指出的是：借助于托盘的运输方式，主要应考虑箱子的长和宽，箱子的高度可以根据实际情况并结合箱子的长宽合理确定。

上面论述中所提到的物流模数是指物流设施与设备的尺寸基准。它是由物流系统中的各种因素构成的，这些因素包括：货物的成组，成组货物的装卸机械、搬运机械和设备，货车、卡车、集装箱、托盘等，用于货物保管的机械和设备等。

物流模数可以分为：

(1) 物流基础模数尺寸，是指为使物流系统标准化而制定的标准规格尺寸。国际标准化组织中央秘书处和欧洲各国确定的物流基础模数尺寸为600mm×400mm。确定这样的基础模数尺寸，主要考虑了现有物流系统中影响最大而又最难改变的输送设备，采用

"逆推法"，由现有输送设备的尺寸推算的。也考虑了已通行的包装模数和已使用的集装设备，并从行为科学角度研究人和社会的影响，使基础模数尺寸适合于人体操作。基础模数尺寸一经确定，物流系统的设施建设、设备制造，物流系统中各环节的配合协调，物流系统与其他系统的配合，都要以基础模数尺寸为依据，选择其倍数为规定的标准尺寸。

(2) 物流建筑基础模数尺寸，是指物流系统中各种建筑物所使用的基础模数尺寸。它是以物流基础模数尺寸为依据而确定的，也可以选择共同的模数尺寸；该尺寸是设计物流建筑物长、宽、高尺寸，门窗尺寸，建筑物立柱间距、跨度及进深等尺寸的依据。

(3) 集装模数尺寸，也称物流模数尺寸，是指在物流基础模数尺寸基础上，推导出的各种集装设备的基础尺寸，以此尺寸作为设计集装设备三向(长、宽、高)尺寸的依据。

在物流系统中，集装起贯穿作用，集装尺寸必须与各环节物流设施、设备、机具相匹配。因此，整个物流系统设计时往往以集装模数尺寸为依据，决定各设计尺寸。集装模数尺寸是影响和决定物流系统标准化的关键。本任务中的托盘的尺寸就属于集装模数。

步骤3：测量箱子尺寸。

使用测量工具对已经完成包装的箱子的长度、宽度、高度进行精确测量。

步骤4：比较箱子的理论尺寸和实测尺寸。

经过对实际测量得到的箱子的尺寸数据与按照模数理论分析得出的箱子的理论尺寸数据进行比较，如果测量出的箱子尺寸与使用物流模数分割方法确定的理论长度和宽度不符，那么就表明已经完成包装的箱子尺寸是不合理的，这样在实际物流运作过程中，会降低托盘的利用效率，从而会导致整个物流系统作业效率的降低。所以对箱子的理论尺寸和实测尺寸进行比较是有着重要作用的。

步骤5：形成判断结论并撰写包装检验报告。

在完成前四个步骤之后，应当依据实测数据对照理论数据，形成包装检验报告，具体报告的格式可以根据实际情况有所不同，包装检验报告的主要内容请参考表6-1。

表 6-1　包装检验报告示例

包装检验日期			包装检验人		
包装理论数据	长度		包装实测数据	长度	
	宽度			宽度	
检验结论					
复验人			复验结论		

五、任务执行结果评价

任务执行结果评价如表6-2所示。

表 6-2　判断包装合理性实训任务执行结果评价(指导教师用表)

考核评价内容	考评标准	分　值	评价得分
对判断包装合理性任务的执行情况	关于物流模数知识点的掌握	25	
	对判断包装合理性业务操作流程的熟练程度	25	
	包装合理性检验报告的撰写	20	
任务执行团队评价	团队分工的合理性、协同性	10	
	团队执行任务的效率	10	
	完成任务的创新性	10	
本次任务执行结果评价得分总计			

实训任务二　检查包装标志实训

一、实训目的

(1) 掌握检查包装标志的基本方法；
(2) 掌握包装标志检查报告的一般撰写要求。

二、实训任务

某制药厂新研制出一批新药品，在药品正式出厂前，要求必须对药品的包装标志进行检查，以避免在流通过程中可能出现没有按照包装标志的提示要求而操作不当的现象，最大限度避免造成药品在转运过程中的损失，请以该制药厂包装检验人员的身份，按照操作流程对药品的包装标志进行认真检验，并撰写包装标志检查报告。

三、任务准备

(1) 自学包装标志的相关知识。
(2) 准备检查包装标志使用的表格以及测量的尺子等配套用具。
(3) 按照实训指导教师安排，将学生分为若干任务执行小组，首先每个任务执行小组内部学习讨论本次任务所涉及的专业理论知识和任务执行步骤，然后每组由小组负责人具体分工按照实训任务要求进行操作。

四、任务执行指导

检查包装标志的一般操作流程：检查基本标志→检查运输标志→检查牌号标志→检查等级标志→检查注意标志→检查警告性标志→检查所有标志的尺寸是否正确→撰写包装标志检查报告。

步骤1：检查基本标志。

检查基本标志包括检查物品的名称、规格、型号、计量单位、数量、重量、出厂日期、地址等是否与包装实体一致，对于时效性要求很突出的物品比如药品还必须检查其成分标志是否正确、保质期是否正确，并应详细记录。

步骤2：检查运输标志。

应检查运输标志的使用是否正确，同时检查起运地、到达地是否正确，还要检查收货单位名称是否正确等。

包装运输标志的正确使用方法主要有：①标志可采用印刷、粘贴、拴挂、钉附及喷涂等方法。印刷时，外框线及标志名称都要印上；喷涂时，外框线及标志可以省略。②标志的数目及位置规定：箱状包装应位于包装端面或侧面的明显处；袋、捆包装应位于包装明显处；桶形包装应位于桶身或桶盖处；集装箱、成组货物应粘贴4个侧面；标志"由此吊起"应标打在包装件两个相对侧面的实际吊起位置上；标志"重心点"应标打在能正确标示出包装实际重心位置的4个面上。③标志的文字书写应与底边平行；出口货物的标志应按外贸有关规定办理；粘贴的标志应保证在货物储运期间不脱落。④运输包装件需标打何种标志应根据货物的性质正确选用。⑤标志由生产单位在货物出厂前标打；出厂后如改换包装，标志由改换包装单位标打。

步骤3：检查牌号标志。

检查物品的名称是否正确，是否印制在显著位置。牌号标志一般不提供有关货物的其他信息。牌号标志应当印制在包装的显著位置。

步骤4：检查等级标志。

检查物品的等级标志是否正确，是否与物品的质量等级一致。等级标志是用来说明物品质量等级的记号，常用"一等品""优质产品""获××奖产品"等字样。

步骤5：检查注意标志。

以图形和文字表示货物在储运过程中应注意的事项，由发货人负责绘制。其中，常用的图形标志有小心轻放、向上、怕热、怕湿、由此吊起、堆码层数极限等，标打在包装件规定的位置，大小与包装件尺寸相适应，易碎、怕震商品包装箱必须有防震图形标志。

而文字标志则包括直接标打和标志牌两种形式。直接标打一般的文字标打字体使用的是仿宋体，数码使用的是阿拉伯数字，其尺寸规格、文字间隔应与包装件大小相适应，符合国际规定。其格式为：

第一行：名称

第二行：数量、总重量(kg)

第三行：体积(长×宽×高)，cm×cm×cm

第四行：生产单位、生产日期

第五行：有限期限(储存期限)

  标志牌的制作一般先用白纸、黑字、仿宋体打印标识卡片，并进行塑封，然后将标志牌框用螺丝钉固定在箱子正面中心位置，将打印并塑封好的标志卡片插入标志牌框内，并适当固定。标志牌适用于多件合装一箱或者单件装箱的配件包装，便于仓储过程中配件数量增减和保养储存后的标志更改。标志牌一般分大、中、小三种规格。订货量少的小件配件混合装箱时，标志牌上只标注混合配件的名称、数量、生产单位和生产日期。标志牌框的大小应与包装件相适应，标志卡片用仿宋体打印，尺寸规格、字体大小、文字间隔应与标志牌框大小相适应。标志牌的一般格式可以参见表6-3。

表6-3　标志牌格式

名称			
数量		总重量	
体积	长×宽×高(cm×cm×cm)		
生产单位		生产日期	
仓储日期		仓储期限	

  步骤6：检查警告性标志。

  危险品标志又被称为警告性标志，是对易爆品、易燃品、有毒物品、腐蚀性物品、放射性物品等危险品在其运输包装上清楚而明确印刷的标志，它警告工作人员，使其在装卸、运输和保管过程中按货物的特性应采取相应的保护措施，保护货物与人身安全。

  危险货物包装标志的使用方法为：①标志的标打可采用粘贴、钉附及喷涂等方法。②标志的位置规定：箱状包装应位于包装端面或侧面的明显处；袋、捆包装应位于包装明显处；桶形包装应位于桶身或桶盖处；集装箱、成组货物应粘贴4个侧面。③每种危险品包装件应按其类别粘贴相应的标志，但如果某种物质或物品还有属于其他类别的危险性质，包装上除了粘贴该类标志作为主标志外，还应粘贴表明其他危险性的标志作为副标志，副标志图形的下角不应该标有危险货物的类别号。④储运的各种危险货物性质的区分及其应标打的标志应按《危险货物分类和品名编号》(GB6944—2005)、《危险物品名表》(GB12268—2005)及有关国家技术主管部门规定的危险货物安全运输管理的具体办法执行；出口货物的标志应按我国执行的有关国际公约(规则)办理。⑤标志应清晰，并保证在货物储运期间不脱落。⑥标志应由生产单位在货物出厂前标打；出厂后如改换包装，标志由改换包装单位标打。

  步骤7：检查所有标志的尺寸是否正确。

  检查所有标志的尺寸是否正确。包装标志的尺寸规格、文字间隔应当与包装件的大小相适应，要符合国际通行的规定。

  步骤8：撰写包装标志检查报告。

  在检查报告中应当列出所有以上检查的内容，指出所有应该有的标志，包括标志尺寸、颜色等规定，并与检查出的该商品的包装标志情况进行比较，最后给出检查结论。

需要注意的是，图示标志的颜色一般为黑色，如果包装件的颜色使图示标志显得不清晰，则可选用其他颜色印刷，也可以在印刷面上选用适当的对比色，但一般应避免采用红色和橙色。如果最终确认全部标志正确无误，就通过，否则，必须改正错误的标志。

五、任务执行结果评价

任务执行结果评价如表 6-4 所示。

表 6-4　检查包装标志实训任务执行结果评价(指导教师用表)

考核评价内容	考评标准	分　值	评价得分
对检查包装标志任务的执行情况	关于包装标志主要知识点的掌握	25	
	对包装标志检查流程的掌握	25	
	包装标志检查报告的撰写	20	
任务执行团队评价	团队分工的合理性、协同性	10	
	团队执行任务的效率	10	
	完成任务的创新性	10	
本次任务执行结果评价得分总计			

第七章 装卸搬运

案例导入

云南双鹤医药的装卸搬运成本案例，表明装卸搬运活动是衔接物流各环节活动正常进行的关键，从云南双鹤医药的装卸搬运成本案例不难看出，装卸搬运应减少操作次数，提高装卸搬运活性指数，实现装卸作业的省力化等。

云南双鹤医药有限公司是北京双鹤这艘医药航母部署在西南战区的一艘战舰，是一个以市场为核心、现代医药科技为先导、金融支持为框架的新型公司，是西南地区经营药品品种较多、较全的医药专业公司。

虽然云南双鹤已形成规模化的产品生产和网络化的市场销售，但其流通过程中物流管理严重滞后，造成物流成本居高不下，不能形成价格优势。这严重阻碍了公司业务的开拓与发展，成为公司业务发展的"瓶颈"。

装卸搬运活动是衔接物流各环节活动正常进行的关键，而云南双鹤恰好忽视了这一点，由于搬运设备的现代化程度低，只有几个小型货架和手推车，大多数作业仍处于人工作业为主的原始状态，工作效率低，且易损坏物品。另外仓库设计不合理，造成长距离的搬运。并且库内作业流程混乱，形成重复搬运，大约有70%的无效搬运，这种过多的搬运次数，损坏了商品，也浪费了时间。

云南双鹤医药采取了一系列措施解决上述问题，取得了良好的效果，具体如下。

1. 减少装卸搬运环节。

改善装卸作业方式，即要设法提高装卸作业的机械化程度，还必须尽可能地实现作业的连续化，从而提高装卸效率，缩短装卸时间，降低物流成本。

2. 防止和消除无效作业。

尽量减少装卸次数，努力提高被装卸物品的纯度，选择最短的作业路线等都可以防止和消除无效作业。

3. 提高物品的装卸搬运活性指数

企业在堆码物品时事先应考虑装卸搬运作业的方便性，把分类好的物品集中放在托盘上，以托盘为单元进行存放，既方便装卸搬运，又能妥善保管好物品。

4. 积极而慎重地利用重力原则，实现装卸作业的省力化

装卸搬运使物品发生垂直和水平位移，必须通过做功才能完成。由于我国目前装卸机械化水平还不高，许多尚需人工作业，劳动强度大，因此必须在有条件的情况下利用重力进行装卸，将设有动力的小型运输带(板)斜放在货车、卡车上进行装卸，使物品在倾斜的输送带(板)上移动，这样就能减轻劳动强度和能量的消耗。

5. 进行正确的设施布置

采用"L"形和"U"形布局，以保证物品单一的流向，既避免了物品的迂回和倒流，又减少了搬运环节。

(资料来源：万联网，http://info.10000link.com/newsdetail.aspx?doc=2010052990010)

第一节 认知装卸搬运

一、装卸搬运的含义

装卸指的是货物在同一场所内进行以垂直移动为主的物流作业。搬运是指在同一场所内，对物品进行水平移动为主的物流作业。综上所述，装卸搬运是指同一地域范围内进行的，以改变物品的存放状态和空间位置为主要内容和目的的活动。

装卸搬运活动在整个物流过程中占有很重要的位置。物流过程各环节之间的衔接，以及同一环节的不同活动之间的联系，都是以装卸搬运作业使它们有机地结合起来，从而使物品在各环节，各种活动中处于连续运动或所谓的流动。因此装卸搬运是物流的一个重要的功能要素，构成物流系统的一个子系统。

(1) 从移动角度来看，装卸搬运是一种尽可能有效地移动货物的手段。

(2) 从时间角度来看，货物必须在特定的时间内满足客户的订货要求，而装卸搬运对这一目标的实现发挥着重要的作用。

(3) 从数量角度来看，装卸搬运对于满足客户的适量要求与适量供应起着重要作用。

(4) 从空间角度来看，装卸搬运系统在很大程度上决定了空间利用的合理性。

(5) 装卸搬运与运输的主要区别是：运输活动是指货物在不同物流节点之间的长距离的移动，而装卸搬运则是指货物在某一物流节点范围内进行的短距离移动。

二、装卸搬运的特点

概括起来，装卸搬运活动的特点主要表现在以下几个方面：

(1) 装卸搬运是附属性、伴生性的活动。装卸搬运是物流作业系统当中每一项活动开始及结束时必然发生的活动，因而又时常被人忽视，有时被看作其他操作时不可缺少的组成部分。例如，一般而言的"汽车运输"，就实际包含了相随的装卸搬运，仓库中

泛指的保管活动，也含有装卸搬运活动。

(2) 装卸搬运是支持、保障性活动。装卸搬运的附属性不能理解成被动的，实际上，装卸搬运对其他物流活动有一定决定性。装卸搬运会影响其他物流活动的质量和速度，例如，装车不当，会引起运输过程中的损失；卸放不当，会引起货物转换成下一步运动的困难。许多物流活动在有效的装卸搬运支持下，才能实现高水平。

(3) 装卸搬运是衔接性的活动。在任何其他物流活动互相过渡时，都是以装卸搬运来衔接，因而，装卸搬运往往成为整个物流的"瓶颈"，是物流各功能之间能否形成有机联系和紧密衔接的关键，而这又是一个系统的关键。建立一个有效的物流系统，关键看这一衔接是否有效。比较先进的系统物流方式，联合运输方式就是着力解决这种衔接而实现的。

(4) 装卸搬运具有不平衡性。由于货物装卸搬运活动受自然、社会、经济以及技术等各种因素的影响，因而在不同时期物流装卸搬运任务都有可能发生变化，从而导致物流过程的不平衡。除此之外，由于物流一般总是有若干个装卸点，虽然就某种货物的某个发运点来说该货物发运是平衡的，但几个装卸点合在一起则可能引起物流装卸搬运任务的不平衡。也就是说，对于一个装卸点而言，各种运输工具到达密度和类型，到装卸点的货物数量、品种和流向等是具有随机性的。这种是随机性产生于物流活动的各个环节之间的相互独立性，而且各种活动本身的规律性受多种因素影响。因此，各个活动的随机性导致了物流装卸搬运任务具有不平衡性。

(5) 装卸搬运具有多样性和复杂性。装卸搬运是一种多工种、多环节联合作业的物流活动。其目的就是满足物流需要。因此，经过换装、堆存的货物的种类、品种、包装、性质多种多样，各不相同，运输这些货物的运输工具从种类、构造、尺度等各方面也不尽一致。这就给装卸搬运工艺与装卸搬运组织造成了很大的困难。另外一方面，由于货物具有多工种、多环节联合作业、联系面广的特点，因此装卸搬运活动具有多样性和复杂性。

(6) 装卸搬运具有连续性。为了保证物流的连续性，物流的装卸搬运通常采用昼夜24小时连续作业方式。一方面，要对运输工具及时装卸，减少运输工具停留，提高运输工具的运力利用率，以增加物流量；另一方面，通过物流，其目的是尽快进行货物的装卸搬运、加工或投入市场，所以从社会宏观效益出发，应随时对到达的运输工具及时装卸搬运且连续作业。

三、装卸搬运的分类

1. 按装卸搬运作业的场所分类

根据装卸搬运作业场所的不同，流通领域的装卸搬运基本可分为车船装卸搬运、港站装卸搬运、库场装卸搬运三大类。

1) 车船装卸搬运

车船装卸搬运是指在载运工具之间进行的装卸、换装和搬运作业，主要包括汽车在铁路货场和站台旁的装卸搬运、铁路车辆在货场及站台的装卸搬运、装卸搬运时进行的加固作业，以及清扫车辆、揭盖篷布、移动车辆、检斤计量等辅助作业。

2） 港站装卸搬运

港站装卸搬运是指在港口码头、车站、机场进行的各种装卸搬运作业，主要包括码头前沿与后方之间的搬运、港站堆场的堆码、拆垛、分拣、理货、配货、中转作业等。

3） 库场装卸搬运

库场装卸搬运通常是指在货主的仓库或储运公司的仓库、堆场、物品集散点、物流中心等处进行的装卸搬运作业。库场装卸搬运经常伴随物品的出库、入库和维护保养活动，其操作内容多以堆垛、上架、取货为主。

在实际运作中，这三类作业往往是相互衔接、难以割裂的。例如码头前沿的船舶装卸作业与港口和船舶都有联系，而这两者分别对应着港站装卸搬运和车船装卸搬运，所以作业的内容和方式肯定十分复杂，在具体组织实施的过程中，必须认真对待。

2. 按装卸搬运作业的内容分类

根据装卸搬运作业内容的不同，装卸搬运可分为：堆码拆取作业、分拣配货作业和挪动移位作业（即狭义的装卸搬运作业）等形式。

1） 堆放拆垛作业

堆放（或装上、装入）作业是指把物品移动或举升到装运设备或固定设备的指定位置，再按所要求的状态放置的作业；而拆垛（卸下、卸出）作业则是其逆向作业。如用叉车进行叉上叉下作业，将物品托起并放置到指定位置场所，如卡车车厢、集装箱内、货架或地面上等；又如利用各种形式吊车进行吊上吊下作业，将物品从轮船货仓、火车车厢、卡车车厢吊出或吊进。

2） 分拣配货作业

分拣是在堆垛作业前后或配送作业之前把物品按品种、出入先后、货流进行分类，再放到指定地点的作业。而配货则是把物品从所定的位置按品种、下一步作业种类、发货对象进行分类的作业。一般情况下，配货作业多以人工进行，但是由于多品种、小批量的物流形态日益发展，对配货速度要求越来越高，以高速分拣机为代表的机械化作业应用逐渐增多。

3） 挪动移位作业

挪动移位作业，即狭义的装卸搬运作业，包括水平、垂直、斜行搬送，以及几种组合的搬送。在水平搬运方式中，应广泛应用辊道输送机、链条输送机、悬挂式输送机、皮带输送机以及手推车、无人搬运车等设备。从方式来分，有连续式和间歇式；对于粉体和液体物质，也可以用管道进行输送。

3. 按装卸搬运的机械及其作业方式分类

根据装卸搬运机械及其作业方式的不同，装卸搬运可分成"吊上吊下""叉上叉下""滚上滚下""移上移下"及"散装散卸"等方式。

1） 吊上吊下方式

吊上吊下方式是采用各种起重机械从物品上部起吊，依靠起吊装置的垂直移动实现

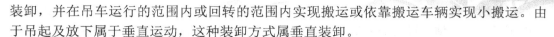

装卸，并在吊车运行的范围内或回转的范围内实现搬运或依靠搬运车辆实现小搬运。由于吊起及放下属于垂直运动，这种装卸方式属垂直装卸。

2）叉上叉下方式

叉上叉下方式是采用叉车从物品底部托起物品，并依靠叉车的运动进行物品位移，搬运完全靠叉车本身，物品可不经中途落地直接放置到目的处。这种方式垂直运动不大而主要是水平运动，属水平装卸方式。

3）滚上滚下方式

滚上滚下方式主要是指在港口对船舶物品进行水平装卸运用的一种作业方式。在装货港，用拖车将半挂车或平车拖上船舶，完成装货作业。待载货车辆(包括汽车)连同物品一起由船舶运到目的港后，再用拖车将半挂车或平车拖下船舶，完成卸货作业。

4）移上移下方式

移上移下方式是指在两车之间(如火车和汽车)进行靠接，然后利用各种方式，不使物品垂直运动，而靠水平移动从一个车辆上推移到另一车辆上的一种装卸搬运方式。这种方式需要使两种车辆水平靠接，因此，需要对站台或车辆货台进行相应的改变，并配合移动工具实现这种装卸。

5）散装散卸方式

散装散卸方式是指对散状物品不加包装地直接进行装卸搬运的作业方式。在采用散装散卸方式时，物品在从起始点到终止点的整个过程中不再落地，它是将物品的装卸与搬运作业连为一体的作业方式。

4．按装卸搬运的作业特点分类

根据作业特点的不同，装卸搬运可分为连续装卸搬运与间歇装卸搬运两大类。

1）连续装卸搬运

连续装卸搬运是指采用皮带机等连续作业机械，对大批量的同种散状物品或小型件杂货进行不间断输送的作业方式。在采用连续装卸搬运时，作业过程中间不停顿、散货之间无间隔、小型件杂货之间的间隔也基本一致。在装卸量较大、装卸对象固定、物品对象不易形成大包装的情况下适用采取这一方式。

2）间歇装卸搬运

间歇装卸搬运是指作业过程包括重程和空程两个部分的作业方式。间歇装卸搬运有较强的机动性，装卸地点可在较大范围内变动，广泛适用于批量不大的各类物品，对于大件或包装物品尤其适合，如果配以抓斗或集装袋等辅助工具，也可以对散状物品进行装卸搬运。

5．按装卸搬运对象分类

根据装卸搬运对象的不同，装卸搬运可分为单件作业法、集装作业法、散装作业法三大类。

1）单件作业法

单件作业法指的是对非集装的、按件计的物品逐个进行装卸搬运操作的作业方法。

单件作业对机械、装备、装卸条件要求不高，因而机动性较强，可在很广泛的地域内进行而不受固定设施、设备的地域局限。单件作业可采取人力装卸搬运、半机械化装卸及机械装卸搬运。由于逐件处理，装卸速度慢，且装卸要逐件接触货体，因而容易出现货损，反复作业次数较多，也容易出现货差。单件作业的装卸搬运对象主要是包装杂货，多种类、少批量物品及单件大型、笨重物品。

2) 集装化作业

集装化作业是对集装货载进行装卸搬运的作业方法。每装卸一次是一个经组合之后的集装货载，在装卸时对集装体逐个进行装卸操作。它和单件装卸的主要异同在于，都是按件处理，但集装作业"件"的单位大大高于单件作业每件的大小。集装作业一次作业装卸量大，装卸速度快，且在装卸时并不逐个接触货体，而仅对集装体进行作业，因而货损较小，货差也小。

集装作业主要采取以下几种形式。

(1) 集装箱化。

除了符合国际和国内标准的通用集装箱外，还有多种多样的，根据不同特殊要求专门设计的专用集装箱，以及集装袋、集装网、集装盘等，主要有以下几种。

第一，专用集装箱。其中，通风式集装箱适用于不怕风吹雨淋的货物和怕闷热的农副土特产品；折叠式通风集装箱适用于装运瓜果、蔬菜、陶瓷等商品；多层合成集装箱主要用于装运鲜蛋，既通风又固定，每一层都有固定的格子，鲜蛋装满后，将每一层用固定装置组成集装箱；挂衣集装箱又称服装集装箱，这种集装箱在箱内上侧梁上装有许多根横杆，每根横杆上垂下若干条皮带扣、尼龙带扣或绳索，成衣利用衣架上的钩，直接挂在带扣或绳索上，专门针对一些易皱不宜折叠的高档服装，例如西装、衬衫等。保证运输过程中服装的质量。

第二，集装袋。主要装运服装、不用折叠，直接挂在运载工具上的集装袋是一个大型口袋，上下都能开口，装货时用绳结拴住从上口装，卸货时将下口的绳结拉开，商品可自动出来。主要用于装运化肥、碱粉等袋装商品。

第三，集装网。用麻绳或钢丝绳制成的网络，麻绳网主要用于装运水泥等商品，钢丝绳主要用于装运生铁。

第四，集装盘。将许多件商品放在一类似托盘的木盘上，然后用塑料带或铁皮把商品捆扎在木盘上。它与托盘的不同之处在于木盘随货而去，不能回收。

(2) 托盘化。

托盘有木材制成的，也有由钢材、塑料等材料制成的托盘。托盘除了起搬运工具的作用外，主要起集合商品的作用。实行托盘化有许多优点，主要是它适合机械装卸，可以提高装卸效率；可以有效地保护商品，减少破损；可以节省物流费用，还可以推动包装的标准化。多年来，我国商业物流部门在使用托盘方面积累了不少经验，不少物流企业的仓库、专用线，都已使用了托盘作业。

3) 散装化作业

装卸搬运的散装化作业与成件商品的集装化作业已成为装卸搬运现代化的两大发展方向。散装化作业即对大宗商品如煤炭、矿石、建材、水泥、原盐、粮食等的运输采用散装的方法。装卸搬运的散装化，具有节省包装用具、节省劳动力、减轻劳动强度、减少损耗、减少污染、缩短流通时间等优点。对提高装卸搬运效率、加速车船周转、提高经济效益，具有重要意义。开展装卸搬运的散装化必须具备一定的条件和物质基础。散装化有连续性的特点，必须配备专用的设备，包括专用散装运输工具及设施、仓库、港口、车站的装卸搬运设备，做到装、卸、运、储等各个环节的工具设备成龙配套。发、转、收各部门之间要加强横向联系形成综合能力，如果有一个环节在设备的衔接上，或工作的配合上脱节，就将影响散装化的开展。

6. 按被装物的主要运动形式分类

根据被装物的主要运动方式，装卸可分为垂直装卸和水平装卸两大类。

1) 垂直装卸

采取提升和降落的方式进行装卸，这种装卸需要消耗较大的能量。垂直装卸是被采用比较多的一种装卸形式，所用的机具通用性较强，应用领域较广，如吊车、叉车等。

2) 水平装卸

水平装卸对装卸物采取平移的方式实现装卸的目的。这种装卸方式不改变被装物的势能，因此比较节能，但是需要有专门的设施，例如和汽车水平接靠的高站台、汽车与火车车皮之间的平移工具等。

第二节　装卸搬运机械化

一、装卸搬运机械化的作用与原则

实现装卸搬运作业的机械化，是装卸搬运作业的重要途径。过去的装卸搬运作业主要是依靠人力手搬肩扛，劳动效率低，劳动强度大，从而严重地影响了装卸搬运效率和装卸搬运能力的提高，随着我国国民经济的迅速发展，商品流通量的扩大，单纯依靠人工装卸搬运，已无法满足客观形势发展的需要。

1. 装卸搬运机械化的作用

(1) 实现装卸搬运机械化可以大大节省劳动力和减轻装卸搬运工人的劳动强度。如装卸搬运机组设备时，使用人工装卸搬运，则比较费力，而使用铲车作业时，则轻而易举，充分显示了机械化的好处。

(2) 装卸搬运机械化可以缩短装卸搬运作业时间，加快车船周转。各种运输工具在完成运输任务的过程中，有相当一段时间是属于等待装卸搬运的。如能缩短装卸搬运时间，就能用现有的运输工具完成更多的运输任务，这样不仅提高了物流的经济效益，也有利于社会经济效益的提高。

(3) 有利于商品的完整和作业安全。商品的种类、形状极其复杂，但都可以根据商品的不同特性来选择或设计不同的机型和属具，以保证商品的完整。如果人工把超过自身重量二三倍的木箱，从三米高处拿下，而又不使商品受损，是难以做到的。

（4）能够有效地利用仓库库容，加速货位周转。随着生产的发展，流通速度的加快，仓储的任务不断增加，无论是库房还是货场都要充分利用空间，提高库容利用率。因此，必须增加堆垛和货架的高度。但人工作业使堆码高度受到限制，若采用机械化作业，就可提高仓库的空间利用率，同时由于机械作业速度快，可及时腾空货位。

（5）装卸搬运机械化可大大降低装卸作业成本，从而有利于物流成本的降低。由于装卸搬运效率的提高，作业量大大增加，摊到每一吨商品的装卸费用相应地减少，因此降低了装卸搬运成本。

2. 装卸搬运机械化的原则

（1）符合装卸搬运商品种类及特性的要求。不同种类的商品的物理、化学性质及其外部形状是不一样的，因此，在选择装卸机械时必须符合商品的品种及其特性要求，以保证作业的安全和商品的完好。

（2）适应运量的需要。运量的大小直接决定了装卸搬运的规模和装卸搬运设备的配备、机械种类以及装卸机械化水平。因此，在确定机械化方案前，必须了解商品的运量情况。对于运量大的，应配备生产率较高的大型机械；而对于运量不大的，宜采用生产率较低的中小型机械；对于无电源的场所，则宜采用一些无动力的简单装卸搬运机械。这样，即能发挥机械的效率，又使方案经济合理。

（3）适合运输车辆类型和运输组织工作特点。装卸搬运作业与运输密切相关，因此，在考虑装卸搬运机械时，必须考虑装载商品所用的运输工具的特性，包括车船种类、载重量、容积、外形尺寸等，同时要了解运输组织的情况，如运输取送车(船)次数、运行图、对装卸搬运时间的要求、货运组织要求、短途运输情况等。如：在港口码头装卸搬运商品和在车站装卸搬运商品，所需要的装卸搬运机械是不同的。即使是同一运输工具，即使构造相同，也要采取不同的装卸搬运机械。如用于铁路敞车作业和用于铁路棚车作业的装卸搬运机械是不一样的。

（4）经济合理，适合当地的自然、经济条件。在确定选择机械化方案时，要作技术分析，尽量达到经济合理的要求。对现有的设施、仓库和道路要加以充分利用，同时要充分考虑到装卸搬运场所的材料供应情况、动力资源，以及电力、燃料等因素。要充分利用当地的地形、地理条件，应当遵循因地制宜、就地取材的原则。

二、装卸搬运的主要机械设备

1. 起重机

起重机是指主要用于升降的机械。主要包括以下一些基本类型：

(1) 轻小起重机械，如葫芦、绞车等，一般由人力操作；

(2) 载货电梯及各种升降机；

(3) 通用起重机，如桥式起重机、门式起重机、固定旋转式起重机、行动旋转式起重机等；

(4) 特种起重机，专门用于某些专业性的工作，结构较为复杂，如港口专用起重机、建筑专用起重机、冶金专用起重机等。

2. 输送机

输送机是一种使货物能在一定线路上形成流动的机械。输送机适合同一方向输送散料或重量不大的单一物品，是流水生产线和自动分拣机的基本组成部分。这种设备有多种分类和多种形式，适用于不同的场合。输送机的优点是：连续输送、操作简便、效率高。缺点是：不适合搬运不规则的物品，且沿着固定的路线进行单项运输。常见的运输机有轨道输送机、带式输送机、悬挂式输送机等类型。动力都采用电力，经济方便。输送机被广泛用于短距离的出入库运输，它也是构成分拣系统的基本组成部分。

3. 叉车

叉车又名铲车，具有一副水平伸出的叉臂，并能携带货物作水平和垂直方向的移动，是一种应用广泛、操作机动灵活的装卸搬运机械。由于叉车在堆码、卸货作业和搬运、移动作业两方面都十分灵活便利，造价不高，性能可靠，这就使叉车成为目前使用最广泛的装卸搬运机械。但叉车对场地的承载力要求较高，作业时回转半径较大，需要较大的作业场地。叉车的类型很多，应根据货物的特征、货架的高度、库区的通道宽度合理选取。

叉车按构造可分成平衡重式、前移式和侧面叉式三种。叉车的动力有电动和内燃两种，内燃又有汽油和柴油之分，汽油车为 2 吨以下的叉车，柴油车多数属于 2 吨以上的叉车。

4. 电瓶车

这类运输工具以蓄电池为动力源，装载重量很小，1 吨左右。优点是起动快而稳、无废气无噪声、操作简单、驾驶灵活，很适宜在库区内作短途运输，在我国使用比较广泛。缺点是运量小，如果在港口码头、货车月台等货物运输量大的场合使用电瓶车，则运输效率会很低。

5. 自动导引车

自动导引车(automated guided vehicle，AGV)，又称无人搬运车，其主要用途是库内运输，是在电磁或光学等引导装置的引导下，按照预定的线路行走，在无人操作的情况下实施装卸搬运任务的车辆。在光导系统中，库区地面的行车路径上装有发光装置，其发出的光束可引导搬运车行驶到指定的位置。在磁导系统中，靠磁场来引导搬运车行驶。由于省去了驾驶员，人工成本可以减少。自动导引车拥有控制与通信系统、自动导向系统、动力系统、安全系统。

自动导引车在装卸搬运中的优势是：第一，自动化程度高，可以节省大量的人工成本支出。在钢铁厂，自动导引车用于炉料运送，大大减轻了工人的劳动强度。第二，适合在噪音，空气污染，放射性元素等对人体构成极大威胁的环境下作业。在核电站和利用核辐射进行保鲜储存的场所，自动导引车用于物品运送，避免了对人体有害的辐射。第三，适合黑暗场所的作业。在胶卷和胶皮仓库，自动导引车可以在黑暗的环境下准确可靠地运送物料和半成品。第四，有利于保持货物的清洁。在一些烟草生产企业，自动导引车的运用有助于保证烟草的品质不受影响。

6. 回转货架

这种设备既是货架，可存储货物，又能作回转运动，起到运输的作用。回转货架主要为了方便货物分拣作业。它由一系列的储物箱组成，可以在一个封闭的轨道上移动，通过移动把储物箱传送给分拣操作人员。因此，该系统可以减少人员走动的时间。回转货架有水平回转和垂直回转两种。

7. 活动货架

货架用于存放货物，而设计活动货架的目的是为了让存有货物的货架移动到分拣位置，将存储功能与运输功能结合在一起，可以减少人力消耗。活动货架的工作原理是尽可能地利用物料重力产生一个滑动力，使物料自动向前移动。所以活动货架都设计成后部高于前部，货物从后部装入，逐步向前移动，这对于先进先出的库存管理是非常有利的。

8. 自动化高架仓库

高架仓库又称立体仓库或机械化仓库，由于货架很高，可以高达20多米，所以在高架库中，从收货入库到出库装运全部实现自动化。此类仓库有货架、存取设备、输入输出系统、控制系统四个基本部分组成。货架为钢结构，成排地放置在货架区，排与排之间有一条通道隔开，通道是专供装卸机械通行之用。主要的存取作业几乎都在通道中完成。

存取设备是高架仓库的专用装卸机械，它有两个功能。第一，它能在通道里作水平方向来回移动。它的作业臂能作垂直方向的上下移动，所以能把货物搬运到立体空间的某一指定位置；第二，它能在货架上存取货物。存取机有很高的高度，既要作水平方向快速移动，又要在垂直方向快速升降货物，需要一定的稳定性，所以多数的存取机需要在地面上铺设引导装置。仓库一般配备多台存取机供使用。如果需要将货物在不同的通道之间运送，存取机是无法执行的，这时要靠转运车完成，专用的转运车总是配备在通道的一端。但并不是每个高架仓库都作通道之间的转运，这需视系统需要而定。

输入输出系统担当高架仓库与外部联系的职能，执行接受和发运货物的操作，所以与仓库的理货场地的设计有关。理货场地用于货物整理，如分拣、配货、货物的出入库作业等，它介于高架存储区与系统外部的中间地带，与存储区域相接。货物到达后，卸在理货场上，需要以最快的速度处理完毕，存入库位。为了充分利用存取设备，要求卸货区和分拣操作能够为每个通道提供足够的货物。反之，由通道运出的货物要立即分散到理货场所。为此需要设计一个灵活高效的搬运系统，承担存储区和理货场地之间的运输任务。

控制系统其实就是一个信息管理系统，由电脑实现控制。除了信息接收、处理、存储以外，还需要执行决策和产生作业指令，以控制设备的运行状态。在仓库的输入输出工作进行的同时，所有的工作文件也正在完成。高架仓库是一个完全意义上的全自动物料处理系统。

9. 自动分拣机

自动分拣机指的是按照预先设定的计算机指令对物品进行分拣，并将分拣出的物品送达指定的位置的机械，随着激光扫描，条形码计算机控制等技术的发展，自动分拣机在物流中的使用日益普遍。在邮政部门，自动信函分拣机和自动包裹分拣机已使用多年。

被分拣的物品经由各种方式，如人工搬运，机械搬运，自动化搬运等送入分拣系统，经合流后汇集到一台输送机上。物品接受激光扫描对其条形码扫描，或通过其他自动识别装置，如光学文字读取装置、声音识别输入装置等方式将分拣信息输入计算机中央控制器中。计算机通过将所有获得的物品信息与预先设定的信息进行比较，将不同的被拣物送到特定的分拣道口位置上，完成物品的分拣工作。分拣通道口可暂时存放未被取走的物品。当分拣道口满载时，由光管控制，阻止分拣物品不再进入分拣道口。

在面对多品种，少批量的订货时，自动分拣可以发挥巨大的作用。近些年来，随着连锁超市和便利店的迅速发展，拣货、拆零作业的劳动力已占配送中心劳动力的80%。通过采用自动化分拣机，只要将各门店的订单输入计算机，存放各种商品的货位的指示灯和品种显示器会立即显示出所需商品的具体位置及数量，作业人员便可以从货架上取出商品，放入带式输送机上的周转箱内，直接送达自动分拣机进行配货，可以大幅度提高装卸搬运作业的效率，减轻作业强度，差错率也大为下降。

10. 机器人

机器人是一种能实现自动定位控制、可重复编程、多功能、多自由程度的操作机械。20世纪80年代以来，机器人代替人工被广泛应用于自动化工业中。在装卸搬运中，机器人主要用于货物分类，成组载荷。机器人是安装有微型电脑，能按编程指令自动完成一系列动作的机械。仓库中的作业具有多样性，要求机器人具有识别和判断功能，还需要具备一些简单的决策功能。在物料处理系统中，机器人主要用于货物分类、成组载荷。在分类作业中，机器人能够记忆位置、识别垛形，把指定位置的货物取出后放到输送机上。在成组作业中，机器人能够按成组要求，把有关的货物集中到一起，甚至装箱打包。

使用机器人的另外一个理由是，在恶劣环境中，如高温、高噪音、低温冷藏、有毒气体、易燃易爆危险品等会危害人员身体健康的情况下，可由机器人替代人工作业，机器人能够发挥单纯依靠人体所无法发挥的作用。

11. 牵引车和挂车

（1）牵引车这种设备只有动力，没有装载能力。主要用于拖带货车或挂车，可作较长距离的运输，一台牵引车可拖很长一列挂车。

（2）挂车这种设备自身没有动力，只有一个载物平台，仅用于装载货物。载满货物的挂车连成一列后，由牵引车拖到目标库区。车列可长可短，可任意组合，十分灵活。缺点是需要大量人员参与，而且经常闲置，使用率低，不经济。比较适合于运输量大而稳定的场合，如码头、铁路的中心货站，大型企业的原料仓库等。

因为牵引车本身没有承载能力，用于提供动力，而挂车本身没有动力装置，仅仅用于装卸货物，需要由牵引车拖带才能移动，所以挂车必须和牵引车配套使用。装载货物的若干挂车连成一列后，由牵引车拖带，完成移动货位的任务。这种装卸搬运机械的特点是机动灵活，挂车数量可以自由决定，任意组合。但需要大量人员参与，在货物周转量较大的场合，如车站、码头、大型配送中心，牵引车和挂车使用较为普遍。

12. 人工装卸搬运机械

人工装卸搬运机械种类繁多，如手推车、托盘等机械设备对提高装卸搬运的效率和降低装卸搬运的费用，都能取得事半功倍的良好效果。

三、装卸搬运机械设备的选择配置

装卸搬运机械设备可以提高作业效率，但是系统的设备配置不是越先进越好，必须根据物流管理的基本目标，即以最小成本、最好的服务质量来配置。

1. 一般装卸搬运作业选择配置机械设备的基本要求

虽然物流系统的具体形态千差万别，使用的设备也不一样，但是物流管理的基本目的是一致的，所以在装卸搬运机械设备选择配置方面需要考虑以下一些因素。

1) 货物的特性及流量

装卸搬运机械的选择应考虑货物特性。例如，对于散装货物而言，利用带式输送机进行装卸搬运比较方便；对于托盘等包装货物而言，利用叉车进行装卸搬运比较合算。

对于物流企业而言，为完成某项轻量级的装卸搬运任务，就去购买某种价格高昂的复杂机械设备显然是不合算的，在购买设备之前一定要确认设备能够得到充分的运用。例如，由于邮件周转量有限，我国一些邮区中心局的自动信函分拣机每天有效工作时间只有一两小时，其他时间都处于停机状态，造成了很大的浪费。

2) 成本因素

装卸搬运机械的选择要考虑成本因素。在效率相同的情况下，尽可能选择性能价格比优越，日常维护费用低的设备。有些企业片面追求设备的先进性，而不考虑成本因素，造成浪费。在选择设备时，不但要考虑设备的一次性购置成本，还要考察设备的使用寿命、性能及日常维护费用。日常维护费用包括：操作及维修人员工资、材料及动力费用、配件费用、润滑剂费用等。有些设备虽然成本不高，使用寿命也较长，但是由于日常维护费用高昂，也不宜选择。

3) 设备之间的配套

企业为开展装卸搬运活动而选用的各种设备，应注意系统原则，确保各种设备之间的有效衔接和配套，提高运行的综合效果。有些装卸搬运设备虽然独立运行效率较高，但难以和其他设备进行有效的配套，也不适合选用。为了强化设备之间的配套，应尽量选择标准化设备。

4) 工作环境

工作场所是室内还是室外，通道是否宽敞，是否有对人体有害的污染及其他特殊的要求，都关系到设备的选择。例如在污染较严重的环境下，采用自动化机械设备是有利的。

5) 设备的可操作性

有些设备的操作和维修保养分别需要经过专门培训和长期实践的专业人员，而这种人才优势正是很多企业所缺乏的，这种人才的引进也存在一定的困难，因此也不宜轻易选择。

2. 日用消费品装卸搬运作业选择配置机械设备的要求

1) 满足日用消费品成批连续装卸搬运的需要

日用消费品一般重量少、件数多、批量大，最好选择能连续完成装卸、搬运、堆码作业的装卸方案，以减少辅助作业的人力和时间。

2) 装卸搬运机械的外形应与运输工具相适应

日用消费品在铁路上多采用棚车一类的运输工具，在选择日用消费品装卸搬运机械时，其外形尺寸与机械自重应与棚车等运输工具的作业相适应。

3) 满足日用消费品种繁多、形状各异的特点

为提高装卸搬运机械的利用率，最好能配备多种属具，同时也可减轻工人的劳动强度和提高作业效率。

4) 要求装卸搬运作业平稳、可靠、安全、操作灵活

5) 由于日用消费品中有些是怕压易碎的，有些是不能倒置的，有些是怕撞击的，有些又具有腐蚀性等。因此，装卸搬运机械应能满足上述要求。

第三节　装卸搬运合理化

装卸搬运合理化是指以尽可能少的人力和物力消耗，高质量、高效率地完成装卸搬运作业，保证物流系统目标的实现。装卸搬运合理化，是针对装卸搬运存在的不合理现象而言。合理的装卸搬运应当符合一些基本原则，而揭示这些原则有助于人们对物流运营管理的现状进行不断的、深入的分析思考，从而促成人们努力创造出更高的效率，实现更好的效益。

一、装卸搬运存在的主要问题

1. 无效的装卸搬运普遍存在

一般装卸操作中，无效装卸具体反映在以下几方面。

1) 过多的装卸次数

物流过程中，货损发生的主要环节是装卸环节。而在整个物流过程中，装卸作业又是反复进行的。从发生的频率来讲，超过任何其他活动，所以装卸的次数越多，就必然导致损失的增加。

2) 过大的包装装卸

包装过大、过重，致使装卸活动在装卸包装上消耗较大的劳动，这一消耗不是必需

的，因而形成无效劳动。

3) 无效物质的装卸

进入物流过程的货物，有时混杂着没有使用价值或对用户来讲使用价值不符的各种掺杂物，如煤炭中的矸石、矿石中的表面水分、石灰中的未烧熟石灰及过烧石灰等。在反复装卸过程中，对这些无效物质反复消耗劳动，因而形成无效装卸。

2. 不能合理地利用重力进行装卸搬运

在物流领域，即使是现代化水平已经很高，也仍然避免不了要有人力搬运的配合，因此，人力搬运合理化问题也是很重要的。但是，现在很多的物流企业都不能很好地利用重力进行装卸搬运，严重消耗了劳动力和其他能量。例如，现在的物流仓库使用人力装卸搬运的还很多，不能合理地利用仓库的条件实现利用重力装卸搬运。

3. 装卸搬运过程中省力化程度过低

装卸搬运是使劳动对象产生垂直或水平位移，这必须通过做功才能实现。随着生产力的发展和科学技术的进步，装卸搬运机械化程度有了很大的提高，少数工厂和仓库向着装卸搬运自动化迈进。但从国内外的实际情况看，有相当一部分装卸搬运作业，是靠人工完成的，当中的工作劳动强度很高，工作起来费时费力。因此，实现装卸搬运作业的省力化，也是一个不容忽视的问题。

4. 装卸搬运的灵活度不够

在许多物流企业中，都出现装卸搬运灵活度不够的现象。散乱堆放在地面上的货物，不进行下一步装卸包装或打捆，或者只能一件件操作处置，因而不能立即实现装卸或装卸速度很慢，造成企业装卸搬运的滞后，对工作效率造成很大的影响，相对于企业的整个运行很不利，严重的可能会影响到企业的经济效益。

5. 装卸搬运机械化自动化程度低

随着经济的发展、社会的进步、产业的升级，单纯的存储和保管型仓储已远远不能适应生产和市场的需要，而且很多仓储设备老旧，需要人工的操作环节很多，再加上机械化存储装卸设备缺乏，自动化程度相对较低，装卸搬运的整体工作效率低下。

6. 装卸搬运作业信息化程度低

在具体操作上，我国很多企业的货物收发管理依旧是以电话或人工方式沟通为主，不仅容易产生错误，而且增加成本、效率不高。在没有实现信息化管理的情况下，出现查找困难，出货不及时的问题，也给仓库盘点等操作带来一定困难。很多企业的进销存管理仍然在采用传统的手工录入方式，资料不容易保存，更谈不上有效的数据分析和高效管理。

7. 野蛮装卸相当严重

"野蛮装卸"问题至今仍然比较突出。生产企业将自己生产好的产品如视珍宝，精心包装，小心装车。为了保护产品防止碰撞，甚至用毛毯衬垫，使用箱子包装。可是在物流装卸搬运环节，却是另一种景象，装卸工把货物从 4 米多高的车上往下翻滚，有的甚至是"一脚蹬"，地上也没有任何防护措施，钢桶漆膜脱落、桶身变形、纸箱散包、四角翻卷、破洞、污染等惨不忍睹。很多货物的包装箱在还没有到达需求方之前已经面目全非，直接影响到产品形象及质量。甚至在采用叉车对货物进行搬运或装卸时，由于驾驶员质量意识淡薄，操作技术不过关，时有发生碰撞、翻车、不恰当码垛等事故，对包装箱甚至是货物造成严重损害。

8. 装卸搬运作业方式方法有待发展

我国物流行业中的装卸搬运方式方法还有待于进一步改进和提高。装卸搬运作业过程中，由于物料的种类、性质、形状、重量各有不同，相对的装卸搬运的作业方式也需要与之协调配合。因为根据物品的不同选择相应的装卸搬运方式方法可以很好地提高装卸搬运的效率，还可以节约物流活动中整个流程的时间，提高整体效益，在物流行业中发展新型的科学合理的装卸搬运作业方式方法十分必要。

二、装卸搬运合理化的原则

由于装卸搬运作业仅仅是衔接运输、保管、包装、配送、流通加工等各物流环节的活动，本身不创造产品的价值和使用价值，所以应尽量节约时间和费用，在装卸搬运作业合理化方面，可遵循以下几项原则：

1. 省力化原则

所谓省力，就是节省动力和人力。因为货物装卸搬运不产生价值，作业的次数越多，货物破损和发生事故的频率越大，费用越高，因此首先要考虑尽量不装卸搬运或尽量减少装卸搬运次数。集装化装卸、多式联运、集装箱化运输、托盘一贯制物流等都是有效的做法；利用货物本身的重量和落差原理，如滑槽、滑板等工具的利用；减少从下往上的搬运，多采用斜坡式，以减轻负重；水平装卸搬运，如仓库的作业台与卡车车厢处于同一高度，手推车直接进出；卡车后面带尾板升降机，仓库作业月台设装卸货升降装置等。

总之，省力化装卸搬运原则是：能往下则不往上、能直行则不拐弯、能用机械则不用人力、能水平则不要上斜、能滑动则不摩擦、能连续则不间断、能集装则不分散。

2. 活性化原则

这里所说的活性化是指从物的静止状态转变为装卸状态的难易程度。评价物流活性化程度可以采用 0～4 的"装卸搬运活性指数"的方法(见表 7-1)。例如：散放在地上的物料要运走，需要经过集中、搬动、升起和运走四次作业，所需的人工作业最多，即活性水平最低，其活性指数定为 0。从物流的合理化角度看，如果活性指数越高则意味着货物越容易或适于下一步装卸搬运作业。

在进行装卸搬运作业时应注意区别货物的装卸搬运活性指数，并对每一步装卸搬运划定活性要求，有针对性地进行操作。在实际的作业过程中并不是货物的活性指数越高就越合理。虽然,提高装卸搬运活性对合理化是很重要的因素,但是也一定要考虑装卸搬运成本,一般来说,装卸搬运活性越高,则其成本也越高。我们应该根据装卸搬运对象的价值来设计它的装卸搬运活性,对于价格低廉的、无须多次转移的物品,就不必采用高等级的活性状态。

表 7-1 装卸搬运活性指数

放置状态	需要进行的作业				活性指数
	集中	搬起	升起	运走	
散放地上	需要	需要	需要	需要	0
置于一般容器	0	需要	需要	需要	1
集装化	0	0	需要	需要	2
无动力车	0	0	0	需要	3
动力车辆或传送带	0	0	0	0	4

3. 顺畅化原则

货物装卸搬运的顺畅化是保证作业安全、提高作业效率的重要方面,所谓顺畅化,就是作业场所无障碍,作业不间断、作业通道畅通。如叉车在仓库中作业,应留有安全作业空间,转弯、后退等动作不应受面积和空间限制;人工进行货物搬运,要有合理的通道,脚下不能有障碍物,头顶留有空间,留有人员往来通道;用手推车搬运货物,地面不能坑坑洼洼,不应有电线、工具等杂物影响小车行走;人工操作电葫芦吊车,地面防滑、行走通道两侧的障碍等问题均与作业顺畅与否相关。机械化、自动化作业途中停电、线路故障、作业事故的防止等都是确保装卸搬运作业顺畅和安全的因素。

4. 最佳搬运路线原则

搬运路线是否最佳将直接影响物流配送中心的作业效率和效益。搬运路线可以分为直线式和间接式两类。直线式就是不同货物分别由各自原点直接向终点移动,也就是货物由起点到终点以最短的距离来搬运。直线式适合于物品流程密度大,移动距离短的情况。直线式又分单线和双线两种路线。双线式用于大量搬运的情况。间接式路线就是利用相同的设备和相同的路线,把分布在不同区域的各类货物相对集中起来共同搬运,而不是把每个货物直接搬运到终点。这种方式适合于搬运密度不高、距离较长,而且厂房布置不规则的情况。要根据实际需要,以提高物流效率和效益为原则,合理选择搬运路线。

5. 单元化原则

单元化装卸搬运是提高装卸搬运效率的有效方法,如集装箱、托盘等单元化设备的利用等都是单元化的例证。

6. 连续化原则

连续化装卸搬运的例子很多，如输油、输气管道，电力输送设备、皮带传送机、辊道输送机、旋转货架等都是连续化装卸搬运的有力证明。

7. 人格化原则

装卸搬运是重体力劳动，很容易超过人的承受限度。如果不考虑人的因素或不够尊重人格，容易发生野蛮装卸、乱扔乱摔现象。搬运的物品在包装和捆包时应考虑人的正常能力和抓拿的方便性，也要注重安全性和防污染性等。

三、装卸搬运的合理化方法

装卸搬运作业除了遵循上述基本原则外，还要求装卸搬运合理化。事实上，装卸搬运的基本原则是装卸搬运合理化经验的总结，也是合理化的基本要求。因此，装卸搬运合理化，首先必须坚持装卸搬运的基本原则，其次是按照装卸搬运合理化的要求，进行装卸搬运作业。经过总结，可以将装卸搬运合理化的内容概括为以下几个方面。

1. 防止和消除无效作业

所谓无效作业是指在装卸作业活动中超出必要的装卸、搬运量的作业。显然，防止和消除无效作业对装卸作业的经济效益有重要作用。为了有效地防止和消除无效作业，可从以下几个方面入手。

1) 尽量减少装卸次数

前面已经讲过，装卸作业本身并不产生价值。但是，如果进行了不适当的装卸作业，就可能造成商品的破损，或使商品受到污染。因此，尽力排除无意义的作业，是理所当然的。因为装卸作业不仅要花费人力和物力，增加费用，还会使流通速度放慢。如果多增加一次装卸，费用也就相应地增加一次，同时还增加了商品污损、破坏、丢失、消耗的机会。应当考虑如何才能减少装卸次数。

2) 包装要适宜

过小的包装无法完成最基本的保护产品的要求，但包装过大、过重，在装卸搬运时会造成反复消耗较大的劳动，这一消耗不是必需的，因而形成无效劳动。

3) 缩短装卸搬运作业的距离

使用最快速度和最有效的方法使装卸搬运在水平、垂直或倾斜方向的移动距离最小，尽可能缩短作业距离的本质就是要用最短时间实现最低成本。

2. 提高装卸搬运的连续性

提高装卸搬运的连续性，是指两处以上的装卸作业要配合好。进行装卸搬运作业时，为了不使连续的各种作业中途停顿，而能协调地进行，整理其作业流程是很必要的。因此，进行"流程分析"，对商品的流动进行分析，使经常相关的作业配合在一起，也是很必要的。提高装卸搬运作业的连续性应做到：作业现场装卸搬运机械合理衔接；不同的装卸搬运作业在相互联结进行时，力求使它们的装卸搬运速率相等或接近；充分发挥

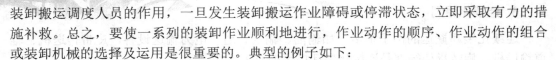

装卸搬运调度人员的作用,一旦发生装卸搬运作业障碍或停滞状态,立即采取有力的措施补救。总之,要使一系列的装卸作业顺利地进行,作业动作的顺序、作业动作的组合或装卸机械的选择及运用是很重要的。典型的例子如下:

1) 在汽车运输方面

采用集装箱专用挂车和底盘车。当集装箱由集装箱装卸桥从船舱吊起后,直接卸在专用挂车上,汽车就可以直接接走;又如散装粮食专用车在装卸时,采取汽车的载荷部位自动倾翻的办法,不用装卸即可完成卸货任务。

2) 在船舶运输方面

采用滚装船的办法。滚装船,是在海上航行的专门用于装运汽车和集装箱的专用船。它是从火车、汽车渡轮的基础上发展而来的一种新型运输船舶。在船尾有类似登陆艇的巨大跳板和两根收放跳板的起重柱。世界上第一艘滚装船是美国于1958年建成并投入使用的。近年来,世界各国相继建造了一定数量的滚装船,成为远洋船队中一支现代化的新生力量。我国实现滚装化也已有多年,在运载汽车作业上,效果十分显著。如上海江南造船厂建造的24000吨级滚装船,可载4000辆汽车或350个集装箱。在装卸时,集装箱挂车用牵引车拉进拉出船舱,汽车则可直接开进开出。这种船的装卸速度比一般集装箱船快30%,装卸费用比普通集装箱船低2/3左右;也无须在港口安装大型超重装卸设备。在船舶运输方面,有些企业已经开始使用载驳船。载驳船,又称子母船,是将已载货的驳船装在母船上,从事远洋运输的新船型。当到达目的港后,卸下的驳船再顶入或拖入内河,同时母船又装载等候的满载驳船返航。

3. 提高物料的活性指数

正如上文已经指出过的,被装卸搬运物品的放置处于什么状态,对装卸搬运作业效率关系甚大。为了便于装卸搬运,我们总是期望物料处于容易被移动的状态,即活性指数要高。

当活性指数为0的状态时,即大部分处于散装情况,其改进方式可采用料箱、推车等存放物品;当活性指数为1的状态时,则是大部分物品处于集装状态,其改进方式可采用叉车和动力搬动车;当活性指数为2的状态时,可采用单元化物品的连续装卸和运输;当活性指数为3的状态时,其改进方法可选用拖车、机车车头拖挂的装卸搬运方式。

4. 实现装卸搬运作业的省力化

装卸搬运使物料发生垂直和水平位移,必须通过做功才能实现,要尽力实现装卸搬运作业的省力化。在装卸搬运时应尽可能消除货物重力的不利影响,同时,尽可能利用重力进行装卸搬运,以减轻劳动力和其他能量的消耗。

5. 合理选择装卸搬运方式

在装卸搬运过程中,必须根据货物的种类、性质、形状、重量来确定装卸搬运方式。在装卸时对货物的处理大体有三种方式:第一是"分块处理",即按普通包装对货物逐个进行装卸;第二是"散装处理",即对粉粒状货物不加小包装而进行的原样装卸;第三是"单元组合处理",即货物以托盘、集装箱为单位进行组合后的装卸。实现单元组合，就是把货物汇集成一定单位数量，然后再进行装卸。其优点是:使装卸搬运的单位加大，使机械装卸成为可能，可以充分利用机械进行操作，作业效率高；能提高物流活性指数；操作单位大小一致，易于实现标准化；装卸不触及货物，对物品有保护作用；可避免损坏、消耗、丢失、又容易查点数量；使装卸搬运的灵活性得到提高。

6. 合理地规划装卸搬运作业过程

装卸搬运作业过程是指对整个装卸作业的连续性进行合理的安排，以减少运距和装卸次数。装卸搬运作业现场的平面布置是直接关系到装卸、搬运距离的关键因素，装卸搬运机械要与货场长度、货位面积等互相协调。要有足够的场地集结货物，并满足装卸搬运机械工作面的要求，场内的道路布置要为装卸搬运创造良好的条件，有利于加速货位的周转。使装卸搬运距离达到最小平面布置是减少装卸搬运距离的最理想的方法。应避免装卸搬运流程的对流、迂回现象。应尽量采用现代化管理方法和手段去改进装卸搬运作业流程，实现装卸搬运的连贯、顺畅、均衡。

7. 合理组织装卸搬运设备，提高装卸搬运作业的机械化水平

物资装卸搬运设备运用组织是以完成装卸任务为目的，并以提高装卸设备的生产率、装卸质量和降低装卸搬运作业成本为中心的技术组织活动。它包括下列内容。

1) 合理选择装卸搬运机械

装卸搬运机械化是提高装卸效率的重要环节。装卸机械化程度一般分为三个级别。第一级是用简单的装卸器具；第二级是使用专用的高效率机具；第三级是依靠电脑控制实行自动化操作。以哪一个级别为目标实现装卸机械化，不仅要从是否经济合理来考虑，而且还要从加快物流速度、减轻劳动强度和保证人与物的安全等方面来考虑。另一方面，装卸搬运机械的选择必须根据装卸搬运的物品的性质来决定。对箱、袋或集合包装的物品可以采用叉车、吊车、货车装卸，散装粉粒体物品可使用传送带装卸，散装液体物可以直接向装运设备或储存设备装取。

2) 合理确定装卸任务量

根据物流计划、经济合同、装卸作业不均衡程度、装卸次数、装卸车时限等，来确定作业现场年度、季度、月、旬、日平均装卸任务量。装卸任务量有事先确定的因素，也有临时变动的可能。因此，要合理地运用装卸设备，就必须把计划任务量与实际装卸作业量两者之间的差距缩小到最低水平。同时，装卸作业组织工作还要把装卸作业的物资对象的品种、数量、规格、质量指标以及搬运距离尽可能地做出详细的规划。

3) 根据装卸任务和装卸设备的生产率，确定装卸搬运设备需用的台数和技术特征

4) 根据装卸任务、装卸设备生产率和需用台数，编制装卸作业进度计划

它通常包括：装卸搬运设备的作业时间表、作业顺序、负荷情况等详细内容。

5) 下达装卸搬运进度计划，安排劳动力和作业班次

6) 统计和分析装卸作业成果，评价装卸搬运作业的经济效益

随着生产力的发展，装卸搬运的机械化程度定将不断提高。此外，由于装卸搬运的机械化能把工人从繁重的体力劳动中解放出来。尤其对于危险品的装卸作业，机械化能

保证人和货物的安全，也是装卸搬运机械化程度不断得以提高的动力。

8. 从物流整体的角度去处理装卸搬运

在整个物流过程中，要从运输、储存、保管、包装与装卸搬运的关系来考虑。装卸搬运要适合运输、储存保管的规模，即装卸搬运要发挥支持并提高运输、储存保管能力、效率的作用，而不是起阻碍的作用。对于商品的包装来说也是一样的，过去是以装卸搬运为前提进行的包装，要运进许多不必要的包装材料，现在采用集合包装，不仅可以减少包装材料，同时也省去了许多徒劳的运输。

第四节　装卸搬运实训

实训任务　制订装卸搬运作业计划

一、实训目的

(1) 熟悉装卸搬运合理化的基本原则和方法；
(2) 掌握制订装卸搬运作业计划的基本方法。

二、实训任务

红星制造厂收到一批设备，用卡车分批将设备从车站货场运回仓库。整个入库作业分四个阶段，各阶段的时间分别为：从车站将设备运到仓库每趟需要 2 小时，将所有设备运进仓库需要 6 小时；仓库进行验收需要 8 小时；仓库准备货位需要 2 小时；入库码货需要 4 小时，请你根据以上条件来具体拟定对这批货物进行装卸搬运作业的计划并按照计划模拟执行这一作业任务(模拟操作所需的装卸搬运作业对象的包装、规格、重量、数量等具体约束条件，请指导教师依据考核需要自行拟定)。

三、任务准备

(1) 熟悉相应的装卸搬运作业机械设备；
(2) 自学并讨论关于装卸搬运合理化的基本理论知识；
(3) 按照实训指导教师安排，将学生分为若干任务执行小组，首先每个任务执行小组内部复习并讨论本次任务所涉及的专业理论知识，然后每组由小组负责人具体分工按照实训任务要求进行操作。

四、任务执行指导

制订装卸搬运作业计划的基本操作步骤：
根据作业任务量和完成时间确定作业人员数和设备台数→确定装卸搬运的作业时间

表→确定装卸搬运作业的线路→制订出具体装卸搬运作业计划→作业计划的实施与修改。

步骤1：根据作业任务量和完成时间确定作业人员数和设备台数。

装卸搬运作业计划是在现有设施设备的条件下合理组织生产的过程，因而只能是在现有设备基础上精心组织、合理利用。首先要充分掌握装卸搬运作业可以使用的设备情况，包括参与作业设备的数量、作业能力、工况、所处位置等，以便调度。同时还需要掌握作业对象的情况，如物品的性质、包装、规格、单重、作业位置等。

1) 设备的配置

选用设备的原则为：要使用标准化设备；所选设备的功能要与搬运的货物特性、要求相匹配；所选搬运设备的载重量要尽量接近被搬运货物的重量；所选设备要适于作业场地。

常用的搬运设备有叉车、机动拖车、平板车和输送带。由于每种搬运设备都具有各自的特性和作业能力，因而在使用设备时，要着重考虑作业设备之间的合理配合，只有合理的配合才能发挥每种设备的最佳功用，使装卸搬运作业顺利进行。

叉车搬运是指利用叉车的提升能力、水平移动能力进行近距离搬运。用叉车可直接进行装卸车、搬运、堆垛、上架作业。用叉车也可直接或利用货板、托盘打码搬运大型货物。本次作业安排叉车装卸搬运货物入库，首先应按照以下公式计算并确定搬运设备数量：

$$Z=Q/M$$

式中：Z——所需设备台数(台)；

Q——装卸搬运作业量(吨)；

M——所使用设备的生产定额(吨/台)。

如果装卸搬运设备采用间隙作业，则每台设备的生产定额为

$$M=TK_1 \div t \times g K_2$$

式中：T——额定工作时间(装卸搬运总时间，小时)；

K_1——设备的时间利用系数(设备可用于本作业的时间比例)；

t——装卸搬运设备一个循环所需的时间(小时)；

g——装卸搬运设备的额定载重量(吨/台)；

K_2——设备载荷利用系数(取 1/3 或 2/3)。

2) 合理安排作业人员

由于人体的负重能力小，在搬运过程中容易受伤害且可持续搬运的时间短，使人力负重搬运作业不稳定、效率低。不能用人力设备(如手推车、人力拖车、手动提升机等)进行长距离搬运，而且搬运线路的地面应平坦，每次搬运的负荷要适当，如手推车不得超过 500 公斤。人力装卸搬运作业是在特殊环境下(如设备损坏、冷库内等)才偶尔使用的作业方式。这种方式的作业效率低且需要较多的人力，所以，正常的搬运作业一般不应依赖人力搬运。但在我国现阶段，大多数仓库主要依靠劳动密集型的存储作业，自动化、机械化程度还很低，需要使用大量人力。

在实际操作中要按照省力化作业的搬运原则来设计搬运作业。省力化作业就是指充分利用重力、避免重物提升的作业，如采用滑板、建造于装货车厢地板等同高度的作业

平台来搬运货物。人力工种适用于设备操作、辅助设备、打码和人力装卸搬运等作业。设备操作人员必须具有操作相关设备的资格。设备操作人员视设备操作的需要确定。如采用停工不停机的方式运行设备,需要多套操作人员。辅助设备作业是根据设备作业的需要,进行挂钩、脱钩、扶持、定位等作业活动的人力作业,人数配备因设备不同而不同,基本与相应设备配套。实际上物流作业中一般采用人力负重搬运进行堆码、拆码、上架、装拆箱、打码成组或者应急作业;使用手推车、人力拖车、手动提升机进行人力设备搬运;可以按照下列公式计算人力作业所需人数:

人力作业所需人数=(作业总量×作业时间)/每人每小时作业量

步骤2:确定装卸搬运的作业时间表。

作业时间计划应体现装卸搬运作业衔接流畅的原则。搬运和装卸总是相伴进行的,如果装卸和搬运脱节,就会使作业量大幅度增加。运到场地的货物,如果先从运输车辆上卸下,堆放在地面,然后再从地面装上搬运设备,这就增加了一次落地和离地的作业。相反,若将货物直接从车辆、船舶卸到搬运设备上,运到货场,装卸搬运作业量和时间就会减小。利用搬运作业中各环节的不同作业速度、不同作业能力以及一些环节间必要的等待时间,妥善组织、合成搬运作业,减少车辆、船舶等运输工具的停留时间,在整体作业不间断的情况下使其用时最少。

由于本任务当中未将设备运回仓库则不能验收,不验收就不能堆码,搬运的各项工作具有连贯性。如果每一项作业都等到前一项作业完成后才进行,那么本任务需要20小时才能完成。其中货位准备在验收之前完成即可,可以同时进行,这样就共需要18小时了。利用这批设备的平均验收速度小于运达速度,将下一工序插入上一工序:设备一运到就可以进行验收,既验收在接运的第三个小时就开始;又由于码货速度是验货速度的2倍,验货完成一半时可以开始码货,即在验收的最后四个小时进行;准备货位穿插在接运和验收时间中进行,则可以将整个搬运作业缩短到10个小时完成,如表7-2所示。

表7-2 作业时间组织

作业环节	工序1	工序2	工序3	工序4	工序5	备注
接运6小时	2	2	2			原需20小时
验收8小时		2	2	2	2	
备位2小时	2					
堆垛4小时				2	2	
共计(小时)	2	2	2	2	2	现需10小时

步骤3:确定装卸搬运作业的线路。

作业线路的设计应体现装卸搬运次数最少的搬运原则。物流企业通过良好的组织和妥善的安排,使货物被装卸搬运的次数最少,消除无效装卸搬运。这需要掌握有关物品的搬运动向,选择合适的装卸位置。为防止堵压其他货物的装卸搬运,必要时可采取分点存放。通过周密的物流组织,排除重复装卸搬运。确定搬运作业线路的原则主要有:①运程最短的原则,使作业线路最短的方法是在运载车辆、搬运工具能直接进行专业或接近货物存放的位置开始作业；②保证搬运设备顺畅运行、道路平坦的原则；③作业线路中尽可能没有大幅度坡路、大角度转向的原则；④作业线路不与其他作业线路交叉的原则。

步骤 4：制订出具体装卸搬运作业计划。

制订装卸搬运作业计划，应当遵循科学规范的方法按步骤进行，首先要考虑各种影响装卸搬运作业质量的因素，并进行分析总结，主要包括：①作业对象的状态、活性指数、特性、数量、尺寸等；②移动的路径、距离、频度、速度；③作业的人数、设备；④建筑物的地板表面状况、地面荷重、建筑高度、周边温度、湿度等。

根据分析的结果，制订出具体装卸搬运作业计划，具体包括选择并确定所需设备和人员的数量、工种、素养等；选择确定场地和路线；确定装卸方式；计划装卸时间；勘察并清扫堆码地点；选择确定堆码方式；执行交接手续；安排清理作业现场等。

步骤 5：作业计划的实施与修改。

装卸搬运作业计划制订出来之后就要实施，并应该根据实施情况加以修正。在执行计划的过程中，要特别注意信息的反馈，要实时掌握这个阶段的计划实现的程度，以及搞清楚导致计划不能顺利实施的因素，在原计划无法实施的时候能很快拿出相应的调整思路，然后根据反馈信息做出是否需要修正计划的决策。

对作业计划的执行必须要注意：①计划实施要到位；②应考虑到计划实施的风险，制订灵活的计划，以便问题发生时可以做出调整；③重视信息反馈；④能及时根据反馈信息做出修正；⑤重视协作，让所有参与任务的人目标一致、共同努力，完成任务。

五、任务执行结果评价

任务执行结果评价如表 7-3 所示。

表 7-3　制订装卸搬运作业计划实训任务执行结果评价(指导教师用表)

考核评价内容	考评标准	分　值	评价得分
制订装卸搬运作业计划的执行情况	关于装卸搬运作业知识的熟悉程度	15	
	计算确定作业人员数和设备台数的合理性	15	
	制订出的装卸搬运作业计划的合理性	40	
任务执行团队评价	团队分工的合理性、协同性	10	
	团队执行任务的效率	10	
	完成任务的创新性	10	
本次任务执行结果评价得分总计			

第八章 流通加工

案例导入

> 阿迪达斯公司在美国有一家超级市场，该超市设立了组合式鞋店，店内摆放的不是做好的鞋，而是做鞋用的半成品，款式花色多样，有6种鞋跟、8种鞋底，均为塑料制造的，鞋面的颜色以黑、白为主，搭带的颜色有80种，款式有百余种，顾客进来后可任意挑选自己喜欢的各个部位，交给职员当场进行组合。只要10分钟，一双崭新的鞋便可以摆在消费者眼前。这家鞋店昼夜营业，职员技术熟练，鞋子的售价与成批制造的价格差不多，有的还稍便宜些。所以顾客络绎不绝，销售金额比邻近的鞋店多10倍。
>
> （资料来源：https://zhidao.baidu.com/question/133471327.html）

第一节 认知流通加工

一、流通加工的定义及其特点

1. 流通加工的定义

在流通过程中辅助性的加工活动称为流通加工。在我国国家标准《物流术语》中对流通加工的定义是："物品在从生产地到使用地的过程中，根据需要，对物品实行的包装、分割、计量、分拣、刷标志、拴标签、组装等简单作业的总称。"流通加工的内容一般包括袋装、定量化小包装、拴牌子、贴标签、配货、拣选、分类、混装、刷标记等。生产的外延流通加工包括剪断、打孔、折弯、拉拔、挑扣、组装、改装、配套以及混凝土搅拌等。

流通与加工的概念本属于不同的范畴。加工是改变物质的形状和性质、形成一定产品的活动；而流通则是改变物质的空间状态与时间状态。流通加工则是为了弥补生产过程中的加工不足，更有效地满足用户或本企业的需要，使产需双方更好地衔接，将这些加工活动放在流通过程中完成，而成为物流的一个组成部分。

2. 流通加工的特点

与生产加工相比较，流通加工具有以下特点：

1) 从加工对象看

流通加工的对象是进入流通过程的商品，具有商品的属性，以此来区别多环节生产加工中的一环。流通加工的对象是商品，而生产加工的对象不是最终产品，而是原材料、零配件或半成品。

2) 从加工程度看

流通加工大多是简单加工，而不是复杂加工，一般来讲，如果必须进行复杂加工才能形成人们所需的商品，那么这种复杂加工应该专设生产加工过程。生产过程理应完成大部分加工活动，流通加工则是对生产加工的一种辅助及补充。特别需要指出的是，流通加工绝不是对生产加工的取消或代替。

3) 从价值观点看

生产加工的目的在于创造价值及使用价值，而流通加工的目的则在于完善其使用价值，并在不做大的改变的情况下提高价值。

4) 从加工的组织者看

流通加工的组织者是从事流通工作的人员，能密切结合流通的需要进行加工活动。从加工单位来看，流通加工由商业或物资流通企业完成，而生产加工则由生产企业完成。

5) 从加工目的看

商品生产是为交换、为消费而进行的生产，而流通加工的一个重要目的是为了消费(或再生产)所进行的加工，这一点与商品生产有共同之处。但是流通加工有时候也是以自身流通为目的，纯粹是为流通创造条件，这种为流通所进行的加工与直接为消费进行的加工在目的上是有所区别的(见表 8-1)，这也是流通加工不同于一般生产加工的特殊之处。

表 8-1　流通加工与生产加工的区别

类型 区别	流通加工	生产加工
加工对象	流通领域的商品	不是最终产品
加工程度	简单	复杂
价值和使用价值	完善使用价值、提高价值	创造价值和使用价值
加工组织者	流通环节	生产企业
加工目的	为流通、为再生产、为消费	为消费

二、流通加工的地位

流通加工在物流中的地位表现在以下几个方面。

1. 流通加工有效地完善了流通

流通加工不是对所有物流活动都是必需的，但这绝不是说流通加工不重要，实际上流通加工是不可忽视的，它具有补充、完善、提高与增强物流功能的作用，能起到运输、保管等其他功能要素无法起到的作用。因此，流通加工的地位可以描述为：提高物流水平，促进流通向现代化发展。

2. 流通加工是物流的重要利润来源

流通加工是一种低投入、高产出的加工方式，往往能以简单加工解决大问题。实践中，有的流通加工通过改变商品包装，使商品档次升级而充分实现其价值；有的流通加工可将产品利用率大幅提高 30%，甚至更多。这些都是采取一般方法以期提高生产率所难以做到的。实践证明，流通加工提供的利润并不亚于从运输和保管中挖掘的利润，因此我们说流通加工是物流业的重要利润来源。

3. 流通加工在国民经济中也是重要的加工形式

流通加工在整个国民经济的组织和运行方面是一种重要的加工形式，对推动国民经济的发展、完善国民经济的产业结构具有一定的意义。

三、流通加工的功能

1. 消除生产和消费之间的分离，更有效地满足消费需求

这是流通加工功能最基本的内容。现代经济中，生产和消费在质量上的分离日益扩大和复杂。流通企业利用靠近消费者，信息灵活的优势，从事加工活动，能够更好地满足消费需求，使少规格、大批量生产与小批量、多样性需求结合起来。

2. 提高加工效率和原材料利用率

集中进行流通加工，可以采用技术先进、加工量大、效率高的设备，不但提高了加工质量，而且提高了使用率和加工效率。集中进行加工还可以将生产企业生产的简单规格产品，按照客户的不同要求，进行集中下料，做到量材使用，合理套裁，减少剩余料。同时，可以对剩余料进行综合利用，提高原材料的利用率，使资源得到充分合理的利用。

3. 提高物流效率

有的产品的形态、尺寸、重量等比较特殊，如过大、过重产品不进行适当分解就无法装卸运输，生鲜食品不经过冷冻、保鲜处理，在物流过程中就容易变质腐烂等。对这些产品进行适当加工，可以方便装卸搬运、储存、运输和配送，从而提高物流效率。

4. 促进销售

流通加工对于促进销售也有积极的作用，特别是在市场竞争日益激烈的条件下，流通加工已成为重要的促销手段。例如，将运输包装改换成销售包装，进行包装裝潢加工，改变商品形象以吸引消费者；将蔬菜、肉类洗净切块分包以满足消费者的要求；对初级

产品和原材料进行加工以满足客户的需要，赢得客户信赖，增强营销竞争力。

四、流通加工发展的原因

1. 流通加工是社会化分工的产物

流通加工本来属于生产领域，但随着经济的发展和社会的进步，流通加工从生产领域中逐渐被剥离出来，作为社会化分工的产物而备受推崇。因为企业为了增强核心竞争力，将非核心业务分离出去以便发挥自己最"拿手"、最有优势的生产技能，消除臃肿，减轻负担，集中人力、物力、财力和精力，专注于本行中的主业，才能最大限度地创造企业的附加价值。在消费者对产品质量、功能、款式、便利性等标准要求越来越复杂化的当今时代，企业不得不只专注于主业。

2. 流通加工创造附加价值

生产商品的目的是创造价值，流通加工是在此基础上完善商品的价值，增加商品的价值。集中、大批量的生产与分散、小批量的消费者之间，存在着一定空间，形成规模化大生产与千家万户之间的场所价值和时间价值的空白，使商品的存在价值和使用价值需要通过流通加工来实现。

3. 流通加工能够适应多样化的客户需求

流通加工属于生产领域范畴，但由于生产企业为了增强其自身的核心竞争力，往往专注于其核心商品的生产，从而最大限度地创造企业的附加价值，而将非核心业务分离，因此只能满足消费者对产品的质量、功能要求的一般性要求，而在越来越复杂化的当今社会，消费者的要求已经远远超出这一范畴，多样化、个性化的需求比例不断增加，集中式的大批量生产与分散的个性化的消费需求之间的矛盾越来越突出，从而使企业无法完全满足消费需要，就需要以流通加工的形式作为纽带，连接生产者和消费者，因此流通加工是社会分工的必然结果，发挥着承上启下的作用，能提高对客户的整体服务水平。

4. 流通加工可降低物流成本、提高物流系统的整体效益

由于流通加工属于深加工性质，直接面对终端用户，因此可以综合多家需求，集中下料，合理套裁，充分利用边角、余料，减少废钢、角铁、碎块的浪费，做到最大限度地"物尽其用"，节约大量原材料。流通加工一般都在干线运输和支线运输节点进行，这样能使大量运输合理分散，有效地缓解长距离、大批量、少品种的物流与短距离、小批量、多品种物流的矛盾，实现物流的合理流向和物流网络的最佳配置，从而避免不合理的重复、交叉、迂回运输，大幅度节约运输、装卸搬运和保管等费用。例如：对于粮食等商品通过流通加工，进行集装运输可以减少物流作业中的损失，加快物流作业速度，降低物流作业成本，维护产品质量，提高物流效率，增加商品的价值，提高物流系统的整体效益。

5. 流通加工扩展了加工的形式

以前对流通加工的认识比较浮浅，认为其主要活动主要在配送中心、仓库等物流场

所进行。但在新时期，社会商品极大丰富，买方市场矛盾突出，消费者要求多样化、个性化，为适应消费者的需要，传统的物流服务必须进行扩展，比如运输企业增加了冷藏运输车辆，形成一体化的冷链流通。在物流水平提高、成本上升、利润下降的条件下就必须扩大物流的服务项目，追求新的附加价值增长点，现在流通加工业务的范围已大大拓宽，比如进口衣料的染色、刺绣、机器检验、组装等多种流通加工服务。为了适应新的市场需求的深度和广度，流通加工的形式必将会继续丰富和扩展。

五、流通加工的类型

1. 为弥补生产领域加工不足的流通加工

由于受到各种因素的限制，如运输流通的限制，使用条件的不明朗，规模经济的影响等，许多产品在生产领域的加工只能到一定程度，而不能完全实现终极加工。例如，木材如果在产地完成成材加工或制成木制品的话，就会给运输带来极大的困难，所以在生产领域只能加工到圆木、板、方材这个程度，进一步的下料、切裁、处理等加工则由流通加工完成；钢铁厂大规模的生产只能按规格生产，以使产品有较强的通用性，从而使生产能有较高的效率，取得较好的效益，这种流通加工实际上是生产的延续，是生产加工的深化，对弥补生产领域加工不足有重要的意义。

2. 为适应需要多样化的流通加工

由于物质使用条件的不明朗，以及生产部门为了实现高效率，大批量的生产以获得规模，初次加工生产的产品往往不能完全满足用户的要求。为了满足用户对产品多样化的需要，同时又要保证高效率的大生产，可将生产出来的单一化、标准化的产品进行多样化的改制加工。这种加工改制一般放在用户使用条件或要求明朗之后由流通加工中心完成，带有明显的服务性。例如，对钢材卷板的舒展、剪切加工，平板玻璃按照需要规格的开片加工等。

3. 为消费者方便、省力的流通加工

根据下游生产的需要将商品加工成生产直接可用的状态。为方便消费、省力的流通加工可使生产型用户缩短自己生产的流程，使生产技术密集程度提高。例如，根据需要将钢材定尺、定型，按要求下料；将木材制成可直接投入使用的各种型材；将水泥制成混凝土拌和料，使用时只需稍加搅拌即可使用等。这种初级加工，由流通加工完成。

4. 为保护产品所进行的流通加工

在物流过程中，为了保护商品的使用价值，延长商品在生产和使用期间的寿命，防止商品在运输、储存、装卸搬运、包装等过程中遭受损失，可以采取稳固、改装、保鲜、冷冻、涂油等方式进行加工。例如水产品、肉类、蛋类的保鲜、保质的冷冻加工、防腐加工等；丝、麻、棉织品的防虫、防霉加工等。还有，如为防止金属材料的锈蚀而进行的喷漆、涂防锈油等加工，运用手工、机械或化学方法除锈；木材的防腐朽、防干裂加工；煤炭的防高温自燃加工；水泥的防潮防湿加工等。

5. 为促进销售的流通加工

流通加工也可以起到促进销售的作用，如将过大包装或散装物品分装成适合消费者携带的小包装的分装加工；将以保护商品为主的运输包装改成以促进销售为主的销售包装，以起到吸引消费者、促进销售的作用；将蔬菜、肉类洗净切块以满足消费者的要求；将零配件组成用具、车辆以便于直接销售的。

6. 为提高加工效率的流通加工

许多生产企业的初级加工由于需加工物品的数量有限，难以装备先进的科学设备，加工效率通常不高，而流通加工以集中加工的形式，解决了单个企业加工设备投入大设备运营不饱满、技术人员缺乏、加工效率不高等弊病。它以一家流通加工企业的集中加工代替了若干家生产企业的初级加工，促使流通加工水平有了一定的提高，提高了加工的效率。

7. 为提高物流效率，降低损失的流通加工

有些商品本身的形态使之难以进行物流操作，而且商品在运输、装卸搬运过程中极易受损，因此需要进行适当的流通加工加以弥补，从而使物流各环节易于操作，提高物流效率，降低物流损失。例如，造纸用的木材磨成木屑的流通加工，可以极大提高运输工具的装载效率，自行车在消费地区的装配加工可以提高运输效率，降低损失；石油气的液化加工，使之由难输送的气态物转变为容易输送的液态物，也可以提高物流效率；过大设备搬运，装卸困难，进行解体后再运输等。

8. 为衔接不同运输方式的流通加工

在干线运输和支线运输的节点设置流通加工环节，可以有效解决大批量、低成本、长距离的干线运输与多品种、少批量、多批次的末端运输和集货运输之间的衔接问题。在流通加工点与大生产企业间形成大批量、定点运输的渠道，以流通加工中心为核心，组织对多个用户的配送，也可以在流通加工点将运输包装转换为销售包装，从而有效衔接不同目的地的运输方式。比如散装水泥中转仓库把散装水泥袋装，将大规模散装水泥转换为小规模散装水泥的流通加工就衔接了水泥厂大批量运输和工地小批量装运的需要。

9. 生产——流通一体化的流通加工

依靠生产企业和流通企业的联合，或者生产企业涉足流通，或者流通企业涉足生产，形成对生产与流通加工进行合理分工、合理规划、合理组织统筹进行生产与流通加工的安排，这就是生产——流通一体化的流通加工形式。这种形式可以促成产品结构及产业结构的调整，充分发挥企业集团的经济技术优势，是目前流通加工领域的新形势。

10. 为实施配送进行的流通加工

这种流通加工形式是配送中心为了实现配送活动，满足客户的需要而对物资进行的加工。例如，混凝土搅拌车可以根据客户的要求，把沙子、水泥、石子、水等各种不同材料按比例要求装入可旋转的罐中。在配送路途中，汽车边行驶边搅拌，到达施工现场

后，混凝土已经均匀搅拌好，可以直接投入使用。

六、常见的流通加工形式

1. 钢材的流通加工

钢材的流通加工主要包括如钢板的剪切加工、下料加工，以及圆钢、型钢、线材的下料加工和钢筋的冷拉加工等。剪板加工是指在固定地点设置剪板机，提供剪板服务的过程；下料加工则是指设置各种切割设备，将大规格钢板裁小成毛坯，或将各种圆钢、型钢、线材裁成所需长短，以方便用户使用的服务过程；钢筋的冷拉加工是指在常温条件下，以超过原来钢筋线材屈服点强度的拉应力，强行拉伸钢筋，使钢筋产生塑性变形以达到提高钢筋屈服点强度和节约钢材为目的的加工。钢材流通加工企业能够利用专业设备，按照用户设计的规格尺寸和形状对钢筋进行熔断、切断、切割、套裁、拉伸等加工，精度高、速度快、废料少、成本低。钢材的流通加工有利于采用先进的流通加工设备，提高加工设备的使用效率，产生规模效益，降低成本，方便用户。

2. 水泥的流通加工

水泥由于自身的特点，如在运输过程中易抛洒污染环境，储存期间易吸收空气中的潮气而变硬变质，单位重量价值低、运输成本相对较高等，对其运输、使用产生了很大的限制。为了克服上述缺陷，在水泥需求数量大且相对稳定的工厂，通常不再直接调入成品水泥，而是将块状或颗粒状的半成品熟料运进，在需求地进行细磨，并根据客户的使用要求和当地的资源状况掺入适当的混合材料或添加剂，制成不同品种及标号的水泥。水泥熟料运输至使用地再磨碎制成成品水泥的流通加工具有以下的优点：

（1）水泥熟料本身为块状或颗粒状，较成品水泥更易进行大批量、低成本、高效率的运输，并可以减少成品水泥在运输过程中抛洒污染环境的问题，以及减少运输过程中水泥的耗损。

（2）水泥熟料本身为块状或颗粒状，在使用前才进行细磨，因此不存在成品水泥易结块变质的问题，可降低仓储条件、减少仓储损耗、降低仓储费用。

（3）水泥熟料在使用地细磨后才能加入混合材料或添加剂，这种混合材料或添加剂一般占成品水泥总量的 30%左右，通常根据当地的资源状况就地取材，因此可减少运输量，节省运输费用。

（4）水泥熟料在使用地才根据客户的使用要求加入混合材料或添加剂制成成品水泥，这种生产的延迟可以提高水泥型号的灵活性，减少水泥原材料的库存，并能最大限度地满足各种需求。

（5）采用长途熟料输送的方式，有利于在水泥厂与有限的熟料粉碎工厂之间形成固定的直达渠道，实现物流经济效益的提高。同时，用户也无须集中到水泥厂进行采购，而是直接向当地的熟料粉碎工厂订货，因而更容易沟通产需关系。显然，这种方式对于加强水泥流通的计划性、简化流通手续、保障物资供应都具有十分明显的优越性。

3. 混凝土的流通加工

混凝土的流通加工主要指混凝土的集中搅拌或运输，在传统的流通方式中，混凝土一般由用户在建筑工地现场拌制之后才能使用。而现在对于一些较大工程所用的混凝土则多是在流通加工点(或称集中搅拌混凝土工厂，生混凝土工厂)集中搅拌生成混凝土，然后供给各个工地或小型构件厂使用。这种混凝土流通加工的方式，具有很好的技术经济效果，受到了发达国家的普遍重视。混凝土集中搅拌和运输具有以下优点：

(1) 传统混凝土分散搅拌具有混凝土搅拌不均、效率低下、各批混凝土配料及凝固时间具有细微差别而导致工程质量不佳等问题。而混凝土的集中搅拌把混凝土的加工从小规模的分散状态，变成大规模的集中形式，既可以充分利用现代科学技术组织社会化的大生产，又可以发挥现代技术和管理的优势，大幅度提高劳动生产效率和混凝土的质量。

(2) 集中搅拌可以采取准确的计量手段和最佳的生产工艺，根据不同需要使用不同的添加剂和混合材料，拌制不同性能的混凝土，在提高混凝土质量、减少水泥消耗量、提高劳动生产率等方面，具有社会化大生产的一切优点。在相同的生产能力下，实行集中搅拌可以较大幅度地降低单位产量所需的设备投资、管理费用、人力及电力消耗等。

(3) 集中搅拌的生产量大，可以采取措施回收使用废水，减少清洗机器废水的污染，利于环境保护。

(4) 混凝土搅拌工程可设立在郊区，集中搅拌后由混凝土搅拌车送到作业工地，从而避开繁华闹市区、减少环境污染与扰民，节省作业空间。

(5) 由于集中搅拌的设备固定不动，还可以避免因经常拆建所造成的设备损坏，延长设备的使用寿命。

4. 玻璃的流通加工

平板玻璃的运输破损率较高，玻璃运输的难度比较大。

(1) 在消费比较集中的地区建玻璃流通加工中心，按照客户的需要采用专用设备对平板玻璃进行套裁和开片，可大大降低玻璃套破损率，使玻璃的利用率从 65%左右提高到 90%以上。

(2) 进行集中套裁，废弃玻璃相对较少并易处理，增加了玻璃的附加价值。

(3) 玻璃的流通加工有利于玻璃生产厂家简化产品规格，实现大批量生产。平板玻璃的集中套裁不但可提高工厂的生产效率，而且还能简化工厂的剪裁包装等工序，使其集中力量解决生产问题。当工厂与套裁中心形成固定渠道输送平板玻璃时，可以大规模利用集装工具，从而节约大量包装用木材，并有效防止流通过程中的玻璃破损。

5. 木材的流通加工

1) 磨制木屑压缩输送

由于木材的比重小、装载性差，往往使车船满舱而不能满载，产生运力浪费。同时，木材的装车、捆扎也比较困难，加上林区的道路相对难行，对运输造成了一定的困难。从林区运出的木材，有相当一部分是造纸材料。对于这些作为造纸材料用的木材，为了提高车船的装载率、减少运输过程中的各种难度，可以采取在林木生产地就地将原木磨成木屑，然后采取压缩方法，使之成为容重较大，容易装运的形状，最后再将这些压缩后的木屑运至靠近消费地的造纸厂，可以取得较好的经济效果。磨制木屑压缩输送是一种为了提高运输效率而进行的流通加工，采取这种办法比直接运送原木一般可节约一半的运费。

  2) 木材的集中下料

  这种流通加工形式就是在流通加工点将原木锯裁成各种规格的锯材，同时将碎木、碎屑集中加工成各种规格的板材，甚至还可以进行打眼、凿孔等初级加工。用户直接使用原木，不但加工工序复杂，而且加工场地需求大、设备多，资源浪费严重，木材平均利用率不到 50%。如果按用户要求实行集中下料，不但可以减少用户设备的投资、操作的不便，还可使原木的利用率提高到 95%左右，具有相当明显的经济效果。

  6. 煤炭的流通加工

  1) 除矸加工

  原煤生产中通常都含有一定量的煤矸石，矸石有一定发热量，煤炭中混入一些矸石是允许的，也是较经济的。但是，如果煤炭中混入矸石量过多，将会造成煤炭燃烧值下降，同时，由于矸石燃烧会产生一定的焦油，长期使用矸石较多的煤炭将会使锅炉底附着一层焦油层，影响锅炉的受热，严重时甚至会使锅炉受热不均而发生爆炸，产生人身或财产损失事故。因此在原煤运输之前，通常要进行一定程度的除矸工作，以提高煤炭纯度，减少运力浪费。

  2) 煤浆加工

  传统的煤炭运输主要采用火车、汽车、轮船等容器转运的方式，运输过程中损失浪费较大，环境污染严重，成本较高，且易发生火灾。管道运输是近代刚刚兴起的一种先进物流技术，在流通的起始环节将煤炭磨成细粉，再用水调和成浆状，使之具有流动性。就可以像其他液体一样，利用管道进行输送，煤炭到达目的地后再将其水分除去。管道输送煤浆的输送方式具有连续稳定、速度较快等优点，是一种比较经济的运输方式。

  3) 配煤加工

  各种煤炭都具有一定的发热量，而且发热量并不见得和其使用要求相匹配，因此就需要在煤炭的使用过程中增加各种辅料或助燃剂以达到需要的发热值。这种在使用地区设置集中加工点，将各种煤炭或其他发热物质，按不同的配方进行掺配搅拌，加工成各种不同发热量的燃料的过程就是配煤加工。配煤加工可以按照需要的发热量生产和供应燃料，防止热能的浪费或发热量的不足。工业用煤经过配料加工后，还可以起到便于计量控制和稳定生产的作用，在经济及技术上都具有一定的价值。

  7. 天然气、石油气的液化加工

  由于气体的输送和保存都比较困难，所以过去的天然气和石油气一般都是就地使用，如果出现过剩也只能就地燃烧，即造成资源浪费又导致环境污染。虽然天然气和石油气都可以采用管道进行输送，但由于管道的投资大，而且输送距离有限，所以运用并不广泛。但如果在产出地将天然气或石油气压缩到临界压力以上，使之由气体变成液体，就可以采用容器进行装运，使用时的机动性也会大大增强，这是目前较常使用的一种气体货物流通方式。

8. 简单机械的流通加工

一些简单机械，如自行车和助力车，它们具有在整车运输、保管和包装时费用多、装载率低等特点，给物流过程造成了困难。但其也具有产品装配简单，不必进行精密的调试和检测的特点，所以为了提高物流效率，降低物流成本可以将同类部件装箱、批量运输和存放，在商店出售前再组装。这样能大幅提高运载率，有效地缓解批量生产和分散消费的矛盾。简单机械的流通加工是一种只改变商品状态，不改变商品功能和性质的流通加工形式。

9. 石棉橡胶板的开张成型加工

石棉橡胶板是机械、热力或化工装备中经常使用的一种密封材料，单张厚度一般为3毫米左右，单张尺寸有的长达4米，在储运过程中极易发生折角损失。石棉橡胶板的开张成型加工，就是按用户所需要的垫塞物的尺寸进行裁制。这种流通加工不但可以方便物流的作业及用户的使用，而且还可以通过集中套裁来减少边角余料的损失，提高材料的利用率。这种套裁流通加工的地点一般都设在用户集中地，由供应部门统一组织加工作业。

10. 服装的流通加工

服装流通加工不是指材料的套裁和批量缝制，而是指在批发商的仓库或配送中心进行的缝商标、拴商标、改换包装、熨烫等简单的加工作业。近年来，因消费者需求的个性化，退货量增加，从商场退回来的衣服一般在仓库或配送中心重新分类、整理、改换价签和包装。

11. 书籍的流通加工

国际上通行的书籍的流通加工作业主要有简单的装帧、套书壳、拴书签以及退回书籍的重新整理、复原等。

12. 食品的流通加工

食品流通加工的类型较多，具体类型主要有如下几种：

1) 冷冻加工

为了解决鲜肉、鲜鱼在流通中保鲜及装卸搬运的问题，而采取低温冻结方式的加工。这种流通加工也适用某些液态商品的流通。

2) 分选加工

农副产品规格、质量离散情况较大，为获得一定规格的产品，提高物流效率，而采取人工或机械分选的方式对蔬菜和水果进行加工，如去除多余的根叶等。这种方式广泛用于果类、瓜类、谷物、棉毛原料等物品的加工。

3) 精制加工

农、牧、副、渔等产品的精选加工是在产地和销售地设置加工点，去除无用部分，甚至可以进行一些切分、洗净、分装等加工，可以分类销售。这种加工不但大大方便了购买者，而且还可以对加工过程中的淘汰物进行综合利用。比如鱼类的精制成品加工所剔除的内脏可以制成某些药物或用作饲料，鱼鳞可以制高级黏合剂，头尾可以制鱼粉等；蔬菜的加工剩余物可以制饲料，肥料等。

4) 分装加工

许多生鲜食品零售起点较低，而为了保证高效输送出厂，包装一般较大，也有一些是采用集中运输方式运达销售地区。为了便于销售，就要在销售地区按所要求的零售起点进行新的包装，即大包装改小包装，散包装改小包装，运输包装改销售包装，以满足消费者对不同包装规格的需求，从而达到促销的目的。

5) 牛奶的流通加工

牛奶的消费者是千家万户，牛奶的运输和配送十分复杂。为了提高效率，一般做法是把各个养牛场的牛奶集中到牛奶厂，牛奶厂用大型奶罐批量地将牛奶分送到各地牛奶分厂，在那里进行检疫、灭菌和均质化，装袋后配送给各商店或家庭。冬季和夏季对牛奶的需求有一定差别，可是牛奶的产量一年四季基本不变，所以可将鲜奶做成奶粉和奶酪、奶油保存。此外，为了减少运费，牛奶也可进行浓缩加工(即将牛奶提纯，使体积减少 1/3)，这也是一种很有成效的加工方法。

只要我们留意超市里的货柜，便不难发现，那里摆放的各类洗净的蔬菜、水果、肉类等无一不是流通加工的产物。这些商品在摆进货柜之前，已经由许多人进行了加工作业，包括分类、清洗、贴商标和条形码、包装、装袋等多种作业工序。这些流通加工都不在产地，而且已经脱离了生产领域，进入了流通领域。这种加工形式，节约了运输等物流成本，保护了商品质量，增加了商品的附加价值。此外，半成品加工、快餐食品加工也可成为流通加工的组成部分，这种加工形式，节约了运输的物流成本，保护了商品质量，增加了商品的附加价值。如葡萄酒是液体，从产地批量的将原液运至消费地配制、装瓶、贴商标，包装后出售，既可以节约运费，又安全保险，以较低的成本，卖出较高的价值，使附加值大幅度增加。

第二节 流通加工合理化

流通加工合理化的含义是实现流通加工的最优配置，也就是对是否设置流通加工环节、在什么地方设置、选择什么类型的加工方式、采用什么样的技术装备等问题作出正确抉择。这样做不仅可以避免各种不合理的加工形式，而且还可以做到最优。

一、不合理的流通加工形式

1. 流通加工地点设置的不合理

流通加工地点设置即布局状况是关系到整个流通加工能否有效的重要因素，一般而言,为衔接单品种大批量生产与多样化需求的流通加工,加工地设置在需求地区,才能实现大批量的干线运输与多品种末端配送的物流优势。即使是产地或需求地设置流通加工的选择是正确的,也还存在一个在小地域范围的正确选址问题,如果处理不善,仍然会出现不合理现象。这种不合理主要表现在交通不便,流通加工与生产企业或用户之间距离较远,流通加工点的投资过高(如受选址的地价影响),加工点周围的社会、环境条件不良等。

一般来说物资经流通加工后数量和种类形态主要有三种形式的变化:一是加工后比加工前物资数量变少,物资运输、仓储变易;二是加工后比加工前物资数量变多,三是加工后比加工前物资数量、形态没有明显的变化,但物资种类增多。

对于第一种情况,如煤炭的除矸石工作、鱼类肉类的冷冻加工等,为方便物流顺利高效进行,应将物流加工环节设置在原产地,即将其设置在物质进入社会物流之前。如果将其设在物流之后,即设置在消费地,则不但不能解决物流问题,反而在流通中增加了中转环节,增加了流通费用,因而是不合理的。

对于第二种情况,如水泥熟料加入辅料或添加材料、配煤加工等,应将其流通加工地点设置在消费地,以减少不合理的运输。

对于第三种情况,为衔接单品种大批量生产与多样化需求之间的矛盾,流通加工地点应设置在消费地,因为越靠近消费者才能越了解消费者的真正需求,只有这样才能实现大批量的干线运输与多品种末端配送的物流优势。如果反之将流通加工地设置在生产地区,为了满足用户多样化的需求,这样一方面将会出现多品种、小批量的产品由产地向需求地长距离运输现象;另一方面,在生产地增加了一个加工环节,同样也会增加近距离运输、保管、装卸等一系列物流活动。与其这样,还不如由原生产单位完成这种加工而无须设置专业流通加工环节。

2. 流通加工方式选择不当

流通加工方式包括流通加工对象、流通加工工艺、流通加工技术、流通加工工程等。流通加工方式的决定实际上是以生产加工的合理分工为依据的,分工不合理,把本来就由生产加工完成的作业错误地交给流通加工来完成,或者把本来应由流通加工完成的作业错误地交给生产过程去完成,都会造成不合理。

流通加工不是对生产加工的代替,而是一种补充和完善。一般来说,如果工艺复杂,技术装备要求较高,或加工可以由生产过程延续或轻易解决的都不宜再设置流通加工。流通加工尤其不宜与生产过程争夺技术要求较高、效益较高的最终生产环节,更不宜利用一个时期市场的压迫使生产者变成初级加工或前期加工者,而流通企业完成装配或最终形成产品的加工。如果流通加工方式选择不当,就可能会出现生产争利的恶果。

3. 流通加工作用不大,形成多余环节

有的流通加工过于简单,或者对生产和消费的作用都不大,甚至有时由于流通加工的盲目性,同样未能解决品种、规格、包装等问题,相反却增加了作业环节,这也是流通加工不合理的重要表现形式。

4. 流通加工成本过高，效益不好

流通加工的一个重要优势就是它有较大的投入产出比，因而能有效地起到补充、完善生产加工的不足。如果流通加工成本过高，则不能实现以较低投入实现更高价值的目的。势必会影响它的经济效益，因此，一般情况下投入产出效果差的流通加工环节都属于不合理的流通加工，都应该及时转行或取消。

二、实现流通加工合理化的途径

流通加工合理化的含义是实现流通加工的最优配置，不仅做到避免各种不合理，使流通加工有存在的价值，而且做到最优的选择。要实现流通加工的合理化，主要应从以下几个方面加以考虑。

1. 加工和配送结合

加工和配送结合就是将流通加工设置在配送点中。由于配送和用户结合最为紧密，是产品达到用户前的最后一个环节，此时，用户的真正需求已经明确显现，因此可按配送的需要有的放矢地进行相应加工作业。另一方面加工又可作为配送作业流程中分货、拣货、配货的重要一环，加工后的产品直接投入到配货作业，这就是使流通加工与中转流通巧妙地结合在一起，减少了一个物流环节，节约了物流成本。同时，由于配送之前有必要的加工，可以使配送服务水平大大提高。

2. 加工和配套结合

"配套"是指对使用上有联系的用品成套地供应给用户使用。在对配套要求较高的流通中，配套的主体来自各个不同的生产单位，现有的生产单位及其产品有时无法完成配套，而进行适当流通加工可以有效促成配套，大大提高流通的桥梁与纽带的能力。

3. 加工合理运输结合

流通加工可提高运输物资的纯度，减少无效物资的运输，或者提高运输物资的装载性、安全性，同时，流通加工还能有效衔接干线运输和支线运输，促进两种运输形式的合理化，因此，流通加工应和合理运输相结合。利用流通加工，在支线运输转干线运输或干线运输转支线运输这本来就必须停顿的环节，不进行一般的支转干或干转支，而是按干线或支线运输合理的要求进行适当加工，从而大大提高运输及转载水平。

4. 加工和合理商流结合

流通加工也能起到促进销售的作用，从而使商流合理化，这也是流通加工合理化的方向之一。加工和配送相结合，通过流通加工，提高了配送水平，促进了销售，使加工与商流合理结合。此外，通过简单地改变包装加工形成方便的购买量，通过组装加工解除用户使用前进行组装、调试的难处，都是有效促进商流的很好例证。

5. 加工和节约结合

节约能源、节约设备、节约人力、减少耗费是流通加工合理化重要的考虑因素，也

是目前我国设置流通加工并考虑其合理化的较普遍形式。

总之,对于物流交通合理化的最终判断,是看其是否能实现社会和企业本身的两个效益,而且是否取得了最优效益。流通企业更应该树立社会效益第一的观念,以实现产品生产的最终利益为原则。但是,如果只是追求企业的局部效益,不适当地进行加工,甚至与生产企业争利这就有违于流通加工的初衷,或者其本身已不属于流通加工的范畴。

三、促进流通加工发展的策略

流通加工是生产环节在流通领域的延续,在一定程度上可以有效地起到补充完善生产环节的作用,但若处理不当就会对整个物流过程起到负面作用,因此要注意分析流通加工的合理性,结合我国的实际情况制定适合中国国情的流通加工发展策略。

1. 合理布局

流通加工的地点选择十分重要,否则将会影响其作用的发挥,为了更好地衔接大批量生产与多样化、小批量消费的通道,最好应将流通地点设置于消费地区,而不是现在我国流通企业所采用的围绕于生产企业周边,否则将无法发挥大批量标准产品与小批量分散配送的优势,增加运输的难度,更无法发挥生产企业大批量标准化生产的优势。同时应优化流通企业的网络化布局,结合产品特性和消费需求,形成有效的服务覆盖体系,提高响应速度。

2. 一体化集成作业

流通加工是物流作业中的一环,不能与其他作业形式相分离,而应重视采用一体化集成作业,无须设置独立的流通加工中间环节,应使流通加工与中转流通巧妙结合在一起,以提高作业效率,降低作业成本。例如在配送中心的物流作业中就应按照具体的客户要求,将流通加工置于分货、拣货、配货中,合理地选择作业形式,同时要考虑到运输形式和消费者的配套设施,特别是水泥、木材等产品的流通加工,进行一体化集成作业时要从整个物流系统的整体角度出发,制定适合的作业形式,这样才能真正形成"储运—流通加工—配送"的一体化作业。

3. 发展绿色流通加工

流通加工具有较强的生产性,合理地选择流通加工形式可以有效地促进环境保护。进行绿色流通加工的途径主要分两个方面:一方面变消费者分散加工为专业集中加工,以规模作业方式提高资源利用效率,以减少环境污染,如餐饮服务业对食品的集中加工,减少家庭分散烹调所造成的能源消耗,减少废弃物和空气污染;另一方面是集中处理消费品加工中产生的边角废料,以减少消费者分散加工所造成的废弃物污染,如流通部门对蔬菜的集中加工减少了居民分散垃圾丢放及相应的环境治理问题。

4. 加强流通加工的投资管理

由于流通加工是在产需之间增加了一个中间环节,所以它延长了商品的流通时间,增加了商品的生产成本,存在着许多降低经营效益的因素。因此,设置流通加工点,从事流通加工业务，必须进行可行性分析。分析的内容有如下几点：

1) 设置流通加工点的必要性

流通加工是对生产加工的辅助和补充，是否需要这种补充，主要取决于两个方面：一是生产厂家的产品是否可直接满足用户需要；二是用户对某种产品有无能力在流通领域作进一步加工。如果生产厂家的产品可以直接满足用户的消费需求，流通加工就没有必要；若生产厂家的产品虽然不能直接进入消费领域，但用户自己有加工的能力，那么流通加工也没有必要。只有当生产厂家的产品不能直接进入消费领域，用户又没有进一步加工能力时，流通加工才是必需的。当然，有时从社会效益和经济效益考虑，为了节约原材料、节约能源、组织合理运输，设置流通加工环节也是必要的。

2) 设置流通加工环节的经济性

流通加工一般都是比较简单的加工，在技术上不会有太大的问题，投资建设时要重点考虑的是经济上是否划算。流通加工的经济效益主要取决于加工量的大小，加工设备和生产人员是否能充分发挥作用。如果任务量很小，生产断断续续，加工能力经常处于闲置状态，那就可能出现亏损。因此，加工量预测是流通加工点投资决策的主要依据。此外，还要分析该流通加工项目的发展前景，如发展前景良好，近期效益不理想也是可以接受的。

3) 投资决策和经济效果评价

流通加工项目的投资决策和经济效果评价主要使用净现值法、投资回收期和投资收益率。

5. 加强流通加工的生产管理

流通加工的生产管理是指对流通加工生产全过程的计划、组织、指挥、协调与控制，包括生产计划的制定，生产任务的下达，人力、物力的组织与协调，生产进度的控制等。在生产管理中特别要加强生产的计划管理，提高生产的均衡性和连续性，充分发挥生产能力，提高生产效率。要制定科学的生产工艺流程和加工操作规程，实现加工过程的程序化和规范化。

6. 加强流通加工的质量管理

流通加工的质量管理，应是全员参加的、对流通加工全过程和全方位的质量管理。它包括对加工产品质量和服务质量的管理。加工后的产品，其外观质量和内在质量都应符合有关标准。如果没有国家和部颁标准，其质量的掌握，主要应满足用户的要求。但是，由于各用户的要求不一，质量宽严程度也就不同，所以要求流通加工必须能进行灵活的柔性生产，以满足不同的用户对质量的不同要求。

流通加工除应满足用户对加工质量的要求以外，还应满足用户对品种、规格、数量、包装、交货期、运输等方面的服务要求。在产品的流通加工中绝不能违背用户的意愿。流通加工的服务质量，只能根据用户的满意程度进行评价。

在强调流通加工发展的同时，必须认识到流通加工很大程度上是简单加工，而不是复杂加工，如果必须进行复杂加工才能形成人们所需的商品，那么一般应将其专设生产加工流程，流通加工只是对生产加工的一种辅助及补充，绝不是对生产加工的取消或代替。如果流通加工作用不大，就会形成多余的环节。不能解决客户对产品的实际要求，或流通加工成本过高，不能实现以较低投入实现更高使用价值的目的，就不应再附带增加多余环节。

综上所述，对于流通加工合理化的最终判断，是看其是否实现了社会效益和企业效益的双赢。但同时应注意的是，对流通加工企业而言，与一般生产企业一个重要不同之处是，流通加工企业更应树立社会效益第一的观念。目前，我国的物流行业整体水平不高，在发展现代物流业的道路上，应从整体角度出发，适当地处理各个物流环节之间的协调发展问题。为了适应我国国情复杂的现状，应重视流通加工的作用，提高对流通加工的认识，制定合理的发展策略，以满足消费者需求为最终目标，提高物流的整体服务水平。

第三节　流通加工实训

实训任务　评价流通加工作业合理性实训

一、实训目的

(1) 熟悉流通加工合理化的基本途径；
(2) 掌握对流通加工合理性的一般评价方法。

二、实训任务

某特种钢材的生产厂向某大型制造企业提供特种钢材，需要在转运的过程中对这种特种钢材进行必要的加工处理，经初步分析该产品的加工工序为三道，第一道工序要20分钟，第二道和第三道工序均需要10分钟(指导教师也可结合特定的产品拟定流通加工的具体条件，或使用模拟材料、道具进行模拟流通加工作业)。请运用相关专业标准评价该流通加工作业是否合理并提交评价报告。

三、任务准备

(1) 自学流通加工的类型以及促进流通加工发展的策略；
(2) 准备好模拟流通加工作业所需的材料和工具设备；
(3) 按照实训指导教师安排，将学生分为若干任务执行小组，首先每个任务执行小组内部复习并讨论本次任务所涉及的专业理论知识，然后每组由小组负责人具体分工按照实训任务要求进行操作。

四、任务执行指导

流通加工管理的基本步骤：了解要加工的产品→组织加工生产要素→组织加工生产→控制加工生产→结算流通加工费用→评价流通加工的合理性。

步骤1：了解要加工的产品。

要想有效地进行流通加工作业，就要从了解产品本身入手。这包括了解待加工产品的产品结构和了解待加工产品的构件两个主要方面。

产品结构是指产品本身的物理或化学结构，表明该产品由哪些部件组成，以及各部件之间的数量比例关系。产品结构一般分为以下四种类型：

1) 自然型

通过自然力的作用而形成的煤、矿石、石油等自然物资。

2) 组合型

通过物理方式进行人工分解、加工、组合而形成的产品，如金属产品等。

3) 转换型

通过物理或化学的方法能将一种能量转换成另一种能量的动力产品。

4) 化合型

经过化学分解、合成而形成的产品，如化工产品等。

加工产品的构件包括：由企业自行生产的零部件，也称为自制件；由外部企业生产的零部件，也称为配件；外协件是由其他企业根据加工合同按时生产、供应的成品或半成品；外购件是从市场上采购来的标准件、通用件或材料。

产品一般由零、部件组成。零件是产品组成中最小的单位，在生产制造过程中不需要再进行装配，部件是产品中由若干零件装配而成的相对独立的组成部分。

步骤2：组织生产要素。

生产前的准备是整个生产部门共同进行的准备工作，以确保生产的顺利进行。准备工作完成后才能进入生产阶段。生产前准备包括以下内容：

① 技术准备，即编制加工图样、加工要求、加工工艺标准。

② 设备准备，即进行生产设备的准备、调试，使之处于待运行状态。

③ 劳动力准备，即对生产、辅助等人员进行妥善安排。

④ 物料准备，即将加工所需用的各种零部件、材料、元素等按照加工生产的需要量进行准备。

需要流通加工的产品主要适用于劳动者仅需一般熟练技能即可从事的劳动密集型生产。以普通劳动投入为主要投入要素生产出来的产品称为劳动密集型产品。中国出口产品一般要按照劳动密集型生产方式组织流通加工作业。

步骤3：组织加工生产。

在组织完毕生产要素的同时，就应该安排生产单位；配置生产场所和线路；确定流通加工过程的时间组织方式。将每一件产品在前一道工序完成后立即转入下一道工序加工，保持产品在加工过程中不停顿，在同一时间各道工序都在加工同一种产品。其总流通加工时间的计算方式如下：

$$T_{平} = \sum_{t=1}^{m} t_i + (n-l)t_e$$

式中：$T_{平}$——平行移动方式的加工周期。

t_e——加工单件产品时间最长的工序单件加工时间。

流通加工的品种一般较为单一，当进行批量加工时可以采用顺序移动工序、平行移动工序和平行顺序移动工序。

对加工品种较为单一、生产工序较少的简单生产，应该采用顺延生产法式，即将加工对象从一道工序顺次到下一道工序，直到完成加工任务。

还可以将每批产品在前一道工序全部加工完之后，再整批地转移到下一道工序去加工，即在前一道工序将产品全部加工完后，后一道工序才开始加工。加工总时间为所有各工序加工时间的总和。这种加工方式的总加工时间的计算方式如下：

$$T_{顺} = n\sum_{i=1}^{m} t_i$$

式中：$T_{顺}$——顺序移动工序下的生产周期；

　　　n——加工批量；

　　　t_i——第 i 道工序的单件加工时间；

　　　m——工序数。

三种工序各有优缺点，在工序组织中，要根据加工类型、加工量、业务量、设备、人员条件进行选择。批量小、零件加工时间短、按工艺组织生产的流通加工宜采用顺序移动工序；批量大、单件加工时间长、按对象组织生产的流通加工可采用平行移动或平行顺序移动工序；品种多、可以进行穿插的流通加工可采用平行移动工序；加工工艺有变化、加工设备需要较长时间调整的流通加工可采用平行顺序移动工序。现今生产中大量使用的流水生产方式就属于平行顺序移动工序方式。

步骤 4：控制加工生产。

在做好加工前的技术、物料、设备、劳动力、电力能源等必要的准备工作之后，要注意控制投入产出的进度和加工质量的控制。

控制投入加工的产出进度需要控制投入进度和控制产出进度。控制投入进度，即按生产计划要求，在确保整体加工不间断、不出现产品堆积的前提下，控制产品投入加工的时间、数量和品种，以使加工生产有节奏地、均匀地进行。控制产出进度，即对零部件、产品的加工产出时间、数量进行控制，保证加工过程相互衔接，并按计划完成生产任务。

质量控制是指在加工生产中按确定的质量目标，通过比较、分析所产生的差异，提高工艺水平，保证和提高产品质量的管理工作。质量控制是通过质量检验和调整进行的。质量检验，即按照质量标准在加工的整个过程中，为及时发现不合格品而对每一道工序的出品进行的质量检查。调整，即在发现不合格品时，进行原因分析并作出整改，以确保所有的最终产出品符合质量要求。

一般的流通加工都是在流水线上进行的，下一个步骤是紧承上一个步骤的，实际当中没有绝对的哪一步骤进行完毕才开始下一个步骤。我国大多数物流企业的配送中心能提供的流通加工服务主要是拆箱、上托盘、包装处理、标签处理、拼装处理，接着由专人负责把包装好的小箱放到指定的拣货区的托盘上，最后用人工或者叉车放到货车上起运，以上作业都属于初级的流通加工。

步骤5：结算流通加工费用。

流通加工生产完毕后，在结算时要按照合同规定的流通加工价格和实际发生的工作量计算流通加工费用。

步骤6：评价流通加工的合理性。

不合理的流通加工形式主要有：
① 流通加工地点设置不合理；
② 流通加工方式选择不当；
③ 流通加工作用不大，形成多余环节；
④ 流通加工成本过高，效益不好。

在一项流通加工业务流程完毕之后，一般可以通过对流通加工的实际成本投入和最后的效益产出之间作出计算和对比，从而来最终判定本次流通加工业务是否为合理。

五、任务执行结果评价

任务执行结果评价如表8-2所示。

表8-2　评价流通加工作业合理性实训任务执行结果评价(指导教师用表)

考核评价内容	考评标准	分　值	评价得分
进行流通加工管理的执行情况	对流通加工知识的熟悉程度	20	
	组织加工生产所采用工序的科学合理性	20	
	控制流通加工投入以及产出的合理性	30	
任务执行团队评价	团队分工的合理性、协同性	10	
	团队执行任务的效率	10	
	完成任务的创新性	10	
本次任务执行结果评价得分总计			

第九章　物流信息

案例导入

目前，我国已有第三方物流公司建立了物流管理信息系统，例如广东宝供储运公司。宝供是提供物流服务的企业，在全国拥有22家分公司，客户有宝洁、雀巢、联合利华、飞利浦等全球最大的消费品制造企业。物流管理信息系统是宝供最重要的竞争优势之一，在安装了物流信息管理系统后的两年时间内，宝供的客户数量从4个激增到40多个。苏州飞利浦消费电子有限公司曾这样说："广东宝供有一套较完善的电脑网络系统，飞利浦和宝供合作的一个很重要原因就是基于这套信息系统。宝供的信息系统为飞利浦的库存管理带来了很大便利，也带来了一种新的管理模式，促进了飞利浦本身成品管理水平的提高。摆脱了落后的手工对账方法，而替之以利用数据库、网络传递等计算机辅助手段来实现数据的核对、归类、整理。"

宝供公司总部建立了基于Intranet的局域网络系统，各分公司采用Internet拨号上网。总公司通过强大的综合查询表，可以查到各个分公司在任意时间段内用各种运输方式(铁路、公路、水路等)运输不同客户货物的状况(包括接单、发运、到达、签收四个阶段的信息)，还能根据不同选项组合查出未发运、未到达、超期发运、超期到达、分批发运、签收残损、签收换箱等业务数据。另外还能根据备货托运表号、业务流水号、产品批次号、运输工具号等进行查询。通过仓储综合查询表，可以查出针对不同客户的不同种类货物，各个分公司、各个仓库在任意时间段内从不同来源地的进仓数量和发往不同目的地的出仓数量以及现有库存数量，也可以具体查询某张进仓单、出仓单、某个产品代码或产品批次的仓储状况。

由于采用了先进的基于Internet/Intranet的网络技术，因此客户也可以像宝供分公司一样通过拨号上网，经过身份验证等安全系统后进行客户查询程序，共享物流信息。在友好的查询界面下，能获得任意时间段内该客户货物的各种运输和仓储信息。客户还可以采用加密的电子邮件(类似EDI)将备货托运表发给宝供，经确认后自动进入宝供物流信息系统数据库中，从而省略人工取单和手工录入。

(资料来源：第一管理资源网，http://guanli.1kejian.com/hangye/wuliu/107062.html)

第一节　认知物流信息

一、物流信息的定义

物流信息是指与物流活动有关的信息，是反映物流各种活动内容的知识、资料、图像、数据、文件的总称。在物流活动中，物流信息流动于各个环节之中，并通过自身对整体物流活动进行有效的控制，因此，物流信息在现代物流中起着神经中枢的作用。物流信息一般是随着从生产到消费的物流活动的产生而产生的信息流，与物流过程中的运输、保管、装卸、包装等各种职能有机结合在一起。物流信息不仅对物流活动具有支持保证的功能，而且具有连接整个供应链和使整个供应链活动效率化的功能。因此，物流信息在现代物流发展战略中占有越来越重要的作用。

但随着现代物流思想的发展，越来越多的企业管理者将供应链管理思想融入企业的战略决策之后，对于物流信息也有了新的界定。物流信息已不仅仅指与物流活动有关的信息，还应包括与其他流通活动有关的信息，如产品交易信息和市场信息等。物流信息按信息领域的不同分为以下两种。

1. 物流系统内部信息

它是伴随着物流活动而发生的信息，包括物料流转信息、物料作业信息、物流控制层信息和物流管理层信息等。

2. 物流系统外部信息

它是在物流活动以外发生，但提供物流活动使用的信息，包括供货人信息、顾客信息、订货合同信息、交通运输信息、市场信息、政策信息等。

二、物流信息的内容

物流信息包括伴随着物流活动而发生的信息和在物流活动以外发生的但对物流有影响的信息。开展物流活动涉及面很广，首先，是与商流的联系，由于货源来之于商业购销业务部门，只有时刻掌握有关货源方面的信息，才能做出开展物流活动的安排；其次，是与交通运输部门的联系，因为除汽车短途运输外，其他运输工具是由铁路、航运和港务等部门所掌握，只有随时了解车、船等运输信息，才能使商品流通顺利进行；对运输市场和仓储市场，也应做到心中有数，同时还要学习国内外在物流管理方面的有益经验。可见，物流信息不仅量大，而且来源分散，掌握更多更广泛的物流信息，是开展物流活动的必要条件。

1. 货源信息

货源的多少是决定物流活动规模大小的基本因素，货源信息一般包括：
(1) 商业购销部门的商品流转计划和供销合同，以及提出的委托运输和存储计划和

合同;

(2) 工农业生产部门销售信息的统计和分析,以及提出的委托运输和存储计划和合同;

(3) 社会性物资的运输量和存储量的分析,以及提出的委托运输和存储计划和合同。

2. 市场信息

市场信息是多方面的,就其反映的性质来看主要有:
(1) 货源信息,包括货源的分布、结构和供应能力;
(2) 流通渠道的变化和竞争信息;
(3) 价格信息;
(4) 运输信息;
(5) 管理信息。

3. 运输能力信息

运输能力的大小,与物流活动能否开展,有着十分密切的关系。运输条件的变化,如铁路、公路、航空运力的变化,会使物流系统对运输工具和运输路线的选择发生变化。这会影响到交货的及时性及费用能否增加。

4. 企业物流信息

(1) 单个商业企业产生的物流信息。由于商品在企业内各环节流转,每个环节都会产生本环节内有哪些商品、每种商品的性能、状态如何、数量是多少、在某段时间内可以从上个环节输入多少商品以及向下个环节输出多少商品等问题。

(2) 批发企业产生的物流信息。批发企业(或供应商)向零售企业物流系统发出发货通知。发货通知表明有多少商品要进入物流系统,所以,供应商也是物流信息产生的来源。

(3) 零售及产生的物流信息。零售企业销售部门下达采购计划向物流系统传输物流信息。这部分信息包括需要采购哪些原来没有采购的商品,采购多少,商品的运输条件等。这是零售企业在商品经营策略上发生变化时产生的物流信息。

5. 物流管理信息

加强物流管理,实现物流系统化、现代化,是一项繁重的任务。既要认真总结多年来物流活动的经验,又要虚心学习国内外同行对物流管理的研究成果,因此,要尽可能地多收集一些国内外有关物流管理方面的信息,包括物流企业、物流中心配置、物流网络的组织以及自动分拣系统、自动化仓库的使用情况等。借鉴国内外有益的经验,不断提高物流管理水平。

三、物流信息的特征

1. 信息量大

物流信息随着物流活动以及商品交易活动展开而大量发生。多品种小批量和多品种大数量配送使库存、运输等物流活动的信息大量增加。零售商广泛应用销售点(point of sale，POS)系统读取销售时的商品品种、价格、数量等即时销售信息，并对这些销售信息进行加工整理，通过电子数据交换(electronic data interchange，EDI)向相关企业传送。同时为了使库存补充作业合理化，许多企业采用电子订货系统(electronic ordering system，EOS)。随着企业间合作倾向的增加和信息技术的发展，物流信息的信息量在今后越来越大。

2. 更新速度快

物流信息的更新速度快。多品种小批量生产、多频度小数量配送、利用POS系统的及时销售使得各种作业活动频繁发生，从而要求物流信息不断更新，而且更新的速度越来越快。

3. 来源渠道多样化

物流信息不仅包括企业内部的物流信息(如生产信息、库存信息等)，而且包括企业间的物流信息和与物流活动有关部门的基础设施的信息。企业竞争优势的获得需要供应链内参与企业之间的相互协调合作，协调合作的手段之一是信息的即时交换和共享传送，另外，物流活动往往利用道路、港湾、机场等基础设施。

4. 具有明确的衡量标准

为了保证物流信息的科学性，要求物流信息具有准确性、完整性、使用性、共享性、安全性及低成本性。准确性指物流信息能够正确地反映物流及相关活动的实际，而且便于用户理解和使用；完整性指信息没有不确切的含义，数据完整、统一；实用性指信息要满足用户的使用，便于专业和非专业人员的访问；共享性指物流活动的各个作业组成部分必须能够充分地利用和共享收到的信息；安全性要求信息在系统中必须安全地传送。随着信息技术的发展，出现多种信息安全措施，如防火墙、安全传输协议、用户验证系统等；低成本性则要求信息的收集、处理、存储必须考虑成本问题，只有在收益大于成本的前提下，才能开展相应的信息工作。

5. 自动化

物流自动化设施非常多，如条形码、语音、射频自动识别系统，自动分拣系统，自动存取系统，自动导向车，货物自动跟踪系统等。这些设施在发达国家已经普遍使用于物流管理中，它们扩大了物流作业的能力，提高了劳动生产率，减少了物流中的差错。这些自动化设备所采集和处理的信息能被转化成用于管理的信息，它比人工输入的信息更准确、更及时，更便于监督和控制。

6. 网络化

随着物流配送系统的计算机网络系统的建立和电子商务的发展，物流信息的处理越来越体现出网络化的特点。物流配送中心与供应商、制造商及顾客之间的联系是通过物流配送系统的计算机通信网络实现的。如物流配送中心向供应商提出订单，就是使用计算机通信方式，借助于增值网上的电子订货系统和电子数据技术来自动实现的。物流配送中心还可以通过计算机网络处理下游客户的订单。

互联网的应用和电子商务的产生使虚拟企业得以实现。它的运作模式是按照客户订单组织生产，生产方式采取分散的形式，即采取外包的形式，将产品所需的零部件外包给世界各地的制造商，然后通过物流网络将这些零件发往配送中心，按客户的需求进行组装，最后由配送中心将最终产品送给用户。这一过程需要高效的信息网络的支持。

7. 智能化

物流管理过程中有大量运筹与决策工作，比如库存水平的确定，运输(搬运)路径的选择、自动导向车的运行轨迹、自动化仓库中出入库库位的选择等。物流配送中心经营管理的决策支持也需要大量的知识和才能来解决。在物流管理自动化过程中，物流信息的智能化是一个技术难题，为了提高物流管理现代化的水平，必须运用专家系统、机器人等相关技术。物流管理的智能化是物流信息发展的新趋势。

8. 再生化

物流信息在物流管理过程中可以被不断地扩充和再生。整个物流过程中的数据经过整理、分析、加工得到的信息，再经过联想、推理、演绎得出一些有用的结论，从而产生二次信息。同时，通过对物理信息的分析，将历史信息与现状结合起来，可以预测未来的物流动向，产生出三次信息。不断利用物流信息的再生性，可以帮助物流管理者提高物流管理的效率与物流管理的决策水平。

四、物流信息的作用

物流信息在物流活动中具有十分重要的作用，通过物流信息的收集、传递、存储、处理、输出等，成为决策依据，对整个物流活动起指挥、协调、支持和保障作用，其主要作用如下。

1. 沟通联系的作用

物流系统是由许多个行业、部门以及众多企业群体构成的经济大系统，系统内部正是通过各种指令、计划、文件、数据、报表、凭证、广告、商情等物流信息，建立起各种纵向和横向的联系，沟通生产厂、批发商、零售商、物流服务商和消费者，满足各方的需要。因此，物流信息是沟通物流活动各环节之间联系的桥梁。

2. 引导和协调的作用

物流信息随着物资、货币及物流当事人的行为等信息载体进入物流供应链中，同时信息的反馈也随着信息载体反馈给供应链上的各个环节，依靠物流信息及其反馈可以引导供应链结构的变动和物流布局的优化；协调物资结构，使供需之间平衡；协调人、财、物等物流资源的配置，促进物流资源的整合和合理使用等。

3. 管理控制的作用

通过移动通信、计算机信息网、电子数据交换(EDI)、全球定位系统(GPS)等技术实现物流活动的电子化，如货物实时跟踪、车辆实时跟踪、库存自动补货等，用信息化代替传统的手工作业，实现物流运行、服务质量和成本等的管理控制。

4. 缩短物流管道的作用

为了应付需求波动，在物流供应链的不同节点上通常设置有库存，包括中间库存和最终库存，如零部件、在制品、制成品的库存等，这些库存增加了供应链的长度，提高了供应链成本。但是，如果能够实时地掌握供应链上不同节点的信息，如知道在供应管道中，什么时候、什么地方、多少数量的货物可以到达目的地，那么就可以发现供应链上的过多库存并进行缩减，从而缩短物流链，提高物流服务水平。

5. 辅助决策分析的作用

物流信息是制定决策方案的重要基础和关键依据，物流管理决策过程的本身就是对物流信息进行深加工的过程，是对物流活动的发展变化规律性认识的过程。物流信息可以协助物流管理者鉴别、评估经比较物流战略和策略后的可选方案，如车辆调度、库存管理、设施选址、资源选择、流程设计以及有关作业比较和安排的成本—收益分析等均是在物流信息的帮助下才能作出科学决策。

6. 支持战略计划的作用

作为决策分析的延伸，物流战略计划涉及物流活动的长期发展方向和经营方针的制订，如企业战略联盟的形成、以利润为基础的顾客服务分析以及能力和机会的开发和提炼，作为一种更加抽象、松散的决策，它是对物流信息进一步提炼和开发的结果。

7. 价值增值的作用

物流信息本身是有价值的，而在物流领域中，流通信息在实现其使用价值的同时，其自身的价值又呈现增长的趋势，即物流信息本身具有增值特征。另一方面，物流信息是影响物流的重要因素，它把物流的各个要素以及有关因素有机地组合并联结起来，以形成现实的生产力和创造出更高的社会生产力。同时，在社会化大生产条件下，生产过程日益复杂，物流诸要素都渗透着知识形态的信息，信息真正起着影响生产力的现实作用。企业只有有效地利用物流信息，投入生产和经营活动后，才能使生产力中的劳动者、劳动手段和劳动对象最佳结合，产生放大效应，使经济效益出现增值。物流系统的优化，各个物流环节的优化所采取的办法、措施，如选用合适的设备、设计最合理路线、决定最佳库存储备等，都要切合系统实际，也即都要依靠准确反映这些实际的物流信息。否则，任何行动都不免带有盲目性。所以，物流信息对提高经济效益也起着非常重要的作用。

五、物流信息与物流决策的关系

1. 物流信息为物流决策提供依据

信息是决策的基础，物流信息是物流决策的必然要求。任何决策在没有信息的情况下都会成为无源之水，无本之木。因此，没有物流的信息化，就没有科学、合理的物流决策。

对于物流这一涉及面极为广泛、结构复杂、影响较多的系统，物流信息就显得更为重要。只有做到信息灵、情况清，才能做到方向明、决策准。

2. 正确的决策，关键在于正确的判断

信息为决策提供了依据，但信息本身不能决定决策。决策最终依靠于决策者的判断。同样的信息在不同的决策者面前会产生不同的判断，有时甚至会产生截然不同的结果。就是以同样的信息、相同的处理方法和类似的分析手段也会出现几种不同的方案。只有对这些方案再进行技术经济分析，才能求得最佳方案。

3. 决策的执行结果是对信息和决策方法的检验

决策一旦被肯定，就会变为现实的行为，即决策的执行。决策执行的结果有两种可能：其一是符合决策目标，其二是偏离决策目标。应说明的是，符合也是相对而言的，决不可理解为决策的目标与执行结果完全一样。对于与执行结果偏差过远的决策，有可能是信息不准确的结果，但更可能是决策方法的失误。

显然，信息与决策的关系，表现为信息经分析、处理形成决策，决策的执行结果又成为新的信息，如此往复循环。

第二节　物流信息技术

一、条形码技术

条形码是指由一组规则排列的条、空及字符组成的，用以表示一定信息的代码，简称条码。任何一种条码，都是按照预先规定的编码规则和条码有关标准，由条和空组合而成的。每种条码的码制是由它的起始位和终止位的不同编码方式所决定的，条码阅读器要解译条形码符号，首先要判断此符号码制，才能正确译码。为了便于物品跨国家和地区的流通，适应物品现代化管理的需要以及增强条码自动识别系统的相容性，各个国家、地区和行业，都必须制定统一的条码标准。所谓条码标准，主要包括条码符号标准、使用标准和印刷质量标准。这类标准由各国的专门编码机构负责制定，也有地区性的标准和行业标准。它是实现 POS 系统、EDI、电子商务(EC)、供应链管理的技术基础，是物流管理现代化、提高企业管理水平和竞争能力的重要手段。

国际上公认的用于物流领域的条码标准主要有通用商品条码、储运单元条码和贸易单元128条码3种。

1. 通用商品条码

通用商品条码是用于标识国际通用商品代码的一种模块组合型条码。EAN-13码是国际物品编码协会在全球推广使用的一种商品条码，它是一种定长、无含义的条码，没有自校验功能，使用0～9共10个字符，如图9-1所示。

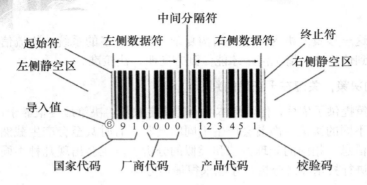

图 9-1 EAN-13 码

1) EAN-13 码的结构

标准版商品条码符号由左侧空白区、起始符、左侧数据符、中间分隔符、右侧数据符、校验符、终止符、右侧空白区及供人识别字符组成。从起始符开始到终止符结束总共有 13 位数字，这 13 位数字分别代表不同的含义，且其不同的组合代表 EAN-13 码的不同结构。EAN 码由前缀码、厂商识别码、商品项目代码和校验码组成。前缀码是国际 EAN 组织标识各会员组织的代码，我国为 690、691 和 692；厂商代码是 EAN 编码组织在 EAN 分配的前缀码的基础上分配给厂商的代码；商品项目代码由厂商自行编码；校验码是为了校验代码的正确性。最后一位为校验位，由前面的 12 位或 7 位数字计算得出。

2) 校验码的计算

第一步：从右向左顺序编号；

第二步：从序号 2 开始求出偶数位上数字之和 A；

第三步：$A \times 3 = B$；

第四步：从序号 3 开始求出奇数位上数字之和 B；

第五步：$A+B=C$；

第六步：用大于或等于结果 C 且为 10 最小整数倍的数减去 C，其差即为所求校验码的值。

例如：

第一步：代码 690123456789X

第二步：9+7+5+3+1+9=34

第三步：34×3=102

第四步：8+6+4+2+0+6=26

第五步：102+26=128

第六步：130−128=2 即校验码 X=2

3) EAN-13 条码的三种形式

标准版商品条码所表示的代码结构由 13 位数字组成，其结构有以下 3 种形式。

结构一：X13X12X11X10X9X8X7 X6X5X4X3X2 Xl

其中：X13-—-X7 为厂商识别代码；X6-—-X2 表示商品项目代码；Xl 为校验码。

结构二：X13X12X11X10X9X8X7X6 X5X4X3X2 Xl

其中：X13-—-X6 为厂商识别代码；X5-—-X2 表示商品项目代码；Xl 为校验码。

结构三：X13X12X11X10X9X8X7X6X5 X4X3X2 Xl

其中：X13-—-X5 为厂商识别代码；X4-—-X2 表示商品项目代码；Xl 为校验码。

当 X13X12Xll 为 690、691 时，其代码结构同结构一；当 X13X12Xll 为 692 时，其代码结构同结构二。

2. 储运单元条码

储运单元条码是专门表示储运单元编码的条码。储运单元是指为便于搬运、仓储、订货、运输等，由消费单元(即通过零售渠道直接销售给最终用户的商品包装单元)组成的商品包装单元。在储运单元条码中又分为定量储运单元和变量储运单元。定量储运单元是指由定量消费单元组成的储运单元，如成箱的牙膏、瓶装酒、药品、烟等。而变量储运单元是指由变量消费单元组成的储运单元，如布匹、农产品、蔬菜、鲜肉类等。

1) 定量储运单元

定量储运单元一般采用 13 位或 14 位数字编码。当定量储运单元同时又是定量消费单元时，应按定量消费单元编码，采用 13 位数字编码；当定量储运单元内含有不同种类定量消费单元时，储运单元的编码方法是按定量消费单元的编码规则，为定量储运单元分配一个区别于它所包含的消费单元代码的 13 位数字代码；当由相同种类的定量消费单元组成定量储运单元时，定量储运单元可用 14 位数字代码进行编码标识。

2) 变量储运单元

变量储运单元编码由 14 位数字的主代码和 6 位数字的附加代码组成。变量储运单元的主代码和附加代码也可以用 EAN-128 条码标识。

3) 交叉 25 码

交叉 25 码在仓储和物流管理中被广泛应用。它是一种连续、非定长、具有自校验功能，且条和空都表示信息的双向条码。由左侧空白区、起始符、数据符、终止符和右侧空白区构成，其中每一个条码数据符由 5 个单元组成，2 个是宽单元(用二进制"1"表示)，3 个是窄单元(用二进制"0"表示)。交叉 25 码的字符集包括数字 0~9。如图 9-2 所示。

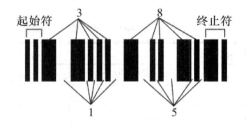

图 9-2 交叉 25 码

4) ITF-14 条码和 ITF-6 条码

ITF 条码是一种连续型、定长、具有自校验功能，并且条、空都表示信息的双向条码。ITF-14(如图 9-3 所示)和 ITF-6 条码由矩形保护框、左侧空白区、条码字符、右侧空白区组成。其条码字符集、条码字符的组成与交叉 25 码相同。

图 9-3　ITF-14 条码

3. 贸易单元 128 条码

　　128 条码是一种长度可变的、连续型的字母数字条码。与其他一维条码相比，128 条码是较为复杂的条码系统，应用范围较大。128 条码的内容由左侧空白区、起始符号、数据符、校验符、终止符、右侧空白区组成，128 条码具有 A、B、C 3 种不同的编码类型，可提供 ASCII 中 128 个字元的编码使用。

　　目前所推行的 128 码是 EAN-128 码(如图 9-4 所示，并见表 9-1)，EAN-128 码是根据 EAN/UCC-128 码作为标准将资料转变成条码符号，并采用 128 码逻辑，具有完整性、紧密性、连接性和高可靠度的特性。应用范围涵盖生产过程中一些补充性的且易变动的信息，如生产日期、批号、计量等。可应用于货运标签、携带式资料库、连续性资料段、流通配送标签等。其优点包括：产品可变性信息的条码化；国际流通的共同协议标准；较佳的产品运输质量管理；更有效地控制生产、配送及销售；提供更安全可靠的供给源等。

图 9-4　EAN-128 码

表 9-1　EAN-128 码

代号	码别	长度	说明
A	应用识别码	18	00 代表其后的信息内容为运输容器序号，为固定 18 位数字
B	包装性能指示码	1	3 代表无定义的包装指示码
C	前置码与公司码	7	代表 EAN 的前置码与公司码
D	自行编定序号	9	由公司指定序号
E	检查码	1	检查码
F	应用识别码		420 代表其后的信息内容为配送邮政编码，用于仅有一邮政局时
G	配送邮政编码		代表配送邮政编码

4. 条形码的特征

1) 唯一性

同种规格同种产品对应同一个产品代码，同种产品不同规格应对应不同的产品代码。根据产品的性质不同，如：重量、包装、规格、气味、颜色、形状等等，赋予不同的商品代码。

2) 永久性

产品代码一经分配，就不再更改，并且是终身的。当此种产品不再生产时，其对应的产品代码只能作废，不得重复使用再分配给其他的商品。

5. 条形码的优越性

1) 可靠准确

有资料可查键盘输入平均每 300 个字符一个错误，而条码输入平均每 15000 个字符一个错误。如果加上校验位出错率则只有千万分之一。另外，与其他辨识商品的方法，如光学文字识别、光学记号读取比较，条形码具有读取精度高的特点。

2) 数据输入速度快

键盘输入，一个每分钟打 90 个字的打字员 1.6 秒可输入 12 个字符或字符串，而使用条码，做同样的工作只需 0.3 秒，速度提高了 5 倍。

3) 经济便宜

与其他自动化识别技术相比较，推广应用条码技术，所需费用较低。

4) 灵活、实用

条码符号作为一种识别手段可以单独使用，也可以和有关设备组成识别系统实现自动化识别，还可和其他控制设备联系起来实现整个系统的自动化管理。同时，在没有自动识别设备时，也可实现手工键盘输入。

5) 自由度大

识别装置与条码标签相对位置的自由度要比 OCR 大得多。条码通常只在一维方向上表达信息，而同一条码上所表示的信息完全相同并且连续，这样即使是标签有部分缺欠，仍可以从正常部分输入正确的信息。

6) 设备简单

条码符号识别设备结构简单，操作容易，无须专门训练。

7) 易于制作、可印刷

条形码被称为"可印刷的计算机语言"。条码标签易于制作，对印刷技术设备和材料无特殊要求。

6. 条形码阅读设备

1) 光笔扫描器

似笔形的手持小型扫描器。

2) 台式扫描器

固定的扫描装置，手持带有条形码的卡片或证件在扫描器上移动，完成扫挡。

3) 手持式扫描器

能手持使用和移动使用的较大的扫描器，用于静态物品扫描。

4) 固定式光电及激光快速扫描器

由光学扫描器和光电转换器组成，是现在物流领域应用较多的固定式扫描设备，安装在物品运动的通道边，对物品进行逐个扫描。

各种扫描设备都和后续的光电转换、信息信号放大及与计算机联机形成完整的扫描阅读系统，完成电子信息的采集。

二、射频识别技术(RFID)

射频识别技术(radio frequency identification，RFID)是自动识别技术的一种，通过无线射频方式进行非接触双向数据通信，对目标加以识别并获取相关数据。

1. RFID 的特点

目前常用的自动识别技术中，条码和磁卡的成本较低，但是都容易磨损，且数据量很小。IC 卡虽然数据存储量较大，安全性好，但是价格稍高，也容易磨损。射频识别技术相对于这些识别技术具有以下特点：

1) 全自动快速识别多目标

RFID 阅读器利用无线电波，全自动瞬间接收标签的信息。并且可同时识别多个 RFID 电子标签，从而能够对这几个标签所对应的目标对象实施跟踪定位。

2) 应用面广

电子标签很小，可以轻易嵌入或附着在不同形状、类型的产品上，RFID 在读取时并不受尺寸大小与形状限制，所以 RFID 的应用面很广。

3) 可重复使用

RFID 可以重复使用，重复增加、修改、删除电子标签中的数据，不必像条码一样是一次性的、不可改变的。

4) 数据记忆量大

电子标签包含有存储设备，因此可以存储的数据是很大的，存储容量也会越来越大。

5) 环境适应性强

RFID 电子标签将数据存储在芯片中，不会或比较少地受到环境因素的影响，从而可以在环境恶劣的情况下正常使用。同时，RFID 利用的电磁波可以穿透纸张、木材和塑料等非金属或非透明的材质，并能够进行穿透性通信。RFID 即有很强的穿透性，而且可以长距离通信，从而进一步增强了环境适应性。

6) 安全性高

RFID 电子标签中的信息是电子信息，其数据内容可设密码保护，不易被伪造及修改，因此，使用 RFID 更具安全性。

2. RFID 系统组成

RFID 系统在具体的应用过程中，根据不同的应用目的和应用环境，系统的组成会有所不同，但从 RFID 系统的工作原理来看，系统一般都由信号发射机、信号接收机、编程器、发射接收天线几部分组成。

1) 信号发射机

在 RFID 系统中，信号发射机为了不同的应用目的，会以不同的形式存在，典型的形式是标签(Tag)。标签相当于条码技术中的条码符号，用来存储需要识别传输的信息，另外，与条码不同的是，标签必须能够自动或在外力的作用下，把存储的信息主动发射出去。标签一般是带有线圈、天线、存储器与控制系统的低电集成电路。标签的主要作用，是存储物流对象的数据编码，对物流对象进行标识。通过天线将编码后的信息发射给读写器，或者接受读写器的电磁波反射给读写器。射频标签基本功能有：第一，具有一定的存储容量，用以存储被识别对象的信息；第二，标签的数据能被读入或写入，可以编程，一旦编程后，就成为不可更改的永久数据；第三，使用、维护都很简单，在使用期限内不需维护。按照不同的分类，标签有许多不同的分类：

(1) 主动式标签与被动式标签。

在实际应用中，必须给标签供电它才能工作，虽然它的电能消耗是非常低的(一般是百万分之一毫瓦级别)。按照标签获取电能的方式不同，可以把标签分成主动式标签与被动式标签。主动式标签内部自带电池进行供电，它的电能充足，工作可靠性高，信号传送的距离远。另外，主动式标签可以通过设计电池的不同寿命对标签的使用时间或使用次数进行限制，它可以用在需要限制数据传输量或者使用数据有限制的地方，比如，一年内，标签只允许读写有限次。主动式标签的缺点主要是标签的使用寿命受到限制，而且随着标签内电池电力的消耗，数据传输的距离会越来越小，影响系统的正常工作。

被动式标签内部不带电池，要靠外界提供能量才能正常工作。被动式标签典型的产生电能的装置是天线与线圈，当标签进入系统的工作区域，天线接收到特定的电磁波，线圈就会产生感应电流，再经过整流电路给标签供电。被动式标签具有永久的使用期，常常用在标签信息需要每天读写或频繁读写多次的地方，而且被动式标签支持长时间的数据传输和永久性的数据存储。被动式标签的缺点主要是数据传输的距离要比主动式标签小。因为被动式标签依靠外部的电磁感应而供电，它的电能比较弱，数据传输的距离和信号强度就受到限制，需要敏感性比较高的信号接收器(阅读器)才能可靠识读。

(2) 只读标签与可读写标签。

根据内部使用存储器类型的不同，标签可以分成只读标签与可读可写标签。只读标签内部只有只读存储器(read only memory，ROM)和随机存储器(random access memory，RAM)。ROM 用于存储发射器操作系统说明和安全性要求较高的数据，它与内部的处理器或逻辑处理单元完成内部的操作控制功能，如响应延迟时间控制、数据流控制、电源开关控制等。另外，只读标签的 ROM 中还存储有标签的标识信息。这些信息可以由标签制造商写入 ROM 中，也可以在标签开始使用时由使用者根据特定的应用目的写入特殊的编码信息。这种信息可以只简单地代表二进制中的"0"或者"1"，也可以像二维条码那样，包含复杂的相当丰富的信息。但这种信息只能是一次写入，多次读出。只读标签中的 RAM 用于存储标签反应和数据传输过程中临时产生的数据。另外，只读标签中除了 ROM 和 RAM 外，一般还有缓冲存储器。用于暂时存储调制后等待天线发送的信息。

可读可写标签内部的存储器除了 ROM、RAM 和缓冲存储器之外，还有非活动可编程记忆存储器。这种存储器除了存储数据功能外,还具有在适当的条件下允许多次写入数据的功能。非活动可编程记忆存储器有许多种,EEPROM(电可擦除可编程只读存储器)是比较常见的一种,这种存储器在加电的情况下,可以实现对原有数据的擦除以及数据的重新写入。

(3) 标识标签与便携式数据文件。

根据标签中存储器数据存储能力的不同,把标签分成仅用于标识目的的标识标签与便携式数据文件两种。对于标识标签来说,一个数字或者多个数字、字母、字符串存储在标签中,为了识别的目的或者是进入信息管理系统中数据库的钥匙(Key)。条码技术中标准码制的号码,如 EAN/UPC 码,或者混合编码,或者标签使用者按照特别的方法编的号码,都可以存储在标识标签中。标识标签中存储的只是标识号码,用于对特定的标识项目,如人、物、地点进行标识,关于被标识项目的详细的特定的信息,只能在与系统相连接的数据库中进行查找。

便携式数据文件就是说标签中存储的数据非常大,足可以看作是一个数据文件。这种标签一般都是用户可编程的,标签中除了存储标识码外,还存储有大量的被标识项目其他的相关信息,如包装说明、工艺过程说明等。在实际应用中,关于被标识项目的所有的信息都是存储在标签中的,读标签就可以得到关于被标识项目的所有信息,而不用再连接到数据库进行信息读取。另外,随着标签存储能力的提高,可以提供组织数据的能力,在读标签的过程中,可以根据特定的应用目的控制数据的读出,实现在不同的情况下读出的数据部分不同的目的。

2) 信号接收机

在 RFID 系统中,信号接收机一般叫做阅读器。根据支持的标签类型不同与完成的功能不同,阅读器的复杂程度是显著不同的。阅读器基本的功能就是提供与标签进行数据传输的途径。另外,阅读器还提供相当复杂的信号状态控制、奇偶错误校验与更正功能等。标签中除了存储需要传输的信息外,还必须含有一定的附加信息,如错误校验信息等。识别数据信息和附加信息按照一定的结构编制在一起,并按照特定的顺序向外发送。阅读器通过接收到的附加信息来控制数据流的发送。一旦到达阅读器的信息被正确地接收和译解后,阅读器通过特定的算法决定是否需要发射机对发送的信号重发一次,或者直到发射器停止发信号,这就是"命令响应协议"。使用这种协议,即便在短的时间、很小的空间阅读多个标签,也可以有效地防止"欺骗问题"的产生。

3) 编程器

只有可读可写标签系统才需要编程器。编程器是向标签写入数据的装置。编程器写入数据一般来说是离线完成的,也就是预先在标签中写入数据,等到开始应用时直接把标签黏附在被标识的目标上。也有一些 RFID 应用系统,写数据是在线完成的,尤其是在生产环境中作为交互式便携数据文件来处理时。

4) 发射接收天线

天线是标签与阅读器之间传输数据的发射、接收装置。在实际应用中,除了系统功率,天线的形状和相对位置也会影响数据的发射和接收,需要专业人员对系统的天线进行设计、安装。任一 RFID 系统至少应包含一根天线(不管是内置还是外置)以发射和接收

RF 信号。有些 RFID 系统由一根天线来同时完成发射和接收；而另一些 RFID 系统则是由一根天线来完成发射而另一根天线来承担接收，所采用天线的形式及数量应视具体应用而定。

3. RFID 的基本工作流程(见图 9-5)

(1) 读写器将无线电载波信号经过发射天线向外发射。

(2) 当电子标签进入发射天线的工作区域时，电子标签被激活，将自身信息的代码经天线发射出去。

(3) 系统的接收天线接收电子标签发出的载波信号，经天线的调节器传输给读写器。读写器对接收到的信号进行解调解码，送往后台的电脑控制器。

(4) 电脑控制器根据逻辑运算判断该标签的合法性，针对不同的设定做出相应的处理和控制，发出指令信号控制执行机构的动作。

(5) 执行机构按照电脑的指令动作。

(6) 通过计算机通信网络将各个监控点连接起来，构成总控信息平台，可以根据不同的项目设计不同的软件来完成要实现的功能。

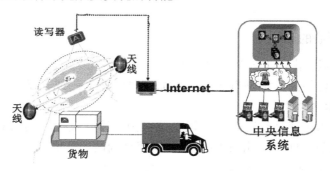

图 9-5 RFID 的基本工作流程

三、销售时点信息系统

销售时点(point of sale，POS)信息系统，最早应用于零售业，以后逐渐扩展至金融、旅馆等服务性行业，利用 POS 系统的范围也从企业内部扩展到整个供应链。现代 POS 系统已不仅仅局限于电子收款技术，它要考虑将计算机网络、电子数据交换技术、条形码技术、电子监控技术、电子收款技术、电子信息处理技术、远程通信、电子广告、自动仓储配送技术、自动售货、备货技术等一系列科技手段融为一体，从而形成一个综合性的信息资源管理系统。

1. POS 系统的组成

POS 系统包含前台 POS 系统和后台 MIS 系统两大基本部分。在商场完善前台 POS 系统建立的同时，也应建立商场管理信息系统(management information system，MIS)，实际是 POS 系统网络的后台管理部分)。这样，在商品销售的任何过程中任一时刻，商品的经营决策者都可以通过 MIS 了解和掌握 POS 系统的经营状况,实现商场库存商品的动态管理,使商品的存储量保持在一个合理的水平,减少不必要的库存。

1) 前台 POS 系统

前台 POS 系统是指通过自动读取设备(主要是扫描器),在销售商品时直接读取商品销售信息(如商品名称、单价、销售数量、销售时间、销售店铺、购买顾客等)实现前台销售业务的自动化,对商品交易进行实时服务和管理,并通过通信网络和计算机系统传送至后台,通过后台计算机系统(MIS)的计算、分析与汇总等掌握商品销售的各项信息,为企业管理者分析经营成果、制定经营方针提供依据,以提高经营效率的系统。

2) 后台 MIS 系统

后台 MIS 系统又称管理信息系统。它负责整个商场进、销、调、存系统的管理以及财务管理、库存管理、考勤管理等。它可根据商品进货信息对厂商进行管理,又可根据前台 POS 提供的销售数据,控制进货数量,合理周转资金,还可分析统计各种销售报表,快速准确地计算成本与毛利,也可以对售货员、收款员业绩进行考核,是员工分配工资、奖金的客观依据。因此,商场现代化管理系统中前台 POS 与后台 MIS 是密切相关的,两者缺一不可。

2. POS 系统的运行

POS 系统的运行由以下 5 个步骤组成。

(1) 店里销售的商品都贴有表示该商品信息的条形码或光学识别(optical character recognition,OCR)标签。

(2) 在顾客购买商品结账时,收银员使用扫描读数仪自动读取商品条形码标签或 OCR 标签上的信息,通过店铺内的微型计算机确认商品的单价,计算顾客购买总金额等,同时返回给收银机,打印出顾客购买清单和付款总金额。

(3) 各个店铺的销售时点信息通过网络在线联结方式即时传送给总部或物流中心。

(4) 在总部,物流中心和店铺利用销售时点信息来进行库存调整、配送管理、商品订货等作业。通过对销售时点信息进行加工分析来掌握消费者购买动向,找出畅销商品和滞销商品,并以此为基础,进行商品品种配置、商品陈列、价格设置等方面的作业。

(5) 在零售商与供应链的上游企业(批发商、生产厂家、物流业者等)结成协作伙伴关系(也称为战略关系)的条件下,零售商利用 VAN 在线联结的方式把销售时点信息即时传送给上游企业。这样上游企业可以利用销售现场的最及时准确的销售信息制订经营计划、进行决策。例如,生产厂家利用销售时点信息进行销售预测,掌握消费者购买动向,找出畅销商品和滞销商品,把销售时点信息(POS 信息)和电子订货系统信息(electronic ordering system,EOS)进行比较分析来把握零售商的库存水平,以此为基础制订生产计划和零售商库存连续补充计划(continuous replenishment program,CRP)。

四、电子数据交换

1. EDI 与物流 EDI 的概念

在现代企业管理活动中,每个企业每天都要与供应商、客户、其他企业以及企业内部各部门之间进行通信或交换数据,每天都会产生大量的纸张单证。纸张单证是企业管理中重要的信息流,而这些单证中有相当大一部分数据重复出现,需要反复地键入,如订单、发票、运单、采购单、银行对账单等。在企业交易量与信息量日益扩大的情形下,交易文件靠传统的纸质单证、物理邮寄传递及人工处理已不能适应。正是在这种背景下,电子数据交换技术应运而生。电子数据交换(electronic data interchang, EDI)又称无纸贸易,是 20 世纪 80 年代发展起来的集计算机应用、通信网络和数据标准化为一体的产物。它是指商业贸易伙伴之间,将按标准、协议规范化和格式化的经济信息通过电子数据网络,在单位的计算机系统之间进行自动交换和处理。它是电子商业贸易的一种工具,将商业文件按统一的标准编制成计算机能识别和处理的数据格式,在计算机之间进行传输。

国际标准化组织(ISO)于 1994 年确认 EDI 的技术定义:将贸易(商业)或行政事务处理按照一个公认的标准变成结构化的事务处理或信息数据格式,从计算机到计算机的电子传输。物流 EDI 是指货主、承运业主以及其他相关的单位之间,通过 EDI 系统进行物流数据交换,并以此为基础实施物流作业活动。近年来,EDI 在物流中被广泛应用。物流 EDI 的参与对象有货主(如生产厂家、贸易商、批发商、零售商等)、承运业主(如独立的物流承运业务等)、实际运送货物的交通运输企业、协助单位(政府有关部门、金融企业等)和其他的物流相关单位(如仓库业者、配送中心等)。物流 EDI 的框架结构如图 9-6 所示。

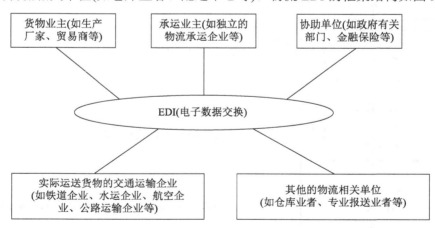

图 9-6 物流 EDI 的框架结构

EDI 不仅是用电子单据取代纸张单据、用电子数据传输取代传统数据传输(邮寄、电话、人工投递等)的方法,而且更是一种用电子数据输入取代人工数据输入的方法。EDI 的目的不仅是消除纸张,更主要的是消除处理的延误及数据的重复输入。在传统的物流数据流通过程中,关联双方及各有关管理部门之间往往要大量重复数据抄写或输入。

因此，产生了大量的时间延误、准确率低、劳动力消耗多和信息到达不确定等问题。而 EDI 本质在于通过 EDI 方式把物流的各个环节连接起来，形成一个统一的有机整体，从而使得物流的各个环节都能共享一次性输入的数据，解决传统的物流过程中的上述问题。因此，应用 EDI 可以降低企业业务处理差错，缩短业务运转时间，降低物流运营成本，改善顾客服务质量，降低库存成本，加速资金流动，提高企业竞争能力。

2. EDI 系统的构成要素

数据标准、EDI 软件、硬件、通信网络是构成 EDI 系统的四要素。

1) 数据标准

EDI 标准是由各企业、各地区代表共同讨论、制定的电子数据交换共同标准，可以使各组织之间的不同文件格式，通过共同的标准，达到彼此之间文件交换的目的。EDI 标准是整个 EDI 最关键的部分，由于 EDI 是以事先约定的表文格式形式进行数据传输和信息交换，因此，制定世界统一的 EDI 标准至关重要。

2) EDI 软件

EDI 软件具有将用户数据库系统中的信息，译成 EDI 的标准格式，以供传输交换的能力。由于 EDI 标准具有足够的灵活性，可以适应不同行业的众多需求。然而，每个公司有其自己规定的信息格式，因此，当需要发送 EDI 电文时，必须用某些方法从公司的专有数据库中提取信息，并把它翻译成 EDI 标准格式，进行传输，这就需要 EDI 相关软件的帮助。EDI 软件构成如图 9-7 所示。

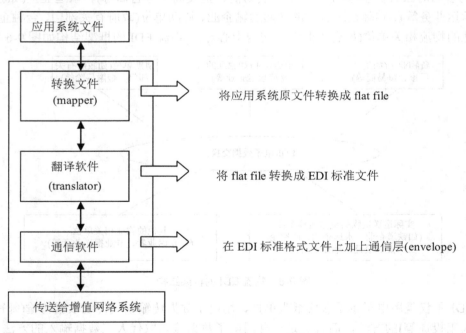

图 9-7 EDI 软件构成

(1) 转换软件(mapper)：转换软件可以帮助用户将原有计算机系统的文件，转换成翻译软件能够理解的平面文件(flat file)，或是将从翻译软件接收来的平面文件，转换成原计算机系统中的文件。

(2) 翻译软件(translator)：将平面文件翻译成 EDI 标准格式，或将接收到 EDI 标准格式翻译成平面文件，亦称中间文件。

(3) 通信软件：将 EDI 标准格式的文件外层加上通信信封(envelope)，再送到 EDI 系统交换中心的邮箱(mailbox)，或由 EDI 系统交换中心内，将接收到的文件取回。

3) EDI 硬件

EDI 所需的硬件设备大致有：计算机、调制解调器(Modem)及电话线。

(1) 计算机：目前所使用的计算机，无论是 PC、工作站、小型机，还是主机等，均可利用。

(2) 调制解调器：由于使用 EDI 来进行电子数据交换，需通过通信网络，目前采用电话网络进行通信是很普遍的方法，因此调制解调器是必备硬件设备。调制解调器的功能与传输速度，应根据实际需求来选择。

(3) 通信线路：一般最常用的是电话线路，如果在传输时效及资料传输量上有较高的要求，可以考虑租用专线(1easedline)。

4) 通信网络

通信网络是实现 EDI 的手段。当前，企业大多采用的是增值网络，但互联网应是发展趋势。

3. EDI 的特点

(1) EDI 的使用对象是具有固定格式的业务信息和具有经常性业务联系的单位。

(2) EDI 所传送的资料是一般业务资料，如发票、订单等，而不是指一般性的通知。

(3) 采用共同标准化的格式，这也是与一般 E-mail 的区别，例如联合国 EDI—FACT 标准。

(4) 尽量避免人工的介入操作，由收送双方的计算机系统直接传送，交换资料。

(5) EDI 与传真或电子邮件(E-mail)是有区别的，传真与电子邮件，需要人工的阅读判断处理才能进入计算机系统；同时还需要人工将资料重复输入计算机系统中，浪费人力资源，也容易发生错误。

4. 使用 EDI 的利益所在

(1) 由于交易双方的信息经由计算机通信网络传输，可大大缩短业务运作时间。

(2) 由于信息处理是在计算机上自动完成的，不需要人工干预，所以除节约时间外也可大幅度降低业务处理过程中的差错率，从而降低资料出错的处理成本。

(3) 节省库存费用，由于使用 EDI 后可大幅度缩短供需双方的业务处理时间，因而需方可减少库存，从而降低库存成本。

(4) 节省人事费用，由于使用 EDI 后不再需要人工填表、制单、装订、打包、邮寄等一系列过程，自然可节省人力。据美国福特汽车公司统计，它在配合 EDI 来简化对账付款流程后，相关的作业人员由 500 人减少到 150 人，成效显著。

(5) 实现贸易无纸化，大幅度节省纸张、印刷、储存及邮寄的费用，亦即降低了贸易文件成本。

(6) 企业国际化，随着企业使用 EDI，业务不再受到地域的限制，而是立即走向全球。

正因为 EDI 所具有的这种种优势，它已被广泛应用于运输、商检、报关、货物跟踪等多种物流管理活动。

五、全球定位系统

1. GPS 的概念

全球定位系统(global positioning system，GPS)是利用由导航卫星构成的全球卫星定位系统进行测时和测距。GPS 能对静态、动态对象进行动态空间信息的获取，空间信息反馈快速，精度均匀，不受天气和时间的限制。目前全球已经完全建成并投入使用的有两套全球定位系统：一是 NAVSTAR 系统，由美国研制，归美国国防部管理和操作；二是 GLONASS 系统，为俄罗斯拥有。因为通常首先可利用的是 NAVSTAR 系统。GPS 主要用于船舶和飞机导航，对地面目标的精确定时和精密定位，地面及空中交通管制，空间及地面灾害监测等。

我国已经开始建设拥有自主知识产权的全球卫星导航系统——北斗卫星导航系统。这也是我国自主建立的第一代卫星导航定位系统。该系统可在服务区域内任何时间、任何地点，为用户确定其所在的地理经纬度信息，并提供双向短报文通信和精密按时服务。目前，系统已在测绘、电信、水利、公路交通、铁路运输、渔业生产、勘探、森林防火和国家安全等诸多领域逐步发挥重要作用。

2. GPS 在物流领域的应用

GPS 在物流产业中起着重要的作用，其表现如下。

1) 实时监控功能

在任意时刻通过发出指令查询运输工具所在的地理位置(经度、纬度、速度等信息)并在电子地图上直观地显示出来。

2) 双向通信功能

GPS 的用户可使用全球移动通信系统(global system for mobile communication，GSM)的话音功能与司机进行通话或使用本系统安装在运输工具上的移动设备的汉字液晶显示终端进行汉字消息收发对话。驾驶员通过按下相应的服务、动作键，将该信息反馈到网络 GPS 上，质量监督员可在网络 GPS 工作站的显示屏上确认其工作的正确性，了解并控制整个运输作业的准确性(发车时间、到货时间、卸货时间、返回时间等)。

3) 动态调度功能

调度人员能在任意时刻通过调度中心发出文字调度指令，并得到确认信息。可进行运输工具待命计划管理，操作人员通过在途中信息的反馈，运输工具未返回车队前即做好待命计划，可提前下达运输任务，减少等待时间。加快运输工具周转速度运能管理：

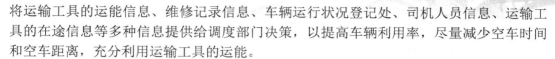

将运输工具的运能信息、维修记录信息、车辆运行状况登记处、司机人员信息、运输工具的在途信息等多种信息提供给调度部门决策，以提高车辆利用率，尽量减少空车时间和空车距离，充分利用运输工具的运能。

4) 数据存储、分析功能

实现路线规划及路线优化，事先规划车辆的运行路线、运行区域，何时应该到达什么地方等，并将该信息记录在数据库中，以备以后查询、分析使用。

5) 可靠性分析

汇报运输工具的运行状态，了解运输工具是否需要较大的修理，预先做好修理计划，计算运输工具平均每天差错时间，动态衡量该型号车辆的性能价格比。

6) 服务质量跟踪

在运输管理中心设立服务器，并将车辆的有关信息(运行状况、在途信息、运能信息、位置信息等用户关心的信息)让有该权限的用户能异地方便地获取。同时还可对客户索取的信息中的位置信息用相对应的地图传送过去，并将运输工具的历史轨迹印在上面，使该信息更加形象化。依据资料库储存的信息，可随时调阅每台运输工具以前的工作资料，并可根据各管理部门的不同要求制作各种不同形式的报表，使各管理部门能更快速、更准确地作出判断及提出新的指示。

GPS 的广泛应用使 GPS 供应商和物流运输企业实现了利益上的"双赢"战略，降低了投资费用并实现了信息的无地域性共享。另外，GPS 还可用于空中交通管理、精密进场着陆、航路导航和监视等诸多领域。

六、地理信息系统

(一)地理信息系统

1. GIS 的概念

地理信息系统(geographic information system，GIS)是以地理数据库为基础，在计算机软硬件的支持下，对空间相关数据(资源与环境等的空间信息和属性信息)进行采集、管理、操作、分析、模拟和显示，并采用地理模型分析方法，实时提供多种空间和动态的地理信息，为地理研究和地理决策服务而建立起来的计算机技术系统。

2. GIS 的功能

GIS 是 20 世纪 60 年代开始迅速发展起来的地理学研究新成果，是多学科交叉的产物，其基本功能是将表格型数据(无论它来自数据库、电子表格文件或直接在程序中输入)转换为地理图形显示，然后对显示结果浏览、操作和分析。其显示范围可以从洲际地图到非常详细的街区地图，显示对象包括人口、销售情况、运输线路以及其他内容。

3. GIS 在物流中的应用

GIS 应用于物流分析，主要是指利用 GIS 强大的地理数据功能来完善物流分析技术。国外公司已经开发出利用 GIS 为物流分析提供专门分析的工具软件。完整的 GIS 物流分析软件集成了车辆路线模型、最短路径模型、网络物流模型、分配集合模型和设施定位模型等。

1) 车辆路线模型

用于解决一个起始点、多个终点的货物运输中如何降低物流作业费用,并保证服务质量的问题,包括决定使用多少辆车,每辆车的路线等。

2) 网络物流模型

用于解决寻求最有效的分配货物路径问题,也就是物流网点布局问题。如将货物从 N 个仓库运到 M 个商店,每个商店都有固定的需求量,因此需要确定由哪个仓库提货送给那个商店,所耗的运输代价最小。

3) 分配集合模型

可以根据各个要素的相似点把同一层上的所有或部分要素分为几个组,用以解决确定服务范围和销售市场范围等问题。如某一公司要设立 X 个分销点,要求这些分销点要覆盖某一地区,而且要使每个分销点的客户数目大致相等。

4) 设施定位模型

用于确定一个或多个设施的位置。在物流系统中,仓库和运输线共同组成了物流网络,仓库处于网络的节点上,节点决定着线路,如何根据供求的实际需要并结合经济效益等原则,在既定区域内设立多少个仓库,每个仓库的位置,每个仓库的规模,以及仓库之间的物流关系等问题,运用此模型就能很容易地得到解决。

第三节　物流管理信息系统

一、物流管理信息系统的概念

物流管理信息系统(logistics management information system,LMIS)是一个以人为主导,利用计算机硬件、软件、网络通信设备以及其他办公设备,进行物流信息的收集、传输、加工、储存、更新和维护,以物流企业战略竞优、提高效益和效率为目的,支持物流企业高层决策、中层控制、基层运作的集成化的人机系统。

企业物流和物流企业的每一项管理工作都是借助于信息处理的方式来完成的,工作人员每天花费大量的时间用于记录、查找、汇总和使用信息。计算机目前已经成为信息处理的重要工具。一方面,由于计算机网络和互联网的出现以及相关技术的发展,扩大和提高了计算机信息管理工作的范围和系统性;另一方面,信息管理进一步的应用需求也导致了物流管理信息系统的产生和发展。

物流管理信息系统是企业管理信息系统的一个分支,它利用信息技术对物流中的各种信息进行实时、集中、统一的管理,使物流、资金流、信息流三者同步,及时反馈市场、客户和物品的动态信息,为客户提供实时的信息服务。

从现代管理思想与理念以及全球经济的发展要求来看,一个有核心竞争力的物流企业必须实施信息系统管理。成功的经验表明,物流管理信息系统的应用带来的实效表现在:在解决复杂的管理问题时,可广泛应用现代数学成果,建立多种数学模型,对管理问题进行定量分析；使信息及时、准确、迅速发送给管理者，提高管理水平；把局部问题置于整体之中，求整体最优化；把大量的事务性工作交于计算机来完成，使人们从烦琐的事务中解放出来，有利于管理效率的提高。

二、物流管理信息系统的特征

物理管理信息系统的特征有以下两个方面。

1. 为管理服务

物流管理信息系统的目的是辅助物流企业进行事务处理，为管理决策提供信息支持，因此必须同物流企业的管理体制、管理办法、管理风格相结合，遵循管理与决策行为理论的一般规律。为了满足管理方面提出的各种要求，物流管理信息系统必须准备大量的数据(包括当前的和历史的、内部的和外部的、计划的和实际的)、各种分析方法、大量数学模型和管理功能模型(如预测、计划、决策、控制模型等)。

物流管理信息系统是为管理决策服务的信息系统。物流管理决策必须依赖正确及时的信息。信息是一种重要的资源，在物流管理控制和战略计划中，必须重视对物流的管理。信息与管理互为依存。

2. 适应性和易用性

根据一般系统理论，一个系统必须适应环境的变化，尽可能做到当环境发生变化时，系统不需要经过大的变动，就能适应新的环境。这主要要求系统便于修改。一般认为，最容易修改的系统是积木式模块结构的系统。由于每个模块相对独立，其中一个模块的变动不会或很少影响其他模块。建立在数据库基础上的物流管理信息系统、具有良好的适应性。与适应性一致的特征就是方便用户使用。适应性强的系统的变化就小，用户使用当然就熟能生巧，方便容易了。易用性是物流管理信息系统便于推广的一个重要因素，要实现这一点，友好的用户界面是一个基本条件。

三、物流管理信息系统的类型

1. 按系统结构分类

1) 单功能系统

它只能完成单一的工作，如合同管理系统、物资分配系统等。

2) 多功能系统

它能完成一个部门或一个企业所包含的全部物流信息管理工作，如仓库管理系统、运输管理系统等。

2. 按系统功能性质分类

1) 操作型系统

它是按照某个固定模式对数据进行固定处理和加工的系统，它的输入、输出和处理均是不可变的。

2) 决策型系统

能根据输入数据的不同，运用知识库的方法，对数据进行不同的加工和处理，并给用户提供决策的依据。

3. 按系统配置分类

1) 单机系统

信息系统仅能在一台计算机上运行，虽有多个终端，但主机是一个。

2) 网络系统

信息系统使用多台计算机，相互间以通信网连接起来，使各计算机实现资源共享。

4. 按系统作用对象分类

1) 面向生产(制造)型企业的物流管理信息系统

生产制造企业向原材料或者半成品生产厂家购买原材料或者半成品，然后通过本企业的技术和设备，生产出品，最后投放市场。就采购来看，生产型企业采购的很可能是多种原材料。采购完毕，投放生产，产生废弃物和可回收物，最后进行销售。就涉及的物流作业来看，包括供应采购、原材料仓储、生产配送、产品仓储与销售运输，还包含废弃物流与回收物流。

2) 面向流通型(零售商、中间商、供应商)企业的物流管理信息系统

零售商、中间商、供应商本身不生产商品，但它为用户提供商品，为制造商提供销售渠道，是用户与制造商的中介。专业零售商为客户提供统一类型的商品，综合性的零售商如超市、百货商店为人们提供不同种类的商品，这样企业的经营有商品种类多、销售地点分散、消费者群体极其分散的特点。面向零售商、中间商、供应商的物流管理信息系统是对不同商品的进、销、存进行管理的系统。

3) 面向第三方物流企业的物流管理信息系统

第三方物流企业服务于生产企业与流通企业以及消费者，以提供第三方物流服务，如配送、运输、仓储等物流活动为主业。第三方物流供应商必须准确、及时、高效地捕捉各种信息，并进行处理，才能科学地指导物流的高效运转。

四、物流管理信息系统的基本组成

1. 硬件

指计算机系统的物理设备、通信设备和各种有关部件。这些硬件提供输入、输出、供存储数据程序用的辅助存储器、作为计算和控制用的CPU和网络通信等功能。硬件包括计算机主机、打印机、服务器、通信电缆、通信设备等，是实现物流信息系统的基础，构成了系统运行的硬件平台。

2. 软件

是操作硬件的指令集合，包括系统软件和应用软件。系统软件主要有操作系统(如

Windows、Linux 等)、网络操作系统(如 Windows Server、Unix 等)，它控制、协调硬件资源，是物流信息系统必不可少的软件。应用软件是与物流企业具体业务相关的、辅助企业管理的软件，物流企业可以通过与软件开发企业合作或独立开发应用软件，也可以直接购买应用软件(一般要经过二次开发才能适合本企业需要)。

3. 数据库

数据库也是一种软件，它能提供用户应用程序所需要的全部数据的保存、检索和分析。常用的数据库软件有 SQL，Oracle 等。

4. 模型

指各种经济管理模型和有关的各种数学模型。这些模型将现实工作中的各种业务问题抽象化，以便计算机处理，如运输路径的优化模型、库存模型、配载模型等。

5. 操作规程

包括规章制度和操作。一个成功的物流管理信息系统必须与企业的管理模式、管理制度互相适应，因此，物流管理信息系统的操作规程不仅包括软件使用的规程，还包括业务流程的设置和权限的划分。

五、物流管理信息系统的层次结构

物流管理信息系统是通过对与物流相关信息的加工处理和对物流、资金链的有效管理，并为企业提供信息分析和决策支持。从表现方式来说，它是一个应用软件系统，借助数据库和模型进行业务数据的处理。从本质上来看，它体现了企业的业务特点、管理思想、管理方法和管理制度。因此，物流管理信息系统的层次结构是与企业管理层次密不可分的。按企业管理层次划分的物流管理信息系统的层次结构如图 9-8 所示。

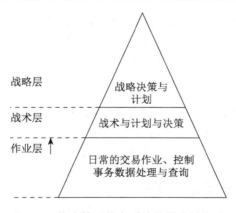

图 9-8　物流管理信息系统的层次结构图

1. 作业层

作业层的主要任务是有效地使企业现有的人力、物力资源在预算的范围内执行各项活动。它的处理包括：事务处理、报表处理和查询处理。作业层的主要功能如下：

1) 原始数据采集与处理

商品购、销、调、存数据的登录与修改，会计计账，文件文字、声音、图像的录入与修改和各种事物的原始记录等。

2) 业务处理

运输管理、存储管理、配送管理、流通加工管理等。

3) 财务处理

成本核算、资金核算、利润核算等会计核算和固定资产管理、综合会计计划管理等。

4) 人事管理

员工档案管理、工资奖金管理、劳动纪律考核管理、劳动用工调配管理和综合统计(报表)管理等。

5) 物业管理

低值易耗品管理、固定资产管理和能源消耗管理等。

6) 办公管理

会议管理、文字记录、公文档案管理及企业宣传管理等。

7) 考核管理

经济指标考核管理、员工劳动绩效考核管理、员工违纪违规管理等。

8) 综合查询管理

综合计划指标完成查询、库存查询、商品价格查询、物品配送计划查询和员工状况查询等。

9) 统计分析与决策支持管理

购进统计与分析、库存统计与分析、运输统计与分析、劳效统计与分析、销售统计与分析、顾客统计与分析和财务统计与分析等。

2. 战术层

战术层(即管理层)的任务是保证企业经营所需要的人、财、物的调用，综合衡量企业的生产经营情况，检查企业的主要经济技术指标完成情况，将它们有计划地比较，从中观察其发展趋势，找出偏差的原因，提出解决方案。

3. 战略层

战略层的任务是确定企业的目标，制定达到该目标应采取的战略计划。战略层为企业高层管理决策者提供综合反映企业运营与管理状态的信息，提供制定企业战略决策、企业长期经营目标所需要的管理信息，提供各种分析、预测功能，辅助高层进行决策。

六、物流管理信息系统的功能

物流管理信息系统的基本功能可以归纳为以下六个方面：

1. 信息处理功能

物流信息系统能对各种形式的信息进行收集、加工整理、存储和传输，以便向管理者及时、准确、全面地提供各种信息服务。

2. 事务处理功能

物流管理信息系统能够从事日常事务管理工作，如账务处理、统计报表处理等。它能将员工和领导从烦琐、单调的事务中解脱出来，既节省人力，又提高了效率。

3. 预测功能

物流管理信息系统不仅能实测物流状况，而且能利用历史数据，运用适当的数学方法和科学的预测模型来预测物流的发展趋势。

4. 计划功能

物流信息系统能针对不同层次提出的不同要求，为他们提供不同的信息并对其工作进行合理的计划与安排。如库存补充计划、运输计划、配送计划等。

5. 控制功能

物流信息系统能对物流各个环节运行进行监测、检查，比较实际执行情况与计划的差异，从而及时地发现问题。然后再根据偏差分析其原因，采用适当的方法加以纠正，保证系统预期目标的实现。

6. 辅助决策和决策优化功能

物流信息系统不但能为管理者提供相关的决策信息，达到辅助决策的目的，而且可以利用各种决策模型及相关技术进行决策优化，以合理利用企业的资源，提高企业的经济效益。

七、物流管理信息系统的发展趋势

随着社会经济的发展、信息技术的进步、网络的普及，物流管理信息系统正在向信息与功能的集成化、数据采集的在线化和实时化、数据存储的大型化、数据传输的网络化、信息处理的智能化的方向发展。即物流管理信息系统未来的发展趋势是集成化、模块化、实时化、网络化和智能化。

1. 集成化

集成化指物流管理信息系统将业务逻辑上相互关联的部分连接在一起，为企业物流活动中的集成化信息处理工作提供基础。物流管理信息系统如果各部分再互相割裂，就难以满足现代物流实时动态协调的需求，因此，在系统开发过程中，数据库的设计、系统结构以及功能的设计等都应该遵循统一的标准、规范和规程，以便于互相集戍，避免出现"信息孤岛"现象。对于原来割裂的系统，也应该采取各种集成技术加以集成。

2. 网络化

网络，特别是互联网的发展和普及，使得物流管理信息系统可以借助网络平台延伸其范围。通过 Internet/Intrant/Extranet 以及无线网络的应用将供应商、分销商和客户按业务关系连接起来，使整个物流管理信息系统能够即时的掌握和分享属于供应商、分销商或客户的信息。

3. 实时化

借助于物流编码技术、自动识别技术、GPS 技术、GIS 技术等现代物流技术，现代物流管理信息系统能够对物流活动进行实时的在线数据采集，并利用计算机网络与通信技术，实时地进行数据处理和传送。

4. 智能化

智能化指现代物流管理信息系统采用各种先进的智能技术，如人工智能、数据挖掘等技术，运用先进的数学方法(如神经网络、遗传算法等)，帮助决策人员执行更高级的物流决策。现代物流中需要越来越多的高级运筹与决策，如库存水平的确定、运输(搬运)路径的选择、自动导向车的运行轨迹和作业控制、自动分拣机的运行、物流配送中心经营管理的决策支持等。由于外部环境复杂多变，从而致使这些运筹与决策的内容也日趋复杂。这些问题的解决仅依靠传统物流管理的知识是远远不够的，因此需要采用智能化技术，将管理者的经验与专家的知识相结合，将定性分析与定量分析相结合，为管理者提供高质量的决策支持。

第四节　物流信息实训

实训任务一　条码设备认知与安装调试

一、实训目的

(1) 了解条码扫描器和数据采集器的安装方法及主要技术指标。
(2) 掌握条码扫描设备和数据采集器的操作和维护要点。

二、实训任务

进行条码扫描器和数据采集器的安装并进行使用操作；安装并调试条码打印设备。

三、任务准备

(1) 预习条码设备的基本知识。
(2) 开展本次实训前应准备以下仪器设备：①一台确定有并口计算机(如果计算机没有并口，则需另备 USB 串口/并口桥接器)；②一个手持激光条码扫描仪；③任何一套可以生成各种类型条形码的条形码软件；④一台条形码打印机以及主要配件，如与该条形码打印机相对应的驱动程序；⑤条码检测设备。
(3) 按照实训指导教师安排，将学生分为若干任务执行小组，首先每个任务执行小

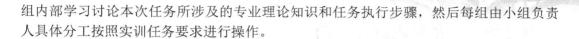

第九章　物流信息

组内部学习讨论本次任务所涉及的专业理论知识和任务执行步骤，然后每组由小组负责人具体分工按照实训任务要求进行操作。

四、任务执行指导

步骤1： 将接口电缆方型连接器插入扫描器柄底部的电缆接口端口，将接口的另一端插入电脑的 USB 接口，听到嘀嘀嘀三声，初次使用计算机桌面会有添加新硬件的提示，可尝试按下条形码扫描仪的触发开关，观察扫描窗口的灯是否正常开启。

步骤2： 首先打开一个记事本，将扫描器对准瓶身上的条码，确保扫描线扫过符号的所有条形及空格。

步骤3： 成功解码后，扫描器会发出蜂鸣声且发光管发出绿光，同时，记事本上出现相应的条码代码。(扫描器与条码不完全垂直时扫描效果最佳)

通过以上三个步骤的操作，可得出一结论：当条形码扫描仪与电脑相连，功能类似于键盘，相当于为电脑增加一输入设备，在实际运用中，可创造一个更高工作效率的环境。

步骤4： 硬件安装。

在实训指导教师的指导下，参考条码打印机操作手册安装碳带，参考条码打印机操作手册安装纸卷，参考条码打印机操作手册连接电源线及数据传输线。

步骤5： 软件安装。

参考驱动程序安装，安装驱动程序；安装选用的标签编辑软件，请注意，在安装标签编辑软件时请确定支持此条码打印机，请在实训指导教师指导下参考文档面板进行条码打印机面板设置操作。

五、任务执行结果评价

任务执行结果评价如表 9-2 所示。

表 9-2　条码设备认知与安装调试实训任务执行结果评价(实训指导教师用表)

考核评价内容	考评标准	分　值	评价得分
对条码设备认知的执行情况	对条码扫描器和数据采集器的了解程度	15	
	对条码打印设备的了解程度	15	
对条码设备安装调试执行情况	对条码扫描器和数据采集器的安装调试情况	20	
	对条码打印设备的安装调试情况	20	
任务执行团队评价	团队分工的合理性、协同性	10	
	团队执行任务的效率	10	
	完成任务的创新性	10	
本次任务执行结果评价得分总计			

实训任务二 条形码设计实训

一、实训目的

(1) 掌握物流单元条形码的编码及制作方法；
(2) 了解二维条码的相关知识。

二、实训任务

按照指导教师给出的条码标识形式、条码打印纸的类型、条码打印的颜色、尺寸、位置等约束条件的要求设计制作 EAN-13 码和 EAN-128 码条码。

三、任务准备

(1) 预习物流单元条形码的编码及制作方法。
(2) 开展本次实训前应准备以下仪器设备：①一台确定有并口计算机(如果计算机没有并口，则需另备 USB 串口/并口桥接器)；②一个手持激光条码扫描仪；③任何一套可以生成各种类型条形码的条形码软件；④一台条形码打印机以及主要配件，如与该条形码打印机相对应的驱动程序；⑤条码检测设备。
(3) 按照实训指导教师安排，将学生分为若干任务执行小组，首先每个任务执行小组内部学习讨论本次任务所涉及的专业理论知识和任务执行步骤，然后每组由小组负责人具体分工按照实训任务要求进行操作。

四、任务执行指导

步骤 1：条码标识形式的设计。

(1) 查询条码识别的三种主要形式：形式一是直接印刷在商品标签纸或包装容器上；形式二是制成挂牌悬挂在商品上；形式三是制成不干胶标签粘贴在商品上。
(2) 确认每一种形式的特点及适用范围。

形式一的特点及范围：烟、酒、饮料、食品、日用化工产品、药品等，利用大批量连续印刷的方法把条码标识和标签原图案同时印成，具有方便、美观、不增加印刷费用等优点。

形式二的特点及范围：眼镜、手工艺品、珠宝首饰、服装等在没有印刷条码标识位置的情况下，将条码打印在挂牌上再分挂在商品上。

形式三的特点及范围：化妆品、油脂制品、家用电器等将条码与装潢图案印在不干胶上粘贴在商品上。一些产品的老包装因不带条码标识，为了减少浪费，也可将带条码的不干胶粘贴在老包装上。

步骤 2：条码打印纸的选择。

1) 条码打印纸主要类型、特点

(1) 标准腊基碳带。产品特点：广泛的标签适应性,通用性好。打印效果优异,成本经济。耐高温,可适用于高速打印,适用范围广,可适应不同被打材质,防静电背涂层易于有效保护打印头。

(2) 混合基碳带。产品特点：优秀的耐摩擦、耐腐蚀性能,具有广泛的应用领域。

(3) 脂基碳带。产品特点：卓越的高质、高速打印性能；优异的耐摩擦、耐热、耐腐蚀、耐久性能；宽广的标签适应范围。

(4) 水洗布专用树脂碳带,产品特点：卓越的耐刮擦、耐涂抹、耐酒精等化学物性能；耐洗涤,经过洗涤剂(包括干洗方式)洗涤后,依然保持清晰图像；高温150℃熨烫后,更显优秀品质；连续打印时,无黏附水洗标的情形。

2) 瓦楞纸为载体时注意事项

瓦楞纸颜色通常棕黄或棕红,表面光滑度低,色泽灰暗,表面反射率低,将条码符号直接印在其表面,可使其符号反差小；在其上印刷时普遍采用柔性版水性油墨印刷工艺,可以使条码符号缺陷度等级降低。

步骤 3：条码打印的颜色设计。

商品条码的识读是通过分辩条空的边界和宽窄来实现的,因此,要求条与空的颜色反差越大越好。条色应采用深色,空色应采用浅色。白色作空,黑色作条是较理想的颜色搭配。通常要码符号的条空颜色可参考表 9-3 进行搭配,且应符合 GB12904 商品条码标准文本中规定的符号光学特性要求。

表 9-3 商品条码颜色搭配表

能采用的颜色搭配				不能采用的颜色搭配			
序号	空色	条色	能否采用	序号	空色	条色	能否采用
1	白	黑	能	1	白	黄	否
2	白	蓝	能	2	白	橙	否
3	白	绿	能	3	白	红	否
4	白	深棕	能	4	白	浅棕	否
5	橙	黑	能	5	白	金	否
6	橙	蓝	能	6	亮绿	红	否
7	橙	绿	能	7	亮绿	黑	否
8	橙	深棕	能	8	暗绿	黑	否
9	红	黑	能	9	暗绿	蓝	否
10	红	蓝	能	10	蓝	红	否
11	红	绿	能	11	蓝	黑	否
12	红	深棕	能	12	金	黑	否
13	黄	黑	能	13	金	橙	否

续表

能采用的颜色搭配			不能采用的颜色搭配		
序号	空色	条色	能否采用	序号	空色	条色	能否采用
14	黄	蓝	能	14	金	红	否
15	黄	绿	能	15	黑	黑	否
16	黄	深棕	能	16	红	红	否

步骤 4：条码打印的尺寸设计。

标准码：由 13 位数字构成的条码称为标准码，标准码尺寸为：37.29mm×26.26mm，放大系数取值范围是 0.80～2.00，间隔为 0.05 缩短码：由 8 位数字构成的条码称为缩短码，只有当标准码尺寸超过总印刷面积的 25%时，才允许申报使用缩短码。缩短码尺寸为：26.73mm×21.64mm，放大系数取值范围是 0.80～2.00，间隔为 0.05。缩短码的 8 位数字由 7 位商品代码和 1 位校验码构成。在条码尺寸设计时，应主要考虑以下几个因素：①印刷包装上可容纳的条码面积；②与装潢的整体协调；③印刷厂的印刷条件。

步骤 5：条码打印的位置设计。

(1) 商品条码印刷位置设计原则：条码符号位置的选择应以符号位置相对统一、符号不易变形、便于扫描操作和识读为准则。

(2) 商品条码印刷位置的具体规则：

① 位置原则：首先条码符号位置宜在商品包装背面的右侧下班区域内，对于体积较大的或笨重的商品，条码符号不应放置在商品包装的底面。

② 边缘原则：条码符号与商品包装临近边缘的间距不应小于 8mm 或大于 102mm。

③ 方向原则：商品包装上条码符号宜横向放置，横向放置时，条码符号的供人识别字符应为从左至右阅读，在印刷方向不能保证印刷质量和商品表面曲率及面积不允许的情况下，可以将条码符号纵向放置。

步骤 6：储运包装条码位置的选择。

不同尺寸储运包装条码印刷位置要求：①灌装、瓶装条码印刷位置最好印刷在标签的侧下方；②桶形包装条码印刷位置：当商品为塑料或纸质的桶形包装一般印在侧面；③袋型包装条码印刷位置：在选择条码位置时避开变性部位，在其平整部位印刷条码。

步骤 7：编制条码。

按照上述 6 个指导步骤的要求制定"实训方案与技术路线"，详细记录本实训小组的编码方案。然后，打开编制条码实训软件，按照软件步骤，分别制作 EAN-13 码、EAN-128 码(可参考图 9-9 的示例)。

图 9-9 包含供应商、客户与承运商区段的物流单元标签示例

五、任务执行结果评价

任务执行结果评价如表 9-4 所示。

表 9-4 条形码设计实训任务执行结果评价(实训指导教师用表)

考核评价内容	考评标准	分 值	评价得分
对条形码设计的基本规则的掌握情况	对条码标识的形式设计	15	
	对条码载体的设计	15	
对条形码编制的执行情况	对 EAN-13 码的编制情况	20	
	对 EAN-128 码的编制情况	20	
任务执行团队评价	团队分工的合理性、协同性	10	
	团队执行任务的效率	10	
	完成任务的创新性	10	
本次任务执行结果评价得分总计			

第十章 企业物流管理

案例导入

和通用、福特、戴姆勒·克莱斯勒三大汽车巨头主打大众型汽车不同，宝马以豪华汽车为主。宝马出产的汽车中绝大多数都是根据顾客个性化要求进行定制的，例如新车型 X5 SUV(运动型多功能车)给车主提供了 8 种车体结构、12 种颜色、19 个发动机型号和其他 60 多个个性化要求可供选择。因此，宝马在全球各地的经销商处只保有很有限的车辆，它把销售工作的重心放在汽车展厅上，在那里顾客可以进行观摩，并综合个性需求进行下单。

1998 年，宝马建立了一个新的车身制造车间，扩充了组装线，专门用来装配 X5 SUV，厂房面积扩大到 2 100 000 平方英尺。2001 年宝马又一个新的车身制造车间落成，专门用来制造和装配双排座 Z4 敞篷跑车。Spartanburg 制造厂是宝马唯一的同时生产这两个车型的工厂，生产出的车辆面向全球销售。这也是 Spartanburg 惟一的两个车型。

为了适应定制生产的需要，宝马对南卡罗莱那州 Spartanburg 的制造厂进行了扩充，重新设置了厂内布局，对物料搬运系统进行改进，实施新的软件系统，在整个制造流程中实行实时信息掌控，实行接单生产和柔性生产。

对于每一个制造厂来说，达到厂内空间的全部利用是至关重要的。宝马有自己的零部件仓库，但为了方便装配工作，它在组装厂内也储存有部分经常用备件。宝马原有的 7 500 平方英尺的存储区域只能满足一条生产线的装配工作，当它在 Spartanburg 制造厂添加生产线时，就挤占了原生产线的组装用备件存储区域。

增加生产线以后，组装车间备用件储存量增大，摆在宝马面前的是，要么扩大存储面积，要么找出创造性解决这个问题的做法。面临货物处理量大和空间有限的两难境地，宝马最终在车间里实行立体仓储方式，安装了五个立体存储单元。

采用立体存储方式使宝马省去了 800 平方英尺的车间地面仓储面积。同时为了便于操作工人提取货物，立体存储单元中存放的货物的高度可自动调节。

2002 年 7 月，Spartanburg 制造厂采用接受顾客个性化订单、接单后 10 天内交货的拉式供应链模式。宝马把这种新的模式叫作"以顾客为导向的销售和生产"。在如此短的时间内完成订单交付，延迟战略发挥了至关重要的作用。采用延迟策略，推迟个性化订单送上组装线的时间，大大缩短了定单交付的前置期。现在，当车身喷漆完毕、暂时存储风干后，再送上装配线，这意味着车主在最终装配开始前六天提交的定制要求都是有效的。这是对组装完成再喷漆的作业模式的改革。

AS/RS(自动仓储系统)在延迟策略上充当了缓冲的角色。当在产车出喷漆车间后，就进入 AS/RS，在上面暂存，直到组装线开始装配带定制要求的部件。为了使向拉式系统的转向更加平稳，满足宝马未来发展的需要，另外一个 AS/RS 也将随着新组装线和车身制造车间的扩充而添加进来。

在延迟策略和 AS/RS 的共同作用下，宝马和买主都有了更大的灵活性。顾客可以在最后一刻(在最终组装前六天)提出或改变自己的个性化需求，宝马也可以在最后截止时间到来之前的空当里，对生产排程做出规划或调整，排除供应链上可能发生的瓶颈因素。

采用拉式制造系统，信息流管理起着举足轻重的作用。因此，宝马引入了 ERP 和配套的生产软件。顾客的个性化需求每天都通过无线电方式向各个零件供应商通报。

宝马和供应商的联系确保了零部件在精确的时刻按顺序送上装配线，全部装配工作在两天内完成。

向新模式转向后，宝马降低了总体库存，消除了装配线上的零部件存储，供应商的库存也得到了压缩，从接单到发货的周转效率大大增加。宝马把汽车交付的前置期生生压缩了一大半！

在宝马向拉式生产成功转型的过程中，宝马排序作业中心(BWM Sequence Center)的修建和投入使用起到了至关重要的作用。

宝马在美国制造的汽车中，绝大多数都是根据顾客的明细要求定制的，把单个部件精确地、依次地送上装配线对于提高制造效率是至关重要的。X-5 SUV 的投产和 Z-4 Roadster 敞篷跑车生产车间的始建促使宝马专门设立生产厂的零件存放机构，接收、暂存来自欧洲和北美各个地区的零部件，然后根据制造规划和进度，拣选完成后，向组装线输送。

2000 年投产的排序中心毗邻宝马北美公司南卡罗莱那州 Spartanburg 制造厂，面积 250 000 平方英尺，主要功能是对零件进行排序，依次送上生产线，一共有 86 名作业工人，两班倒作业，每天完成 12 000 次拣选，处理 2 200 托盘的货物。

排序中心落成前，宝马在距离装配线 12 英里的地方租赁有仓库。那里物料搬运作业主要依靠手工作业，拣选和向组装线的发货作业需要大量的作业人手。

宝马物流部部门经理 Jay Tee Tucker 说："增加的货物处理量迫使我们毗邻生产线设置仓库，这有助于压缩运输成本和更快地获取零件。"

排序中心精简了人手，实行高度自动化作业。拣选完成的零部件通过输送机构成的桥式连接通道和制造厂连接。高效率的 AS/RS 构成了配送中心的主框架。

AS/RS 用以装载周转率高货物，这些货物在托盘上存放，托盘通过连接通道大约需 20 分钟。AS/RS 采用先进先出的作业方式，在八个巷道内有八台自动存取机器。在任一时间，AS/RS 上 17 500 个货位有 85%是充盈的。同时另有一个托盘输送机在通道中反方向运行,把空托盘运回到仓库。

  排序中心另外的物件在地面上或通用托盘货架上存放。这些物件不是流动性很低,就是重量太大不适合在自动仓储系统上使用,例如发动机和汽车底盘。这些物件将被装上卡车,短距离运送到装配车间。

  除了毗邻组装线设置的仓库,宝马对原有的距离制造厂12英里的面积达280 000平方英尺的仓库的功能和布局进行了重置,专门用来存放面积大于4×4平方英尺的物件。该仓库实行手工作业,产品也用卡车运送到制造厂。

  虽然宝马拥有排序中心和里面的存货,但是库房里的作业管理是通过第三方物流提供商 TNT Logistics(天地物流)实现的。

  采用以市场为导向的拉式供应链系统,借助排序中心进行接单生产,宝马在提高生产效率的同时,大大缩短了订单交付的前置期,在控制成本和改善服务双方面都确立了新的竞争优势。

(资料来源:物流沙龙,http://www.logclub.com/thread-216746-1-1.html)

第一节 认知企业物流

一、企业物流的概念

  企业物流可理解为围绕企业经营的物流活动,是具体的微观物流活动的典型领域。企业系统活动的基本结构是"投入—转换—产出",对于生产型企业,是原材料、燃料、人力、资本等的投入,经过制造或加工转换为产品或服务;对于服务型企业则是设备、人力、管理和运营,转换为对用户的服务。"投入"是企业外供应或企业外输入物流,"转换"是企业内生产物流或企业内转换物流,"产出"是企业外销售物流或企业外服务物流。由此可见,在企业经营活动中,物流是渗透到各项经营活动之中的活动。

二、企业物流的分类

1. 按企业性质不同分类

1) 工业生产企业物流

  工业生产企业物流是对应生产经营活动的物流,这种物流有四个子系统,即供应物流子系统、生产物流子系统、销售物流子系统及废弃物物流子系统。工业生产企业种类非常多,物流活动也有差异,按主体物流活动区别,可大体分为四种。

  (1) 供应物流突出的类型。这种物流系统,供应物流突出而其他物流较为简单,在组织各种类型工业企业物流时,供应物流组织和操作难度较大。例如,采取外协方式生产的机械、汽车制造等工业企业便属于这种物流系统。一个机械的几个甚至几万个零部件,有时来自全国各地、甚至外国,这一供应物流范围既大,难度也大,成本也高,但生产成一个大件产品(如汽车)以后,其销售物流便很简单了。

(2) 生产物流突出的类型。这种物流系统，生产物流突出而供应物流和销售物流较为简单。典型的例子是生产冶金产品的工业企业，供应是大宗矿石，销售是大宗冶金产品，而从原料转化为产品的生产过程及伴随购物流过程都很复杂，有些化工企业(如化肥企业)也具有这样的特点。

(3) 销售物流突出的类型。例如很多小商品、小五金等，大宗原材料进货，加工也不复杂，但销售却要遍及很大的地域范围，这属于销售物流突出的工业企业物流类型。此外，如水泥、玻璃、化工危险品等，虽然生产物流也较为复杂，但其销售时物流难度更大，问题更严重，有时会出现大事故或花费大代价，因而也包含在销售物流突出的类型中。

(4) 废弃物物流突出的类型。有一些工业企业的废弃物物流问题十分突出，如制糖、选煤、造纸、印染等工业企业，废弃物物流组织得如何几乎决定着企业能否生存。

2) 农业生产企业物流

农业生产企业中，农产品加工企业的性质及对应的物流与工业企业是相同的。农业种植企业的物流是农业生产企业物流的代表，这种类型企业的四个物流子系统的特殊性体现在：

(1) 供应物流。以组织农业生产资料(化肥、种子、农药、农业机具)的物流为主要内容，除了物流对象不同外，这种物流和工业企业供应物流类似，没有大的特殊性。

(2) 生产物流。种植业的生产物流与工业企业生产物流区别极大，主要区别是：第一，种植业生产对象在种植时是不发生生产过程位移的，而工业企业生产对象要不断位移，因此，农业种植业生产物流的对象不需要反复搬运、装放、暂存，而进行上述物流活动的是劳动手段，如肥、水、药等；第二，种植业一个周期的生产物流活动，停滞时间长而运动时间短，最大的区别点在于，工业企业生产物流几乎是不停滞的；第三，生产物流周期长短不同，一般工业企业生产物流周期较短，而种植业生产物流周期长且有季节性。

(3) 销售物流。以组织农业产品(粮食、棉花等)的物流为主要内容。其销售物流的一个很大特点是，诸功能要素中，储存功能的需求较高，储存量较大，且储存时间长，"蓄水池"功能要求较高。

(4) 废弃物物流。种植生产的废弃物物流也具有不同于一般工业企业废弃物物流的特殊性，主要表现在，以重量计，废弃物物流重量远高于销售物流。

2. 按企业具体运营环节分类

企业物流分为采购物流、供应物流、生产物流、销售物流、逆向物流等。主要内容如下：

1) 企业采购物流

这是企业在一定的条件下向供应商购买产品或服务的一种商业行为，是企业物流活动、物流管理的起始点。

2) 企业供应物流

企业供应物流又称企业输入物流，是指为生产企业提供原材料、零部件或其他物品时，物品在供方与需方之间的实体流动。

3) 企业生产物流

这是指生产过程中，原材料、在制品、半成品、产成品等，在企业内部的实体流动。生产物流是制造产品的企业所特有的，它和生产流程同步。

4) 企业销售物流

这是指生产企业、流通企业在出售物品时，物品在供方与需方之间的实体流动，也就是物资的生产者或持有者到消费者或用户之间的物流。

5) 企业逆向物流

这包括企业回收物流和企业废弃物物流。企业回收物流是指不合格物品的返修、退货以及周转使用的包装从需方返回到供方所形成的物品实体流动。企业废弃物物流是指将经济活动中失去原有使用价值的物品，根据实际需要进行收集、分类、加工、包装、搬运、储存等，并分送到专门处理场所时所形成的物品实体流动。

三、企业物流包含的内容

企业物流在不同的发展阶段包含着不同的内容。随着企业物流从单纯的产品配送向综合物流直至向供应链管理阶段发展，企业物流包含的内容不断地增加、丰富；企业物流涉及的领域不断地扩大。现在看来，企业物流几乎贯穿企业的整个运营过程。概括地说，企业物流包含着采购、运输、存储、搬运、生产计划、订单处理、包装、客户服务以及存货预测等若干项功能。

1. 采购

把企业采购活动归入企业物流是因为企业运输成本与生产所需要的原材料、零部件等的地理位置有直接关系，采购的数量与物流中的运输与存储成本也有直接关系。把采购归入企业物流领域，企业就可以通过协调原材料的采购地、采购数量、采账周期以及存储方式等来有效地降低运输成本，进而为企业创造更大的价值。

2. 运输

运输是企业物流系统中非常重要的一部分。事实上，运输也是企业物流最为直接的表现形式，因为物流中最重要的是货物的实体移动及移动货物的网络。通常情况下，企业的物流经理负责选择运输方式来运输原材料及产成品，或建立企业自有的运输能力。

3. 存储

存储包括两个既独立又有联系的活动：存货管理与仓储。事实上，运输与存货水平及所需仓库数之间也有着直接的关系。企业许多重要的决策与存储活动有关，包括仓库数目、存货量大小、仓库的选址、仓库的大小等。

4. 物料搬运

物料搬运对仓库作业效率的提高是很重要的，物料搬运也直接影响到生产效率。在生产型企业中，物流经理通常要对货物搬运入库、货物在仓库中的存放、货物从存放地点到订单分拣区域的移动以及最终到达出货区准备运出仓库等环节负责。

5. 生产计划

在当前竞争激烈的市场上，生产计划与物流的关系越来越密切。事实上，生产计划往往依赖于物流的能力及效率进行调整。另外，企业的生产计划还与存货能力、存货预测有关。

6. 订单处理

订单处理过程，包括完成客户订单的所有活动。物流领域之所以要直接涉及订单的完成过程，是因为产品物流的一个重要方面是前置期，即备货周期(leadtime)，它是指从客户下达订单开始，至货物完好交于客户为止的时间。从时间或者说前置期的角度来看，订单处理是非常重要的物流功能。订单处理的效率直接影响到备货周期，进而影响到企业的客户服务质量与承诺。

7. 工业包装

与物流紧密相关的还有工业包装，即外包装。企业物流中运输方式的选择将直接影响到包装要求。一般来说，铁路与水运引起货损的可能性较大，因而需要支出额外的包装费用。

8. 客户服务

客户服务也是一项重要的物流功能。客户服务水平与物流领域的各项活动有关，存货、运输、仓储的决策等取决于客户服务要求。

9. 存货预测

准确的存货和物料、零部件的预测是有效存货控制的基础，尤其是使用零库存(just in time，JIT)和物料需求计划(material requiring plan，MRP)方法控制存货的企业。因此，存货预测也是企业物流的一项重要功能。

除了上述列举的几个主要功能外，企业物流还包含诸如工厂和仓库选址、维修与服务支持、回收物品处理、废品处理等功能。当然，不同的企业或企业处于不同的发展阶段，其企业物流不一定会涉及上述的方方面面。

四、企业物流的增值作用

企业重视物流的目的就是希望能以最低的成本将产品送达到用户手中。事实上，企业物流的作用不仅如此，企业物流更为核心的作用还表现在通过几种经济效用来增加产品或服务的价值。这几种经济效用分别为地点效用、时间效用、形态效用及占用效用。

1. 地点效用

企业物流活动增加产品或服务价值的最直观的表现就是改变产品或服务的提供地

点。从这个角度说，物流活动通过扩展企业的市场边界来增加产品的价值，而扩展市场边界的最直接表现就是通过运输来转移产品所处的地点。比如，企业通过物流活动将产品从密集的生产地运输到需求分散的各消费地，这就是地点效用。

2. 时间效用

对于企业来说，产品不仅要送达消费者需要的地点，而且还应该在消费者需要的时间送达才能实现价值。时间效用就是在消费者需要的时间将产品送达。企业物流通过运输来改变产品的位置，同时也产生产品的时间效用。另一方面，时间效用强调减少备货时间，因此，在当今激烈的市场竞争中显得越来越重要。

3. 形态效用

所谓形态效用，就是指以制造、生产和组装来增加产品的价值。企业的某些物流活动也能产生产品的形态效用。比如，diy装机商将CPU、主板、硬盘、内存、显示器、机箱等零部件通过物流活动组织在一起形成整机；瓶装饮料公司把果汁、水、碳酸盐等调和在一起制成软饮料。这表明企业物流活动能改变产品形态，而改变产品形态可以使产品增值。

4. 占用效用

占用效用与市场营销中的产品推销紧密相关。所谓产品推销，就是一种直接或间接地与顾客接触，增加顾客想拥有产品愿望的一种努力。市场营销依赖企业物流来产生地点和时间效用，进而实现产品的占用效用。

五、企业物流的发展趋势

随着当今企业供应链管理的实施，企业的物流环境也随之改变，所以企业物流也有了不同于传统物流的一些新特点。这些特点反映了企业物流思想的新要求和企业竞争的新策略。企业物流只有与社会物流同步发展，人们才能真正感受到现代物流的魅力。总体而言，企业物流的发展趋势有以下四个特点。

1. 一体化

企业物流一体化就是将供应物流、生产物流、销售物流等有机地结合起来，以较低的营运成本满足顾客的货物配送和信息需求。它的核心是物流需求计划(logistics requirement planning, LRP)，它将供应物流、生产物流、销售物流与商流、信息流和资金流进行整合，使现代物流在商品数量、质量、种类、价格、交货时间、地点、方式、包装及物流配送信息等方面都满足顾客的要求。一体化物流与传统物流的最大区别在于，后者是以低廉的价格提供服务，而前者则是把顾客需求放在第一位，它除了提供优质物流服务外，还承担促进销售、创造顾客需求的功能，分享增值服务的利润。一体化的供应链管理，强化了各节点之间的关系，使物流成为企业的核心竞争力和盈利能力。

2. 社会资源整合

经济全球化把物流管理提高到一个前所未有的高度。企业可以利用各国、各地区的资源优势，分散生产和销售。这样，现代企业的物流就能延伸到上游供应商和下游消费者在内的各关联主体。企业产成品中，除了涉及核心技术的零部件是自己生产的之外，其他大多数零件、原材料、中间产品都是由供应商提供的，企业这种少库存或零库存的实现需要一个强大的物流系统。例如戴尔，它每天要求美国联合邮包服务公司从它在奥斯汀的工厂运走 1 万台电脑，并从索尼在墨西哥的工厂运走同样数量的显示器，再由美国联合邮包服务公司将电脑和显示器连夜配套送交顾客，戴尔则通过网络对全程的物流服务实行即时的管理和监控。物流社会化使企业可利用的物流资源成级数倍增长，经过整合的虚拟物流资源减少了企业自身的基建成本，提高了物流设施的利用率，优化了资源配置，节约了物流费用。

3. 以信息和网络技术为支撑实现企业的快速反应

企业的资源、生产、销售分布在全球市场上，市场的瞬息万变要求企业提高快速反应能力，使物流信息化、网络化成为企业实现其物流管理一个必不可少的条件。物流信息系统增强了物流信息的透明度和共享性，使企业与上下游节点形成紧密的物流联盟。企业通过数字化平台及时获取并处理供应链上的各种信息，提高对顾客需求的反应速度。企业通过互联网进行物流管理，降低了流转、结算、库存等成本。

4. 企业物流外包与部分功能的社会化

在工业化高度集中的今天，企业只有拥有核心技术才能在竞争中存得一席之地。而任何企业的资源都是有限的，不可能在生产、流通各个环节都面面俱到，因此，企业将资源集中到主营的核心业务，将辅助性的物流功能部分或全部外包不失为一种战略性的选择。例如，亚马逊(Amazon)公司虽然目前已经拥有比较完善的物流设施，但对于"门到门"的配送业务，它始终都坚持外包，因为这种"一公里配送"是一项极其烦琐、覆盖面极广的活动。

第二节 采 购 管 理

一、采购的含义

采购有广义和狭义之分。广义的采购是指除了以购买占有物品外，还可以通过租赁、借贷、交换等各种途径取得物品的使用权来达到满足需求的目的的行为或过程。狭义上的采购是指企业根据需求提出采购计划，审核修订计划，选择供应商进行商务谈判以确定价格、交货的相关条件，最终签订合同并按照要求收货付款的过程。

采购包含两层基本含义：一层为"采"，即选择，指从许多对象中选择若干个之意；另一层为"购"，即购买，是通过商品交易的手段把所选对象从对方手中转移到自己手中的一种行为。因此，采购就是指在一定的时间和地点条件下通过交易手段，实现从多个备选对象中选择购买能够满足自身需求的物品的企业活动过程。

二、采购的类型

1. 按照采购方法分类

1) 订货点采购

它是根据需求的变化和订货提前期的大小，精确确定订货点、订货批量或订货周期、最高库存水准等，建立起连续的订货启动、操作机制和库存控制机制，达到既满足需求又使库存总成本最小的目的。但是由于市场的随机因素多，该方法具有库存量大、市场响应不灵敏的缺陷。

2) MRP 采购

MRP 采购主要应用于生产企业。它是生产企业根据主生产计划和主产品的结构以及库存情况逐步推导出生产主产品所需要的零部件、原材料等的生产计划和采购计划的过程。这个采购计划规定了采购的品种、数量、采购时间，计划比较精细、严栌。它也是以需求分析为依据、以满足库存为目的的。它的市场响应灵敏度及库存水平较之上述方法有所提高。

3) JIT 采购

JIT 采购也叫准时化采购，是一种完全以满足需求为依据的采购方法。要求供应商恰好在用户需要的时候，将合适品种、合适数量的产品送到用户需求的地点。它以需求为依据，通过改变采购过程和采购方式，使它们完全适合于需求的品种、时间和数量，做到既灵敏响应需求，又形成近乎零库存。这是一种比较科学、比较理想的采购模式。

4) 供应链采购

它是一种供应链机制下的采购模式。在供应链机制下，采购不再由采购者操作，而是由供应商操作。采购者把自己的需求信息及库存信息向供应商连续及时地传递，供应商则根据自己产品的消耗情况及时不断地小批量地补充库存，保证既满足采购者的需要，又使其总库存量最小。供应链采购对信息系统、供应商操作水平要求比较高。

5) 电子商务采购

电子商务采购也就是网上采购，是在电子商务环境下的采购模式。其基本特点是在网上寻找供应商、寻找品种，网上洽谈贸易、网上订货甚至网上支付货款，但是在网下送货、进货。该模式的好处是，扩大了采购市场的范围、缩短了供需距离，简化了采购手续、减少了采购时间，降低了采购成本，提高了工作效率，是一种很有前途的采购模式。但是它依赖于电子商务的发展和物流配送水平的提高，而这两者的提高要取决于整个国民经济水平和科技进步的水平的不断提高。

2. 按采购主体分类

1) 个人采购

个人采购是指消费者为满足自身需要而发生的购买消费品的行为，如买生活必需品、耐用品等。个人采购实质上是一种购买(习惯上)活动,购买对象主要为生活资料,其特点为单次、单品种、单一决策,购买过程相对简单。

2) 集团采购

集团采购是指两人或两人以上公用物品的采购。一般是多品种、大批量、大金额、多批次甚至持续进行的,由集体决策,直接关系到多个人利益的采购活动。如果采购决策失误,将对集团造成较大的损失。所以,集团采购一般要慎重、科学、严格。

家庭采购也可以算是集团采购,但典型的集团采购主要是指企业采购、政府采购、事业单位采购、军队采购等。这些不同类型的采购,有一些共同点,但各自有各自的特点。其中企业采购尤为广泛和重要,这也是大多数人关注的。企业采购根据企业类型的不同,可分为流通企业采购和生产企业采购。

3. 按价格分类

1) 招标采购

招标采购是指通过面向社会公开竞争招标或邀请招标采购的一种行为。在招标采购中,其最大的特征在于它的"公开性"。凡是符合资质规定的供应商都有权参加投标。公开招标采购的优点:一是有利于做到采购工作的"公开、公正、公平";二是有利于形成符合市场的真实价格;三是有利于提高采购物资的质量;四是有利于采购方建立供应商的信息资源库,增大选择范围;五是有利于降低采购成本。缺点是;一是采购费用较高;二是容易出现供应商合谋或者"抢标",即过度压低价格而中标,出现偷工减料,以次充好现象,影响产品质量;三是采购程序复杂,应变性差;四是如果底价泄漏易带来巨大风险。

2) 询价采购

询价采购是指询价小组(由采购人的代表和有关专家共3人以上的奇数组成,其中,专家的人数不得少于成员总数的 2/3)根据采购需求,从符合相应资格条件的供应商名单中确定不少于三家的供应商向其发出询价单让其报价,由供应商一次报出不得更改的报价,然后询价小组在报价的基础上进行比较,并确定最优供应商的一种采购方式,也就是我们通常所说的货比三家。它是一种相对简单而又快速的采购方式。政府采购法规定实行询价采购方式的,应符合采购的货物规格、标准,现货货源充足且价格变化幅度小的政府采购项目。

3) 定价采购

定价采购是指购买之物料数量巨大,实非一两家厂商所能全部提供,如铁路的枕木、烟草专卖的烟叶,或当市面上该项物料匮乏时,则可预定价格以现款收购。

4) 比价采购

比价采购是指在买方市场条件下,在选定两家以上供应商的基础上,由供应商分开报价,最后选择报价最低的企业为供应商的一种采购方式。实质上这是一种供应商在有限条件下的一种招标采购。比价采购作为一种采购制度,包含招标采购,从严格的法律意义上讲,比价采购在签订合同之前的全部操作过程一般不承担法律责任,要约和承诺在签订合同之前的全部操作过程一般也不承担法律责任,因为这些过程是买卖双方的自主企业行为。

这种采购方式的优点体现在以下几个方面：一是节省采购的时间和费用；二是采购的公开性和透明性较高；三是采购过程比较规范。

当然，这种采购方式也有不足之处，表现在：一是在供应商有限情况下，可能出现轮流坐庄的现象；二是可能会出现恶性抢标；三是由于供应品种规格上的差异，可能影响生产效率的提高，并加大消耗。

5) 议价采购

议价采购是指由买卖双方直接讨价还价实现交易的一种采购行为。议价采购一般不进行公开竞标，仅向固定的供应商直接采购。议价采购一般分两步进行，第一步由采购商向供应商分发询价表，邀请供应商报价；第二步如果供应商报价基本达到预期价格标准，即可签订采购合同，完成采购活动。议价采购主要适用于需要量大、质量稳定、定期供应的大宗物资的采购。

议价采购可以节省采购费用和采购时间，并且它的灵活性很大，可依据环境变化，对采购规格、数量及价格作灵活的调整。这样，有利于和供应商建立互惠关系，稳定供需关系。当然它也存在着缺点，主要是议价往往价格较高，并且由于缺乏公开性，会导致信息不对称，容易形成不公平竞争。因此，在议价采购中应准确提供供应商的信息，以保证企业在采购中处于有利地位。

6) 公开市场采购

公开市场采购亦称为竞争价格采购，适用于采购次数频繁、需要每日进货的食品原料。公开市场采购是采购部通过电话联系可商函，或通过与供货单位直接洽商，取得所需食品原料的报价，一般每种原料至少应取得一个供货单位之报价，分别登记在采购申请单上，经过比质比价，选择其中最好的供货单位。

4. 按采购时间分类

采购可分为长期固定性采购与非固定性采购，计划性采购与紧急采购，预购与现购。长期固定性采购，是指采购行为长期而固定性之采购，而非固定性采购，是指采购行为非固定性，需要时就采购。计划性采购，指根据材料计划或采购计划之采购行为，而紧急采购，系指物料急用时毫无计划性之紧急采购行为。预购系指先将物料买进而后付款之采购行为；现购系指以现金购买物料之采购行为。

5. 按采购订约方式分类

采购可分为订约采购，口头或电话采购，书信或电报采购以及试探性订单采购。订约采购，是指买卖双方根据订约之方式而进行采购的行为。口头或电话采购，是指买卖双方不经过订约之方式而是以口头或电话之洽谈方式而进行采购行为。书信或电报采购，是指买卖双方借助书信或电报之往还而进行采购之行为。试探性订单采购，是指买卖双方在洽谈采购事项时因某种缘故不敢大量下订单，先以试探方式下少量订单，此试探性订单采购，等试探性订单采购进行顺利时，而后才下大量订单。

三、采购的一般流程

采购管理要实现科学化，首先需要规范采购作业的行为模式。如果按照采购员个人的工作习惯随意操作，则采购的质量难以保证。所以任何企业都需要规定采购的一般流程，以保证采购工作质量。采购流程通常由以下七个步骤组成：

1. 采购申请

采购申请必须根据企业实际需要并得到有效审批。

2. 选择供应商

在买方市场中尤其应注意货比三家，采用科学的方法挑选合适的供应商。

3. 价格谈判

价格一直是采购中的敏感问题，买方希望压低价格，而卖方又总是想方设法提高价格，所以价格谈判就成为采购过程的一项重要工作。由于价格问题对谈判双方来说是一种零和对策，一方所失就是另一方所得，但从长远来看，任何一方的暂时所得未必是好事。市场经济是"竞合"的经济，企业间不仅需要竞争，也需要合作，双方的良好合作可能对双方更加有利。所以此处我们不讨论讨价还价的技能。需要指出的是：第一，价格由市场供需矛盾决定，任何一方都不可能随意要价；第二，采购不仅仅是单一的价格问题，还有质量问题、交货时间与批量问题、包装与运输方式、售后服务问题等，因此需要综合权衡利弊，绝不能在价格上占点小便宜，而在其他方面造成不必要的损失。

4. 签发采购订单

采购订单相当于合同文本，具有法律效力。签发采购订单必须十分仔细，每项条款认真填写，关键处的用词必须反复推敲，表达要简洁，含义要明确。

5. 跟踪订单

采购订单签发后并不是采购工作的结束，必须对订单的执行情况进行跟踪，防止对方违约，应保证订单顺利执行，货物按时进库。对订单实施跟踪还可以使企业随时掌握货物的动向，万一发生意外事件，可及时采取措施，避免不必要的损失或将损失降低到最低。

6. 接受货物

货物运到自己的仓库必须马上组织人员对货物进行验收。验收是按订单上的条款进行的，应该逐条进行，仔细查对。除此以外，还要查对货损情况，如货损是否超标。对发现的问题，要查明原因，分清责任，为提出索赔提供证据。货物验收完毕才能签字认可。

7. 确认供应商的支付发票

最后一步是支付货款，支付以前必须查对支付发票与验收的货物清单是否一致，确认没有差错以后才能签字付款。

一般来说，企业按照上述的步骤采购不会发生大的失误。当然，要提高采购水平与质量，使企业在采购环节发掘更大的利润源泉，还有许多事情要做，其中，供应商管理就是一项非常重要的工作。

四、采购管理的含义

1. 采购管理的定义

采购管理是指为了完成生产或销售计划，从适当的供应商那里，在确保质量的前提下，在适当的时间，以适当的价格，购入适当数量的商品所采取的一系列管理活动。

2. 采购管理的内容

企业采购管理的主要任务，就是通过采购与供应这个核心把评估采购要求、接洽和管理供应商、订货、接货与收货、支付货款、原料储存等相互关联的多种活动集合在一起。

1) 明确业务部门的需求

采购职能的战略方向主要取决于公司主要战略或业务部门的发展战略，公司各部门所需的物料、商品和服务将被转换为采购目标并形成采购计划。采购部门的职责是代表组织中的其他部门进行采购。采购需求主要来源于：生产所需条件及材料、新项目的物流采购、办公用品或服务采购、需要替换设备、维修零部件、库存下限请购等。在确定了采购计划后，就需要采用某种方法通知采购部门进行采购，以满足这些需要。

2) 采购供应市场分析

资源市场分析，就是根据企业所需的物资品种，分析资源市场的情况，包括资源分布情况、供应商情况、品种质量、价格情况、交通运输情况等。由于采购物品种类繁多，因此需要对供应市场进行分析，并尽可能了解供应商产品的差异。一般可根据供应商场的复杂性和采购的重要性将采购项目分为不同的类型，并分别配置不同的管理资源、有差异的采购管理策略和不同的供应商关系管理方法。

3) 制定供应战略

制定战略的目的是要指明企业发展的方向、重点和资源分配的优先顺序。企业没有必要对每一个采购品项都给予同样的重视，有些品项比其他品项对企业更重要，企业要把精力花在优先级的采购品项上。

4) 选择和管理供应商

根据需求选择成绩良好的供应商。供应商是企业外部影响企业生产运作系统进行的最直接因素，也是保证企业产品的质量、价格、交货期和服务的关键因素。

5) 协商谈判/获取报价

采购价格的确定是采购过程中的一项重要决策，也是选择供应商首先考虑的重要因素之一。采购者是否能得到好的价格也是衡量一个优秀采购者的首要标准。采购者必须了解供应商的定价的方法，了解各种方法的适用时机，并能够利用遁藏来取得满意的采购价格。对所有报价项目均应采取书面形式通知所有候选供应商。对于金额较大的采购，一般宜采用竞标的方式定价，这会让采购价格变得更加合理。价格在采购的各种因素中所占的权重都是最大的，因此在大多数情况下，决定了采购价格的同时，也就决定了合同的签订与供应商的选择。价格谈妥后，还要进行合同其他条款的谈判，然后签订合同。

6) 采购合同管理

采购合同是需求方向供应商采购商品时，按双方达成的协议所签订的具有法律效力的书面协议，它确立了供需双方之间的购销关系和权利与义务。在进行项目采购或比较大宗的设备/材料采购时，合同中应该详细规定协议双方的权利和义务。

7) 库存管理

库存管理是指企业优化物资的存储，以便使企业在恰当的时间、以最低的成本满足用户对特定数量和质量的产品的需求。库存管理是采购供应的一个重要环节。

8) 结果控制及采购绩效考评

采购绩效考核与评估是对采购进行全面系统的控制和评价活动过程。通过采购绩效考核与评估，可使采购工作有计划、有目标地进行，有效地控制采购过程；可提供改进依据，找出采购工作的缺陷所在，从而据此拟订改善措施，量化采购工作；客观地评价个人或部门的工作绩效，能有效地调动采购人员的积极性和开拓性，发挥团队合作精神，进一步提高整个部门的效能。可以为甄选和培养优秀采购人员提供依据；可使采购工作透明化，促进各部门合作；可提高采购人员的士气。

五、采购管理的原则

人们经过长期的摸索与总结，提出了"5R"原则用以指导采购活动，取得了良好的效果。通俗地讲，采购原则就是指在适当的时候、以适当的价格、从适当的供应商处、买回所需数量和质量的商品。采购必须要围绕"价""质""时""量""地"等基本要素来开展工作。

1. 适价

价格永远是采购活动中关注的焦点，所以作为一个采购人员不得不把相当多的时间与精力放在与供应商的讨价还价上。货物的价格与该货物的种类和市场当时的供求关系有关，同时与采购者对该货物的市场状况是否熟悉也有关系，如果采购者未能把握市场脉搏，供应商在报价时就有可能"蒙"你，这就要求采购者要时常了解该行业的最新市况，尽可能多地获取相关资料。适价原则即是在保证同等品质的情况下，价格不高于同类物料。

2. 适质

一个不重视品质的企业在今天激烈的市场竞争中根本无法立足，一个优秀的采购人员不仅要做一个精明的商人，同时也要在一定程度上扮演品质管理人员的角色。在日常的采购作业中要安排部分时间去推动供应商品质保障体系的建设并持续改进，以稳定货物品质。

3. 适时

企业已安排好的生产计划若原材料未能如期到达往往会引起企业内部混乱，即会产生"停工待料"，产品不能按计划出货会引起客户强烈不满。若原材料提前太多时间买回来放在仓库里等着生产，又会造成库存过多，大量积压采购资金，这是企业老板们很忌讳的事情，故采购人员要扮演协调者与监督者的角色去促使供应商按预定时间交货。若企业实施 JIT 采购，交货时机就更显重要。

4. 适量

采购量多，价格就便宜，但不是采购越多越好，资金的周转率、仓库储存的成本都直接影响采购成本，应根据资金的周转率、储存成本、货物需求计划等综合计算出最经济的采购量。货物采购量过大会造成过高的存货储备成本与资金积压，货物采购量过小，则会增加采购成本，因此适当的采购量(即适量)是非常必要的。

5. 适地

天时不如地利，企业往往容易与距离较近的供应商在合作中取得主动权，企业在选择 JIT 试点供应商时亦必须选择近距离供应商来实施。供应商离自己企业越近，运输费用就越低，机动性就越高，协调沟通就越方便，成本自然就越低了。同时也有助于紧急采购。

在实际的采购作业中很难将上述"5R"面面俱到，往往只能侧重其中最为关心的一、两个方面。上述的几个方面有时还会存在"效益背反"的情况，就是过分强调"5R"中的一方面时就要牺牲其他方面来作为补偿。例如，若过分强调品质，供应商就不能以市场最低价供货，因为供应商在品质控制上投入了很多精力，它必然会把这方面的成本部分转嫁到它的客户身上。这就要求采购人员必须综观全局，准确地把握企业对所购货物各方面的要求，以便在与供应商谈判时提出合理要求，从而争取更多机会获得供应商的合理报价。总之，只有综合考虑才能实现最佳采购。

六、采购管理的作用

采购管理在企业运行中扮演着十分重要的角色，越发被企业所重视，原因就是具有如下几个重要作用。

1. 采购利润的杠杆作用

采购利润的杠杆作用是指采购成本降低很少的比例就可以带来很大比例利润增加的现象。为何会有此种现象呢？因为采购成本占总成本的比例最高，采购成本常常占企业销售收入的一半以上。采购成本降低额可以直接进入利润，即采购成本降低多少利润就增加多少。假设有一家企业，在采购所需的物料、用品和服务时，通过改进采购方法，使得采购成本降低了 500 万元，这 500 万元就直接进入了利润表中，使得税前利润增加 500 万元。假设同样是这家公司，又销售了价值 500 万的产品，假定税前利润率为 5%。那么，销售 500 万的产品只能增加 25 万元的利润，而采购成本节省 500 万，利润就可增

加 500 万。由此可见，降低采购成本很重要。

2. 资产收益率的作用

企业的资产收益率越高，表明对企业的投入获得的回报就越高，因而高的资产收益率有利于企业在资本市场上的融资。提高资产收益率的目标可以通过采购成本的减少来实现，因为采购成本的减少一方面通过利润杠杆效应带来利润率的增长，另一方面又可以带来库存资产总额的减少，从而提高投资周转率，因此，可以带来资产收益率的提高。

3. 信息源的作用

货物采购是企业与市场的信息接口。采购人员也是和市场打交道的，对市场信息比较容易获得，是企业的市场信息接口，可以为企业及时提供各种各样的市场信息，这主要包括价格、产品的可用性、新供应源、新产品及新技术等信息。这些信息对销售、财务、研发和高层管理部门都有一定的意义。

4. 营运效率的作用

采购部门运作的有效性将直接反映在其他部门的运作上。比如，当采购部门选择的供应商不能按照既定的质量标准送来原材料或零部件时，可能会造成废品率升高或返修成本增大，此外还会产生过多的直接人工成本。如果供应商不能按既定计划送货，那就可能要付出很大的代价重新规划生产，这样就会降低生产效率，甚至可能会导致生产线的停产。这时，尽管没有产出，但固定成本却依旧存在。很多采购部门现在都把企业中的其他部门视为内部顾客或客户，并且注重提高自身的效率和效益，以便能为内部顾客提供优质服务，提升企业的营运效率。

5. 对企业竞争优势的作用

1）通过提供质优价廉的产品来提升企业的竞争优势

采购部门所采购的原材料将最终进入产成品，如果原材料是质优价廉的那么对于促进产成品的市场竞争作用是显而易见的。

2）通过科学管理来提升企业竞争优势

原材料供应模式往往会在很大程度上影响生产模式。例如实行准时化采购制度，则企业的生产方式就会改成看板方式，企业的生产流程、搬运方式都要做很大的变革。这必将大大改变企业的生产方式和运作模式，从而提升企业的竞争优势。

第三节 供应物流管理

一、供应物流的概念

供应物流是指为生产企业提供原材料、零部件或其他物品时，物品在提供者与需求者之间的实体流动。企业供应物流是企业物流活动的起始阶段，是企业生产之前的准备工作和资源配置活动。

包括原材料等一切生产物资的采购、进货运输、仓储、库存管理、用料管理和供应管理，也称为原材料采购物流。它是生产物流系统中相对独立性较强的子系统，并且和生产系统、财务系统等生产企业各部门以及企业外部的资源市场、运输部门有密切的联系。供应物流是企业为保证生产节奏，不断组织原材料、零部件、燃料、辅助材料供应的物流活动，这种活动对企业生产的正常、高效率进行发挥着保障作用。企业供应物流不仅要实现保证供应的目标，而且要在低成本、少消耗、高可靠性的限制条件下来组织供应物流活动，因此难度很大。

二、供应物流的基本过程

企业供应物流的具体情况各不相同，但基本流程是相同的，一般有以下三个阶段。

第一阶段，取得资源。取得资源是完成所有供应活动的前提条件。取得什么样的资源，要由核心生产过程决定，同时也要按照供应物流可以承受的技术条件和成本条件来进行决策。物资的质量、价格、信誉、供应的及时性等都是重要的考虑因素。可通过采购或交换的方式实现。

第二阶段，组织到厂物流。取得的资源必须经过物流才能达到企业。在物流过程中，往往要反复运用装卸搬运、存储、运输等物流活动才能使取得的资源到达企业。可以由企业、社会公共物流部门、第三方物流企业等完成。

第三阶段，组织厂内物流。到达企业的物资，经工作人员确认后，在厂区继续移动，最后到达车间、分厂或生产线的物流过程。通常由企业自己承担。企业的仓库就是内外物流的转换节点。

三、供应物流的模式

因企业的不同、供应环节的不同以及不同的供应链，供应物流过程也有所不同，从而使供应物流出现了许多不同种类的模式。企业的供应物流目前较为常用的有四种基本组织方式：

1. 供应商代理

供应商代理形式是指供应商或者社会销售企业送货上门。生产企业可以免除物流活动，供应商利用熟悉的物流渠道，对生产企业进行供应服务，并不断增加服务的内容，取得生产企业的更多信赖，共同结成战略联盟。

2. 委托第三方物流企业代理

委托第三方物流企业代理是在生产企业完成了采购程序之后，由销售方或者生产企业委托专业物流公司从事送货或者提货的物流活动。这种方式在现在的社会经济环境下将逐渐成为主流。

3. 企业自供、外委与外协

自供是生产企业把上一环节的产品作为下一生产环节的原材料来供应。外委，一般是指企业将整个半成品都委托外部单位加工，自己只出原材料。而外协，一般是指企业对原料自己进行一部分的加工，然后再将某些工序拿出去，委托外面加工，属于工序协作。通常由生产企业向外协厂提供所需产品的技术图纸以及品质要求，由外协厂组织生产、供应，以满足企业生产需要。

4. 供应链供应方式

以信息和网络为依托的供应链体系将物资供应商、生产商、储运商、分销商、消费者组成供需物流网络链，供应商和企业将结成最高层次的动态联盟，在互利互惠、信息共享、风险共担、相互信赖的原则下，建立长期的供应合作关系。

这几种方式可分为低层次的、高层次的。其中供应链、委托代理等属于较高层次的管理模式，也是供应物流的发展方向。

四、供应物流的作用

在企业物流系统中，供应物流的作用是通过整个供应系统的运行得以体现的。这说明了企业供应物流存在的必要性和对企业生产经营活动的重要性。我们可以从供应物流的三个阶段来理解它的作用。

1. 在第一阶段，企业物资的采购

这个阶段的主要工作是企业物资的采购。原材料和零部件等生产物质的采购是企业正常生产的前提，"巧妇难为无米之炊"形象地说明了企业生产与原材料、零部件等生产物资的关系。无论企业的生产设备有多完善、生产技术有多先进，落实到真正的生产活动中必须有物质作为媒介，否则难以发挥作用。而采购恰恰就是为企业的生产准备适当的"主料"和"佐料"的活动。

这个阶段的主要作用就是为生产活动进行物质准备，保证企业按照事先制定的生产计划在组织生产的过程中可以随时无阻碍地获得需要的原料，实现无间断生产，即实现企业生产的持续性。同时，这种对生产的保证也可以为企业节省额外支出，许多生产线或生产设备的启动成本很高，由于生产原料不能及时供应而造成的生产线或生产设备的暂停使用，重新开启设备而产生的费用就需企业额外支出。

2. 在第二阶段，生产物资的厂外移动

在这个阶段大多数是以企业物流的外部化表现出来，也就是说，生产企业直接利用外部物流服务——专业物流服务企业或物资供应企业提供物流服务。这个阶段的专业工作是运输——将生产物资按照企业的要求在适当的地点取得再送到适当的地点交付。企业完成生产物资的采购后，并不意味着生产准备工作的结束，而恰恰相反，这只是准备工作的开始。

这个阶段的主要作用表现在生产物资厂外移动的协调与安排上，促进物资空间价值的实现。生产物资的运输涉及几个环节的衔接问题——生产物资的供方与需方的物资交接、运输承运人与需求方的交接、物资运输方与储存方的交接等。同时，运输过程中的

突发事件的处理也属于供应物流的协调工作范围。协调的好坏将直接影响生产计划的执行情况。

3. 在第三阶段，生产物资的厂内移动

这个阶段主要是利用企业本身的物流服务。本阶段工作重点是物资的在库管理和厂内搬运。在准时生产制下，企业物资直接运送到生产线或生产车间，但是能够实现这种生产方式的企业很少，多数企业还是按库存安排生产或类似于准时生产，但仍然要保有一定数量的库存。因此，绝大多数的生产资料都不能在运达企业时就被投入生产，而是要经过短暂的在库存储，然后在适当的时间通过企业内的搬运系统进入企业的生产过程。

这个阶段的主要作用是协调企业生产活动与物料管理活动的统一，保证生产物资时间价值的实现。如果企业生产物资管理得好，可以按照企业的生产计划将库存物资稳定而准时地送到生产线上，那么企业就可以获得供应物流协调工作的益处——降低企业的原材料库存，减少企业资金的额外占用。

五、供应商管理

1. 供应商管理的概念

供应商管理就是对供应商的了解、选择、开发、使用和控制等综合性的管理工作的总称。其中，了解是基础，选择、开发、控制是手段，使用是目的。供应商管理的目的就是要建立起一个稳定可靠的供应商队伍，为企业生产提供可靠的物资供应。

2. 供应商管理的目标

(1) 获得符合企业质量和数量要求的有形产品或服务；
(2) 以最低的成本获得有形产品或服务；
(3) 确保供应商提供优质服务；
(4) 发展和维持良好的供应商关系；
(5) 开发潜在的供应商。

3. 供应商的评价与选择

供应商评估与选择既是供应商管理的重要内容，也是企业经营活动中的一项重要决策。企业之间的竞争将逐渐转变为企业供应链之间的竞争，因此从供应链的角度来提升企业的竞争力已成为企业必然的选择。而选择良好的供应商并同其维持稳定的合作关系将会使企业整体的供应链更具竞争力。但在供过于求的市场环境下，企业面临着诸多可供选择的供应商，并且许多企业推行国际化战略，在全球范围进行采购，这使企业对供应商的选择与评估变得更加复杂。因此供应商的评估与选择需要科学的方法与规范的程序来指导其运作。

1) 供应商关系分类

企业与供应商之间的关系可以大致分成五种，即短期目标型、长期目标型、渗透型、联盟型、纵向集成型。

(1) 短期目标型。

这种类型的最主要特征是双方之间的关系是交易关系，即买卖关系。双方所做的努力只停留在短期的交易合同上。各自关注的是如何谈判，如何提高自己的谈判技巧，使自己获利，而不是考虑如何改善自己的工作，使双方都获利。

(2) 长期目标型。

长期目标型的特征是建立一种合作伙伴关系，双方的工作重点是从长远利益出发，相互配合，不断改进产品质量与服务质量，共同降低成本，提高供应链的竞争力。合作的范围遍及企业内的多个部门。例如由于是长期合作，对供应商就有了新的技术要求，而供应商目前还没有能力，在这种情况下，可以对供应商提供技术资金等方面的支持。供应商的技术创新和发展也会促进企业产品改进，所以对供应商进行技术支持与鼓励是有利于企业长远利益的。

(3) 渗透型。

这种关系形式是在长期目标型基础上发展起来的。其管理思想是把对方企业看成为自己企业的延伸，是自己的一部分，因此，对对方的关心程度大大提高。为了能够参与对方的业务活动，有时会在产权关系上采取适当的措施，如互相投资、参股等，以保证双方利益的共享与一致性。在组织上也会采取相应措施，保证双方派员加入对方的有关业务活动。这样做的优点是可以更好地了解对方的情况，供方可以了解自己的产品在对方是怎样起作用的，容易找到改进的方向，而购方可以知道供方是如何制造的，也可以提出改进的要求。

(4) 联盟型。

联盟型是从供应链的角度提出的。它的特点是从更长的纵向链条上管理成员之间的关系来考虑问题，难度提高了，要求也更高。由于成员增加，往往需要一个处于供应链上核心地位的企业出面协调成员之间的关系，这个企业被称为主导者。

(5) 纵向集成型。

这种类型被认为是最复杂的关系类型，即把供应链上的成员整合起来，像一个企业一样，但各成员是完全独立的企业，决策权属于自己。在这种关系中，要求每个企业在充分了解供应链的目标、要求，以及充分掌握信息的条件下，能自觉作出有利于供应链整体利益的决策。这种类型更多的是停留在学术上的讨论中，实践中的案例很少。

2) 供应商选择的影响因素

供应商选择要决策选择哪些供应商并且向其各自采购多少产品。采购的金额越大，风险越大，供应商的选择确定就越复杂。企业应制定合适的供应商选择流程和规范来进行供应商选择，供应商选择应考虑的最基本因素主要包括以下四点：

(1) 技术水平。

技术水平应考虑的方面有供应商所提供商品的技术参数能否达到要求，是否具有一支较强的技术队伍和一定能力去制造或供应所需要的产品，是否具有产品开发和改进能力等。

(2) 产品质量。

供应商提供的产品质量是否可靠，是一个很重要的评价指标。供应商必须有一个良好的质量控制体系，其产品必须能够持续稳定地达到产品说明书的要求。对供应商提供的产品，除了在工厂内做质量检验以外，还要在实际环境中检查使用的情况。

(3) 供应能力。

是指供应商是否能够保证按时供应企业所需数量的产品。这与企业的生产能力有关，要求供应商的生产必须能够达到一定的规模。

(4) 价格。

供应商应提供有竞争力的价格，但并不意味着必须是最低的价格。这个价格是供应商按照企业所需要的时间、数量、质量和服务所确定的。

除了以上的因素以外，还有其他一些因素，如供应商的地理位置、信誉度、售后服务、提前期、交货准确率、快速响应能力、是否能够互惠经营等等。

3) 供应商选择的方法

(1) 直观判断法。

直观判断法是指通过调查、征询意见、综合分析和判断来选择供应商的一种方法。这种方法主观性较强，比较依赖有经验的采购人员，简单、快速、方便，常用于企业选择非主要的供应商。

(2) 评分法。

供应商的评估与选择是一个多对象多因素的综合评价问题。先确定各个评分指标及权重，然后对每个指标评估打分，再将各指标分数与对应权重相乘，进行综合处理后得到一个总分，最后按总分进行排序、选择。

(3) 业绩评估法。

业绩评估法是指规定供应商的各个重要标准(如产品质量、价格、交货及服务等)的权数，根据供应商历次交易的统计资料，分别计算出各供应商的总得分，最后根据每个供应商的总得分进行排序、选择。

(4) 协商选择法。

在可供单位多、采购单位难以抉择时，也可以采用协商选择的方法。由采购单位选出供应条件较为有利的几个供应商，分别同他们进行协商，再确定合适的供应商。

第四节　生产物流管理

一、生产物流定义

生产物流一般是指：原材料、燃料、外购件投入生产后，经过下料、发料，运送到各加工点和存储点，以在制品的形态，从一个生产单位(仓库)流入另一个生产单位，按照规定的工艺过程进行加工、储存，借助一定的运输装置，在某个点内流转，又从某个点内流出，始终体现着物料实物形态的流转过程。

生产物流和生产流程同步，是从原材料购进开始直到产成品发送为止的全过程的物流活动。原材料、半成品等按照工艺流程在各个加工点之间不停顿地移动、转移，形成了生产物流。它是制造产品的生产企业所特有的活动，如果生产中断，生产物流也就随之中断。

生产物流的发展历经了人工物流、机械化物流、自动化物流、集成化物流、智能化物流五个阶段。

二、生产物流的特点

1. 实现价值的特点

企业生产物流和社会物流的一个最本质不同之处，也即企业物流最本质的特点，主要不是实现时间价值和空间价值的经济活动，而主要是实现加工附加价值的经济活动。

企业生产物流一般是在企业的小范围内完成，当然，这不包括在全国或者世界范围内布局的巨型企业。因此，空间距离的变化不大，在企业内部的储存，和社会储存目的也不相同，这种储存是对生产的保证，而不是一种追求利润的独立功能，因此，时间价值不高。企业生产物流伴随加工活动而发生，实现加工附加价值，也即实现企业主要目的。所以，虽然物流空间、时间价值潜力不高，但加工附加价值却很高。

2. 主要功能要素的特点

企业生产物流的主要功能要素也不同于社会物流。一般物流功能的主要要素是运输和储存，其他是作为辅助性或次要功能或强化性功能要素出现的。企业物流主要功能要素则是搬运活动。许多生产企业的生产过程，实际上是物料不停地搬运过程，在不停搬运过程中，物料得到了加工，改变了形态。

即使是配送企业和批发企业的企业内部物流，实际也是不断搬运过程，通过搬运，商品完成了分货、拣选、配货工作，完成了大改小、小集大的换装工作，从而使商品形成了可配送或可批发的形态。

3. 物流过程的特点

企业生产物流是一种工艺过程性物流，一旦企业生产工艺、生产装备及生产流程确定，企业物流也因而成了一种稳定性的物流，物流便成了工艺流程的重要组成部分。由于这种稳定性，企业物流的可控性、计划性便很强，一旦进入这一物流过程，选择性及可变性便很小。对物流的改进只能通过对工艺流程的优化，这方面和随机性很强的社会物流也有很大的不同。

4. 物流运行的特点

企业生产物流的运行具有极强的伴生性，往往是生产过程中的一个组成部分或一个伴生部分，这决定了企业物流很难与生产过程分开而形成独立的系统。在总体的伴生性同时，企业生产物流中也确有与生产工艺过程可分的局部物流活动，这些局部物流活动有本身的界限和运动规律，当前企业物流的研究大多针对这些局部物流活动而言。这些局部物流活动主要是：仓库的储存活动、接货物流活动、车间或分厂之间的运输活动等。

三、影响生产物流的主要因素

不同的生产过程形成了不同的生产物流系统，生产物流的构成与下列因素有关。

1. 生产工艺

不同的生产工艺，加工设备不同，对生产物流有不同的要求和限制，是影响生产物流构成的最基本因素。

2. 生产类型

不同的生产类型，产品品种、结构的复杂程度、加工设备不尽相同，将影响生产物流的构成与比例关系。

3. 生产规模

生产规模指单位时间内的产品产量，因此规模大，物流量就大；规模小，物流量就小。相应的物流设施、设备就不同，组织管理也不同。

4. 专业化与协作化水平

社会生产力的高速发展与全球经济一体化使企业的专业化与协作化水平不断提高。与此相适应，企业内部的生产趋于简化、物料流程缩短。例如，过去由企业生产的毛坯、零件、部件等就可以由企业的合作伙伴来提供。这些变化必然影响生产物流的构成与管理。

四、合理组织生产物流的基本要求

1. 物流过程的连续性

生产是一个工序一个工序往下进行的，因此要求物料能够顺畅。最快、最省地走完各个工序，直至成为半成品。任何工序的不正常停工、工序间的物料混乱等都会造成物流的阻塞，影响整个企业生产的进行。

2. 物流过程的平行性

一般企业通常生产多种产品，每种产品又包含着多种零部件。在组织生产时，将这些零部件安排在各个车间的各个工序上生产，因此要求各个支流平行流动，如果任何一个支流发生延迟或停顿，整个物流都会受到影响。

3. 物流过程的节奏性

物流过程的节奏性是指产品在生产过程各个阶段都能有节奏、均衡地进行，即在相同的时间内完成大致相同的工作量。时紧时慢必然造成设备或人员的浪费。

4. 物流过程的比例性

产品的零部件组成是固定的，考虑到各个工序内的质量合格率，以及装卸搬运过程中可能造成的损失，零部件数量必然在各个工序间有一定的比例关系，形成物流过程的比例性。当然，这种比例关系随着生产工艺的变化、设备水平和操作水平的提高会发生变化。

5. 物流过程的适应性

企业的生产组织正向多品种、少批量的管理模式发展，要求生产过程具有较强的应变能力。即生产过程具备在较短的时间内由生产一种产品迅速变化为生产另一种产品。因此物流过程应同时具备相应的应变能力。

五、现代生产物流管理

1. 生产物流管理的定义

生产物流管理，又叫制造企业的物流管理，它是指对企业生产经营活动所需的各种物料的采购、验收、供应、保管、发放、合理使用、节约代用和综合利用等一系列计划、组织、控制等管理活动的总称。生产物流管理涉及企业组织中的许多部门，如生产、销售、采购、仓库等，只有各部门之间相互合作，实行全面综合管理，才能取得良好的效益，如图10-1所示。

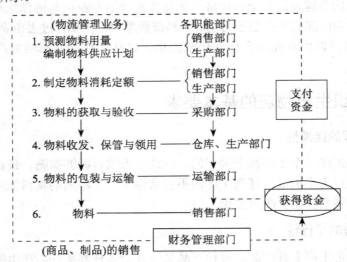

图 10-1　生产物流管理综合图

2. 生产物流管理的重要性

(1) 是保证生产的顺利进行的需要；

(2) 是提高企业经济效益的需要(从节约物资消耗、降低库存、加速资金周转等方面分析)；

(3) 是提高产品顾客服务水平、增强企业竞争能力的需要；

虽然生产物流管理并不直接与最终顾客打交道，但生产物流管理中的各项决策会直接影响企业的顾客服务水平,最终影响企业的竞争力。

3. 生产物流管理的目标

企业生产物流管理的目标主要在于:协调企业内部各职能部门之间的关系,从整个企业的角度控制生产活动中的物流,做到供应好、周转快、消耗低、费用省,取得好的经济效益,以保证企业生产顺利地进行。

4. 生产物流管理的发展趋势

随着制造业和计算机技术的发展,以及定量分析方法的完善,生产物流管理得以不断发展以适应市场经济的挑战。主要的发展趋势有以下几点:

1) 物流需求计划

库存控制是仓储管理中技术性要求非常高的活动。库存过多会造成现金流大量挤压,库存过少会影响企业的正常生产活动。但是,以汽车制造业为例,面对各种款式和类型的汽车订单,如何安排自己的生产计划,如何根据生产计划和剩余库存确定需要采购的原材料数量和采购时间,这就是 MRP 在企业中物料需求计划发挥的巨大作用。

(1) MRP(material requirement planning)概念。

物料需求计划简称 MRP,是推进生产物流控制原理的代表方法。制造企业根据市场需求制订了营销计划后,生产系统必须按照规定的时间交付出产成品,由此而产生了主生产计划(master production schedule,MPS),再根据产品的数量与产品的层次结构逐次地求出各种零部件的需求时间,这就叫作物料需求计划。

对于一部分企业自制的零部件,就要根据工艺规程确定的时间要求提前安排投产时间,形成零部件生产计划,另一部分外购件和自制零部件的原材料,则要根据各自的订货提前期统筹安排,形成采购计划。

(2) MRP 原理。

对于庞大而复杂的生产系统,MRP 计划的制定与执行具有很高的难度,必须有强有力的计算机软、硬件系统实行集中控制,才能达到预想的效果。

主产品进度计划 MPS 是指根据营销计划、材料清单(bill of materials,BOM)和工艺规程决定产品出厂时间和各种零部件的制造进度。它决定了产品与零部件在各个时间段内的生产量,包含产出时间、数量或装配时间和数量等。产品库存文件包括原材料、零部件和产成品的库存量、已定未到量和已分配但还没有提取的数量等内容。根据物料需要计划计算结果所需的物料量,首先应考虑库存量,不足部分再进行采购。物料需求计划输出产品投产计划和采购计划,生成制造任务单和采购订货单,再据此确定产品的生产和物资的采购。

2) 准时制生产方式(JIT)方式与看板系统

(1) 原理。

准时生产(just-in-time,JIT),是应用拉动式生产物流控制原理的方法。在生产系统中任何两个相邻的上下工序之间都是供应关系,如何处理这种关系,就是生产物流所要研究的问题。需求方根据上下工序送来的物料的数量和到达时间进一步加工,需求方接受物料完全是被动的，如果出现不可预料的因素，物料可能提前或延迟到达。延迟到达将使生产中断，所以必须在生产计划中留有余地，以避免这种现象发生。这样一来，必然存在或多或少提前到达的现象，从而导致系统中库存量上升，产生种种库存多余的弊病。JIT 的方法改变了传统的思路，由需方起主导作用，需方决定供应物料的品种、数量、到达时间和地点。供方只能按需方的指令(一般用看板)供应物料，送到的物料必须保证质量，无残次品。这种思想就是以需定供，可以大大提高工作效率与经济效益。

(2) 准时生产目标。

JIT 的中心思想是消除一切无效劳动和浪费，它具体目标有以下几点。

第一，最大限度降低库存，最终降为零库存。传统观点认为，在制品库存和产成品资产都是资产，代表系统中已积累的增值。期末库存与期初库存的差值被认为是这一部门在该周期内的效益。JIT 则认为任何库存都是浪费，必须予以消除。在生产现场，生产线需要多少就供应多少，生产活动结束时现场应没有多余的库存品。

第二，最大限度消除废品，追求零废品。传统生产管理认为一定数量的不合格品是不可避免的，允许可以接受的质量水平。而 JIT 的目标是消除各种引起不合格的因素，在加工过程中，每一工序都力求达到最好水平。要最大限度地限制废品流动造成的损失，每个需求方都拒绝接受废品，让废品只能停留在供应方，不让其继续流动而损害下面的工序。

第三，最大限度节约。JIT 认为，多余生产物资或产品不但不是财富反而是一种浪费，因其消耗材料和劳务，还要花费装卸搬运和仓储等物流费用。它的指令是由生产线终端开始，根据订单一次向前一工序发出的。

第四，JIT 的原理虽然简单，但由于对物流控制的要求很高，实施具有一定难度。它要求进行全面质量管理，不能只靠检验来发现缺陷，必须建立质量保证体系，从根本上保证产品质量。在生产准备方面，要求大大加快速度。否则由于没有库存，很难满足不断变化的市场需求。此外，还要求职工具有全员参与意识，每个工序都是管理者同时也是被管理者，上级只是提出目标和处理问题的原则，各级员工可以在自己的权限内处理工作范围中的问题。

(3) 看板系统。

JIT 的实施方法多种多样，其中最著名的就是日本丰田公司率先使用的看板方式。看板系统实际上是一种信息系统，看板就是一总卡片，用它来传递信息，协调所有生产过程以及各生产过程中的每个环节，使生产过程同步。看板系统可以在一条生产线内实现，也可以在一个公司范围内或者在协调厂之间实现。看板系统是库存管理上的一场革命，也是对传统的物料需求计划 MRP 的一场革命。看板的样式和内容多种多样，但最基本的内容包括需求物资和品种规格、需求数量、需求时间和送达地点等。

看板系统的操作方式，应当根据具体情况决定。看板的主要种类包括以下几种：第一种，拿取看板，用于向前一道工序取货，应标明拿去的产品的种类和数量；第二种，生产订单看板，作为生产加工的指令，应标明前一道工序应生产的产品种类和数量；第三种，外协看板，用于向供应厂商取货用的看板。

3) 精益生产

精益生产就是及时制造，消灭故障，消除一切浪费，向零缺陷、零库存进军。它是美国麻省理工学院在一项名为"国际汽车计划"的研究项目中提出来的。它们在做了大量的调查和对比后，认为日本丰田汽车公司的生产方式是最适用于现代制造企业的一种生产组织管理方式，称之为精益生产，以针对美国大量生产方式过于臃肿的弊病。精益生产综合了大量生产与单件生产方式的优点，力求在大量生产中实现多品种和高质量产品的低成本生产。

精益生产所奉行的目标原则是尽善尽美，力图以最小的投入获得最大的产值，以最快的速度进行设计和生产，无休止地追求降低成本，彻底消灭残次品，追求零库存，追求全面、高效、灵活、优质的服务等。精益生产的特点是对消灭物流浪费的无限追求。虽然在现实中几乎不可能达到这种理想的完美境界，但是不间断的追求产生的效果是惊人的。和大批量生产相比，精益生产可以节省二分之一的劳动力、二分之一的占地面积、二分之一的投资、二分之一的工程时间和二分之一的新产品开发时间。

4) 敏捷制造

敏捷制造就是指制造系统在满足低成本和高质量的同时，能够对多变的市场需求做出快速反应。所谓敏捷性，是指企业对市场变化、技术发展，以及社会环境变化做出反应的速度与能力。不论是全球性或是地区性市场，在众多的竞争者角逐中，处于不断分裂、快速变化状态。此外，用户的需求也越来越苛刻，需求不断提供高质量、高性能的新产品。敏捷性就是要求企业能在激烈的竞争环境中生存和发展。

敏捷企业的能力主要体现在以下方面：①快速反应能力；能够随市场变化作出判断与预测，并能做出正确反应；②竞争力；企业具有一定生产能力、工作效率以及有效参与竞争所需的技能；③柔性；以同样的人员与设备生产不同产品或实现不同目标的能力；④快速性；以最短的时间执行任务的能力。

敏捷制造的主要特点是注重速度、看重时间对竞争的意义。比如，两个企业同时开发某种新产品，其中一家是敏捷企业。可以在较短的时间内率先将新产品推向市场，从而占领市场并让对方处于劣势。又如，一家企业开始研制一种新产品，一段时间以后，另一家敏捷企业也开始开发这种新产品，这两家企业可能同时将新产品投放市场。因敏捷企业开发较晚，对市场需求预测较准确，也可以采用更新技术；又因开发周期短，耗时较少，新产品的性能将优于对方从而取得市场竞争的胜利。

第五节　销售物流管理

一、销售物流的含义

销售物流又叫作分销物流(distribution logistics)，是指企业在出售商品过程中发生的物流活动。具体是指生产企业、流通企业将产品从下生产线开始，经过包装、装卸搬运、储存、流通加工、运输、配送，最后送到用户手中或消费者手中的物流活动。

销售物流作为企业内部物流的重要组成部分连接着用户和生产企业。销售物流是企业物流系统的一个重要环节，是企业物流与社会物流的最后一个衔接点。企业通过销售物流实现物权的转移从而实现其产品价值以便获取利润。销售物流的主要目标是以最低的成本将适当产品在适当的时间送达适当的地点。通过销售物流，企业得以回收资金进行再生产的活动。销售物流服务水平的提高有助于企业提升产品形象、提高产品价值、提高客户满意度和客户忠诚度等从而增加市场占有率及企业的销售收入。企业若想以最小化的物流成本和最优的服务完成销售物流增值活动，就需要对销售活动中的各个环节和要素进行有效的整合，使之成为有序、紧密的整体。企业销售物流的特点，便是通过生产包装、仓储、货物运输、装卸、物流信息、客服等一系列物流活动来实现销售目标。

二、销售物流包含的内容

(1) 产品包装：要充分考虑运输、仓储等空间的利用，储存保护及搬运的可操作性，又要顾及使用者的便利性，以及促销等目的的捆绑包装等形式。

(2) 产品储存：企业为了保证产品的可得性及其他需求而必需的物流操作环节。

(3) 装卸搬运：物流过程中不可缺少的环节，在销售物流过程中，装卸搬运的次数越少越好，装卸搬运的方式直接影响物流作业效率、商品残次控制和成本。

(4) 运输和配送：企业的产品只有通过运输和配送才能最终到达客户手里，网络销售、大型机电和家具等B2C的零售企业，一般需要快递或宅配的方式直接将货物送达消费者手中。而运输和配送在物流成本中占据着较大的比重，配送运输的方式、运输工具的选择、配送的批量等直接关系到物流费用的控制。

(5) 流通加工：在流通过程中，为适应客户需要、促销等进行的必要的二次加工。如切割、果菜的装袋、分级等。

(6) 网络规划与设计：企业需要根据公司的整体销售战略和需求规划与设计相应物流网络。一个好的物流网络能够保证高效、低成本、低库存的优质物流服务，促进公司的销售。

(7) 物流信息管理：生产存在于物流业务的各个环节，又作用于物流业务。通过对物流信息的采集、处理分析和应用可以对涉及物流活动的人员、技术、工具等要素进行有效的管理和配置，达到提高效率、降低成本的目的。信息系统的管理最主要的是如何提高信息的共享性和即时性。

(8) 客户服务：企业通过建立物流服务网络，便于客户进行货物跟踪、电子订货、运价咨询、业务查询、售后咨询等，减少中间环节，提高客户服务水平，在商品趋同化的情况下，客户服务的便捷与否直接影响着客流量的大小。

三、销售物流管理及其重要性

1. 销售物流管理的定义

销售物流管理就是对于销售物流活动的计划、组织、指挥、协调和控制。

2. 销售物流管理对企业的重要性

企业的产品需要通过销售来实现价值，创造企业利润。销售物流是企业将产品转移给客户的物流活动，在这个活动中包括诸多环节，例如仓储、运输、服务等，销售物流管理就是将这些活动环节进行有机的统一，降低销售物流成本，创造利润，以创造最大价值。

销售物流包括从产品准备到产品所有权转移当中的一切活动，要想以最小化的物流成本和最优的服务完成销售物流增值活动，就需要对活动中的各个环节和要素进行有效的整合，使其成为有序、紧密的整体，如果其中的任何一个环节出现问题，都会对企业产生负面的影响。销售物流是直接面对客户的，它代表着企业的形象，客户往往会根据生产企业销售物流的情况对企业加以评判，所以销售物流管理的好坏将直接关系到企业形象和企业的价值。

销售物流也是企业的一扇窗户，让企业能够清楚地看到外面的世界，掌握市场动态和客户需求的变化，优质的销售物流管理能够让企业视野开阔，看得更远、更清晰，低劣的销售物流管理只能提供眼前的情况，最后只能使企业在应对市场变化时手忙脚乱。

四、销售物流管理的目标

1. 提高销售收入和市场占有率

销售物流活动是企业物流功能的最终体现，在同类竞争产品价格、质量相同或则相似时，销售物流服务的差异性会将企业和竞争对手区别开。如果企业能在销售物流方面为客户提供增值服务，那么企业将会比竞争对手胜出一筹，从而增加企业销售收入和提高市场占有率。

2. 提高客户满意度

客户对企业的接受程度一般有三种形式：一是产品本身的特质；二是产品的价格，这直接关系到企业的利润；三是服务，这是一项增值活动，销售物流管理的目标就是提高这种增值活动以提高客户的满意度。

3. 留住老客户，争取新客户

服务质量在留住客户和企业利润之间占有很高的相关性。这是因为留住老客户就等于留住业务，同时老客户不但会介绍新客户，也有可能支付溢价。

4. 降低销售物流中的劣质成本

劣质的销售物流会在物流活动中产生退货成本、再加工成本、服务成本等，而优质的销售物流恰恰可以节约这方面的费用，这对于企业来说就是一笔服务中产生的利润。

五、销售物流管理的内容

(1) 制定市场战略和物流战略：随时收集、掌握和分析市场需求信息，包括需求量、需求分布、需求变化规律的供需态势、竞争态势等，制定适合的市场战略和物流战略。

(2) 规划物流网络布局：根据市场战略和物流战略规划销售物流方式方案，确定整体的网络布局。其管理内容主要是如何组建规划团队、协调各方关系、收集分析数据、制定方案。

(3) 策划销售物流总体运作方案：在物流网络规划的前提下，策划相应的总体运作方案。

(4) 设计规划各个物流网点的建设方案、内部规划(库区规划、货位规划等)和运作方案：这些都是基于物流网络规划和销售物流总体运作方案的基础上进行的。

(5) 策划设计运输方案、配送方案：既要有网点间的运输又要有网点内的配送。

(6) 策划设计库存方案：既要有整个网络的库存策略方案，又要有各个网点内的库存管理方案。

(7) 策划设计流通加工的方案：需要根据商品的特性和客户的需求及成本、服务反应等综合考虑。

(8) 策划设计包装装卸方案：包装需要从产品的设计开始，充分考虑运输装载、储存托盘码放方式、拣取的重量及方式等内容。

(9) 策划设计物流运作方案实施的计划、措施。

(10) 物流运作过程的检查、监督、控制和统计、总结。

(11) 物流业绩的检查、统计和总结。

(12) 物流人员的管理、激励。

(13) 物流技术的开发和运用。

(14) 物流客户服务的方案等。

六、企业销售物流管理面临的转变

对企业分销渠道中的物流、信息流进行高效协调和集成是销售物流管理成功的关键。现代管理面临的以下几个重要转变将对企业的销售物流管理实践活动具有指导意义。

1. 从职能管理向过程管理的转变

传统的管理将分销渠道中的采购、制造、市场营销、分销等职能活动分割开来独立运作，而这些职能都具有各自独立的目标和计划，这些目标和计划经常冲突。现代管理就是将分销渠道中的物流活动有效集成，实现以提高顾客服务水平以及顾客价值最大化为目标的面向过程的管理。不仅在企业内部要向过程管理过渡，在企业外部，管理供应链上游、下游的各个合作伙伴的业务活动，也需要从职能管理向过程管理过渡。

2. 从利润管理向绩效管理转变

任何商业组织都要追求利润。但越来越多的企业已经认识到，应当用更多的时间来检查获取利润的手段。供应链管理认为绩效产生利润。关键过程的绩效是企业赢利的推进器。所以，在实施过程管理时应理解什么是关键的绩效评价标准，进而理解什么行为应当被衡量为是非常重要的。许多新的绩效指标都是非财务性的，主要涉及以下三方面。

(1) 顾客满意度，如顾客忠诚度，品牌偏好，经销商满意度，服务业绩等。
(2) 灵活性，包括准备时间，零部件和原材料的通用性，简易性等。
(3) 员工忠诚度，包括员工流动性，建议提交及实施，内部服务氛围和文化，培训和发展计划等。

3. 从产品管理向顾客管理转变

在买方市场上，是顾客(而不是产品)主导企业的生产、销售活动，因此顾客是核心，顾客是主要的市场驱动力。为此，管理应从注重产品转向注重顾客。

这种转变要求企业把关注的重点放在"顾客价值"上而不仅是放在"品牌价值"上，并通过会计体系的支持，更好地识别顾客服务成本和相应的利润率。正如20%的产品将产生80%的利润，20%的顾客将产生80%的利润一样。有资料表明，对不同的顾客提供同样的服务，成本要相差30%。问题是传统的会计制度不能对"服务成本"进行精确的测定。现在，已有"ABC作业成本分析法"等方法使我们能够识别服务成本的方方面面，进而在必要的情况下逐一对客户的服务组合进行修改，发现营利性高的关键业务并向关键顾客提供个性化服务。

4. 从交易管理向关系管理转变

传统的分销渠道成员之间的关系是交易关系，所考虑的主要是眼前的既得利益，因此不可避免地出现渠道成员之间为了自身利益而损害他人利益的情况。现代管理理论认为，可以找到一种途径，能同时增加分销渠道各方的利益，这种途径就是，要协调分销渠道成员之间的关系，并以此为基础进行交易，以使分销渠道整体的交易成本最小化，收益最大化。

5. 从库存管理向信息管理转变

企业对待库存的心理一直都十分矛盾，在分销渠道成员之间，一会儿排斥库存，一会儿囤积库存，造成巨大浪费。可以换一个角度去考虑问题：用信息代替库存。企业持有的是"虚拟库存"而不是实物库存，只有到分销渠道的最后一个环节才交付实物库存，从而可以大大降低企业持有库存的风险。因此，用及时、准确的信息代替实物库存就成为分销物流管理理论的一个重要观点。

以上这些转变，发生在一个企业内部，作用于所有的相关企业，现代管理转变产生的效应将影响到整个分销渠道。因此，发生这样的转变后，企业如果不能跟上时代变革的步伐，最终将会被市场淘汰。

七、企业实施销售物流管理的原则

企业实施销售物流管理应遵循的七项原则：
(1) 根据客户所需的服务特性来划分客户群。
(2) 根据客户需求和企业可获利情况，设计企业的物流网络。
(3) 倾听市场的需求信息，及时发现需求变化的早期警报，并据此安排和调整计划。

(4) 实施"延迟"策略。

(5) 与渠道成员建立双赢的合作策略。

(6) 在整个分销渠道领域构筑高效的信息平台。

(7) 建立整个销售物流的绩效考核准则，销售物流管理的最终验收标准是客户的满意程度。

对制造企业来说，销售物流管理获得成功的基础是不断加强企业内部管理，即整合企业内部的产品设计、供应、订单执行、生产制造、运输、库存、销售及服务等各个环节。只有实现了企业内部业务流程的集成，才能更好地实现企业之间的协作，将企业内部的业务流程同分销渠道成员的业务流程有机地连接在一起，共享有关信息，缩短距离，提高业务运作及决策的准确性与快速性。

八、企业提高销售物流管理水平的措施

1. 明确自己在分销渠道中的定位

分销渠道由制造商、分销商、零售商、物流与分销商及消费者组成。富于竞争力的分销渠道要求渠道中各成员都具有较强的竞争力，不管每个成员在整个分销渠道中起到怎样的作用，都应该发挥各自的专业化优势。分销渠道中任何企业都不可能具备分销渠道的所有功能，它必须根据自己的相对优势来确定其在分销渠道中的位置，并且依据在渠道中的地位与作用制定相关的发展战略，比如对自己的业务活动进行调整和取舍，对有些业务进行外包，着重培养自己的核心能力等。

2. 建立物流网络、分销网络

企业的产品能否通过分销渠道快速地分销到目标市场上，实现仓储、运输、分销等物流活动在渠道中高效的运作，其物质基础主要取决于分销渠道中物流、分销网络的构建。物流、分销网络是分销渠道依存的物质基础，组建物流、分销网络时应该最大限度地利用社会上闲置的物流资源，并考虑同专业物流公司的合作实现物流基础低成本快速的扩展。

3. 广泛采用信息技术

信息技术的高速发展与互联网的广泛应用，推动了全球范围的产业革命和重组，计算机集成制造、敏捷制造、企业资源计划、商品快速补货、电子商务等，都离不开先进的信息技术和产品，销售物流高效的管理同样依赖于信息技术。

目前在我国，少数生产企业处在生产引导消费的阶段，大量的生产企业则处于由消费引导生产的阶段，无论哪种情况，都应该尽可能全面地收集消费信息，零售店铺的POS系统可以收集一部分信息，物流、分销环节的信息就比较难收集，应该通过应用条形码及其他一些自动数据采集系统进行采集。作为制造业，还应该倡导建立面向整个分销渠道的信息平台。

第六节　企业回收物流

一、企业回收物流的内涵

　　人类社会所需要的各种物品均来自于自然界，无论是生活资料，还是生产资料，最初都是从自然界获取原材料再经过劳动加工制造而成的。在人类社会中，物品从生产企业经过流通领域到消费者的过程是物品流向的主渠道。但是在这一流通过程中既有生产过程中形成的边角余料、废渣等；又有流通过程中产生的废旧包装；还有大量在消费过程中产生的失去原来使用价值的废旧物品。这些废旧物品中的相当一部分可以进行回收，形成我们常说的回收物流。

　　回收物流是一种逆向物流，其产品的流程是从消费者流向生产者，它与正向物流构成了一个循环物流过程。它的作用是将消费者不再需要的废旧物品返回到生产和制造领域，重新变成新商品或新商品的一部分。回收物流的作用就是使资源最大限度地得到重复利用。由此可见，回收物流是指在生产、流通、消费各环节中产生的不再被消费者需求的废旧物品变成被消费者认可的产品这一整个过程的所有物流活动。按《物流术语》中的解释，回收物流是指不合格物品的返修、退货以及周转使用的包装容器从需方返回到供方所形成的物品实体流动。它与正向物流相反，其过程是从需方返回到供方。通过正向物流到达消费者手中的产品在失去使用价值后，又通过回收物流重新回到生产者手中，变成新产品。例如，旧报纸、书籍通过回收、分类制成纸浆再造纸。同样作为一个物流系统，回收物流与正向物流一样拥有运输、设施、库存、信息四大要素，具有分类、收集、包装、存储、运输等功能。

二、回收物流的特点

　　回收物流与正向物流具有共同点，这就是回收物流也具备正向物流的构成和物流功能，同样具有包装、运输、加工等职能。但是，回收物流与正向物流相比又具有它自身的特点。

　　1）分散性

　　因为废旧物品的种类繁多，产生渠道多、方式复杂，或来自生产领域、或来自流通领域、或来自消费领域，从而导致回收物流具有分散性的特点。

　　2）混杂性

　　废旧物品在形成阶段往往很难划分物品的类别，因为各种废旧物品常常混杂在一起。具体说是由下面的三个因素决定的：①几乎所有的生产企业都可能产生废旧物品，不同企业产生的废旧物品也不同；②几乎每个生产企业的每道工序，每个阶段的生产过程都会产生废旧物品；③几乎所有人类的物资产品，最终都可能转化为废旧物品。因此，废旧物品在回收后首先要对其进行分类，使复杂的回收物品具有可操作性，使回收物流的混杂性随废旧物品的产生至结束而逐渐消失。

3) 缓慢性

尽管废旧物品的使用价值部分或全部丧失，但废旧物品可能还存在着这样或那样、或大或小的使用价值。只要其回收价值大于回收成本，废旧物品的回收就具有可能性，但其过程是缓慢的，往往需要经过加工、改制等环节。同时废旧物品的收集和整理也是一个较复杂的过程。这便决定了回收物流系统具有缓慢性的特点。

4) 逆向性

回收物流是从需方至供方的物流系统，故其具有逆向性的特点。

三、企业回收物流的来源

回收物流主要产生于人们的生产、流通和消费和企业返品四个领域。

1. 生产过程中产生的废旧物品

1) 生产过程中产生的工艺性废料

工艺性废料的产生伴随产品生产的全过程，与产品的制造工艺紧密联系在一起。如采矿生产中剥离的废料，尾矿排泄物；造纸工业中产生的边角料、废液等；金属加工业产生的废屑、边角余料等。

2) 生产过程中产生的废品

现在许多发达国家的企业追求产品的"零缺陷"，许多企业的产品废品率在逐渐降低，但由于人为的、自然的、技术的原因在生产中成品、半成品和各种中间产品都有一定数量的废品产生。

3) 生产维修更换下来的各种废旧零件

在生产过程中使用的机器设备在其经济生命周期内，其零部件的寿命各不相同，机器在维修后替换下来的零部件就成了废旧物品。

4) 生产过程中产生的废旧材料

生产过程中使用的各种原材料都有一定的库存。在使用或搬运过程中由于人为或自然的原因，各种原材料会部分或全部失去其使用价值而成为废旧物品。

5) 生产过程中更新报废的机械设备

机械设备都有自己的使用寿命。在生产中由于突发的事故会造成机器丧失原有的功能而成为废品。同时，现代科技日新月异，设备更新速度加快，导致机械设备的贬值而成为废旧物品。

6) 生产过程中产生的其他废旧物品

生产中使用的原材料和设备的各种包装物，工厂中废弃的运输工具等都会成为废旧物品，并成为回收的对象。

2. 流通过程中产生的废旧物品

在产品的流通流域中会产生各种各样的废旧物品，这些废旧物品可概述如下。

(1) 流通过程中使用的运输工具、设备因长期使用而导致报废或损坏而成为废旧物品，如报废的汽车、废弃的铁轨等。

(2) 由于装卸、搬运、运输、储存各环节因不慎而造成物品由于物理或化学变化成为废旧物品。如在仓库中存储的钢铁因生锈而成为废品。

(3) 各种原材料及工具、设备的包装物在流通过程中失去包装作用而成为废旧物品。

(4) 流通领域中所使用的各种工具及设备经过维修活动而替换下来的废旧零件等。

3. 消费过程中产生的废旧物品

在人们的日常消费过程中产生的废旧物品大致包括以下几类：

(1) 生活消费品的各种包装物，如包装用的塑料、玻璃、金属制品、纸制品等。

(2) 耐用电器设备的更新或损坏而产生的废旧物品。

(3) 在人们的文化教育中产生的废旧物品，如报纸、杂志等。

(4) 在人们的旅游、娱乐过程中产生的废旧物品，如门票、磁带、唱片等。

4. 企业返品

企业返品是指由于产品出厂经储存、运输过程中损坏及消费需要变化等多种原因而退回企业的产品。在市场竞争日益加剧的形势下，企业返品的数量和频率越来越高，返品率可高达1/3，成为困扰企业的重要问题。从某种意义上讲，企业返品在一定程度上并没有丧失使用价值，可以采取综合开发的方式解决。如为返品开辟新的市场再销售；对返品进行简单的流通加工、更新包装等；挖掘返品新的使用价值再销售；将返品用于慈善施舍，捐赠到学校、慈善机构等，发挥应有的作用。企业返品既可以纳入本企业生产经济计划统筹管理之中，也可以由几个相关企业联合起来建立一个返品处理基地，或者责成社会第三方物流外包解决。

四、企业回收物流的作用及意义

废旧物品的回收利用是利国利民的大事，在国民经济中占有重要的地位。做好废旧物品的回收利用工作，不仅可以减少生产中的资源消耗、弥补自然资源的不足，而且可以降低成本、提高经济效益、创造社会财富、促进国民经济发展。我国废旧物品中蕴藏着巨大的财富，其总价值超过上千亿元。而我国每年却有约500万吨废有色金属和1400万吨废纸沦为真正的垃圾，每年丢弃的各类电池2亿多支。因此，在我国废旧物品的回收利用具有极其重要的作用和意义。

1. 废旧物品的回收利用，可使社会资源量相对增加，节约各种资源

自然资源是有限的，人们越来越重视通过回收物流将可以利用的废旧物品进行收集、加工，重新补充到生产、消费系统中去。例如，废纸回收已成为造纸业原料供应所不可缺少的一环。据统计，仅1987年我国就回收废纸达160万吨。而且，钢铁总产量的1/3来自于废钢铁。在日本，每年报废的汽车总数达数百万辆，其中一半以上被分解成废钢、橡胶和玻璃进行回收利用。同时，回收利用废旧物品可在一定程度上缓解资源的紧张状况，相对地增加社会资源量。世界先进国家钢产量的45%、铜产量的35%、纸产量的35%是由废旧材料生产的。因此，以资本为纽带，按市场规律，通过建设城市社区回收、市

场集散、综合利用为主要环节的废旧物品回收利用体系，已经成为实现资源可持续利用的当务之急。

2. 废旧物品的回收利用，减少了废旧物品对环境的污染

当前，社会关心的问题之一是环境问题，而环境问题在很大程度上是由废旧物品造成的，废旧物品严重地影响着人类赖以生存的环境。废旧物品与自然资源不同，如果不能变废为宝，就会成为公害。目前这些废旧物品在我国各大中城市郊外堆积如山，总重量达70多亿吨，占用耕地5亿多平方米。从卫星上看，我国大中城市绝大多数被成千上万吨的垃圾填埋场包围，对土壤、地下水、大气等造成严重的污染。在我国仅由于"三废"污染每年造成的经济损失超过1500亿元。通过回收利用废旧物品，可以大大减轻废旧物品对环境的污染。根据美国工业部门估计，利用废旧物品进行生产，可使一些工业生产造成的空气污染减少60%～80%，水污染减少70%以上。

3. 废旧物品的回收利用，可创造更好的经济效益

回收的废旧物品也是一种资源，但和自然资源不同，它们曾经过若干加工过程，其本身凝结着未完全丧失的价值。废旧物品重新进入生产领域会带来很高的经济效益。例如，炼钢要经过采矿、炼铁、炼钢等这样一个复杂的过程。如果用废钢代替生铁炼钢，不仅可以节约找矿、采矿、炼铁等一系列生产所耗费的支出，而且冶炼的钢材质量要比生铁作为原料优良。国外资料表明，建设中小型电炉钢厂，用新开发的资源炼钢，每吨钢的炼制成本为1500美元，而用废钢铁炼钢，每吨钢炼制成本仅为250美元。因此，发达国家十分重视废钢铁的回收利用，其废钢铁用于炼钢的比例一般为50%～70%。同时，某些废旧物品的回收利用比原始资源的利用节约时间。例如，利用废钢铁炼钢，可以节约铁矿石、石灰石等原材料的生产时间和运输时间，从而提高生产效率，节约生产成本，创造更高的经济效益。

五、企业回收物流的管理

1. 回收物流的回收方法

根据回收物流的对象——废旧物品的种类、性质、数量等方面的不同特点，可采用不同的方法对废旧物品进行回收。这里主要介绍几种常用的回收方法。

1) 上门回收

这种回收方法是指回收单位定期定点或提前预约时间派专门的回收人员到产生废旧物品的单位回收废品。

2) 门市回收

门市回收是指经营废旧物品业务的单位在适当的地点设立回收门市部，专门回收各种废旧物品。如在我国农村广泛存在的废品收购站，就采用这类回收方式回收废品。

3) 柜台回收

这种回收方法的回收对象主要是商品的包装，即商店在出售商品时，在柜台上向顾客回收其所购买商品的包装。

4) 流动回收

这种回收方法在居民区较常见，如回收人员走街串巷回收废旧电视机、录音机等。其特点是回收时间、地点不确定，具有很大的随机性。

5) 对口回收

对口回收是指由进货单位或者使用单位直接把废旧物品交给生产厂家重新使用，中间不再经过废品回收单位回收。这种回收方法适用于一些大宗的专用包装，如平板玻璃专用箱、电缆盘等。

2. 回收物流的回收渠道

回收物流的回收渠道通常指废旧物品在回收过程中所经过的路径。一般而言，主要有下面几种回收渠道。

1) 小型的个体户回收渠道

这种回收渠道的经营者一般以家庭经营为主，以某一地域为回收中心。如农村中的废玻璃瓶收购站、废金属制品收购站等，其下一级一般是回收公司。

2) 社会废旧物品回收公司回收渠道

利用社会废旧物品回收公司，可以回收那些专业回收单位或综合回收机构不予回收的废旧物品。如各种杂乱玻璃瓶、塑料废品和其他棉、麻、金属制品等。

3) 商业部门回收渠道

这是废旧物品回收的主要渠道，绝大多数废旧物品都是经过这条渠道被回收上来的。如各级百货公司、纺织品公司、五金交电公司、副食品公司以及零售商店等都有较大的废旧物品回收能力。

4) 物资部门回收渠道

这些部门主要是经营各级物资资料的机电设备公司、化工材料公司、建筑材料公司、交通配件公司等。这些物资经营部门大都会产生废旧物品，如平板玻璃箱、化工原材料铁桶、废旧机械零部件。

5) 企业自身回收渠道

出于经济利益或环保目的，许多企业自己组建回收机构对废旧物品进行回收。如企业设立专门的回收门市部，在固定的时点回收各种废旧物品，包括企业与消费者、使用单位对口回收各类废旧物品等。

3. 企业回收物流管理应采取的措施

1) 加强回收物流的起始点控制

企业应重视回收物流的起始点的工作，给予更多的关注。就是在回收物流流程的起始点，对有缺陷或无依据回流的商品进行严格地控制。企业要想使整个返回的物品实现利润，良好的起始点控制是一个非常重要的因素。如成功的企业总是能让顾客满意，加强与客户的联系，加强售后服务。一个企业如果能承担商品缺陷、破损等风险，往往能更好地吸引客户，增加企业销售额。

2) 缩短回流商品的处理周期

企业除了要控制回收物流的起始点外,还应设法缩短回流商品的时间、转移和处置的回流周期。对许多企业来说,商品回流往往是他们的额外作业。企业应该努力减少回流商品的数量,提高回流商品的处理速度,才可以减少企业损失,使企业盈利。相对来讲,在供应链中,把回流商品转移到邻近的上级供应商是比较容易做到的,这种做法可以减少个人和公司的风险,建立贸易伙伴合作的共赢关系。

3) 加强回收物流的信息系统管理

企业在运作回收物流的决策过程中,常常遇到一个比较严重的问题,就是没有一套完善的信息系统。企业很难收集到回收物流运作过程中的信息。要做好逆向物流,必须加强回收物流的信息系统管理。

4) 建立集中式的回流商品处理中心

在集中式回流商品处理中心的集中式系统中,所有要进入逆向物流系统中的产品送到处理中心,在那里可以经过分类、加工后运到下一个目的地。这种系统的好处在于,处理中心为每个逆向物流的客户创造了尽可能大的价值,使顾客从回流商品中获得较大的收益。建立集中式回流商品处理中心,可以使企业最大化地回流商品,使每件商品找到最佳的回流目的地。企业采用集中式回流商品处理方式,可以给企业带来以下十点好处:①简化零售商店的工作;②改善和供应商的关系;③改善企业库存商品的控制;④提高库存周转速度;⑤降低企业行政成本;⑥降低零售店铺成本;⑦减少商品贬值;⑧提高零售商品的核心能力;⑨减少土地掩埋回流商品的费用;⑩改善逆向物流的信息管理。

5) 采用零返回商品流

零返回商品流是指在实施营销计划中,制造商和分销商不允许商品从回流通道中回流。企业采用零返回商品流时,一般给零售商和其他下游成员一个回流额度,并为他们确定回流商品的处理规则和指导章程。企业采用零返回商品流策略可以使企业免于接收回流商品,能降低企业成本。企业可以通过预先设定回流商品的成本限额来减少回流成本的不确定性。企业运用零返回商品政策来稳定商品回收率,改善企业计划,提高企业利润。值得提出的是,企业采用零返回商品流策略看起来可以降低与回流商品有关的处理成本,但是,却使回流商品的大部分进入了其他的流通渠道,如跳蚤市场等。在评价零返回商品流政策时,也应注意对商品销售渠道的影响。

6) 企业重新制造、整修回流商品

企业重新制造、整修回流商品可以分为五类,即修理、整修、重新制造、拆卸和循环利用。前三类涉及产品的修理和升级,它们的相互区别在于改善的程度不同。修理的工作简单,而重新制造涉及的工作较复杂。拆卸是把一部分可重复使用的部件从回流商品中拆除下来,以恢复和整修。循环利用则是对商品中心的某些部件的再利用。

第七节　企业物流管理实训

实训任务一　模拟编制采购预算工作实训

一、实训目的

(1) 熟悉编制采购预算的基本理论；
(2) 掌握编制采购预算的基本方法。

二、实训任务

将实训学生分为若干小组分别模拟企业的各主要职能部门，其中由指导教师指定一个组模拟采购部门，并从该组选拔出一人担任采购主管对采购部门内部人员进行职责分工，指导教师模拟担任企业负责人。企业负责人负责拟定本年度的企业发展目标，然后各部门依据企业发展目标制订本部门的年度目标、工作计划和采购预算(其中采购部的部门目标和工作计划在汇总其他部门工作计划之后才能确定)，请按照任务执行指导中的要求模拟企业编制采购预算的工作流程，并特别注意在调整和修改预算时，采购部与企业负责人、其他部门之间的协调与沟通的细节模拟(采购预算的历史数据可以直接采用真实的企业数据，也可以由指导教师根据教学需要合理拟定)。

三、任务准备

(1) 自学编制采购预算的理论知识；
(2) 按照实训指导教师安排，将学生分为若干任务执行小组，首先每个任务执行小组内部复习并讨论本次任务所涉及的专业理论知识，然后每组由小组负责人具体分工按照实训任务要求进行操作。

四、任务执行指导

编制采购预算的一般步骤：

步骤1：审查企业以及部门的战略目标。
采购部门作为企业的一个部门，在编制预算时要从企业总的发展目标出发，审查本部门和企业的目标，确保两者之间的相互协调。

步骤2：制订明确的工作计划。
采购主管必须了解本部门的业务活动，明确它的特性和范围，制订出详细的工作计划表。

步骤3：确定所需的资源。
有了详细的工作计划表，采购主管要对业务支出做出切合实际的估计，确定所需要的人力、物力和财力资源。

步骤4：确定较准确的预算数字。

确定预算数据是企业编制预算的难点之一。目前企业普遍的做法是将目标与历史数据相结合来确定预算数据，即对过去历史数据和未来目标逐项分析，使收入成本费用等各项预算切实合理可行。对过去的历史数据可采用比例趋势法、线性规划、回归分析等方法找出适合企业的数学模型来预测未来。

步骤5：汇总编制总预算。

对各部门预算草案进行审核、归集、调整，汇总编制总预算。

步骤6：修改预算。

由于预算与实际总是或多或少地存在差异，因此必须根据实际情况选定一个偏差范围。偏差范围的确定可以根据行业平均水平，也可以根据企业的经验数据。设定了偏差范围以后，采购主管应比较实际支出和预算的差距，以便控制业务的进展。如果支出与估计值的差异达到或超过了允许的范围，就有必要对具体的预算做出修订。

步骤7：提交预算。

将编制好的预算提交给企业负责人批准。

五、任务执行结果评价

任务执行结果评价如表10-1所示。

表10-1 模拟编制采购预算工作实训任务执行结果评价(指导教师用表)

考核评价内容	考评标准	分值	评价得分
对相关理论的理解和运用情况	模拟制定的企业质量目标与部门目标之间的协调性	15	
	采购部工作计划的合理性	15	
模拟编制采购预算工作的执行情况	预算数据的合理性	20	
	预算编制书面说明的逻辑性	20	
任务执行团队评价	团队分工的合理性、协同性	10	
	团队执行任务的效率	10	
	完成任务的创新性	10	
本次任务执行结果评价得分总计			

实训任务二　生产物流(销售物流)调研实训

指导教师安排学生以实训小组为单位，利用课余时间前往本地的生产企业或商业企业，对该企业的生产物流或销售物流的运行情况进行专题调研，通过调研实际情况结合所学理论知识，每组完成一篇不低于1000字的调研报告，发现问题、分析问题、提出见解。

第十一章 第三方物流管理

案例导入

在麦当劳的物流中,质量永远是权重最大、被考虑最多的因素。麦当劳重视品质的精神,在每一家餐厅开业之前便可见一斑。餐厅选址完成之后,首要工作是在当地建立生产、供应、运输等一系列的网络系统,以确保餐厅得到高品质的原料供应。无论何种产品,只要进入麦当劳的采购和物流链,必须经过一系列严格的质量检查。麦当劳对土豆、面包和鸡块都有特殊的严格的要求。比如,在面包生产过程中,麦当劳要求供应商在每个环节加强管理,如装面粉的桶必须有盖子,而且要有颜色,不能是白色的,以免意外破损时碎屑混入面粉,而不易分辨;各工序间运输一律使用不锈钢筐,以防杂物碎片进入食品中。

谈到麦当劳的物流,不能不说到夏晖公司,它是美国夏晖集团(HAVI Group)创立的一家拥有世界领先的多温度食品分发技术的物流公司。这家公司几乎是麦当劳"御用 3pl"(该公司客户还有必胜客、星巴克等)的物流公司,他们与麦当劳的合作,至今在很多人眼中还是一个谜。麦当劳没有把物流业务分包给不同的供应商,夏晖也从未移情别恋,这种独特的合作关系,需要建立在忠诚的基础上,麦当劳之所以选择夏晖,在于后者为其提供了优质的服务。

麦当劳对物流服务的要求是比较严格的。在食品供应中,除了基本的食品运输之外,麦当劳还要求物流服务商提供其他服务,比如信息处理、存货控制、贴标签、生产和质量控制等诸多方面,这些"额外"的服务虽然成本比较高,但它使麦当劳在竞争中获得了优势。"如果你提供的物流服务仅仅是运输,运价是一吨 0.4 元,而我的价格是一吨 0.5 元,但我提供的物流服务当中包括了信息处理、贴标签等工作,麦当劳也会选择我做物流供应商的。"为麦当劳服务的一位物流经理说。

另外,麦当劳要求夏晖提供一条龙式物流服务,包括生产和质量控制在内。在夏晖设在台湾的面包厂中,就全部采用了统一的自动化生产线,应用严格的食品与作业安全标准,制造区与熟食区加以区隔,厂区装设空调与天花板,以隔离落尘,保持清洁。所有设备由美国 SASIB 专业设计,每小时可生产 24 000 个面包。在专门设立的加工中心里,物流服务商为麦当劳提供所需的切丝、切片生菜及混合蔬菜,拥有生产区域全程温度自动控制、连续式杀菌及水温自动控制功能的生产线,生产能力为每小时1 500千克。此外,夏晖还负责为麦当劳上游的蔬果供应商提供咨询服务。

麦当劳利用夏晖设立的物流中心,为其各个餐厅完成订货、储存、运输及分发等一系列工作,使得整个麦当劳系统得以正常运作,通过它的协调与连接,使每一个供应商与每一家餐厅达到畅通与和谐,为麦当劳餐厅的食品供应提供最佳的保证。目前,夏晖在北京、上海、广州都设立了食品分发中心,同时在沈阳、武汉、成都、厦门建立了卫星分发中心和配送站,与设在香港和台湾的分发中心一起,组成全国性的服务网络。

例如,为了满足麦当劳冷链物流的要求,夏晖公司在北京地区投资5 500多万元人民币,建立了一个占地面积达12 000平方米、拥有世界领先水平的多温度食品分发物流中心,在该物流中心配有先进的装卸、储存、冷藏设施,5~20吨多种温度控制运输车40余辆,中心还配有电脑调控设施用以控制所规定的温度,检查每一批进货的温度。

"物流中的浪费很多,不论是人的浪费、时间的浪费还是产品的浪费都很多。而我们是靠信息系统的管理来创造价值。"夏晖食品公司大中华区总裁白雪李很自豪地表示,夏晖的平均库存远远低于竞争对手,麦当劳物流产品的损耗率也仅有万分之一。

"全国真正能够在快餐食品中达到冷链物流要求的只有麦当劳。"白雪李称,"国内不少公司很重视盖库买车,其实谁都可以买设备盖库。但谁能像我们这样有效率地计划一星期每家餐厅送几次货,怎么控制餐厅和分发中心的存货量,同时培养出很多具有管理思想的人呢?"与其合作多年的麦当劳中国发展公司北方区董事总经理赖林胜拥有同样的自信:"我们麦当劳的物流过去是领先者,今天还是领导者,而且我们还在不断地学习和改进。"

赖林胜说,麦当劳全国终端复制的成功,与其说是各个麦当劳快餐店的成功,不如说是麦当劳对自己运营的商业环境复制的成功,尤其重要的是其供应链的成功复制。离开供应链的支持,规模扩张只能是盲目的。

让人很感兴趣的是,麦当劳与夏晖长达30余年的合作,为何能形成如此紧密无间的"共生"关系?甚至两者间的合作竟然没有一纸合同?"夏晖与麦当劳的合作没有签订合同,而且麦当劳与很多大供应商之间也没有合同。"的确有些让人难以置信!在投资建设北京配送中心时,调研投资项目的投资公司负责人向夏晖提出想看一下他们与麦当劳的合作合同。白雪李如实相告,令对方几乎不敢相信。不过仔细了解原因后,对方还是决定投资。

这种合作关系看起来不符合现代的商业理念,但却从麦当劳的创始人与夏晖及供应商的创始人开始一路传承下来。"这种合作关系很古老,不像现代管理,但比现代管理还现代,形成超供应链的力量。"白雪李说,在夏晖工作的10年,让自己充分感受到了麦当劳体系的力量。夏晖北方区营运总监林乐杰则认为,这种长期互信的关系使两者的合作支付了最低的信任成本。

多年来,麦当劳没有亏待他的合作伙伴,夏晖对麦当劳也始终忠心耿耿,白雪李说,有时长期不赚钱,夏晖也会毫不犹豫地投入。因为市场需要双方来共同培育,而且在其他市场上这点损失也会被补回来。有一年，麦当劳打算开发东南亚某国市场，夏晖很快跟进在该国投巨资建配送中心。结果天有不测风云，该国发生骚乱，夏晖巨大的投入打了水漂。最后夏晖这笔损失是由麦当劳给付的。

(资料来源：中国大物流网，http://www.all56.com/index.html)

第一节 认知第三方物流

一、第三方物流的含义

1. 第三方物流的定义

我国国家标准《物流术语》中第三方物流(third party logistics，TPL 或 3PL)的定义：是指独立于供需双方，为客户提供专项或全面的物流系统设计或系统运营的物流服务模式。

第三方物流又叫合同制物流，是物流服务企业接受客户委托，为其提供专项或全面的物流系统设计以及系统运营的物流服务模式。是企业为减少成本，提高效率，集中精力搞好主业，把原本属于自己管理的物流活动，以合同方式委托给专业的第三方物流服务企业，通过信息系统与物流服务企业保持联系，对物流全程管理和控制的一种物流运做与管理方式。第三方物流企业本身没有货物，是客户的物流作业提供管理控制和专业化服务作业的公司。

第三方物流就是通过物流管理的代理企业(物流企业)为供应方和需求方提供物料运输、仓库存储、产品配送等各项物流服务。第三方物流是介于供应商和制造企业之间的，或者是介于供应商与零售商之间的，即它是处于供应方和需求方之间的连接纽带，它是实现供应链管理的好方法。第三方物流处于流通的中间环节，它提供了一体化的物流服务，是中间流通企业。

2. 第三方物流作业与传统的物流作业的区别(见表11-1)

表 11-1 第三方物流与传统物流的区别

比 较 项	第三方物流	传统物流
服务功能	提供功能完备的全方位、一体化物流服务	仓储或运输单功能服务
物流成本	由于具有规模经济性、先进的管理方法和技术等使物流成本较低	资源利用率低，管理方法落后，物流成本较高
增值服务	可以提供订单处理、库存管理、流通加工等增值服务	较少提供增值服务
与客户关系	客户的战略同盟者，长期的契约关系	临时的买卖关系
运营风险	需要较大的投资、运营风险大	运营风险小
利润来源	与客户一起在物流领域创造新价值	客户的成本性支出

续表

比 较 项	第三方物流	传统物流
信息共享程度	每个环节的物流信息都能透明地与其他环节进行交流与共享，共享程度高	信息的利用率低，没有共享有关的需求资源

二、第三方物流产生的原因

(1) 第三方物流是现代企业生产社会化分工进一步细化和现代物流发展到一定阶段的必然产物。现代企业生产社会化发展趋势要求社会化的大物流与之相适应，同时为社会化的大物流创造了条件。社会分工的日益深化和经济结构的日趋复杂，各个产业、部门、企业之间的交换关系和相互依赖程度也越来越错综复杂，物流产业则是维系这些复杂交换关系的纽带和血管。第三方物流随着物流业的发展而发展，是物流专业化的重要形式。在互联网时代，第三方物流的发展程度体现了一个国家物流产业发展的整体水平。

(2) 第三方物流在物流管理与运作方面具有规模经济和专业化优势，能帮助企业快速降低成本，提高企业效率和竞争力，使企业集中精力搞好主业；还可使企业减少存货，扩大市场，改善为顾客服务的水平，获得更多的专业知识；而且第三方物流还促进了供应链成员间的合作关系。

(3) 第三方物流的产生顺应了经济全球化、信息化和企业竞争战略的要求。在市场竞争日益激烈的今天，核心竞争能力已成为企业生存和发展的关键。这就要求企业将资源和能力集中在掌握关键技术、核心业务和市场控制能力方面，而在物流管理等非核心业务和技术方面采取利用外部资源和服务的方式，通过利用第三方物流，使企业的组织结构得到优化，企业能够集中资源和能力提高自身的核心竞争力。

(4) 企业之间的竞争加剧，顾客服务期望水平提高，全球性放松管制，信息技术不断进步等都给企业带来巨大压力，制造商逐渐采用第三方物流生产方式，零售商不再愿意拥有存货，这些外部环境因素也促进了第三方物流的发展。

第三方物流增长十分迅速。成本降低和帮助企业提高顾客服务水平和质量的需求是其增长背后的强大动力。第三方物流提供商能够将不同企业的业务进行整合，并能提供频繁的提货和交货服务。如今越来越多的人已将专业化的物流管理视为企业获得竞争优势的重要的战略手段。

三、第三方物流的特征

1. 第三方物流是基于合同管理的契约服务

第三方物流有别于传统的外包服务，外包服务只限于一项或一系列分散的物流功能，如运输公司提供运输服务、仓储公司提供仓储服务等。第三方物流虽然也包括单项服务，但更多的是提供多功能、甚至全方位的物流服务，它注重的是客户物流体系的整体运作效率与效益。同时，第三方物流都是根据合同条款的要求，而不是客户的临时需求，提供规定的物流服务。

2. 第三方物流是个性化物流服务

第三方物流服务的对象一般都较少，只有一家或数家，但服务延续的时间较长，往往长达几年。这是因为需求方的业务流程不尽相同，而物流、信息流是随价值流流动的，因而要求第三方物流服务应按照客户的业务流程来定制。这也表明物流服务理论从"产品推销"发展到了"市场营销"阶段。第三方物流企业提供物流服务是从客户的角度考虑，为客户提供定制化的服务。从这个角度来看，第三方物流企业与其说是一个专业物流公司，不如说是客户的一个专职物流部门，只是这个"物流部门"更具有专业优势和管理经验。

3. 第三方物流要求需求方与供应方之间建立长期的战略合作伙伴关系

在西方的物流理论中，非常强调企业之间的"相互依赖"关系。也就是说，一个企业的迅速发展光靠自身的资源、力量是远远不够的，必须寻找战略合作伙伴，通过同盟的力量获得竞争优势。而第三方物流企业扮演的就是这种同盟者的角色，与客户形成的是相互依赖的市场共生关系。客户通过信息系统对物流全程进行管理和控制，物流服务企业则对客户的长期物流活动负责。

第三方物流企业不是货代公司，也不是单纯的速递公司，它的业务深深地触及客户企业销售计划、库存管理、订货计划、生产计划等整个生产经营过程，远远超越了与客户一般意义上的买卖关系，而是紧密地结合成一体，形成了一种战略合作伙伴关系。从长远看，第三方物流的服务领域还将进一步扩展，甚至会成为客户营销体系的一部分。它的生存与发展必将与客户企业的命运紧密地联系在一起。

4. 第三方物流建立在现代信息技术基础上

信息技术的发展是第三方物流出现和发展的必要条件。现代信息技术实现了数据的快速、准确传递，提高了仓库管理、装卸运输、采购订货、配送发运、订单处理的自动化水平，使订货、包装、保管、运输、流通加工实现了一体化，客户企业可以更方便地使用信息技术与物流企业进行交流和协作，企业间的协调和合作有可能在短时间内迅速完成。同时，电脑软件的迅速发展，使得人们能够精确地计算出混杂在其他业务中的物流活动的成本，并能有效管理物流渠道中的商流，从而促使客户企业有可能把原来在内部完成的物流活动交由物流公司运作。

四、第三方物流企业的分类

1. 按第三方物流企业来源构成分类

(1) 从传统仓储、运输、货代等企业基础上改造转型而来的第三方物流企业。目前这类物流企业占主导地位，占据较大市场份额。

(2) 从工商企业原有物流服务职能剥离出来的第三方物流企业。传统工商企业对网络的控制方式是企业自建的物流系统，所有的物流资源属于企业拥有。随着加强核心竞争力的管理理念的普及，部分企业将原属第三产业的物流以外包的形式剥离，由原企业子公司逐步独立并社会化。这类企业利用原有的物流网络资源，依靠客户"先天"的亲密合作关系，运用现代经营管理理念，逐步走向专业化、社会化。

（3）不同企业、部门之间物流资源互补式联营而来的第三方物流企业。

（4）新创办的第三方物流公司。近年来，随着我国的经济发展，我国出现了大量新创立的现代物流企业。这些公司多为民营企业或中外合资公司。

2. 按第三方物流企业的资本归属分类

（1）外资和中外合资物流企业。随着中国的经济开放，国外物流公司开始进入中国。它们以独资和合资方式进入中国物流领域，逐渐向中国物流市场渗透。它们具有丰富的行业知识和实际运营经验，与国际物流客户有良好关系，有先进的IT系统，还有来自总部的强有力的财务支持。

（2）民营物流企业。我国物流企业多出现于20世纪90年代以后，是物流行业中最具朝气的第三方物流企业。它们业务地域、服务和客户相对集中，效率相对较高，机制灵活，发展迅速。

（3）国有物流企业。我国多数物流企业是借助于原有物流资源发展而来的。近年来，也产生一些新的国有第三方物流公司。

3. 按第三方物流企业物流服务功能的主要特征分类

（1）运输型物流企业。这是指从事货物运输服务为主，包含其他物流服务活动，具备一定规模的实体企业。企业的主要业务活动是为客户提供门到门运输、门到站运输、站到门运输、站到站运输等一体化服务，以实现货物运输为主；根据客户需求，运输型物流企业可以提供物流功能一体化服务。

（2）仓储型物流企业。这是指从事区域性仓储型服务为主，包含其他物流服务活动，具备一定规模的实体企业。企业以为客户提供货物存储、保管、中转等仓储服务，以及为客户提供配送服务为主；企业还可以为客户提供其他仓储增值服务，如商品经销、流通加工等。

（3）综合服务型物流企业。这是指从事多种物流服务活动，并可以根据客户的需求，提供物流一体化服务，具备一定规模的实体企业。其业务范围经营广泛，可以为客户提供运输、货运代理、仓储、配送等多种物流服务项目，并能够为客户提供一类或几类产品契约性一体化物流服务；为客户定制整合物流资源的解决方案，提供物流咨询服务。

4. 按第三方物流企业资源占有多少分类

（1）资产基础型第三方物流公司。这类企业有自己的运输、仓储设施设备，包括车辆、仓储等，为各个行业的用户提供标准的运输或仓储服务，在现实中他们实际掌握物流企业的操作，如基于仓储服务的第三方物流企业、基于运输服务的第三方物流企业。我国大部分第三方物流企业都属于资产基础型第三方物流公司，如中远、中外运公司等，拥有自己的物流设施与设备。

（2）非资产型第三方物流公司。这类企业是一种物流管理公司，不仅拥有自己的运输、仓储设施设备，或通过租赁方式取得这类资产，只利用企业员工对网络的专业知识和管理系统。专业管理顾客的各种物流功能，为客户提供第三方物流服务。

五、第三方物流的价值创造

第三方物流企业挑战的是能提供比客户自身进行运作更高的价值。它们不仅要考虑到同类服务提供者的竞争，还要考虑到潜在的客户的内部运作，服务提供者创造价值的一系列源泉。假设所有的公司都可以提供同等水平的物流服务，不同公司之间的差别将取决于它们的物流运作资源的经济性。如果财务能力是无限大的话，那么每一家公司都可以在内部获得并运用资源。因此，物流服务提供者与其客户之间的差别在于物流服务的可得性及其表现水平。其区别在于在物流公司的内部资源是物流能力，而在客户公司里，物流仅仅是众多业务领域中的一小部分。如果给定同样的资源，物流服务供应方就能够比客户公司在作业过程中获得更多的资源和技巧。这就使第三方物流企业比其他客户公司更能够提供多种和高水平的服务。这样一个经济环境，促使第三方物流企业注重在物流上投资，从而能够在不同方面为客户创造价值。下面将列举第三方物流企业创造价值的几个方面。

1. 运作效率

物流服务供应商为客户创造价值的基本途径是达到比客户更高的运作效率，并能提供较高的成本服务比。运作效率提高意味着对每一个最终形成物流的单独活动进行开发(如运输、仓储等)。例如，仓储的运作效率取决于足够的设施与设备及熟练的运作技能。一般地，其成本驱动是要素成本(单位产出的低成本)及确定对特定活动的重视，例如，对管理的重视。一般认为，对管理的重视对服务与成本有正面的影响，因为它能够激励其他要素保持较高水平。在作业效率范畴中的另一个更先进的作用是取得物流的作业效率，即协调连续的物流活动。除了作业技能外，它还需要协调和沟通技能。协调和沟通技能在很大程度上与信息技术相关联，因为协调与沟通一般是通过信息技术这一工具来实现的。如果存在有利的成本因素，并且公司的注意力集中在物流方面，那么以低成本提供更好的服务是非常有可能的。

2. 客户运作的整合

带来增值的另一个方法是引入多客户运作，或者说是在客户中分享资源。例如，多客户整合的仓储或运输网络，客户运作可以利用相似的结合起来的资源。整合运作的规模效益能取得比其他资源更高的价值。整合运作的复杂性大大地加强，需要更高水平的信息技术与技能。但是，拥有大量货流的大客户也会投资于协调和沟通技能(信息技术技能)及其资产。由于整合的增值方式对于由单个客户进行内部运作的很不经济的运输与仓储网络也适用。因此，此时表现出的规模经济的效益是递增效益，如果运作得好，将形成竞争优势。

3. 横向或者纵向的整合

前面讨论的创造价值的两种方法：运作效率和客户运作的整合注重的完全是内部，也就是尽量把内部的运作外部化。然而就像第三方的业务由客户运作的外部化驱动，也是第三方供应方的内部创造价值的一步。纵向整合，或者说发展与低层次服务的供应商关系，是创造价值的另外一种方法。在纵向整合中，第三方供应方注重被视为核心能力的服务，或购买具有成本与服务利益的服务。根据第三方供应方的特性，单项物流功能可以外购或内置。横向上，第三方供应方能够结合类似的但不是竞争对手的公司，比如,扩大为客户提供服务的地域覆盖面。无资产的、主要以管理外部资源为主的第三方物流服务提供商是这种类型的受益的物流供应方。这类物流公司发展的驱动力是内部资产的减少以及从规模和成本因素改进获得的利益。这类公司为客户创造价值的技能是强有力的信息技术(通信与协调能力)和作业技能。作业技能是概念性的作业技能，而非功能性的作业技能，因为对它来说，主要的问题是管理、协调和开发其他运作技能和资源。

4．发展客户的运作

为客户创造价值的最后一条途径是使物流服务供应方具有独特的资本，即物流服务供应方能在物流方面拥有高水平的运作技能。这里所说的高水平运作技能(概念上的技能)指的是将客户业务与整个物流系统综合起来进行分析、设计等的能力。物流服务供应方应该使其员工在物流系统、方案与相关信息系统的工程、开发、重组等方面具备较高水平的概念性知识。这种创造价值方法的目的不是通过内部发展，而是通过发展客户公司及组织来获取价值。这就是物流服务供应方基本接近传统意义上物流咨询公司要做的工作，所不同的只是这时候所提出的解决方案要由同一家公司来开发、完成并且运作。上述增值活动中的驱动力在于客户自身的业务过程。所增加的价值可以看作源于供应链工程与整合。这种类型的活动可以以不同的规模和复杂程度来开展。最简单的办法就是在客户所属的供应链中创建单一的节点(例如，生产和组装地)或单一链接(如最后的配送)。单一节点和链接指的是第三方供应方运作及在很大程度上在客户供应链管理和控制一个或一些节点和链接。这也意味着供应方运作、控制、管理着节点和链接内外两个方向上的物流。如果将整个供应链综合考虑，则更容易产生更多的增值。除了作业上和信息技术方面，这些活动需要的技能还包括分析、设计和开发供应链，以及对物流和客户业务的高水平创新性概念的洞察能力。物流运作的专门化使第三方物流公司可能在专门技术和系统领域内超越最具有潜力的客户的能力，因为客户还要分配资源并同时关注其他几个领域。将更大规模的物流运作供应商与个体运作相比较。增值物流系统的发展对于第三方物流公司来讲是可取的，在大多数情况下，通过在同一系统上多个客户的运作，供应商可以以更低的费用提供物流服务，一体化整合使其可能减少运输费用并抵冲资金流量的季节性和随机性变动。这说明，供应商的战略实质上是在提高物流服务水平的竞争而不在于价格上的竞争。

六、第三方物流的服务内容

现代物流的源头是生产、制造和零售类企业对采购、生产和销售等过程进行系统整合以降低成本和提高服务的一系列规划、管理和运作方法。研究第三方物流的服务内容，必须从现代物流的源头去考虑，从第三方物流需求者，即生产、制造和零售类企业的角度去考虑、分析物流到底有哪些功能或环节，这些环节到底有多少是可以外包的。这些可以外包的内容就是第三方物流服务可以考虑的内容。因此，研究第三方物流服务的内容，首要的是明白客户企业物流需求的内容。

1. 生产、制造、零售类企业物流活动内容

根据国外比较权威的分类方法，生产和制造类企业的物流活动包括如下几个方面。

1) 物流中的关键性活动

(1) 客户服务。该活动将配合企业的市场完成确定客户需求、确定客户对服务的反应以及设定客户服务水平等内容。

(2) 运输。运输包括运输方式和服务的选择、拼货、运输路径、运输车辆调度、设备选择、索赔处理、运费审计等。

(3) 库存管理。它包括原材料及成品的库存政策、短期销售预测、存货点的货物组合、存货点的数量、规模和位置、及时制、推动和拉动战略。

(4) 信息系统和订单处理。它包括销售订单和库存交互过程、订单信息传递方法、订购规则等。

2) 物流中的支持性活动

(1) 仓储。仓储包括库位确定、站台布置和设计、仓库设备、货物放置等。

(2) 物料搬移及处理。它包括设备选择、设备更新、订单拣货、货物储存及补货。

(3) 采购。采购包括供应商选择、采购时间选择、采购量确定。

(4) 包装。包装包括搬移保护包装、存储保护包装、防湿包装。

(5) 生产和运作协同。它包括确定生产批量、产品生产的次序和时间安排等。

(6) 信息维护。信息维护包括信息收集、储存和维护、数据分析、控制流程等。

2. 常见的第三方物流提供者的服务内容

从一般物流企业习惯的角度，将常见的物流活动分为运输、仓储/配送、信息服务、增值服务和总体策划五大类。

1) 运输类业务

(1) 运输网络设计和规划。从物流服务的技术含量看，应该首推运输网络的设计。对于覆盖全球的跨国公司而言，其采购、生产、销售和售后服务网络非常复杂，要设计一个高效并在某种程度上协同的运输网络非常困难。在更复杂的运输网络设计中，要考虑工厂和仓库(配送) 等的选点问题，复杂性会进一步增加。在技术比较领先的第三方物流公司中，一般都有专门的专家队伍，通过计算机模型完成运输网络设计工作。

目前，我国大多数的第三方物流企业，基本上都不具备运输网络的设计能力，就是有这方面的业务，一般也是通过经验来完成，很少通过计算机模型来设计。就我国第三方物流发展的阶段性而言，第三方物流公司依靠自身的力量来培养网络规划能力是很困难的，最好同一些高校或物流研究机构合作来共同开发一些适合中国特点的运输决策模型。

(2)"一站式"全方位运输服务。"一站式"运输服务是由物流企业提供多个运输环节的整合,为客户提供门到门的服务,如国外非常流行的多式联运业务。在世界范围内,已出现了海运公司上岸的热潮,这些海运公司可以提供国际海运、进出口代理、陆上配送等业务,将原来的港到港的服务,延伸为门到门服务。

(3)外包运输能力。在此类服务中,客户在运输需求上,不是完全的外包,而是借助第三方物流企业的运输能力,由第三方物流企业为客户提供运输车辆和人员,客户企业自己对运输过程进行控制和管理。

(4)帮助客户管理运输能力。这也是一类比较新型的物流业务,客户企业自身拥有运输能力,如运输工具和人员,但在物流业务外包时,将这些运输能力转给物流公司,由物流公司负责运输工具的使用和维护及运输人员的工作调配。这类服务在国外比较常见,尤其是很多企业在采用第三方物流服务前,一般都拥有自己的运输部门,在采用第三方物流服务后,原来的运输部门一般没有必要设置,将这一部分能力交给第三方物流企业管理是一种比较好的做法。在我国,企业小而全、大而全现象十分严重,大多数生产制造类企业都有自己的运输部门,这些部门的存在往往成为企业采用第三方物流的障碍,采用由第三方物流管理客户企业运输工具和人员的做法值得推广。

(5)动态运输计划。根据企业的采购、生产和销售情况,合理安排车辆和人员,保证运输的高效率和低成本。

(6)配送。配送严格来讲是仓库作业和运输的综合,是比较复杂的一类运输。在我国,由于整个物流网络还不健全,配送有时候被作为一个独立的第三方物流服务项目提出来。消费类产品进入连锁零售系统,一般有几种模式,一种是直接将产品送给各个连锁系统的配送中心,由配送中心完成向各个门店的配送。另一种模式是将产品送往独立的第三方物流配送中心,由第三方物流配送中心完成向各个超市的配送。当然,随着各大连锁超市越来越重视自己配送中心的地位和作用,他们有扩大自身配送能力的趋势,但在相当长一段时间内,第三方物流配送中心仍然有很大的市场。

(7)报关等其他配套服务。在我国,目前第三方物流公司本身拥有报关权的并不多,一般都通过和报关公司的合作来为客户提供报关服务。

2)仓储/配送类业务

(1)配送网络的设计。配送网络的设计包括仓库定位、配送中心能力和系统设计等,是仓储/配送类业务中最具备技术含量的领域之一。这一部分服务功能可以作为独立的咨询项目存在,也可以作为物流服务整体方案的一部分。

(2)订单处理。订单处理是仓储配送类业务中最常见的第三方物流服务项目。客户企业在取得订单后,通过第三方物流企业完成拣货、配货和送货的工作。

(3)库存管理。库存管理实际上是物流管理中最核心和最专业的领域之一。完整的库存管理包含市场、销售、生产、采购和物流等诸多环节,一般企业不会将库存管理全部外包给第三方物流企业,而是由客户企业自身完成库存管理中最复杂的预测和计划部分,但在库存管理的执行环节,第三方物流却可以大有作为,如与仓储相关的库存管理主要涉及存货量的统计、补货策略等。在"一站式"物流服务中,第三方物流企业甚至可以通过对客户历史数据的挖掘,为客户库存管理提供专业化建议。关于库存管理还有一种特殊的服务模式,在涉及商贸类物流服务中,物流企业根据同客户企业制定的库存策略,可自行完成特定产品的库存管理。

(4) 仓储管理。仓储管理一般包括货物搬移、装卸、存储等活动,是最常见的传统物流服务项目。

(5) 代管仓库。代管仓库也是一种比较常见的合作形式。这种情况一般发生在客户企业自己拥有仓库设施,在寻求物流服务商时,将自己仓库的管理权一并交给物流企业管理。

(6) 包装/促销包装。促销包装是仓储类业务中的重要服务内容之一。随着物流模式的创新,包装服务内容也更加丰富。如运输保护性包装、促销包装、配货包装等。

3) 增值服务

(1) 延后处理。延后处理是一种先进的物流模式,企业在生产过程中,在生产线上完成标准化生产,但对其中个性化的部分,根据客户需求再进行生产或加工。我国许多第三方物流企业提供的贴标签服务或在包装箱上注明发货区域等服务,都属于简单的延后处理。

(2) 零件成套。零件成套就是将不同的零部件在进入生产线前完成预装配的环节。如汽车制造厂一般委托第三方物流企业管理零配件仓库,在零配件上装配线之前,在仓库内完成部分零件的装配。

(3) 供应商管理。第三方物流提供的供应商管理包括两类,一类是对运输、仓储等提供物流服务的供应商的管理。第三方物流中的"第三",本身就体现了对作为第二方物流的供应商的管理职能的补充。另一类供应商管理就是由第三方物流对客户企业的原材料和零配件供应商进行管理。供应商管理一般包括供应商的选择、供应商的供货、供应商产品质量的检验、供应商的结费等内容。

(4) 货运付费。货运付费是第三方物流最常见的业务。在第三方物流服务过程中,第三方物流企业一般代替客户支付运费,称作代垫代付费用。

(5) 支持 JIT 制造。这是一种新型的第三方物流服务。在及时制生产中,第三方物流提供的服务有及时采购运输和生产线的及时供货。

(6) 咨询服务。第三方物流企业提供的咨询服务有物流相关政策调查分析、流程设计、设施选址和设计、运输方式选择、信息系统选择等。

(7) 售后服务。售后服务是第三方物流一个新的服务领域,一般包括退货管理、维修、保养、产品调查等项目。

4) 信息服务

第三方物流的信息服务一般包括以下内容。

(1) 信息平台服务。客户通过第三方物流的信息平台,实现同海关、银行、合作伙伴等的连接,完成物流过程的电子化。我国有些城市目前正在推行电子通关服务,将来大量的第三方物流企业都要实现同海关系统的连接,客户可以借助第三方物流企业的信息系统,实现电子通关。

(2) 物流业务处理系统。客户使用第三方物流企业的物流业务处理系统,如仓库管理系统和订单处理等完成物流过程的管理。随着物流复杂性的增加和物流业务管理系统的完善，这方面的信息服务还会加强。

（3）运输过程跟踪。信息跟踪是另一类信息服务。就目前的市场看，信息跟踪服务主要集中在运输过程的跟踪。如Fedex、UPS等快递公司通过GPS/GIS系统等跟踪手段，已经做到了运输过程和订单的实时跟踪。在我国，对运输过程的信息跟踪也有大量的需求，而且国内已经具备了先进的跟踪技术和手段，但真正能够为客户提供实时信息服务的物流公司并不多，原因在于大多数企业还没有达到经济规模，一般客户也不愿意为信息服务提供额外费用。跟踪的信息一般定期发送给客户，也有一些物流企业通过企业网站向客户发布跟踪信息。

5）总体策划

总体策划是指第三方物流公司以不同程度地为客户提供物流系统总体规划与设计的能力作为服务范围。第三方物流服务的内容还远远不止如上这些，很多内容都是在与客户合作过程中开发出来的。

第二节　第三方物流管理

第三方物流管理是通过物流管理组织对整个物流活动进行的计划、组织和控制工作。它是通过对第三方物流的计划——实施——评价过程反复进行的，内容十分广泛，主要包括物流合同管理、物流服务管理、物流运输管理、仓储管理、配送管理、装卸搬运与流通加工管理、成本管理、物流信息管理以及第三方物流服务项目的监控等。由于第三方物流在运输管理、仓储管理、配送管理、装卸搬运与流通加工管理、成本管理、信息管理方面的基本内涵与其他物流运营模式基本一致，本节内容只重点介绍第三方物流的合同管理、服务管理和第三方物流服务项目的监控。

一、第三方物流合同管理

无论第三方物流企业承接的是运输项目，还是保管项目，或者是配送项目，购买物流资源与出售物流资源的双方应该签订经济合同。对这些经济合同必须进行科学管理，因为合同管理的成效如何，直接关系到企业的经营管理业务。

1. 第三方物流服务合同特点

第三方物流服务合同特点表现在以下几个方面。

1）是双务合同

现代物流服务合同的双方均负有义务，享有权利。服务商有完成规定服务的义务和收取相应费用的权利；用户方有支付费用的义务，并接受完善服务，一旦出现服务瑕疵(如在运输过程中出现货物损害)，有向服务商索赔的权利。

2）是有偿的合同

物流服务商以完成全部服务为代价取得收取报酬的权利，而用户方有享受完善服务的权利并以支付费用为代价。

3) 是要式的合同

物流单据是物流服务合同的证明，其本身不是服务合同。

4) 有约束第三者的性质

物流服务合同的双方是服务商与用户方，而收货方有时并没有参加合同签订，但服务商应向作为第三者的收货方交付货物，收货方可直接取得合同规定的利益，自动受合同的约束。另外，现代物流服务合同有时包括转委托、提供其他服务业务。

2. 第三方物流合同的建立、修改、中止与跟踪

做好物流合同的管理工作，必须按以下不同阶段来进行。

1) 建立合同

物流服务需求企业与第三方物流供应商经过协商后，签订一份购买物流服务与销售物流服务的合同，在双方认可的情况下，此合同成为正式文件。合同中应包含的内容有：购买物流服务的需求方和销售物流服务方的公司名称。物流服务内容，物流服务时间(合同起止时间)，涉及物品数量，服务收费，付款方法及时间，服务要求(质量、包装、验收方法等)，服务方法(工具、交货方式)，违约经济责任及处理，以上基本内容必须详细而具体。实践表明，如果一家公司想从外包中获得最大程度的利益，恰当的合同结构和措辞是至关重要的。

2) 合同修改与中止

合同签订之后，在执行期间，由于各种因素的影响，合同有可能需要修改或者中止，签约双方可以根据实际需要及理由通过协商进行修改或中止。一宗成功的外包交易，服务提供商与消费者之间的关系范围必须要反映交易中的实际情况，由于公司起初设计的服务需求可能和三年以后消费者的要求截然不同，考虑到对合同灵活性的要求，为发展中的关系提供一个有效体制的结构框架是必要的，但不限定合同的服务范围和如何提供服务也是同等重要的，因为这样可以防止一家公司得到全部的关系利益。另外，一个长期的外包合同本身就具有自身的不确定性，因为它旨在确定一个长期的关系，这种关系会随着消费者的服务需求而不可避免的发展和变化。合同需要适应这样的不确定性，但是在不确定性发生之前，消费者和提供商必须保证他们都理解合同中涉及的目标和目的。这种共同的理解取决于一种真正伙伴关系的形成，而这种关系的形成是建立在风险和报酬之间的良好平衡的基础上。

3) 合同执行及跟踪

在合同执行过程中，必须注意对合同执行情况进行跟踪，以便随时掌握合同执行是否顺利，遇到哪些困难，已执行的有哪些，尚未执行的又有多少，在时间进度上是否符合要求，付款情况如何等，做到发现问题，及时解决，更好地为客户服务。如果用计算机来处理合同信息，将会对合同管理有很大的帮助。将一份合同信息录入计算机之后，计算机内就建立了一份合同档案，当需要修改或中止合同时，只需将合同档案调出，录入修改或中止的内容来替代原有合同的内容即可，也可以按照需要保留被修改和中止内容的合同版本，以供以后查询。计算机在处理合同执行及跟踪业务方面更是得心应手，它可以按合同号或客户的各种信息查找合同，了解合同执行步骤及进度。

二、第三方物流服务管理

拥有顾客所期望的商品(备货保证)，在顾客所期望的时间内配送商品(输送保证)，符合顾客所期望的质量(品质保证)，这三条构成物流服务的三要素。物流服务就是围绕上述三种要素展开。物流服务是企业销售差别化战略的重要一环，是有效联结供应商、厂商、批发商和零售商的重要手段。

1. 物流服务管理的目的

物流服务管理的目的是以适当的成本实现高质量的顾客服务。一般来讲，物流服务质量提高，物流成本就会上升，可以说两者间的关系适用于收益递减法则。无限度提高服务质量，会因为成本上升的速度加快，反而使服务效率没有多大变化，甚至下降。具体来看，物流服务质量与成本的关系有四种类型。

1) 物流服务水平不变，成本降低型

即不改变物流服务水平，通过改变物流系统来降低物流成本。这是一种尽量降低成本来维持一定服务水平的办法，亦即追求效益的办法。

2) 物流服务水平提高，成本增加型

为提高物流服务水平，不惜增加物流成本。这是许多企业提高物流服务质量的做法，是企业在特定顾客或其特定商品面临竞争时，所采取的具有战略意义的做法。

3) 物流服务水平提高，成本不变型

即在成本不变的前提下提高服务水平。在给定成本的条件下提高服务质量，这是一种追求效益的办法，也是一种有效地利用物流成本性能的办法。

4) 物流服务水平较高，成本较低型

用较低的物流成本，实现较高的物流服务水平。这是增加销售，提高效益，具有战略意义的办法。企业应通盘考虑商品战略和地区销售战略；流通战略和竞争对手；物流成本、物流系统所处的环境，以及物流系统负责人所采用的方针等具体情况，选择企业所适合的服务类型。

2. 物流服务管理的基本原则

1) 从产品导向向市场导向转变

物流服务水准的确定必须从产品导向向市场导向转变。市场导向型的物流服务是根据经营部门的信息和竞争企业的服务水准相应制订的，既避免了过剩服务的出现，又能及时进行控制。在市场导向型物流服务中，通过与顾客面谈、顾客需求调查、第三方调查等寻求顾客最强烈的需求愿望是决定物流服务水准的基本方法。

2) 服务对象转向零售消费者群

在决策物流服务要素和服务水准的过程中，需要注意服务的顾客对象应该向一般消费者群转化。例如，厂商的物流服务如果只安排面向批发商的输送，在库管理系统显然是不充分的。在流通渠道逐渐多样化，零售力量逐渐增大的过程中，还应该确立面向零售业，特别是大型零售业、连锁店等的服务系统和服务设施，开展符合零售要求的配送、库存服务(如多频度配送等)。

3) 选择多物流服务组合

随着顾客需求和业态多样化的发展，选择多物流服务组合十分必要。一般来讲，根据顾客经营规模、类型和对本企业贡献度来划分，可以采用支援型、维持型、受动型的物流服务战略。对本企业贡献度大的企业，由于具有直接的利益相关性，应当采取支援型策略，而对本企业贡献度小的顾客，要根据其规模、类型再加以区分，经营规模小或专业型的顾客，由于存在进一步发展的潜力，可以采取维持型战略，以维系现有的交易关系，为将来可能开展的战略调整打下基础。经营规模小且属综合型的顾客，将来进一步发展的可能性较小，所以在服务上可以采取受动型策略，即在顾客要求服务的条件下才开展服务活动。

4) 开发差别化物流服务

企业在制定物流服务要素和服务水准的同时，应当保证服务的差别化，即与其他企业物流服务相比有鲜明的特色，这是保证高服务质量的基础，也是物流服务战略的重要特征。要实现这一点，就必须具有对比性的物流服务观念，即重视了解和搜集竞争对手的物流服务信息。

5) 重视研究物流服务的发展方向和趋势

顾客服务的变化往往会产生新的物流服务需求，所以在物流服务管理中，应当充分重视研究物流服务的发展方向和趋势。例如，随着 EDI 的导入，账单格式统一，商品入货统计表制定等信息服务已成为物流服务的重要因素。

6) 重视物流服务与社会系统的吻合

物流服务不完全是一种企业独自的经营行为，它必须与整个社会系统相吻合。物流服务除了要考虑供应物流、企业内物流、销售物流外，还要认真研究旨在保护环境，节省能源、资源的废弃物回收物流，所以，物流服务的内容十分广泛，这是企业社会市场营销发展的必然结果，即企业行为的各个方面都必须符合伦理和环境的要求，否则，经济发展的持续性难以实现。

7) 建立有效的物流服务管理体制

物流服务水准根据市场形势、竞争企业的状况、商品特性以及季节的变化而变化。所以，物流部门建立能把握市场环境变化的物流服务管理体制十分必要。在我国，企业中确立能搜集物流服务的相关信息，提供顾客满意的物流服务，并不断发展提高其管理组织与责任体制等显得尤为迫切。如果物流服务的管理仅由物流部门单独进行，失败的可能性较大，有效的体制应该是包括供应、生产、销售物流在内的供应链综合管理体制。

8) 建立完善的物流中心

物流中心作为物流服务的基础设施，其建立和完善对于保障高质量的物流服务是必不可少的，这是因为物流中心的功能表现为通过集中管理订货频度较高的商品使进货时期正确化，提高在库服务率，同时由于缩短商品在库时间，提高了在库周转率，仓库吞吐量增加。除此之外，物流中心在具有多品种、小单位商品储存功能的同时，还应具有备货、包装等流通加工功能，能够实施适当的流通在库管理和有效的配送等物流活动，这些都是高质量物流服务的具体表现。

9) 建立完善的信息系统

要实现高质量的物流服务，还必须建立完善的信息系统，这种信息系统的功能除了接受订货、迅速、完好地向顾客传递商品外，更重要的是通过送货期回复、商品物流周转期缩短、备货保证、信息处理时间缩短、货物追踪等各种功能确保优于竞争对手的物流服务。

10) 不断了解顾客满意度，改善物流系统

物流服务的实施情况应该每隔一段时期定时进行核查。特别需要关注销售部门或顾客是否对物流现状不满意，有没有错误配送，事故破损是否严重，是否向顾客做过调查，所设定的服务水准是否得以实现，在物流成本上应保持多大的合理性等，以便了解顾客满意度，及时制定出最佳的顾客服务组合，改善物流系统这一物流服务中的关键要素。

3. 物流服务管理的内容

1) 基本的物流服务水准

物流服务管理是服务水准和服务成本的一种平衡。基本的物流服务水准要从可得性、作业性及服务可靠性几个方面衡量。

(1) 可得性。可得性意味着拥有存货，能始终如一地满足顾客对材料或产品的需求。一般说来，存货可得性越高，所需的存货投资就越大。

(2) 作业表现。作业表现是处理从订货入库到交付的全过程。作业表现涉及交付速度和服务一致性。要实现顺利作业，供应商首先要寻求实现服务的一致性，然后再提高交付速度。

(3) 服务可靠性。服务可靠性涉及物流的质量属性。要取得服务可得性，最基本的是要识别用哪些衡量方法去评估存货可得性和作业表现。由于物流表现需要持续不断地满足顾客的期望，对管理部门来说，最基本的是要承诺不断地改善。在顾客期望和顾客需求方面，需依据现实情况制订基本的物流服务水平。顾客是不同的，所提供的服务必须与之相匹配，以适应与众不同的偏好和购买潜力。

2) 基本的物流服务能力

(1) 可得能力。可得能力是指当顾客需要时企业所具有的供应能力。可得能力可通过各种方式实现。最普通的做法就是按预期的顾客订货进行存货储备。因此，仓库的数目、地点和储存政策等便成了物流系统设计的基本问题之一。要高水准地实现供应可得性，需要进行大量的精心策划，其关键是要实现对首选顾客或核心顾客高水准的存货可得性，同时使整个存货储备和仓库设施维持在最低限度。

(2) 作业完成能力。作业完成能力涉及物流活动对所期望的完成时间和可接受的变化所承担的义务。衡量作业完成能力有四个要素：第一，速度。完成订发货周期的速度是指从一开始订货时起至货物装运实际抵达时止的这段时间。一般供应商的配送是建立在顾客各种期望的基础之上来完成周期性作业。并不是所有顾客都需要或希望最大限度地加速，因为这种加速会导致增加物流成本及提高价格。第二，一致性。一致性是指厂商在众多的完成周期中按时递送的能力。即必须随时按照对顾客配送承诺加以履行的作业能力。一致性的问题是物流作业最基本的问题。第三，灵活性。作业灵活性是指处理

异常的顾客服务需求的能力。供应商的整体物流能力取决于在适当满足关键顾客需求时所拥有的"随机应变"的能力。第四，故障与恢复。厂商要有能力预测服务过程中可能会发生的故障或服务中断，并有适当的应急计划来完成恢复任务。

(3) 可靠能力。物流质量与物流服务的可靠能力密切相关。物流活动中最基本的质量问题就是如何实现已计划的存货可得性及作业完成能力。供应商有无提供精确信息的能力是衡量其顾客服务能力的最重要的一个方面。顾客们通常讨厌意外事件，如果他们能够事前得到信息的话，就能够对缺货或延迟配送等意外情况作出调整。对于物流经理来说，最关心如何尽可能少地发生故障以完成作业目标，而完成作业目标的一个重要方法就是从故障中吸取教训，改善作业系统，以防再次发生故障。

3) 物流服务的决策

科学、合理地进行物流服务策略的分析和策划是物流服务管理的一项十分重要的职能。具体说，物流服务的决策主要有以下几个步骤。

(1) 确定物流服务的要素。一般来讲，备货、接受订货的截止时间、进货期、订货单位、信息等要素的明确化是物流战略策划的第一步，只有清晰地把握这些要素，才能使以后的决策顺利进行，并加以操作和控制。

(2) 进行有关物流服务信息的采集。这种信息资源的搜集可以通过问卷调查、座谈、访问以及委托作为第三方的专业调查公司来进行，调查的信息主要包括物流服务的重要性、满意度，以及与竞争企业的物流服务相比是否具有优势等问题。

(3) 分析顾客需求的类型与重点。由于不同的细分市场顾客服务的要求不一致，所以，物流服务水准的设定必须从市场特性的分析开始入手。在进行顾客需求类型化的过程中，应当充分考虑不同顾客群体对本企业的贡献度以及顾客的潜在能力。对本企业重要的顾客群体，应在资源配置、服务等方面予以优先考虑。

(4) 确定物流服务组合。对顾客需求进行类型化之后，需要针对不同的顾客群体制定出相应的物流服务基本方针，从而在政策上明确对重点顾客群体实现经营资源的优先配置。然后，进入物流服务水准设定的预算分析，既能使企业实现最大程度的物流服务，又将费用成本控制在企业所能承受或确保竞争优势的范围之内。在预算分析的基础上，结合对竞争企业服务水准分析，根据不同顾客群体制定相应的物流服务组合。但在物流服务水准变更的状况下，企业应事先预测这种变更会对顾客带来什么样的影响，从而确保核心服务要素水准不下降。

(5) 第三方物流服务组合的管理与决策流程。物流服务组合的确定是一个动态过程，即最初顾客群体的物流服务组合一经确定，并不是一成不变，而是要经常定期核查、变更，以保证物流服务的效率化。从物流服务管理决策的全过程来看，决策流程可以分为五个步骤，即顾客服务现状把握、顾客服务评价、服务组合测定、物流系统再构筑、顾客满意度的定期评价，这几个方面相互之间不断循环往复，从而推动物流服务不断深入发展，提高效率和效果。

三、第三方物流服务项目的监控

对提供第三方物流服务的公司来说，特别是提供物流管理服务的第三方物流服务提供者，物流服务项目的监控能力已成为能否开拓与保持业务的关键之一，它包括对客户服务的监控，成本与生产率的监控以及仓库、运输和存货的监控。

1. 客户服务的监控

对综合型、管理型的物流服务提供者来说，它们对企业各物流要素(运输、仓储等)的协调负有基本责任，即应使物流配送系统有效地运作，达到在准确的时间、正确的地点把产品送给客户的目标。物流配送服务的目标是使客户满意，因此，客户服务监控系统需要测量两大类变量。

1) 产品交货过程中的客户满意度

这是一个"软"数据的领域，即并非很精确，且主观性较强的数据，然而这个变量是非常重要的。

2) 内部统计数据

它们是对客户满意度最具影响的度量。这些数据的内容随时间与行业不同而有所区别，客户最常关心的是：产品的可得性、交货周期、信息和通信系统的反应速度等。这些方面的表现水平都是可以测量的。一个典型的内部服务测量的报告应当对包括订单完成率、目标完成率、订单周期准时率、出错率、投诉等主要的服务项目进行打分。

2. 成本和生产效率的监控

对物流配送系统成本的监控是第三方物流公司可以为客户进行的一项重要的服务活动。对成本的监控应从两个方面展开：一是按主要功能(运输、仓储等)设备成本来划分的总成本；二是生产效率，即描述一次作业、一个人或一台机器的投入产出比。

1) 物流配送成本的监控

公司的成本管理体系一般是建立在每一成本发生的分类账户基础之上的。一般情况下，劳动力或材料成本可分别计入一个特定的订单中，而有些成本，如租金或折旧，是与时间有关的，它们可计入同期所生产的产品中。在成本计算系统中，这两大类费用被计入功能活动和设备之中，并在部门会计时期(一般为月度)中报告。因此，物流配送系统的成本可以从每一设施的月度要素成本中得到。物流配送部门必须掌握以活动、设施和成本中心计算的物流配送成本。发生的每项成本通常在月末、年末进行分析，并与年度执行计划或预算及前一执行年度相比较。物流配送中心的成本一般细分为以下方面：管理费用、劳动力成本、补贴、租金(建筑物折旧)、电、热、动力、电话、税、设备租金或折旧及其他。

成本可以计入下列项目之一：①进货物流费用；②出货物流费用；③内部设施之间的物流费用。由其他公司支付的运费可以减去，每一个公司都有如何计入运输成本的不同习惯，然而，总成本是一致的。

虽然成本的细分可以给出一些供监控用的信息，但用以监控成本还需对信息作进一步的分析。因为每日、每周和每季的量是不同的，绝对值很难说明问题，所以一般物流项目经理对设备的控制要用一些成本的相对数，经常使用的两个成本比率是：①成本占收入的比例。大部分公司预算是按销售额作出的，这样仓库功能将根据历年货运成本与销售额的比例来分配费用。仓库费用额是很大的,可能占销售额的2%。②成本占重量的比例。这一比例常用于由第三方或公共仓库来进行存储与发运的货物。与此相类似,比例也可以根据订单处理数、处理箱数等来确定。其他方面,如订单的下达、客户服务和配送网络管理等也可用类似的方法。运输成本是会计期间的累积成本除以运输的重量或周期销售收入。这些有用的比率数字形成了最基本的物流配送成本监控系统,一般需要用微机和有关软件来处理大量的数据。

2) 物流配送系统生产率的监控

成本监控在上述的基础上需要更详细的比率,并且更接近于成本发生时间的比率,而利用这些比率与成本发生时间的比率进行监控,就称为生产率的监控。从技术上说,任何生产率的监控都需要计算出一个比率,用以表明在给定的时间或投入所产生的产出量。例如,在监控仓库时,成本对收益的比率,或成本与所发送货物重量的比率。生产率主要用来与历史的表现或竞争对手的表现作对比。在评估生产成本时,需要更详细的信息,以便能对每一个具体操作作出评估。在仓储中常用的产出单位是订单、货物种类、箱、公斤、单位容器、托盘等。投入的单位是工时或时间(分钟)、工时费用等。同样,劳动力的投入也可以换算成工时费用,以便计算出不同的工资水平和加班费或不同班次的差别。

3. 公共和合同仓库的监控

通过外包合同运作的第三方物流公司的监控与以资产为基础的公司自己运作设施是非常相似的,它们以收入和通过量为基础监控合同方的成本,即销售量的成本百分比或重量的成本百分比。

第三方物流公司服务合同中的项目总数可以扩展至包括合同中规定的基本处理单位,通常以箱、件、订单等表示,因此,第三方对仓库的监控系统包括以下三方面。

1) 每时期的成本

装卸、储存、附加服务、特殊服务、总计。

2) 以订单、箱或重量表示的产出

进货、出货、存储。

3) 投入产出比率

通常,第三方合同也规定服务水平和生产率目标,这与公司自己运作类似。显然,日常和每时每刻的控制由第三方负责,对被服务的公司来说,不需进行短期成本控制。公司物流部的长期控制是由合同条款和竞争性招标来控制的。

4. 运输的监控

从生产地到消费者之间的运输成本一般是很大的,发达国家典型的物流配送系统中运输成本平均占销售收入的4%。因此,尽量减少运输开支并提供与费用相对应的服务水平是很重要的。一般物流配送监控系统对运输的监控有两个以上层次的内容:一是整车或大批量的原材料供应给大客户;这些货物可以是包装或托盘化的,也可以是干散货或液体散货。运输方式可以是铁路、公路、水运或航空。二是从物流配送系统中心向客户的小批量配送：可以采用所有的运输方式。物流监控系统应记录所有发运的货物、客户服务水平、发生的成本等。监控是在两个相关但分开的系统中进行的(货物流与资金流)。

1) 货物跟踪

现代的服务敏感性物流配送系统必须提供货物的实时信息，包括提供货物的位置与状态。这些信息提供给服务与销售人员和客户以确保有效率的运作。现代货物跟踪系统较为昂贵，但由于服务的改进，提供的竞争优势是显著的。

2) 运费账单审计与以合同运价方式支付公共承运人的运费

运价考虑到了起始点的位置、货物类别、货物体积和重量、运输距离、包装形式和地域。运费账单必须审计后支付。运输账单处理系统通常接受审计、支付账单和提供控制系统的详细数据。

系统可以用手工操作，也可以计算机化。现在发达的系统由条码和其他扫描系统及高级处理软件组成。发达国家典型的物流配送部门把这些服务分包给一个或多个第三方，由他们负责运作。通常这样的外包物流有三个独立的第三方公司运作：

(1) 一个或多个网络运输公司，在配送中心提货和发送产品给收货人。承运人制作运费账单，并送到支付运费的服务公司。

(2) 由一个运输服务公司通过比较托运人的发货通知和商定的运价，审计运费账单。然后由服务公司代表托运人支付正确的账单，或把审计过的账单交给另一个应支付的公司。

(3) 货物运动和交付的跟踪系统。以电子数据交换(EDI)为特点的网络，它可以由供应链中包括货主、收货人、承运人、配送中心运作者或外部网络提供者的任何一方来运作。

5. 存货的监控

存储和保持产品存货的成本是物流配送系统设计时应考虑的一个重要方面。

1) 存货在任何一个公司资本投资中都占很大的比例

例如，在美国的制造业，据统计货物平均每年周转 4 次，而存货成本通常占销售额的 50%。因此，每 100 单位的销售中，有 12.5 单位是投资于存货。

2) 保持存货的成本可以是很大的

它不但包括利率成本，还包括产品老化、损耗、保险等成本。

大部分的存货存在于物流配送系统中，通常，配送订单是根据制造厂和基于对销售量和配送要求而产生的。监控投资和保证货物的安全是配送系统的主要功能。

对物流配送监控系统的要求是容易获得有关存货的数据。因此必须能精确地知道有多少库存单位存在和目前存放在何处。在较小的和老式仓库中，汇总的存货记录一般集中在存货文件中，而在仓库中的有效位置的记录则在另一个文件中。现在的做法是使用较为复杂的仓库管理系统，把数量和位置两者结合起来。

存货信息是以实时形式(即与交易同时发生)或根据批量每小时或每天更新。最新的方法是通过条码和扫描系统准确地记录存货的产品和位置。为了尽量减少错误，最好的方法是定期盘点。这种监控方法，需要一个人或一个小组对产品及位置进行盘点，然后把结果输入电脑终端，电脑系统可以显示被盘点到的货物。在另外的系统中，存货盘点人员可以周期地对所有地点的货物进行盘点。通常都把每月汇报存货的准确性视为物流配送系统质量保证计划的一部分。典型的无条码化仓库的准确性是 95%～98%，即每次盘点有两个可能的错误(数量和位置)，总的货物盘点正确率不应低于 95%。在条码系统中，准确性大于 99%是常事。如发生错误，一般是系统相关的错误而非仓库的错误，除非遭窃或货物损坏。

第三节　物流企业运营模式及其选择

一、物流企业运营模式及其特征

1. 传统外包模式

传统外包模式是指物流企业独立承包一家或多家生产商或经销商的部分或全部物流业务。随着现代经济运行方式向全球化、专业化方向发展，企业往往会集中自己的精力于主营业务上，而把与业务开展相关的物流业务外包给专业的物流企业。当前大多数物流企业都是这种运营模式。

这种模式的特征在于：物流企业以契约形式与客户形成长期合作关系，保证了自己稳定的业务量，避免运力的浪费或不足，以及库存结构的不合理。

2. 战略联盟模式

战略联盟模式是指物流企业以契约形式结成战略联盟，实现内部信息共享和信息交流，相互间协作，形成物流网络系统。联盟可包括多家同地各成员的共享数据库实现信息共享和信息沟通；第二，联盟企业间实现了信息共享和信息交流，并以信息为指导制订运营计划，在联盟内部优化资源；第三，信息平台可作为交易系统，完成产销双方的订单和对物流服务的预定购买；第四，联盟内部各实体实行协作，某些票据联盟内部通用，可减少中间手续，提高效率，使得供应链衔接更顺畅；第五，联盟成员是合作伙伴关系，实行独立核算，彼此间服务租用，因此有时很难协调彼此的利益，在彼此利益不一致的情况下，要实现资源更大范围的优化就存在一定的局限。

3. 综合物流模式

综合物流模式是指集仓储、运输、配送、信息处理和其他一些物流服务(如包装、装卸、流通加工等)为一体，提供综合性、一体化物流服务的运营模式。

这种模式的特征在于：第一，必须进行整体网络设计，即确定每一种设施的数量、地理位置、各自承担的工作。其中信息中心的系统设计和功能设计以及配送中心的选址流程设计都是非常重要的问题。第二，综合物流模式的构建主要有三种方案。方案一是投资新建或改建自己原有设备，完善综合物流设施，组织执行综合物流各功能的业务部门，这种方案非常适合迫切需要转型的大型的运输、仓储企业，可充分利用原有资源，凭借原有专项实力，有较强的竞争力。方案二是收购一些小的仓储、运输企业以及一部分生产、销售企业原有的自备车辆和仓库,对其进行整编改造。方案三就是原有的专项物流运营商以入股方式进行联合,这种方式初期投入资金少,组建周期短,联合后各单项物流运营商还是致力于自己的专项,业务熟悉利于发挥核心竞争力,参股方式可避免联盟模式中存在的利益矛盾,更利于协作。第三,必须根据自己的实际情况选择网络组织结构。主要有两种网络结构,一种是大物流中心加小配送网点的模式,另一种是连锁经营模式。前者适合商家、用户比较集中的小地域,选取合适地点建立综合物流中心,在各用户集中区建立若干小配送点或营业部,采取统一集货,逐层配送的方式。后者是在业务涉及的主要城市建立连锁公司,负责对该城市和周围地区的物流业务,地区间各连锁店实行协作,该模式适合地域间或全国性物流,连锁模式还可以兼容前一模式。

4. 协同运作模式

协同运作模式是指为其他物流企业提供信息技术、管理技术、供应链策略和战略规划方案等,并与这些企业共同开发市场,但并不参与物流业务的具体实施,而是指导其他物流企业完成物流业务。

这种模式的特征在于:具有雄厚的物流配送实力和最优的解决方案,业务范围多集中在物流配送管理方面,针对性强、灵活性大。

5. 方案集成模式

方案集成模式是指为物流需求者提供运作和管理整个供应链的解决方案,并利用其成员的资源、能力和技术进行整合和管理,为需求者提供全面、集成的供应链管理服务。这种模式通常由物流公司和客户成立合资或合伙公司,客户在公司中占主要份额,物流企业可集成多个服务供应商的资源,重点为一个主要客户服务。

这种模式的特点在于:第一,这种模式的运作一般是在同一行业范围内,供应商和加工制造商等成员处于供应链的上下游和相关的业务范围内,彼此间专业熟悉,业务联系紧密,有一定的依赖性;第二,物流企业以服务主要客户为主,带动其他成员企业的发展;第三,该模式的好处是服务对象及范围明确集中,客户的商业和技术秘密比较安全;第四,物流企业与客户的关系稳定、紧密而且具有长期性;第五,要求客户的业务量要足够大,使参与的服务商对所得到的收益较为满意,否则大多数服务商不愿把全部资源集中在一个客户上。

6. 行业创新模式

行业创新模式是指通过借助自身资源、技术和能力的优势,为多个行业的客户提供供应链解决方案,它以整合供应链的职能为重点,以各个行业的特殊性为依据带动整个行业供应链实现创新。

这种模式的特点在于:以核心物流企业为主导,联合其他物流企业,为多个行业客户提供运输、仓储、配送等全方位、高端的供应链解决方案。如美国卡特彼勒物流公司从起初的只负责总公司的货物运输,发展到后来为其他多个行业的客户提供供应链解决方案,包括戴姆勒克莱斯勒公司、标志公司、爱立信公司等。

7. 动态联盟模式

动态联盟模式是指一些相对独立的服务商(如：3PL、咨询机构、供应商、制造商、分销商)和客户等，面对市场机会，通过信息技术相连接，在某个时期内结成供应链管理联盟。它的组成到解散主要取决于市场的机会和原企业可利用的价值。

这种模式的特点在于：第一，联盟企业间在设计、供应、制造、分销等领域里分别为该联盟贡献出自己的核心能力，以实现利润共享和风险分担；第二，它们除了具有一般企业的特征外，还具有基于公共网络环境的全球化伙伴关系及企业合作特征、面向经营过程优化的组织特征、可再构与可变的特征等；第三，能以最快速度完成联盟的组织与建立，优势集成，抓住机遇，响应市场，赢得竞争。

二、物流模式的选择要素

企业在进行物流决策时，应该根据自己的需要和资源条件，综合考虑以下主要因素，慎重选择物流模式。

(1) 物流对企业成功的影响度和企业对物流的管理能力。如果物流对企业成功的重要度高，企业处理物流的能力相对较低，则应采用外包物流方式；如果物流对企业成功的重要度较低，同时企业处理物流的能力也低，则应采用外购物流服务方式；如果物流对企业成功重要度很高，且企业处理物流能力也高，则应采用自营物流方式。

(2) 企业对物流控制力的要求。越是市场竞争激烈的行业，企业越是要强化对供应和分销渠道的控制，此时企业应该自营物流。一般来说，最终产品制造商对渠道或供应链过程的控制力比较强，往往选择自营物流，即作为龙头企业来组织全过程的物流活动，制定物流服务标准。

(3) 企业产品自身的物流特点。对于大宗工业品原料的回运或鲜活产品的分销，则应利用相对固定的专业物流服务供应商和短渠道物流；对全球市场的分销，宜采用地区性的专业物流公司提供支援；对产品线单一的企业，则应在龙头企业统一下自营物流；对于技术性较强的物流服务，如口岸物流服务，企业应采用委托代理的方式；对非标准设备的制造商来说，企业自营虽有利可图，但还是应该交给专业物流服务公司去做。

(4) 企业的规模和实力。一般地，大中型企业由于实力较雄厚，通常有能力建立自己的物流系统，制定合适的物流需求计划，保证物流服务的质量。另外，还可以利用过剩的物流网络资源拓展外部业务(为别的企业提供物流服务)。而中小企业则受人员、资金和管理资源的限制，物流管理效率难以提高。此时，企业为把资源用于主要的核心业务上，就应该把物流管理交给第三方专业物流代理公司。如实力雄厚的麦当劳公司，每天必须把汉堡等保鲜食品运往中国各地，为保证供货的准确及时，就组建了自己的货运公司。

(5) 物流系统总成本。在选择是自营还是物流外包时，必须弄清两种模式物流系统总成本的情况。计算公式为：物流系统总成本=总运输成本+库存维持费用+批量成本+总固定仓储费用+总变动仓储费用+订单处理和信息费用+客户服务费用。这些成本之间存在着二律背反现象：减少仓库数量时，可降低仓储费用，但会带来运输距离和次数的增加而导致运输费用增加；如果运输费用的增加部分超过了仓储费用的减少部分，总的物流成本反而增大。所以，在选择和设计物流系统时，要对物流系统的总成本加以论证，最后选择成本最小的物流系统。

(6) 外包物流的客户服务能力。在选择物流模式时，考虑物流成本尽管很重要，但外包物流对为本企业及企业客户提供服务的能力是选择物流服务至关重要的。也就是说，外包物流在满足企业对原材料及时需求的能力和可靠性，外包物流提供商对企业的零售商和最终客户不断变化的需求的反应能力等方面应该作为首要的因素来考虑。

(7) 自拥资产和非自拥资产外包物流的选择。自拥资产的第三方是指有自己的运输工具和仓库，从事实实在在物流操作的专业物流公司。他们有较大的规模、雄厚的客户基础、到位的系统。自拥资产的第三方通常专业化程度较高，但灵活性往往受到一定的限制。非自拥资产第三方是指不拥有硬件设施或只租赁运输工具等少量资产，他们主要从事物流系统设计、库存管理和物流信息管理等职能，而将货物运输和仓储等具体作业活动由别的物流企业承担，但对系统运营承担责任的物流管理公司。这类公司通常运作灵活，能够修订服务内容，可以自由混合、调配供应商。管理费用较低。企业应根据自己的要求对两种模式加以选择和利用。

根据我国的现状，第三方物流的运作可以考虑以下三种方案。

方案一是由某一项目发展商，投资新建或改建自己原有设备，完善综合物流设施，组织执行综合物流各功能的业务部门，这种方案非常适合迫切需要转型的大型的运输、仓储企业，可充分利用原有资源，凭借原有专项实力，有较强的竞争力。

方案二是项目发展商收购一些小的仓储、运输企业以及一部分生产、销售企业原有的自备车辆和仓库，对其进行整编改造。据统计，企业自备车辆和仓库占到总体物流设施的一半左右，如果能够对这一部分设施收编改造，就可直接推动商家租用第三方物流的服务，激活第三方物流市场。

方案三就是原有的专项物流运营商以入股方式进行联合，这种方式初期投入资金少，组建周期短，联合后各单项物流运营商还是致力于自己的专项，业务熟悉利于发挥核心竞争力，参股方式可避免联盟模式中存在的利益矛盾，更利于协作。

第四节　第三方物流管理实训

实训任务一　模拟第三方物流供应商的选择实训

一、实训目的

(1) 熟悉第三方物流供应商评选的基本原则；
(2) 掌握评价选择第三方物流供应商的基本方法。

二、实训任务

DM 公司是一家大型制造企业，企业发展需要选择一家适合的第三方物流服务供应商作为战略合作伙伴。请以 DM 公司管理团队或外聘顾问的身份模拟进行对 A、B、C 三家第三方物流服务供应商进行综合评价和选择(指导教师可根据教学需要自行拟定这 3 家第三方物流服务供应商的基本情况作为评价和选择的约束条件,或根据实地调研、问卷等形式汇总整理基本情况拟定条件)。

三、任务准备

(1) 自学第三方物流供应商选择评价的方法并准备好考评的相关表格、资料;

(2) 按照实训指导教师安排,将学生分为若干任务执行小组,首先每个任务执行小组内部复习并讨论本次任务所涉及的专业理论知识,然后每组由小组负责人具体分工按照实训任务要求进行操作。

四、任务执行指导

第三方物流供应商评选的基本操作步骤:

步骤 1:定义公司自身战略。

选择第三方物流供应商是一项非常重要的企业决策,必须在明确的公司全局战略的指导下开展选择第三方物流供应商的每一步。

步骤 2:判断第三方物流供应商是否能够建立集中化控制。

第三方物流的使用提供了对更大范围的工厂和配送设施网络的集中化控制。第三方物流供应商必须具备管理这一网络的技术和能力。

步骤 3:核实第三方物流供应商的运作经验。

大多数寻求第三方物流供应商的企业都是为了获得更好的服务水平。在挑选过程中,第三方物流供应商不能仅仅证明自己在本领域内的经验,还要展示其究竟能帮助自己的客户在其他的领域内获得多少提升。

步骤 4:衡量第三方物流供应商的技术。

在今天技术已成为竞争优势的重要驱动力,确保第三方物流供应商的信息技术能力是可以利用的。

步骤 5:确保能力匹配性。

虽然许多第三方物流供应商声明有能力为任何客户提供服务,但每一家第三方物流供应商都有自己的专长,一定要确保所选择的第三方物流供应商的能力与自己的企业相匹配。

步骤 6:考察硬性能力。

除了销售和营销,还要关注第三方物流供应商的真实能力,如第三方物流供应商在技术发展上投入多少资源。

步骤 7:设置信任极限。

好的商业关系都是建立在信任的基础上,而信任是要通过时间来获得的,所以要从一开始就明确划定第三方物流供应商能够接触到的商业机密的等级以及可以授予的信用额度。

步骤 8：确保文化兼容。

公司最好挑选与自己有相同商业哲学的第三方物流供应商，这一点在选择过程的最后阶段尤为重要。

步骤 9：寻求持续改进的支持。

当今，为了在全球范围内保持竞争力，各企业都被要求采用 6 西格玛和 IS09000 质量认证。如果公司非常注重质量的话，就必须选择同样注重质量的第三方物流供应商。

步骤 10：认真比较成本支出，但绝对不要过分看重低成本。

第三方物流供应商提供服务的成本固然是一个重要的因素，但却不是第一要素。选择第三方物流供应商的目的是为了实现重要的战略目标，而不是仅仅为了找到目前价格最便宜的第三方物流供应商。

表 11-2 评价选择第三方物流供应商基本指标

	供应商 A	供应商 B	供应商 C
财务稳定性(%)			
物流设备拥有率(万元)			
物流技术水平(%)			
市场占有率(%)			
保质率(%)			
准时率(%)			
作业准确率(%)			
任务完成率(%)			
顾客抱怨解决时间(%)			
员工素质(%)			
企业文化(10 分制)			
管理水平(10 分制)			
企业信誉(%)			
经营理念(10 分制)			
利益与风险共享性(%)			

五、任务执行结果评价

任务执行结果评价如表 11-3 所示。

表 11-3 模拟评选第三方物流供应商实训任务执行结果评价(指导教师用表)

考核评价内容	考评标准	分值	评价得分
对评选供应商理论的运用情况	评选小组成员身份构成的合理性	15	
	评价第三方物流供应商步骤的规范性	15	
模拟评选供应商的执行情况	评价指标和权重确定的合理性	20	
	对评价选择结果所做说明的说服力	20	
任务执行团队评价	团队分工的合理性、协同性	10	
	团队执行任务的效率	10	
	完成任务的创新性	10	
本次任务执行结果评价得分总计			

实训任务二　参观第三方物流企业实训

指导教师组织学生或由学生自主参观本地第三方物流企业，对第三方物流企业进行整体观察认识，也可事先准备访谈提纲或调查问卷，主要应观察或调研以下内容。

(1) 第三方物流企业的服务对象是谁？服务的主要内容有哪些？
(2) 第三方物流企业是如何为其客户进行服务的？
(3) 第三方物流企业在服务客户的过程中比较注意哪些问题？
(4) 第三方物流企业未来的发展规划是什么？
(5) 第三方物流企业对员工的基本素质和技能要求是什么？

以实训小组为单位写出参观学习报告，字数不低于 1000 字，并在全班范围进行公开阐述。最终由指导教师进行点评和总结。

第十二章 国际物流

案例导入

　　2002年1月8日，中国远洋物流公司在京宣告成立。中远集团以国际化的远洋船队为依托，以科技创新和管理创新为突破口，加强服务体系建设，在全国建立了包括300多个站点的物流服务网络体系，形成了功能齐全的信息系统；拥有营运车辆1222辆，其中集卡车850多辆，物流车339辆，大件运输车32组；仓库和堆场154万平方米；成功开行了6条以"中远号"命名的集装箱"五定班轮"。培养造就了一支现代物流和船舶代理专业人才队伍。

　　整合内部物流资源，成立现代物流公司，为国内外广大客户提供现代物流、国际船舶代理、国际多式联运、公共货运代理、空运代理、集装箱场站管理、仓储、拼箱代理；铁路、公路和驳船运输、项目开发与管理以及租船等服务。中远物流将把发展重点放在国内，锁定三个目标市场：巩固已有的客户资源；开拓国内大中型跨国企业物流市场；国外物流企业进入中国后需要寻找国内的物流供应商，中远物流利用即将形成的优势，即和外来公司合作又进行竞争。

　　中国远洋物流公司凭借国际化的网络优势，在细分市场的基础上，重点开拓了汽车物流、家电物流、项目物流、展品物流，为客户提供高附加值服务。建立了长江流域和珠江三角洲流域两大集装箱支线服务体系。作为公共支线承运人，有力地支持了干线班轮运输业务。以上海、天津、武汉等港口枢纽城市为中心，依托高速公路网，建立比较完整的国内干线配送和城际快运通道。形成了以北京、上海、广州为三大集散中心空港为主体的航空货运代理网络，在欧洲、美洲、日本、韩国、香港等空港建立了空运代理机构，初步建立了全球空运网络。在全国所有开放口岸设有八十多家船舶代理机构，在日本、韩国、新加坡、希腊等国家以及中国香港设有多个代表处。主要经营中外籍各类船舶在我国港口、水域和有关地方的各项代理业务，包括办理订舱配载、单证制作、EDI传输、提单签发、进口放货，以及运费收取、海事处理代理等服务。为客户提供航空货运、快件、客票、监管运输及报关、仓储等服务，办理订舱、仓储、中转、集装箱、拼

箱拆箱、结算运杂费、报关、报验、保险、相关短途运输以及信息咨询等服务。

(资料来源：中远物流，http://www.cosco-logistics.com.cn/index.jsp)

第一节　认知国际物流

一、国际物流的含义

1. 国际物流的概念

国际物流(International logistics)指不同国家(或地区)之间的物流。对国际物流的理解有广义和狭义之分。广义的国际物流是指各种形式的物资在国与国之间的流入和流出，包括进出口商品、转运物资、过境物资、捐赠物资、援助物资、军用物资、加工装配所需物料、部件及退货等在国与国之间的流动。而狭义的国际物流是指与另一国进出口贸易相关的物流活动，包括货物集运、分拨配送、货物包装、货物运输、申领许可文件、仓储、装卸、流通加工、报关、保险、单据交换等。本节所述的国际物流主要是指与国际贸易相关的国际商品流动。

国际物流是国际贸易的一个必然组成部分，各国之间的相互贸易最终要通过国际物流来实现。也就是说，国际物流作为现代物流业的重要组成部分，是伴随货物在两个或两个以上国家(或地区)的物理性移动而发生的国际贸易活动。从国际贸易的一般业务角度来看，国际物流表现为实现国际货物贸易或交易最终目的的过程，即卖方交付单证、货物和收取货款，而买方接受单证、货物和支付货款的贸易对流条件。从本质上讲，国际物流是按国际分工协作的原则，依照国际法律、公约和惯例，利用国际化的物流网络、物流技术和设施，实现货物在国家之间的流动和交换，以促进区域经济发展和世界资源的优化配置。从企业经营看，近十几年跨国企业发展的很快，不仅已国际化的跨国企业，即便是一般有实力的企业也在推行国际战略，企业在全世界寻找贸易机会，寻找理想的市场，寻找好的生产基地，这就将企业的经济活动领域必然地由一个地区、一个国家扩展到国际。这样一来，企业的国际物流也提到议事日程上来，企业必须为支持这种国际贸易战略，更新自己的物流观念，扩展物流设施，按国际物流要求对原有的物流系统进行改造。

2. 国际物流的特征

国际物流是不同国家之间的物流，这种物流是国际贸易的一个必然组成部分，各国之间的相互贸易最终通过国际物流来实现。与国内物流相比，国际物流除了具有一般物流系统的共同特征外，还具有以下特点。

1) 国际性

国际性是指国际物流系统涉及多个国家，系统的地理范围大。这一特点又称为国际物流系统的地理特征。国际物流跨越不同地区和国家，跨越海洋和大陆，运输距离长，运输方式多样，这就需要合理选择运输路线和运输方式，尽量缩短运输距离，缩短货物在途时间,加速货物的周转并降低物流成本。

2) 复杂性

在国际的经济活动中,生产、流通、消费三个环节之间存在着密切的联系,由于各国社会制度、法律制度、自然环境、技术和管理标准、风俗习惯不同,各种影响因素波动大、可控性低,因而在国家间组织好货物从生产地到消费地的流动,是一项复杂的工作。

3) 风险性

国际物流所处的环境不同,物流运作复杂,所经过的环节繁多。因而其风险性很大。国际物流的风险主要包括政治风险、投资风险、经济风险、自然风险、合同风险、运输无责任限制风险和加大责任范围风险等。政治风险主要指所经过国家的政局动荡,如罢工、战争等原因造成货物灭失或受损。投资风险是指对物流设备投资后,由于对物流量预测不准,或对方提前终止合同等造成损失。经济风险是指不同国家汇率变动或利率变动造成损失。自然风险是指物流活动过程中,可能因自然因素,如台风、暴雨、海啸等造成损失而引起风险。合同风险主要指物流服务质量达不到合同要求而给对方造成损失的风险。无责任限制风险是指各种运输方式在国际公约或国内法中都有责任限制,而物流服务目前世界上还没有责任限制的规定,在货物运输过程中,承运人只能按国际公约、国内法或合同约定的赔偿限额进行赔偿,国际物流服务公司主要承担货物实际价格与运输赔偿限额的差额,加大责任范围是指货物运输过程中承运人责任期间以外,即物流两端货交承运人前和从承运人接收到货物以后,物流服务公司所承担的责任期间,货物的损坏或灭失所造成的风险。上述这些风险,对国际物流服务者来说,应引起足够的重视。

4) 不规则性

国际物流的不规则性,是指物流系统的功能因地区或地理环境以及工作标准差异大而造成的国际物流的不对称性和不协调性。国际物流的不规则性造成在物流运程中物流需求与物流供给之间不总是吻合的。

5) 国际物流必须有国际化信息系统的支持

国际化信息系统是国际物流,尤其是国际联运非常重要的支持手段。国际信息系统建立的难度,一是管理困难,二是投资巨大,再者是国情差异。当前国际物流信息系统一个较好的建立办法是和各国海关的公共信息系统联机,以便及时掌握有关各港口、机场和联运线路、站场的实际状况,为供应或销售物流决策提供支持。国际物流是最早发展"电子数据交换"(EDI)的领域,以 EDI 为基础的国际物流将会对物流的国际化产生重大影响。

6) 国际物流的标准化要求较高

要使国际物流畅通起来,统一标准是非常重要的。目前,美国、欧洲基本实现了物流工具、设施的统一标准,如托盘采用 1000mm×1200mm,集装箱的统一规格及条码技术等。这样一来,大大降低了物流费用,降低了转运的难度。在物流信息传递技术方面,欧洲各国不仅实现了企业内部的标准化,而且实现了企业之间及欧洲统一市场的标准化,这就使欧洲各国之间的系统比其与亚洲、非洲等地区的交流更简单、更有效。

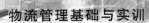

二、国际物流与国内物流的区别

1. 完成周期的长短不同

国际物流作业之所以需要较长的完成周期，是因为通信传输延迟、融通资金需要、特殊包装要求、远洋运输船期长，以及海关清关手续等因素综合作用的影响。这些活动的复杂性导致国际物流的完成周期比典型的国内作业更长、更缺乏一致性，也更缺少灵活性。尤其是一致性的降低，增加了物流计划的难度。完成周期长，也会导致更高的存货要求，因为在任何点上都有大量的商品处于转移之中。在等待国际装运交付产品的到达和清关期间，需要不断地对存货和存货空间的需求进行评估。

2. 作业复杂程度不同

1) 语言方面

国际物流作业要求产品和有关单证使用多国语言，诸如计算机或计算器之类的产品必须具有地方特征，产品本身的键盘字母和说明书上的语言必须使用多国语言等。尽管英语是通用的商业语言，但有些国家要求提供用当地语言翻译好的物流单证和海关文件。这就增加了国际物流作业的时间和工作内容，因为在装运交付前必须将复杂的物流单证翻译完毕。当然，随着科学技术的发展，这类通信传输和物流单证上的困难可以通过标准 EDI 方式的交易得到克服。

2) 产品数目方面

产品本身也有可能存在着内在特点的差异，如性能特征、能源供应特点以及安全上的需要等。在国与国之间的这种细微区别也许会大大增加所需的库存单位数以及随之而来的存货水平。

3) 单证数量方面

国内作业一般只用一份发票和一份提单就能完成，而国际作业往往需要大量的有关订货项目、运输方式、资金融通，以及政府控制等方面的单证和文件。

4) 运输复杂性

在国内市场上，物流作业只需要与单一的或数量有限的承运人签订合同，这是件相对比较简单的事；但在国际运输市场，需要从事的是全球化的物流作业，运输与其他服务如银行、报关、商检密切结合，托运人要与承运人签订综合的运输合同。

3. 系统内一体化程度要求高

由于每一个国家的作业都可以被看作是一个独立而又自治的合法整体，所以造成国际物流协作有一定的困难。因此，第三方物流在作业上的差异要求企业加强整个系统一体化的作业协调，包括发送订货的能力，以及要求使用 EDI 方式在世界上任何地方从事存货管理的能力。这要求物流企业应该具备一体化的全球物流信息系统。

4. 发展行业联盟至关重要

物流企业与承运人和专业化服务供应商的联盟对于国际物流作业来说比对国内作业

更加重要。如果没有联盟,对于一个从事国际物流作业的企业来说,就必须与全世界的零售商、批发商、制造商、供应商以及服务供应商保持合同关系,而维持这种合同关系需要花费大量的时间。国际联盟能够提供市场通道和专业人员,并且减少在全球物流作业中的潜在风险。

三、国际物流环境

企业走向国际市场,在不同国家所遇到的物流环境包括微观环境和宏观环境都会有所不同。微观环境主要包括企业本身的状况、顾客和客户、竞争者、合作者等,它们影响着企业的经营水平、经营素质以及为目标市场服务的能力,同时微观环境又要受到宏观环境中的各种因素的制约和影响。宏观环境是指那些给企业带来机会和环境威胁的不同国家的主要社会力量和社会条件,包括经济环境、政治法律环境、金融环境、自然环境和技术、文化环境等等。这里重点分析影响国际物流运作的有关宏观环境的几个问题。

1. 法律环境

国际物流的性质决定了它必然涉及不同国家的公民和组织机构,每个国家的法律体系又不一样,一个国家的法律规定商业实务运作,限定交易履行方式,规定交易各方的权利和义务。在物流运作中引起的一系列费用支出或争议问题,就应注意在该国的法律适用问题。国际物流涉及的法律不仅与运输、仓储有关,而且还会涉及产品的安全、产品责任、定价、策略、知识产权等法律问题,下面简单讨论合同法的差异及其处理。

1) 世界主要法律体系

当今世界基本上有两个法律体系,即大陆法系和普通法系。大陆法是以载入法典的、详加说明的一系列法律为主,其中包括规范商业交易的法律,世界上有 80 多个国家采用大陆法系,其中包括法国、德国、俄罗斯、中国、日本等。由于大陆法系源于罗马法制的成文法,按此法律起草的合同,因法典已有详细条款,所以要简练明确。另一法系即为普通法系,因为普通法系在英国已经发展了几百年,它现在存在于大多数前英属殖民地,其中包括美国,所以也称英美法系。

另外,信奉伊斯兰教的国家尚有伊斯兰法,它是以可兰经教义及它在个人日常生活中的应用为基础。在商务活动中,它尤其是适用于禁止对贷款加收利息等事项。世界上有 27 个国家是依据伊斯兰教法系为法律依据的,但在程度上多少掺杂了成文法或习惯法。

2) 如何对待法律冲突

各个国家都有自己特定的法律,这些法律是这些国家历史、文化和政治体系的产物。在签订合同的时候,当事人可能会发现,对某些特殊问题,一种法律会比另一种法律更有利于自己,例如,大多数国家的法律规定了"契约自由"的原则,合同双方可以或者必须在合同中约定该合同行为适用哪种法律,而且这一法律对履行合同的双方都有利,那么,在合同开头就必须申明本合同适用该种法律。然而,对来自不同国家的当事人而言,他们很可能更愿意选择另一种对双方都适用的法律。例如,合同当事人是来自不同法系的国家,这两个公司会倾向于选择第三国瑞士的法律。这样的结果,双方会在发生争议时,感到更公平。

由于世界上有很多国际公约和商业惯例，多数情况下这些国家是公约的参加国或是这些国际惯例的签字国。那么，合同首先应适用国际公约。国际商业惯例虽不具有法律性质，但是合同双方当事人一旦同意在该合同中引用，同样对合同双方都具有约束力。

仲裁是国际商务活动中解决争议常采用的一种方法，这种方式可避免在发生争议时，采用其他做法费用过高而且牵涉面广、易伤和气的缺点。但是，仲裁只有在当事人双方均同意将争议交某仲裁委员会仲裁时，才成立。

2. 政治环境

1) 关税壁垒

关税原先的目的是要通过提高进口货物的关税税率，使得外国企业进口货物的价格提高，从而削弱外国企业产品的市场竞争力。但是在国际物流的运作中，关税在两个方面使国际物流变得复杂起来。第一，在评估物流费用时，必须把关税看作其附加的成本要素；第二，关税是政治上的手段，极易随政府政策的改变而迅速变化。由于贸易货物流量和流向会不断地随关税而变化，因此关税的贸易壁垒依然成为国际物流的实际壁垒。

2) 非关税壁垒

非关税壁垒是指关税以外限制进口的各种措施。目前常见的有进口配额制、"自动"出口配额制、进口许可证制、外汇管制、进口和出口国家垄断和歧视性政策、采购政策，等等。

由于国家采取上述控制措施，不但会使国际物流运作复杂程度提高，而且直接影响物流完成周期的长短、增加物流费用以及直接影响物流量等。例如，进口配额制，一个国家在一定时期内，对某些商品的进口量或金额规定最高限额，超过限额征收高关税或停止进口。从美属萨摩亚进口到美国的金枪鱼都订有协议，这类协议规定，当年度进口总量超过一定数量时，将征收 15%的关税。于是，当金枪鱼将达到规定数量时，进口商就会在各保税仓库建立存货，作为第二年年初放行装运的货物。虽然使用保税仓库保存的策略可以减少关税，但同时又增加了物流的复杂性及其物流成本。

3) 金融风险

外汇管制是一国政府通过法令对国际结算和外汇买卖实行限制以平衡国际收支和维持本国货币汇率稳定的一种制度。外汇管制下，出口商必须把他们出口所得到的外汇收入按官定汇率卖给外汇管制机关；进口商也必须在外汇管制机关按官定汇率申请购买外汇，本国货币携出国境也受到严格限制等。这样，有关政府机构就可以通过确定官定汇价，集中外汇收入和批汇的办法，控制外汇供应数量，来达到限制进口商品品种、数量和原产国别的目的。

有些国家在一定时期内的通货膨胀率极高，有的国家货币在短期内大幅度升值，如果再加上存款利息的频繁变动，这种金融风险不仅给国际物流运作增添了更多的麻烦，而一旦掌握不好，必将造成物流成本的大幅变动。

4) 运输业的管制

政府对运输业的管制主要表现在运输市场准入的限制，很多国家在规章制度上对国际运输经营权进行过限制，即承运人在传统上被限制在单一运输方式的经营范围，几乎很少有共同定价和协定,尤其是班轮航线不能拥有和管理诸如汽车和铁路之类的陆上运输作业。由于国际货物运输往往需要多个承运人来履行整个全程的运输合同,而使全程运输变得相当复杂。例如,许多国家航运业规定,外国人所拥有的承运人不能在内陆起运地和目的地之间作业,当承运人在外国进行收货或交付时会受到种种限制。具体地说,是政府而不是市场力量来确定外国承运人所能承担的服务范围。突出表现在沿海航行权多数国家只能由本国船舶企业经营,国际多式联运经营权如何审批等等。

只有在各国政府放宽了市场准入的限制,才能促进国际多式联运的发展,从而实现国际物流的真正顺畅运作。例如,目前美国 UPS 公司可以在全球 190 多个国家结合公路、铁路、航空和水路运输提供包裹递送服务。这有助于提高国际装运交付效率、可以提高一站式(One－Stop)物流服务的效率。

3. 自然环境

1) 地理位置对物流活动的影响

地理位置是指一个国家或地区在地球上所处的空间区位。物流的主要效用之一就是使产品产生位置移动的空间效用,产品从生产地到送达地表明了位移的距离,地理位置的不同,会在很大程度上影响和制约这种流动的难易程度,所需的时间和效率,也直接关系到物流费用,有的甚至影响物流活动实现的可能性。

物流企业的业务人员必须了解并掌握顾客所在国家的地理位置的特点以及确定运输路线、安排计划,核算成本,组织运作,有时还应当了解本国与另一国的时间差,以便根据时差情况,适当安排活动日程等,尤其当货物需要国际航空运输时掌握时间差显得更为重要。

2) 地形对产品运输的影响

在地势平坦、通航河流较多,特别是有海岸线的国家,公路网和铁路网比较发达,交通运输便利,产品实体运输时,通常是又方便又经济,物流完成的周期又短。而山脉、沙漠地区常常使运输费用、包装费用增加,时间延长,特别是使企业向更多的地区运送产品变得十分困难,这样的地区往往交通运输条件较差,企业物流人员预先没有估计这些困难,则可能使物流的经济效益和效率降低,物流计划不能很好地完成。

例如,日本是一个沿海岸延伸的岛国,山区面积广大而平原狭小,特殊的地形使日本的人口多数集中在各岛沿海平原和沿河地带。货物主要通过海运运至港口,由公路即可快速转运,物流便捷流畅;而非洲许多国家由于无力在防治土地荒漠化上进行更多的投资,内陆的物流就非常复杂而困难。

3) 气候条件对产品及包装的影响

一些国家特殊的气候等自然环境,常常对产品和包装提出特殊要求,例如,各种电气设备、家用电器若运往潮湿、多雨的地区就需要提高耐潮湿性和安装保护装置;在风沙较大地区的汽车,安装双空气滤清器就显得十分必要。可见,对于出口商品及其包装,应当根据进口国家的温度、湿度、风、雨等特殊情况进行适当的调整,例如许多药品,必须通过特别密封包装。在一些气候条件较恶劣的国家和地区,物流活动必须通过流通加工等增值服务来保证产品质量及其效能的发挥。

有些城市或地区常会因恶劣气候而与外界完全隔离，这样就使进货期及安全存货量必须多于普通地区额定存货量，从而增加物流的存货成本。

4) 自然资源对物流的影响

地区的自然资源直接影响全球资源的配置、跨国公司的建立以及物流的预测和物流供应链的设计。例如，海湾各国的石油储量丰富，盛产石油的沙特阿拉伯、科威特、阿拉伯联合酋长国等，通过石油输出而获得大量财富，一跃而成为经济富裕国家。工业发达国家的跨国公司在海湾地区持续地增加投资，就是为了开采和利用海湾国家的石油资源。

目前，越来越多的跨国公司加强了对资源的发掘和开发利用，并把东道国的资源评估作为投资决策的重要依据。这些国家资源的开发和跨国公司的产品，以及配套产品则构成了国际物流的服务对象，在不同程度上直接影响国际物流的流量、流向以及服务目标。

4．基础设施和技术环境

1) 基础设施

(1) 交通运输。便利的交通运输可以为国际物流活动提供更多的选择机会。由于国际集装箱运输的发展，对于批量比较大的货物往往首先考虑海上国际集装箱运输的航线、航班密度；对于小批量贵重货物优先选择和考察国际航空运输路线，对于国际航线的开通、航班密度、航空公司的国籍，能否适应国际主干线的运输；通过国际铁路联运可以送达的货物或具有国际铁路联运的邻国也可选择国际铁路联运。在主干线运输可以送达消费地或其附近的港口、机场、车站时，再考察高速公路或普通公路的运输设施，以及各中转港口、车站、机场的中转设施。只有在物流路线畅通、设施完善的情况下，此物流系统才具备基本条件。在国际物流活动中，主要应考虑采用国际多式联运时，其有关设置的完善程度。

(2) 信息、通信。物流的国际通信设备的装备水平及普及程度，直接影响到物流活动和商务交易的便捷程度和对信息的掌握准确程度，以及物流成本和物流活动的控制。互联网的发展，可给国际物流活动提供完善的通信和 EDI 服务。

(3) 商务设施。商务设施包括仓库、冷冻链、网点设置、金融和保险机构、中介代理和咨询机构等。如果在国外当地的商务设施不齐备，物流系统设计应做好应急措施准备，实物分配通路要根据各国的商业设施状况加以适当的修正。

2) 技术环境

技术是指人们所有行事方法的知识总和。它直接影响到企业的产品开发、设计、销售和物流活动全过程的管理。物流的技术环境不仅是目标市场国的科技发展状况和相关的技术水平，而且还涉及物流活动过程所涉及的国家，从广泛的意义上还受到世界技术发展水平和应用程度的影响。

仅从国际物流活动角度看，技术环境涉及货物运载工具的发展、运输基础设施的发展等，各种运输方式生产管理系统的自动化，货物的仓储技术、装卸搬运技术、包装技术以及流通加工技术等。

四、国际物流的发展阶段

国际物流随着国际贸易和其他各种国际商务活动的发展也不断得到发展,物流国际化也越来越受到世界各国的重视。国际物流活动的发展大体经历了以下几个阶段。

1. 国际物流的形成阶段(20世纪50年代至80年代初)

这一阶段开始于20世纪50年代至80年代初,也是物流概念的完成阶段。在这一阶段中,物流的概念在国际物流由传统物流向综合物流发展并逐步得到了完善,也使物流概念在世界范围内得到了传播。这一阶段物流的基础设施和物流技术得到了极大地发展,出现了大吨位的船舶,油船出现了30万吨级,矿石船、散运粮船达10万吨,集装箱船运输由出现到逐步完善;国际航空运输也迅速崛起;大的港口和工业发达的城市出现了配送中心,计算机参与企业管理也得到了广泛的应用,出现了无人立体仓库,一些国家建立了本国的物流标准体系等等。物流系统基础设施的完善促进了国际贸易的发展,物流活动已超出了一国范围。应当说,这一时期集装箱运输和航空运输的发展,以及电子计算机的广泛应用为国际物流的形成建立了坚实的技术基础;而物流概念的完善,则是国际物流形成的理论基础。

2. 国际物流的发展阶段(20世纪80年代初至90年代初)

这一阶段开始于20世纪80年代初至90年代初。随着世界经济的发展,区域经济一体化开始形成,国际经济交往日益扩大。国际集装箱多式联运在这一时期被越来越多的部门重视,并得到了迅速发展,物流信息、系统和EDI进入商品流通领域。进入20世纪80年代,美国经济已经失去了兴旺发达的势头,陷入长期衰退的危机之中。因此,必须强调改善国际性物流管理,降低产品成本,并且要改善服务,扩大销售,在激烈的国际竞争中获得胜利。与此同时,日本正处于成熟的经济发展期,以贸易立国,要实现与其对外贸易相适应的物流国际化,并采取了建立物流信息网络,加强物流的全面质量管理等一系列措施,提高物流的国际化的效率。随着激烈的国际竞争,"小批量、高频率、多品种"的物流观念的出现,以及物流的机械化、自动化水平的提高,物流管理领域新技术、新方法大量出现。美、日、欧的一些发达国家的物流国际化在这一阶段迅速发展。

3. 国际物流逐渐进入成熟阶段(20世纪90年代初至今)

从20世纪90年代初开始,由于物流发展的成熟,国际物流的概念和重要性已为各国政府和外贸部门所普遍接受。全球商务活动随着世界经济发展全面展开,除了商品交换国家型的国际贸易的增长,国际投资所形成的跨国公司已遍布世界各国,国际市场营销的观念深入企业,把顾客服务作为主要目标的商品交换和商品流通得到迅猛发展,贸易、合作伙伴遍布全球。必然要求物流设施国际化、物流技术国际化、物流服务国际化、国际运输国际化、包装技术国际化和流通加工国际化的国际物流的全面国际化发展趋向。国际物流的电子技术得到了迅速发展,如商品的条码技术、商品自动分检系统、GPS全球卫星定位系统、EDI的相对普及,以及互联网的迅猛发展,将逐渐完善国际物流的信息处理系统。随着国际物流的发展要求，第三方物流服务业兴起，增强物流服务意识，并逐渐在国际物流的服务竞争中增强了供应链管理的理念，渐渐形成了包括原材料供应商、生产制造商、物流公司、批发商和顾客为一体的供应链上各企业的战略联盟。

随着世界各国广泛开展国际物流方面的理论研究和物流实践方面的大胆探索，人们已经形成共识，只有广泛开展国际物流合作发展，才能促进世界经济繁荣。

五、国际物流的分类

根据不同的标准，国际物流可以有不同的分类，以下为常见的四种分类。

（1）根据货物在国与国之间的流向分类，可以将国际物流分为进口物流和出口物流。当国际物流服务于一国的商品进口时，即可称为进口物流；反之，当国际物流服务于一国的商品出口时，即为出口物流。由于各国在进出口政策，尤其是海关管理制度上的差异，进口物流与出口物流，既存在交叉的业务环节，也存在不同的业务环节。

（2）根据货物流动的关税区域分类，可以将国际物流区分为不同国家之间的物流和不同经济区域之间的物流等。区域经济的发展是当今国际经济发展的一大特征，比如欧盟国家之间由于属于同一关税区，成员国之间物流运作与欧盟成员国与其他国家或者经济区域之间的物流运作在方式和环节上存在较大的差异。

（3）根据跨国的货物特征分类，可以分为国际军火物流、国际商品物流、国际邮品物流、国际捐助或救助物资物流、国际展品物流、废弃物物流等。

（4）根据物流系统的性质分类，可分为宏观国际物流和微观国际物流。此外，还可以根据功能与方式不同、物流服务提供商不同等进行分类。

六、国际物流服务商与业务

1. 国际物流服务商

国际物流服务商，也称国际物流企业或国际物流服务供应商，是指从事国际物流活动的经济组织。它是独立于生产领域之外，专门从事与国际物品流通有关的各种经济活动的企业，是市场经济中依法进行自主经营、自负盈亏、自我发展、自我约束，具有法人资格的经营单位。基于不同的角度，国际物流服务商的分类方法有多种。比如，按起源分类，可分为起源于运输企业、起源于仓储企业、起源于货运代理公司、起源于货主企业、起源于财务或信息服务公司等五类。按照物流业务范围和功能分类，可分为综合性物流企业和特定功能性物流企业。特定功能性物流企业，也可叫单一物流企业，即它仅仅承担和完成某一项或几项物流功能；而综合性物流企业能够完成和承担多项甚至所有的物流功能。

1）综合型物流企业

综合型物流企业的业务范围往往是全国或世界规模，它能应对货主企业的全球化经营对物流的需求，如中远集团、中外运集团等。这类物流企业具有功能整合度高、物流服务范围广、综合实力强大、能为客户提供全方位综合物流服务的特点。

2) 机能整合型物流企业

机能整合型物流企业是以货物对象、功能或市场为核心,导入系统化的物流,通过推进货物分拣,追踪提供输送服务。如中国邮政速递服务公司(EMS)、中铁快运有限公司(CRE)、中国航空快递有限责任公司(CAE)及众多码头堆场、机场公司等。这类企业能自身承担从集货到配送等物流活动,可以调度实现机能整合。由于企业服务的是特定的货物、功能或市场,所以其服务的范围受到限制。

3) 代理型物流企业

这类企业机能整合度低,但服务范围广,通常自身不拥有运送手段,而是以综合运用铁路、航空、船舶、汽车等各种手段运输,靠经营网络的优势,开展货物混载代理业务。它们具有把不同的物流服务项目组合,以满足客户需求的能力。目前,运输代理企业正在向第三方物流企业发展,即迈向提供物流交易双方的部分或全部物流功能的外部提供者。

4) 缝隙型物流企业

这类企业表现为机能整合度低,物流服务范围较窄,它主要向局部市场的特定顾客服务。这类企业通常开展一些见缝插针的物流服务,如一些小的仓储公司、汽车公司等。

2. 国际物流服务商的业务内容

一般而言,国际物流服务商可以提供包括采购原料、商品生产或加工地点、原料或产成品的储存保管、装卸、包装、租船、订舱、配载、制单、报价、集港、疏港、运输、结汇、跟踪物流位置,直至货物到达指定目的地的最终用户手中的一系列服务。但就具体物流企业而言,其业务内容与企业资产实力、资金实力、资源整合能力、信息技术能力及企业定位、市场、客户需求有关。根据服务的功能与手段及与客户的合作程度,物流服务可分为以下四种类型。

1) 基本功能的物流服务

主要提供运输、仓储等单一或少数物流功能的组合服务项目。这一服务层次以一次性服务为特点,不一定建立在长期物流合同的基础上,一般不要求提供很多的办调服务。

2) 实物运作的物流服务

与客户建立在长期物流合同的基础上,客户只要求提供实物运输、配送、分销、流通加工、采购、收款、咨询、信息以及其他增值作业等服务。其主要业务特点是基于从供应方到需求方物品流动的全程或主要流程的运作与管理。

3) 管理活动的物流服务

是建立在物流管理合同的基础上,除了物流业务还包括运输管理、库存控制、货物跟踪、需求预测、网络管理、供应链 IT 支持、物流行政管理,包括将某些仓库及车队交给物流企业管理。这种模式需要一定的信息系统集成、业务流程重组和经营组织变革,是物流服务中需要管理咨询、系统集成、虚拟经营等技术支持的一种典型形式。

4) 基于集成方案的物流服务

是客户与物流企业建立在长期物流合同的基础上,形成一体化供应链物流方案,根据集成方案将所有的物流运作以及管理业务全部外包给物流企业。这是物流企业整合内外部资源，提供商流、物流、信息流和资金流一体化运作的集成供应链管理形式。

第二节　国际物流与国际贸易

一、国际物流与国际贸易的关系

1. 国际物流从业人员必须掌握国际贸易的基础知识

国际贸易是指世界各国之间的商品或劳务的交换活动。它是在不同国家之间分工即国际分工的基础上发展起来的，它反映了世界各国之间的相互依赖关系，这种关系包括经济、资源和政治。与国内贸易相比国际贸易复杂得多，从每一个具体贸易业务来讲，为了明确交易双方各自承担的义务、责任，当事人在洽商与订立合同时，必须在很多方面进行明确，必须解决的问题有：

(1) 卖方在什么地方，以什么方式交货，买方的货款如何支付；
(2) 货物发生损失或灭失的风险何时由卖方转移给买方；
(3) 由谁负责货物的运输、保险及通关、过境的手续；
(4) 由谁负担上述事项所需的各项费用；
(5) 买卖双方需要交换哪些有关单据。

以上这些问题的解决离不开国际物流，是国际物流服务的重要内容。所以，国际物流从业人员必须掌握国际贸易方面的基础知识，如进出口贸易的基本业务环节、外贸合同、信用证、贸易术语、国际惯例与公约等。

2. 国际物流与国际贸易相互依存、相互促进、相互制约

国际物流是为国际贸易和跨国经营服务的，即选择最佳的方式和路径，以最低的费用和最小的风险，保质、保量、适时地将货物从某国的供方运到另一国的需方。作为国际价值链的基本环节，国际物流不仅是国际商务活动得以实现的保证，而且为国际贸易带来新的价值增值，成为全球化背景下的"第三利润源"。国际物流作为服务业本身属国际服务贸易的范围，同时又是国际货物贸易的重要组成部分，二者是相互依存、相互促进和相互制约的关系。

1) 国际物流是国际贸易的必要条件

高效的国际物流系统是国际贸易持续发展的保证。国际商品和劳务流动是由商流和物流组成的，前者由国际交易机构按照国际惯例进行，后者由物流企业按各个国家的生产和市场结构完成。只有物流工作做好了，才能将国外客户需要的商品适时、适地、按质、按量、低成本地送到，从而提高本国商品在国际上的竞争能力，扩大贸易。

2) 国际贸易促进物流国际化

跨国经营与国际贸易的发展，促进了业务和信息在世界范围内的大量流动与广泛交换，物流国际化成为国际贸易和世界经济发展的必然趋势。

3) 国际贸易的发展促进了国际物流技术的进步

物流技术是指物流活动中所采用的自然科学与社会科学方面的理论、方法，以及设

施、设备、装置与工艺的总称。国际贸易的发展对企业及社会的物流预测管理等技术方面提出了更高的要求，也是促使物流技术发展的主要动因之一。随着国际贸易的发展，世界各国、各大企业在世界市场上展开了激烈的竞争。虽然质量在消费者眼中越来越重要，消费者关注的不仅仅是价格，但价格仍然是取胜的一个重要因素。国际贸易的发展要求从各个方面降低成本：原材料价格、订单成本、运输价格、库存成本等，这就对国际物流的各个环节提出了新的挑战和要求。在国际贸易的推动下，国际物流从理论上到技术上都有了重大的创新和发展。

4) 国际贸易的发展不断对国际物流提出新的要求

全球经济的发展，人类需求层次的提高，一方面使得国际贸易取得了长足的发展，主要表现在贸易量的快速增长和可贸易商品种类的极大丰富；另一方面，也促国际贸易的结构发生了巨大的变化，传统的初级产品、原料等贸易品种正逐步让位于高附加值、精密加工的产品。国际贸易的变化发展对国际物流的质量、效率、安全等提出了更高的要求。

二、国际贸易术语及国际贸易惯例

1. 国际贸易术语概述

在国际货物买卖运输、交接的过程中，需要办理进出口清关手续，安排运输与保险，支付各项税捐和费用。货物在装卸、运输过程中，还可能遭受自然灾害、意外事故和其他各种外来损害。有关上述事项由谁来承办，费用由谁负担，风险如何划分，买卖双方在磋商交易签订合同时，必须予以明确。为了简化手续和交易过程，并便于双方当事人成交，买卖双方便采用某种专门的用语来表明各自的权利与任务。这种用来表示交易双方所承担的责任、费用与风险(responsibilities,cost,risks)的专门用语，称为贸易术语(tradeterms)。它们来源于国际贸易惯例，是在国际贸易长期实践的基础上产生的。

2. 主要国际贸易惯例

由于在相当长的时期内，在国际上没有形成对各种贸易术语的统一解释，更由于理解、习惯的不同，实际中经常会出现误解和争议。为了解决这一问题，国际商会、国际法协会等国际组织以及美国一些著名的(企业)商业团体经过长期努力，分别制定了解释国际贸易术语的规则，这些规则被普遍接受与广泛应用，因而形成一般的国际贸易惯例。有关国际贸易术语的国际惯例主要有三种。

1) 《1932年华沙—牛津规则》(Warsaw-Oxford Rules 1932)

《华沙—牛津规则》是国际法协会专门为解释 CIF 合同而制定的。国际法协会于1928年在波兰的首都华沙开会，制定了关于 CIF 买卖合同的统一规则，称之为《1928年华沙规则》，共包括22条。其后，在1930年的纽约会议、1931年的巴黎会议和1932年的牛津会议上，将此规定修订为21条，并更名为《1932年华沙—牛津规则》，一直沿用至今。这一规则对于 CIF 的性质、买卖双方所承担的风险、责任和费用的划分以及货物所有权转移的方式等问题都作了比较详细的解释。这一规则目前运用的相对较少。

2) 《1941年美国对外贸易定义修订本》(Revised American Foreign Trade Definitions 1941)

《美国对外贸易定义修订本》是由美国几个商业团体制定的。它于1919年在纽约制定,原称为《美国出口报价及其缩写条例》。后来于194 年在美国第27届全国对外贸易会议上对该条例作了修订,命名为《美国对外贸易定义修订本》。

《美国对外贸易定义修订本》中所解释的贸易术语共有六种,它们分别为:①Ex(Point of Origin),产地交货;②FOB(Free on Board),在运输工具上交货,分为六种,其中第五种为装运港船上交货——FOB Vessel(named port of shipment);③FAS(Free Along Side),在运输工具旁边交货;④C&F(Cost and Freight),成本加运费;⑤CIF(Cost, Insurance and Freight),成本加保险费、运费;⑥Ex Dock(named port of importation),目的港码头交货。《美国对外贸易定义修订本》主要在美洲国家采用,由于它对贸易术语的解释,特别是对第②种和第③种术语的解释与国际商会制定的《国际贸易术语解释通则》有明显的差异,所以,在同美洲国家进行贸易时应特别注意。

3) 《国际贸易术语解释通则》(INCOTERMS)

《国际贸易术语解释通则》原文为 International Rules for the Interpretation of Trade Terms,缩写形式为Incoterms,它是国际商会为了统一对各种贸易术语的解释而制定的。最早的《通则》产生于1936年,后来为适应国际贸易业务发展的需要,国际商会先后进行过多次修改和补充。《2000国际贸易术语解释通则》是国际商会根据近年来形势的变化和国际贸易发展的需要,在《1990国际贸易术语解释通则》的基础上修订产生的,于2000年1月1日起生效。2010年9月27日,国际商会正式推出《2010国际贸易术语解释通则》(Incoterms 2010),与 Incoterms 2000 并用,新版本于2011年1月1日正式生效。

上述各项解释贸易术语的规则,在国际贸易中都具有不同程度的影响,因而形成为一般的国际贸易惯例,我们这里主要介绍被广泛应用的《2000国际贸易术语解释通则》。

3. 国际贸易术语的分类

为了便于人们理解和记忆,可按不同类型将13种贸易术语划分为下列4个组别。

1) E 组

EXW(ex Works),工厂交货。

E 组为启运(department)组术语。按这组贸易术语成交,卖方应在自己的处所将货物提供给买方指定的承运人。

2) F 组

(1) FCA(free carrier),货交承运人。

(2) FAS(free alongside ship),船边交货。

(3) FOB(free on board),船上交货。

F 组为主运费未付(Main Carriage Unpaid)组术语,按这组贸易术语成交,卖方必须将货物交至买方所指定的承运人。

3) C 组

(1) CFR(cost and freight),成本加运费。

(2) CIF(cost, insurance and freight)，成本加保险费，加运费。

(3) CPT(carriage paid to)，运费付至(指定目的地)。

(4) CIP(carriage and insurance paid to)运费、保险费付至(指定目的地)。

C 组为主运费已付(main carriage paid)组术语。按这组贸易术语成交，卖方必须订立将货物运往指定目的港或目的地的运输契约，并把货物装上运输工具或交给承运人。但货物中途灭失或损坏的风险和发运后产生的额外费用，卖方不承担责任。

4) D 组

(1) DAF(delivered at frontier)，边境交货。

(2) DES(delivered ex ship)，目的港船上交货。

(3) DEQ(delivered ex quay)，目的港码头交货。

(4) DDU(delivered duty unpaid)，未完税交货。

(5) DDP(delivered duty paid)，完税后交货。

D 组为到达组术语，按这组贸易术语成交，卖方必须承担货物交至目的地国家指定地点所需的一切费用和风险。

以上有关各贸易术语买卖双方需要承担的责任、风险和费用参见表 12-1。

表 12-1 13 种贸易术语买卖双方需要承担的责任、风险和费用对照

贸易术语	交货地点	风险转移	出口清关责任	进口清关责任	运费	运输方式	合同性质
EXW	商品产地	买方处置货物后	买方	买方	买方	任何方式	交货
FCA	出口国内地、港口	承运人处置货物后	卖方	买方	买方	任何方式	装货
FAS	装运地港口	货交船边后	卖方	买方	买方	水上运输	
FOB	装运地港口	货物越过船舷	卖方	买方	买方	水上运输	
CFR	装运地港口	货物越过船舷	卖方	买方	卖方	水上运输	
CIF	装运地港口	货物越过船舷	卖方	买方	卖方	水上运输	
CPT	出口国内地、港口	承运人处置货物后	卖方	买方	卖方	任何方式	
CIP	出口国内地、港口	承运人处置货物后	卖方	买方	卖方	任何方式	
DAF	两国边境指定地点	买方处置货物后	卖方	买方	卖方	任何方式	到货
DES	目的地港口	买方在船上收货后	卖方	买方	卖方	水上运输	
DEQ	目的地港口	买方在码头收货后	卖方	买方	卖方	水上运输	
DDU	进口国内	买方在指定的地点收货后	卖方	买方	卖方	任何方式	
DDP	进口国内	买方在指定的地点收货后	卖方	卖方	卖方	任何方式	

目前，《2000 国际贸易术语解释通则》已被世界各国广泛采用。甚至连美国商会等团体也向美国商人推荐使用这一惯例，以取代《美国对外贸易定义修订本》。在我国进出口贸易中，大都使用此术语惯例与国外签署合同，它对国际物流或国际货运有着重要

影响。在具体使用过程中应当注意以下事项：

第一，贸易术语是外贸合同的重要条款，决定了合同性质及交货条件，国际物流经营者与货主的运输合同及操作必须严格履行。

第二，贸易术语规定了物流过程中的主要运输方式。在13种贸易术语中，有6个贸易术语(FAS、FOB、CFR、CIF、DES、DEQ)只适用于海运或者内河运输。这就意味着如果贸易合同采用了这6个术语中的一个，那么其他的运输方式就基本上与该票货物无缘。

第三，贸易术语规定了物流的路线。13个贸易术语无一例外都有 named place…或 port of…这一限制物流路线的选择。

第四，贸易术语提供了划分物流费用支付的界限。

三、进出口业务

1．交易磋商

所谓交易磋商(business negotiation)是指买卖双方就交易条件进行协商，以求达成一致的具体过程。可以采取口头或书面两种形式，以书面磋商为主。交易磋商的整个过程又分四个环节，即询盘、发盘、还盘和接受。

2．签订合同

交易双方经过磋商，一方发盘，另一方对该项发盘表示接受，合同即告成立。根据国际贸易惯例，买卖双方通常还需照例签订书面的正式合同或成立确认书。

国际贸易的买卖合同一般包括以下三个部分；第一部分是合同的首部，包括合同名称、合同号数、缔约日期、缔约地点、缔约双方名称和地址等。第二部分是合同的主体，包括合同的主要条款，如商品名称、品质、规格、数量、包装、单价和总值、装运、保险、支付以及特殊条款如索赔、仲裁、不可抗力损害。第三部分是合同的尾部，包括合同文字和数量以及缔约双方的签字。

3．合同的履行

1) 出口合同的履行

(1) 备货：备货活动就是根据出口合同的规定，按时、按质、按量准备好应交的货物，以便及时装运。

(2) 报验：凡按约定条件和国家规定必须法定检验的出口货物，在备妥货物后，应向进出口商品检验机关申请检验，只有经检验得到商检局签发的检验合格证书，海关才放行。

(3) 催证：催促买方按合同规定及时办理开立信用证或付款手续。

(4) 审证：信用证开到后，应对信用证内容逐项认真审核，信用证条款必须与合同内容相一致，不得随意改变，以保证及时转船，安全结汇。

(5) 租船、订舱、装运：按照CIF或CFR价格条件成交的出口合同，租船订舱工作应由买方负责。出口货物在装船前，还要办理报关和投保手续。

(6) 制单结汇：在出口货物装船后，应按照信用证的规定，正确制备各种单据，并在信用证有效期内送交银行议付、结汇。银行收到单据审核无误后，一方面向国外银行收款，另一方面按照约定的结汇办法，与进出口公司结汇。

2) 进口合同的履行

(1) 开立信用证。进口合同签订后，需按照合同规定填写开立信用证申请书向银行办理开证手续。信用证内容应与合同条款一致。

(2) 派船接运货物与投保。在 FOB 交货条件下，应由买方负责派船到对方口岸接运货物。FOB 或 CFR 交货条件下的进口合同，保险由买方办理。

(3) 审单和付汇。银行收到国外寄来的汇票及单据后，对照信用证的规定，核对单据的份数和内容。如内容无误，即由银行对国外付款。

(4) 报关。进口货物到货后，由进出口公司委托外贸运输公司根据进口单据，填具"进口货物报关单"向海关申报。

(5) 验收货物。进口货物到达港口卸货时，港务局要进行卸货核对，检验货物是否有短缺或残损。发现有残损短缺，凭商检局出具的证书对外索赔。

(6) 办理拨交手续。委托货运代理将货物运交订货单位。

(7) 进口索赔。进口商品因品质、数量、包装等不符合合同的规定，需要向有关方面提出索赔。根据造成损失的原因不同，进口索赔的对象主要有以下几个方面。

第一，向卖方索赔。原装数量不足；货物的品质，规格与合同规定不符；包装不良致使货物受损；未按时交货或拒不交货。

第二，向轮船公司索赔。货物数量少于提单所写数量，提单是清洁提单，而货物有残损情况，并且属于船方过失所致；货物所受的损失，根据租船合约有关条款应由船方负责。

第三，向保险公司索赔。自然灾害、意外事故或运输中其他事故的发生致使货物受损，并且在承保险别以内的；凡轮船公司不予赔偿或赔偿金额不足抵补损失的部分，并且属于承保险别范围内的。

四、商检

进出口商品的检验，就是对卖方交付商品的品质和数量进行鉴定，以确定交货的品质、数量和包装是否与合同的规定一致。商品检验是国际贸易中的一个重要环节。

1. 商品检验的作用

商品检验是进出口商品检验机构为了鉴定商品的品质、数量和包装是否符合合同规定的要求，以检查卖方是否已按合同履行了交货义务，并在发现卖方所交货物与合同不符时，买方有权拒绝接收货物或提出索赔。因此，商品检验对保护买方的利益是十分重要的。出口贸易中应当贯彻"平等互利"的原则，按照"重合同、守信用"，"按时、按质、按量"交货的精神，根据不同的商品，公平合理地订立检验条款，并由国家的商检部门监督实施。在进口工作中，订好检验条款，做好进口商品的检验工作，对于维护国家和人民的正当权益是有重要意义的。根据《中华人民共和国进出口商品检验法》(以下简称《商检法》)的规定，我国商检机构的主要任务是：对重要进出口商品进行法定检验，对一般进出口商品实施监督管理和鉴定。

2．实施商品检验的范围

我国对外贸易中的商品检验，主要是对进出口商品的品质、规格、数量以及包装等实施检验，对某些商品进行检验以确定其是否符合安全、卫生的要求；对动植物及其产品实施病虫害检疫；对进出口商品的残损状况和装运某些商品的运输工具等亦需进行检验。我国进出口商品检验的范围主要有以下几个方面：

(1) 《商检机构实施检验的进出口商品种类表》(以下简称《种类表》)所规定的商品

《种类表》是由国家商品检验局根据对外经济贸易发展的需要和进出口商品的实际情况制定的，不定期的加以调整和公布。

(2) 《中华人民共和国食品卫生法(试行)》和《进出境动植物检疫法》所规定的商品。

(3) 船舶和集装箱。

(4) 海运出口危险品的包装。

(5) 对外贸易合同规定由商检局实施检验的进出口商品。

我国进出口商品实施检验的范围除以上所列之外，根据《商检法》规定，还包括其他法律、行政法规规定需经商检机构或由其他检验机构实施检验的进出口商品或检验项目。

3．商品检验的时间和地点

在对外贸易合同中，有关检验的时间和地点有3种不同的规定。

1) 以离岸品质、重量为准

即出口国装运港的商品检验机构在货物装运前对货物品质、数量及包装进行检验，并出具检验合格证书为交货的最后依据。换句话说，货物到目的港后，买方无权复验，也无权向卖方提出异议。这种规定显然对卖方单方面有利。

2) 以到岸品质、重量为准

即货物的数量、品质和包装由到达目的港后，目的港的商品检验机构检验，并出具检验证书为货物的交接依据。这种规定对买方十分有利。

3) 两次检验、两个证明、两份依据

即以装运港的检验证书作为交付货款的依据；在货物到目的港之后，允许买方公证机构对货物进行复验并出具检验证书作为货物交接的最后依据。这种做法兼顾了买卖双方的利益，在国际上采用较多。

检验的时间与地点不仅与贸易术语、商品及包装性质、检验手段的具备与否有关，而且还与国家的立法、规章制度等有密切关系。为使检疫顺利进行，预防产生争议，买卖双方应将检验时间与地点在合同的检验条款中，具体订明。

4．检验机构

国际贸易中的商品检验工作，一般是由专业性的检验部门或检验企业来办理，他们的名称很多，其中有的称公正鉴定人(authentic surveyor)、有的称宣誓衡量人(sworn measurer)或实验室等，统称为商检机构或公证行，有时由买卖双方自己检验商品。国际贸易中从事商品检验的机构大致有如下几类：

1) 官方机构

由国家设立的检验机构。

2) 非官方机构

由私人和同业公会协会等开设的检验机构，如公证人、公证行。

3) 工厂企业、用货单位设立的化验室、检验室

在实际交易中选用哪类检验机构检验商品，取决于各国的规章制度、商品性质以及交易条件等。检验机构的选定一般是与检验的时间和地点联系在一起的。在出口国工厂或装运港检验室，一般有出口国的检验机构检验；在目的地港或卖方营业处、所检验时，一般由进口国的检验机构检验。

在我国，从事进出口商品检验的机构，根据《商检法》的规定，是国家设立的商检部门和设在全国各地的商检局。中国进出口商品检验总公司及其设在各地的分公司根据商检局的规定，也以第三者地位，办理进出口商品的检验和鉴定工作。

5. 检验证书

进出口商品经过商检机构检验后，都要由检验机构发给一定的证明书，以证明商品的品质和数量是否符合合同的规定，这种证件称为商检证书，目前在国际贸易中常见的检验证书主要有以下几种：①检验证明书(inspection certificate)；②品质证明书(quality certificate)；③重量证明书(weight certificate)；④卫生证明书(sanitary certificate)；⑤兽医证明书(veterinary certificate)；⑥植物检疫证明书(plant quarantmecertificate)；⑦价值证明书(value certificate)；⑧产地证明书(origin certificate)。

除上述各种检验证书之外，还有证明其他检验、鉴定工作的"检验证书"，如验舱证书、货载衡量等证书。

在国际商品买卖业务中，卖方究竟提供何种证书，要根据成交商品的种类、性质、有关法律和贸易习惯以及政府的涉外经济政策而定。

6. 检验方法和检验标准

检验方法和检验标准涉及检验工作中许多复杂的技术问题。同一商品，如用不同的检验方法和检验标准进行，其结果也会不同。因此，在对外签订合同中，应注意确定适当的检验标准和检验方法。

五、报关

所谓报关是指货物在进出境时，由进出口货物的收、发货人或其代理人，按照海关规定格式填报《进出口货物报关单》，随附海关规定应交验的单证，请求海关办理货物进出口手续。

1. 海关

海关是国家设在进出境口岸的监督机关，在国家对外经济贸易活动和国际交往中，海关代表国家行使监督管理的权利。通过海关的监督管理职能，保证国家进出口政策、法律、法令的有效实施，维护国家的权利。《中华人民共和国海关法》(以下简称《海关法》)是现阶段海关的基本法规，也是海关工作的基本准则。海关贯彻《海关法》，在维护国家主权和利益的同时，需促进对外经济贸易和科技文化交流的发展。

1) 海关的组织机构

中华人民共和国海关总署为国务院的直属机构，统一管理全国海关，负责拟定海关方针、政策、法令、规章。国家在对外开放口岸和海关监管业务集中的地点设立海关。海关的隶属关系，不受行政区划的限制，各地海关依法行使职权，直接受海关总署的领导，向海关总署负责，同时受所在省、市、自治区人民政府的监督和指导。

2) 海关的职责

中国海关按照《海关法》和其他法律、法规的规定，履行下列职责：

(1) 对进出境的运输工具、货物、行李物品、邮递物品和其他物品进行实际监管。

《海关法》规定：进口货物自进境到办结海关手续止，应当接受海关监管。海关监管的货物，未经海关许可，任何单位和个人不得拆开、提取、交付、发运、调换、改装、抵押、转让或更换标记。进出口货物的收、发货人或其代理人，应当向海关如实申报，交验有关单证，接受海关对货物的查验。除海关特准的以外，进出口货物在收、发货人缴清税款或者提供担保后，由海关签印放行。过境、转运和通运货物，由运输工具负责人向进境地海关申报，并在规定期限内运输出境。对保税货物、暂时进出口货物，除了进出境环节的监管以外，还要进行后续管理。特定减征或者免征关税的进口货物，只能用于特定地区、特定企业或者特定用途。在海关规定的时限内，未经海关核准并补交关税，不得移作他用。

进出境运输工具到达或者驶离设立海关地点时，运输工具负责人应当向海关如实申报、交验单证，并接受海关监督和检查。运输工具装卸进出境货物、物品或者上下进出境旅客，应当接受海关监管。

个人携带进出境的行李物品、邮寄进出境的物品，应当以自用、合理数量为限，并接受海关监管。

(2) 征收关税和其他费税。

《海关法》规定，准许进出口的货物、进出境的物品，除《海关法》另有规定外，由海关依照进出口税则征收关税。进口货物以海关审定的正常成交价格为基础的到岸价格作为完税价格。出口货物以海关审定的正常离岸价格扣除出口税为完税价格。

(3) 查缉走私。

中国海关是主管查缉走私的国家行政执法部门。走私是破坏国家主权，扰乱社会经济秩序，损害国家利益的违法行为，情节严重的走私则构成走私犯罪。海关对走私案件的处理依据情节轻重处以罚款或没收走私物品。对构成走私罪的当事人，移交司法机关追究刑事责任。

(4) 编制海关统计和办理其他海关业务。

中国海关统计是货物实际进出口的统计资料。海关统计的原始资料，是进出口货物收、发货人或其代理人向海关递交的进出口货物报关单和按规定附送的有关合同、发票、装箱单等。海关统计是研究中国对外经济贸易发展和国际经济关系的重要资料。

2. 报关单证和报关期限

经海关审查批准予以注册、可直接或接受委托向海关办理运输工具、货物、物品进出境手续的单位叫"报关单位"。报关单位的报关员需经海关培训和考核认可，发给报关员证件，才能办理报关事宜。报关员需在规定的报关时间内，备有必需的报关单证办理报关手续。

1) 报关单证

海关规定，对一般的进出口货物需交验下列单证：

(1) 进出口货物报关单(一式两份)：这是海关验货、征税和结关放行的法定单据，也是海关对进出口货物汇总统计的原始资料。为了及时提取货物和加速货物的运送，报关单位应按海关规定的要求准确填写，并需加盖经海关备案的报关单位的"报关专用章"和报关员的印章或签字。

(2) 进出口货物许可证或国家规定的其他批准文件：凡国家规定应申领进出口许可证的货物，报关时都必须交验外贸管理部门(包括经贸部、经贸部属各地的特派员办事处及各地经贸委、厅、局)签发的进出口货物许可证。凡根据国家有关规定需要有关主管部门批准文件的还应交验有关的批准文件。

(3) 提货单、装货单或运单：这是海关加盖放行章后发还给报关人凭以提取或发运货物的凭证。

(4) 发票：它是海关审定完税价格的重要依据，报关时应递交载明货物真实价格、运费、保险费和其他费用的发票。

(5) 装箱单：单一品种且包装一致的件装货物和散装货物可以免交。

(6) 减免税或免检证明。

(7) 商品检验证明。

(8) 海关认为必要时应交验的贸易合同及其他有关单证。

2) 报关期限

《海关法》规定，出口货物的发货人或其代理人应当在装货的 24 小时前向海关申报。

进口货物的收货人或其代理人应当自运输工具申报进境之日起 14 天内向海关申报。逾期罚款，征收滞报金。如自运输工具申报进境之日起超过三个月末向海关申报，其货物可由海关提取变卖。如确因特殊情况未能按期报关，收货人或其代理人应向海关提供有关证明，海关可视情况酌情处理。

3. 进出口货物报关程序

海关法规定，进出口货物必须经设有海关的地点进境或者出境，进口货物的收货人、出口货物的发货人或其代理人应当向海关如实申报，接受海关监管。对一般进出口货物，海关的监管程序是：接受申报、查验货物、征收税费、结关放行。而相对应的收、发货人或其代理人的报关程序是：申请报关、交验货物、缴纳税费、凭单取货。

海关在规定时间内接受报关单位的申报后，审核单证是否齐全、填写是否正确，报关单内容与所附各项单证的内容是否相符，然后查验进出口货物与单证内容是否一致，必要时海关将开箱检验或者提取样品。货物经查验通过后，如属应纳税货物，由海关计算税费，填发税款缴纳证，待报关单位交清税款或担保付税后，海关在报关单、提单、装货单或运单上加盖放行章后结关放行。

进出口货物收、发货人或其代理人(上述所指报关单位)，在报关前应备妥交审的单证，正确填写报关单，在规定的报关期限内向海关申请报关，协助海关查验货物，负责搬移货物，开拆和重封货物的包装，并负责缴纳需缴纳货物的税费，然后凭海关盖有放行章的报关单、提单、装货单或运单提取货物。

六、保险

在国际贸易中，每笔成交的货物，从卖方交至买方手中，一般都要经过长途运输。在此过程中，货物可能遇到自然灾害或意外事故，从而使货物遭受损失。货主为了转嫁货物在途中的风险，通常都要投保货物运输险。如货物一旦发生承包范围内的风险损失，即可以从保险公司取得经济上的补偿。

国际货物运输术语——财产保险，是以运输过程中的各种货物作为保险标的，被保险人(卖方或买方)向保险人(保险公司)按一定的金额投保一定的险别，并缴纳保险费。保险人承保以后，如果保险标的在运输过程中发生约定范围内的损失，应按照规定给予被保险人经济上的补偿。国际货物运输保险的种类很多，其中包括海上货物运输保险、陆上货物运输保险、航空货物运输保险和邮包运输保险，其中以海上货物运输保险起源最早，历史最悠久。

1. 海上货物运输保险

1) 海上货物运输保险承保的范围

海上货物运输承保范围包括海上风险、海上损失与费用以及海上风险以外的其他外来原因所造成的风险与损失。

(1) 海上风险：海上风险是保险业的专门用语，包括海上发生的自然灾害和意外事故，但并不包括海上的一切危险。

自然灾害是指不以人们意志为转移的自然力量所引起的灾害，但在海上保险业务中，它并不是泛指一切由于自然力量所造成的灾害，而是仅指恶劣气候、雷电、海啸、地震或火山爆发等人力不可抗拒的灾害。

意外事故一般是指由于偶然的非意料中的原因所造成的事故。但在海上保险业务中，所谓意外事故并不是泛指海上意外事故，而是仅指运输工具遭受搁浅、触礁、沉没、船舶与流冰或其他物体碰撞以及失踪、失火、爆炸等。

(2) 海上损失与费用：海上损失和费用是指被保险货物在海洋运输中，因遭受海上风险而引起的损失与费用。按照海运保险业务的一般习惯，海上损失还包括与海运相连接的陆上或内河运输中所发生的损失与费用。海上损失按照海上损失的程度不同，又可分为全部损失(total loss)和部分损失(partial loss)。海上费用是指保险人即保险公司承保的费用。保险货物遭遇保险责任范围内的事故，除了能使货物本身受到损毁导致经济损失外，还会产生费用方面的损失。这种费用，保险人也给予赔偿，主要有施救费用和救助费用。

(3) 外来风险：外来风险一般是指海上风险以外的其他外来原因所造成的风险。可分为一般外来风险和特殊外来风险。一般外来风险是指被保险货物在运输途中由于偷窃、短量、雨淋、玷污、渗漏、破碎、受热受潮、串味等外来原因所造成的风险。特殊外来风险是指由于军事、政治、国家政策法令、行政措施等特殊外来原因造成的风险与损失。例如战争、罢工。

2) 海上货物运输保险险别

保险险别是保险人对风险损失的承保范围，它是保险人与被保险人履行权利与义务的基础，也是保险人承保责任大小和被保险人缴付保险费多少的依据。海洋货物运输保险的险别很多，概括起来分为基本险别和附加险别两大类。

(1) 基本险别。

根据我国现行的《海洋货物运输保险条款》规定，在基本险别中包括平安险(free from particular average，简称 FPA)、水渍险(with particular average，简称 WPA／WA)和一切险(all risks)三种。

第一种，平安险。平安险的责任范围包括：第一，在运输过程中，由于自然灾害和运输工具发生意外事故，造成被保险货物的实际全损或推定全损。第二，由于运输工具遭遇搁浅、触礁、沉没、互撞、与流冰或其他物体碰撞，以及失火、爆炸等意外事故造成被保险货物的全部或部分损失。第三，只要运输工具曾经发生搁浅、触礁、沉没、焚毁等意外事故，不论在意外事故发生之前或者以后曾在海上遭恶劣气候、雷电、海啸等自然灾害造成的被保险货物的部分损失。第四，在装卸转船过程中，被保险货物一件或数件落海所造成的全部损失或部分损失。第五，被保险人对遭受承保责任范围内危险的货物采取抢救措施，防止或减少货损措施支付的合理费用，但以不超过该批被救货物的保险金额为限。第六，运输工具遭遇自然灾害或者意外事故，需要在中途的港口或者在避难港口停靠，因而引起的卸货、装货、存舱以及运送货物所产生的特别费用。第七，运输契约定有"船舶互撞条款"，按该条款规定应有贷方偿还船方的损失。

第二种，水渍险。水渍险的责任范围除包括上列平安险的各项责任外，还负责被保险货物由于恶劣气候、雷电、海啸、地震、洪水等自然灾害所造成的部分损失。

第三种，一切险。一切险的责任范围除包括"平安险"和"水渍险"的所有责任外，还包括货物在运输过程中，因一般外来原因所造成的被保险货物的全部或部分损失。

在上述三种基本险别中，明确规定了除外责任。所谓除外责任(exclusion)是指保险公司明确规定不予承保的损失或费用。

(2) 附加险别。

海洋运输货物保险的附加险种类繁多，归纳起来可分为一般附加险和特别附加险。

一般附加险包括：偷窃、提货不着险(theft，pilferage and non-delivery 简称 T．P．N．D．)；淡水雨淋险(fresh water rain damage，简称 F．W．R．D，)；短量险(risk of shortage)；混杂、玷污险(risk of intermixture &contamination)；渗漏险(risk of leakage)；碰撞、破碎险(risk of clash & breakage)；串味险(risk of odor)；受热、受潮险(damage caused by heating & sweating)；钩损险(hook damage)；包装破裂险(loss or damage caused by breakage)；锈损险(risk of rust)。上述 11 种附加险，不能独立投保，只能在投平安险，或水渍险的基础上加保。特别附加险包括战争险、战争险的附加费用和罢工险相等。

2．陆上运输货物保险

陆上运输货物保险的险别分为陆运险和陆运一切险两种，其承保的责任范围如下。

1) 陆运险的责任范围

被保险货物在运输途中遭受暴风、雷电、地震、洪水等自然灾害，或由于陆上运输工具<主要是指火车、汽车)遭受碰撞、倾覆或出轨，如在驳运过程中，驳运工具搁浅、触礁、沉没或由于遭受隧道坍塌、压歪或火灾、爆炸等意外事故所造成的全部损失或部分损失。由此可见，保险公司对陆运险的承保范围大致相当于海运货物保险中的"水渍险"。

2) 陆运一切险的责任范围

除包括上述陆运险的责任外，保险公司对被保险或运输途中由于一般外来原因造成的短少、偷窃、渗透、碰损、破碎、钩损、雨淋、生锈、受潮、受热、发霉、串味、玷污等全部或部分损失，也负赔偿责任。

3．航空运输货物保险

航空运输货物保险分为航空运输险和航空运输一切险两种。航空运输险的承保责任范围与海运水渍险大体相同。航空运输一切险除包括上述航空运输险的责任外，对被保险货物在运输途中由于一般外来原因所造成的，包括被偷窃、短少等全部或部分损失也负赔偿之责。

4．邮政包裹保险

邮政包裹保险是承保邮包在运输途中因自然灾害、意外事故和外来原因所造成的损失。邮政保险包括邮包险和邮包一切险两种基本险别。

5．保险的做法

1) 出口货物保险的做法

凡按 CIF 和 CIP 条件成交的出口货物，由出口企业向当地保险公司办理投保手续。在办理时应根据出口合同或信用证规定，在备妥货物，并确定装运日期和运输工具后，按规定格式逐笔填写保险单，具体列明被保险人名称、保险货物项目、数量、包装及标志、保险金额、起止地点、运输工具名称、起止日期和投保险别，送保险公司投保，缴纳保险费，并向保险公司领取保险单证。

2) 进口货物保险的做法

按 FOB、CFR 和 CPT 条件成交的进口货物，均由买方办理保险，为了简化保险手续和防止出现漏保或来不及办理保险等情况，我国进口货物一般采取预约保险的做法。各外贸公司同中国人民保险公司签订有海运、空运、邮运、陆运等不同运输方式的进口预约保险合同。按照预约保险合同的规定，各外贸公司对每批进口货物，无须填制投保单，而仅以国外的装运通知代替投保单，即被视为办理了投保手续，保险公司则对该批货物负自动承保责任。

6. 保险单证

保险单证是保险公司和投保人之间订立的保险合同，也是保险公司出具的承保证明，是被保险人凭以向保险公司索赔和保险公司进行理赔的依据。在国际贸易中，保险单证是可以转让的。常用保险单证有：

1) 保险单(insurancepolicy)

保险单又称大保单。它是一种正规的保险合同，除载明上述投保单上所属各项内容外，还列有保险公司的责任范围以及保险公司和被保险人双方各自的权利、义务等方面的详细条款。

2) 保险凭证(insurancecertificate)

保险凭证又称小保单。它是一种简化的保险合同，除其背面没有列入详细保险条款外，其余内容与保险单相同，保险凭证也具有同保险单一样的法律效力。

第三节　国际货运业务

一、国际货运的方式与特点

1. 国际货运的方式及其选择

国际货物运输是国际物流系统的核心，按运输工具划分其主要方式有：国际海洋货物运输、国际铁路货物运输、国际公路货物运输、国际航空货物运输、国际集装箱运输、国际多式联合运输。除此之外，还有大陆桥运输、邮包运输、管道运输等。

国际物流对运输方式的选择主要从以下五个方面考虑：①货物的特点及性质；②货物数量；③物流基础设施条件；④运输成本；⑤运行速度。

2. 国际货物运输的特点

国际货物运输与国内货物运输相比，具有以下五个主要特点。

1) 国际货物运输是一项涉外的活动

国际货物运输是国家与国家、国家与地区之间的运输。在组织货物运输的过程中，需要经常同国外发生直接的或间接的广泛的业务联系，这种联系不仅是经济上的，也常常会涉及国际政治问题。因此，国际货物运输既是一项经济活动，也是一项重要的外事活动，这就要求我们不仅要用经济观点去办理各项业务，而且要有政策观念，按照我国对外政策的要求从事国际运输业务。

2) 国际货物运输是中间环节很多的长途运输

一般来说，运输的距离都比较长，往往需要使用多种运输工具，通过多次装卸搬运，要经过许多中间环节，如转船、变换运输方式等，经由不同的地区和国家，要适应各国不同的法规和规定。如果其中任何一个环节发生问题，都会影响整个的运输过程，这就要求我们作好组织工作，做到环环紧扣，避免在某环节上出现脱节现象，给运输带来损失。

3) 国际货物运输涉及面广，情况复杂多变

国际货物运输涉及国内外的许多部门，需要与不同国家和地区的货主、交通运输、商检机构、保险公司、银行或其他金融机构、海关、港口以及各种中间代理商等打交道。同时，由于各个国家和地区的法律、政策规定不一，贸易、运输习惯和经营做法不同，金融货币制度的差异，加之政治、经济和自然条件的变化，都会对国际货物运输产生较大的影响。

4) 国际货物运输的时间性强

按时装运进出口货物，及时将货物运至目的地，对履行进出口贸易合同，满足商品竞争市场的需求，提高市场竞争能力，及时结汇，都有着重大意义。特别是一些鲜活商品、季节性商品和敏感性强的商品更要求迅速运输，不失时机地组织供应，才有利于提高出口商品的竞争能力，有利于巩固和扩大销售市场。因此，国际货物运输必须加强时间观念，争时间、抢速度，以快取胜。

5) 国际货物运输的风险较大

由于在国际货物运输中环节多，运输距离长，涉及的面广，情况复杂多变，加之时间性又很强，在运输沿途国际形势的变化、社会的动乱，各种自然灾害和意外事故的发生，以及战乱、封锁禁运或海盗活动等，都可能直接或间接地影响到国际货物运输，以至于造成严重后果，因此，国际货物运输的风险较大。为了转嫁运输过程中的风险损失，各种进出口货物和运输工具都需要办理运输保险。

二、国际海洋运输

1. 国际海洋运输的基本知识

1) 国际海洋运输的含义

国际海洋运输是指使用船舶(或其他水运工具)通过海上航道在不同国家和地区的港口之间运送货物的一种方式。目前，国际贸易总量的 70%是通过海洋运输的，我国进出口货运总量的约 90%都是利用海上运输。海洋运输成为国际贸易中重要的运输方式。

2) 国际海洋运输的特点有

①运量大；②通过能力大(不受道路的限制)；③投资小、运费低；④对货物的适应性强；⑤运输速度慢；⑥风险较大。

3) 海运船舶

海上货物运输的船舶种类繁多，按其用途不同可分为干货船、油槽船和特种船舶。

(1) 干货船。干货船可分为杂货船(General Cargo Ship)、散装货船(Bulk Cargo Ship)、冷藏船(Refrigerated Ship)、木材船 (Timber Ship)、集装箱船(Container Ship)。杂货船又称普通货船。以箱装、袋装、桶装和捆装杂件货物为主要承运对象。此类船舶都具有装卸货设备，船舶经营有班轮和不定期船两种方式。散装货船以大宗粮谷、矿砂、煤炭、木材、化肥、砂糖、工业盐、硫黄等无包装的大宗货物为承运对象。冷藏船是专门用于装载冷冻易腐货物的船舶。冷藏船实际上是一个能航行的大冷藏库，船上设有制冷装置。使隔热舱适应不同货种对温度的不同要求。木材船是专门用以装载木材或原木的船舶。这种船舱口大，舱内无梁柱及其他妨碍装卸的设备。集装箱船是以集装箱为承运对象，具有换装方便、装卸效率高、周转快、运输质量好、相对运输成本低等优点，这类船在国际航运市场上具有较强的竞争力。

(2) 油槽船(Tanker)。油槽船是主要用来装运液体货物的船舶。油槽船根据所装货物种类的不同，又可分为油轮和液化天然气船。油轮以散装原油为主要承运对象，此外还可运输鱼油、植物油和其他油类。目前世界上最大的油轮载重吨位已达到 60 多万吨。习惯上把载重量在 20 万吨以上、30 万吨以下的油轮称为巨型油轮，把载重量在 30 万吨以上的称为超巨型油轮。液化天然气船是专门用来装运液化天然气的船舶。

(3) 特种船舶。特种船舶常见的有滚装船、载驳船、辅助船。滚装船是把集装箱或货物连同带轮子的底盘或装货的托盘作为一个货物单元，用拖车或叉式装卸车搬运直接进出货舱。载驳船又称母子船，主要用于装载小型船舶。船上设有巨型门吊或船尾升降平台。辅助船不直接从事海运，主要有破冰船、挖泥船等。

2. 国际海洋运输的经营方式

国际海洋运输按照船舶的经营方式主要有班轮运输(又称定期船运输)和租船运输(又称不定期船运输)两种。

1) 班轮运输

(1) 班轮运输的含义：这是指船舶按照规定的时间，在固定的航线，按照既定的港口经常地从事航线上各港之间的运输。班轮运输有利于一般杂货和小额贸易货物运输，便于买卖双方按费率表事先估算成本，而且手续简便，方便货主。集装箱运输的发展使班轮运输的时间更加准确，能更好地满足市场的需求，是当今国际货物海洋运输的一种重要方式。班轮运输主要适应于装批量较小、为供应市场而对运输时间要求紧的日用百货，如轻纺、机电、工艺品、食品等。

(2) 班轮运输有以下三个特点：第一，"五固定"的特点，即定期、定船、定港、定航线和定费率。第二，"一负责"。由于班轮须按船期表规定的时间到港和离港，装卸作业均由承运人负责，即货物由班轮公司负责配载和装卸，运费内已包括装卸费用，班轮公司和托运人双方不计滞期费和速遣费。第三，班轮提单是运输合同的证明。班轮运输的承运人按照国际公约和有关国内法规，拟订承运人、托运人双方的权利、义务、责任和免责条款的班轮提单，是承运人、托运人双方争议处理的依据。货物装船后，提单由承运人(或其代理人)或船长签发给托运人。

2) 租船运输

(1) 租船运输的含义：租船运输又称不定期船运输，是根据双方协商的条件，船舶所有人(船东)将船舶的全部或一部分出租给租船人使用，以完成特定的货物运输任务，租船人按约定的运价或租金支付运费的商业行为。

(2) 租船运输的特点：第一，以运输货值较低的大宗货物为主，如粮食、煤炭、矿砂、化肥、石油、木材和水泥等。据统计，在国际海洋货物运输中，租船运输量约占80%。因此，租船运输在海洋运输中发挥着重要的作用。第二，租船运输无固定航线、固定装卸港和航期，而是根据货主的货运需要和船东供船的可能，由双方洽商租船运输条件，并以租船合同形式加以确定，作为双方权利义务的依据。第三，租船运价受租船市场供求关系的影响，船多货少时运价就低，反之则高，它与商品市场价格一样经常发生变动。因此，在进行租船时必须进行租船市场行情调查和研究。

(3) 租船方式：在国际海运业务中，租船方式主要有定程租船和定期租船两种。第一种，定程租船，简称程租，又称航次租船，是指以航次为基础的租船方式。在这种租船方式下，船方必须按时把船舶驶到装货港口装货，再驶到卸货港口卸货，完成合同规定的运输任务并负责船舶的经营管理以及航行中的一切开支费用，租船人则按约定支付运费。对租船人来说，这种租船方式简单易行，不必操心船舶的调度和管理，也容易根据运费估算每吨货物的运输费用。第二种，定期租船，又称期租船，即租船人在规定的期限内取得船舶的使用权，并负责安排调度和经营管理，船方负责船员的工资、给养和船舶航行与维修。此外，还有一种称作光船租船的定期租船方式。它与一般的定期租船不同的是，船舶出租人向租船人提供不配备船员的船舶，租船人接船后尚需自行配备船员，负责船舶的经营管理和航行的各项事宜。

三、国际铁路运输

1. 国际铁路货物运输的特点与分类

1) 国际铁路货物运输的特点

国际铁路货物运输是指在两个或两个以上的国家之间进行铁路货物运输时只使用一份统一的国际联运票据，由一国铁路向另一国铁路移交货物时，无须发货人、收货人参加，铁路当局对全程国际铁路货物运输负连带责任。

国际铁路货物运输的特点有：①铁路运输的准确性和连续性强；②铁路运输的速度比较快；③运输量比较大；④铁路运输成本较低；⑤铁路运输安全可靠；⑥初期投资大，机动性差。

2) 国际铁路货物运输的分类

①按运输工具分为冷冻货物的运输、液体或气体的运输、集装箱货物运输、邮包运输、其他的货物运输。②按国际铁路货物运输办理的业务种类分为整车、零担、大吨位集装箱、超限货物。

2. 国际铁路货物单证

1) 铁路联运运单

国际铁路货物联运运单是参加国际铁路货物联运的铁路与发货人、收货人之间缔结的运输合同。它体现了参加联运的各国铁路和发货人、收货人之间在货物运送上的权利、义务、责任和豁免，对铁路和发货人、收货人都具有法律效力。发货人(出口单位)或货代向铁路车站填报的铁路运单一式五联。第一联为"运单正本"，它随货走，到达终点站时连同第五联和货物一并交收货人；第二联为"运行报单"，亦随货走，是铁路办理货物交接、清算运送费用、统计运量和收入的原始凭证，由铁路留存；第三联为"运单副本"，由始发站盖章后交发货人凭以办理货款结算和索赔用；第四联为货物交付单，随货走，由终点站铁路留存；第五联为"到达通知单"，由终点站随货物交收货人。

2) 随附单证

国际铁路联运进出口货物经由国境站，需要履行海关查验、商品检验、卫生检疫等特定手续，发货人必须将为履行上述手续所需的随附单证附加在运单上。运单的随附单证主要包括以下几种：出口货物报关单、品质证明书、商品检验证书、动植物检疫证书、兽医证明书等。其他有关该批货物数量、质量、规格等的单证则视合同的规定和货物的不同要求而定，一般附有下列几种：磅码单、装箱单、发运清单、零件清单、化验单、清洁容器证明书等。

四、国际航空运输

1. 国际航空运输的方式

随着人们对时间和效率的日益重视，国际航空运输在国际物流中的地位与作用也越来越重要。其特点是：运送速度快，适于高价货物和时间性很强的鲜货运输要求；安全、准确、货物灭失与破损率低；适于陆域和水域不方便运输的内陆和其他地区的货物输运；运费高；可缩短供货周期，加速资金周转，为供应链管理创造了条件。国际航空运输按运营及产品常分以下四种方式。

1) 班机运输(Scheduled Airline)

指在固定航线上飞行的航班，它有固定的始发站、途经站和目的站。一般航空公司都使用客货混合型飞机，一方面搭载旅客，一方面又运送少量货物。但一些较大的航空公司在一些航线上开辟定期的货运航班，使用全货机运输。

2) 包机运输(Chartered Carrier)

包机是指包租整架飞机或由几个发货人(或航空 货运代理)联合包租一架飞机来运送货物，因此又分为整包机和部分包机两种形式。整包机适合运送大批量的货物，即包租整架飞机，是指航空公司或包机代理公司按照与租机人双方事先约定的条件和运价，将整架飞机租给租机人，从一个或几个航空站装运货物至指定目的地的运输方式。包机人一般要在货物装运前一个月与航空公司联系，以便航空公司安排运载和向起降机场及有关政府部门申请、办理过境或入境的有关手续。一般情况，大批量货物使用包机时均要争取来回程都有货载,这样费用比较低。只使用单程,运费比较高;部分包机适用于多个发货人,但货物到达站又是同一地点的货物运输。航空货运公司或发货人联合包租一架飞机或者由航空公司把一架飞机的舱位分别卖给几家航空货运公司装载货物就是部分包机。

  3) 集中托运方式(Consolidation)

  集中托运方式是指由空运货代公司将若干个发货人的货物集中起来组成一整批货,由其向航空公司托运到同一到站,货到国外后由到站地的空运代理办理收货、报关并分拨给各个实际收货人。

  4) 航空快件传送(Air Express)

  航空快件传送是由专门从事航空快递业务的公司与航空公司合作,设专人用最快的速度在货主、航空公司、用户之间进行传递。适用于急需的药品、贵重物品、货样及单证等传送。

2. 国际航空货物运费

  1) 计费标准

  (1) 计费重量:在实际计算一笔航空货物运输费用时,要考虑货物的计费重量和有关的运价和费用以及货物声明价值。其中,计费重量是按实际重量和体积重量两者之中较高的一个计算。也就是在货物体积小、重量大,我们称为重货时,以实际重量作为计费重量;在货物体积大、重量轻,我们称为轻泡货物时,以货物的体积重量作为计费重量。

  (2) 计算方法:实际重量是指一批货物包括包装在内的实际总重量。具体计算时,重量不足半公斤的按半公斤计;半公斤以上不足1公斤的按1公斤计;不足1磅的按1磅计算。计费体积重量则分别量出货物的长、宽和高的部分;三者相乘算出体积,尾数四舍五入;将体积折算成公斤(或磅)。国际航空货物运输组织规定在计算体积重量时,以7立方厘米折合为1公斤。

  2) 航空货物运价与运费计收

  (1) 普通货物运价。普通货物运价又称一般货物运价。一般普通货物运价以45公斤作为重量划分点,分为45公斤(或100磅)以下的普通货物运价及45公斤(或100磅)以上的普通货物运价,45公斤以上的普通货物运价较低于45公斤以下的普通货物运价。

  (2) 等级货物运价。等级货物运价是指适用于规定地区或地区间指定等级的货物所适用的运价。等级货物运价是在普通货物运价的基础上增加或减少一定百分比而构成的。等级运价加价,用"S"表示,适用商品包括活动物、贵重物品、尸体。这些物品的运价是按45公斤以下的普通货物的运价的200%计收。等级运价减价,用"R"表示,适用商品包括报纸、杂志、书籍、出版物及作为货物托运的行李。这些物品的运价是按45公斤以下的普通货物运价的50%计收。

  (3) 特种货物运价。特种货物运价又称指定商品运价,是指由指定的始发地至指定的目的地而公布的适用于特定商品、特定品名的低于普通货物运价的某些指定商品的运价。特种货物运价是由参加国际航空协会的航空公司根据在一定航线上有经常性特种商品运输的发货人的要求,或者为促进某地区的某种货物的运输,向国际航空协会提出申请，经同意后制定的。

五、国际货物公路运输

1. 国际货物公路运输的经营方式

国际货物公路运输是指国际货物借助一定的运载工具，沿着公路做跨及两个或两个以上国家或地区的移动过程。它既是一个独立的运输体系，也是车站、港口和机场集散物资的重要手段。国际货物公路运输具有机动灵活、有可为货主实现一站式"门到门"服务的优点，但也存在运量小、条件受限、风险大等特点。公路运输常见的经营方式有以下四种：

1) 公共运输业(Common Carrier)

这种企业专业经营汽车货物运输业务，并以整个社会为服务对象，其经营方式有以下三种。①定期定线。不论货载多少，在固定路线上按时间表行驶。②定线不定期。在固定路线上视货载情况，派车行驶。③定区不定期。在固定的区域内根据需要，派车行驶。

2) 契约运输业(Contract Carrier)

按照承托双方签订的运输契约运送货物。与其签订契约的一般都是一些大的工矿企业，常年运量较大而又较稳定。契约期限一般都较长，短的有半年、一年，长的可达数年。按契约规定，托运人保证提供一定的货运量，承运人保证提供所需的运力。

3) 自用运输业(Private Operator)

工厂、企业、机关自置汽车，专为运送自己的物资和产品外营业务。

4) 汽车货运代理(Freight Forwarder)

是以代理人的身份一面向货主揽货，一面向运输公司托运，借此收取手续费和佣金。有的汽车货运代理专门从事向货主揽取零星货载，加以归纳集中成为整车货物，然后自己以托运人的名义向运输公司托运，赚取零担和整车货物运输之间的差额。

2. 国际货物公路运费的计收

国际货物公路运费一般以"吨·公里"为计算单位，一般有两种计算标准。一是按货物等级规定基本运费费率，一是以路面等级规定基本运价。凡是一条运输路线包含两种或两种以上的等级公路时，则以实际行驶里程分别计算运价。特殊道路，如山岭、河床、原野地段，则由承托双方另议商定。公路运费费率分为整车(FCL)和零担(LCL)两种，后者一般比前者高30%~50%。按我国公路运输部门的规定，一次托运货物在2吨半以上的为整车运输，适用整车费率；不满2吨半的为零担运输，适用零担费率。凡1公斤重的货物，体积超过4立方分米的为轻泡货物，或称尺码货物。整车轻泡货物的运费按装载车辆核定吨位计算；零担轻泡货物，按其长、宽、高计算体积，每4立方分米折合1公斤，以公斤为计费单位。

六、集装箱运输

1. 集装箱运输的特点

集装箱(container)又称"货柜""货箱",原意是一种容器,具有一定的强度和刚度,专供周转使用并便于机械操作和运输的大型货物容器。因其外形像一个箱子,可以集装成组货物,故称集装箱。集装箱运输就是以集装箱作为运输单位进行货物运输的一种先进的现代化运输方式。20世纪70年代以来,世界上大多数国家在航运中都日益广泛地开展集装箱运输,并已初步形成一个世界性的集装箱运输体系。国际集装箱运输有以下四个方面的特点。

(1) 在全程运输中,可以将集装箱从一种运输工具上直接方便地换装到另一种运输工具上,而无须接触或移动箱内所装货物。

(2) 货物在发货人的工厂或仓库装箱后,可经由海陆空不同的运输方式一直运至收货人的工厂或仓库,实现"门到门"运输而中途无须开箱倒载和检验。

(3) 集装箱由专门设备的运输工具装运,装卸快,效率高,质量有保证。

(4) 一般由一个承运人负责全程运输。

2. 集装箱的分类

为了适应装载不同种类货物的需要,出现了不同类型的集装箱。集装箱的类型除了有不同的尺寸外,还因其用途不同、制造材料不同等而有不同的种类。

1) 按规格尺寸分

国际标准化组织共规定了5个系列,13种规格的集装箱。目前海运和陆运常用的是20英尺和40英尺的干货箱,是第一系列中的IC型和IA型。关于集装箱船舶的集装箱装载能力,通常以能装多少个TEU为指标。

2) 按集装箱的用途分

①杂货集装箱。又称通用集装箱,适于装载各种干杂货,包括日用百货、食品、机械、仪器、医药及各种贵重物品等,为常用的标准集装箱。②冷藏集装箱。这种集装箱附有冷冻机,用以装载冷冻货物或冷藏货物。③散货集装箱。是用以装载大豆、大米、麦芽、面粉、饲料以及水泥、化学制品等各种散装的粉粒状货物的集装箱。④开顶集装箱。这种集装箱适于装载玻璃板、钢制品、机械等重货,可以使用起重机从顶部装卸。⑤框架集装箱。用以装载不适于装在干货集装箱或开顶集装箱里的长大件、重件、轻泡货、重型机械、钢管、裸装机床和设备的集装箱。⑥罐装集装箱。适用于酒、油类、化学等液体货物,并为装载这类货物具有特殊结构和设备的集装箱。该集装箱的内部是密封罐型,上下有进出口管。除了上述各种集装箱外,还有一些物种专用集装箱。如专供运输汽车,并可分为多层装货的汽车集装箱。

3) 按集装箱的制造材料分

①钢制集装箱;②铝合金集装箱;③不锈钢集装箱;④玻璃钢制集装箱。

3. 集装箱运输的关系人

1) 经营集装箱货物运输的实际承运人

包括经营集装箱运输的船舶公司、联营公司、公路集装箱运输公司、航空集装箱运输公司等。无船承运人，即经营集装箱货运的揽货、装箱、拆箱、内陆运输及经营中转站或内陆站业务，但不掌握运载工具的专业机构。它在承运人与托运人之间起着中间桥梁的作用。

2) 集装箱租赁公司

它专门经营集装箱的出租业务。

3) 联运保赔协会

一种由船舶公司互保的保险组织，对集装箱运输中可能遭受的一切损害进行全面统一的保险，是集装箱运输发展后所产生的新型保险组织。

4) 集装箱码头(堆场)经营人

具体办理集装箱在码头的装卸、交接、保管的部门，它受托运人或其代理人以及承运人或其代理人的委托提供各种集装箱运输服务。

5) 集装箱货运站

即在内陆交通比较便利的大中城市设立的提供集装箱交接、中转或其他运输服务的专门场所。

4. 集装箱运输方式

根据集装箱货物装箱数量和方式可分为整箱和拼箱两种。

1) 整箱

这是指货主自行将货物装满整箱以后，以箱为单位托运的集装箱。这种情况在货主有足够货源装载一个或数个整箱时采用，除有些大的货主自己置备有集装箱外，一般都是向承运人或集装箱租赁公司租用一定的集装箱。空箱运到工厂或仓库后，在海关人员的监管下，货主把货装入箱内、加锁、铅封后交承运人并取得场站收据，后凭收据换取提单或运单。

2) 拼箱

这是指承运人(或代理人)接受货主托运的数量不足整箱的小票货运后，根据货物性质和目的地进行分类整理，把去同一目的地的货集中到一定的数量拼装入箱。由于一个箱内有不同货主的货拼装在一起，所以叫拼箱。这种情况在货主托运数量不足装满整箱时采用。拼箱货的分类、整理、集中、装箱(拆箱)、交货等工作均在承运人码头集装箱货运站或内陆集装箱转运站进行。

5. 集装箱的交接

1) 整箱交，整箱接(FCL/FCL)

货主在工厂或仓库把装满货后的整箱交给承运人，收货人在目的地同样以整箱接货，换言之，承运人以整箱为单位负责交接。货物的装箱和拆箱均由货主负责。

2) 拼箱交，拼箱接(LCL/LCL)

货主将不足整箱的小票托运货物在集装箱货运站或内陆转运站交给承运人，由承运人负责拼载和装箱运到目的地货站或内陆转运站，由承运人负责拆箱。拆箱后，收货人凭单接货。货物的装箱和拆箱均由承运人负责。

3) 整箱交，拼箱接(FCL/LCL)

货主在工厂或仓库把装满货的整箱交给承运人，在目的地的集装箱货运站或内陆转运站由承运人负责拆箱，各收货人凭单接货。

4) 拼箱交，整箱接(LCL/FCL)

货主将不足整箱的小票托运货物在集装箱货运站或内陆转运站交给承运人。由承运人分类调整，把同一收货人的货集中拼装成整箱，运到目的地后，承运人以整箱交，收货人以整箱接。

6. 集装箱货物的交接地点

在集装箱货物运输中，根据整箱货、拼箱货的不同，其主要的交接方式(运输条款)有以下九种。

1) 门到门交接

该种货物的交接形式系指一个发货人、一个收货人。在由承运人负责内陆运输时，则在发货人的工厂或仓库验收后，承运人负责将货物运至收货人的仓库或工厂，门到门交接的货物为整箱货。

2) 门到场交接

这是一种在发货人的工厂或仓库接收货物，并负责运至卸船港集装箱码头堆场的交货交接方式。门到场货物交接方式发生在承运人不负责目的地内陆运输的情况下，门到场交接的货物为整箱货。

3) 门到站交接

这是一种从发货人的工厂仓库至目的地集装箱货运站的交接方式，即通常是整箱接收、拆箱交付，也可理解为一个发货人、几个收货人。

4) 场到门交接

这是一种在起运地装船港的集装箱码头堆场接收货物，并将其运至收货人工厂仓库交货的交接方式，承运人不负责起运地发货人工厂或仓库至集装箱码头堆场之间的运输。

5) 场到场交接

这是一种从装船港的集装箱码头堆场至目的港集装箱码头堆场的交接方式，通常是整箱货。

6) 场到站交接

这是一种从装船港的集装箱码头堆场至目的地集装箱货运站的交接方式，经常发生在整箱接收、拆箱交付的情况下。

7) 站到门交接

这是一种从起运地集装箱货运站至目的地收货人的工厂或仓库的交接方式，经常发生在拼箱接收、整箱交付的情况下。

8) 站到场交接

这是一种从起运地集装箱货运站至目的地集装箱码头堆场的交接方式，也可理解为几个发货人、一个收货人。

9) 站到站交接

这是一种从起运地集装箱货运站至目的地集装箱货运站的交接方式，通常是拼箱货交付、拼箱货接收。

7. 集装箱运费和单证

1) 集装箱运输的费用

(1) 内陆运输费：第一，公路拖车费：一般分别按重箱、空箱以元/箱公里或元/吨位小时计收。第二，铁路运费：按 20 英尺箱或 40 英尺箱运行公里数计费，或者按 50 吨或 60 吨车皮装运两个 20 英尺箱或一个 40 英尺箱按 40 吨计收运费。第三，内河运费：按 20 英尺箱或 40 英尺箱运行公里数计费。

(2) 拼箱服务费。拼箱服务费包括 CFS 到 CY 之间的空箱、重箱运输和理货，CFS 内搬运、分票、堆存、装拆箱，以及缮制和签发场站收据、集装箱装箱单等各项服务费。

(3) 堆场服务费。也称码头管理费，包括在装港 CY 接受来自货主或 CFS 的整箱货物，以及堆存和搬运至船边的费用。同样，在卸港包括从船边将箱子搬运到堆场和在堆场的堆存费用，以及包括装卸港的有关单证费用，一般按装卸包干费率计收。

(4) 其他费用。主要是集装箱及其设备使用费。

2) 集装箱货运单证

(1) 集装箱托运单。集装箱货物托运单是指由托运人根据买卖合同和信用证的有关条款规定，向承运人或其代理人办理货物运输的书面凭证。

(2) 订舱单。订舱单有时叫托运申请书，是航运公司用于接受、安排集装箱运输而制作的单证。一经承运部门确认即作为承托双方的订舱有效凭证。

(3) 装货清单、装货单和装箱单。装货清单是由承运人或其代理人，根据本航次所托运的货物，按到港先后次序把性质接近的货物加以归类后制成的一张装货单的汇总清单。装货单由承运人或其代理人签章后，既是货物办理托运的凭证，又是通知船上接收承运货物装船的凭证。装货单通常一式三联：第一联留底，作为编制装货清单用；第二联是装货单本身，货主凭以向海关办理货物出口申报手续，又称关单；第三联是收货单，又称大副收据，是承运人收到货物的凭证，也是发货人换取提单的依据。装箱单是详细记载每一个集装箱内所装货物的名称、数量及箱内货物积载顺序的单证。一个集装箱验收完毕时，才由港站管理员在站场收据上签收。站场在收到整箱货物，如所装的箱外表或拼箱货包装外表有异时，应加批注。站场收据的作用，相当于传统运输中的大副收据，它是发货人向船舶公司换取提单的凭证。

(4) 集装箱发放通知单。集装箱发放通知单又称空箱提交单，是指船舶公司集装箱堆场交付空集装箱及其他设备提交给予本单持有人的书面凭证。

(5) 设备交接单。集装箱所有人或租用人委托集装箱装卸区、中转站或内陆站与货主即用箱人或其代表之间交接集装箱及承运设备的凭证。交接单由承运人或其代理人签发结货方，据以向区、站领取或送还重箱或轻箱。交接单第一张背面印有交接使用条款，主要内容是集装箱及设备在货主作业期中产生的费用及所有设备及所装货物发生损坏、灭失的责任划分，以及对第三者发生损害赔偿的承担。设备交接一般在区、站大门口办理。设备包括集装箱、底盘车、台车及电动机等。交接单分出口和进口两种。

(6) 集装箱提单。集装箱提单是由集装箱运输经营人或其代理人在收到或接管货物后签发给发货人或托运人的一种凭证。它是证明运输物品已被接收或装船，并待进行海上运输后，在指定港口把货物交给正当的提单持有人的一种有价证券；也是表示运输公司和货主间有关运输条款的运输合同。它体现了所记载的货物方面的权利，通常通过背书的方式流通，是押汇票据的主要的附属单据，分为装货提单和收货提单。

(7) 集装箱载货清单。集装箱载货清单又称集装箱舱单，是一份按卸港顺序逐票列明全船实际载运集装箱及其货物的汇总清单。它是在集装箱及其货物装船完毕后，由船舶公司或其代理公司根据场站收据，核对理货报告单编制而成的，编妥后还需送交船长签字认可。

(8) 提货通知书和到货通知书。提货通知书是船舶公司在卸货港的代理人向收货人或通知人发出的船舶预计到港时间的通知。目的是要求收货人事先做好提货准备，加快货物离港的时间。到货通知书是卸货港的船舶公司的代理人在集装箱卸入集装箱堆场，或移至集装箱货运站，并办理好交接准备后，用书面形式向收货人发出的要求收货人及时提取货物的通知。

(9) 提货单。提货单是收货人凭正本提单向承运人或其代理人换取的可向港区、场站提取集装箱或货物的凭证，也是承运人或代理人对港区、场站放箱交货的通知。

(10) 交货记录。交货记录是集装箱堆场和集装箱货运站向收货人或其代理人交货的凭证，是证明船舶公司责任终止的重要单证。交货记录通常在签发提货单的同时交给收货人或其代理人，而后通过提货、交货，由收货人和承运人所委托的集装箱堆场或集装箱货运站的经营人共同签署。

七、国际多式联合运输

1. 国际多式联合运输的概念

国际多式联合运输(又简称为国际多式联运)是在集装箱运输基础上产生并发展起来的一种运输方式，一般以集装箱为媒介，把海上运输、铁路运输、公路运输、航空运输和内河运输等传统的单一运输方式有机地结合起来，构成一种连贯的过程来完成国际货物运输。《联合国国际多式联运公约》给国际多式联运下的定义是：按照多式联运合同以至少两种不同的运输方式，由多式联运经营人将货物从一国境内接管货物的地点运至另一国境内指定交付货物的地点。为履行单一方式运输合同而进行的该合同所规定的货物接送业务不应视为国际多式联运。按照这个定义，进行国际多式联运应具备以下条件：

(1) 多式联运经营人与托运人之间必须签订多式联运合同，以明确承、托双方的权利、义务和豁免关系。多式联运合同是确定多式联运性质的根本依据，也是区别多式联运与一般联运的主要依据。

(2) 必须使用全程多式联运单据。

(3) 必须是全程单一运价。这个运价一次收取,包括运输成本(各段运杂费的总和)、经营管理费和合理利润。

(4) 必须由一个多式联运经营人对全程运输负总责。多式联运经营人是与托运人签订多式联运合同的当事人,也是签发多式联运单据或多式联运提单者,他承担自接收货物起至交付货物止的全程运输责任。国际上承办多式联运业务的一般都是规模较大的货运公司或货运代理。

(5) 必须是两种或两种以上不同运输方式的连贯运输。如为海/海、铁/铁、空/空联运,虽为两程运输,但仍不属于多式联运,这是一般联运与多式联运的一个重要区别。同时,在单一运输方式下的短途汽车接送也不属于多式联运。

(6) 必须是跨越国境的国际货物运输。这是区别国内运输和国际运输的限制条件。

2. 国际多式联运的优点

(1) 责任统一。发货人只办一次托运,签订一个运输合同,付一次运费,即可取得多式联运提单。出了运输责任上的问题,只找一个承运人解决。

(2) 手续简便。多式联运的托运手续、进出口操作程序及集装箱的交接方式均与集装箱运输相同。

(3) 运输时间缩短,货运质量提高。由于多式联运是集装箱托运,中途无须拆箱倒载,使货物更加安全,货运速度加快。

(4) 节省运杂费,减少利息支出。由于多式联运大都为"门到门"运输,从而可以减少中间环节,节省运杂费。特别是对于内地发货,装上火车就可凭多式联运经营人签发的多式联运提单向银行议付结汇从而减少利息开支。

(5) 降低运输成本,加速货运周转。多式联运使各种单一的运输方式有机地结合起来,不仅可以缩短运输时间、降低运输成本,而且可以加速货运周转速度。

3. 多式联运经营人的类别和经营范围

1) 国际多式联运经营人的类别

国际多式联运经营人可以分成以船舶运输为主的国际多式联运经营人和无船国际多式联运经营人两大类:①以船舶运输为主的国际多式联运经营人。这类国际多式联运经营人在利用自己拥有的船舶提供港至港服务的同时,将他们的服务扩展到陆上运输甚至空运在内的服务。②无船国际多式联运经营人。无船国际多式联运经营人可分成以下三种。第一种,承运人型。这类国际多式联运经营人不拥有运输船舶,但却拥有汽车、火车或飞机等运输工具。与船舶运输为主的国际多式联运经营人一样,这类国际多式联运经营人既是契约承运人,又是某个或某几个区段的实际承运人。第二种,场站经营型。这类国际多式联运经营人拥有货运站、堆场、仓库等场站设施。他们与货主订立国际多式联运合同后,除了利用自己拥有的场站设施完成装卸、仓储服务外,还需要与相关的各种运输方式的承运人订立分合同,由这些承运人来完成货物运输。第三种,代理人型。这类国际多式联运经营人不拥有任何运输工具和场站设施,需要通过与相关的承运人、场站经营人订立分合同来履行他们与货主订立的国际多式联运合同。

2) 国际多式联运经营人的经营范围

国际多式联运经营人既可以从事代理业务，也可以从事当事人业务，因而，其业务范围非常广泛。按国际多式联运经营人在提供服务中所起的作用和所扮演的角色，其业务范围可以分成如下六大类：①咨询业务；②货运代理业务；③运输经纪业务；④承运人或场站经营人业务；⑤国际多式联运业务；⑥运输延伸服务——物流服务。

第四节　国际物流实训

实训任务一　模拟进出口货物报关实训

一、实训目的

(1) 掌握进出口货物报关工作的基本流程；
(2) 熟悉报关各环节的主要内容及注意事项。

二、实训任务

NM 商贸有限公司与 SUNLIT TRADE GMBH PEUTESTRASSE 6A-75589，HAMBURG,GERMANY 所签第 SSAB01-0032 合同项下的商品基本情况如下：

　　CAR SPEAKER　　PY-1009A　　6720 PAIRS　　560CTNS USD3.30/PAIR
　　　　　　　　　　PY-6960A　　1705 PAIRS　　341CTNS USD17.10/PAIR
　　　　　　　　　　　　　　　　　　　　　　　　TOTAL USD51331.50

2004 年 11 月 28 日，NM 商贸有限公司收到了一份 STATE BANK OF GERMANY，HAMBURG，GERMANY 于 2004 年 11 月 26 日开来的信用证，购买汽车喇叭，信用证号码为 GSN118488LY，金额为 USD51331.50，CIF BREMEN 条件，NM 商贸有限公司立即与深圳市翔达电声器材厂联系，并签了合同 EL2001-321，商品的有关情况如下：

　　汽车喇叭　　PY-1009A　　6720 对　　RMB25.00/对　　RMB168,000.00
　　　　　　　　PY-6960A　　1705 对　　RMB136.00/对　　RMB231,880.00
　　　　　　　　　　　　　　　　　　　　　　　　　TOTAL RMB 399,880.00

货备好后，NM 商贸有限公司于 2004 年 12 月 9 日向深圳蛇口海关申报出口，将货装上了船名为深圳海，航次 661 的海轮运送出海，B/L NO.: SSAB01-001，NW: 5.065MT，GW: 5.966MT，唛头 N/M，2×20'FCL: SZWY7891012/7891013，核销单编号：448899662，海关计量单位：对/个，运费为 USD3000.00，保费率为 0.69%。商品编码为 8518.2100。

以上是 NM 公司委托当地的大通报关行办理的进出口报关业务，现请以大通报关行的报关员的身份模拟进出口货物报关工作，并根据上述信息填制相关单证。

三、任务准备

(1) 自学报关的相关知识；

(2) 准备模拟报关业务相关单证表格；

(3) 按照实训指导教师安排，将学生分为若干任务执行小组，首先每个任务执行小组内部学习讨论本次任务所涉及的专业理论知识和任务执行步骤，然后每组曰小组负责人具体分工按照实训任务要求进行操作。

四、任务执行指导

进出口货物报关管理工作的基本流程：委托报关申请→办理报关手续→查验货物→交纳税费→签印放行。

步骤1：委托报关申请。

作为报关企业接受客户委托代理报关业务的第一步，客户应提交委托报关的申请书并签署委托报关协议。凡是报关企业接受委托人的委托办理报关手续的，应当对委托人所提供情况的真实性进行合理审查。经必要的审核后，报关企业主管方可批准该委托报关申请。

《中华人民共和国海关法》第十条规定：报关企业接受进出口货物收发货人的委托，以委托人的名义办理报关手续的，应当提交由委托人签署的授权委托书，并遵守本法对委托人的各项规定。报关企业接受进出口货物收发货人的委托，以自己的名义办理报关手续的，应当承担与收发货人相同的法律责任。委托人委托报关企业办理报关手续的，应当向报关企业提供所委托报关事项的真实情况；报关企业接受委托人的委托办理报关手续的，应当对委托人所提供情况的真实性进行合理审查。

《中华人民共和国海关进出口货物申报管理规定》第十一条规定：报关企业接受进出口货物的收发货人委托，以自己的名义或以委托人的名义向海关申报的，应当向海关提交由委托人签署的授权委托书，并按照委托书的授权范围办理有关海关手续。(代理报关委托书参见表12-2)

第十二条规定：报关企业接受进出口收发货人委托办理报关手续的，应当与进出口货物收发货人签订有明确委托事项的委托协议。(委托报关协议见表12-3)

委托人委托报关企业办理报关手续的，应当向报关企业提供所委托报关事项的真实情况；报关企业接受委托人的委托办理报关手续的，应当对委托人所提供情况的真实性进行合理审查。报关企业对委托人所提供情况的真实性进行合理审查的内容包括：

(1) 证明进出口货物的实际情况的资料，包括进出口货物的品名、规格、用途、产地、贸易方式等；

(2) 有关进出口货物的合同、发票、运输单据、装箱单等商业单据；

(3) 进出口所需的许可证件及随附单证；

(4) 海关要求的加工贸易手册(纸质或电子数据的)及其他进出口单证。

表 12-2　代理报关委托书

代理报关委托书

编号：□□□□□□□□□□

××公司：

我单位现　　　(A 逐票、B 长期)委托贵公司代理　　　等通关事宜。(A、报关查验 B、垫缴税款 C、办理海关证明联 D、审批手册 E、核销手册 F、申办减免税手续 G、其他)详见《委托报关协议》。

我单位保证遵守《海关法》和国家有关法规，保证所提供的情况真实、完整、单货相符。否则，愿承担相关法律责任。

本委托书有效期自签字之日起至　　　年　　月　　日止。

委托方(盖章)：

法定代表人或其授权签署《代理报关委托书》的人(签字)

年　　月　　日

表 12-3　委托报关协议

为明确委托报关具体事项和各自责任，双方经平等协商签订协议如下：

委托方		被委托方		
主要货物名称		××报关单编码	No.	
HS 编码	□□□□□□□□	收到单证日期	年　月　日	
进出口日期	年　月　日	收到单证情况	合同□	发票□
提单号			装箱清单□	提(运)单□
贸易方式			加工贸易手册□	许可证件□
原产地/货源地			其他	
传真电话		报关收费	人民币：　　　元	
其他要求：		承诺说明：		
背面所列通用条款是本协议不可分割的一部分，对本协议的签署构成了对背面通用条款的同意。		背面所列通用条款是本协议不可分割的一部分，对本协议的签署构成了对背面通用条款的同意。		

委托方业务签章： 经办人签章： 联系电话： 　年　月　日	被委托方业务签章： 经办报关员签章： 联系电话： 　年　月　日

(白联：海关留存、黄联：被委托方留存、红联：委托方留存)　　　　中国报关协会监制

委托报关协议通用条款

委托方责任　委托方应及时提供报关报检所需的全部单证，并对单证的真实性、准确性和完整性负责。

委托方负责在报关企业办结海关手续后，及时、履约支付代理报关费用，支付垫支费用，以及因委托方责任产生的滞报金、滞纳金和海关等执法单位依法处以的各种罚款。

负责按照海关要求将货物运抵指定场所。

负责与被委托方报关员一同协助海关进行查验，回答海关的询问，配合相关调查，并承担产生的相关费用。

在被委托方无法做到报关前提取货样的情况下，承担单货相符的责任。

被委托方责任

负责解答委托方有关向海关申报的疑问。

负责对委托方提供的货物情况和单证的真实性、完整性进行"合理审查"，审查内容包括：(一)证明进出口货物实际情况的资料，包括进出口货物的品名、规格、用途、产地、贸易方式等；(二)有关进出口货物的合同、发票、运输单据、装箱单等商业单据；(三)进出口所需的许可证件及随附单证；(四)海关要求的加工贸易(纸质或电子数据的)及其他进出口单证。

因确定货物的品名、归类等原因，经海关批准，可以看货或提取货样。

在接到委托方交付齐备的随附单证后，负责依据委托方提供的单证，按照《中华人民共和国海关进出口报关单填制规范》认真填制报关单，承担"单单相符"的责任，在海关规定和本委托报关协议中约定的时间内报关，办理海关手续。

负责及时通知委托方共同协助海关进行查验，并配合海关开展相关调查。

负责支付因报关企业的责任给委托方造成的直接经济损失，所产生的滞报金、滞纳金和海关等执法单位依法处以的各种罚款。

负责在本委托书约定的时间内将办结海关手续的有关委托内容的单证、文件交还委托方或其指定的人员(详见《委托报关协议》"其他要求"栏)。

赔偿原则　被委托方不承担因不可抗力给委托方造成损失的责任。因其他过失造成的损失，由双方自行约定或按国家有关法律法规的规定办理。由此造成的风险，委托方可以投保方式自行规避。

不承担的责任　签约双方各自不承担因另外一方原因造成的直接经济损失，以及滞报金、滞纳金和相关罚款。

收费原则　一般货物报关收费原则上按当地《报关行业收费指导价格》规定执行。特殊商品可由双方另行商定。

法律强制　本《委托报关协议》的任一条款与《海关法》及有关法律、法规不一致时，应以法律、法规为准。但不影响《委托报关协议》其他条款的效力。

协商解决事项　变更、中止本协议或双方发生争议时，按照《中华人民共和国合同法》有关规定及程序处理。因签约双方以外的原因产生的问题或报关业务需要修改协议条款，应协商订立补充协议。

步骤2：办理报关手续。

报关员在接到报关工作通知后，准备相关报关单证。报关员应将报关单上申报的数据录入计算机相关信息管理系统，将单证上的数据和内容传送到海关的报关自动化系统。

然后，报关员将准备好的按规定填制好的进出口货物报关单及报检单等报关随附单证(详见表12-4和表12-5)正式向进出口口岸海关递交申报。

表12-4 中华人民共和国海关出口货物关单

预录入编号： 　　　　　　　　　　　　　　　　　　　　　海关编号：

出口口岸		备案号		出口日期		申报日期	
经营单位		运输方式		运输工具名称		提运单号	
收货单位		贸易方式		征免性质		结汇方式	
许可证号		运抵国(地区)		指运港		境内货源地	
批准文号		成交方式		运费		保费		杂费	
合同协议号		件数		包装种类		毛重(公斤)		净重(公斤)	
集装箱号		随附单据				生产厂家			

标记唛码及备注：

项号	商品编号	商品名称	规格型号	数量及单位	最终目的国(地区)	单价	总价	币制	征免

税费征收情况

录入员	录入单位	兹声明以上申报无讹并承担法律责任	海关审单批注及放行日期(签章)	
报关员：_____			审单	审价
单位地址：_____		申报单位(签章)：_____	征税	统计
邮编：_____	电话：_____	填制日期：_____	查验	放行

表12-5　中华人民共和国海关出口货物报检单

报检单位(加盖公章):						*编　　号: _____	
报检单位登记号:		联系人:	电话:			报检日期:___年___月___日	
发货人	(中文)						
	(外文)						
收货人	(中文)						
	(外文)						
货物名称(中/外文)		海关编码	产地	数/重量	货物总值		包装种类及数量
运输工具名称号码			贸易方式		货物存放地点		
合　同　号			信用证号		用　　途		
发货日期			输往国家(地区)		许可证/审批号		
启　运　地			到达口岸		生产单位注册号		
集装箱规格、数量及号码							
合同、信用证订立的检验检疫条款或特殊要求		标记及号码		随附单据(画"√"或补填)			
				□合同　　　　□厂检单			
				□信用证　　　□包装性能结果单			
				□发票　　　　□许可/审批文件			
				□换证凭单　　□_____			
				□装箱单　　　□_____			
需要证单名称(画"√"或补填)				检验检疫费			
□品质证书　____正____副		□植物检疫证书____正____副		总金额（人民币元）			
□重量证书　____正____副		□重蒸/消毒证书____正____副					
□数量证书　____正____副		□出境货物换证凭单		计费人			
□兽医卫生证书____正____副		□_____		收费人			
□健康证书　____正____副		□_____					
□卫生证书　____正____副							
□动物卫生证书____正____副		□					
报检人郑重声明: 1. 本人被授权报检。 2. 上列填写内容正确属实，货物无伪造或冒用他人的厂名、标志、认证标志，并承担货物质量责任。 　　　　　　　　　　　　　签名:				*领取证单			
				日期			
				签名			

注：带"*"号的栏目由出入境检验检疫机关填写。

海关对递交申报的报关单及其随附的有关单证进行审核，检查货物是否符合相关进出口规定。

步骤3：查验货物。

海关在审单结束后，发出货物查验通知单(见表12-6)。报关员在接到通知后应积极配合查验工作。(《中华人民共和国海关进出口货物查验管理办法》详见本实训项目的附录)

表12-6　海关查验通知单

中华人民共和国××海关查验通知单
(进口) 记录单编号：　　　　　　(单证海关编号：　　　　　)
××国际货运代理有限公司：
你单位于××年××月××日所申报的如下货物，经审核现决定实施B级查验，请联系港务等相关部门做好准，于××月××日派员配合海关查验。
特此通知！

单证基本情况	报关单号：　　　　　　　　　运输工具号码： 申报件数：　　　包装种类：　　　毛重：　　　　净重： 经营单位：　　　　　　　　　收货单位： 申报单位：　　　　　　　　　贸易方式： 序号　商品编码　商品名称　申报数量　规格型号　原产地　总价 1 2 3
集装箱信息	车牌　　　　　　　　　是否查验

联系人：　　　　　　　　　　　　　　　　　　联系电话：
经办关员：
签收人：
　　　　　　　　　　　　　　　　　　　　　　　　××海关
　　　　　　　　　　　　　　　　　　　　　××年××月××日 17:16:18

注：海关查验通知单一式两联，第一联报单位留存，第二联海关留存。

步骤 4：交纳税费。

征收关税是海关的任务之一，进口货物的收货人、出口货物的发货人、进出境物品的所有人是依法缴纳关税的义务人。海关根据"依率计征、依法减免、正确估价、科学归类、严肃退补、及时入库"的征税原则对所申报进出境的货物逐笔审定完税价格。进口货物一般以 CIF 价格作为完税价格。

如 CIF 价格经海关审查不能确定的，依次以下列价格为基础估定完税价格：

(1) 该项进口货物同一出口国或地区的相同或者类似货物的成交价格；

(2) 该项进口货物的相同或类似货物在国际市场上公开的成交价格；

(3) 该项进口货物的相同或者类似货物在国内市场上的批发价格，减去进口关税、进口环节其他税费以及进口后的正常运输、储存、营业费用及利润后的价格；

(4) 按上述规定仍不能确定货物成交价格时，由海关按照合理方法估定价格。计算进口关税的基本公式为：

进口关税税额＝完税价格×关税税率

完税价格＝CIF 价格＝(FOB＋运费)/(1－保险费率)

出口货物以海关审定的货物售予境外的离岸价格(FOB 价)扣除出口关税作为完税价格；FOB 价格不能确定的，完税价格由海关估定。

计算出口关税的基本公式为：

出口关税税额＝完税价格×出口税税率

完税价格＝FOB 价格/(1＋出口税率)

另外，根据《海关法》第 65 条规定，在进口环节由海关代征的国内间接税有消费税、增值税。

(1) 计算进口消费税的公式为：

从价消费税额＝(关税完税价格＋关税额)/(1－消费税税率×消费税税率)

从量消费税额＝应税消费品数量×消费税单位税额

(2) 计算进口增值税的公式为：

进口增值税额＝(关税完税价格＋关税额＋消费税额)×增值税率

税款一经确定，海关即填发税款缴纳证交纳税义务人。纳税义务人应自海关开出税单的次日起 15 日内向指定银行交纳税款。逾期缴纳的应按税额的 1‰，按日征收滞纳金，星期日、节假日亦不能除外，均应按日计数。

其计算公式为：

滞纳金金额＝(关税额＋增值税＋消费税)×滞纳天数×1‰

步骤 5：签印放行。

进出口货物经过申报、查验和缴纳税费后，海关便在有关单据上(进口为提货单或运单，出口为装货单或运单)签印放行。收发货人凭盖有放行印章的单据到监管仓库提取进口货物，或将出口货物装上运输工具运离关境。对于一般进出口货物，放行即为结关。对于保税、减免税和暂准(时)进出口货物，海关虽予放行，但并未办理海关手续，也就是放行未结关仍需接受海关的后续管理。

保税货物，须俟原货或加工成成品复运出境并由海关予以核销，或向海关补办正式进口的补证、纳税后，才能办结海关手续(即结关)。减免税货物，须俟海关监管年限期满或向海关办理补证、补税后，才能办结海关手续(即结关)。暂准(时)进出口货物须俟原货复运出境或复运入境或补办正式进口或出口的补证、纳税后，才能办结海关手续(即结关)。

五、任务执行结果评价

任务执行结果评价如表 12-7 所示。

表 12-7 模拟进出口货物报关实训任务执行结果评价(指导教师用表)

考核评价内容	考评标准	分 值	评价得分
模拟进出口货物报关工作的情况	对进出口货物报关工作基本流程的熟悉程度	20	
	模拟填制进出口货物报关相关单证的完整规范正确性	50	
任务执行团队评价	团队分工的合理性、协同性	10	
	团队执行任务的效率	10	
	完成任务的创新性	10	
本次任务执行结果评价得分总计			

实训任务二　模拟国际集装箱货物运输业务实训

一、实训目的

(1) 熟悉国际集装箱货物运输操作各环节的主要内容和注意事项；
(2) 掌握国际集装箱货物运输的基本操作流程和步骤。

二、实训任务

BF 公司接受了将 MZ 工艺品制造厂出口的一批手工艺品运输到美国的任务(具体出口的货物品名、性质、质量、规格、包装、数量等具体条件，由指导教师根据教学需要拟定)，由于 MZ 工艺品制造厂地处内陆，出口到美国的货物必须经陆地、海上运输，而且以集装箱运输方式为主。请以 BF 公司业务人员的身份，为该批出口货物拟定运输方案，并填制有关主要单证。

三、任务准备

(1) 自学集装箱货运的相关知识；

(2) 准备模拟国际集装箱货物运输作业的相关单证表格；

(3) 按照实训指导教师安排，将学生分为若干任务执行小组，首先每个任务执行小组内部学习讨论本次任务所涉及的专业理论知识和任务执行步骤，然后每组由小组负责人具体分工按照实训任务要求进行操作。

四、任务执行指导

国际集装箱货物运输业务的基本流程：托运申请→货物承运→提取空箱→报检→装箱→将箱发运至集装箱堆场→集装箱交接→换取提单→装船或者装车→单证传送。

步骤1：托运申请。

托运是指货物托运人向承运部门提送运输计划。货物托运人根据货物品名、性质、质量、规格、包装等适箱程度及货物的流向，确定经济合理的联运方式，向经营集装箱运输的有关部门提送运输计划。如要船舶运输，则向船方提交集装箱托运单(表12-8)，并提交空箱需求计划。

表12-8 集装箱托运单样例

SHIPPER(发货人)	
CONSIGNEE(收货人)	集装箱货物托运单
船代留底　　　第二联	
NOTIFY PARTY(通知人)	
PRE-CARRIAGE BY(前程运输)　PLACE OF RECEIPT(收货地点)	
OCEAN VESSEL(船名) VOY NO(航次)　PORT OF LOADING(装货港)	
PORT OF DISCHARGE(卸货港)　PLACE OF DELIVERY(交货地点)　FINAL DESTINATION FOR THE MERCHANT'S REFERENCE(目的地)	

Container No. Seal No. 封志号 (集装箱号)	Marks &No.s 唛头 米) 与货名	No. of Containers or Packages 箱数或件数	Kind of packages Description of Goods	Gross Weight 毛重(千克)	Measurement 尺码(立方 包装种类

TOTAL NUMBER OF CONTAINERS

OR PACKAGES(IN WORDS) 集装箱数或件数合计(大写)						
Freight &Charges (运费与附加费)(运费到付)	Revenue Tons (运费吨)	Rate(运费率)	Per(每)	Prepaid		Collect (运费预付)
Ex. Rate:(兑换率)	Prepaid at(预付地点)		Payable at(到付地点)		Place of Issue(签发地点)	
Total Prepaid(预付总额)	No.s of Original B(s)/L 正本提单份数)					
Service Type on Receiving □-CY □-CFS □-DOOR		Service Type on Delivery □-CY □-CFS □-DOOR		Reefer-Temperature required (冷藏温度)	°F	°C
TYPE OF GOODS (种类)	□Ordinary 普通 □Liquid 液体	□reefer 冷藏 □Live Animal 活动物	□dangerous 危险品 □Bulk 散货	□Auto 裸装车辆 □_____	危险品	Class: Property: IMDG Code Page: UN No.
可否转船： 装期： 金额： 制单日期：		可否分批： 效期：				

步骤 2：货物承运。

承运是指承运单位接受托运申请。承运单位或承运代理部门接受托运计划和申请后，编制集装箱运输计划，将预配计划清单送集装箱码头或车站。车站或码头凭此发放空箱和办理货物交接。

步骤 3：提取空箱。

整箱货的空箱一般由货物托运人直接向集装箱码头或者车站领取，拼箱货的空箱则由集装箱货运站负责领取。

步骤 4：报检。

发货人或货运代理应按照国家有关法规，并根据商品特性，在规定期限内填写好申报单，分别向商检、卫生检疫、动植物检疫等口岸监管部门报请审核或查验，依据不同情况分别免检放行或经查验处理后出具有关证书放行。

步骤 5：装箱。

拼装货物的装箱由集装箱货运站根据承运部门的计划清单，核对场站收据中注明的接受托运的货物，按积载装箱要求由计算机打印或人工计算制定装箱清单，并按装箱单在站内装箱。整箱或则由托运人按整箱货装箱要求在自己的厂内或仓库装箱。在国际集装箱运输业务当中，装箱时必须请海关派员监督清点，装好后当场施加铅封。装箱时必须为每一个集装箱制作装箱单(表 12-9)。

表 12-9 集装箱装箱单样例

装箱单 CONTAINER LOAD PLAN					集装箱号	集装箱规格
					铅封号	冷藏温度
船名 航次		收货地点		装货港	卸货港	交货地点
箱主	提单号码	1. 发货人 2. 收货人 3. 通知人	标志和号码	件数及包装种类	货名	质量 (千克)	尺码 (立方米)
					总件数质量及尺码总计		
危险品要注明危险品标志分类及闪点	重新铅封号	开封原因		装箱日期 装箱地点 (地点及国名)		皮重
	出口	驾驶员签收	堆场签收	装箱人 发货人　发运站 (签署)		总毛重
	进口	驾驶员签收	货运站签收			发货人或货运站留存

步骤 6：将箱发运至集装箱堆场。

装好货的集装箱要按承运部门规定的时间送至指定的集装箱堆场或码头。

步骤 7：集装箱交接。

集装箱码头或车站对已经加铅封的重箱，可按海关或加封部门检验清单签收交接。对未加铅封或不符合加封条件的集装重箱，则必须验收交接单据中所记载的货物，验收无误后在交接收据上签收。

步骤 8：换取提单。

货物托运人凭经签字的场站收据向承运部门或其代理部门换取提单，然后凭码头运费收据计算联向承运人支付运输费或向银行结汇。

步骤 9：装船或者装车。

车站根据自己编制的集装箱装车计划装车，码头根据船舶货物积载图装船。积载图(Stowage plan)是指以船舶总截面的形式表示的图形。它显示船上所有货物的位置。

步骤 10：单证传送。

船舶公司或其代理应于船舶开航前 24 小时向船方提供提单副本(见表 12-10)、装箱单、舱单、积载图、特种集装箱的清单、危险货物说明书、冷藏集装箱清单等全部随船资料，并应于起航后采用传真、电子邮件、电传、邮寄等各种方式向卸货港发出卸船的必要资料。

表 12-10 提单样例

Shipper SHANGHAI JINHAI IMP. & EXP. GROUP GARMENTS BRANCH NO. 50 LANE 424 YAOHUA ROAD SHANGHAI CHINA		COSCO 中国远洋运输(集团)总公司	B/L NO. COSC-503
Consignee TO ORDER OF BANK OF CHINA, SINGAPORE		CHINA OCEAN SHIPPING (GROUP)CO. CABLE:COSCO BEIJING TLX:210740 CRC CN ORIGINAL Combined Transport BILL OF LADING	
Notify Party ANTAK DEVELOPMENT PTE LTD. 101 KIT CHENER ROAD JALAN PLA 2A SINGAPORE TEL. NO.:3423457 FAX NO. 4723456		RECEIVED in apparent good order and condition except as otherwise noted the total number of containers or other packages or units enumerated below for transportation from the place of receipt to the place of delivery subject to the terms and conditions hereof. One of the bills of Lading must be surrendered duly endorsed in exchange for the goods or delivery order. On presentation of this document duly endorsed to the Carrier by or on behalf of the Holder of the Bill of Lading, the rights and liabilities arising in accordance with the terms, and conditions hereof shall, without prejudice the any rule of common law or statute rendering them binding on the Merchant, become binding in all respects between the Carrier and the Holder of the Bill of Lading as though the contract evidenced hereby had been made between them.In witness where of the number of original Bills of Lading stated under have Been signed, all of this tenor and date, one of which being accomplished, the other(s)to be void	
Pre-carriage by	Place of Receipt		
Ocean Vessel Vov.No. ZHONGHE 040	Port of loading SHANGHAI		
Port of Discharge SINGAPORE	Place of Delivery	Final Destination(of the goods-not the ship) See Article 7 paragraph(2)	
Marks & Nos. Container.Seal No. K.K.G.T.	No of containers of P'kgs	Kin of Packages、Description of Goods SHIRTS SHIPMENT EFFECTED INTO	Gross Weight kgs.	Measurement

73178 SINGAPORE NO.1-190	190CTNS	20 FOOT CONTAINER LOAD(CY-CY) SHIPMENT EFFECTED BY CONTAINERISED VESSEL ONLY CONTAINER NUMBER: COSU-257289 L/C NO:123456 DATE: 15 APR.2004	7470KGS FREIGHT	29.29M^3 PREPAID
		THE NAME OF ISSUNG BANK: BANK OF	CHINA, SINGAPORE	
TOTAL NO. OF CONTAINERS OR PACKAGES'(IN WORDS)		SAY ONE HUNDRED NINETY CARTONS ONLY		
FREIGHT & CHARGES	Revenue' Tons	ate er	Prepaid	Collect
Ex.. Rate:	Prepaid at	Payable at	Place and date of Issue SHANGHAI MAY15,2004	
	Total Prepaid	No. of Original B(s)/L Two (2)	Signed for the Carrier CHINA OCEAN SHIPPING (GROUP) CO.	
LADEN ON BOARD THE VESSEL			XXX AS CARRIER	

DATE MAY 15, 2004   By_____(TERMS CONTINUED ON BACK HERE OF)
(COSCO STANDARD FORM 11)   CHINA OCEAN SHIPPING (GROUP) CO.

五、任务执行结果评价

任务执行结果评价如表12-11所示。

表 12-11　模拟国际集装箱货物运输业务实训任务执行结果评价(指导教师用表)

考核评价内容	考评标准	分　值	评价得分
模拟国际集装箱货物运输管理业务的情况	对国际集装箱货物运输管理业务基本流程的熟悉程度	20	
	模拟填制国际集装箱货物运输业务相关单证的完整规范正确性	50	
任务执行团队评价	团队分工的合理性、协同性	10	
	团队执行任务的效率	10	
	完成任务的创新性	10	
本次任务执行结果评价得分总计			

第十三章 热点物流

案例导入

美国德州仪器公司(TI)成立于1930年,是一家全球性的半导体公司,提供创新的DSP和模拟技术,以满足客户在现实世界中信号处理的需要。除了半导体之外,公司的业务还包括传感器和控制器,以及教育产品。德州仪器公司总部设在美国得克萨斯州的达拉斯,在全球超过25个国家设有制造、研发或销售机构,全球雇员约34,500多人,在2003年德州仪器的销售收入达98.3亿美元。

20世纪90年代以来,由于科学技术的进步和生产力的发展,经济日益市场化、自由化和全球化的趋势,使得企业之间竞争变得越发激烈,各个企业都面临缩短交货期、提高产品质量、降低成本和改进服务的压力。德州仪器作为一家历史超过50年,并且在世界主要大陆拥有制造和销售中心的制造型企业来说,如何协调遍布世界各地的工厂的采购、生产和销售,使他们能够整合在一个架构之下,就可以像人体的各个部分一样即时协调工作,这是首先要解决的问题。

德州仪器根据调查分析,在半导体工业中,全球化是获得市场竞争力,提高市场份额和获得商业回报的必然趋势。然而,对分布在不同国家的生产制造部门的供应链进行有效的管理却很难做到,这就使得管理者在开拓全球市场的同时要面对许多问题。同时,半导体行业的特点是制造流程复杂,供应链长,而公司正在从商品驱动性很强的业务向客户定义型业务转变以适应社会的发展,但是公司现有的供应链系统已经不能够很好地支持这种转变,必须对供应链系统进行改革,使公司能够在世界范围内将他的运营实现最优化,使得生产部门能够提高对客户的响应时间,同时缩短产品到达客户的时间,降低产品的生产周期和减少库存。

通过仔细的选择和分析,德州仪器最终选择了美商智佳科技公司(i2 TechnologiesInc.以下简称i2)作为他们的合作伙伴,因为i2所提供的解决方案与德州仪器想要运到的目标基本一致。德州仪器公司利用i2解决方案开展了新的供应链管理计划来优化全球的业务,这其中包括了:①采购管理:包括支持多种货币、运输成本管理,以及向多个供应商采购的多个订单、计算、进行供应商业绩分析等功能。②运输管理:包括交通工具租赁成

本管理、运输路线及交付状态跟踪等功能。③仓库/配送中心管理：包括计算机辅助商品货位查找及分配、商品的质量检验、仓库间商品调拨/配送等功能。④库存控制，支持多种成本计算方法；质量管理功能可根据销售额和利润自动进行 ABC 分类，支持商品的批次和保质期管理等。⑤直接交付：指根据客户的要求从供应商订货，并且供应商直接将货交付顾客的过程。一个直接交付订单可以包括多个来自不同供应商的商品，可以将一个直接交付订单分成多个送货单、多种订单状态。⑥需求分析预测与自动补货：能够为缺货的商品自动地产生配送调拨单或采购单，实现商品的自动补货。⑦财务系统，包括应收账款、应付账款、总账、现金管理和固定资产管理等功能模块。⑧供应商关系管理等。

供应链成功改革后，使德州仪器的晶片加工、成组测试部门以及产品配送中心可以协调工作，即使是分布在不同的地区，也可以像在一家工厂一样。这也就是我们常听到的虚拟工厂的概念。

同时，也缩短了产品规划周期和客户订货交付时间。现在德州仪器公司利用以天为单位的系统代替了他们之前以周为单位的系统，进而转向连续规划系统，这使公司能够基于对企业在全球范围运营的认识，为所有下属公司根据销售计划制定工厂的开工计划。并且对一些个性化市场的客户需求做出最迅速的反应。同时，由于缩短了生产周期和简化了生产流程，德州仪器公司降低了成本，这在经济不景气的时期是最大的收获，找到了点"时"成金的方法。

采用 i2 的解决方案，使德州仪器公司降低了库存量，并提高了对于市场预测的准确度，公司的规划人员现在可以通过分析数据来做出生产计划，而不是围着数据转，更好地集成了公司的物流和市场推广部门。i2 的解决方案还使德州仪器公司可以全面地了解其全球供应链的情况，真正将所有的生产分布统一到一个管理架构之下。供应链规划方案为公司的规划流程增加了制约管理，使公司能够发现问题，并迅速采取措施解决问题。

采用新的供应链管理系统后，德州仪器公司进一步增强了其产品在国际上的竞争力，提高市场占有率，从而改善股东权益。"在我看来，我们能在实施 i2 解决方案后的第一年轻松收回 2400 万美元的投资"，美国德州仪器公司供应链规划总监莎丽·坦普尔对 i2 方案如此评价。据有关资料，2002 年德州仪器的销售收入为 84 亿美元，到 2003 年，公司收入增长到 98.3 亿美元，增长率达 17%。2003 年公司收益为 12 亿美元，而 2002 财年还亏损 3.44 亿美元。

(资料来源：精品学习网，http://www.51edu.com/)

第一节　供应链管理

一、供应链的概念

对于什么是供应链，目前尚未形成统一的定义，许多学者从不同的角度出发给出了不同的定义。首先，供应链是一个系统，是人类生产活动和整个经济活动的客观存在。人类生产和生活的必需品，都是从最初的原材料生产、零部件加工、产品装配、分销、零售直到最终消费的过程，这里既有物质材料的生产和消费，也有非物质形态(如服务)产品的生产(提供服务)和消费(享受服务)。各个生产、流通、交易、消费环节，形成了一个完整的供应链系统。图 13-1 就是一个供应链的示意图。

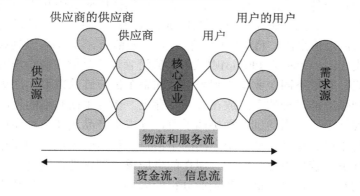

图 13-1 供应链的示意图

我国国家标准《物流术语》将供应链定义为：生产与流通过程中所涉及将产品或服务提供给最终用户的上游与下游企业所形成的网链结构。据此，我们认为：供应链是指商品到达消费者手中之前各相关者的连接或业务的衔接，是围绕核心企业，通过对信息流、物流、资金流的控制，从采购原材料开始，制成中间产品以及最终产品，最后由销售网络把产品送到消费者手中的将供应商、制造商、分销商、零售商和最终用户连成一个整体的功能网链结构。

供应链的概念是从扩大生产概念发展来的，它将企业的生产活动进行了前伸和后延。日本丰田公司的精益协作方式中就将供应商的活动视为生产活动的有机组成部分而加以控制和协调。哈理森(Harrison)将供应链定义为："供应链是执行采购原材料，将它们转换为中间产品和成品，并且将成品销售到用户的功能网链"。美国的史蒂文斯(Stevens)认为："通过增值过程和分销渠道控制从供应商到用户的流就是供应链，它开始于供应的源点，结束于消费的终点。"因此，供应链就是通过计划(Plan)、获得(Obtain)、存储(Store)、分销(Distribute)、服务(Serve)等这样一些活动而在顾客和供应商之间形成的一种衔接(Interface)，从而使企业能满足内外部顾客的需求。

根据供应链的实际运行情况,在一个供应链系统中，有一个企业处于核心地位。该企业起着对供应链上的信息流、资金流和物流的调度和协调中心的作用。供应链由所有加盟的节点企业组成，其中有一个核心企业(可以是制造型企业如汽车制造商，也可以是零售型企业如美国的沃尔玛特)，其他节点企业在核心企业需求信息的驱动下，通过供应链的职能分工与合作(生产、分销、零售等)，以资金流、物流和服务流为媒介实现整个供应链的不断增值。进入 21 世纪后，经济全球化、市场竞争全球化等浪潮一浪高过一浪，人们发现必须对供应链这一复杂系统进行有效的协调和管理，才能取得更好的绩效，才能从整体上降低产品(服务)成本，供应链管理思想就在这种环境下产生和发展起来了。

二、供应链管理的概念

供应链管理是一种集成的管理思想和方法，它包括供应链中从供应商到最终用户的物流的计划和控制等职能。例如，伊文斯(Evens)认为："供应链管理是通过前馈的信息流和反馈的物料流及信息流，将供应商、制造商、分销商、零售商,直到最终用户连成一个整体的管理模式。"菲利浦(Phillip)则认为供应链管理不是供应商管理的别称，而是一种新的管理策略，它把不同企业集成起来以增加整个供应链的效率，注重企业之间的合作。最早人们把供应链管理的重点放在管理库存上，作为平衡有限的生产能力和适应用户需求变化的缓冲手段，它通过各种协调手段，寻求把产品迅速、可靠地送到用户手中所需要的费用与生产、库存管理费用之间的平衡点，从而确定最佳的库存投资额。因此其主要的工作任务是管理库存和运输。现在的供应链管理则把供应链上的各个企业作为一个不可分割的整体，使供应链上各企业分担的采购、生产、分销和销售的职能成为一个协调发展的有机体。

关于供应链管理的各种比较典型的定义还有如下几种，供学习者参考。

(1) Monczka, Trent 和 Handfiel(1998)认为：供应链管理(SCM)要求传统上分离的职能物料汇报给一个负责的经理人员协调整个物流过程，并且还要求与横贯整个流程各个层次上的供应商形成伙伴关系。SCM 是这样一个概念——它的主要目标是以系统的观点，对多个职能和多层供应商进行整合和管理外购、业务流程和物料控制。

(2) La Londe 和 Masters (1994)认为：供应链战略包括供应链上的两个或更多企业进入一个长期协定，信任和承诺发展成伙伴关系，需求和销售信息共享的物流活动的整合，提升对物流过程运动轨迹控制的潜力。

(3) Stevens(1989)认为：管理供应链的目标是使来自供应商的物流与满足客户需求协同运作，以协调高客户服务水平和低库存、低成本的相互冲突的目标。"

(4) Houlihan(1988)认为：供应链管理和传统物料制造控制的区别是——①供应链被看成是一个统一的过程。链上的各个环节不能分割成诸如制造、采购、分销、销售等职能部门。②供应链管理强调战略决策。"供应"是链上每一个职能的共同目标并具有特别的战略意义，因为它影响整个链的成本及市场份额。③供应链管理强调以不同的观点看待库存，将其看成新的平衡机制。④一种新系统方法——整合而不是接口连接。

(5) Cooper 等(1997)认为：供应链管理是一种管理从供应商到最终客户的整个渠道的总体流程的集成哲学。

(6) Mentzer 等(2001)认为：供应链管理是对传统的企业内部各业务部门间及企业之间的职能从整个供应链进行系统的、战略性的协调，目的是提高供应链及每个企业的长期绩效。

综合以上观点，我们把供应链管理(Supply Chain Management ,简称 SCM)定义为：就是指在满足一定的客户服务水平的条件下，为了使整个供应链系统成本达到最小而把供应商、制造商、仓库、配送中心和渠道商等有效地组织在一起来进行的产品制造、转运、分销及销售的管理方法。

三、供应链管理涉及的内容

供应链管理主要涉及五个主要领域：需求(demand)、计划(plan)、物流(logistics)、供应(sourcing)、回流(return)。供应链管理是以同步化、集成化生产计划为指导，以各种技术为支持，尤其以 Internet/Intranet 为依托，围绕供应、生产作业、物流(主要指制造过程)、满足需求来实施的。供应链管理主要包括计划、协调和控制从供应商到用户的物料(零部件和成品等)和信息。供应链管理的目标在于提高用户服务水平和降低总的交易成本，并且寻求两个目标之间的平衡。

以需求、计划、物流、供应、回流这五个领域为基础，我们可以将供应链管理细分为基本职能领域和辅助职能领域。基本职能领域主要包括产品工程、产品技术保证、采购、生产控制、库存控制、仓储管理、分销管理、回收管理等。而辅助职能领域主要包括客户服务、制造、设计工程、会计核算、人力资源、市场营销等。

由此可见，供应链管理关心的并不仅仅是物料实体在供应链中的流动，除了企业内部与企业之间的运输问题和实物分销以外，供应链管理还包括以下主要内容：战略性供应商和用户合作伙伴关系管理；供应链产品需求预测和计划；供应链的设计(全球节点企业、资源、设备等的评价、选择和定位)；企业内部与企业之间物料供应与需求管理；基于供应链管理的产品设计与制造管理、生产集成化计划、跟踪和控制；基于供应链的用户服务和物流(运输、库存、包装等)管理；企业间资金流管理(汇率、成本等问题)；基于 Internet/Intranet 的供应链交互信息管理等。

供应链管理注重总的物流成本(从原材料到最终产成品的费用)与用户服务水平之间的关系，为此要把供应链各项职能活动有机地结合在一起，从而最大限度地发挥出供应链整体的力量，达到供应链企业群体获益的目的。

四、供应链管理的管理原理

1. 资源横向集成原理

资源横向集成原理揭示的是新经济形势下的一种新思维。该原理认为：在经济全球化迅速发展的今天，企业仅靠原有的管理模式和自己有限的资源，已经不能满足快速变化的市场对企业所提出的要求。企业必须放弃传统的基于纵向思维的管理模式，朝着新型的基于横向思维的管理模式转变。企业必须横向集成外部相关企业的资源，形成"强强联合,优势互补"的战略联盟，结成利益共同体去参与市场竞争，以实现提高服务质量的同时降低成本、快速响应顾客需求的同时给予顾客更多选择的目的。

不同的思维方式对应着不同的管理模式以及企业发展战略。纵向思维对应的是"纵向一体化"的管理模式，企业的发展战略是纵向扩展;横向思维对应的是"横向一体化"的管理模式，企业的发展战略是横向联盟。该原理强调的是优势资源的横向集成，即供应链各节点企业均以其能够产生竞争优势的资源来参与供应链的资源集成，在供应链中以其优势业务的完成来参与供应链的整体运作。该原理是供应链系统管理最基本的原理之一,表明了人们在思维方式上所发生的重大转变。

2. 系统原理

系统原理认为,供应链是一个系统,是由相互作用、相互依赖的若干组成部分结合而成的具有特定功能的有机整体。供应链是围绕核心企业,通过对信息流、物流、资金流的控制,把供应商、制造商、分销商、零售商直到最终用户连成一个整体的功能网链结构模式。

供应链的系统特征首先体现在其整体功能上,这一整体功能是组成供应链的任一成员企业都不具有的特定功能,是供应链合作伙伴间的功能集成,而不是简单叠加。供应链系统的整体功能集中表现在供应链的综合竞争能力上,这种综合竞争能力是任何一个单独的供应链成员企业都不具有的。其次,体现在供应链系统的目的性上。供应链系统有着明确的目的,这就是在复杂多变的竞争环境下,以最低的成本、最快的速度、最好的质量为用户提供最满意的产品和服务,通过不断提高用户的满意度来赢得市场。这一目的也是供应链各成员企业的共同目的。第三,体现在供应链合作伙伴间的密切关系上,这种关系是基于共同利益的合作伙伴关系,供应链系统目的的实现,受益的不只是一家企业,而是一个企业群体。因此,各成员企业均应具有局部利益服从整体利益的系统观念。第四,体现在供应链系统的环境适应性上。在经济全球化迅速发展的今天,企业面对的是一个迅速变化的买方市场,要求企业能对不断变化的市场作出快速反应,不断地开发出符合用户需求的、定制的"个性化产品"去占领市场以赢得竞争。新型供应链(有别于传统的局部供应链)以及供应链管理就是为了适应这一新的竞争环境而产生的。第五,体现在供应链系统的层次性上,供应链各成员企业分别都是一个系统,同时也是供应链系统的组成部分;供应链是一个系统,同时也是它所从属的更大系统的组成部分。从系统层次性的角度来理解,相对于传统的基于单个企业的管理模式而言,供应链管理是一种针对更大系统(企业群)的管理模式。

3. 多赢互惠原理

多赢互惠原理认为,供应链是相关企业为了适应新的竞争环境而组成的一个利益共同体,其密切合作是建立在共同利益的基础之上,供应链各成员企业之间是通过一种协商机制,来谋求一种多赢互惠的目标。供应链管理改变了企业的竞争方式,将企业之间的竞争转变为供应链之间的竞争,强调核心企业通过与供应链中的上下游企业之间建立战略伙伴关系,以强强联合的方式,使每个企业都发挥各自的优势,在价值增值链上达到多赢互惠的效果。

供应链管理在许多方面都体现了多赢互惠的思想。例如:供应链中的"需求放大效应"使得上游企业所获得的需求信息与实际消费市场中的顾客需求信息存在很大的偏差,上游企业不得不维持比下游企业更高的库存水平。需求放大效应是需求信息扭曲的结果,供应链企业之间的高库存现象会给供应链的系统运作带来许多问题,不符合供应链系统整体最优的原则。为了解决这一问题,近年来在国外出现了一种新的供应链库存管理方法——供应商管理用户库存(VMI),这种库存管理策略打破了传统的各自为政的库存管理模式，体现了供应链的集成化管理思想，其结果是降低了供应链整体的库存成本，提高了供应链的整体效益，实现了供应链合作企业间的多赢互惠。再如：在供应链相邻节点企业之间，传统的供需关系是以价格驱动的竞争关系，而在供应链管理环境下，则是一种合作性的双赢关系。

4. 合作共享原理

合作共享原理具有两层含义，一是合作，二是共享。合作原理认为：由于任何企业所拥有的资源都是有限的，它不可能在所有的业务领域都获得竞争优势，因而企业要想在竞争中获胜，就必须将有限的资源集中在核心业务上。与此同时，企业必须与全球范围内的在某一方面具有竞争优势的相关企业建立紧密的战略合作关系，将本企业中的非核心业务交由合作企业来完成，充分发挥各自独特的竞争优势，从而提高供应链系统整体的竞争能力。共享原理认为：实施供应链合作关系意味着管理思想与方法的共享、资源的共享、市场机会的共享、信息的共享、先进技术的共享以及风险的共担。

信息共享是实现供应链管理的基础，准确可靠的信息可以帮助企业作出正确的决策。供应链的协调运行建立在各个节点企业高质量的信息传递与共享的基础之上，信息技术的应用有效地推动了供应链管理的发展，它可以节省时间和提高企业信息交换的准确性，减少了在复杂、重复工作中的人为错误，因而减少了由于失误而导致的时间浪费和经济损失，提高了供应链管理的运行效率。共享信息的增加对供应链管理是非常重要的。由于可以做到共享信息，供应链上任何节点的企业都能及时地掌握市场的需求信息和整个供应链的运行情况，每个环节的物流信息都能透明地与其他环节进行交流与共享，从而避免了需求信息的失真现象，消除了需求信息的扭曲放大效应。

5. 需求驱动原理

需求驱动原理认为：供应链的形成、存在、重构，都基于一定的市场需求而发生，并且在供应链的运作过程中，用户的需求是供应链中信息流、产品/服务流、资金流运作的驱动源。在供应链管理模式下，供应链的运作是以订单驱动方式进行的，商品采购订单是在用户需求订单的驱动下产生的，然后商品采购订单驱动产品制造订单，产品制造订单又驱动原材料(零部件)采购订单，原材料(零部件)采购订单再驱动供应商。这种逐级驱动的订单驱动模式，使供应链系统得以准时响应用户的需求，从而降低了库存成本，提高了物流的速度和库存周转率。

基于需求驱动原理的供应链运作模式是一种逆向拉动运作模式，与传统的推动式运作模式有着本质的区别。推动式运作模式以制造商为中心，驱动力来源于制造商，而拉动式运作模式是以用户为中心，驱动力来源于最终用户。两种不同的运作模式分别适用于不同的市场环境，有着不同的运作效果。不同的运作模式反映了不同的经营理念，由推动式运作模式向拉动式运作模式的转变，反映的是企业所处环境的巨变和管理者思想认识上的重大转变，反映的是经营理念从"以生产为中心"向"以顾客为中心"的转变。

6. 快速响应原理

快速响应原理认为：在全球经济一体化的大背景下，随着市场竞争的不断加剧，经济活动的节奏也越来越快,用户在时间方面的要求也越来越高。用户不但要求企业要按时交货,而且要求的交货期越来越短。因此,企业必须能对不断变化的市场作出快速反应,必须要有很强的产品开发能力和快速组织产品生产的能力,源源不断地开发出满足用户多样化需求的、定制的"个性化产品"去占领市场,以赢得竞争。

在当前的市场环境里,一切都要求能够快速响应用户需求,而要达到这一目的,仅靠一个企业的努力是不够的。供应链具有灵活快速响应市场的能力,通过各节点企业业务流程的快速组合,加快了对用户需求变化的反应速度。供应链管理强调准时,即准时采购、准时生产、准时配送,强调供应商的选择应少而精,强调信息技术应用等,均体现了快速响应用户需求的思想。

7. 同步运作原理

同步运作原理认为:供应链是由不同企业组成的功能网络,其成员企业之间的合作关系存在着多种类型,供应链系统运行业绩的好坏取决于供应链合作伙伴关系是否和谐,只有和谐而协调的关系才能发挥最佳的效能。供应链管理的关键就在于供应链上各节点企业之间的联合与合作以及相互之间在各方面良好的协调。

供应链的同步化运作,要求供应链各成员企业之间通过同步化的生产计划来解决生产的同步化问题,只有供应链各成员企业之间以及企业内部各部门之间保持步调一致时,供应链的同步化运作才能实现。供应链形成的准时生产系统,要求上游企业准时为下游企业提供必需的原材料(零部件),如果供应链中任何一个企业不能准时交货,都会导致供应链系统的不稳定或者运作的中断,导致供应链系统对用户的响应能力下降,因此保持供应链各成员企业之间生产节奏的一致性是非常重要的。

协调是供应链管理的核心内容之一。信息的准确无误、畅通无阻,是实现供应链系统同步化运作的关键。要实现供应链系统的同步化运作,需要建立一种供应链的协调机制,使信息能够畅通地在供应链中传递,从而减少因信息失真而导致的过量生产和过量库存,使整个供应链系统的运作能够与顾客的需求步调一致,同步化响应市场需求的变化。

8. 动态重构原理

动态重构原理认为:供应链是动态的、可重构的。供应链是在一定的时期内、针对某一市场机会、为了适应某一市场需求而形成的,具有一定的生命周期。当市场环境和用户需求发生较大的变化时,围绕着核心企业的供应链必须能够快速响应,能够进行动态快速重构。

市场机遇、合作伙伴选择、核心资源集成、业务流程重组以及敏捷性等是供应链动态重构的主要因素。从发展趋势来看,组建基于供应链的虚拟企业将是供应链动态快速重构的核心内容。

五、牛鞭效应

企业要想保持住自己在竞争中的地位,保持自己的核心竞争力,企业就必须重新审视自己的内在力量源泉和新的竞争点，供应链管理成为企业的最佳选择。但是在供应链上，常常存在着如预测不准确、需求不明确，供给不稳定，企业间合作性与协调性差、造成了供应缺乏，生产与运输作业不均衡、库存居高不下，成本过高等现象。"牛鞭效应"正是供应链中各方成员试图调节供需关系时发生的。

1. 牛鞭效应的含义

牛鞭效应又称需求变异放大效应和蝴蝶效应、长鞭效应。牛鞭效应是指供应链的产品需求的订货量随着供应链向上游不断波动且放大，结果远远超出最初的预测的消费者需求。也就是说，到达供应链最上游的产品需求量远远大于市场实际需求量的变动。这一定义类似蝴蝶效应的定义：一个系统的某一段的小幅变动通过整个系统的加乘作用从而在系统的另一端产生极大的影响。首批研究牛鞭效应的专家中 H.L.Lee 关于牛鞭效应的定义是：供应链中产品需求订货量的波动程度远远大于产品的实际市场销售量的变化程度，并且沿供应链向上游放大的一种现象。牛鞭效应的具体表现是以订单为载体的需求信息沿着供应链从顾客向零售商、批发商、分销商、制造商、原材料供应商传递的过程中，需求信息的变异会被逐级放大。

2. 牛鞭效应对企业的危害

1) 牛鞭效应增加了生产成本

公司及其供应商为了满足由于"牛鞭"效应产生的具有变动性的订单流，公司要么扩大生产能力，要么增加库存量。但这两种做法都会加大单位产品的生产成本。同时由于无法及时处理积压订单，增加了生产计划的不确定性，导致过多的修订计划，增加补救措施的费用，加班费用和运输费用等，是单位产品的生产成本进一步加大。

2) 增加了库存成本

由于牛鞭效应的存在，上游企业的订单会在下游企业订单的基础上产生额外的波动，即使最终的顾客需求比较稳定，零售商、批发商、制造商、供应商的订购量波动幅度也会逐级增大，这就增加了供应链中需求的不确定性。供应链上的各节点企业通常会拥有大量的库存以应付需求的不确定性，这势必增加企业的库存。牛鞭效应引起的库存增加，占用了企业资金。同时，高水平的库存还增加了必备的仓储空间，从而导致了库存成本的增加。

3) 增加了供应链的运输成本和送货与进货相关的劳动力成本

公司及其供应商在不同时期的运输需求与订单的完成密切相关。由于牛鞭效应的存在，运输需求将会随着时间的变化而剧烈波动。因此，需要保持剩余的动力来满足高峰的需求，都会增加劳动力总成本。劳动力的需求也存在类似的波动，为了应付这种订单的波动，供应链的不同阶段有不同的选择，或者保有剩余劳动力，或者变动劳动力，但是无论是哪种选择，都会增加劳动力总成本。

4) 延长了供应链的补给供货期，降低产品供给水平

由于牛鞭效应增加了需求的变动性，与一般需求相比，公司及其供应商的生产计划更加难以安排，往往会出现当前生产能力和库存不能满足订单需求的情况，从而导致供

应链内公司及其供应商的补给供货期延长。订单的大幅波动使得公司无法及时向所有的分销商和零售商供货，从而导致零售商出现货源不足的频率加大，供应链销售额减少。

5) 给供应链中每个节点企业的运营都带来负面影响

给供应链每个节点企业的运营都带来负面影响，从而损害了供应链不同节点企业之间的关系，供应链内的每个节点企业都认为自己做得尽善尽美，而将这一责任归咎于其他节点企业。于是，"牛鞭"效应就导致供应链不同节点企业之间的互不信任，从而使潜在的协调努力变得更加困难。

六、供应链管理的发展趋势

供应链管理是迄今为止企业物流发展的最高级形式。虽然供应链管理非常复杂，且动态、多变，但众多企业已经在供应链管理的实践中获得了丰富的经验并取得显著的成效。当前供应链管理的发展正呈现出一些明显的趋势：

1. 时间与速度

越来越多的公司认识到时间与速度是影响市场竞争力的关键因素之一。比如，在IT行业，国内外大多数PC制造商都使用Intel的CPU，因此，如何确保在第一时间内安装Intel最新推出的CPU就成为各PC制造商获得竞争力的自然之选。总之，在供应链环境下，时间与速度已被看作是提高企业竞争优势的主要来源，一个环节的拖沓往往会影响整个供应链的运转。供应链中的各个企业通过各种手段实现它们之间物流、信息流的紧密连接，以达到对最终客户要求的快速响应、减少存货成本、提高供应链整体竞争水平的目的。

2. 质量与资产生产率

供应链管理涉及许多环节，需要环环紧扣，并确保每一个环节的质量。任何一个环节，比如运输服务质量的好坏，就将直接影响到供应商备货的数量、分销商仓储的数量，进而最终影响到用户对产品质量、时效性以及价格等方面的评价。时下，越来越多的企业将物流质量创新视为一种提高供应链绩效的强大力量。另一方面，制造商越来越关心它的资产生产率。改进资产生产率不仅仅是注重减少企业内部的存货，更重要的是减少供应链渠道中的存货。供应链管理发展的趋势要求相关企业开展合作与数据共享以减少在整个供应链渠道中的存货。

3. 组织精简

供应链成员的类型及数量是引发供应链管理复杂性的直接原因。在当前的供应链发展趋势下，越来越多的企业开始考虑减少物流供应商的数量，并且这种趋势非常明显与迅速。比如，跨国公司客户更愿意将它们的全球物流供应链外包给少数几家，理想情况下最好是一家物流供应商。因为这样不仅有利于管理，而且有利于在全球范围内提供统一的标准服务，更好地显示出全球供应链管理的整体优势。

4. 客户服务方面

越来越多的供应链成员开始真正地重视客户服务与客户满意度。传统的量度是以"订单交货周期""完整订单的百分比"等来衡量的,而目前更注重客户对服务水平的感受,服务水平的量度也以它为标准。客户服务重点转移的结果就是重视与物流公司的关系,并把物流公司看成是提供高水平服务的合作者。

第二节　电子商务物流

一、电子商务物流的含义及其研究对象

因电子商务发展引起的物流问题,是著名的网上 72 小时的生存实验。在这一实验中,人们发现了影响电子商务发展的一个重要因素——物流问题。同时,引发了针对物流的以下几个问题:第一,在网上交易的情况下,如何有效地实现网上交易商品的网下交割问题;第二,在网上交易的情况下,交易的双方如何选择物流的运作模式;第三,在确定了物流运作模式之后,如何以较低的成本实现物流的运作。

如何在当今信息化浪潮的时代背景下,充分地利用现代信息技术,特别是计算机技术、互联网技术等来促进和实现物流的发展,成为物流发展的一个热点问题。在此背景下,物流中的一个新概念——"电子商务物流"产生了。之后,人们在物流实践活动中,不断地将计算机技术、互联网技术等信息技术引入到物流活动之中,促进了电子商务物流的发展。

1. 电子商务物流的含义

电子商务物流,就是信息化、现代化、社会化的物流。也就是说电子商务物流就是在电子商务的条件下,依靠计算机技术、互联网技术、电子商务技术以及信息技术等所进行的物流活动。

2. 电子商务物流的研究对象

电子商务物流的研究对象就是研究物流在电子商务和现代科学技术条件下的运作和管理,电子商务物流的目标是通过运用现代科学技术,在电子商务条件下实现物流的高效化和低成本,促进物流产业的升级以及电子商务和国民经济的发展。电子商务物流的本质是实现物流的信息化和现代化。为了更好地进行电子商务物流活动,还需要进行以下两方面的研究:

(1) 科学技术对电子商务物流的影响与作用,即如何利用现代的科学技术进行物流的运作与管理;

(2) 商务模式的变化对电子商务物流的影响与作用,即如何在新的商务模式下对物流进行运作与管理。

二、电子商务物流的特点

与其他电子商务活动相比较,电子商务物流具有许多特点。

1. 实体性与虚拟性并存

在现有的条件下,物流活动大都具有一定实体形态,比如进行物流作业的工具、对象都是具有一定物质形态的。在未来的经营环境中,随着电子商务的发展和应用,物流具有的虚拟化的特征将更加显著,如虚拟管理、虚拟仓库、虚拟物流作业等。物流所输送的产品也可能成为无形的信息或可信息化的产品,以数字化的形式进行传输。尽管在电子商务条件下,物流具有虚拟性的特点,但是,其并不能完全取代现有物流的实体性质。因为,货物以及进行货物运作的工具是不会被"数字化"的,它仍然具有实体的性质。这就是说,在电子商务条件下,物流具有实体与虚拟并存的特点,他们所传输的即有实体特征的货物,也有由此形成的虚拟产品——信息和对物流进行虚拟化的管理等。

2. 实时性与预测性并存

实时性是指在电子商务条件下,进行物流活动的组织可以有效地通过网络系统来实时地掌握和了解自身内部、外部的各种物流信息和物流作业的动态,并依据环境的变化通过虚拟现实的方法和手段,实时地对企业自身物流活动进行调整和协调。实时性的特点使物流组织的物流活动更具效率和活力,更能有效地为用户提供优质的服务和实现物流资源的合理配置。 网络系统为物流的实时性运作提供了良好的前提条件,但是,对于物流组织来说,大规模和频繁地实时性运作需要具有一定的物流作业设备和相当数量的库存,这必然会带来物流作业成本的大幅上升。因此,要较好地进行实时性的物流运作,物流组织必须具备较强的预测能力,不仅要准确地预测用户的需求规模、时间和地点,也要较好地把握经济的发展趋势。

3. 合作性与竞争性并存

电子商务的不断发展和用户对物流服务水平的要求的不断提高,对物流组织现有的竞争形态形成了较大的冲击,它要求物流组织不仅要从本企业的角度来考虑物流活动,也要从全社会的角度来考虑物流活动。在此状况下,物流组织应转变原有的以自我为中心的竞争业态,树立新的竞争观念,依据自己的实际情况,利用网络系统的优势,与不同类型的物流企业进行合作,弥补自身的不足,从而形成一个在较大区域范围内有多种物流功能的物流供应链系统。在这一供应链系统中,物流组织同其他物流企业,既存在着竞争关系,又存在着利益的一致性,即合作与竞争共存。在合作与竞争的构造上,物流组织一是要充分利用和发挥连锁经营这一独特的商业经营方式的优势。在组织形式上,可以以功能、区域连锁的形式为主;在服务上可以以提供配送服务为主;在方式上,可以根据自身实际情况和其他物流企业的特点,分别采取直接连锁、自愿连锁和特许连锁等方式;在数量上,要注意规模效益以及连锁企业的观念、实力及服务水平;在空间上,要注意连锁经营的地域范围。二是要积极开展代理经营。物流代理经营的发展,不仅可以有效地扩大物流组织的经营规模，开拓市场，提高企业收益，而且还可以有效地稳定物流组织与其他企业的关系。

4. 个性化与大众化并存

电子商务为物流组织创造了一个个性化的商务活动方式，在物流的运作过程中，物流组织可以根据用户的特殊需要，为用户提供个性化的物流服务。在此需要注意的是，物流组织在确定自身的特殊物流服务项目即个性化物流服务项目时，应充分考虑自身物流能力等各方面的因素，谨防为了扩大市场份额而过多地设置自身达不到的个性化服务项目，使企业的信誉受损，给企业带来不应有的损失。个性化物流服务尽管给物流拓展了市场，带来了用户，但对于物流组织来说，仅仅开展个性化物流服务是远远不够的，它还应根据用户对物流服务的共同需求，开展大众化的物流服务。就目前来看，这应作为物流组织开展物流服务的重点，这样，物流组织的物流规模才能有效地扩大，效益才能有效地提高。

5. 安全性和开放性并存

开放性是互联网络的一大特点，对于物流组织来说，其网络系统也应该具备开放性的特点，用户可通过此网络查询相关的物流信息，掌握物流组织所提供的物流服务项目及自身委托物流服务项目的实施等情况；物流组织也可通过此网络掌握和了解用户所需要的物流服务，传输物流信息，与用户进行沟通，对物流活动进行协调。互联网络的开放性同时也带来了互联网络的安全性问题，对于物流组织和用户来说，网上信息的传输和存放可能被非法截取和非法利用，从而泄露商业机密，使双方的利益受到损害。尽管有一系列网上交易的安全规范协议与政策措施(如 SET 协议)来保证网上信息传递的安全性，但网络的安全性仍不十分可靠，因此，对于物流组织来说，如何保证网络系统的安全性，使用户和自身的商业机密不被泄露或被非法截取和使用，将是一个值得重视的问题。

6. 信誉与服务水平并存

信誉是企业形象的标志，也是企业服务水平质量高低的标志。一个没有信誉的物流组织，在电子商务时代将很难生存和发展，而一个信誉良好的物流组织，将会受到更多消费者的欢迎。在电子商务时代，商家和消费者的交易活动是在网上完成的，而物流活动更多的是在网下来进行的，如果一个物流组织在自己提供的物流服务项目中，不能准时地根据商家和用户的要求完成物流活动，那么该物流组织将会在商家和消费者中丧失信誉。此外，从经营的角度来看，电子商务物流还具有专业化、社会化和一体化的特点。

三、电子商务与物流的关系

1. 现代物流对电子商务的影响

1） 物流是电子商务的重要组成部分

一个完整的商务活动，必然要涉及信息流、商流、资金流和物流等四个流动过程。

在电子商务下，四流中的前三流均可通过计算机和网络通信设备实现，可形象地称之为"鼠标"；而作为四流中较为特殊的物流，只有诸如电子出版物、信息咨询等少数商品和服务可以直接通过网络传输方式进行，其他不可能在网上实现，则需借助一系列机械化、自动化工具传输，多可以通过网络来优化，可形象地称之为"车轮"。也就是说，电子商务＝鼠标＋车轮。所以在一定意义上物流是电子商务的重要组成部分，是信息流和资金流的基础与载体。

2） 物流是电子商务所具优势正常发挥的基础

电子商务的开展能够有效地缩短供货时间和生产周期，简化订货程序，降低库存水平，同时使得客户关系管理更加富有成效。在电子商务条件下，商品生产和交换的全过程，即从原材料的采购、各工艺流程的生产到成品的交付，都需要各类物流活动的支持。物流还是商流的后续者和服务者。在电子商务交易过程中，消费者通过网上购物，完成了商品所有权的转移过程，即商流过程。但电子商务的活动并未就此结束，只有商品或服务真正转移到消费者手中，即只有通过物流过程，商务活动才能得以终结。因此物流系统的效率高低是电子商务成功与否的关键，而物流效率的高低很大一部分取决于物流现代化的水平。没有现代化的物流运作模式支持，没有一个高效的、合理的、畅通的物流系统，电子商务所具有的优势就难以得到有效发挥，没有一个与电子商务相适应的物流体系，电子商务就难以得到有效的发展。

3） 物流是电子商务的支点

没有现代物流作为支撑，电子商务的巨大威力肯定不能得到很好发挥。合理化、现代化的物流，通过降低费用从而降低成本，优化库存结构，减少资金占压，缩短生产周期，保障了现代化生产的高效进行。如果没有现代化的物流，生产不能顺利进行，电子商务将成为无米之炊。电子商务领域的先锋——亚马逊网上书店比世界上最大的零售商沃尔玛开通网上业务早 3 年。然而，沃尔玛拥有遍布全球的由通信卫星联系的物流配送系统，这就使沃尔玛在送货时间上比亚马逊快了许多。

4） 物流是实施电子商务的关键

(1) 物流保障生产。无论在传统的贸易方式下，还是在电子商务方式下，生产都是商品流通之本，而生产的顺利进行需要各类物流活动支持。生产的全过程从原材料的采购开始，便要求有相应供应物流活动将所采购的材料运送到位，否则生产就难以进行；在生产的各工艺流程之间，也需要原材料、半成品的物流过程，即所谓的生产物流，以实现生产的流动性；部分余料、可重复利用的物资的回收，就需要所谓的回收物流；废弃物的处理则需要废弃物物流。可见，整个生产过程实际上就是系列化的物流活动。

(2) 物流服务于商流。在商流活动中，商品所有权在购销合同签订的那一刻起，便由供方转移到需方，而商品实体并没有因此而移动。在传统的交易过程中，除了非实物交割的期货交易，一般的商流都必须伴随相应的物流活动，即按照需方(买方)的需求将商品实体由供方(卖方)以适当的方式、途径向需方(买方)转移。而在电子商务方式下，消费者通过上网点击购物，即可完成商品所有权的交割过程，即商流过程。但电子商务的活动并未结束，只有商品和服务真正转移到消费者手中，商务活动才算终结。在整个电子商务的交易过程中，物流实际上是以商流的后续者和服务者的姿态出现的。没有现代化的物流，如此轻松的商流活动都将会化为一纸空文。

5) 物流是电子商务中实现"以顾客为中心"理念的根本保证

电子商务的出现，在很大程度上方便了最终消费者。他们不必再跑到拥挤的商业街，一家又一家地挑选自己所需的商品，而只要坐在家里，在互联网上搜索、查看、挑选，就可以完成他们的购物过程。但试想，他们所购的商品迟迟不能送到，或商家所送并非自己所购，那消费者还会选择网上购物吗？物流是电子商务中实现"以顾客为中心"理念的最终保证，如果缺少现代化的物流技术，电子商务给消费者带来的购物便捷将等于零，消费者必然会转向他们认为更为安全的传统购物方式，那网上购物还有什么必要存在？

6) 物流是电子商务概念模型的基本要素

电子商务概念模型是对现实世界中电子商务活动的一种抽象描述，它由电子商务实体、电子市场、交易事务和信息流、商流、资金流、物流等基本要素构成。

在电子商务概念模型中，电子商务实体是指能够从事电子商务的客观对象，它可以是企业、银行、商店、政府机构和个人等。电子市场是指电子商务实体从事商品和服务交换的场所，它是各种各样的商务活动参与者利用各种通信装置，通过网络连接成一个统一的整体。交易事物是指电子商务实体之间所从事的具体的商务活动的内容，例如询价、报价、转账支付、广告宣传、商品运输等。电子商务中的任何一笔交易，都包含着几种基本的"流"，即信息流、商流、资金流、物流。其中信息流既包括商品信息的提供、促销、行销、技术支持、售后服务等内容，也包括诸如询价单、报价单、付款通知单和转账通知单等商业贸易单证，还包括交易双方的支付能力、支付信誉等。商流是指商品在购、销之间进行交易和商品所有权转移的运动过程，具体是指商品交易的一系列活动。资金流主要是指资金的转移过程，包括付款、转账等过程。在电子商务方式下，以上三种流的处理都可以通过计算机和网络通信设备实现。物流作为四流中最为特殊的一种，是指物质实体(商品或服务)的流动过程，具体指运输、储存、配送、装卸、保管和物流信息管理等活动。对于少数商品和服务来说，可以直接通过网络传输的方式进行配送，如各种电子出版物、信息咨询服务、有价信息软件等。而对于大多数商品和服务来说物流仍要由物理方式传输，但由于一系列机械化、自动化工具的应用，准确、及时的物流信息对物流过程的监控，将使物流的流动速度加快，准确率提高，能有效地减少库存，缩短生产周期。

从以上的论述中可见，物流是电子商务的重要组成部分。我们必须摒弃原有的重信息流、商流和资金流的电子化观念，而忽视物流电子化的观念，大力发展现代化物流，才能够进一步推广电子商务。

2. 电子商务对物流的影响

1) 电子商务为物流创造了一个虚拟性的运动空间

在电子商务方式下，人们在进行物流活动时，物流的各种职能及功能可以通过虚拟化的方式表现出来，在这种虚拟化的过程中，人们可以通过各种组合方式，寻求物流的合理化，使商品实体在实际的运动过程中，达到效率高、费用省、距离短、时间少的目的。

　　2) 电子商务可使物流实现网络的实时控制

　　传统的物流活动在运作过程中，不管是以生产为中心，还是以成本或利润为中心，其实质都是以商流为中心，物流从属于商流活动，因而物流的运动方式是紧紧围绕着商流来运动。而在电子商务方式下，物流的运作是以信息为中心的，信息不仅决定了物流的运动方向，而且也决定着物流的运作方式。在实际运作过程中，通过网络上的信息传递，可以有效地实现对物流的实施控制，实现物流的合理化。

　　3) 电子商务将改变物流企业对物流的组织和管理

　　在传统经济条件下，物流往往是从某一企业的角度来进行组织和管理的，而电子商务则要求物流从社会的角度来实行系统的组织和管理，以打破传统物流分散的状态。这就要求企业在组织物流的过程中，不仅要考虑本企业的物流组织和管理，而且更重要的是要考虑全社会的整体系统。

　　4) 电子商务将改变物流企业的竞争状态

　　在传统经济活动中，物流企业之间存在激烈的竞争，这种竞争往往是依靠本企业提供优质服务、降低物流费用等方面来进行的。在电子商务时代，这些竞争内容虽依然存在，但有效性却大大降低了。原因在于电子商务需要一个全球性的物流系统来保证商品实体的合理流动，对于一个企业来说，即使它的规模再大，也是难以达到这一要求的。这就要求物流企业应相互联合起来，在竞争中形成一种协同竞争的状态，以实现物流高效化、合理化、系统化。

　　5) 电子商务将促进物流基础设施的改善

　　电子商务高效率和全球性的特点，要求物流也必须满足这一要求。而物流要达到这一目标，良好的交通运输网络、通信网络等基础设施则是基本的保证。

　　6) 电子商务将促进物流技术的进步

　　物流技术主要包括物流硬技术和软技术。物流硬技术是指在组织物流过程中所需的各种材料、机械和设施等；物流软技术是指组织高效率的物流所需的计划、管理、评价等方面的技术和管理方法。从物流环节来考察，物流技术包括运输技术、保管技术、装卸技术、包装技术等。电子商务的飞速发展，促使传统的物流技术向现代物流技术转变。传统的物流技术主要指物资运输技术，包括运输材料、机械、设施等。现代物流技术则是以计算机信息技术为基础的，如地理信息系统(GIS)、全球卫星定位系统(GPS)、电子数据交换(EDI)、条码技术(Bar Code)等。物流技术水平的高低是实现物流效率高低的一个重要因素，要建立一个适应电子商务运作的高效率的物流系统，加快提高物流的技术水平则有着重要的作用。

　　7) 电子商务将促进物流管理水平的提高

　　物流管理水平的高低直接决定和影响着物流效率的高低，也影响着电子商务高效率优势的实现问题。只有提高物流的管理水平，建立科学合理的管理制度，将科学的管理手段和方法应用于物流管理当中，才能确保物流的畅通进行，实现物流的合理化和高效化，促进电子商务的发展。

第三节 第四方物流

一、第四方物流的概念与功能

1. 第四方物流概念

第四方物流(Fourth party logistics，简称 FPL 或 4PL)是 1998 年美国埃森哲咨询公司率先提出的，专门为第一方、第二方和第三方提供物流规划、咨询、物流信息系统、供应链管理等活动。第四方并不实际承担具体的物流运作活动。

因此，第四方物流经营者是基于整个供应链过程考虑，扮演着协调人的角色：一方面与客户协调，与客户共同管理资源、计划和控制生产，设计全程物流方案；另一方面与各分包商协调，组织完成实际物流活动。因此，第四方物流提供的是一种全面的物流解决方案，与客户建立的是长期、稳固的伙伴关系。

2. 第四方物流的基本功能

第四方物流的基本功能有 3 个方面。

1) 供应链管理功能

即管理从货主/物流企业到客户的供应全过程；

2) 物流一体化功能

即负责管理物流企业之间在业务操作上的衔接与协调问题；

3) 供应链再造功能

即根据货主/物流企业在供应链战略上的要求，及时改变或调整战略战术，使其经常高效率地运作，保证其所提供的物流服务速度更快、质量更好、价格更低。

二、第四方物流产生和发展的背景

1. 物流业务的外包是物流业发展的必然产物

第四方物流作为供应链管理的一种新的模式，它的出现是物流行业业务外包的必然产物。企业物流业务的外包有三个不同的层次，每个层次都比上个层次更加有深度和广度：

第一层次是传统的物流外包。企业与一家物流服务提供商签订合同，由其提供单一的、明确界定的物流服务。如把仓储外包给专业为企业服务的仓储公司、把运输外包给专业运输公司、委托专门结算机构代为运货结账、委托海关经纪人代为通关、委托进出口代理商准备进出口文件。

第二层次是第三方物流。企业与一家物流提供商签订合同，由其提供整合的解决方案，包括两种或更多的物流服务，并且给予其一定的决策权。如货运代理决定用哪一家运输公司、运输管理、进货管理、整合的仓储和运输管理。

第三层次是第四方物流。在利用第三方物流服务的基础上，获得增值的创新服务。

如供应链网络结构设计、全球采购计划、IT 功能的强化和管理、商品退货和维修、持续的供应链改善。

第四方物流在复杂的供应链管理中担负着主要的任务,是供应链外部协作的重要组成部分。它对供应链的物流进行整体上的计划和规划,并监督和评估物流的具体行为和活动的效果。对于供应链的管理来说,第四方物流是对包括第四方物流服务商及其客户在内的一切与交易有关的伙伴的资源和能力的统一。

2. 管理效率和效益最大化的要求

随着科技的进步和市场的统一,供应链中很多供应商和较大的企业为了满足市场需求,将物流业务外包给第三方物流服务商,以降低存货的成本,提高配送的效率和准确率。但是,由于第三方物流服务商缺乏较综合的、系统性的技能和整合应用技术的局限性以及全球化网络和供应链战略的局部化,使得企业在将业务外包时不得不将业务外包给多个单独的第三方物流服务商,增加了供应链的复杂性和管理难度。市场的这些变化对物流和供应链管理提出了更高的要求,这在客观上要求将现代科技、电子商务和传统的商业运营模式结合起来,以在供应链中构造一个将供应链的外包行为链接为统一单位,而不是像以前的单独的行为。

从管理的效率和效益来看,对于将物流业务外包的企业来说,为获得整体效益的最大化,它们更愿意与一家公司合作,将业务统一交给能提供综合物流服务和供应链解决方案的企业;而且,由于在供应链中信息管理变得越来越重要,所以也有必要将物流管理活动统一起来,以充分提高信息的利用率和共享机制,提高外包的效率和效益。供应链管理中外包行为的这些变化促使很多第三方物流服务商与咨询机构和技术开发商开展协作,以增强竞争能力,由此而产生了第四方物流。

3. 竞争的加剧

大的背景是竞争的加剧,企业对降低物流成本的追求导致了物流提供商有必要从更高的角度来看待物流服务,把提供物流服务从具体的运输管理协调和供应链管理上升到对整个物流供应链的整合和供应链方案的再造设计。

4. 弥补第三方物流的不足

其概念的提出也是为了弥补第三方物流的不足:第三方物流缺乏跨越整个物流供应链运作的能力和条件。这是由第三方物流本身的机制决定的,第三方物流主要为企业提供具体的物流运作服务,它所依赖的是自己的交通运输工具、物流基础设施和一些最基本的物流信息,并不参与整个被服务的企业的物流供应。因此,也就不能站在应有的高度来看待客户的整个供应链。同时,物流企业也缺乏整合整个供应链流程所需的战略专业技能。

而第四方物流——作为一个提供全面供应链解决方案的供应链集成商,可以站在较第三方物流更高的高度,不受约束地将每一个领域的最佳物流提供商组合起来,为客户提供最佳物流服务,进而形成最优物流方案或供应链管理方案。

第四方物流实际上是一种新的供应链外包形式,这种形式正在通过比传统的供应链外包协议更多的暂时的成本降低和资产转移来实现。通过与行业最佳的第三方服务供应商、技术供应商、管理顾问的联盟，第四方物流组织可以创造任何单一的物流服务提供商无法实现的供应链解决方案。

5. 顾客对服务的期望及实现的技术成熟

推动这种新的外包形式的直接动力是顾客对物流服务越来越高的要求，英特尔和 WEB 技术以及新的企业集成技术为实现这种转变提供了技术前提。

在当今的供应链环境中，有一项公认的事实：顾客对他们的供应商的要求越来越高。这种服务需求的增加随着现代电子通信技术的发展而得到了加强。这些技术在提供物流服务比过去实质性改善的同时，也会驱使顾客要求服务更大程度的改善。而顾客未满足的需求推动企业不得不重新评估他们的供应链战略。这两种因素相互作用，共同推动了这种物流外包形式的产生。

三、第四方物流的模式

按照国外的概念，第四方物流是一个提供全面供应链解决方案的供应链集成商，存在三种可能的第四方物流模式：

1. 协同运作模式

第四方物流与第三方物流共同开发市场，第四方物流向第三方物流提供第三方物流缺少的技术和战略技能。运作模式一般采用 4PL 和 3PL 共同开发市场，第四方向第三方提供一系列的服务，包括技术、供应链策略技巧、进入市场的能力和项目管理专长。4PL 往往会在 3PL 公司内工作，双方要么签有合同，要么结成战略联盟。

2. 方案集成商模式

第四方物流为货主服务，是和所有第三方物流提供商及其他提供商联系的中心。4PL 为客户提供运作和管理整个供应链的解决方案。4PL 对本身和 3PL 的资源、能力和技术进行综合管理，为客户提供全面的、集成的供应链方案。4PL 可以集成多个服务供应商的能力和客户的能力。

3. 行业创新者模式

第四方物流通过对同步与协作的关注，为多个行业的客户开发和提供供应链解决方案，以整合整个供应链的职能为重点。

第四方物流无论采用哪种模式，都突破了单纯发展第三方物流的局限性，能在更低的成本上运作，实现最大范围的资源整合。因为第三方物流缺乏跨越整个供应链运作以及真正整合供应链流程所需的战略专业技术。第四方物流可以不受约束地将每一个领域的最佳物流提供商组合起来，为客户提供最佳物流服务，进而形成最优物流方案或供应链管理方案。而第三方物流要么独自，要么通过与自己有密切关系的转包商来为客户提供服务，它不可能提供技术、仓储与运输服务的最佳组合。

事实上，第四方物流的出现是市场整合的结果。过去，企业试图通过优化库存与运输、利用地区服务代理商以及第三方物流提供商，来满足客户服务需求的增长。但在今天，客户需要得到包括电子采购、订单处理能力、虚拟处理能力、虚拟库存管理等服务。一些企业经常发现第三方物流提供商缺乏当前所需要的综合技能、集成技术、战略和全球扩展能力。

四、第四方物流的特点

第四方物流是一个新的物流服务理念，它是在克服了第三方物流的许多不足的基础上产生和发展的，因此，第四方物流有一些自己特点。

1. 第四方物流可以提供一套完善的供应链解决方案

第四方物流提供一套完善的供应链解决方案。第四方物流集成了管理咨询和第三方物流服务商的能力。更重要的是，一个前所未有的、使客户价值最大化的统一的技术方案的设计、实施和运作，只有通过咨询公司、技术公司和物流公司的齐心协力才能够实现。

1) 再造

第四方物流最高层次的方案就是再造，即供应链协作和供应链过程的再设计。再造过程就是基于传统的供应链管理咨询技巧，使得公司的业务策略和供应链策略协调一致；同时，技术在这一过程中起到了催化剂的作用，整合和优化过程中真正的显著改善要么是通过各个环节计划和运作的协调一致来实现，要么是通过各个参与方优化供应链内部和与之交叉的供应链的运作来实现。

2) 革新

第四方物流通过技术革新实现各个供应链职能的加强，变革的努力集中在改善某一具体的供应链职能，包括销售和运作计划、分销管理、采购策略和客户支持。在这一层次上，供应链管理技术对方案的成败变得至关重要。领先和高明的技术，加上战略思维、流程再造和卓越的组织变革，共同组成最佳方案，对供应链活动和流程进行整合和改善。

3) 实施

流程一体化，系统集成和运作交接。一个第四方物流服务商帮助客户实施新的业务方案，包括业务流程现代化，客户公司和服务供应商之间的系统集成，以及将业务运作交给第四方物流的项目运营小组。项目实施过程中应该对组织变革多加小心，因为人的因素往往是把业务转给 4PL 管理成败的关键。

4) 执行

承担多个供应链职能和流程的运作。第四方物流开始承担多个供应链职能和流程的运作责任。其工作范围远远超越了传统的第三方物流的运输管理和仓库管理的运作，包括：制造，采购，库存管理，供应链信息技术，需求预测，网络管理，客户服务管理，和行政管理。尽管一家公司可以把所有的供应链活动外包给第四方物流，通常的第四方物流只是从事供应链功能和流程的一些关键部分。

2. 第四方物流通过其对整个供应链产生影响的能力来增加价值

第四方物流充分利用一批服务提供商的能力，包括第三方物流，信息技术供应商，合同物流供应商，呼叫中心，电信增值服务商等，再加上客户的能力和 4PL 自身的能力。总之，第四方物流通过提供一个全方位的供应链解决方案来满足今天的客户公司所面临的广泛而又复杂的独特需求。

在第四方物流的运作中，信息技术扮演了十分重要的角色。一个真正有效的信息技术策略必须涵盖以下几个层面：企业资源规划系统，决策支持系统，既包括交易支持，又包括管理职能。近年来在供应链管理技术方面的突破使得供应链的参与者可以真正能够对整个供应链有一个全面、实时的"全景式"扫描。技术能力已经可以覆盖能影响企业竞争能力的诸方面，包括产品的可视性，事件管理和绩效管理等。

技术所能提供的实时信息，帮助企业在必要的时候能够重新调整产品流向，并且预测内向和外向的流量。它可以帮助用户对供应链上的各个层次的绩效数据进行量化和对绩效进行跟踪；同时寻找机会进行持续改善。根据 Forrester Research 的分析，"虚拟企业完全可以由虚拟的物流外包商来提供端到端的物流供应链服务"。这些新兴的技术将会使 4PL 有能力为服务供应商、客户及其供应链伙伴，提供一整套集成的解决方案。

第四节 绿色物流

一、绿色物流的概念和内涵

1. 绿色物流的概念

绿色物流是继绿色制造、绿色消费之后，在国际上又一新兴的绿色热点概念。目前在国际上对于"绿色物流"还没有形成一个统一的概念。但通常认为，所谓"绿色物流"(Environmental Logistics)又称"环保物流"，是指在物流过程中抑制物流对环境造成危害的同时，实现对物流环境的净化，使物流资源得到充分的利用。其目标是将环境管理导入物流业的各个系统，加强物流业中保管、运输、包装、装卸搬运、流通加工等各个作业环节的环境管理和监督，有效遏止物流发展造成的污染和能源浪费。具体说来，绿色物流的目标不同于一般的物流活动。一般的物流活动主要是为了实现物流企业的赢利、满足顾客需求、扩大市场占有率等，这些目标最终都是为了实现某一主体的经济利益，是单纯以经济利益为导向的，称之为"经济物流"。而绿色物流除了追求经济利益目标之外，还追求节约资源、保护环境这一既具经济效益又有社会效益的"双赢"目标。

2. 绿色物流的内涵

企业物流包括企业从原材料供应，到产品生产和产品销售的全部活动，它由供应物流、生产物流、销售物流和逆向物流构成。绿色物流就是在闭环的物流的各个环节包括运输、储藏、包装、装卸、流通加工和废弃物处理等物流活动中，采用环保技术，提高资源利用率，降低物流活动对环境的影响。因此绿色物流的内涵一般可以分为以下几方面：

1) 集约资源

物流的本质就是通过集约、优化各种资源，提高流通效率、压缩流通成本。这个过程同时也节约了资源消耗、提高了资源效率，简而言之就是一个节能环保的过程。从这个意义上说，绿色是物流的本色。

2) 绿色运输

原材料和产品的运输是物流活动中重要的一部分，它贯穿于物流活动的始终。在原材料和产品的运输过程中，对环境可以造成四方面的影响：一是交通工具大量的能源消耗；二是运输过程中排放的大量有害气体、产生的噪音污染；三是运输易燃、易爆、化学品等危险原材料或产品可能引起的爆炸、泄漏等事故；四是大量的运输导致道路需求面积的增加。所以，运输环节是对环境造成污染的主要原因之一。绿色运输可以通过对交通工具的搭配，有效利用车辆，提高配送效率，在合理规划网点及配送中心的基础上，努力优化配送路线，提倡共同配送和多式联运方式，提高往返载货率等；减少公路运输；尽量采用铁路运输或海运；使用"绿色"运输工具，采用小型货车等低排放运输工具，保证运输车辆尾气排放量达到标准。

3) 绿色仓储

原材料和产品的保管和存储需要的主要设施就是仓库。仓储管理过程中的非绿色因素主要有三个方面：一是在原材料和产品的保管过程中需要对其进行一定的养护，如喷洒杀虫剂等一些化学药品，会对周边生态环境造成一定的污染；二是一些原材料或产品，如易燃、易爆、化学危险品，由于保管不当，发生爆炸或泄漏也会对周边环境造成污染和破坏；三是由于仓库布局的不合理，提高了车辆的重复运输率和空载率，造成资源浪费。

4) 绿色包装

包装可以保证产品的价值和形态以及起到美化产品的作用。但包装过程也可以对环境造成很大影响。一方面是包装材料对环境造成的污染。如白色塑料污染，这类材料在自然界中，不易降解，滞留时间很长。另一方面是过度的包装或重复的包装，很多包装材料在一次性使用后就被消费者遗弃，造成资源的大量浪费，不利于可持续发展，同时也无益于生态经济效益。绿色包装就是要求包装符合环保的要求，节省用料资源，尽量减少包装废弃物；利用可回收可再生资源，如绿色的集装箱等。

5) 逆向物流

逆向物流是指所有与资源循环、资源替代、资源回用和资源处置有关的物流活动，它能够充分利用现有资源，减少对原材料的需求，常被发达国家作为建设循环型经济的重要举措。实施逆向物流是一项系统工程，需要有完善的商品召回制度、废物回收制度以及危险废物处理处置制度。

二、绿色物流产生的背景

自 20 世纪 70 年代始，环境问题受到越来越多的关注，几乎融入社会经济的每一个领域中。这其中也包括环境问题对物流行业的影响，绿色物流应运而生。绿色物流可以追溯到 20 世纪 90 年代初人们对运输引起环境退化的关注：道路、码头和机场等交通基础设施的建设占用了大量的土地；汽车等交通工具尾气排放成为城市空气的主要污染源之一。因此，一些专家学者建议把环境问题作为物流规划的一个影响因素，成为绿色物流的雏形。此后，绿色物流从运输逐渐扩展到包装、仓储等活动中，逐渐形成一个比较完整的概念和体系。

1. 绿色物流在国外的发展

和很多与环保相关的问题一样，绿色物流首先从发达国家兴起。一方面，发达国家通过立法限制物流的环境影响。另一方面，发达国家提出发展循环型经济的目标，积极扶持逆向物流的发展。很多跨国公司都积极响应这一行动，施乐、柯达、美孚、惠普等大型跨国公司都实施了逆向物流项目，并且收益显著。

1) 美国绿色物流的发展

美国的经济高度发达，也是世界上最早发展物流业的国家之一。美国在物流高度发达的经济社会环境下，不断通过政府宏观政策的引导，确立以现代物流发展来带动社会经济发展的战略目标，其近景远景目标十分明确。美国在其到 2025 年的《国家运输科技发展战略》中，规定交通产业结构或交通科技进步的总目标是："建立安全、高效、可靠和充足的运输系统，其范围是国际性的，形式是综合性的，特点是智能性的，性质是环境友善的。"一般企业在实际物流活动中，于物流的运输、配送、包装等方面应用诸多的先进技术，如电子数据交换(EDI)、准时制生产、配送规划、绿色包装等，为物流活动的绿色化提供有力的技术支持和保障。

2) 欧洲绿色物流的发展

欧洲国家较早将现代技术应用于物流管理，是绿色物流的先锋。如在 20 世纪 80 年代欧洲就开始探索一种新的联盟型或合作型的物流新体系，即综合供应链管理。它的目的是实现最终消费者和供应商之间的物流和信息流的整合，即在商品流通过程中加强企业间的合作，改变原来各企业分散的物流管理方式，通过合作关系实现原来不可能达到的物流效率，从而减少无序物流对环境的影响。以德国为代表的欧洲各国很重视绿色物流的推进和发展，对运输、装卸和管理过程制定出相应的绿色标准，加强政府和企业协会对绿色物流的引导和规划作用，同时鼓励企业运用绿色物流的全新理念来经营物流活动，加大对绿色物流新技术的研究和应用，如对运输规划进行研究，积极开发和试验绿色包装材料等。

3) 日本绿色物流的发展

日本自 1956 年从美国全面引进现代物流管理理念后，大力进行本国现代化物流建设，将物流运输的改革作为国民经济中最为重要的核心课题予以研究和发展。把物流行业作为本国经济发展生命线的日本，从一开始就没有忽略物流绿色化的重要意义，除了在传统的防止交通事故、抑制沿线的噪声和振动等问题方面加大政府部门的监管和控制作用外，还特别出台了一些实施绿色物流的具体目标值，如货物的托盘使用率，货物在停留场所的滞留时间等，来减低物流对环境造成的污染。1989 年日本推出了 10 年内 3 项绿色物流推进目标，即含氮化合物排出标准降低 3 成到 6 成，颗粒物排出降低 6 成以上，汽油中的硫成分降低 1/10。1992 年日本政府公布了汽车二氧化氮限制法，并规定了允许企业使用 5 种货车车型，同时在大都市特定区域内强制推行排污标准降低的货车允许行驶的规则。1993 年除了部分货车外，要求企业必须承担更新旧车辆，使用新式符合环境标准的货车的义务。另外，为解决地球温室效应、大气污染等社会问题，日本政府与物流业界在控制污染排放方面，积极实施在干线运输方面推动模式转换(由汽车转向对环境污染较小的铁路或海上运输)和干线共同运行系统的构建，在都市的运送方面推动共同配送系统的构建以及节省能源行驶等。在 2001 年出台的《新综合物流施策大纲》中，其重点之一就是要减少大气污染物的排放，加强地球环境保护，对可利用的资源进行再生利用，实现资源、生态和社会经济的良性循环，建立适应环保要求的新型物流系统。

2. 绿色物流在国内的发展

目前，世界各国都把绿色物流作为物流业发展的重点，积极开展绿色环保物流的专项技术研究，促进新材料的广泛应用和开发，进行回收物流的理论和实践研讨，积极出台相应的绿色物流政策和法规，努力为物流绿色化和可持续发展奠定基础。同发达国家相比，目前国内绿色物流发展比较缓慢。主要表现在以下几方面：

1) 绿色物流观念没有普及，甚至还十分陌生

观念模糊对发展产生的障碍存在于两个方面：第一，政府决策部门不了解，则难以制定出绿色物流整体发展策略；第二，经营者对绿色物流的认识不够，他们只注重产品本身，要有绿色标志，实行绿色营销等，而忽略了绿色物流。有数据表明，产品的加工时间占产品到用户过程总时间的 10%左右，而物流时间占总时间的 90%左右。可见经营者对绿色物流认识之模糊。

2) 相关法律制度缺失，导致绿色物流发展无章可循，无法可依

尽管我国自 20 世纪 90 年代以来，治理环境污染方面的政策和法规制定、颁布了不少，但针对物流行业的还不是很多。另外，由于物流包含许多流程，每个流程都有相应的职能部门进行管理，但我国现阶段各职能部门间部分权力划分不清楚，多方管理容易造成物流行业发展混乱，同时各级政府在制定物流规划的时候只考虑本辖区的利益，容易短视，只考虑短期利益，忽略了长期效益，导致物流行业无序发展，造成资源的巨大浪费，也为以后物流运作中的环境保护增加了过多的负担。

3) 物流行业发展滞后，没有形成规模

物流基础设施现代化程度有待提高。物流行业的发展离不开道路、信息化、码头、物流配送场所等一系列基础设施的建设，而设施的建设不是一朝一夕就能实现的，是一个渐进的过程。同时，物流业存在规模效益，数量多可以降低单个产品在物流中的费用。

4) 物流管理人员匮乏

有资料表明，现阶段从事物流管理工作的人员，大多都没有经过专业的学习，多由计算机和管理方向专业的人员承担。我国高校对这方面关注程度不高，人才缺口达百万左右，从根本上影响着绿色物流的实施进程。

但随着经济全球化的发展，一些传统的关税和非关税壁垒逐渐淡化，绿色壁垒逐渐兴起。尤其是我国加入 WTO 后，物流行业在经过合理过渡期后，2005 年 1 月 1 日起已

取消大部分外国股权限制，外国物流企业进入我国市场，势必给国内物流企业带来巨大冲击。我国企业加紧发展绿色物流，是应对未来挑战和在竞争中占得先机的重要机遇。

与此同时，目前我国的经济社会发展面临着环境污染等社会问题。首先，我国的城市大气环境污染相当严重；其次，目前我国水资源匮乏及水污染问题日趋严重；再次，我国城市交通噪声多年来居高不下；最后，垃圾污染已成为当今社会的重要问题。环境污染问题非常严重并已引起政府和全社会的关注和重视，企业作为环境污染的主要制造者，必须在环保方面承担起社会责任。可持续发展战略的实施，就是要求企业在生产经营活动中承担社会责任，将物流活动同自然环境、社会环境的发展协调起来，使物流活动有利于环境的良性循环。

进入新的世纪，物流必将把有效利用资源和维护地球环境放在发展的首位，建立全新的从生产到废弃全过程效率化的、资讯流与物质流循环化的绿色物流系统。目前，世界上各国都在尽力把绿色物流的推广作为物流业发展的重点，积极开展绿色环保物流的专项技术研究，促进新材料的广泛应用和开发，进行回收物流的理论和实践研讨，以及积极出台相应的绿色物流政策和法规，努力为物流的绿色化和可持续发展奠定基础。

三、物流过程引发的环境问题

物流对于经济发展所具有的重要作用，使得它从企业职能中脱离出来，形成了一个行业。其在降低商品从生产企业到用户的费用、简化商品从出厂到消费的程序、便于生产企业集中精力提升竞争力以及更好地为顾客服务等方面的作用，使得物流的产生与发展成为经济发展的必然。同时作为一种经济活动，它也将经历从简单到复杂，从低级到高级的过程。随着物流产业的快速发展，人们发现物流活动的频繁化以及物流管理的变革，会增加燃油消耗，加重空气污染和废弃物污染，浪费资源，引起城市交通堵塞等，对社会经济的可持续发展产生消极影响。任何形式的环境污染都根源于物质的不适当流动，且流动的量达到了一定规模就超过了环境的负载能力。因此企业在进行物流管理时不能不考虑由此产生的环境污染而形成的巨大的社会成本。物流过程中引发的环境问题存在于物流活动的各个环节。

1. 运输造成的环境问题

运输是借助于运力，实现物品空间位置的物理性移动，体现了物流的基本概念与基本内容，所以运输是物流活动中主要、基本的活动。在运输活动中汽车运输以其机动灵活、覆盖面广，可以实现"门到门"的运输优势而在物流运输中的地位不断上涨，然而汽车运输对环境的影响最为严重。

1) 大气污染

汽车在行驶过程中要排放大量的尾气和产生大量的扬尘。目前，已从汽车尾气中分离出80多种有害物质，其中主要的污染物是铅，同时还含有一氧化碳、氮的氧化物、碳氢化合物、臭氧等气体，这些气体混合在空气中，被人类特别是儿童吸入，会造成人体内部缺氧，危害中枢神经系统。汽车产生的扬尘覆盖在金属制品的表面上，遇到雨水的侵蚀，金属制品很容易锈蚀。在空气中飘浮时间较长的扬尘，不仅能吸附病菌，还能吸附大量有害物，被人体吸收后，轻者可导致呼吸道疾病，重者影响心脏。

  2) 噪声污染

  统计显示，汽车所产生的噪音甚至已经占到了城市噪音的 85%，汽车行驶在道路上时，内燃机、喇叭、轮胎等都会发出大量噪声，严重影响人的身心健康。科学家们认为40分贝是正常的环境声音，在此以上就是有害的噪声。一般来说，70分贝的连续噪声可使50%的人受到影响；而突发噪声到60分贝时，可使70%的人惊醒。长期干扰睡眠会造成失眠、疲劳无力、记忆力衰退，以至产生神经衰弱症等。在高噪声环境里，这种病的发病率可达 60%以上。人短期处于噪声环境时，即使离开噪声环境，耳朵也会发生短期的听力下降。一般情况下，85分贝以上的噪音则会危害听觉。统计表明，长期工作在 90 分贝以上的噪声环境中，耳聋发病率明显增加。噪声除了损伤听力以外，还会引起其他人身损害。噪声可以引起心绪不宁、心情紧张、心跳加快和血压增高。噪声还会使人的唾液、胃液分泌减少，胃酸降低，从而易患胃溃疡和十二指肠溃疡。在强声下，高血压的人也会增多。而且噪声是造成心脏病的原因之一。

  3) 废弃物污染

  物流运输工具所引起的废弃物处理问题，如废旧轮胎、废弃机油和柴油等，如不采取措施及时处理，不仅是环境污染的潜在隐患，而且还有可能渗入土壤和水体中，造成土壤和地下水资源的污染。

  2. 存储保管造成的环境问题

  存储保管过程对环境造成的影响主要有两方面：一是在原材料和产品的存储保管过程中需要对其进行一定的养护，如喷洒杀虫剂等一些化学药品，会对周边生态环境造成一定的污染；二是一些原材料或产品，如易燃、易爆、化学危险品，由于保管不当，发生爆炸或泄漏也会对周边环境造成污染和破坏。

  3. 包装造成的环境问题

  包装对环境造成的影响主要有：一是所选材料本身对环境造成的危害。例如塑料，其特点是体积大，重量轻，不易腐烂，不分解，被人们用后抛弃，引起铁路沿线、江河航线、城市及风景点到处是白色泡沫，严重影响环境和市容卫生，被人们称为"白色污染"。据文献报道，我国是世界上十大塑料制品生产和消费国之一，塑料产量十分惊人。目前，我国每年产生的生活垃圾约为 1.46 亿吨，其中各类塑料废弃物约占 13%左右。每年丢弃在铁路沿线的塑料快餐盒就达 8 亿多只，加上城市快餐业，废弃量达 100 亿只之多，其中80%以上未经回收而散落于街道、交通路口的各个角落中，重量达 8 万吨以上。2010年我国人均塑料消费量达到46公斤，超过同期40公斤的世界人均水平。业内人士表示，我国已成为世界第一大塑料消费国。据有关部门统计，仅以一次性塑料泡沫快餐餐具为例，我国全年消耗量达 4 亿至 7 亿个。随着塑料产量不断增大，使用范围越来越广，塑料垃圾已经成为越来越严重的社会问题，对我国大众的生存环境构成了严重的威胁。二是物流过程中包装功能过剩或重复包装造成的资源浪费。据相关资料报道，目前我国每年仅包装盒用纸量就达 24 万吨，相当于砍掉了 168 万棵碗口粗的树，过度包装严重浪费了有限的资源。

4. 流通加工造成的环境问题

流通加工过程中会产生废水、废料、废弃物及噪音，对环境产生危害。而且流通加工中心一般规模较小，生成分散，技术简单，对废弃物的回收和利用难度大，如果处理不当，对城乡环境和居民生活会产生直接影响。

5. 物流信息造成的环境问题

在物流过程中，物流信息是现代物流重要的组成部分，它引导、调节物流的数量、方向和速度，使物品按预定的目标和方向流动。但是，虚假的、重复的、过时的信息造成的无效或低效的物流活动也会对环境造成一定的危害。例如，对于易霉变的物品，假如对气象信息掌握错误，就有可能使易霉变物品由于存储、保管、运输和包装不当而引起霉变，这些霉变的物品不仅造成经济损失，更重要的是对生态环境造成污染。

四、物流与环境保护

在物流过程中所造成的种种环境污染问题，对于企业而言，不仅大大提高了企业的经济成本，严重影响了企业的经济效益，而且还影响了企业的社会形象和声誉。随着可持续发展观念不断地深入人心，消费者对企业的接受与认可不再仅仅取决于其是否能够提供质优价廉的产品与服务，消费者越来越关注企业是否具有社会责任感，即企业是否节约利用资源、企业是否对废旧产品的原料进行回收、企业是否注重环境保护等。所以，为了企业的可持续发展，企业必须及时放弃危及企业生存和发展的生产方式，采取措施积极解决物流活动中的环境问题。环境问题既然来源于物流活动的各个环节，作为企业而言，可以建立一套物流环保体系，保证物流活动各个环节的绿色化。

1. 可以在运输环节采取的环保措施

(1) 合理配置配送中心，制订配送计划，提高运输效率以降低货损量和货运量；

(2) 合理采用不同运输方式。不同运输方式对环境的影响不同，尽量选择铁路、海运等环保运输方式；

(3) 评价运输者的环境绩效，由专业运输企业使用专门运输工具负责危险品的运输，并制订应急保护措施。

2. 可以在废料处理环节中采取的环保措施

(1) 厂商要加强进料和用料的运筹安排；

(2) 在产品的设计阶段就要考虑资源可得性和回收性能，减少生产中的废弃物料的产生；

(3) 引进和开发环保技术，提高物料利用率，降低废料的产生。

3. 可以在国家政策法规层面采取的措施

物流活动过程中造成的环境问题，不仅仅得到了企业的关注，同时许多的国际组织和国家也都开始对物流与环境保护问题进行研究和探讨。首先相继制定出台了一系列与环境保护和资源保护相关的协议、法律体系作为制度保障，例如《蒙特利尔议定书》(1987)、《里约环境和发展宣言》(1992)、《工业企业自愿参与生态管理和审核规则》(1993)、《贸易与环境协定》(1994)、《京都协议书》(1997)等；中国制定了《环境保护法》等一系列法律法规。这些法律要求产品的生产商必须对自己所生产的产品造成的污染负相应的责任，并且采取相应的措施，否则将会受到严厉惩罚。比如美国1990年颁布《空气洁净法令(The Clean Air Act)》，对排放破坏臭氧层的有害物质和气体的厂商课以重罚。又如，1997年许多国家在日本城市京都缔结《京都议定书》，议定书规定38个工业国在2010年的有害气体排放总量，必须比1990年减少5.2%。其宗旨就是减少温室效应气体的排放量，改善全球环境，造福人类。欧盟规定轮胎生产商每卖出一条新的轮胎必须回收一条旧的轮胎进行处理或再利用。同时，一些国家的法律对一次性电池生产厂商也作出了类似的规定。由此可见对环境行为进行管制已经成为全世界的共识。各国政府也都积极发挥了引领和导向作用，在宏观上对物流活动进行环境管理控制，具体主要体现在以下几方面。

1) 控制物流活动中的污染发生源

物流活动引起环境污染的主要原因在于货车运输量的增加。政府应该采取有效措施，从源头上控制物流企业的发展造成的环境污染。例如，治理车辆的废气排放、限制城区货车行驶路线、发挥经济杠杆作用，收取车辆排污费、促进低公害车的普及等。

2) 限制交通量

通过政府指导作用，促进企业选择合适的运输方式，发展共同配送，统筹建立现代化的物流中心，最终通过有限的交通量来提高物流效率。

3) 控制交通流

通过道路与铁路的立体交叉发展、建立都市中心环状道路、制订道路停车规则以及实现交通管制系统的现代化等措施，减少交通阻塞，提高配送效率。

五、逆向物流

1. 逆向物流的概念

一般来说，逆向物流可以定义为物流的逆过程。传统上逆向物流被认为是回收再生产品的过程。根据企业和产业的不同，逆向物流的定义变化很大。零售商视逆向物流为将消费者退回的产品送回到卖方的过程。制造商倾向于将逆向物流视为从消费者手中获得有缺陷的商品或可再利用的产品的过程。

我国国家标准《物流术语》中的逆向物流(returned logistics)定义是："不合格物品的返修、退货以及周转使用的包装容器从需方返回到供方所形成的物品实体流动。比如回收用于运输的托盘和集装箱、接受客户的退货、收集容器、原材料边角料、零部件加工中的缺陷在制品等的销售方面物品实体的反向流动过程。"

上述所讲的"逆向物流"就是狭义的逆向物流，它不包括废弃物物流。废弃物物流(waste material logistics)是指将经济活动中失去原有使用价值的物品，根据实际需要进行收集、分类、加工、包装、搬运、储存等，并分送到专门处理场所时形成的物品实体流动。

综上所述，逆向物流有广义和狭义之分。狭义的逆向物流是指对那些由于环境问题或产品已过时的原因而造成产品、零部件或物料回收的过程。它是将废弃物中有再利用价值的部分加以分拣、加工、分解，使其成为有用的资源重新进入生产和消费领域。广义的逆向物流(reverse logistics)除了包含狭义的逆向物流的定义之外，还包括废弃物物流的内容，其最终目标是减少资源使用，并通过减少使用资源达到废弃物减少的目标，同时使正向以及回收的物流更有效率。

2. 逆向物流的成因

1) 主要驱动因素

在那些已经运用逆向物流系统的公司中，高级管理人员过度的将它的管理推给了运营层。这已经不再是有效的方法。有许多有力的因素迫使企业将逆向物流的管理提高到战略高度的高级管理日程上。带来这些变化的主要驱动因素有：政府立法、新型的分销渠道、供应链中的力量转换、产品生命周期的缩短等。

2) 主要动机

对于企业而言，逆向物流往往出于以下动机：环境管制；经济利益(体现在废弃物处理费用的减少、产品寿命的延长、原材料零部件的节省等方面)和商业考虑。因而，管理者首先应认识到逆向物流的重要性和价值，其次要在实际运作中如何给予逆向物流以资源和支援，才是发挥竞争优势的关键。

近年来，物流业已从传统的流通业中独立出来并日益受到人们的关注。而随着人们环保意识的增强，环保法规约束力度的加大，逆向物流的经济价值正在逐步显现。在我国经济发展水平较为落后的时期和地区理所当然厉行节约是首要选择，传统经济生活中的废品收购，有空桶、空瓶、空盘，废旧钢铁、纸张、衣物等的重复利用也是一种司空见惯的社会生活现象，因而，服务于废品回收再利用的逆向物流并不是什么新东西。另外对产品零部件的回收再利用或将上述包装回收后清洗再利用都比买新的要便宜。只不过，由于对环境保护的日益重视，逆向物流有了新的含义，如耐用产品和耐久消费包装。而且新的资源再生利用技术的研究与推广大大降低了处理回收物品的成本，使逆向物流不仅仅意味着成本的增加，而且由于它能带来资源的节约就可能意味着经济效益、社会效益和环境效益和共同增加。

3) 具体原因

具体而言，企业引入逆向物流系统的原因如表 13-1 所示。

表 13-1 企业引入逆向物流系统的具体原因

引入逆物流系统的主要原因	使用逆物流系统的典型例子
为获得补偿或退款而退还产品	不能满足客户期望而被退回
归还短期或长期租赁物	当天租赁的场地装备的返还

续表

引入逆物流系统的主要原因	使用逆物流系统的典型例子
返回制造商以便修理、再制造或返还产品的核心部分	返还用过的汽车发电机给制造商以期被再制造和再销售
保修期返回	电视机在保修期内功能失灵而被退还
可再利用的包装容器	返回的汽水瓶、酸奶瓶、饮料瓶被清洗和再使用
寄卖物返还	寄存在商店的音箱没有变卖又返还给物主
卖给顾客新东西时折价回收旧货	出售新车时代理商回收旧车准备再卖
产品发往特定组织进行升级	旧电脑被送往制造商以安装光盘驱动器
送还不必要的产品	包装或托盘在不需要时被送还
普遍的产品召回	由于安全带失效汽车被返还给代理商
产品返还给制造商进行检查或校准	医学设备被返还以检查和调校仪表
产品没有实现制造商对客户的承诺	如果电视性能与承诺的不一致则可以退还

3. 逆向物流的重要性

1) 提高潜在事故的透明度

逆向物流在促使企业不断改善品质管理体系上，具有重要的地位。ISO9001 2000版将企业的品质管理活动概括为一个闭环式活动——计划、实施、检查、改进，逆向物流恰好处于检查和改进两个环节上，承上启下，作用于两端。企业在退货中暴露出的品质问题，将通过逆向物流资讯系统不断传递到管理阶层，提高潜在事故的透明度，管理者可以在事前不断地改进品质管理，以根除产品的不良隐患。

2) 提高顾客满意度，增加竞争优势

在当今顾客驱动的经济环境下，顾客价值是决定企业生存和发展的关键因素。众多企业通过逆向物流提高顾客对产品或服务的满意度，赢得顾客的信任，从而增加其竞争优势。对于最终顾客来说，逆向物流能够确保不符合订单要求的产品及时退货，有利于消除顾客的后顾之忧，增加其对企业的信任感及回头率，扩大企业的市场份额。如果一个公司要赢得顾客，它必须保证顾客在整个交易过程中心情舒畅，而逆向物流战略是实现这一目标的有效手段。另一方面，对于供应链上的企业客户来说，上游企业采取宽松的退货策略，能够减少下游客户的经营风险，改善供需关系，促进企业间战略合作，强化整个供应链的竞争优势。特别对于过时性风险比较大的产品，退货策略所带来的竞争优势更加明显。

3) 降低物料成本

减少物料耗费，提高物料利用率是企业成本管理的重点，也是企业增效的重要手段。然而，传统管理模式的物料管理仅仅局限于企业内部物料，不重视企业外部废旧产品及其物料的有效利用，造成大量可再用性资源的闲置和浪费。由于废旧产品的回购价格低、来源充足，对这些产品回购加工可以大幅度降低企业的物料成本。

4) 改善环境行为，塑造企业形象

随着人们生活水平和文化素质的提高，环境意识日益增强，消费观念发生了巨大变化，顾客对环境的期望越来越高。另外，由于不可再生资源的稀缺以及对环境污染日益加重，各国都制订了许多环境保护法规，为企业的环境行为规定了一个约束性标准。企业的环境业绩已成为评价企业运营绩效的重要指标。为了改善企业的环保行为，提高企业在公众中的形象，许多企业纷纷采取逆向物流战略，以减少产品对环境的污染及资源的消耗。

4. 逆向物流的分类

1) 按照回收物品的渠道来分

按照回收物品的特点可分为退货逆向物流和回收逆向物流两部分。退货逆向物流是指下游顾客将不符合订单要求的产品退回给上游供应商，其流程与常规产品流向正好相反。回收逆向物流是指将最终顾客所持有的废旧物品回收到供应链上各节点企业。

2) 按照逆向物流材料的物理属性分

按照逆向物流材料的物理属性可分为钢铁和有色金属制品逆向物流、橡胶制品逆向物流、木制品逆向物流、玻璃制品逆向物流等。

3) 按成因、途径和处置方式及其产业形态来分

按成因、途径和处置方式的不同，逆向物流被学者们区分为投诉退货、终端使用退回、商业退回、维修退回、生产报废与副品，以及包装等6大类别。

5. 逆向物流与正向物流的不同

逆向物流作为企业价值链中特殊的一环，与正向物流相比，既有共同点，也有各自不同的特点。二者的共同点在于都具有包装、装卸、运输、储存、加工等物流功能。但是，逆向物流与正向物流相比又具有其鲜明的特殊性。可以用表13-2来概括逆向物流与正向物流的主要区别。

表 13-2 逆向物流与正向物流的比较

比 较 项	逆向物流	正向物流
数量	小批量的不同产品	大批量的标准产品
产品价格	取决于诸多因素	相对统一
信息跟踪	自动信息和人工信息相结合	运用跟踪产品的自动信息系统
订货周期	中长订货周期	短订货周期
产品价值	中低价值	高价值
重视程度	低	高
产品质量	变化很大、不确定	统一
产品流向模式	多对一(收敛)	一对多(发散)
成本因素	更隐蔽	更透明
产品流向	推、拉并行	拉
渠道	多层次、复杂多样	单层次或多层次、不复杂

6. 实施逆向物流的原则

1) "事前防范重于事后处理"原则

逆向物流实施过程中的基本原则是"事前防范重于事后处理"即"预防为主、防治结合"的原则。因为对回收的各种物料进行处理往往给企业带来许多额外的经济损失，这势必增加供应链的总物流成本，与物流管理的总目标相违背。因而，对生产企业来说要做好逆向物流一定要注意遵循"事前防范重于事后处理"的基本原则。循环经济、清洁生产都是实践这一原则的生动例证。

2) 绿色原则（"5R"原则）

绿色原则即将环境保护的思想观念融入企业物流管理过程中，这一思想即为"5R"原则：研究(Research)、重复使用(Reuse)、减量化(Reduce)、再循环(Recycle)、挽救(Rescue)。

(1) 研究(Research)。重视研究企业的环境对策，如循环经济、清洁生产等绿色技术的研究与推广应用。

(2) 重复使用(Reuse)。如用已使用过的纸张背面来印名片。

(3) 减量化(Reduce)。减少或消除有害废弃物的排放，如减少进入回收流通的商品及包装材料，在产品和生产过程的设计中充分考虑回收物流的需要，使其方便于将来的回收和利用等。严格控制退货政策也可以达到减少退货量的目的，这一方法在目前我国的消费品市场上最常见。

(4) 再循环(Recycle)。对废旧产品进行回收处理，再利用。如纯净水桶、酸奶瓶等的回收物流。

(5) 挽救(Rescue)。对已产生的废旧产品或废弃物进行修复以使其可再用或将其回收物流对社会的损害降到最小。

3) 效益原则

生态经济学认为，在现代经济、社会条件下，现代企业是一个由生态系统与经济系统复合组成的生态经济系统。物流是社会再生产过程中的重要一环，物流过程中不仅有物资循环利用、能源转化，而且有价值的转移和价值的实现。因此，现代物流涉及了经济与生态环境两大系统，理所当然地架起了经济效益与生态环境效益之间彼此联系的桥梁。经济效益涉及目前和局部的更密切相关的利益，而环境效益则关系更宏观和长远的利益。经济效益与环境效益是对立统一的。后者是前者的自然基础和物资源泉，而前者是后者的经济表现形式。

4) 信息化原则

尽管逆向物流具有极大的不确定性，但是通过信息技术的应用(例如使用条形码技术、GPS 技术、EDI 技术等)可以帮助企业大大提高逆向物流系统的效率和效益。因为使用条形码可以储存更多的商品信息，这样有关商品的结构、生产时间、材料组成、销售状况、处理建议等信息就可以通过条形码加注在商品上，也便于对进入回收流通的商品进行有效及时的追踪。

5) 法制化原则

尽管逆向物流作为产业而言还只是一个新兴产业，但是逆向物流活动从其来源可以看出，它就如同环境问题一样并非新生事物，它是伴随着人类的社会实践活动而生，只不过在工业化迅猛发展的过程中使这一"暗礁"浮出水面而已。然而，正是由于人们以往对这一问题的关注较少，所以市场自发产生的逆向物流活动难免带有盲目性和无序化的特点。如近年来我国废旧家电业异常火爆，据分析调查往往是通过对旧家电"穿"新衣来牟取利润的，这是以侵犯广大农户和城市低收入家庭等低收入消费群体的合法权益为基础的，这亟须政府制定相应的法律法规来引导和约束。而具有暴利的"礼品回收"则会助长腐败，是违法的逆向物流，应坚决予以取缔。还有废旧轮胎的回收利用，我国各大城市街区垃圾箱受损、井盖丢失、盗割铜缆等现象就与城市窃钩者长期地逍遥法外不无关系，固体废物走私犯罪活动有蔓延势头，如废旧机电、衣物及车辆的流通，汽车黑市等违法的逆向物流活动都亟须相关的法规来约束。

6) 社会化原则

从本质上讲，社会物流的发展是由社会生产的发展带动的，当企业物流管理达到一定水平，对社会物流服务就会提出更高的数量和质量要求。企业回收物流的有效实施离不开社会物流的发展，更离不开公众的积极参与。在国外企业与公众参与回收物流的积极性较高，在许多民间环保组织如绿色和平组织(Green Peace)的巨大影响下，已有不少企业参与了绿色联盟。

7. 中国企业推进逆向物流的措施

1) 学习逆向物流知识，树立现代逆向物流理念

在以顾客为导向和绿色主义盛行的市场环境下，企业建立逆向物流系统，是提高顾客忠诚度、促进技术创新的来源之一，对企业节约资源、降低成本、塑造环保形象、增强显性和隐性竞争优势等均具有积极意义。

2) 加大政府环境立法进程和环保执法力度

目前，在美国，日本、西欧等发达国家，大都出台了关于残次品的退回、包装材料的循环利用、废弃物的回收处理等法案，这在很大程度上推动了企业逆向物流的开展。

3) 重视逆向物流通道建设，提高供应链整合能力

一个完整的逆向物流流程是由消费者或其他逆向物流源，通过零售商、批发商、配送中心、生产商和供应商几个节点逐级回溯的过程。

4) 促进企业物流的管理创新和技术进步

鉴于逆向物流的复杂性和不确定性，实现逆向物流运作的规范化，企业必须有先进的信息技术和运营管理系统作支持，采取一系列计划控制手段和措施，以提高资源利用效率和投资回报率。

5) 引入第三方逆向物流管理

一般来说，第三方物流公司在专业技术、综合管理和信息等方面具有显著优势，通过把逆向物流业务外包给第三方企业，实现专业分工，可提高运作效率。据悉，国际物

流巨头，如 UPS、联邦快递等已经进入逆向物流服务领域，第三方逆向物流将成为逆向物流发展的趋势。

第六节　热点物流实训

实训任务一　绿色物流调研实训

指导教师安排学生以实训小组为单位，利用课余时间自主选择前往本地的一家单位(物流企业、生产制造企业、零售企业、餐饮企业、事业单位等)或居民小区，对该单位或小区在树立和执行绿色物流理念方面的情况进行专题调研，通过调研实际情况结合所学理论知识，每组完成一篇不低于1000字的调研报告，发现问题、分析问题、提出见解。

实训任务二　啤酒游戏实训

一、实训简介

该游戏是生产与分销单一品牌啤酒的产销模拟系统。参加游戏的学生各自扮演不同的角色：零售商、批发商、分销商和制造商。在游戏中他们主要对自己的库存进行管理，即每周做一个订购多少啤酒的决策，库存决策的目标是使自己的利润最大化(费用最小化)。

二、实训目的

此实训游戏能考察供应链成员在信息不共享、交货期不确定的情况下所作出的理性决策对供应链系统行为造成的影响。在该游戏中，由于消费者需求的小幅变动，而通过整个系统的加乘作用将产生很大的危机，即首先是大量缺货，整个系统订单都在不断增加，库存逐渐枯竭，欠货也不断增加，随后好不容易达到订货单大批交货的目的，但新收到订货数量却开始骤降。通过该实训游戏使学生认识到以下几点：

(1) 时间滞延、信息不足对产销系统的影响。
(2) 信息沟通、人际沟通的必要性。
(3) 扩大思考的范围，了解不同角色之间的互动关系，认识到将成员关系由竞争变为合作的必要性。
(4) 分析牛鞭效应产生的原因并提出改进措施。

三、实训游戏系统设置

(一)系统结构

该游戏是在一个简单的链式生产分销系统进行，系统有四个层级，分别为制造商、分销商、批发商和零售商，每一层有一个成员，如图 13-2 所示。

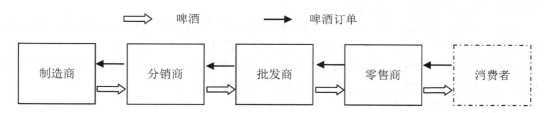

图 13-2　啤酒游戏供应链结构模型

(二)角色设置

游戏中共有 5 种角色：除消费者角色由教师担任外，其余零售商、批发商、分销商和制造商四个角色分别由学生扮演。其中，每种角色由 1 组学生扮演，每组 2～3 人。4 组学生构成一个系统进行游戏。(备注：分组方案——全班分为 8 大组，每大组 8～10 人，每大组又可分为 4 小组。每 1 大组中制造商、分销商、批发商和零售商角色各由一个小组扮演，每小组至少 2 人)。

(三)游戏规则

(1) 这一系统中只有单一的产品(Single SKU)"啤酒"。(比如：金星啤酒、雪鹿啤酒)

(2) 顾客和原材料设定为系统的外部环境因素。制造商的供应商假定物料充足，能满足制造商的任何订货要求。

(3) 假定系统运作方面没有任何的意外事件发生，例如厂商的产能问题、机器不需要维修、运输服务永远不会出现延误问题等。

(4) 系统中各成员之间的关系是固定的、直线递阶式的联系。例如，零售商不能绕过批发商向分销商直接上传订单，厂商不能向零售商直接发送产品。上游只能通过下游的订单来获得需求信息。

(5) 上下游设置。消费者为最下游，制造商的供应商为最上游。

(6) 每周期动作顺序。每周期初成员收到下游的订单，根据上周期末的库存进行发货；发货完毕后收到上游发来的货物，随后盘点库存并做出订货决策，最后计算本周期总费用。

(7) 提前期。在成员发出订单之后，两周之后才能收到其供应商的发货。即，订单处理 1 周，运输 1 周。在操作中，为了控制这种延迟，具体做法如下：在 t 周周末确定的订单(订单日期为 t)，并不随即交给其供应商，而是在 $t+1$ 周初交给其供应商，供应商对此订单处理后，第 $t+1$ 周把发货单(发货单日期为 $t+1$)交给购买商，到 $t+2$ 周购买商将此发货单转变为自己的库存。

(8) 成员成本控制。在这个游戏中，各个成员的成本只涉及两个成本：库存持有成本($1.00/箱/周)和过期交货成本($2.00/箱/周)，每个参赛成员的目标就是通过平衡库存持有成本和过期交货成本，实现总成本的最小化。

(9) 供应链成本。这一链条上的所有成员的成本总和(零售商、批发商、分销商和厂商)为这一链条上的供应链总成本。

(10) 供应链透明度。这一游戏的供应链透明度所涉及的信息只有库存信息。也就是库存透明度的问题。在第一次试验时，设置成员之间不共享库存信息。

(11) 外部环境信息。这一系统不受任何外部因素的影响，成员的决策只采用基于历史资料的预测方法，建议采用简单指数平滑法或移动平均法。

(12) 补货周期。一个周期只允许一次补货。

(13) 制造商。假设制造商的原材料充足，但是制造周期为 2 周，即从决定啤酒生产量到啤酒产出至少需要 2 周。

(14) 零售商一旦缺货，就意味着断销，即下一周期对上一周期未满足的订单并不累计。而其他成员记录下未满足的订单并最终使之得到满足。

(15) 在整个游戏过程中，每个成员的决策参数保持不变。

(四)订货决策模型

为对比不同小组游戏结果，本游戏设置两种订货决策模型：

1. Sterman 游戏决策模型

(1) 每周期实际订货量用 O_t 表示，

$$O_t = \max(0, IO_t) \tag{1}$$

其中，IO_t 为每周的计算订货量。IO_t 的计算公式为：

$$IO_t = F_t + AI_t + AWIP_t \tag{2}$$

(2) 式中，F_t 为 t 周期的需求预测值，AI_t 为 t 周期对实际库存的调整值，$AWIP_t$ 为 t 周期对在途库存的调整值。AI_t 和 $AWIP_t$ 分别由公式(3)(4)表示。

$$AI_t = \alpha(I_t^* - I_t) \tag{3}$$

其中 $I_t^* = \delta F_t$。I_t^* 和 I_t 分别为第 t 周期的期望库存水平和实际库存水平，$I_t^* = \delta F_t$ 表明希望 t 周期的期望库存水平能够满足 δ 倍的 t 周期需求预测值。

$$AWIP_t = \beta(WIP_t^* - WIP_t) \tag{4}$$

其中 $WIP_t^* = \gamma F_t$。WIP_t^* 和 WIP_t 分别为第 t 周期的期望在途库存水平和实际在途库存水平，$WIP_t^* = \gamma F_t$ 表明希望 t 周期的期望库存水平能够满足 γ 倍的 t 周期需求预测值。

这样一个订货决策体现了对于在途库存的控制。

2. 任意订货策略，如(t, S)策略或(t, R, S)策略

其中 t 为订货周期，R 为再订货点，S 为最大库存水平。在订货点与最大库存水平确定时可参考我们讲过的定期订货法。

四、时间安排

角色分工：3~5 分钟

分发道具：3～5 分钟

明确角色任务：10～15 分钟

进行模拟：90～110 分钟

进行 20～30 回合(第 1～10 回合最高时限 5 分钟，第 11～30 回合最高时限 3 分钟)

利润统计：15～20 分钟

分析探讨：小组总结——可在课下进行。

各组讨论发言——另行安排时间。

五、实训游戏使用道具

每个零售商：零售商角色资料卡 1 张，零售商订货单 30 张，零售商情况总表 1 张；

每个批发商：批发商角色资料卡 1 张，批发商订货单 30 张，批发商发货单 30 张，批发商情况总表 1 张；

每个分销商：分销商角色资料卡 1 张，批发商订发货统计表 1 张；分销商订货单 30 张，分销商发货单 30 张，分销商情况总表 1 张；

每个制造商：制造商角色资料卡 1 张，制造商发货单 30 张，制造商情况总表 1 张。

订发货单均可用自备纸条代替。

六、游戏程序

(1) 角色分工，落实道具：确保各成员都有所需要的道具。

每个零售商：零售商角色资料卡 1 张，零售商订货单 30 张，零售商情况总表 1 张；

每个批发商：批发商角色资料卡 1 张，批发商订货单 30 张，批发商发货单 30 张，批发商情况总表 1 张；

每个分销商：分销商角色资料卡 1 张，批发商订发货统计表 1 张；分销商订货单 30 张，分销商发货单 30 张，分销商情况总表 1 张；

每个制造商：制造商角色资料卡 1 张，制造商发货单 30 张，制造商情况总表 1 张。

订发货单均可用自备纸条代替，自备演草纸若干。

(2) 各就各位：布置供应链网络，确定各成员按照零售商—批发商—分销商—制造商的顺序排成一条直线，并布置好各自的节点(参照系统结构图)。

(3) 初始库存：每个成员的初始库存都设定为 12 箱啤酒。

(4) 当前订单：每个成员的当前订单为 4 箱啤酒。每个成员都有一个第 0 周上游的发货单(在第 1 周变为库存)，第 0 周的订货单在第 1 周时交给供应商。

(5) 填写游戏记录表：将每个星期的对应库存、缺货、订单数量一一填入记录表。

(6) 发货：根据游戏记录确定发货数量(订单允许分拆)，并执行货物在链条的各节点上移动。

(7) 预测：根据历史资料进行下一作业周期的需求预测，并把结果记录在需求预测表。

(8) 下达订单：根据需求预测算出采购数量，向上游上传订单，并执行订单向上游的传递(注意：保持需求信息的私有性，不要让其他成员看到订货数量)。

(9) 填写成员情况表：把当前的库存(缺货)数量记录下来，以便游戏结束时进行总库存成本计算。

(10) 重复作业：进入下一个作业周期，重复第5～9作业程序。

(11) 游戏结束：上交各自表格及统计数据。

(12) 分析探讨(课下进行)。

七．实训游戏绩效评估

各实训小组撰写实训报告。进行库存成本分析和牛鞭效应分析，主要包括：

(1) 计算总成本：总成本＝总库存成本＋总缺货成本。

(2) 计算供应链成本：供应链成本＝各成员累积总成本的总和。

(3) 利用需求预测记录完成牛鞭效应分析图。

(4) 绩效评估的方法可以根据游戏的发展设定不同的重点目标，最简单的方法是：①多次结果的对比分析；②多个游戏组合之间的对比分析；③牛鞭效应分析。

附录：

关于啤酒游戏实训用各角色资料卡
以及相应表格的使用说明

一、角色资料卡A：零售商

1) 资料卡A使用说明

(1) 单一经营某品牌啤酒，以箱数为单位，每周订货一次，到货一次。

(2) 发订单到收到该批货物需时2周(如：你在第3周发的订单，将会在第5周送到)。

(3) 标准库存为12箱，第1周期初，零售商为标准库存。

(4) 与批发商的联系只能通过订(发)货单。

(5) 每周从消费者处得到啤酒需求量。

(6) 零售商在此游戏中需填写零售商情况表。

2) 零售商情况表(见表13-3)说明：

第T周的欠货量(顾客)＝第T周的啤酒市场需求量－第T周的销量，$C(T) = A(T) - B(T)$

第T周的累计欠货量(批发商)＝第T-1周的累计欠货量(批发商)＋第T周的本期欠货量(批发商)，$G(T) = G(T-1) + F(T)$

第T周的期初库存量＝第T-1周的期末库存量，$D(T) = H(T-1)$

第T周的期末库存量 ＝ 第T周的期初库存量 ＋ 第T周的批发商送货量 － 第T周的本期销量，$H(T) = D(T) + E(T) - B(T)$

第T周的费用总额＝第T周欠货量×2＋第T周期末库存量×1，
$\quad\quad K(T) = C(T) \times 2 + H(T) \times 1$

其中：需求预测方式自选；订货方式自选。

表 13-3 零售商情况总表

周次 T	啤酒市场需求量 A	销量 B	本期欠货量(对顾客) C	期初库存量 D	批发商送货量 E	批发商本期欠货量 F	批发商累计欠货量 G	期末库存量 H	下期需求预测量 I	本期订货量(向批发商) J	本期总费用 K
0											
1											
2											
3											
4											
5											
6											
7											
8											
9											
10											
11											
12											
13											
14											
15											
16											
17											
18											
19											
20											
21											
22											
23											
24											
25											
26											
27											
28											
29											

演练成绩:第___组,零售商_____、_____、_____,总费用_____。

二、角色资料卡 B：批发商

1) 资料卡 B 使用说明

(1) 主营某品牌啤酒，有 1 个固定的客户(零售商)；

(2) 以箱数为单位进行定期发货；

(3) 标准库存为 12 箱；

(4) 每周零售商向你订货一次，订购后大约 2 周货才可送到。比如，零售商第 3 周订的货，将会在第 5 周送到；

(5) 每周向分销商订货一次，订单平均需时 3 周，即在你订购后大约 2 周货才可送到；

(6) 与零售商、分销商间联系仅仅是通过订单、送货单；

(7) 每次发货量不得大于订单量加累计欠货量.

2) 批发商在此游戏模拟中需填写

表 13-4 是批发商发货单；表 13-5 是批发商订货单；表 13-6 是批发商情况总表。

表 13-4 批发商发货单

发货时间(第几周)	
发货数量(箱)	

表 13-5 批发商订货单

订货时间(第几周)	
订货数量(箱)	

表 13-6 批发商情况总表

周次 T	零售商订货量 A	发货量(零售商) B	本期欠货量(零售商) C	累计欠货量(零售商) D	期初库存量 E	分销商送货量 F	分销商本期欠货量 G	分销商累计欠货量 H	期末库存量 I	下期需求预测量 J	本期订货量(分销商) K	本期总费用 L
0					12							
1												
2												
3												
4												
5												
6												
7												
8												

续表

周次 T	零售商订货量 A	发货量(零售商) B	本期欠货量(零售商) C	累计欠货量(零售商) D	期初库存量 E	分销商送货量 F	分销商本期欠货量 G	分销商累计欠货量 H	期末库存量 I	下期需求预测量 J	本期订货量(分销商) K	本期总费用 L
9												
10												
11												
12												
13												
14												
15												
16												
17												
18												
19												
20												
21												
22												
23												
24												
25												
26												
27												
28												
29												

演练成绩:第___组,批发商_____,_____,_____,总费用额_____。

表格说明:

(1) 第T周的欠货量(零售商) = 第T周的零售商订单总量－第T周的本期发货总量,F(T) = A(T) - B(T)

(2) 第T周的累计欠货量(欠零售商)=第T-1周的累计欠货量(零售商) + 第T周的本期欠货量(零售商), D(T)=D(T-1) +F(T)

(3) 第T周的累计欠货量(分销商欠)=第T-1周的累计欠货量(分销商) + 第T周的本期欠货量(分销商), H(T)= H(T-1) + G(T)

(4) 第T周的期初库存量 = 第T-1周的期末库存量,E(T) = I (T-1)

(5) 第 T 周的期末库存量 = 第 T 周的期初库存量 + 第 T 周的制造商送货量 − 第 T 周的本期发货总量，I(T) = E(T) + F(T) − B(T)

(6) 第 T 周的费用额＝第 T 周累计欠货量(零售商)×2+ 第 T 周期末库存量×1，
L(T) =D(T)×2+I(T) ×1

三、角色资料卡 C：分销商

1) 资料卡 C 使用说明

(1) 主营某品牌啤酒，有 1 个固定的客户(批发商)；

(2) 以箱数为单位进行定期发货；

(3) 标准库存为 12 箱；

(4) 每周批发商向你订货一次，订购后大约 2 周货才可送到。比如，批发商第 3 周订的货，将会在第 5 周送到；

(5) 每周向制造商订货一次，订单平均需时 3 周，即在你订购后大约 2 周货才可送到；

(6) 与批发商、制造商间联系仅仅是通过订单、送货单；

(7) 每次发货量不得大于订单量加累计欠货量.

2) 分销商在此游戏中需填写：

表 13-7 为分销商发货单；表 13-8 为分销商订货单；表 13-9 为分销商情况总表。

表 13-7 分销商发货单

发货时间(第几周)	
发货数量(箱)	

表 13-8 分销商订货单

订货时间(第几周)	
订货数量(箱)	

表 13-9 分销商情况总表

周次 T	批发商订货量 A	发货量(批发商) B	本期欠货量(批发商) C	累计欠货量(批发商) D	期初库存量 E	制造商送货量 F	制造商本期欠货量 G	制造商累计欠货量 H	期末库存量 I	下期需求预测量 J	本期订货量(制造商) K	本期总费用 L
0					12							
1												
2												
3												
4												

续表

周次 T	批发商订货量 A	发货量(批发商) B	本期欠货量(批发商) C	累计欠货量(批发商) D	期初库存量 E	制造商送货量 F	制造商本期欠货量 G	制造商累计欠货量 H	期末库存量 I	下期需求预测量 J	本期订货量(制造商) K	本期总费用 L
5												
6												
7												
8												
9												
10												
11												
12												
13												
14												
15												
16												
17												
18												
19												
20												
21												
22												
23												
24												
25												
26												
27												
28												
29												

演练成绩:第___组,分销商_____,_____,_____,总费用额_____

表格说明：

(1) 第 T 周的欠货量(批发商) = 第 T 周的批发商订单总量 − 第 T 周的本期发货总量，C(T) = A(T) − B(T)

(2) 第 T 周的累计欠货量(批发商)＝第 T-1 周的累计欠货量(批发商) + 第 T 周的本期

欠货量(批发商)，D(T)=D(T-1) +C(T)

(3) 第 T 周的累计欠货量(制造商)=第 T-1 周的累计欠货量(制造商) + 第 T 周的本期欠货量(制造商)，H(T)= H(T-1) + G(T)

(4) 第 T 周的期初库存量 = 第 T-1 周的期末库存量，E(T) = I (T-1)

(5) 第 T 周的期末库存量 = 第 T 周的期初库存量 + 第 T 周的制造商送货量 - 第 T 周的本期发货总量，I(T) = E(T) + F(T) - B(T)

(6) 第 T 周的费用额=第 T 周累计欠货量(批发商)×2+ 第 T 周期末库存量×1，
K(T) =D(T)×2+I(T) ×1

四、角色资料卡 D：制造商

1) 资料卡 D 使用说明

(1) 在某地区由 1 家分销商独家代理其某品牌啤酒；

(2) 以箱数为单位进行制造和发运；

(3) 与分销商间联系仅仅是通过订单、送货单。

(4) 每周分销商们向你订货一次，订单平均需时 2 周，即订购后大约 2 周货才可送到。比如，分销商们第 3 周发出的订单，将会在第 5 周收到货；

(5) 每周制造商都可以对自己生产的啤酒量作一次决定，但注意从决定啤酒生产量到啤酒产出至少需要 2 周；

(6) 保持一定的库存，标准库存为 12 箱；

(7) 每次发货量不得大于订单量加累计欠货量；

(8) 在扩大规模前，最低生产水平为 12 箱，最高生产水平为 24 箱，在扩大规模后，最低生产水平为 24 箱，最高生产水平为 48 箱(注意：扩大生产后，生产量不得低于相应的最低生产能力)。

2) 制造商在此游戏模拟中需填写

表 13-10 为制造商发货单(下表)和表 13-12 为制造商情况总表。

表 13-10 制造商发货单

发货时间(第几周)	
发货数量(箱)	

表 13-11 生产能力限额

	基本生产能力	扩大生产后生产能力
每周最低生产量	12	24
每周最高生产量	24	48
生产批量	12	24

表 13-12 制造商情况总表

周次 T	分销商订货量 A	本期发货量 B	本期欠货量 C	累计欠货量 D	期初库存量 E	制造产出量 F	期末库存量 G	下期需求预测量 H	本期计划生产量 I	本期总费用 J
0					12					
1						12				
2										
3										
4										
5										
6										
7										
8										
9										
10										
11										
12										
13										
14										
15										
16										
17										
18										
19										
20										
21										
22										
23										
24										
25										
26										
27										
28										
29										

演练成绩:第___组,制造商_____,_____,_____, 总费用额_____。

表格说明：

(1) 第 T 周的本期欠货量 = 第 T 周的批发商订单量 − 第 T 周的本期发货量，$C(T) = A(T) - B(T)$

(2) 第 T 周的累计欠货量 = 第 T−1 周的累计欠货量 + 第 T 周的本期发货欠货量，$D(T) = D(T-1) + C(T)$

(3) 第 T 周的制造产出量 = 第 T−2 周的计划生产量，$F(T) = H(T-2)$

(4) 第 T 周的期初库存量 = 第 T−1 周的期末库存量，$E(T) = G(T-1)$

(5) 第 T 周的期末库存量 = 第 T 周的期初库存量 + 第 T 周的制造产出量 − 第 T 周的本期发货量，$G(T) = E(T) + F(T) - B(T)$

(6) 生产能力限额为：

注意：扩大生产后，生产量不得低于相应的最低生产能力。

(7) 欠货与库存均有成本：第 T 周的费用额＝第 T 周累计欠货量 ×2 + 第 T 周期末库存量 ×1，$J(T) = D(T) \times 2 + G(T) \times 1$

(8) 每一周制造商均在周初向批发商发货，制造商两周前生产的货物在周末时才能进入仓库